Aus reichen Quellen leben

Ethische Fragen in Geschichte und Gegenwart

Helmut Weber zum 65. Geburtstag

Herausgegeben von Hans-Gerd Angel, Johannes Reiter und Hans-Gerd Wirtz

Paulinus-Verlag

Die Deutsche Bibliothek – CIP-Einheitsaufnahme

Aus reichen Quellen leben : ethische Fragen in Geschichte und Gegenwart ;
Helmut Weber zum 65. Geburtstag / hrsg. von Hans-Gerd Angel ...
– 1. Aufl. – Trier : Paulinus-Verl., 1995
   ISBN 3-7902-0157-X
NE: Angel, Hans-Gerd [Hrsg.]; Weber, Helmut: Festschrift

Inhalt

Geleitwort

Christliches Handeln wird in einer zunehmend pluralistischen Welt nicht einfacher. Je mehr Verantwortung in den Bereich des einzelnen verlagert wird, desto mehr ist eine zuverlässige Orientierung vonnöten.

Mit seinem Schaffen als Moraltheologe hat Professor Dr. Helmut Weber, der mit dieser Festschrift geehrt werden soll, versucht, solche Orientierung zu geben. Dabei war und ist es sein Anliegen, Moraltheologie als Lehre vom befreienden Handeln aus dem Glauben begreiflich zu machen. Christliches Handeln als Antwort auf den Anruf Gottes soll lebensfördernd und dem Menschen dienlich sein. Dem Wohl des Menschen weiß sich der zu Ehrende mit seiner wissenschaftlichen Arbeit und seiner pastoralen Tätigkeit in besonderer Weise verpflichtet. Das Handeln aus dem Glauben soll keine untragbare Bürde sein. Nicht Handeln um der bloßen Pflicht willen, sondern zur Förderung des uns geschenkten Lebens und eines gedeihlichen Miteinanders will er beschreiben. Davon ist auch sein seelsorgliches Tun und sein Dienst in der Verkündigung geprägt, den er über viele Jahre in der Pfarrei St. Antonius in Pellingen versehen hat und bis heute als Domkapitular an der Trierer Domkirche versieht.

Gerne nehme ich die Gelegenheit wahr, Herrn Domkapitular Professor Dr. Helmut Weber zur Vollendung des 65. Lebensjahres zu gratulieren und ihm für sein weiteres Leben und Schaffen Gottes reichen Segen zu wünschen.

Trier, im März 1995

+ Hermann Josef Spital

Bischof von Trier

Vorwort der Herausgeber

Während christliche Wertvorstellungen jahrhundertelang als die normierende Größe für sittliches Handeln gegolten haben, scheinen sie diese Stellung in der modernen und postmodernen Gesellschaft verloren zu haben. Die Orientierungspunkte verlagern sich, und christliche Moral wird zu einem Angebot unter vielen. Will sie Bestand haben, muß sie für die Menschen verstehbar und vor allem auch lebbar sein.

Diesen Kriterien weiß sich Helmut Weber, dem diese Festschrift zugedacht ist, mit seinem Werk in besonderer Weise verpflichtet. Er kennt als Moraltheologe die Schwächen der Menschen und rechnet mit ihnen. Dabei ist seine Methode weder die der scharfen Auseinandersetzung mit gegnerischen Positionen noch die einer allzu geschraubten Wissenschaftlichkeit. Ersteres widerstrebt seinem Charakter, stets streicht er zunächst an der Betrachtungsweise seines Gegenübers die positiven Aspekte heraus. Fronten aufzubauen liegt ihm fern, er sucht den versöhnlichen Umgang. Mit seiner wissenschaftlichen Methode möchte er Wirkung erzielen, seine Vorschläge will er im Leben der Menschen bedacht wissen. Doch dazu müssen sie verstehbar sein. Da er mit seiner Moraltheologie ein primär pastorales Anliegen verfolgt, braucht er eine Methode, die man versteht. Er sucht nicht den Elfenbeinturm der puren Wissenschaft, er sucht Hilfestellungen zum Handeln zu geben. Diese Hilfe kommt bei ihm betont biblisch daher. Die Grundlage aller Theologie tritt deutlich hervor. Immer wieder schöpft er aus dieser Quelle, die er für die reichste hält. Auch die aus der Bibel erwachsenen kirchlichen Traditionen nimmt er gerne auf, dort wo sie sich bewährt haben. So gilt denn für sein Schaffen in der Tat: »Aus reichen Quellen leben.«

Nicht wenige haben dazu beigetragen, daß die vorliegende Festschrift zustande kommen konnte. So möchten die Herausgeber zunächst allen Autoren danken, deren einhellig positive Rückmeldung freudig überrascht hat. Ihre Beiträge spiegeln die Vielfalt theologischen Denkens und Forschens wider und ermutigen zur abwechslungsreichen und spannenden Lektüre.

Zu danken ist auch dem Bistum Trier und der Friedrich-Spee-Gesellschaft für die finanzielle Unterstützung sowie dem Paulinus Verlag für die Publikation in dieser ansprechenden Weise.

I.

BIBLISCHE GRUNDLEGUNG

JOST ECKERT

Gewissen und Glaube bei Paulus

Das Miteinander von Gewissen und Glaube ist seit der Aufklärung in unserem Kulturkreis zunehmend problematischer geworden. Scheint der Begriff »Gewissen« aufs engste mit Autonomie und Freiheit verbunden zu sein, so wird der Begriff »Glaube« eher mit Theonomie und Fremdbestimmung in Zusammenhang gebracht. Die Parole von der Gewissensfreiheit ist durch die Skepsis gegenüber Bindungen an die dem einzelnen gegenüberstehenden Autoritäten bestimmt. Nicht das dem Willen folgende Ja zu objektiven Werten und Normen, sondern das Hören auf die eigene innere Stimme und das Handeln nach dem eigenen Gefühl und Urteil werden der viel gepriesenen Selbstverwirklichung zugeordnet. Im innerkirchlichen katholischen Bereich läßt ein klares Ja zur Gewissensentscheidung, die unter Umständen den Gegensatz zu den Glaubensnormen in Kauf nimmt, noch immer aufhorchen. Ist der Glaube hier verleugnet?

Wo sich die theologische Argumentation auf das Gewissen beruft, sind die Aussagen des Apostels Paulus von grundlegender Bedeutung, da in seinen Schriften erstmals in der ntl. Glaubensüberlieferung dieser Begriff erscheint und zur Achtung des Gewissens, auch des des im Glauben schwachen Mitchristen und des Heiden, aufgefordert wird (1 Kor 8,7–13; 10,23–30; Röm 2,15). Ist Paulus ein Anwalt dafür, daß dem Gewissen auch dann zu folgen ist, wenn es in seiner Forderung mit den Grundsätzen des Glaubens nicht übereinstimmt? Die Meinung der Exegeten zu dieser Frage ist nicht völlig einheitlich. Während die einen die Aussagen des Paulus in dem Sinne auslegen, daß das Urteil des Gewissens »schlechthin gültig« sei[1], verweisen andere – so W. Schrage – darauf, »daß es sich bei den Divergenzen in 1. Kor 8–10 und Röm 14–15 um keine fundamentalen Fragen der Lebensführung handelt und Paulus eine Gewissensentscheidung, die etwa Gottes Gebot überspränge, kaum toleriert hätte«[2]. Ähnlich äußert sich der mit dieser Festschrift Geehrte in einer überaus kenntnisreichen Behandlung der Gewissensthematik in seiner Moraltheologie bei der Erörterung der Weisung des Paulus, auch dann dem Gewissen zu folgen, wenn es etwas *verbietet*, was an sich vom Glauben her

---

1 So R. Bultmann, Theologie des NTs, Tübingen ⁴1961, S. 219 f.
2 W. Schrage, Ethik des NTs, Göttingen 1982, S. 186. Vgl. K. Berger, Historische Psychologie des NTs, Stuttgart 1991, S. 147 f.: »Wenn auch Schmerzpunkt, so ist Gewissen dennoch mein eigener Kontrollpunkt. Doch der Bereich der subjektiven Spielräume ist sehr begrenzt. Kein antiker Autor kann sich vorstellen, daß das Gewissen gegen die geltende Moral oder die geltenden Gesetze verstößt (Röm 13,5). Dem entspricht ja auch die oben konstatierte Mikrokosmos-Funktion.« und ferner: »Mit Recht ist dem antiken Gewissensbegriff vorzuwerfen, daß nicht nach der Herkunft der inhaltlichen Normen gefragt wurde.«

erlaubt ist: »Daß jemand auch dann seinem Gewissen folgen darf oder muß, wenn er etwas *für erlaubt* hält, was *verboten* ist, kommt bei Paulus nicht vor. Auf dem Hintergrund seiner Ethik scheint ein solcher Fall zudem wenig wahrscheinlich. Es ist jedenfalls kaum vorstellbar, daß er bei Homosexualität oder außerehelichen Beziehungen in ähnlicher Weise Respekt für ein irriges Gewissen gefordert hätte«[3]. Die erneute Sichtung der relevanten paulinischen Texte dürfte somit trotz der intensiven Behandlung der Thematik[4] vertretbar sein.

1. »Gewissen« als ein neuer Begriff in der apostolischen Verkündigung

Der Begriff »Gewissen« als Übersetzung des griech. Wortes syneidesis[5] ist dem hebr. AT und seinem Einflußbereich unbekannt. Die Verkündigung Jesu, wie sie in den Evangelien wiedergegeben ist, kennt diesen Begriff ebenfalls nicht.

Gewiß ist der mit dem Begriff »Gewissen« verbundene Sachverhalt allgemein-menschlich. Dieser wird im AT häufig mit dem Begriff »Herz« zum Ausdruck gebracht, wobei dieses jedoch für das Personzentrum, dem einheitlichen Sitz der Gefühle, Gedanken, der sittlichen Urteile und Antriebe steht, während die Bezeichnung Gewissen, wie die Sprache zu erkennen gibt, insbesondere für das sittliche Selbstbewußtsein steht. Die Erklärung von Ch. Maurer für die auffallende »Tatsache, daß das AT kein Wort für das Gewissen herausgebildet hat«, bleibt trotz der Kritik von H. J. Eckstein, der die theologischen Faktoren zu wenig veranschlagt[6], bedenkenswert: »Dies hängt mit der besonderen atl. Anthropologie zusammen. Der Mensch ist grundlegend durch sein Gegenüber zum Offenbarungsgott Jahwe bestimmt. Wie für das Volk der Gottesbund den alles bestimmenden Raum darstellt, so sieht sich der einzelne von diesem Gott umfangen. Wohl das großartigste Zeugnis dafür ist Ps 139. Auf die Frage, woher solches Wissen um sich selbst stammt, wird

---

3 H. Weber, Allgemeine Moraltheologie. Ruf und Antwort, Graz-Wien-Köln 1991, S. 171–215, ebd. S. 191.
4 Vgl. aus der zahlreichen Literatur Ch. Maurer, Art. synoida, syneidesis: ThWNT VII (1964), S. 897–918; G. Lüdemann, Art. syneidesis Bewußtsein, Gewissen, Überzeugung: EWNT III (1983), 721–725; H.J. Eckstein, Der Begriff Syneidesis bei Paulus. Eine ntl.-exeget. Untersuchung zum 'Gewissensbegriff', Tübingen 1983; M. Wolter, Art. Gewissen, II. NT: TRE XIII (1984), S. 213–218; R. Schnackenburg, Die sittliche Botschaft des NTs, Bd. II: Die urchristlichen Verkünder, Freiburg-Basel-Wien 1988, S. 48–58; G. Dautzenberg, Das Gewissen im Rahmen einer ntl. Ethik, in: J. Gründel (Hrsg.), Das Gewissen. Subjektive Willkür oder oberste Norm?, Düsseldorf 1990, S. 10–33.
5 Die einheitliche Übersetzung von syneidesis mit »Gewissen« ist nicht ganz unproblematisch, vgl. hierzu Eckstein, Syneidesis S. 4–12.
6 Eckstein, Syneidesis S. 106.

nicht mit dem Hinweis auf den Menschen, sondern auf den redenden und sich in seinem Worte offenbarenden Gott geantwortet«[7].

Diese Ausgangsposition biblischer Anthropologie führt zur Reserve des Judentums[8] gegenüber dem hellenistischer Geisteswelt entstammenden Gewissensbegriff – die einzig relevante Stelle des griech. ATs ist Weish 17,10 –, und dieser Befund gilt letztlich auch noch für die ntl. Verkündigung. Der jüd. Religionsphilosoph Philo (gest. um 50 n. Chr.), der um die Vermittlung zwischen jüd. Glauben und griech. Philosophie bemüht war, widmete dem Begriff »Gewissen« (meist mit to syneidos, ho elengchos bezeichnet) besondere Aufmerksamkeit[9]. »Die Aufgabe des Gewissens ist das elenchein (= überführen). Darunter ist der ganze Prozeßgang von der Anklageerhebung durch den Anwalt bis zur Vermahnung, Strafandrohung und Verurteilung durch den Richter zusammengefaßt.« Das Gewissen gehört »in die Lehre von der Bekämpfung der Sünde. Es hat als der von Gott verwendete Zutreiber die Umkehr des Menschen zu bewirken. Im Rahmen dieser Umkehr führt das Gewissen zur Selbsterkenntnis und zum Bekenntnis der Sünde«[10]. Auch der jüd. Geschichtsschreiber Flavius Josephus (gest. nach 100 n. Chr.) kennt den Gewissensbegriff[11].

Besonderer Wertschätzung erfreut sich das »Gewissen« unter dem lat. Wort *conscientia* bei dem röm. Redner, Politiker und Schriftsteller M. T. Cicero (gest. 43 v. Chr.) und dem röm. Philosophen und Dichter L. A. Seneca (gest. 65 n. Chr.). Mit Berufung auf P.W. Schönlein hält H.-J. Klauck die These für erwägenswert, daß »die forensische Rhetorik der Antike für die Einführung des Gewissensbegriffs verantwortlich« ist und »daß conscientia keine Übersetzung, sondern eine eigenständige Neubildung der Römer darstellt, die dem technischen Gebrauch von syneidesis im Griechischen vorausliegt und möglicherweise sogar auf ihn eingewirkt hat«[12]. Seneca kennt neben dem schlechten[13] auch das gute Gewissen, wie es »der ethisch-robusten

7   Maurer, ThWNT VII S. 906f.
8   Vgl. auch R.I. Zwi Werblowsky, Das Gewissen aus jüdischer Sicht, in: J. Blühdorn (Hrsg.), Das Gewissen in der Diskussion, Darmstadt 1976, S. 21–49.
9   Vgl. Maurer, ThWNT VII S. 910–112.
10 Maurer, a.a.O. 910. Berger, Historische Psychologie S. 148, verweist auf die bei Philo zur Sprache gebrachte Vorstellung vom Gewissen, das »sich bald als Herrscher und König, bald als Richter und Preisverteiler in den Lebenskämpfen heraus«-stellt (Det pot 22 f.), und äußert in diesem Zusammenhang: »Man kann sogar... feststellen, daß die Personifizierung des Gewissens in der judizialen Metaphorik ein Rest archaischer Multipersonalität ist, der eben nur paradoxerweise oder via Unterwerfung dann zur Prägung des Selbst führt. Philo macht diesen Umstand gut deutlich, wenn er von einem 'Menschen in mir' spricht. Denn genau das ist das Gewissen als eine Instanz, der ich unterworfen bin. Es ergibt sich daher der paradoxe Sachverhalt, daß gerade die Instanz, der ich unterworfen bin, über meine Identität wacht.«
11 Vgl. Maurer, ThWNT VII S. 909.
12 H.-J. Klauck, »Der Gott in dir« (Ep 41,1). Autonomie des Gewissens bei Seneca und Paulus, in: Nach den Anfängen fragen. F.S. G. Dautzenberg, hrsg. von C. Mayer u. a., Gießen 1994, S. 341–362, ebd. S. 344.
13 Vgl. Seneca, Ep 97,16: »Viele befreit das Glück von Strafe, von Furcht niemanden. Warum,

Struktur des röm. Offiziers und Rechtsgelehrten, der es mit klar umrissenen und erfüllbaren Aufgaben zu tun hat,« und dem »Bewußtsein der erfüllten Pflicht« entspricht[14]. Im Gegensatz zur Interpretation von M. Pohlenz äußert Klauck in bezug auf die Frage, ob es für das Gewissen nach Seneca noch eine höhere Autorität gäbe: »Es gibt bei Seneca kein Forum für die Verantwortung des Menschen mehr, das jenseits des Gewissens läge. Mein Richter steht mir nach Seneca nicht gegenüber, sondern ich trage ihn als Teil meiner selbst in mir. Daß dieser nicht selbst das Gesetz verkörpert, sondern sich seinerseits an der universalen Gesetzmäßigkeit der Natur orientiert, steht auf einem anderen Blatt und ändert nichts an seiner Urteilskompetenz«.[15]

2. Das Gewissen in der Diskussion über das Essen von sog. Götzenopferfleisch (1 Kor 8,1–13 und 10,23–30)

Zu den zahlreichen Problemen, die in der christl. Gemeinde von Korinth z. Z. des Paulus akut sind, gehört auch die Frage, ob der Christ Götzenopferfleisch, d. h. mit einem Segensspruch geweihtes Fleisch, essen darf. Nach dem Aposteldekret (Apg 15,23–29) soll zwar durch das sog. Apostelkonzil erlassen worden sein, daß sich die Heidenchristen von »Götzenopferfleisch und Blut und Ersticktem und Unzucht« enthalten (V.29), aber die Historizität dieses Dekrets ist zumindest in der von Lukas geschilderten Entstehung anfechtbar. Paulus kennt es in Gal 2 nicht. Möglicherweise hat der Verfasser der Apg eine auf eine bestimmte kirchliche Region begrenzte Regel verallgemeinert und durch die Bindung an das Apostelkonzil zu legitimieren gesucht.

Die Frage nach dem Essen von geweihtem Fleisch war für das Urchristentum in seiner hellenistischen Umwelt und inmitten einer pluralistischen Gesellschaft sehr lebensnah und aktuell, wie die ausführliche Behandlung dieser Materie durch Paulus anzeigt. Offb 2,14.20 bezeugt die anhaltende Aktualität dieser Frage für gnostisch-christl. Kreise.

Die vom Apostel in 1 Kor 8,1–13 und 10,(14–22).23–30 angesprochene Gemeindesituation läßt sich wie folgt beschreiben:

1. 1 Kor 8,10 bringt folgendes Problem zur Sprache: »Denn wenn einer dich, der du Erkenntnis (gnosis) hast, sieht in einem Götzentempel zu Tisch liegen, wird nicht das Gewissen von ihm, der schwach ist, verleitet werden zum Essen von Götzenopferfleisch.« Es gibt also in der Gemeinde von

---

wenn nicht deswegen, weil uns eingepflanzt ist der Abscheu vor einem Verhalten, das die Natur verdammt hat? Deswegen gibt es niemals Verlaß darauf, verborgen zu bleiben, auch wenn sie verborgen sind, weil das Gewissen sie überführt und sie vor sich selbst enthüllt. Eigenart des Schuldigen aber ist es zu zittern.«

14 So Maurer, ThWNT VII S. 906.6ff.
15 Klauck, »Der Gott in dir« S. 355.

Korinth Christen, die keine Bedenken haben, im Tempel gesegnetes Fleisch zu essen. Sie wissen sich dazu aufgrund ihrer christl. Glaubenserkenntnis ermächtigt, die ihnen – diesen Standpunkt teilt ja auch Paulus – sagt, »daß kein Götze in der Welt ist und daß kein Gott ist, außer einem« (8,4). Diesen »Starken« – dieser Ausdruck fällt im 1 Kor noch nicht (anders Röm 15,1), ist aber durch die Rede von den »Schwachen« vorausgesetzt – stehen die »Schwachen« gegenüber, die zwar angesichts eines solchen »starken« Verhaltens ihrer Mitchristen Gewissensbisse bekommen, aber unter Umständen bereit sind, gegen ihr Gewissen, geweihtes Fleisch zu essen. Sie »essen (es) wegen ihrer fortwährenden Gewöhnung an den Götzen als Götzenopferfleisch, und ihr Gewissen, das schwach ist, wird befleckt« (8,7).

2. Es gibt dann die Frage, wie man sich als Christ zu dem auf dem Markt feilgebotenen Fleisch, unter dem sich auch Opferfleisch befinden konnte, verhalten sollte (10,25 f.).

3. Ein weiteres Problem ergab sich für die Christen, wenn sie einer gesellschaftlichen Einladung nachkamen und ihnen bei dem privaten Mahl geweihtes Fleisch vorgesetzt wurde (vgl. 10,27–29). Durften sie es essen oder nicht?

Zum besseren Verständnis des Verhaltens der Starken und der Schwachen, die nicht einfach mit den Heidenchristen und den Judenchristen gleichgesetzt werden können, sind die Ausführungen von G. Theißen über den soziokulturellen und sozioökonomischen Hintergrund des Problems aufschlußreich[16]. Theißen sieht in den »Schwachen« vor allem Angehörige der unteren sozialen Schicht, aus der die meisten Gemeindemitglieder kamen (vgl. 1 Kor 1,26–29). Dagegen seien die »Starken« zugleich die reicheren, gebildeteren und gesellschaftlich bessergestellten Gemeindemitglieder, die somit eine größere Neigung zur befreienden Erkenntnis (= Gnosis; vgl. 8,1.7) und stärkere gesellschaftliche Verpflichtungen gehabt haben. Dies bedeutet: »Einschränkungen auf dem Gebiete des 'Götzenopferfleisches' waren Kommunikationsschranken. Mit ihnen war das Problem des Verhältnisses zur antiken Gesellschaft aufgeworfen... Erastos, der 'Stadtkämmerer' (Röm 16,23), hätte sein öffentliches Amt gleich zur Verfügung stellen können, hätte er alle Einladungen ausgeschlagen, bei denen geweihtes Fleisch zu erwarten war«[17].

Inwiefern es für die »Schwachen«, die vor allem der unteren sozialen Schicht angehörten, ein Opferfleischproblem gab, erklärt Theißen wie folgt: »Sie kannten ... Fleisch fast ausschließlich als Bestandteil heidnisch-religiöser Feiern. Fleischgenuß und Götzendienst mußten für sie daher viel enger zusammengehören als für Mitglieder höherer Schichten, die auch Alltagsfleisch zu essen gewohnt waren. Für den kleinen Mann war Fleisch wirklich etwas 'Besonderes'. Es gehörte zu einer vom Alltag abgehobenen heiligen

16 G. Theißen, Die Starken und Schwachen in Korinth. Soziologische Analyse eines theologischen Streites, in: EvTh 35 (1975), S. 155–172, = in: Studien zur Soziologie des Urchristentums, Tübingen ²1983, S. 272–289.
17 Theißen, Studien S. 279 f.

Zeit. Es hatte 'numinosen' Charakter. Der Übertritt zum Christentum brachte für Juden- und Heidenchristen aus den unteren Schichten in gleicher Weise Schwierigkeiten mit sich: Den ehemaligen Heiden mußte es schwer fallen, Fleisch unabhängig von seinem rituellen Rahmen als etwas ganz Natürliches anzusehen, während sie zugleich in erhöhter Versuchung standen, sich wenigstens das bißchen Fleischgenuß nicht entgehen zu lassen, das ihnen heidnische Feste und Stiftungen boten. Sie aßen also weiterhin Fleisch – taten es jedoch mit schlechtem Gewissen (8,7). Ehemalige Juden aber waren durch den Übertritt von den Einschränkungen des Judentums befreit. Mußte es nicht verlockend sein, jetzt endlich an den öffentlichen Fleischverteilungen zu partizipieren (8,10)? Aber es wird für sie nicht leicht gewesen sein, die negative Tabuisierung des Fleisches abzubauen, hatten sie doch in Vergangenheit und Gegenwart wenig Gelegenheit, sich nicht-rituell geschlachtetes Fleisch zu kaufen«[18].

Ob die Situation durch Theißen voll erfaßt ist und der Kreis der »Starken« nicht größer ist und etliche aus der Unterschicht mitumfaßte, bleibt diskutabel. Doch zeigt die Analyse, welches persönliche und gesellschaftliche Problem für den Christen hier zur Debatte stand und wie sehr das Gewissen des einzelnen in Konflikte geraten konnte.

Interessant ist, wie Paulus die Problematik angeht und theologisch zu bewältigen versucht. Dabei ist sein Urteil alles andere als einfach, vielmehr differenziert, ja nicht ohne Spannungen. Klar allerdings ist der Maßstab, den er gleich zu Beginn zur Sprache bringt: »Was aber das Götzenopferfleisch angeht: Wir wissen, daß wir alle Erkenntnis haben. (Doch) die Erkenntnis bläht auf, die Liebe aber baut auf (oikodome)« (8,1). Grundsätzlich gesteht der Apostel den Starken ihre Erkenntnis und im Glauben begründete Freiheit zu, »daß kein Götze (ist) in der Welt und daß kein Gott (ist) außer dem einen. Und selbst wenn sogenannte Götter sind, sei es im Himmel oder auf Erden, wie ja viele Götter und Herren sind – doch für uns (ist) *ein* Gott, der Vater, und *ein* Herr, Jesus Christus, durch den alles (ist) und wir durch ihn« (8,4b–6). Deshalb ist das Essen des geweihten Fleisches an sich nicht verwerflich, »denn des Herrn ist die Erde und das, was sie erfüllt« (10,26). Doch muß diese Erkenntnis in der christl. Gemeinde mit der das Gemeindeleben und den anderen erbauenden Liebe verbunden sein. Diesen Maßstab der Erbauung kehrt der Apostel später bei der Beurteilung der Charismen besonders hervor (vgl. 1 Kor 12–14). Die Liebe steht höher als die Erkenntnis. Diese ist herzlos, wenn sie nicht von der Agape als der konstruktiven Kraft zur Erbauung der Gemeinde und »des Bruder(s), um dessentwegen Christus gestorben ist« (8,11), getragen ist. Deshalb kann Paulus am Ende der ersten Behandlung des Problems zugespitzt schreiben: »Darum, wenn eine Speise Anstoß bereitet

---

18 Theißen, Studien S. 278 f.

20

meinem Bruder, keinesfalls werde ich Fleisch essen in Ewigkeit, damit ich meinem Bruder nicht Anstoß gebe« (8,13).

Dieser Rücksichtnahme auf den Bruder entspricht ferner der vom Apostel so betonte Respekt vor dem Gewissen des anderen: »Denn wenn einer dich, der du Erkenntnis hast, im Götzenhaus zu Tisch liegen sieht, wird nicht das Gewissen von ihm, der schwach ist, bewogen werden, Götzenopferfleisch zu essen? Zugrunde geht also der Schwache an deiner Erkenntnis, der Bruder, um dessentwegen Christus gestorben ist. So aber, sündigend gegen die Brüder und ihr Gewissen, das schwach ist, verletzend, sündigt ihr gegen Christus« (8,10–12). Es wird erwogen, ob der erstmalig hier in den Paulusbriefen auftauchende Begriff »Gewissen« schon durch die Diskussion in der Gemeinde von Korinth vorgegeben war, wie ja der Apostel auf eine Anfrage aus Korinth Bezug nimmt (8,1). Haben die Starken mit diesem aus der hellenistischen Ethik stammenden Begriff ihr Verhalten begründet? Im Kontext eines neu gewonnenen Freiheitsbewußtseins könnte er besonderes Gewicht gewonnen haben. Ist den Starken der Gewissensbegriff nahegebracht worden von dem aus Alexandrien stammenden Juden Apollos, der in Apg 18,24 als »ein beredter Mann, der sehr bewandert war in den Schriften«, vorgestellt wird und der in der Gemeinde von Korinth überaus großen Einfluß gewonnen hatte (1 Kor 1,12; 3,5ff.22)?[19]

Bei der Aufnahme des Gewissensbegriffs in den christl. Glauben bleibt jener ein anthropologischer Begriff, ist aber bei Paulus eingebettet in das bisherige Koordinatensystem traditioneller biblischer Begrifflichkeit. Deutlich ist, daß der Apostel einen besonderen Akzent auf der Respektierung des Gewissens des anderen legt, auch wenn er dieses aufgrund mangelhafter Glaubenserkenntnis als schwach bezeichnet. Er will das Gewissen des anderen nicht »verletzen«, weil dies einerseits lieblos und unchristlich wäre, d. h. nicht dem Verhalten Christi entspräche, aber der Apostel scheint das Gewissen auch als eine für die Identitätsbewahrung des Menschen höchst wichtige eigenständige Größe anzusehen.

Diese fast bis zur Selbstverleugnung gehende Rücksichtnahme auf das Gewissen des anderen, nicht nur des christlichen Mitbruders, sondern auch des Heiden, tritt dann eindrucksvoll in 10,27–29a zutage: »Wenn jemand von den Ungläubigen euch einlädt und ihr wollt hingehen, alles, was euch vorgelegt wird, eßt, nichts untersuchend wegen des Gewissens. Wenn aber jemand euch sagt: Dies ist Götzenopferfleisch!, nicht eßt wegen jenes, der hingewiesen hat, und (wegen) des Gewissens. Mit Gewissen aber meine ich nicht das eigene, sondern das des anderen. Denn warum wird meine Freiheit gerichtet von einem anderen Gewissen? Wenn ich mit Dank teilhabe (mitesse), warum werde ich gelästert (für das), wofür ich danke.« Unstrittig ist, daß Paulus dem Christen die Freiheit zubilligt, im Haus eines Heiden möglicherweise geweih-

---

19 Vgl. jetzt wieder Klauck, »Der Gott in dir« S. 360 f.

tes Fleisch zu essen; Nachforschungen brauchen nicht angestellt zu werden. Ein skrupulöses Gewissen ist hier auf seiten des Christen nicht angebracht. Allerdings hat sich im status confessionis, wenn der heidnische Gastgeber – dieser dürfte in erster Linie gemeint sein – den Christen ausdrücklich auf das gesegnete Fleisch aufmerksam macht, die Situation gewandelt. Doch geht es jetzt nicht um das Gewissen des Christen, sondern um das des anderen. »Wie man das Gewissen des schwachen Christen nicht verletzen soll (8,7–13), so ist auch das Gewissen des Heiden grundsätzlich anzuerkennen. Er ist von der besonderen Bedeutung des Opferfleisches überzeugt, und dem trägt der Christ dadurch Rechnung, daß er nicht ißt.[20]« Der Christ verleugnet nicht seinen Glauben und seine Freiheit, sondern übt diese nur nicht aus.

Schwierigkeiten bereitet der Exegese bei der weiteren Auslegung V.29b: »Denn warum wird meine Freiheit gerichtet von einem anderen Gewissen?« Die Einheitsübersetzung übersetzt interpretierend: »denn (an sich gilt): Warum soll meine Freiheit vom Gewissensurteil eines anderen abhängig sein?« Dazu kommentiert Klauck: »In 29b30 scheint Paulus einzulenken, was den bisher kritisierten Standpunkt der Starken angeht. Auch für den Schwachen gibt es eine Grenze. Er hat kein Recht, sich ein Urteil über die innersten Beweggründe des anderen anzumaßen und ihn zu schmähen (vgl. Röm 14,10). Einen weiteren theologischen Grund für eine freiere Haltung liefert das Dankgebet bei Tisch, das der Christ offenbar auch im heidnischen Haus spricht und das alle Nahrung, ungeachtet ihrer Herkunft, als Gabe des Schöpfergottes (vgl. 26) heiligt«[21].

Deutlich dürfte sein, daß mit der im persönlichen Bekenntnisstil formulierten Frage der Schlußabschnitt eingeleitet und damit eine über das bisher behandelte Problem hinausgehende weitere Perspektive eröffnet ist. Eine Klarstellung der christlichen Freiheit scheint vonnöten zu sein. Die Freiheit, die der Apostel aufgrund seines Glaubens gewonnen hat und sein Gewissen bestimmt, unterwirft er nicht dem Gewissen des anderen; sie schenkt ihm die Möglichkeit, geweihtes Fleisch zu essen oder nicht; sie gibt ihm auch die Kraft, aus Rücksicht auf andere Verzicht zu üben.

So sehr Paulus ein Anwalt der Freiheit des Christen ist und in gewisser Weise das enthusiastische Freiheitsbewußtsein in Korinth mit seinen Problemen hervorgerufen hat, so sehr kann er auch Grenzen ziehen. Kompromißlos ist seine Rede, wenn er unter dem Aspekt der koinonia (= communio, Gemeinschaft)[22] die Korinther auffordert: »Flieht vor dem Götzendienst!«

20 C. Wolff, Der erste Brief des Paulus an die Korinther. 2. Teil: Auslegung der Kapitel 8–16, Berlin 1982, S. 61.
21 H.-J. Klauck, 1. Korintherbrief, Würzburg 1984, S. 76.
22 Vgl. J. Hainz, Koinonia. »Kirche« als Gemeinschaft bei Paulus (BU 16), Regensburg 1982; J. Eckert, Der paulinische Koinoniagedanke in den Eucharistischen Hochgebeten, in: A. Heinz, H. Rennings (Hrsg.), Gratias agamus. Studien zum eucharistischen Hochgebet. Für B. Fischer, Freiburg-Basel-Wien 1992, S. 61–74.

(10,14) und ihnen sagt: »Nicht könnt ihr den Kelch des Herrn trinken und den Kelch der Dämonen; nicht könnt ihr am Tisch des Herrn teilhaben und am Tisch der Dämonen« (10,21). Der christl. Glaube scheint hier dem Gewissen bzw. der für das Gewissensurteil relevanten Erkenntnis keinen Ermessensspielraum mehr zuzubilligen (vgl. Gal 2,11ff). Die Briefe des Apostels zeigen, wie eindringlich er in diesem Sinn den Gläubigen ins Gewissen reden konnte.

3. Der Aufruf des Gewissens als Zeuge der Wahrhaftigkeit

Für das Gewissensverständnis des Paulus ist aufschlußreich, wenn er innerhalb der Erörterung des Parteiwesens in Korinth und in Abwehr gegen ihn gerichteter Vorwürfe schreibt: »Mir aber ist es ein Geringstes, daß ich von euch beurteilt werde oder von einem menschlichen (Gerichts)tag; aber auch nicht mich selbst richte ich. Denn nichts bin ich mir bewußt (emauto synoida), aber nicht bin ich deswegen gerechtgesprochen, der aber mich Richtende ist der Herr. Daher richtet nicht vor der Zeit über etwas, bis der Herr kommt, der auch ausleuchten wird das Verborgene der Finsternis und offenbar machen wird die Pläne der Herzen; und dann wird das Lob einem jeden werden von Gott« (1 Kor 4,3–5). Zwar ist hier nicht das abstrakte Substantiv syneidesis verwendet, aber die diesem entsprechende verbale reflexive Wendung »ich bin mir bewußt« (emauto synoida) ist gegeben, wobei die mit dem Gewissen ureigene Funktion der Anklage zutagetritt. Daß hier im Kontext der Gerichtsgedanke auftaucht, ist ebenfalls bezeichnend. Weil der Apostel ein gutes Gewissen hat – dieser Ausdruck begegnet erst im nachpaulinischen Schrifttum (vgl. 1 Tim 1,5.19; Apg 23,1; 1 Petr 3,16.21), ist aber sachlich gegeben –, berührt ihn letztlich die etwaige gerichtliche Beurteilung seiner Amtsführung durch die Korinther oder andere nicht, einzig das Gericht Gottes – und das heißt für den Christen: die Begegnung mit dem richtenden Herrn – ist die entscheidende Instanz, die alles Verborgene auszuleuchten, die Pläne der Herzen zu offenbaren und gerechtzusprechen vermag. Deshalb verzichtet Paulus darauf, sich selbst zu beurteilen (V.4b). Das Gewissen bleibt dem Gericht Gottes unterworfen, nicht allein, weil es in vielfacher Hinsicht unzulänglich, sondern weil es auch unzuständig ist, letzte Urteile zu treffen[23]. Dieses eschatologischen Vorbehalts wird sich das christl. Gewissen bewußt sein. »Erstaunlicherweise ist auf die Freisprechung durch den Herrn auch dasjenige Gewissen angewiesen, das einen nicht verklagt«[24].

---

23 W. Schrage, Der erste Brief an die Korinther, 1. Teilband: 1 Kor 1,1–6,11, Zürich, Braunschweig; Neukirchen-Vluyn 1991, S. 324 f.
24 Schrage, Der erste Brief an die Korinther I S. 325.

In der vom 2. Kor bezeugten Auseinandersetzung mit einer neuen ungleich stärkeren Infragestellung seiner Autorität und persönlichen Integrität beruft sich Paulus im Notstand der Selbstverteidigung ebenfalls auf sein Gewissen: »Denn unser Ruhm ist dies: das Zeugnis unseres Gewissens, daß wir in Einfalt und Lauterkeit Gottes und nicht in fleischlicher Weisheit, sondern in der Gnade Gottes gewandelt sind in der Welt, besonders aber bei euch. Denn nichts anderes schreiben wir euch, als was ihr lest oder auch versteht; ich hoffe aber, daß bis ans Ende ihr verstehen werdet, wie ihr uns auch zum Teil verstanden habt, daß euer Ruhm wir sind wie auch ihr unserer am Tag unseres Herrn Jesus« (2 Kor 1,12–14). Als Angeklagter und in der delikaten Situation, von seinem Ruhm reden zu müssen (vgl. die sog. Narrenrede des Apostels 2 Kor 11,16–12,13), ruft Paulus als unbestechlichen Zeugen sein Gewissen auf. Doch so hilfreich dessen Zeugnis für die eigene Glaubwürdigkeit ist und er ein ruhiges, ja zufriedenes Gewissen hat, den Ausblick auf das die Wahrheit enthüllende und somit über die persönliche Wahrhaftigkeit entscheidende Gericht Gottes versagt er sich auch an dieser Stelle nicht.

Im Zusammenhang mit der Verteidigung seines Lebenswandels und seiner apostolischen Wirksamkeit äußert Paulus an einer anderen Stelle desselben Briefes: »Deswegen, da wir diesen Dienst haben, gleichwie wir Erbarmen gefunden haben, nicht ermüden wir, sondern wir haben uns losgesagt von den verborgenen (Dingen) der Schande, nicht wandelnd in Arglist und nicht verfälschend das Wort Gottes, sondern durch die Offenbarung der Wahrheit uns empfehlend an jedes Gewissen der Menschen vor Gott« (2 Kor 4,1f). Während der Apostel in 2 Kor 1,12 das eigene Gewissen als Zeuge für seine Lauterkeit aufgerufen hat, nimmt er hier, wobei dieses Zeugnis in der erneuten Bekräftigung seiner Glaubwürdigkeit stillschweigend vorausgesetzt ist, das Gewissen derer, denen er das Wort Gottes verkündet, in den Blick. K. Prümm kann deshalb kommentieren: Paulus »legt es darauf ab, Vertrauen zu finden durch den Anruf des Gewissens, jener Stelle des menschlichen Innern, wo das Bewußtsein der letzten Verpflichtung gegenüber Gott und überhaupt für sittliche 'Anständigkeit' seinen Sitz hat. Er rechnet also mit dem Vorhandensein und der Lebendigkeit des Gewissens wenigstens nach dieser seiner Äußerungsweise auch bei den heidnischen Hörern«[25].

In der Aussage, daß er sich »durch die Offenbarung der Wahrheit« »jedem Gewissen der Menschen vor Gott« empfehle, zeigt zwar die Schlußwendung »vor Gott« an, wem sich der Apostel letztlich verantwortlich weiß, und unterstützt seine Versicherung, sich ehrlich zu verhalten, aber unter der »Offenbarung der Wahrheit an jedes Gewissen« ist wohl nicht primär das Zeugnis der Wahrhaftigkeit des Apostels, sondern die Verkündigung der

---

25 K. Prümm S.J., Diakonia Pneumatos. Der 2. Korintherbrief als Zugang zur apostol. Auslegung, Bd. I: Theol. Auslegung des 2. Korintherbriefes, Rom-Freiburg-Wien 1967, S. 212.

Wahrheit, d.h. des Evangeliums, zu verstehen[26]. Diese hat gerade im Gewissen als dem letzten und innersten Urteilsvermögen des Menschen ihr besonderes Wahrnehmungszentrum.

Dem ihm aufgezwungenen Anliegen, sich in seiner Lauterkeit zu verteidigen, verpflichtet, äußert Paulus an einer weiteren Stelle: »Kennend nun die Furcht des Herrn, Menschen überzeugen wir, Gott aber sind wir offenbar geworden; ich hoffe aber auch in euren Gewissen offenbar geworden zu sein« (2 Kor 5,11). Möglicherweise greift Paulus bei der Aussage »Menschen überzeugen wir« einen Vorwurf seiner Gegner auf; dann könnte wörtlich mit »überreden« übersetzt werden. Auf jeden Fall betont er, daß seine Verkündigung im Bewußtsein der Verantwortung vor dem richtenden Herrn geschieht – der Begriff »Furcht« assoziiert den Gerichtsgedanken – und sein apostolisches Wirken offen zutageliegt vor Gott. Und er hofft, ebenso unverhüllt im Gewissen der Mitglieder seiner Gemeinde in Korinth angenommen zu sein. Wiederum geht es gleichsam um einen Appell an das bessere, äußerster Ehrlichkeit verpflichtete Ich der Korinther, die zur Zeit zu einem großen Teil von Mißtrauen gegenüber dem Apostel infiziert sind. Mit dem Stichwort »Gewissen« will er die Mauer oberflächlicher und von außen eingeflößter Vorurteile durch- und zur Wahrhaftigkeit vorstoßen.

Nach Eckstein bestätigen 2 Kor 4,2 und 5,11, daß die Syneidesis »in objektivierender Redeweise die *Instanz* bezeichnet, die das Verhalten beobachtet und nach vorgegebenen Normen beurteilt«, wobei jedoch weiter zu vermerken sei, daß »Paulus hier wie selbstverständlich voraus(setzt), daß die Syneidesis zugleich in der Lage ist, das Verhalten anderer Personen zu beurteilen, was mit dem neuzeitlichen Verständnis von 'Gewissen' im engeren Sinne nicht vereinbar ist. Dieses Phänomen erklärt sich am leichtesten als ein Nachwirken des etymologisch ursprünglichen, nichtreflexiven Gebrauchs – im Sinne von 'Mitwissen', 'Zeugenschaft' – auf das weiterentwickelte Verständnis von syneidesis als Instanz der Selbstbeurteilung«[27].

Wie sehr Paulus bei höchstpersönlichen Aussagen von größter Wichtigkeit einerseits sein Gewissen als Zeuge anrufen kann, andererseits aber dieser Zeuge allein nicht ausreicht, tritt sehr anschaulich an der markanten Stelle im Röm zu Beginn der Erörterung des Israelproblems zutage: » (Die) Wahrheit sage ich in Christus, nicht lüge ich, (was) mitbezeugt mir mein Gewissen im heiligen Geist, daß große Traurigkeit in mir ist und unaufhörlicher Schmerz in meinem Herzen. Ich wünschte nämlich, verflucht zu sein, ich selbst, weg von Christus für meine Brüder, meine Stammesgenossen nach dem Fleisch« (Röm 9,1–3). Der Apostel bringt sich hier voll mit seiner Person ein; seine Wahrhaftigkeit ist aufs äußerste angesichts seiner Aussagen gefordert. Als

---

26 Vgl. R. Bultmann, Der zweite Brief an die Korinther, hrsg. von E. Dinkler, Göttingen 1976, S. 104.
27 Eckstein, Syneidesis S. 232.

ersten Bürgen dafür, daß er die Wahrheit sagt, nennt er Christus, der im Wort des Apostels zugleich gegenwärtig wird. Als einen weiteren Zeugen, der mit dem redenden Ich des Apostels aber nicht einfach identisch ist, sondern eine gewisse Eigenständigkeit hat, da Paulus von dem »Mir-Mitbezeugen« spricht, nennt er sein Gewissen, wobei die Wendung »in heiligem Geist« nicht ein spezifisch christl. Gewissen kennzeichnet[28], sondern die Zeugnisfunktion qualifizieren will. In diesem Sinn äußert Schlier: »Freilich, das Gewissen könnte irren. So wird noch hinzugefügt, daß das Gewissenszeugnis 'im heiligen Geist' abgelegt werde«[29].

4. Das Gewissen der Heiden nach Röm 2,15

Da der Röm einen testamentarischen Chararakter und die Aussage über das Gewissen der Heiden in Röm 2,15 für den Argumentationsgang besonderes Gewicht hat, gilt diese Stelle häufig als locus classicus paulinischer Gewissenslehre. Doch geht der Begriff »Lehre« zu weit, wie der Kontext mit seiner eigenen Thematik zeigt: »Denn wieviele ohne Gesetz gesündigt haben, werden ohne Gesetz zugrunde gehen; und wieviele unter dem Gesetz gesündigt haben, werden durch das Gesetz gerichtet werden; denn nicht die Hörer des Gesetzes (sind) gerecht vor Gott, sondern die Täter des Gesetzes werden gerechtgesprochen werden. Denn wenn Heiden, die das Gesetz nicht haben, von Natur (physei) das (Geforderte) des Gesetzes tun, sind diese, die das Gesetz nicht haben, sich selbst Gesetz; diese zeigen das Werk des Gesetzes geschrieben in ihren Herzen, (was) mitbezeugt ihr Gewissen und ihre sich untereinander anklagenden oder auch sich verteidigenden Gedanken, an dem Tag, da richtet Gott das Verborgene der Menschen nach meinem Evangelium durch Christus Jesus« (Röm 2,12–16).

Die Ausführungen des Apostels stehen im Dienste des im Röm geführten Nachweises, daß das Evangelium, wie es Paulus verkündet (vgl. den Begriff »mein Evangelium« in V. 16), »eine Kraft Gottes zum Heil einem jeden (ist), der glaubt, dem Juden zuerst und auch dem Heiden« (Röm 1,16b). Um die Heilsnotwendigkeit dieser Kraft und der sie erschließenden Gerechtigkeit Gottes aufzuzeigen, legt Paulus dar, daß alle – Juden wie Heiden – unter dem Zorn Gottes stehen, da sie als Sünder erwiesen sind (Röm 1,18–3,20). In diesem Zusammenhang kommt er auf den Besitz der Tora zu sprechen, der jedoch nicht das Heil verschafft, da alle als Sünder befunden werden. Die Tora kann auch für die Heiden als Maßstab des Gerichts Gottes gelten. Der Gerichtsgedanke ist beherrschend in unserem Abschnitt, wie Anfang und Schluß zeigen (VV. 12.16). Paulus kündet »allen, die ohne Gesetz gesündigt

---

28 Vgl. die Diskussion von Eckstein, Syneidesis S. 187 f.
29 H. Schlier, Der Römerbrief, Freiburg-Basel-Wien 1977, S. 284.

haben«, an, daß sie zugrunde gehen (V.12). Mit welchem Recht? Darauf geht er im folgenden ein. Gut jüdisch ist seine These: »Denn nicht die Hörer des Gesetzes sind gerecht vor Gott, sondern die Täter des Gesetzes werden gerechtgesprochen werden« (V.13). Wie kann ich vor Gottes Gericht bestehen? Das ist die Frage. Daß auch der Heide unter dem Gericht, ja dem Zorn Gottes steht, hat der Apostel schon überaus scharf in Röm 1,18 ff. dargelegt: schuldhaft haben die Heiden die Erkenntnis des wahren Gottes preisgegeben und wurden von diesem sich selbst und ihren Lastern preisgegeben. Jetzt spricht er davon, daß die Heiden in gewisser Weise auch den im Gesetz geoffenbarten Willen Gottes kennen[30]. Dabei sagt er von den Heiden – es wird eine grundsätzliche Aussage gemacht; die Frage, ob alle oder nur einige Heiden gemeint sind, ist somit irrelevant –, daß sie »von Natur aus« das tun, was das Gesetz – es wird nur das in der Tora zum Ausdruck kommende Sittengesetz gemeint sein – fordert und somit »sich selbst Gesetz« sind.

Mit der Wendung »von Natur aus« greift Paulus wie bei dem Gewissensbegriff einen in der griech.-röm. Philosophie beheimateten Gedanken auf, den auch Philo kannte und der bei den Stoikern, die ein Leben in Übereinstimmung mit der Natur propagierten, geschätzt war[31]. Der hier nachweisbare Einfluß zeitgenössischer Philosophie besagt nicht, daß Paulus in seiner Theologie ein unabhängig von seinem Evangelium bestehendes Kapitel über das Naturgesetz schreibt. Vielmehr kann mit O. Kuss gesagt werden: »Wenn die Physis in der stoischen Philosophie mit gewissen Varianten eine in sich ruhende und aus sich wirkende letzte Größe ist – die Stoa kennt genaugenommen keinen persönlichen Gott –, so ordnet sie Paulus stillschweigend seinem atl. Weltbild ein. Gott ist der Schöpfer der Physis und also der Urheber der in ihr waltenden Ordnung, auch der mit ihr im Einklang stehenden sittlichen Ordnung. Zweifellos gibt es für den Juden Paulus keine andere Norm der sittlichen Ordnung als die durch das in der Schrift enthaltene Gesetz (vomos) repräsentierte. Aber eben was in der Schrift expressis verbis in seiner Fülle, in seinem Umfange dem Juden zugänglich wird, ist dem Heiden 'von Natur' (physei), durch das mit ihrem Menschenwesen mitgegebene sittliche Normbewußtsein zugänglich. Man kann also sagen: daß alle wissen, was sie zu tun haben, ergibt sich daraus, daß einige es in gewissen Fällen tatsächlich tun«[32].

Den für Juden erstaunlichen Gedanken – die Konfrontation ist kaum zu übersehen[33] –, daß die Heiden sich selbst Gesetz sind und von Natur aus die

---

30 Vgl. Wilckens, Der Brief an die Römer, 1. Teilband (Röm 1–5), Zürich, Einsiedeln; Neukirchen-Vluyn 1978, S. 135: »Der natürlichen Erkenntnis Gottes entspricht eine natürliche moralische Erkenntnis des Willens Gottes, die inhaltlich identisch mit der Tora ist.«
31 Vgl. das Quellenmaterial bei H. Köster, Art. physis e.c.: ThWNT IX (1973), S. 246–271.
32 O. Kuss, Der Römerbrief, 1. Lieferung (Röm 1,1 bis 6,11), Regensburg 1957, S. 73 f.
33 Vgl. Wilckens, Der Brief an die Römer I S. 135: »In charakteristischem Unterschied zu Philon aber dient das aufgenommene Gut nicht der apologetischen Interpretation der jüdischen Gesetzestradition, sondern der Polemik gegen das heilsgeschichtliche Privilegbewußtsein, das sich aus der jüdischen Gesetzesüberlieferung herleitete.«

Forderungen des Gesetzes tun – es handelt sich hier wie auch sonst bei dem prinzipiellen Denker Paulus um sehr zugespitzte Aussagen –, erläutert der Apostel, wenn er weiter über die Heiden sagt: »diese zeigen das Werk des Gesetzes geschrieben in ihren Herzen, was (mit)bezeugt ihr Gewissen und die sich untereinander anklagenden und verteidigenden Gedanken« (V.15). Das Gewissen erscheint hier wieder als eine sich im Menschen meldende Instanz, die von den anklagenden – man beachte die Priorität der Anklage – und verteidigenden Gedanken in Unruhe gehalten wird. Das Gewissen wird zugleich als ein Zeuge dafür charakterisiert, daß »das Werk des Gesetzes« in den Herzen der Heiden eingeschrieben ist, d.h. daß ihr Tun einem natürlichen innersten Erkenntnisvermögen für Gut und Böse folgen kann. Die Heiden »haben also auch eine 'Schrift' oder, vielleicht besser, eine 'Inschrift', aber nun freilich nicht in einem Buch, sondern in den Herzen«[34]. Paulus spricht der atl. Tradition entsprechend, die den Begriff »Gewissen« nicht kennt, vom Herzen und ordnet ihm dann den hellenistischen Begriff »Gewissen« zu. Allerdings ist dies kein zweiter Zeuge neben dem Herzen, sondern man wird mit Schlier auslegen müssen: »Das Gewissen liest sozusagen die Herzeninschaft und gibt sie dem Menschen kund, und zwar... in der Weise, daß in der Reflexion des Gewissens Anklage und Verteidigung das Wort nehmen. Das Gewissen bringt sich und damit die im Herzen eingeschriebene Forderung des Gesetzes in... den Gedanken, Erwägungen, Überlegungen... zur Sprache«[35].

Die Hinordnung und das Ziel der Ausführung über das ins Herz geschriebene Gesetz und das Gewissen darf nicht übersehen werden. Einerseits geht es darum, wie bei der philosophischen Anschauung vom »ungeschriebenen Gesetz« »den Menschen auf das ihn unbedingt Verpflichtende zu stellen«,[36] andererseits will Paulus – wie das im Schlußvers angesprochene Gericht belegt – aufweisen, wie sehr die Heiden aufgrund ihres unruhigen, d.h. anklagenden und verteidigenden Gewissens dem Gericht dessen unterstellt und ausgesetzt sind, der als der Herzenskenner (vgl. Jer 17,10; Spr 17,3; Sir 23,19f; 1 Kor 4,5; Apg 1,24; 15,8) allein das Verborgene der Menschen zu enthüllen und beurteilen vermag. Die exegetisch schwierige Schlußwendung »nach meinem Evangelium durch Christus Jesus« will zum Ausdruck bringen, daß Gottes Gericht von Christus vollzogen wird und dem Maßstab des von seinem Apostel verkündeten Evangeliums entspricht. Hier ergeht das Heilsangebot für die Welt. Daß die Gewissensregungen der Heiden erst am Tage des Gerichts in Reue oder Verzweiflung ergehen[37], ist eine zu scharfsinnige

---

34 Schlier, Römerbrief S. 78, vgl. R. Pesch, Römerbrief, Würzburg 1983, S. 34.
35 Schlier, Römerbrief S. 79, der mit Hinweis auf Röm 8,16; 9,1 das symmartyrein nicht im Sinne von »zusammen mit jemandem Zeugnis ablegen«, sondern »jemandem Zeugnis geben« versteht.
36 E.Käsemann, An die Römer, Tübingen 1973, S. 59.
37 So Wilckens, Römerbrief I S. 135 f.; P. Stuhlmacher, Der Brief an die Römer, Göttingen, Zürich 1989, S. 42.

Auslegung des Textes, so sehr »das im Gewissen erfolgende Verklagen und Verteidigen« als »ein Vorspiel des Jüngsten Gerichtes« verstanden werden kann[38]. Das Endgericht ist jedoch für Paulus »kein göttlicher Racheakt, sondern das ersehnte Ereignis der endgültigen Durchsetzung der heilschaffenden Gottesgerechtigkeit gegenüber allen Mächten des Bösen« (vgl. 1 Kor 15,24–28.54f; Röm 8,38f)[39].

M. Luther hebt in seinem Kommentar zu Röm 2,15f. die Erkenntnisfähigkeit der Heiden in bezug auf ihre bösen Taten hervor und stellt dann heraus, wie sehr alle Menschen aufgrund des eigenen Gewissensurteils, dem sie nicht entfliehen können, dem Gericht Gottes verfallen sind; jedoch gibt es Rettung von Christus her, der unsere Sünde zu der seinigen gemacht und uns Freiheit und Gerechtigkeit erworben hat[40].

Mit dem Hinweis auf die Stimme des Gewissens bei den Heiden – es handelt sich da nicht um eine beruhigende Stimme – will Paulus gerade seine Glaubensverkündigung als notwendig erweisen (vgl. 1 Thess 1,9 f.; 2 Kor 2,15 f.).

5. »Alles aber, was nicht aus Glauben geschieht, ist Sünde« (Röm 14,23)

Vom »Gewissen« spricht Paulus im Röm noch im Zusammenhang mit der Ermahnung der Christen in Rom, die staatliche Autorität anzuerkennen (Röm 13,1–7), die da »Gottes Dienerin« ist »zum Guten« und mit ihrer Schwertgewalt zugleich »eine Rächerin zu(m) Zorn(gericht) dem das Böse Tuenden« (V.4f): »Darum (besteht) Notwendigkeit, sich unterzuordnen,

---

38 H. Thielicke, Theologische Ethik Bd. I, Tübingen 1965, S. 507. Treffend G. Theißen, Psychologische Aspekte paulinischer Theologie, Göttingen 1983, S. 81 f.: »Wenn das Gewissen am Jüngsten Tag als Zeuge auftreten soll, muß es schon vorher präsent und wirksam gewesen sein, so wie jeder Zeuge bei der von ihm bezeugten Handlung präsent gewesen sein muß. Das Gewissen ist daher ebenso ein präsentisches Phänomen wie das ins Herz geschriebene Gesetz, aufgrund dessen die Heiden die Forderungen des Gesetzes erfüllen können. Unbewußt ist ihnen, daß sie durch Gesetz und Gewissen schon mit dem eschatologischen Richter konfrontiert sind.«

39 Stuhlmacher, Brief an die Römer S. 44. Vgl. J. Eckert, Das Gericht Gottes im Evangelium Jesu Christi, in: H. Feilzer u. a., Der menschenfreundliche Gott. Zugänge – Anfragen – Folgerungen, F.S. A. Thome, Trier 1990, S. 53–70.

40 M. Luther, Vorlesung über den Römerbrief 1515/1516, Lat.-deutsche Ausgabe, Bd. I, Darmstadt 1960, S. 113–117. Zur Beurteilung des Gewissensverständnisses von M. Luther aus der Sicht katholischer Theologie vgl. Weber, Moraltheologie S. 197 f., der u. a. äußert: »Luther ist der theologischen Dimension des Gewissens zweifellos gerechter geworden als die Scholastik, in der es zum Teil rationalistisch verstanden wurde und fast ganz zu einer Größe der Moral geworden war... Demgegenüber stellt Luther das Gewissen deutlich in den Zusammenhang der konkreten Heilsgeschichte. Er begreift es zuerst und vor allem von Christus her; auch beim Gewissen geht es für ihn um die von Christus bewirkte Erlösung und das auf ihn sich richtende Vertrauen. Damit hat Luther mehr als die Jahrhunderte zuvor das genuin biblische Verständnis des Gewissens wiederentdeckt.«

nicht nur wegen des Zorn(gerichts), sondern auch wegen des Gewissens« (V.5). Hier ist wie in 1 Kor 8 u. 10 das Gewissen der Christen angesprochen. Der Glaube erneuert nach Röm 12,2 ihren »Verstand« (nous), »damit« sie »zu prüfen« vermögen, »was der Wille Gottes ist: das Gute und Wohlgefällige und Vollkommene«. Der Wille Gottes ist der Orientierungspunkt für das Gewissen des Christen. Die Anerkennung staatlicher Autorität mit ihrer von Gott gegebenen Macht, das Gute zu fördern und dem Bösen zu wehren, ist dem Christen in seinem Gewissen geboten. »Die Unterordnung unter die politischen Gewalthaber, die Paulus inmitten seiner Paraklese der Liebe gebietet, ist nicht nur Resignation gegenüber der Übermacht, sondern eine Zustimmung des Gewissens, das darin etwas vom nomos tou theou erkennt«[41]. »Paulus will zwar aus den Christen von Rom keine kaisertreuen Patrioten machen, aber er mutet ihnen zu, ihren Bürgerpflichten aus christlicher Einsicht in Gottes Willen und Weg mit der Welt nachzukommen«[42].

Für die Frage nach dem Verständnis und dem Stellenwert des Gewissensbegriffs innerhalb der paulinischen Verkündigung dürfte es nicht unangebracht sein, die Belehrung des Apostels aus dem Röm in den Blick zu nehmen, die viele gemeinsame Punkte mit seinen Ausführungen über das Essen von Götzenopferfleisch in 1 Kor 8 u. 10 hat, obwohl hier in dem in Frage kommenden Text: Röm 14,1–23 der Begriff »Gewissen« nicht fällt. Doch scheint auch dies bezeichnend zu sein.

Wie im 1. Kor geht Paulus auf ein das Gemeindeleben belastendes Spannungsverhältnis zwischen »Starken« und »Schwachen« ein (vgl. Röm 15,1). Zwar scheint in Rom nicht das Essen von Opferfleisch das Problem zu sein, aber die Speisefrage spielt eine Rolle. Die Haltung der Schwachen ist durch die generelle Enthaltung von Fleisch (14,2) und Wein (14,17.21) und die Beobachtung bestimmter Tage (14,5f) gekennzeichnet; die Starken praktizieren, ohne sich um diese Fragen zu kümmern, christliche Freiheit und verachten die Schwachen (14,3a.10b), die eher jüdischer als heidnischer Herkunft sind. Die theologische Argumentation und pastorale Strategie stimmen aber mit den Weisungen von 1 Kor 8–10 in vielen Punkten überein, so z. B. die Betonung der Liebe und der Orientierung an Christus als Maßstab für die christliche Freiheit (14,15; vgl. 15,3f). Auch das Stichwort »Erbauung« (oikodome) erscheint (14,19, vgl. 15,2), nur der Gewissensbegriff fehlt in auffallendem Unterschied zur Erörterung ähnlicher, wenn auch nicht derselben Thematik im 1. Kor. Ist seine Rezeption durch Paulus eben doch nur eine Randerscheinung? Wie ist dieser verwunderliche Befund zu erklären? Der Versuch einer Antwort auf diese Fragen muß den Text näher in den Blick nehmen.

---

41 Schlier, Römerbrief S. 391.
42 Stuhlmacher, Brief an die Römer S. 182. Vgl. auch J. Eckert, Das Imperium Romanum im NT. Ein Beitrag zum Thema »Kirche und Gesellschaft«, in: TThZ 96 (1987), S. 253–271.

Die Ausführungen des Apostels sind gleichsam umrahmt durch die Ermahnung: »Den Schwachen aber im Glauben nehmt an, damit (es) nicht (kommt) zu Wortgefechten über Auffassungen!« (14,1) und: »Wir schulden aber, wir, die Starken, die Schwächen der Nichtstarken zu tragen und nicht uns selbst zu Gefallen zu leben« (15,1). Paulus selbst zählt sich wie im 1. Kor zu den Starken. Diese Stärke ist im Glauben begründet und entspricht dem christl. Freiheitsbewußtsein. Unter den »Schwachen im Glauben« sind solche Gemeindemitglieder zu verstehen, die sich – man darf hier gewiß hinzufügen: im Gewissen – an ein traditionell religiös bestimmtes Verhalten gebunden wissen. Treffend kommentiert Schlier die Paränese des Paulus: »Die römischen Christen sollen sich der im Glauben Schwachen annehmen, aber nicht um ihre skrupulösen Überzeugungen oder Gesinnungen zu diskutieren, sondern – könnte man kurz formulieren – um sie zu respektieren. Es soll eine gegenseitige Anerkennung der Brüder sein, die nicht miteinander streiten, sondern voreinander und vor ihren Überzeugungen, die ja Glaubensüberzeugungen sind, Achtung haben«[43].

Die religionsgeschichtliche Zuordnung der Schwachen in Rom bereitet der Exegese aufgrund der nicht ausreichenden Quellenlage Schwierigkeiten. Fleisch- und Weinabstinenz ist sowohl im Heidentum (z. B. bei den Pythagoreern) als auch im Judentum bekannt. Hier hat auch die 14,5 angesprochene Beachtung bestimmter Tage einen religiösen Stellenwert (vgl. Gal 4,8.10). Erwogen wird ferner, bei den Schwachen an die nach Rom zurückgekehrten Judenchristen zu denken, die unter Kaiser Claudius im Jahr 49 n. Chr. ausgewiesen worden waren und seit Beginn der Regierungszeit Neros im Jahr 54 wieder zurückkehrten[44]. Sie bildeten eine Minderheit in der christl. Gemeinde von Rom. An die Adresse eines »starken« heidenchristlichen Glaubensbewußtsein hat sich Paulus schon Röm 11,17ff gewandt. In 15,1 identifiziert er sich jedoch mit den Starken. Doch braucht die nähere Charakterisierung dieser Gruppe hier nicht vorangetrieben zu werden, da die apostolische Paränese als solche interessiert.

Der Apostel nimmt ähnlich wie im 1. Kor die Schwachen in Schutz, ohne den Freiheitsstandpunkt der Starken aufzuheben: »Der eine glaubt, essen (zu dürfen) alles, der Schwache aber ißt Gemüse. Der Essende soll den nicht Essenden nicht verachten, der nicht Essende den Essenden nicht richten. Denn Gott hat ihn angenommen« (14,2f). Den Bruder unter dem Aspekt zu sehen, daß er ein von Gott Angenommer ist, gehört für Paulus zum Evangelium. Dieses Element entfaltet er im folgenden, wenn er die zu wahrende Brüderlichkeit aus der Zugehörigkeit zu Christus ableitet (14,7–9) und weiter die Verantwortung aller »vor dem Richerstuhl Gottes« betont (V.10–12). Der Verkündigung Jesu verwandt sind die Aufforderung: »Nicht mehr nun wol-

43 Schlier, Römerbrief S. 403.
44 So Stuhlmacher, Brief an die Römer S. 195 f.

31

len wir einander richten!« (V.13a, vgl. Mt 7,1 f., par Lk 6,37) sowie die Aussage: »Ich weiß und bin überzeugt im Herrn Jesus, daß nichts unrein (ist) an sich, außer für den, der meint, es sei etwas unrein, für den ist es unrein« (V.14, vgl. Mk 7,15). Ist die jüd. Kulttora tangiert oder benutzt der Apostel nur tradionelle Termininologie? Wie in 1 Kor 8,7–13 will Paulus die Überzeugung des schwachen Mitchristen, sein Gewissen – so könnte ergänzt werden –, respektiert wissen. Wie dort ergeht ausdrücklich die Ermahnung, dem Bruder keinen Anstoß zu geben: »Aber dies nehmt euch vielmehr vor, daß ihr nicht gebt einen Anstoß dem Bruder oder ein Ärgernis!« (V. 13b). »Wenn aber wegen einer Speise dein Bruder betrübt wird, wandelst du nicht mehr gemäß der Liebe; vernichte nicht jenen mit deiner Speise, für den Christus gestorben ist!« (V.15).

Der Apostel hebt das dem Bruder unter Umständen Anstoß gebende Essen und Trinken (vgl. V.20f) noch auf eine höhere Ebene, wenn er äußert: »Denn nicht ist das Reich Gottes Essen und Trinken, sondern Gerechtigkeit und Friede und Freude im heiligen Geist« (V.17). Die christl. Gemeinde muß in diesem Sinn Vorverwirklichung einer neuen Welt sein. Um diese Strahlkraft ist der Missionar Paulus besorgt: »Und der so Christus Dienende (ist) wohlgefällig von Gott und anerkannt bei den Menschen« (V.18). Das zur Lösung zahlreicher Gemeindeprobleme in Korinth bekannte Signalwort »Erbauung« wird in der Ermahnung: »Folglich das des Friedens laßt uns erstreben und das der Erbauung, der füreinander!« laut (V.16). Die Gemeinde als »das Werk Gottes« darf nicht »wegen einer Speise« niedergerissen werden (V.20a). Alle Dinge sind zwar rein, aber schlecht ist es, dem Bruder Anstoß zu geben (V.20bc).

Der Aufforderung, sich in diesem Fall lieber von Fleisch oder Wein oder sonst etwas zu enthalten (V.21), folgt die Belehrung: »Du, den Glauben (pistis), den du hast, habe bei dir selbst vor Gott. Selig der nicht Richtende sich selbst in (dem), was er recht hält; aber der Zweifelnde, wenn er ißt, ist verurteilt, weil er nicht aus Glauben (ek pisteos)(handelt); alles aber, was nicht aus Glauben (geschieht), ist Sünde« (V.22f). Obgleich die Nähe zu den Gewissensaussagen des Apostels im 1. Kor gegeben ist, ist die Übersetzung von pistis mit »Überzeugung« zu schwach, wenngleich dieses Moment hier in pistis enthalten ist und man vielleicht am besten mit »Glaubensüberzeugung« übersetzen kann[45].Es bleibt zu würdigen, daß Paulus hier den Begriff einsetzt, den er eben in seiner Theologie für den heilsnotwendigen Glauben gebraucht. Die Vermeidung des Gewissensbegriffs an unserer Stelle mag damit zusammenhängen, daß Paulus von 14,1 an von der im Glauben begrün-

---

45 So z.B. D. Zeller, Der Brief an die Römer, Regensburg 1985, S. 222, der kommentiert: »Im Vergleich zur jüd. Eingrenzung der Sünde als Gesetzeswidrigkeit scheint er (V.23c) subjektiver gefaßt. Wer seinem Gewissen zuwiderhandelt, sündigt, wobei das Gewissen freilich für den einzelnen den Anspruch des Gesetzes repräsentiert (vgl. den ähnlichen Ausspruch Jesu, den D bei Lk 6,4 einträgt).«

deten Haltung der Schwachen und der Starken gesprochen hat und dieser Rede verhaftet bleibt. Doch will der Apostel gewiß herausstellen, daß der Glaube die das Gewissen des Christen umgreifende Größe ist. Glaube muß mit dem Gewissen übereinstimmen. »Glaube ist eine Gewissenssache, doch das Gewissen nicht immer eine Glaubenssache«[46]. Ein selbstsicheres Gewissen ist noch nicht Ausdruck für den rechten Glauben. »Und alles, was einer, wenn auch vielleicht im Namen des Glaubens, aber nicht *aus* Glauben, nämlich nicht aus der *Freiheit* des Glaubens heraus tut, ist Sünde«[47]. Diese Glaubensbezogenheit des Gewissens der Christen darf nicht übersehen werden[48]. Für Paulus ist unstrittig: Wo nicht aus Glauben, sondern im Verstoß gegen Gottes Gebot gehandelt wird, ist Sünde gegeben. Mit Recht spricht U. Wilckens davon, »daß Röm 14 bei aller Nähe der Motive und der Gedankenführung zu 1 Kor 8–10 nicht einfach eine Wiederholung, sondern in gewisser Weise eine Elementarisierung des dort Gesagten ist«[49]. Gerade die Ermahnung des Apostels an die Starken, ihren Glauben nicht gegen ihren Bruder auszuspielen (V. 22), zeigt, daß der Christ immer wieder Maß nehmen muß an Gottes Gebot, das ja über die eigene Glaubenserkenntnis hinausgeht und die gespeicherte Glaubenserfahrung des Gottesvolkes widerspiegelt. K. Kertelge äußert in diesem Zusammenhang treffend: »Der Sache (des Evangeliums) wird geschadet, wenn unversehens aus subjektiven Überzeugungen objektive Inhalte des Evangeliums werden. Was der Christ im Glauben erkennt und versteht, muß er immer wieder von neuen an der Mitte des Evangeliums messen«[50]. Wie sehr Paulus gerade in der Belehrung über das ethische Verhalten an Jesus Christus Maß nimmt, zeigt der noch zu 14,1–23 gehörende Text 15,1–6. Er entspricht inhaltlich der paränetischen Einleitung von Phil 2,5–11: »Seid unter euch so gesinnt, wie es der Gemeinschaft mit Jesus Christus entspricht!« (V.5).

Schlußbemerkungen

Der Gewissensbegriff bei Paulus ist ein Signal dafür, wie der Apostel in seiner Theologie durchaus offen ist für eine über die Sprache der Bibel hinausgehende Begrifflichkeit, die der Erhellung der Situation des Menschen vor dem Evangelium dient. Der Apostel vermag das Allgemein-Menschliche zu sehen und zu würdigen. Er weiß um das Gewissen als der Instanz im Menschen, die ihm als sein sittliches Bewußtsein anklagend und fordernd gegenübersteht

---

46 Schlier, Römerbrief S. 418.
47 U. Wilckens, Der Brief an die Römer, 3. Teilband: Röm 12–16, Zürich, Einsiedeln. Köln; Neukirchen-Vluyn 1982, S. 97.
48 So auch Käsemann, An die Römer S. 363, Stuhlmacher, Brief an die Römer S. 203.
49 Wilckens, Brief an die Römer III S. 97 f.
50 K. Kertelge, Der Brief an die Römer, Düsseldorf 1971, S. 222.

und zugleich für die eigene Identitätsbewahrung unersetzbar ist[51]. Nicht nur das Gewissen des Mitchristen, sondern auch des Andersgläubigen will er respektiert wissen, ja in seiner Funktion, zwischen Gut und Böse zu unterscheiden, kann Paulus es sogar dem Herzen zuordnen, in das das vom Gebot Gottes Geforderte, eingeschrieben ist (Röm 2,14f). Deshalb ist eine einfache Identifizierung des Gewissens mit dem Über-Ich der Tiefenpsychologie problematisch, aber auch die von seiten der Soziologie vertretene »These von der totalen kulturellen Abhängigkeit aller Gewissensinhalte« greift zu kurz[52].

Jedoch ist auch die Begrenztheit des Gewissens nach Paulus zu sehen. Es als eine autonome, normbegründende Instanz zu bezeichnen, hieße die Texte überzuinterpretieren und den Kontext des Evangeliums zu übersehen. Das Gewissen hält mir die Normen für mein Handeln vor, diese sind vorgegeben – bei den Heiden in dem ihnen ins Herz geschriebenen sittlichen Grundforderungen und das ihnen korrespondierende Wissen um Gut und Böse, bei den Christen noch klarer durch den in der Tora Israels und in der Christusgeschichte geoffenbarten Willen Gottes. Die hier gespeicherten und gefilterten Glaubenserfahrungen des Gottesvolkes im Alten und im Neuen Bund bleiben unverzichtbare Orientierungshilfen für das Gewissen des Christen[53]. Insofern es Gottes Forderung repräsentiert, ist es vox dei. Jedoch gehört zur Erlösungsbedürftigkeit des Menschen und seines Herzens auch die Erneuerung seines Denkens, um klarer erfassen zu können, was der Wille Gottes ist (Röm 12,2). Wo in der Gemeinschaft mit Christus diese Erneuerung geschieht, wird die im Glauben erleuchtete Vernunft gewiß ihr Echo in einem wachen und guten Gewissen finden. Die Paränese des Apostels vermag das Gebot Gottes in aller Härte mit der Androhung, im Fall der Nichtbeachtung aus der Christusgemeinschaft zu fallen und das ewige Heil zu verlieren, dem Gewissen des einzelnen vorzuhalten (vgl. 1 Kor 6,9f; Gal 5,19–21; 6,7–10). Wo die Wahrheit des Evangeliums auf dem Spiel stand, wie etwa bei der Aufgabe der Tischgemeinschaft mit den Heidenchristen durch Petrus und die anderen Judenchristen in Antiochien, kannte Paulus keine Toleranz

---

51 Vgl. Berger, Historische Psychologie S. 147: »Indem das Gewissen die Frage der 'Vereinbarkeit mit meinen Grundsätzen' aufwirft, wird es zur Metainstanz der Überwachung meiner Identität.«

52 Vgl. die Kritik von Weber, Moraltheologie S. 185 f., an dieser These: Das Gewissen »ist offenbar doch mehr als nur ein leeres Blatt, das nach der Geburt des Menschen allmählich und oft genug miserabel beschrieben wird. Es ist im Falle elementarer ethischer Fragen eher so etwas wie eine Sammlung von Samenkörnern und Keimen, die nur geweckt und gefördert werden müssen... Ähnlich müssen auch elementare Gewissensinhalte wie etwa das Gespür für Dankbarkeit und Offenheit oder auch das Tötungsverbot offenbar nicht erst von außen her anerzogen werden, sondern sind von vornherein im Menschen vorhanden«.

53 Hier wäre auch der Ort, die Bedeutung des kirchlichen Lehramtes zu bedenken, vgl. H. Weber, Konkurrenten oder Weggenossen? Das Verhältnis von Gewissen und kirchlichem Lehramt, in: J. Gründel (Hrsg.), Das Gewissen. Subjektive Willkür oder oberste Norm?, Düsseldorf 1990, S. 85–98.

(Gal 2,11–21). Das Gewissensurteil und der persönliche Glaube bleiben dem Gericht Gottes unterstellt.

Bedenkt man, daß Paulus im Römerbrief etliche Themen seiner Verkündigung neu und in zum Teil bisherige Ausführungen korrigierender Weise zur Sprache bringt, dann ist es durchaus ein aufschlußreiches Datum, daß er in Röm 14, obwohl ihm von 1 Kor 8–10 her der Gewissensbegriff vorgegeben war, diesen in entsprechenden Aussagen über den Glauben aufgehoben hat. Damit ist die Gewissensentscheidung des einzelnen in seiner Bedeutung nicht geschmälert, aber in seine Grenzen verwiesen. Wo sie gegen die Liebe verstößt, ist sie in eine zerstörerische Verabsolutierung geraten. Sie muß Maß nehmen an einem sehenden Glauben, wie ihn Christus im Gehorsam gegenüber seinem himmlischen Vater und in der Hingabe seines Lebens vorgelebt hat.

Die Zuordnung des Gewissens zum heilsnotwendigen Glauben, wie sie in der paulinischen Theologie gegeben ist, bleibt auch an den meisten Stellen in den nachpaulinischen Schriften des NTs, wo der Gewissensbegriff aufgenommen ist, gewahrt. Gewiß steht der keineswegs zum Schlüsselbegriff christl. Ethik avancierte Gewissensbegriff weiterhin für das jedem Menschen eigene innere Gericht über sein Verhalten, wie die Rede vom »guten« und »reinen« Gewissen zeigt[54], doch gehören auch für die formelhaften Aussagen der Pastoralbriefe heilsamer Glaube und »gutes« bzw. »reines Gewissen« in vielfältiger Weise zusammen[55]. Nicht primär juridische, sondern kultische Metaphorik liegt dort vor, wo das »reine Gewissen« mit dem Tod Jesu bzw. der Taufe in Zusammenhang gebracht wird (vgl. Hebr 9,9.14; 10,22; 1 Petr 3,21)[56]. Wo das Gewissen auf Christus, das Bild Gottes (2 Kor 4,4)[57], ausgerichtet ist, erfährt es seine ihm vom Schöpfer zugedachte Bildung. Das Gewissen »darf nicht in sich verschlossen bleiben. Es bedarf der ständigen Kommunikation mit der Umwelt und ist angewiesen auf Gottes Führung. Es verkümmert, wenn es in sich selber bleibt; es braucht die Luft der Gemeinschaft und das Licht der Gnade«[58].

---

54 Vgl. 1 Tim 1,5.19; 3,9; 2 Tim 1,3; Tit 1,15; Apg 23,1; 24,16; 1 Petr 3,16; Hebr 13,18.
55 Vgl. 1 Tim 1,5.19; 3,9; 4,2.
56 Vgl. Berger, Historische Psychologie S. 142 f.
57 Vgl. J. Eckert, Christus als »Bild Gottes« und die Gottebenbildlichkeit des Menschen in der paulinischen Theologie, in: H. Frankemölle u. K. Kertelge, Vom Urchristentum zu Jesus. Für J. Gnilka, Freiburg-Basel-Wien 1989, S. 337–357.
58 Weber, Moraltheologie S. 205.

BERNHARD FRALING

Überlegungen zur Gewissensbildung

Biblische Impulse[1]

Bilder bilden das Gewissen oder verbilden es; Josef Rief hat in einer Studie darauf aufmerksam gemacht: Da, wo die alten Urbilder, die Gewissen geprägt haben, im Schwinden begriffen sind, besteht die Gefahr einer beliebigen »Bebilderung der Kardia des Menschen«[2]. Sobald nämlich das Bewußtsein des Menschen in einer massenmedialen Kultur auf das reduziert wird, worin er sich hier beständig spiegelt, hören die Möglichkeiten kreativer Eigengestaltung des Ethos radikal auf. Nur jene Kompetenz des Gewissens, die aus wertvermittelnden Bildern gewachsen ist, kann Gelingen menschlichen Lebens tragen. Bilder sind hier in weitem Sinn verstanden; sie sind das, was in uns Leitbildfunktion gewinnt; sie orientieren auf die Realisierung bestimmter Werte hin: Hierzu gehört eine Mutter, die mit Sorgfalt eine Blume pflegt, hierzu gehört jemand, der beherzt und mutig zugreifen kann, wo Hilfe erforderlich ist, hierzu gehören Menschen, die sich lieben.

Was kann der Theologe zur 'Bild'-ung des Gewissens tun? Er wird sich zunächst auf seine Quellen besinnen und trifft dort auf zahllose Bilder und Modelle ethischer Erfahrung. Er wird fragen, *wie denn die sittliche Unterscheidungsinstanz und die Selbsterfahrung des Menschen im Gewissen in der Perspektive der biblischen Urkunden gesehen wurde,* um so jene Momente zu erfassen, die für eine Beeinflussung der Gewissenserfahrung, Gewissensbildung also, von Bedeutung sind.[3] Meine Option ist, das Thema von hierher anzugehen – *auszuwählen* ist bei dieser weitgespannten Thematik allemal.

In einem ersten Schritt geht es um das »Was« sittlicher Selbsterfahrung in der Sicht biblischer Theologie – in einem zweiten Abschnitt um das »Wie« der bewußten Bemühung des Menschen um die Formung des Gewissens. Ich

---

1   Dieser Beitrag entstand im Zusammenhang mit einer Tagung zur Frage des Gewissens, die von der Domschule in Würzburg abgehalten wurde. Hier konnte ich mit *Helmut Weber,* dem diese Festschrift und diese Studie gewidmet sind, bei der Vorbereitung zusammenwirken, da wir beide dort zu referieren hatten. Mein Referat erscheint hier aus Raumgründen in etwas gekürzter Fassung.

2   *Josef Rief,* Elemente der Gewissensbildung, in: Forum katholische Theologie 1 (1985) 286–303, Zitat 290.

3   *Josef Schreiner* schreibt in einer Studie: Persönliche Entscheidung vor Gott nach biblischem Zeugnis. 'Gewissen' in der Bibel, in: Bibel und Leben 6 (1965) 107–121:»Versteht man unter Gewissen 'das sittlich urteilende Selbstbewußtsein', so war es in der Geistesverfassung und Lebenshaltung der Menschsen längst vorhanden, ehe sie eine Bezeichnung dafür fanden.«(Zitat 108) Ich gehe hier von einer ähnlich weiten Bestimmung sittlicher Selbsterfahrung, deren Organ unser Gewissen ist, aus.

gehe in meinen Überlegungen davon aus, daß jegliche selbstverantwortete Gewissensbildung[4] *aktiv und passiv zugleich ist; das heißt, aktives Bemühen wird auf das, was – von außen vermittelt – passiv erfahren wurde, eingehen müssen. Keine Theorie der Gewissensbildung kann an den genetischen Vorgaben vorbeisehen; sie muß sie aktiv integrieren.* Vorgegeben ist eine Geschichte der Gewissenserfahrung und ihre Deutung, der wir uns versichern müssen.

1. Die Entwicklung der Gewissenserfahrung in theologischer Deutung

a) Das Ersterlebte in der Gewissenserfahrung: Das Gewissen im Gegenüber zu Menschen (Der horizontale Aspekt)

Es geht hier um die Art der *Erfahrung des sittlichen Anspruchs,* auch wenn in der Terminologie noch nicht von Gewissen gesprochen wird. Wir stellen uns zunächst der Frage: Wo trifft den Menschen primär und am nachhaltigsten die Wucht des Gewissensspruchs? Man mag spontan an Kain und seine Verfehlung denken. Sein Gewissen reagiert auf die Bluttat, die ein Leben zerstört hat (vgl. Gen 4,9–14).

Die *Reaktion Kains* auf den Brudermord ist deswegen so erschütternd, weil er angesichts dieser Blutschuld die Unwiderruflichkeit des Geschehens und seiner katastrophalen Folgen wahrnimmt und diesen nicht ausweichen kann. Er kann nie wiedergutmachen, was er getan hat; das Gewicht, diese untragbare Last seiner Tat, fällt auf ihn selbst zurück. Indem er nach Gottes Anruf realisiert, was durch ihn dem Bruder geschehen ist, kann er erst das volle Bewußtsein seiner Schuld entwickeln.

Nicht jeder wird zum Mörder; dennoch läßt sich in einem andern Sinn verallgemeinern: Es gilt generell, daß *das Gewissen am intensivsten dort reagiert, wo man am andern erlebt, was man getan hat.* Da ist die Frage: »Bin ich denn der Hüter meines Bruders?« nur ein Verdrängen der Realität, die dort, wo das Gewissen funktioniert, den Täter unaufhaltsam einholt. Verantwortung wird am ehesten im Gegenüber zum anderen Menschen bewußt und ist dort unabweisbar. Gewissen ist von seinen Ursprüngen – dies schon in den frühen Formen der *Tabuerfahrung* – her nicht etwas Privatistisches, Subjektivistisches – es reagiert nur richtig, wenn es in Beziehung auf andere reagiert.

---

4   Auch mit diesem Hinweis ist eine Auswahl angezeigt: Ich beschränke mich auf die Gewissensbildung, die vom Träger des Gewissens selbst verantwortet werden muß, nicht auf jene, die durch Eltern und andere Bezugspersonen im Blick auf das Kind geleistet wird.

Die primäre Sozialgebundenheit des Gewissens läßt sich auch an *ethisch-positiven Erfahrungen ablesen.* An einem andern Modell, nämlich der Reaktion *Josephs von Ägypten* läßt sich zeigen, daß auch das Sich-Verantworten-vor-Gott grundlegend mit der unmittelbar erlebten Verantwortung vor Menschen zu tun hat. In dem Augenblick, wo er von der Frau des Potifar verführt werden soll, kommt Joseph zu Bewußtsein, was eine solche Tat dem Hausherrn gegenüber bedeuten würde, dem er alles verdankt. Der *horizontale Erfahrungsbereich mitmenschlicher Beziehung ist das tragende Movens der Gewissensreaktion,* als Joseph der Frau antwortet: »Du siehst doch, mein Herr kümmert sich, wenn ich da bin, um nichts im Hause; alles, was ihm gehört, hat er mir anvertraut. Er ist in diesem Haus nicht größer als ich, und er hat mir nichts vorenthalten als nur dich, denn du bist seine Frau. Wie könnte ich da ein so großes Unrecht begehen und gegen Gott sündigen?« (Gen 39,8f.)[5] Emotionaler Grund seiner Reaktion ist somit das Vertrauen, das ihm von Potifar erwiesen worden ist. Diese menschlich erfahrbare Realität in der Beziehung, die in ihrem ganzen Wert gerade in dem Augenblick bewußt wird, wo sie durch die Schuld zerstört werden könnte, ist es, was die Reaktion des Joseph bestimmt. Der Bezug zu Gott am Schluß – fraglos von zentraler Bedeutung – ist bereits eine Deutung dieser unmittelbar menschlich erlebten, sittlich relevanten Situation.[6]

Diese Beobachtung korrespondiert – spiegelverkehrt – mit dem, was das Neue Testament über die *Einheit von Gottes- und Nächstenliebe* sagt. Der erste Johannesbrief betont, daß wir Gott nur dann lieben können, wenn wir unseren Bruder lieben, den wir sehen; dann wäre umgekehrt entsprechend das *Ersterfahrene in der Schuld selbst die Beeinträchtigung der Beziehung zum anderen,* die in der gläubigen Deutung dann auf die Beziehung zu Gott zurückfällt.

b) Die theologische Deutung der Gewissenserfahrung: Im Gewissen erfährt sich der Mensch im Gegenüber zu Gott

In den genannten Beispielen verantwortet sich der Mensch *letztlich vor Gott* selbst. *Schuld Menschen gegenüber ist in der Sicht der Bibel stets Sünde vor Gott,* eine Beeinträchtigung dieser für den Menschen allein entscheidenden Beziehung. Man kann eine Genese personaler Dimensionen der Gewissens-

---

5 *Gerhard von Rad* spielt in seinem Kommentar den Aspekt der mitmenschlichen Beziehung arg herunter und konzentriert alles auf die Aussage am Schluß, um deutlich zu machen, daß das Eigentliche der Verfehlung Mangel an Gottesfurcht gewesen sein würde; in: Das erste Buch Mose. Kap. 25,19–50,26 (ATD 4) Göttingen 1961, 319.

6 Als Beispiel für einen ähnlichen Vorgang könnte man die Schuld Davids an Uria anführen oder auch die Schuld der Brüder des Joseph im Blick auf Joseph und andere Modelle von Schulderfahrung, wie sie sich im Alten Testament finden.

erfahrung in der Geschichte Israels ausmachen, weil Gott mehr und mehr als ein mitgehender Gott und in einer immer persönlicher gestalteten Beziehung zum einzelnen erfahren wurde. *Die Art und Weise, wie jemand die Beziehung zu Gott lebte, wandelte sich.* Dies ist an einigen Beispielen zu belegen.

Bis in unsere Gegenwart hinein scheint es fast unausrottbar zu sein, die *Allwissenheit* Gottes in der sittlichen Erziehung von Menschen *einseitig auszulegen:* »ein Auge ist, das alles sieht, auch was in finsterer Nacht geschieht!« Ein Sprichwort, das immer noch seine meist negative Wirkung tut.[7] Gott, ein Mitwisser von allem; er sieht alles; der Mensch kann ihm nicht entfliehen. In seinem Kommentar zur Genesis meint Westermann, daß es auf einer sehr frühen religionsgeschichtlichen Stufe tatsächlich in einer auffälligen Weise das Reden von einem Schöpfer gegeben habe, der als Allwissender auch die Frevel der Menschen bestraft habe.[8] Anfänglich dürfte in der Tat die Unausweichlichkeit dieser Realität im Vordergrund gestanden haben. Noch in Ijob 34,21 heißt es: »Denn seine Augen schauen auf des Menschen Wege, all seine Schritte sieht er wohl. Kein Dunkel gibt es, keine Finsternis, wo sich die Übeltäter bergen könnten...« Dem entspricht die geforderte Gottesfurcht, die auch in den Spätschriften des Alten Testamentes eine grundlegende Haltung ist, in der realisiert wird, daß man immer und überall mit Gott zu tun hat.

Das *Bewußtsein des Menschen,* in seiner Verantwortung *in einem Gegenüber zu Gott zu leben, wandelt sich jedoch,* sobald das Gottesbild, das in dieser Beziehung wirksam ist, sich ändert. *Mit dem Wandel des Gottesbildes wandelt sich auch die Qualität seines Sehens* und seines Wissens. In den Augen des Glaubens, der Gott als heilschaffend erfuhr, ist dieser immer weniger als der erkannt worden, der nur ehernes Weltgesetz, absolute Macht oder gar so etwas wie eine Art Universalcomputer ist, der alles speichert, was der Mensch jemals getan hat und tun wird. Vielmehr ist er einer, der in Heilssorge auf den Menschen sieht.

Diese andere Qualität, die das Sehen Gottes bekommen kann, zeigt sich z. B. in Gen 22,14: »Abraham nannte jenen Ort Jahwe – Jire (Der Herr sieht), wie man noch heute sagt: Auf dem Berg läßt sich der Herr sehen.« Hier aber ist eben jener fürsorgende Blick Gottes gemeint, der Leben rettet. Und entsprechend betet der Psalmist in Psalm 102,20f.: »Denn der Herr schaut herab aus heiliger Höhe, vom Himmel blickt er auf die Erde; er will auf das Seufzen der Gefangenen hören, alle befreien, die dem Tod geweiht sind ...«

D. Vetter schreibt[9]: »Die Geschichte der Rettungen im Alten Testament beginnt damit, daß Jahwe das Elend der Bedrängten 'sieht' bevor er eingreift.[10]

---

7 Man denke an das erschütternde Buch von Tilmann Moser: Gottesvergiftung, Frankfurt, ³1977, 11:»Ich habe unter niemandem in meinem Leben so gelitten wie unter deiner mir aufgezwungenen Existenz«.
8 Genesis (Biblischer Kommentar. Altes Testament Bd. I/1) Neukirchen-Vluyn 1974, 77.
9 THAT II, 696.
10 Bezug ist hier Exodus 3,7f.

'Gott sieht' – das drückt aus, daß Jahwe auf die Geschehnisse eingeht – im Gegensatz zu den zum Menschen und zur Zeit beziehungslosen Götzen … Aus der persönlichen Begegnung mit Gott erwächst für Israel Hilfe. Entsprechend geht dem Flehen um Gottes Eingreifen die Bitte um seine Zuwendung zu dem Rufenden voraus … Die Erfahrung, daß der erhabene Gott 'in die Tiefe sieht', ist zur Grundaussage des Lobes in Israel geworden[11] …« Wenn der Mensch sich im Gewissen Gott gegenüber weiß, dann *wird dieses veränderte Bild Gottes auch die sittliche Erfahrung im Gewissen modifizieren.* Das hier sich äußernde *Vertrauen* auf den Gott, der den Menschen wahrnimmt, um ihn zu beschützen, hat darum Rückwirkungen auf die Art und Weise sittlicher Wahrnehmung. In ihr darf sich der Mensch von einem Gott *angenommen* wissen, der auch das *Erbarmen* kennt. Dadurch ist es möglich, daß die ursprüngliche Angst des Tabugewissens als primäre Motivation dem Vertrauen Raum gibt. Das Tabugewissen, in dem der Mensch angstvoll vermied, was verboten war, wird mehr und mehr durch dieses personale Gewissen ersetzt, in dem er sich dem lebendig ihm zugewandten Gott gegenüber weiß.

c) Der anthropologische Ort der Gewissenserfahrung in der Bibel: das Herz

Der Ort sittlich personaler Gewissenserfahrung ist in der Sicht der Bibel das »Herz«.[12] Dieses meint die *Mitte des menschlichen Lebens, Zentrum des personalen Handelns,* aus welcher die Entscheidungen hervorgehen. Das Herz ist für das hebräische Denken *nicht nur Sitz der Affekte, sondern auch des Denkens und Wollens.* Die Gedanken steigen im Herzen auf – die bösen und die guten Gedanken wohnen in ihm. Im Herzen spricht der Mensch zu sich selbst.[13] Im Herzen wurzelt zugleich das religiöse Verhalten des Menschen. In ihm erfolgt die Umkehr, spricht das Gewissen: »Der Mensch wird hier noch in seiner Ganzheit von seinem Ursprung her gesehen, in dem die Vielfalt der menschlichen Wirklichkeit noch eins ist. Im Herzen ist der Mensch vor der Scheidung zwischen Leib und Seele, Tat und Gesinnung, Äußerem und Inwendigem; in dieser personalen Mitte vollzieht er seine Entscheidung… Es ist der Punkt, wo der Mensch im eigenen Ursprung an das

---

11 Bezugstellen: Gen 29,32; Ps 33,13; 113,6.
12 Der Begriff syneidesis taucht im Alten Testament erst ganz spät auf und gewinnt im Neuen Testament in den Briefen eine eigene Bedeutung, die auch dort noch nicht einheitlich ist.
13 *Philo* wird erstmals in der Geschichte des Nachdenkens über die sittliche Selbsterfahrung von einem inneren Gerichtshof im Menschen sprechen und damit eine Idee aufgreifen, die später immer wieder wirksam wurde bis hin zu den wichtigen Aussagen *Immanuel Kants.* Vgl. hierzu: *Hans Josef Klauck*, Ein Richter im eigenen Innern. Das Gewissen bei Philo von Alexandrien, in: Alte Welt und neuer Glaube. Beiträge zur Religionsgeschichte, Forschungsgeschichte und Theologie des Neuen Testaments (NTOA 29), Göttingen 1994, 33–58.

Geheimnis Gottes grenzt.«[14] Herz ist in seiner Bedeutung weiter als das Gewissen; aber einige Aspekte der sittlichen Erfahrung im Gewissen läßt gerade diese Begriffsverwendung deutlich hervortreten, die in den neueren ganzheitlichen Theorien über das Gewissen wieder ihre Bedeutung zurückgewonnen haben:

Folgende Reaktionsweisen des Herzens lassen sich mit Gewissensreaktionen parallelisieren, die ihrerseits Chancen und Möglichkeiten der Bildung des Gewissens erkennen lassen, die ja die *emotionale Tönung* der sittlichen Erfahrung nie außer acht lassen darf:

– Lev 26,36 schildert die Reaktion des Herzens, die dem *nachfolgenden (conscientia consequens)* »schlechten« Gewissen entspringt: »In das Herz derer, die von euch überleben, bringe ich Angst in den Ländern ihrer Feinde; das bloße Rascheln verwelkter Blätter jagt sie auf, und sie fliehen, wie man vor dem Schwert flieht; sie fallen, ohne daß jemand sie verfolgt. Sie stürzen übereinander wie vor dem Schwert, ohne daß jemand sie verfolgt.« Die ganze Existenz ist betroffen, wenn das Herz betroffen ist; der Mensch zittert vor den Folgen seiner Tat. Je tiefer die Unwertigkeit des Tuns emotional erlebt wird, um so deutlicher kann die Distanzierung im Vorgang der Umkehr gelingen.[15]

– Zum anderen wird im Herzen die Möglichkeit gesehen, sittliche Erfahrung von vornherein *auch positiv*, und zwar als *vorausgehendes* Gewissen (*conscientia antecedens*) zu erleben. So wird der Mensch aufgefordert, Gott den Herrn mit ganzem Herzen zu lieben (Dt 6,11). Das vorausgehende Gewissen ist mehr als bloße Warnung.[16] Die *Aufforderung, Gott aus ganzem Herzen zu lieben, ist Grundlage jeglichen Ethos in der deuteronomistischen Verkündigung.* Wie die Angst vor dem Tabu auf die Totalität des Menschen bezogen war, so hier die Aufforderung, zu lieben; auch hier geht es um Leben und Tod. Aber hier handelt es sich nicht mehr nur um eine angstvoll wahrgenommene Totalität passiv erlebter Unausweichlichkeit im Sinne einer unvermeidbaren Konfrontation mit der Bedrohung, wie sie etwa mit dem Bruch eines Tabus oder auch eines göttlichen Gebotes verbunden war. Hier wird vielmehr die Totalität, die ganzheitliche Ausrichtung des Menschen als positiv gerichtete Weisung, als Aufgabe verstanden. Gott lieben aus ganzen Herzen – das ist unmöglich in einem völligen Ausgeliefertsein an die Furcht, mit der diese nach der Übertretung den Schuldigen im Herzen heimsuchen kann. Hier ergeht *ein Anspruch, der ermöglicht wurde*

---

14 *Paul Hoffmann*, zum Teil *Karl Rahner* zitierend, in: HThGB 1,686f.

15 Ähnlich deutlich meldet sich das schlechte Gewissen im Bewußtsein, wenn es von David heißt: »Dann aber schlug David das Gewissen (hier übersetzt die neue Einheitsübersetzung *leb* direkt mit Gewissen), weil er das Volk gezählt hatte, und er sagte zum Herrn: Ich habe schwer gesündigt, weil ich das getan habe...« (2 Sam 20,10).

16 Im Unterschied zu Gen 4, oder wie wir es bei Joseph beobachten konnten, wo es als *warnende* Stimme auftritt, wie etwa auch das *daimonion* des Sokrates.

durch die vorgängige Zuwendung Gottes in seiner Offenbarung an den Menschen, in der er sich als Barmherziger gezeigt und so selber mitgeteilt hat. Darauf ist Antwort zu geben in der Liebe. Und nur daraufhin ist diese auch möglich. Allerdings ist hier eine *Zielausrichtung* angesprochen, die der Mensch nie endgültig erfüllen kann; er kann sich diesem Ziel nur approximativ nähern.

– Die *entscheidende Konsequenz für die Wahrnehmung der ethischen Orientierung liegt in folgendem: Nicht mehr nur »Angst am Tabu entlang«, sondern Bejahung von der Mitte her ist die Chance umfassend positiver Gewissensorientierung.*

– Das Herz erweist sich hier zugleich als ein Organ, in dem der Mensch auf das Heilshandeln Gottes in eigener Liebesantwort reagiert. Das Herz ist also zugleich Organ des Glaubens und des Gewissens[17] – *wie bei Paulus pistis* und *syneidesis* eng zusammen gehören. Diese anthropologischen Beobachtungen zeigen, daß das Herz zunächst einmal eine Wirklichkeit ist, die formbar und gestaltbar ist. In der prophetischen Verkündigung wird es als Ideal angesehen, daß das Herz erfüllt ist vom Geist der Thora. Diese anthropologische Sicht, die Bedeutung des Herzens als Organ oder Ort sittlicher Selbstwahrnehmung, setzt sich im Neuen Testament weiter fort.

d) Christus-Bezug

In *Jesu Auffassung* zeigt sich zunächst, was im Alten Testament beobachtet werden konnte; auch für ihn ist das Herz der Ort der Gewissens- und Gotteserfahrung. Er kennt sowohl die Abgründigkeit des menschlichen Herzens, aus dem die bösen Gedanken kommen (vgl. Mk 7,21f.), als auch das reine ungeteilte Herz, in dem der Mensch sich ganz Gott übergibt – man denke an die Seligpreisung »Selig, die ein reines Herz haben« (Mt 5,8). Er ruft das Liebesgebot in Erinnerung und hat offensichtlich eine Vorstellung vom Herzen, die die Möglichkeit bietet, es zu bilden, wenn es im Gleichnis heißt: »Auf guten Boden ist der Samen bei denen gefallen, die das Wort mit gutem und aufrichtigem Herzen hören, daran festhalten und durch ihre Ausdauer Frucht bringen« (Lk 8,15).

Eine große Rolle spielt in den Aussagen Jesu der *Gottesbezug der ethischen Erfahrung.* Stereotyp wird in einer Passage der Bergpredigt wiederholt: »Dein Vater, der auch das Verborgene sieht, wird es dir vergelten« (Mt 6,4.6.18). Der Vater Jesu Christi bleibt dem Menschen auch im Verborgenen nahe; und seine Nähe schafft Heil. Die Nähe zum Vater ist durch Christus vermittelt. *Die Weise der Gewissenserfahrung wird noch einmal in einer*

---

17 Vgl. hierzu die Ausführungen von Helmut Weber, in: Allgemeine Moraltheologie. Ruf und Antwort, Graz Wien Köln 1991, 187–193.

Fortführung dessen, was wir im Alten Testament beobachten konnten, durch das sich wandelnde Gegenüber modifiziert. Jetzt ist derjenige, dem Rechenschaft zu geben ist, der Vater Jesu Christi. Welche Konsequenzen sich anbieten, hat einmal der Religionspsychologe Anton Vergote zum Ausdruck gebracht, indem er feststellte: »Ein Vater, der nicht Weisungen für das Leben gibt, kümmert sich eigentlich nicht um das Kind. Er zeigt, daß ihm gleichgültig ist, was aus dem Kinde wird. Das Gesetzgeben gehört zur Vaterliebe, weil darin ein Wunsch für die Zukunft des Kindes liegt ... Der Wille des Vaters ist ein Wunsch und Entwurf für die Zukunft des Menschen«[18] Das Gegenüber der gläubigen Gewissenserfahrung ist nun der Gott und Vater Jesu Christi. Die Verkündigung des Reiches Gottes läßt einen neuen Horizont ethischer Grunderfahrungen entstehen. So ist im Konnex des Glaubens an Jesus Christus zugleich die sittliche Grundorientierung auf eine neue Basis gestellt.

In diesem Zusammenhang kommt ansatzweise noch etwas Neues in den Blick, das später bei Paulus die Grundlage seiner gesamten ethischen Vorstellungen werden wird: Die Person Jesu Christi als Gegenüber eines im Glauben erfahrenen sittlichen Anspruchs. Zwei Elemente der alttestamentlichen Entwicklungen laufen in ihm zusammen: das horizontale und das vertikale Element: »Was ihr für einen meiner geringsten Brüder getan habt, das habt ihr mir getan.« (Mt 25,40). In Jesus ist die Zuwendung Gottes wirksam, die über alles bisherige qualitativ hinausgeht. Er kommt uns entgegen als ein Mensch und in jedem Menschen. Dabei hat die Wirkkraft dieser Zuwendung erlösende Bedeutung. Er kann Sünden vergeben. Er kann die aus dem Lot geratene ethische Ordnung wiederherstellen.

Jesus lehrt nicht nur »how to live«, sondern er wird selbst Ausgangs- und Zielpunkt des eigentlichen unbedingten sittlichen Anspruchs. An ihm scheiden sich die Geister – das gilt natürlich primär von der Grundentscheidung für oder gegen das Gottesreich. Aber das von ihm gepredigte Ethos ist von seiner Heilsbotschaft und diese von seiner Person nicht zu trennen. In ihm ist der Anfang des Kommens der Königsherrschaft Gottes angebrochen. Sein Anspruch ist Zeichen dafür, daß sein fordernder Wille selbst Macht des eigentlichen Gesetzgebers hat.[19]

Daß das Woraufhin sittlicher Entscheidung in Jesus für den Jünger greifbare Gestalt angenommen hat und somit die Terminierung der personalen Gewissenserfahrung verändert, zeigt sich vor allem an den frühen, mit ziemlicher Wahrscheinlichkeit jesuanischen Logien, die einen Zusammenhang zwischen dem Verhalten Jesus gegenüber und der Reaktion des wiederkom-

---

18 Gott unser Vater, in: Concilium 13 (1977) 618–623, Zitat 619f.

19 In diesem Zusammenhang ist auch auf die Bergpredigt hinzuweisen, in deren Antithesen Jesus Mose überbietet (Vgl. dazu Rudolf Schnackenburg in: Mysal 3/1, 293 und ebd. 235; dies entspricht auch neueren Auslegungen, wie sich bei Ulrich Luz zeigt: Das Evangelium nach Matthäus (EKK I/1) Zürich u.a. 1985, 197f. (Anspielung auf Mose) und 249 (Motiv der Überbietung in den Antithesen).

menden Menschensohnes herstellen. Eschatologische Sanktionen sind von ältester Zeit an Bestandteil ethischer Motivation gewesen und somit für die Gewissenserfahrung unverzichtbar. Hier wird diese Erfahrung zumindest in der Glaubensgeschichte des Neuen Testamentes auf Jesus übertragen. Zugleich ist das hier zugrundeliegende Modell das einer freundschaftlichen, wechselseitigen, solidarischen Beziehung, in der das Verhältnis zu Jesus wesentlich neu qualifiziert wird: »Wer sich nun vor den Menschen zu mir bekennt, zu dem werde auch ich mich vor meinem Vater im Himmel bekennen.« (Mt 10,32).[20]

Wie sehr in den Vorstellungen des Apostels *Paulus* Jesus Christus selbst zum eigentlichen Horizont der Gewissensbildung wird, zeigt sich in seinen immer wiederholten Aufforderungen, »in Christus« zu leben, die in unterschiedlichen Zusammenhängen auftauchen. In der Taufe ist der Mensch ihm grundsätzlich angeglichen worden[21] und in den Stand versetzt, aus dem Geist des Auferstandenen heraus sein eigenes Dasein zu gestalten. *Es geht darum, Christus gleich zu werden, nachdem einmal ein grundsätzlicher Herrschaftswechsel vollzogen ist und das eigene Leben voll und ganz der heilbringenden Herrschaft Christi unterstellt ist.* Entsprechend sagt Eduard Lohse: »Wer in Christus lebt, der hat sein Denken und Handeln 'nach Christus Jesus' (kata Christon Jesoun) auszurichten (Röm 15,5), sein Reden 'nach dem Herrn' (kata Kyrion) vorzunehmen (2 Kor 11,17) und nicht mehr nach dem Fleisch, sondern nach dem Geist zu wandeln (Röm 8,4)«[22]. Hier ist es wie beim Liebesgebot: Die Wirksamkeit einer solchen Ausrichtung ist nie endgültig erreichbar – immer bleibt der Mensch unterwegs zu ihr hin. *Diese Sicht der Gewissenserfahrung, wie sie uns im Alten und Neuen Testament sowohl anthropologisch wie theologisch entgegentritt, impliziert zugleich bestimmte Vorstellungen und Vollzüge einer Bildung dieses Gewissens*, denen wir uns im zweiten Teil zuwenden wollen. Aus dem bisher Dargestellten ergibt sich bereits eindeutig, daß bei dieser Bildung des Gewissens letztlich die Orientierung auf Christus selber im Zentrum stehen muß.

---

20 Die Mt-Fassung, in der Jesus bereits mit dem kommenden Menschensohn identifiziert ist, dürfte die jüngere sein. Für das hier Gemeinte aber ist dieser Unterschied unerheblich.
21 *Hans Halter*s wichtige Arbeit ist hier einschlägig: Taufe und Ethos. Paulinische Kriterien für das Proprium christlicher Moral (Freiburger theologische Studien 106) Freiburg u.a., 1977.
22 Theologische Ethik des Neuen Testamentes (Theologische Wissenschaft Bd. 5,2), Stuttgart u.a. 1988, 29f.

2. Vollzugsformen der Gewissensbildung

a) Gebet

Jesus hat von dem Vater gesprochen, der ins Verborgene sieht und das, was da getan wird, vergilt. Er fordert in der Bergpredigt dazu auf, aus dem Verborgenen heraus zum Vater zu rufen. *Gebet und ethische Orientierung fallen hier fast zusammen.* Hier wird im Gebet jene Ausrichtung geformt, in der sich das Gewissen vom Urteil anderer unabhängig macht, um in eigener autonomer Selbstbestimmung seinen Weg zu Gott zu gehen; gerade darum geht es ja in den Passagen der Bergpredigt, in deren Zusammenhang dieses Wort auftaucht.

Jesu eigene Gebetspraxis weist uns hier noch einmal zurück an das *Alte Testament*; es kennt Gebete, die in optimaler Weise zeigen, in welcher Form sich Gewissensbildung im Gebet vollziehen kann. Ich denke hier insbesondere an den *Psalm 139*.[23] Hans-Joachim Kraus hat in seinem Kommentar gezeigt, daß in den Versen 1–8 des Psalmes 139 Elemente einer Gerichtsdoxologie vorliegen; sie hatte ihren Ort im Zusammenhang einer Verhandlung, in der sich der einzelne vor anderen, besonders im Zusammenhang mit Gerichten, einem Gottesurteil auslieferte. Das geschah am heiligen Ort – besonders dann, wenn sich jemand als Unschuldiger vor Gericht angeklagt sah. In mehreren Psalmen kommt dieses Motiv vor. Der von Verleumdungen Überschüttete tritt vor Jahwe mit der Bitte: »Erforsche mich Gott, und erkenne mein Herz, prüfe mich und erkenne mein Denken«[24] Kraus nimmt an, daß in diesen Psalmen Formulare vorliegen, die es Bittstellern ermöglichen, die Gerichtsdoxologie zu vollziehen. Aber diese Formulierungen sind in ihrer Bildhaftigkeit so offen, daß beispielsweise das Formular des Psalmes 139, das ursprünglich einem solchen Rechtfertigungsvorgang dienen sollte, ganz allgemein ein Sich-Verantworten vor Gott zum Ausdruck bringt.

Der Beter *vollzieht den Psalmworten entsprechend den prüfenden Blick Gottes auf sein eigenes Innere mit und erschließt sich dadurch selbst völlig neue Tiefendimensionen seines eigenen inneren Lebens:* »Herr, du hast mich erforscht und du kennst mich. Ob ich sitze oder stehe, du weißt von mir. Von fern erkennst du meine Gedanken. Ob ich gehe oder ruhe, es ist dir bekannt; du bist vertraut mit all meinen Wegen. Noch liegt mir das Wort nicht auf der Zunge – du, Herr, kennst es bereits. Du umschließt mich von allen Seiten und legst deine Hand auf mich« (Ps 139,1–5). *Was der Psalmist hier vor Gott sagt, kann ein Mensch eigentlich vor keinem anderen Menschen sagen.* Die restlose Selbstaufgabe des eigenen Personengeheimnisses vor einem anderen Men-

---

23 Ps 51 wäre hier noch einschlägig und manche andere Texte aus den Gebeten des Alten Testamentes.
24 Schluß des Psalmes 139; parr in Ps 7;17;26.

schen ist, wie immer auch die Beziehung sein mag, kaum möglich. Wir haben auch individuell eine Scheu, vorbehaltlos alles einem anderen zu offenbaren, so nahe wir ihm auch stehen mögen. Es macht das Spezifikum dieser Beziehung zu Gott aus, daß wir seinen prüfenden und liebenden Blick zulassen können. *Die Selbsterschließung bis ins Innerste ist nur möglich, weil man vor diesem prüfenden Blick, der zugleich ein heilender ist, nichts zu verbergen braucht.* Der Gläubige darf darauf vertrauen, daß auch alles Richten darauf abzielt, ihn aufzurichten, ihm die richtige Bahn zu zeigen und heimzuholen. Umkehr wird dadurch ermöglicht, daß man auch in den Abgründen des eigenen Inneren angenommen ist; der Beter tritt gewissermaßen an die Stelle seines Gegenüber und identifiziert sich mit dem richtenden und heilenden Blick Gottes. *Der Bezug auf das abgründige Geheimnis Gottes ist zugleich die Aktivierung der Geheimnistiefe des eigenen Daseins, das im Gewissen zu sich kommt. Der Akt des Gebetes wird zu einem ersten Grundelement jeder Gewissensbildung im Glauben.*[25]

Die ethische Wahrnehmung im Gewissen wächst mit der Intensität persönlicher Gottesbeziehung; sie wächst aber, wie sich im gleichen Psalm zeigt, nicht nur nach innen, in die Tiefe der eigenen Seele, des eigenen Personseins, das in der Gewissenserfahrung wachgerufen ist. Für die Genese des Gewissens und den weiteren Umgang mit ihm ist *noch bedeutsamer, daß dieser Gott auch mit den Anfängen und dem ganzen Gang der Geschichte eines jeden Menschen zu tun hat*: »Denn du hast mein Inneres geschaffen, mich gewoben im Schoß meiner Mutter. Ich danke dir, daß du mich so wunderbar gestaltet hast. Ich weiß: Staunenswert sind deine Werke. Als ich geformt wurde im Dunkeln, kunstvoll gewirkt in den Tiefen der Erde, waren meine Glieder dir nicht verborgen. Deine Augen sahen, wie ich entstand, in deinem Buch war schon alles verzeichnet; meine Tage waren schon gebildet, als noch keiner von ihnen da war. Wie schwierig sind für mich, o Gott, deine Gedanken, wie gewaltig ist ihre Zahl! Wollte ich sie zählen, es wären mehr als der Sand. Käme ich bis zum Ende, wäre ich noch immer bei dir« (Ps 139, 13–18). *Für das Funktionieren des Gewissens ist es von entscheidender Bedeutung, sich selber in seiner eigenen konkreten Geschichte anzunehmen.* Das geschieht hier im Dank gegenüber Gott, der an der Formung der eigenen Existenz wesentlich beteiligt war. Es bleibt undurchschaubares Geheimnis, wie Gott auf den manchmal krummen Wegen der Geschichte, in denen Menschen Schädigungen erleben und erfahren können, doch seine Hand im Spiel behält, so daß

---

25 Hier sei ein Hinweis darauf gestattet, daß die weithin rezipierte ganzheitliche Gewissensauffassung der heutigen Moraltheologie mit der Rezeption der mystischen Lehre vom Seelengrund zu tun hat, in dem die Mystik den Ort erkannte, an dem das Geheimnis des Menschen an das Geheimnis Gottes rührt. »Im Rückgriff auf die mittelalterliche Mystik... versteht man das Gewissen nunmehr als eine Funktion der ganzen Persönlichkeit und sieht es in deren innerstem Kern gegeben. Es ist dort zu suchen, wo der Mensch er selber ist« schreibt *Helmut Weber*, a.a.O., Anm. 16, 200.

jemand zu einer solchen Aussage kommen kann. Es ist für das Gelingen der Gottesbeziehung im Gewissen von großer Bedeutung, sich *in* allen konkreten Konditionierungen, in denen wir selber ja häufig vor uns weglaufen möchten, doch anzunehmen. Es gibt eben keinen anderen Punkt, zu Gott in Beziehung zu bleiben, als diesen durch die individuelle eigene Geschichte vermittelten und unhintergehbaren Ort, wo wir uns selber in der letzten Tiefe und Abgründigkeit und gerade so Gott begegnen.

Mit der Offenbarung des Neuen Testamentes bekommt das Gebet des Christen eine neue Grundlage. Durch die Vermittlung Jesu Christi selbst können wir zu Gott »Abba, lieber Vater« sagen. Ulrich Luz hat darauf aufmerksam gemacht, daß das *Vater unser in der matthäischen Komposition der Bergpredigt genau im Zentrum steht.*[26] Schon allein diese Anordnung scheint nahezulegen, daß das Ethos, was hier konzentriert dargestellt wird, auf einer Bindung an Gott aufruht, die im Gebet vollzogen wird: Das *Vaterunser ist das Fundament des gesamten Ethos.* Es ist somit zugleich zentrale Ausrichtung, die für die Gewissensreaktion der Menschen, die glauben, unverzichtbar ist. Ich greife hier nur die eine Bitte heraus, die dem Gedanken des Ethischen am nächsten liegt: »Vater, dein Wille geschehe!«(Mt 6,10) Ich habe den Eindruck, daß diese Bitte oft vorschnell als reiner Ergebenheitsausdruck, als Schickung in das verfügte Schicksal verstanden wird; das Vorbild Jesu am Ölberg dürfte dabei Pate gestanden haben, der angesichts der drohenden Passion sich in das Unausweichliche schickt, indem er bekennt, daß letztlich der Wille des Vaters geschehen solle. Es ist aber eine Reduktion des Inhaltes dieser Bitte, wenn sie auf diesen Inhalt beschränkt bleibt. In Erinnerung an das vorhin bereits erwähnte zukunftsorientierte Moment der Ausrichtung des Gewissens am Vaterbild möchte ich darauf hinweisen, daß dieses »Dein Wille geschehe« sich schlechterdings auf alles erstreckt, was in der Erfüllung dieses Willens sinnvoll und gut ist. Die ganze Kreativität eines persönlich auf Gott bezogenen Ethos, das aus der Liebe zu leben versucht, ist hier gemeint. *Die Überzeugung ist darin eingeflochten, daß in der Erfüllung des Willens Gottes Menschen zum Gelingen ihres Lebens kommen.* Denn darum geht es im gesamten Ethos. Und das ist der Wille des Vaters, daß der Mensch letztlich zum Heil, aber hier schon zum Gelingen seiner Existenz kommt.

So ist das Kreuz zwar immer die Nagelprobe der wirklich redlichen Hingabe an Gott. Aber es ist nicht der umgreifende Inhalt des gesamten Ethos. Und dieser müßte angezielt werden vor allem in jenen Bereichen, die normativ überhaupt nicht allgemein festlegbar sind, sondern die die gesamten freien Gestaltungsformen umschließt, in denen Menschen ihr Leben sinnvoll formen. *Auch der individuelle Weg eines jeden einzelnen sollte unter der Vorentscheidung dieser Bitte gesucht werden.* Je persönlicher im Gebet die Bezie-

---

26 A.a.O. (Anm. 20), bes. 185f.

hung zu Gott gesucht wird, um so persönlicher wird auch das sein, was sich aus dieser Beziehung als für den einzelnen relevant zeigt, seine individuelle persönliche Berufung, die Aufgabenstellung, die er übernehmen muß und die er nicht auf andere abwälzen kann.

Neben dem Gebet, das uns Jesus gelehrt hat, und das er selber gebetet hat, ist natürlich hier *auch das Gebet zu ihm* zu nennen. Hier sei *ein Paradigma erwähnt, das modellhafte Bedeutung gewonnen hat.* Ich denke an die *Exerzitien des heiligen Ignatius von Loyola,* die zu einer Vertiefung der Beziehung zu Gott führen, aber auch zur Entscheidung hinlenken wollen, die der Mensch zu fällen hat. Insbesondere geht es in den großen Exerzitien um die Lebenswahl. Der einzelne soll erkennen, was er vor Gott sein soll, wozu er gerufen ist. In der entscheidenden Phase der Wahl selbst wird durchaus nicht nur an das gedacht, was es zu wählen oder abzulehnen gilt; vielmehr wird für die Wahl so etwas wie ein Hintergrund entwickelt. Die Wahlhandlung ist begleitet von »Leben-Jesu-Betrachtungen«, in denen unter Anwendung verschiedener biblischer Modelle versucht werden soll, zu Jesus selber ein individuelles, persönliches Verhältnis zu gewinnen. *Immer mehr versenkt sich jemand in die Gestalt des Herrn, vergegenwärtigt sich sein Bild, um genau und deutlich herausfinden zu können, wie er in seinem eigenen Leben Ihm und seinem Missionsauftrag entsprechen könne.* Es geht ja darum, in der Wahl zu Übereinstimmungserfahrungen[27] zu kommen, in denen sich der einzelne in Einheit mit dem weiß, der ihn ruft.

b) Meditation

Die Dinge gehen ineinander über. Das gerade genannte Bemühen, in ein lebendiges, geradezu anschaulich vermitteltes, Verhältnis zu Jesus Christus zu kommen, war sowohl Gebet wie zugleich Meditation.[28] In der Einleitung war darauf hingewiesen worden, daß die Verwirrung der Geister heute durch falsche Bebilderung unseres Inneren entsteht. Hier würde über meditatives Verinnerlichen anschaubarer Gehalte eine Gegenbewegung in Gang gesetzt. *Gewissensbildung kann in den Tiefenschichten unserer Seele nur dann wirksam werden, wenn sie sich bildhaften Gehalten öffnet und überläßt.* In *Vorbildern* werden Wertorientierungen vorgestellt, die nachvollziehbar sind. Wie geschieht das konkret? Die gerade erwähnten Bemühungen des Ignatius von Loyola seien durch ein Beispiel ergänzt: Ich habe vor mir ein Bild aus

---

27 Vgl. *Bernhard Fraling,* Hinführung zu freier Entschesidung. Nach den Exerzitien des Ignatius von Loyola, in: Humanum. Moraltheologie im Dienst am Menschen, hg. von *Johannes Gründel* u.a. (Egenter-FS) Düsseldorf 1972, 161–176.

28 Ich fasse Meditation hier zunächst in einem sehr weit gespannten Sinn, in dem Bemühungen umschrieben werden, in denen der Mensch zu den Tiefendimensionen seines eigenen Inneren vorstößt und sie gegebenenfalls auch durch bestimmte Inhalte formt.

dem Codex Rossanensis, in dem Christus als Barmherziger Samaritan darge-stellt ist. Er trägt den Nimbus; er beugt sich über eine Gestalt, die am Boden ausgestreckt ist, das Gesicht zum Boden gewandt, weit aufgerissen das Auge vor Schreck und Leid; und die dem am Boden Liegenden zugewandte Gestalt Jesu Christi ist wie ein einziges zupackendes Helfen-Wollen. Seine Hände sind weit ausgebreitet, als ob sie unmittelbar zugreifen und die Not des dort Liegenden sich zu eigen machen möchten – ein Urbild von Teilnahme, von Erbarmen, von Zuwendung, von aktiver Hilfe; all das ist in diesem Christus-bild lebendige Gegenwart. Jemand meditiere es, jemand gehe mit ihm eine Zeitlang um – er wird notwendigerweise, wenn denn in ihm die Fähigkeit der Empathie nicht erloschen ist, zu jemandem, der tiefer bereit ist, sich der Not eines anderen zu öffnen. Gerade so ist er mit dem eins, der ihn gerufen hat und an den er glaubt.

Meditative Verinnerlichung vorgegebener Werte hat es auch schon im Alten Testament gegeben, wo man Techniken kannte, in denen man die Thora durch leises Vor-sich-hin-Sprechen auswendig lernte und sich so ganz zu eigen machte. »Der Mund des Gerechten bewegt Worte der Weisheit, und seine Zunge redet, was recht ist. Er hat die Weisung seines Gottes im Herzen, seine Schritte wanken nicht« (Ps 37,30f.). Man kann davon ausgehen, daß dieser Vers eine bestimmte Technik zeigt, die geübt wurde, um die eigenen Erkenntnisfähigkeit ganz geprägt sein zu lassen von der Tora, von den Worten, die man als kostbare Überlieferung weitergab.

Es gab auch *memotechnische Mittel,* sich das Gesetz ständig gegenwärtig zu halten: »Diese Worte, auf die ich dich heute verpflichte, sollen auf deinem Herzen geschrieben stehen. Du sollst sie deinen Söhnen wiederholen. Du sollst von ihnen reden, wenn du zu Hause sitzt und wenn du auf der Straße gehst, wenn du dich schlafen legst und wenn du aufstehst. Du sollst sie als Zeichen um das Handgelenk binden. Sie sollen zum Schmuck auf deiner Stirn werden. Du sollst sie auf die Türpfosten deines Hauses und in deine Stadttore schreiben« (Dtn 6,6–9).

Psychologisch gesehen geht es hier nicht nur um äußere Bemühungen, sondern um eine Internalisierung von Gehalten. Sie fordert *stets von neuem die Entscheidung,* in der wir uns der Frage stellen müssen, *von welchen Bildern und darin realisierten Werten wir uns tatsächlich bestimmen lassen.* Man mag das Modell jüdischer Gewissensbildung arg ritualistisch finden; man sollte auf der anderen Seite die ungeheure Wirkung auf diese Weise weitergetragener Wertorientierung durch Jahrtausende der Verfolgung nicht verkennen. Die Identität eines Volkes war nur so überhaupt aufrecht zu erhalten. Je mehr der Eindruck wächst, daß das Christliche sich nur als Alternative zum allgemeinen Trend der Zeit wird aufrecht erhalten können, um so mehr tun Bemühungen in dieser Richtung not, die geeignet sind, die Gehalte des Christlichen in den tieferen Seelenschichten zu verankern, damit sie Intuition und Entscheidung mitbestimmen.

Ein *anderer Gesichtspunkt meditativer Bemühungen* um christliche Gewissensbildung kommt von einem anderen Ende her und nimmt den horizontalen Aspekt ethischer Erfahrung auf. Alles, was wir in den Entwicklungen jüngerer Spiritualität von der Bedeutung der *revision de vie*, der Lebensbetrachtung, gehört haben, ist unverzichtbares Element der Gewissensbildung. Die traditionelle Gewissenserforschung hatte den Nachteil, zu sehr als ein Feststellen von Fehlverhalten zu gelten. In der Lebensbetrachtung geht es um mehr; es geht um die Wahrnehmung der eigenen Möglichkeiten in der Realität des Alltags. Diese ist je neu im Licht des Evangeliums zu deuten. Der Christ meditiert den Auftrag des Herrn, der ihm anvertraut wurde, wenn er den Begegnungen nachdenkt, in denen er Verantwortung für Menschen übernommen hat, in denen er von ihnen etwas geschenkt bekam, in denen er betroffen wurde vom Schicksal von Menschen. Ohne Aktivierung der ursprünglich am intensivsten erlebbaren horizontalen Dimension kann effektive Gewissensbildung nicht gelingen. Denn christliche Verantwortung ist, wie wir gesehen haben, immer Verantwortung dem Herrn gegenüber, die durch Menschen vermittelt ist; wir würden ihn nicht wahrnehmen, wenn wir nicht Menschen, für die wir Aufgaben zu übernehmen haben, in diesem Sinne wahrnehmen. Ihnen gegenüber erfahren wir unsere Verantwortung am konkretesten. *Meditative Rückschau auf die Erfahrung mit ihnen, auf die eigene Reaktion, auf die Möglichkeit der Schritte besseren Gelingens sind Elemente eines dauernd zu fördernden Gewissensbildungsprozesses.* Es zeigt sich hier, daß Gewissen überhaupt in erster Linie als der Ort anzusehen ist, an dem solche Prozesse verantwortet gefördert werden, Prozesse des Nachdenkens und Vorausdenkens, Prozesse der tieferen Wahrnehmung der eigenen Verantwortung denen gegenüber, mit denen man unmittelbar zu tun hat.

c) Operative Formen der Gewissensbildung

Nichts wirkt so stark auf das Innere des Menschen zurück wie seine eigene vollbrachte Tat. Jede Entscheidung zum Bösen schwächt die positive Wertorientierung des Gewissens; jede Wahrnehmung positiver Werte vertieft das Gute in einem. Hier könnte alles das, was die Tradition zur Entwicklung der Tugendlehre gesagt hat, einbezogen werden; denn es handelt sich bei den *Tugenden* ja nicht nur um die Fähigkeit, das Gute zu *tun*, sondern auch um die Bereitschaft, es *wahrzunehmen*. Tugend als eine auf bestimmte Werte eingestellte Haltung des Menschen, die stets darauf aus ist, diese Werte auch zu realisieren, wo immer sich Möglichkeiten bieten, bewirkt auch Wachsamkeit und Hellhörigkeit für den respektiven Wertbereich.

Nehmen wir *als Beispiel das Verhältnis des Menschen zur Natur.* Er kann sich im Hinblick auf das vorhin Gesehene und Gesagte auf die Art und Weise des Umgangs Jesu mit der Natur beziehen, so weit sie erkennbar ist; er hat offensichtlich die Möglichkeit gehabt, in einer Lilie mehr zu sehen als nur vergängliches Gras. Wenn der einzelne dieses nicht in seinem Tun nachvollzieht, bleibt das, was er an Jesu Beispiel wahrgenommen hat, abstrakt. Er kann es schön finden; aber er vollzieht nicht genügend nach. Dies geschieht erst in realen Entscheidungsschritten – und das nicht nur an diesem Beispiel von der Beziehung zur Natur. Wir wissen, daß heute der Umgang mit Natur, der Respekt vor dem Eigenwert des Geschöpfs an Bedeutung enorm gestiegen ist. Wir erleben sozusagen ein neues Ethos *in statu nascendi*, aber dieses auch nur in dem Maße, als man selber entschieden dieses und jenes tut, um die Schöpfung für die Nachwelt zu bewahren. Von hierher kann es eine Bedeutung haben, wenn man sich bewußt entscheidet, auf der Autobahn Richtgeschwindigkeiten einzuhalten. Es ist wahrscheinlich, daß sich diese Entscheidung rückwirkend auf die Haltung auswirkt, in der man überhaupt sich diesen Problemen gegenübersieht. Läßt man den Fuß auf dem Gaspedal völlig frei gewähren, ohne Rücksicht auf die möglicherweise dadurch intensiver werdende Schädigung der Natur, kann natürlich ein Umweltethos nicht gefördert werden. *Entscheidungsschritte in der Realisierung bestimmter Werte sind Voraussetzung dafür, daß Haltungen wachsen, die dann ein Ethos entstehen lassen.* Sie bilden das Gewissen auf ihre Weise.

Im genannten Bereich gewinnt ein Moment an Bedeutung, welches uns an die griechische Ethik erinnern könnte: *Richtige Gewissensentscheidungen bedürfen immer mehr des Wissens*; Informationen über die Konsequenzen des eigenen Verhaltens in der technischen Welt sind uns nicht über Instinkt und entsprechende Intuition zugänglich. *Wir müssen uns in weiteren Bereichen immer mehr kundig machen, um im Gewissen zu richtigen Urteilen zu kommen.*

d) Gewissensbildung im Vollzug von Umkehr und Erneuerung

Ich möchte schließen mit einem umfassenden Aspekt der Gewissensbildung auf der Basis christlichen Glaubens überhaupt. Er umgreift das Ganze und gibt der Bemühung um Gewissensbildung jene Dynamik, in der wir davon ausgehen können, daß nicht nur das Leben der Kirche, sondern das Leben jedes einzelnen eine *vita semper reformanda* ist. *Gewissensbildung beziehe ich hier auf die Dynamik jeweils neuer kreativer Gestaltung des eigenen Daseins.* Dabei ist der Gedanke der **Umkehr**, ntl. **Metanoia** nicht zu sehr unter dem Vorzeichen von Buße und Askese zu sehen, von Verzicht und Aufgabe von liebgewordenen Dingen. Vielmehr ist entscheidend, in der Umkehr jeweils die Chance eines Neuwerdens zu entdecken.

Das tut das *Grundmodell von Umkehr*, so wie es uns *in der Predigt Jesu* begegnet. Kaum irgendwo ist es so überwältigend optimistisch dargestellt wie in den *Gleichnissen vom Schatz im Acker und der kostbaren Perle* (Mt 13,44–

52

46). Die Freude, die neue Chance ergriffen zu haben, wirft alles andere um. Alle anderen Werte bekommen eine neue Beziehung. Das Um und Auf der eigenen Existenz wird neu wahrgenommen. Die Freude darüber, daß sich nun unter diesen Vorzeichen das Leben lohnt, ist unübersehbar. Wenn in der Zusammenfassung der Predigt Jesu am Anfang des Markusevangeliums *Umkehr und Glauben zusammen*gestellt werden, dann kann man davon ausgehen, daß sie eigentlich so etwas sind wie zwei Seiten ein und derselben Sache. *Glaube kann wirklicher Glaube nur sein, wenn er sich in Umkehr umsetzt; und Umkehr kann nur gelingen, wenn sie im Vollzug des Glaubens verwirklicht wird.* An vielen Stellen ließe sich dieses im einzelnen zeigen; vielleicht ist es am plastischsten in der Begegnung Jesu mit Zachäus, dem Oberzöllner, (Lk 19,1–10) dargestellt. Im Vorgang der Bindung an Jesus, im Aufgang seines Glaubens in seinem Herzen, wird er zugleich selbst ein anderer Mensch, der seine gesamte Einstellung zum Leben, alles was er tut, zu verändern bereit ist. Denn er hat einen neuen Bezugspunkt gefunden, der ihm nun alles bedeuten kann. Indem Jesus ihn annimmt, gibt er ihm gleichzeitig die Möglichkeit, sich so zu verhalten.

Der Zuspruch des Glaubens ist zugleich der Zuspruch der neuen Existenz. Natürlich wird diese neue Existenz nicht realisiert ohne die radikalen Entscheidungen, die Jesus verlangt. Aber in ihnen werden eben die radikalen Chancen wahrgenommen, die sich in ihm und seiner Botschaft eröffnen.

Paulus entfaltet diesen Gedanken unter dem Vorzeichen der *Pneumatologie*. In der Taufe sind wir mit Christus eins geworden; und durch seinen Geist soll unser Leben sich verwandeln. *Eschatologisch* bedeutet das, daß unser Leib einmal dem Leib des Auferstandenen durch seinen Geist gleichgestaltet wird; *ethisch* bedeutet das, daß wir insoweit Anteil an Christus erhalten, als wir uns von seinem Geist leiten lassen. Zu der äußeren Dynamik des verkündigten Evangeliums, das dem Menschen neue Möglichkeiten zuspricht, tritt hier die innere Dynamik, in dem der Geist, der Jesu Leben formte, nun auch formend die Existenz seiner Jünger bestimmt. *Das innere Prinzip der Gewissensbildung, die sich christlich versteht, ist der Geist Jesu Christi selbst,* der unser Empfinden, unser Handeln dem Handeln Jesu ähnlich macht, dieses in der Situation, in der wir stehen, so daß diese Verähnlichung keineswegs Gleichmacherei bedeutet. Jeweils klingt die in Christus angeschlagene Melodie im Eigenen, unserer eigenen Lebensgeschichte wieder; und die Macht, die solche Resonanz herstellt, ist der Geist Jesu Christi, der in allen die je eigenen Charismen erweckt, daß sie zusammenstimmen zum Ganzen. Gewissensbildung heißt dann hier einfach und schlicht: sich leiten lassen vom Geist Jesu Christi. Daß darin jene Mittel, die schon erwähnt wurden, samt und sonders ihre Rolle spielen, ist selbstverständlich.

Mit dem Rückgriff auf diese *dynamis* wird wiederum deutlich, daß es sich um einen *Prozeß handeln wird, der grundsätzlich nicht an einen endgültigen Abschluß kommen kann.* Darauf macht Paulus in einem anderen Zusammenhang aufmerksam, wenn er in Röm 12,1–2 einen Prozeß dauernder Erneuerung der Gewissensorientierung verlangt. Er schreibt: »Angesichts des Erbarmens Gottes ermahne ich euch, meine Brüder, euch selbst als lebendiges und heiliges Opfer darzubringen, das Gott gefällt; das ist für euch der wahre und angemessene Gottesdienst. Gleicht euch nicht dieser Welt an, sondern wandelt euch und erneuert euer Denken, damit ihr prüfen und erkennen könnt, was der Wille Gottes ist: was ihm gefällt, was gut und vollkommen ist.« Mir scheint, in diesen zwei Sätzen summiert sich alles Gesagte: Einmal wird im ersten Vers deutlich, daß es um die Ganzheitlichkeit unserer Existenz geht. Kultische Opferterminologie wird hier aufgenommen in einen Raum des Ethischen. Sie wird zu einem Ausdruck für die Ganzhingabe des Menschen, die Gott gefällt. Das ist nun der eigentliche wahre und angemessene Gottesdienst, die Selbsthingabe des Menschen, der nicht mehr Angst haben muß, weil er sich auf das Erbarmen dieses Gottes verlassen kann, weil sich dieser Gott ihm zugesprochen hat als ein Vater, der ihn ganz in Anspruch nehmen möchte, und der zugleich die Zukunft des Menschen besorgt. *In die Gestaltung dieser Zukunft nun ist zum anderen der Mensch selbst einbezogen und muß in einem Prozeß sich darum bemühen, im ständigen Sich-Scheiden von den Bildern dieser Welt das eigene Denken und Sinnen und Trachten zu erneuern. Diese Erneuerung des Denkens, von der der Apostel spricht, ist zugleich Erneuerung des Wertens, Erneuerung der je eigenen Weltgestaltung.* Diese Erneuerung unseres Wertens, die sich ständig am Evangelium ausrichtet, bewirkt dann, daß wir *in die Lage versetzt werden, selbst zu prüfen und prüfend wahrzunehmen, was das Rechte und Gottgefällige ist.* Der Apostel traut den Gläubigen zu, selbst in diesen Prozeß des Erprobens einzutreten, in dem man erst nach und nach erspürt, was hier und jetzt dem Willen Gottes entspricht; der Spürsinn, die Gabe der Unterscheidung hängt praktisch vom Gelingen der »Erneuerung des Denkens« ab, die gefordert ist. Wir haben es hier mit einem Prozeß zu tun, der nicht aufhört und auch immer neu der Führung bedarf. Aber die entscheidende Führung ist uns im Wort Gottes vorgegeben worden; und Gewissensbildung ist und bleibt notwendig, weil wir in dieser Welt deren Schemata ausgeliefert sind, von denen wir uns beständig zu distanzieren haben. *So wird dieser Satz zu einer Summe dessen, was verantwortete Gewissensbildung für den Menschen bedeutet. Sie bedeutet praktisch das beständige Wachhalten einer Gesinnung, die dem Evangelium entspricht und die vom Geist Christi in uns bewirkt wird.*

ERNST HAAG

Judit und Holofernes

Zur theologisch-ethischen Problematik in Jdt 10–11

Judits Gang in das Heerlager der Assyrer (Jdt 10) und ihr Zusammentreffen mit Holofernes (Jdt 11) haben seit je wegen ihrer theologisch-ethischen Problematik bei den Exegeten Anstoß erregt, aber andererseits auch bei dem Versuch einer Rechtfertigung des inspirierten Hagiographen oft zu einer nicht unbedenklichen Apologetik geführt. Nach A. Miller, der hier als repräsentativ für viele Ausleger zitiert sei, werden Judit hauptsächlich zwei Untaten zur Last gelegt: Lüge und Verführung. Da jedoch, wie Miller glaubt, in Wirklichkeit keines von beiden zutrifft, kann er die angeblichen Untaten Judits mit Nachsicht bewerten, um dafür die Tugend der Heldin in umso hellerem Licht erstrahlen zu lassen, allerdings um den Preis einer Abwertung der alttestamentlichen Offenbarung. So entspricht es, wie Miller sagt, durchaus der Wahrheit, daß Judits Worte und ihr Gebaren »oftmals raffiniert zweideutig« sind; »sie spielt die Rolle der Überläuferin, ohne es zu sein. Sie trägt eine gewisse Koketterie zur Schau und geht mit gewandter Doppelzüngigkeit und Einschmeichlungskunst geradewegs auf das Verderben ihres Gegners los. In Wirklichkeit hat sie nur dies letztere im Auge und bleibt selber bis zum Schluß die reine, streng aszetische Witwe, die durch ihren Stand, ihre Tugendstrenge und ihren Gebetseifer auch innerlich jede Gefahr einer Sünde bannt. Judit handelt als Heldin, aber nicht in der Waffenrüstung eines Saul, sondern mit den Waffen der List und ihrer starken anziehenden Weiblichkeit und siegt mit diesen. Sie handelt als Orientalin, und zwar als Orientalin der alten Zeit, die in dieser Beziehung nicht lange grübelt und ewig zaudert, besonders da nicht, wo es sich um die höchsten Güter handelt. Sie handelt als Heldin des Alten Testamentes, dessen sittliche und religiöse Höhe wir nicht mit dem Maßstäben der neutestamentlichen Vollkommenheit messen dürfen, weil sie Gott von diesen Menschen im Dämmerlicht der göttlichen Gnade und Offenbarung nicht verlangen konnte und wollte.«[1]

---

1 A. Miller, Das Buch Judith (HSAT), Bonn 1940 mit Hinweis auf Thomas v. Aquin, S. Th. II, 2, q. 110, a. 3 ad 3, wo es heißt: »Quidam vero commendantur in Scriptura non propter perfectam virtutem, sed propter quandam virtutis indolem; quia scilicet apparebat in eis aliquis laudabilis affectus, ex quo movebantur ad quaedam indebita facienda. Et hoc modo Judith laudatur, non quia mentita est Holoferni, sed propter affectum quem habuit ad salutem populi, pro qua periculis se exposuit. Quamvis etiam dici possit quod verba eius veritatem habent secundum aliquem mysticum intellectum.« Neuerdings hat W. Herrmann, Jüdische Glaubensfundamente (BEAT 36), Frankfurt 1994 bei der Diskussion forschungsgeschichtlicher Probleme des Buches Judit darauf hingewiesen, daß schon die Vulgata ihr anstößig erscheinende Aussagen in Jdt 10,13 und 11,5 geändert bzw. ausgelassen hat (21 f.).

Stark relativiert erscheint demgegenüber die theologisch ethische Problematik in Jdt 10–11, wenn man die Darstellung unter literaturgeschichtlichem Aspekt betrachtet und in deren heroisch-erotischer Akzentuierung eine spezifische Ausdrucksform des antiken Romans erkennt. »Wohl geht es im Juditbuch,« wie E. Zenger, ein Vertreter dieser Auffassung schreibt, »letztlich um die Auseindersetzung zwischen Jahwe und Nebukadnezzar. Aber diese Auseinandersetzung entscheidet sich im Einzelschicksal von Judit und Holofernes.«[2] Genau das aber ist nach Zenger die »spezifische Technik des antiken und klassischen Romans, dessen Autor die Totalität seiner Geschichtserfahrung innerhalb der individuellen Begebenheit seines Romans darstellen will.«[3] Naturgemäß zeigt sich daher diese Technik innerhalb der »in den Figuren Judit und Holofernes spielende(n) Heldengeschichte, die zugleich eine Liebesgeschichte ist, wobei voller Ironie Judit zur Heldin wird, weil sie nicht liebt, und der vor Liebe brennende Holofernes nicht zur geplanten Liebesnacht mit Judit kommt, weil er sich vorher in seinem Liebesrausch unheldenhaft bewußtlos betrunken hat.«[4] Zwar hat sich der Autor, wie Zenger bemerkt, bei der Gestaltung dieser Liebes- und Heldengeschichte von der Tradition Israels anregen lassen: Judit trägt Züge der Jael des Richterbuches, die einst dem schlafenden Sisera, dem Feldherrn des Kanaanäers Jabin, einen Zeltpflock durch die Schläfe getrieben hatte (Ri 4,21). Auch gleicht Judits Aktion der des schwachen David, der dem gotteslästerlichen Goliat mit dessen eigenem Schwert das Haupt abschlägt (1 Sam 17,51). »Aber Szenerie und Flair, in denen Judit und Holofernes agieren, verraten Geschmack und Stil, wie sie uns im antiken griechisch-orientalischen und im jüdisch-hellenistischen Roman begegnen.«[5] Wo aber bleibt innerhalb einer so heroisch-erotisch akzentuierten Handlungsstruktur, die in dem »Juditroman« nach Zenger »das eigentlich spannende und unterhaltsame Moment darstellt«[6], noch Raum für eine theologische Aussage in Jdt 10–11? Ist hier die Einschätzung der literarischen Gattung des Juditbuches als Roman nicht schon im Ansatz ein Irrweg?

Die theologisch-ethische Problematik von Jdt 10–11 berührt demnach, wie die hier angeführten Deutungsversuche belegen, ebenso die Intention der Darstellung in Jdt 10–11 wie gleichzeitig auch deren literarische Ausdrucksform. Beide Problembereiche sind daher Gegenstand der folgenden Untersuchung.

---

2 E. Zenger, Das Buch Judit (JSHRZ I,6), Gütersloh 1981, 436; vgl. auch ders., Art. Judith/Judithbuch, TRE XVII (1988) 404–408; ders., Der Juditroman als Traditionsmodell des Jahweglaubens, TThZ 83 (1974) 65–80.
3 Zenger, Das Buch Judit, 436.
4 Zenger, Das Buch Judit, 437.
5 Zenger, Das Buch Judit, 437.
6 Zenger, Das Buch Judit, 437.

I. Zur Intention der Darstellung in Jdt 10–11

1. Judits Gang in das Heerlager der Assyrer in Jdt 10

Aufschlußreich für die Erfassung der Intention des Erzählers in Jdt 10–11 ist das Gebet, das Judit vor ihrem Gang in das Heerlager der Assyrer verrichtet (9,2–14). Ganz in Übereinstimmung mit der bisherigen Darstellung des Juditbuches, nach der Nebukadnezzar, König über die Assyrer in Ninive (1,1), und Holofernes, sein Feldherr und engster Vertrauter (2,4–13), keine Persönlichkeiten der Historie, sondern metahistorisch zu verstehende Typen sind, nämlich der Antijahwe und sein Repräsentant (3,8; 6,2)[7], beschreibt Judit in ihrem Gebet das Heer der Assyrer als das Machtaufgebot dieses Antijahwe oder Gottesfeindes, der in seiner widergöttlichen Hybris zum Angriff auf Jerusalem, das Zentrum Israels, und auf Zion, die Residenz Jahwes in seinem Volk, angesetzt hat und der in seiner Verblendung nicht einsehen will, daß Jahwe bei der Manifestation seiner universalen Königsherrschaft in der Welt den Kriegen und damit aller Gewalttat als Ausdruck der Ursünde (Gen 6,13) ein Ende bereitet und daß dieser Gott in seiner Vorsehung schon längst den Untergang des Antijahwe und das Scheitern seiner gottwidrigen Auflehnung beschlossen hat (9,5–13). Im Hinblick auf die aktuelle Situation des Gottesvolkes, das durch Holofernes und das Heer der Assyrer tödlich bedroht ist, erfleht Judit nun in ihrem Gebet von Jahwe die Kraft, bei der Durchführung ihres Vorhabens den Gottesfeind durch ihre trügerischen Worte zu schlagen und mit ihrer Hand den Trotz des Hochmütigen zu brechen (9,10.13). Was hier auf den ersten Blick als vorsätzliche Täuschung des Gottesfeindes im Sinne einer militärisch oder politisch üblichen Kriegslist erscheint, ist bei näherem Zusehen betrachtet nur ein den Untergang des Holofernes und seiner assyrischen Herresmacht illustrierender Begleitvorgang. Nach Auffassung der alttestamentlichen Tradition geht nämlich der Gottesfeind an seiner eigenen Verblendung, die Ausdruck seiner tiefsitzenden Schuld ist, zugrunde; das gilt für die Herzensverhärtung des Pharao (Ex 5,2; 14,1–4) ebenso wie für den Ansturm der gegen Jerusalem heranbrausenden Völkerwelt (Jes 30,8) und besonders für Gog von Magog (Ez 38,4; 39,2). Wenn aber der Gottesfeind in Wahrheit an seiner eigenen tödlichen Verblendung zugrunde geht und dies, wie Judit ausdrücklich festgestellt hat (9,7), auch für Holofernes und seine Assyrer gilt, dann ist das Vorgehen der Heldin, das, wie noch gezeigt wird, zwar von hintergründiger List, nicht aber von Lüge gekennzeichnet ist, nur die Offenlegung dieses Unheilsgeschehens und nicht dessen Verursachung:

---

7   Ausführliche Begründung bei E. Haag, Studien zum Buche Judith (TThSt 16), Trier 1963. Zur Gestalt des Antijahwe, seiner Herkunft und Bedeutung in der alttestamentlichen Tradition, vgl. E. Haag, Jesaja, Assur und der Antijahwe. Zur Literar- und Traditionsgeschichte von Jes 10,5–15, TThZ 103 (1994) 18–37; ders. Daniel (NEB), Würzburg 1993, 11 f.

eine Erkenntnis, die bei der Interpretation von Jdt 10–11 unbedingt zu beachten ist.

Zunächst setzt Judit offenbar mit Bedacht, wie die über die ganze Darstellung in Jdt 10 verteilten Hinweise verraten (10,4.7.14.19.23), ihre außergewöhnliche Schönheit als Mittel zur Beeindruckung der Assyrer und ihres Oberbefehlshabers ein. Nicht ohne Grund schildert daher der Erzähler zu Beginn mit umständlicher Genauigkeit, wie Judit als Frau sich herausputzt und schön macht, um, wie es ausdrücklich heißt, die Blicke aller Männer, die ihrer ansichtig würden, auf sich zu ziehen (10,4). Drei Stellungnahmen zu Judits Schönheit bei recht unterschiedlichen Begegnungen sind hier zu vermerken.

Die erste Stellunganhme erfolgt noch in Betulia von seiten der Stadtältesten und ihrer Umgebung. So schildert der Erzähler höchst anschaulich und nicht ohne einen Anflug von Humor, wie die Stadtältesten Usija, Kabri und Karmi voller Bewunderung und Staunen die Schönheit ihrer Mitbürgerin wahrnehmen und wie, nachdem Judit das Stadttor durchschritten und sich schon auf den Weg in das Heerlager der Assyrer begeben hat, die Männer von Betulia ihre Augen so lange auf sie gerichtet halten, bis man sie nicht mehr sehen kann (10,6–10). Was sich hinter dieser Darstellung in Wahrheit verbirgt, bringt der Segenswunsch zum Ausdruck, mit dem die Stadtältesten ihre Heldin verabschieden: »Der Gott unserer Väter mache dich zu einem Werkzeug seiner Gnade und lasse dein Vorhaben gelingen zum Ruhm Israels und zur Verherrlichung Jerusalems« (10,8; vgl. auch 13,4; 15,9). Der Umstand, daß Judit diesem Segenswunsch in Gebetshaltung zustimmt (10,9), läßt erkennen, daß sie die hier ausgesprochene Deutung ihrer Schönheit als Glaubensauffassung teilt. Nach der Aussageabsicht des Erzählers ist nämlich die Schönheit Judits als der Repräsentantin des wahren Isarel (8,1–8) ein Symbol jener überirdischen Schönheit, die Gott seinem Volk bei dessen Auserwählung geschenkt hat (Ez 16,1–14) und die er in Jerusalem auf Zion, der Krone aller Schönheit (Klgl 2,15; Ps 50,2), als Widerschein und Glanz seiner dort anfanghaft begründeten Königsherrschaft geoffenbart hat. Von dieser Schönheit erwarten die Stadtältesten Betulias und mit ihnen Judit, daß Gott sie nicht erst am Ende der Zeit, sondern schon vorher durch sein innergeschichtliches Retterhandeln bei der Vernichtung der Heeresmacht des Antijahwe (Sach 9,17) vor aller Welt offenbart.

Die zweite Stellungnahme, die Judit zu ihrer Schönheit erfährt, kommt von den Vorposten der Assyrer, die Betulia belagern (10,11–17). Als die Soldaten Judit festnehmen und sie nach dem Woher und Wohin ihres Kommens befragen, bekennt sie wahrheitsgemäß, daß sie zu dem Volk der Hebräer gehöre und aus Betulia weggelaufen sei, weil sie angesichts der unmittelbar bevorstehenden Eroberung und Vernichtung der Stadt durch die Assyrer ihr Leben in Sicherheit bringen wolle. Darüber hinaus wolle sie Holofernes, den Oberbefehlshaber der Assyrer, noch auf eine Möglichkeit aufmerksam machen, wie er sicher und ohne Verluste das Bergland von Israel ganz in seinen Besitz bringen könne. Bei dieser Auskunft denkt Judit offenbar an den von ihr heftig getadelten Beschluß der Stadtältesten von Betulia, falls innerhalb von fünf Tagen kein Rettungswunder geschehe, die Stadt den Assyrern kampflos zu übergeben und ihnen damit den Zugang zu dem Bergland von Israel und zu der Hauptstadt Jerusalem zu ermöglichen (7,30 f.; 8,11.21). Das Wissen Judits von der Bedrohlichkeit der Situation ihres Volkes fehlt natürlich den Vorposten der Assyrer. Von Judits Schönheit hingerissen fühlen sie sich vielmehr durch die Auskunft der angeblichen Überläuferin in ihrem Eroberungsdrang bestätigt und in ihrem Machtbewußtsein geschmeichelt: »Du hast dein Leben gerettet,« so versichern sie ihr, »weil du dich beeilt hast, von dort oben unserem Herrn entgegenzugehen« (10,15). Und augenblicklich sind die Vorposten bereit, Judit nicht nur den Zutritt zu Holofernes zu gewähren, sondern ihr darüber hinaus auch noch ein feierliches Geleit zu dem Zelt des Oberbefehlshabers zu geben.

Auch hier steht im Hintergrund der Begegnung wie schon bei den Stadtältesten von Betulia (10,8) die gleiche Glaubensvorstellung von der überirdischen Schönheit, die Jahwe Israel bei dessen Auserwählung geschenkt hat (Ez 16,1–14) und deren typisches Abbild die Schönheit Judits ist. Nur hat der Erzähler hier einen anderen Aspekt dieser Glaubensvorstellung im Blick. Geht es im ersten Fall um die Bestätigung und die Vollendung der Schönheit Israels in der Verherrlichung Jerusalems und des Zion, so in dem vorliegenden Fall um die Mißachtung dieser Schönheit durch das von Jahwe abgefallene Gottesvolk, das sich, wie die Gerichtsprophetie mit drastischen Bildern beschreibt, im Verlauf seiner Sündengeschichte zur Aufrechterhaltung und Ausweitung seines nationalen Ansehens heidnischen Großmächten regelrecht angedient hat und das bei dem Buhlen um deren Gunst sich religiös bis zur Selbstpreisgabe erniedrigt hat (Ez 16,15–34). Auf diesen Sachverhalt weist in dem Wort der assyrischen Vorposten die im Zusammenhang mit der Bewunderung für Judits Schönheit geäußerte Anerkennung ihres Verhaltens als Überläuferin hin (10,15). Der Umstand jedoch, daß ausgerechnet Judit, die als die Repräsentantin des wahren Israel dem Zerrbild ihres von Jahwe abgefallenen Volkes in keiner Weise entspricht, dennoch hier den Eindruck eines nicht uneigennützigen Spielens mit ihrer Schönheit erweckt, gehört nach der Aussageabsicht des Erzählers zu der abgrundtiefen Verblendung des Gottesfeindes, an der er letzten Endes zugrunde geht.

Die dritte und letzte Stellungnahme zu der Schönheit Judits kommt ebenfalls von seiten der Assyrer und stellt inhaltlich die Weiterführung und Ergänzung der vorangegangenen Begegnung dar (10,18–23). Während Judit vor dem Zelt des Holofernes steht und wartet, bis man sie ihm angemeldet hat, geraten die herbeigeeilten Männer in Begeisterung bei dem Anblick ihrer Schönheit, ohne dabei als Assyrer ihre wahre Absicht zu verbergen. Denn ein Volk, so meinen sie, das solche Frauen habe, solle man nicht unterschätzen:

man tue deshalb gut daran, die Männer dieses Volkes alle umzubringen, weil sie sonst imstande seien, noch die ganze Welt zu überlisten und sie ihrem Herrschaftsanspruch zu unterwerfen (10,19). Offensichtlich steht hier Judit für ein Israel, dessen Ausstattung als Gottesvolk im Raum der Politik das Machtinteresse dieser Welt geweckt hat. Auch Holofernes ist von diesem Denken ganz erfüllt. Doch wählt er diesmal nicht die ihm vertraute Taktik der Gewalt (3,6–8). Statt dessen setzt er auf Verführung. Nicht ohne Grund beschreibt ihn darum der Erzähler, wie er bei der Ankunft Judits ausgestreckt auf seinem Lager ruht, bedeckt von einem Mückennetz aus Gold und Purpur, in das Edelsteine eingewebt sind, und wie er dann von seinem Lager augenblicklich sich erhebt und die ihm zugeführte Frau im Vorraum seines Zeltes mit ausgesuchter Freundlichkeit empfängt (10,22 f.).

Im Hintergrund auch dieser letzten Stellungnahme zu der Schönheit Judits steht, wie man sofort erkennt, die gleiche Glaubensvorstellung wie schon vorher von der Schönheit Israels, die Jahwe seinem Volk mit dessen Auserwählung zum Geschenk gemacht hat (Ez 16,1–14). In Weiterführung und Ergänzung jenes Aspektes jedoch, der schon die Begegnung mit den Vorposten der Assyrer bestimmt hatte (10,11–17), beschreibt hier der Erzähler, wie auch Holofernes selbst in seiner tödlichen Verblendung ganz von dem Gedanken erfüllt, ja besessen ist, daß Israel seine Schönheit weltlichen Machtinteressen zu opfern bereit ist (Ez 16,15–34) und wie er nicht einsieht, daß Judit diesem Zerrbild ihres Volkes in keiner Weise entspricht. Das anschließende Gespräch, das Holofernes mit Judit führt (Jdt 11), reflektiert diese Verblendung und offenbart dabei über den Eindruck der Schönheit Judits hinaus auch noch die Faszination ihrer Weisheit (11,20), die sich nicht an Machtinteressen gleich welcher Art, sondern an Gottes Schöpfungs- und Geschichtsplanung orientiert.

2. Judits Gespräch mit Holofernes in Jdt 11

Im Mittelpunkt der von herablassendem Wohlwollen getragenen Begrüßung Judits durch Holofernes steht die Frage, warum sie, die Israelitin, ihrem Volk davongelaufen und zu den Assyrern geflüchtet sei. Eingerahmt ist diese Frage von Ausführungen, mit denen Holofernes, fast im Ton der Entschuldigung, erklärt, daß er nur deshalb Israel angegriffen habe, weil man dort den Dienst Nebukadnezzars verachtet und die Aufforderung des Weltbeherrschers zur Unterwerfung abgelehnt habe. In Judits Kommen erblicke er jedoch das fällige Zeichen der Anerkennung Nebukadnezzars, der bekanntlich alle Menschen, die sich seinem Herrschaftsanspruch fügen, mit Großmut zu behandeln pflege (11,1–4).

In Anbetracht der Erwartung des Holofernes, wichtige Informationen über Israel und seine Verteidigungsstrategie zu erhalten, beginnt Judit ihre

Ausführungen mit dem feierlichen Versprechen, dem Oberbefehlshaber der Assyrer in dieser Nacht keine Lüge auftischen zu wollen (11,5). Nicht ohne Staunen, ja Befremden nimmt man diese Aussage zur Kenntnis, weil die anschließende Darstellung der Situation Israels und speziell der Not in Betulia durch Judit all dem zu widersprechen scheint, was sie vorher im Gespräch mit den Stadtältesten (8,11–27.32–34) und in ihrem Gebet vor Gott (9,2–14) ausgeführt hat. Dennoch hätte man die Aussageabsicht des Erzählers gründlich verkannt, wenn man die Auskunft Judits nur als eine verzeihliche Notlüge und ihr Verhalten im Heerlager der Assyrer als eine bloß umständehalber gewählte Kriegslist entschuldigen würde. Denn Judit spricht, so unbegreiflich dies auch auf den ersten Blick erscheinen mag, tatsächlich die Wahrheit; nur tut sie dies auf eine Art und Weise, die Holofernes als den Repräsentanten des Antijahwe in seiner gottwidrigen Hybris und damit in seiner tödlichen Verblendung bestätigt. Genau darin aber zeigt sich nach der Aussageabsicht des Erzählers ein Hauptanliegen ihrer Mission, nämlich die Offenlegung der Tatsache, daß die Verblendung des Holofernes im Ablauf des an ihm vollzogenen Gottesgerichts ein inneres Moment seines Scheiterns ist.

In diesem Sinn ergänzt Judit ihr Versprechen noch durch die Zusage, daß Gott, wenn der Oberbefehlshaber der Assyrer ihrem Ratschlag zu folgen bereit sei, dessen Unternehmen einem guten Ende zuführen werde und daß so ihr Herr sein Ziel gewiß nicht verfehlen werde (11,6). Mit dieser unzweifelhaft doppelsinnigen Rede will Judit sagen: Wenn im Verlauf ihrer Mission die Verblendung des Holofernes ihr Vollmaß erreicht hat, wird Gott –ganz in Übereinstimmung mit seiner Schöpfungs- und Geschichtsplanung (9,6) – den Repräsentanten des Antijahwe vernichten und so dessen Unternehmen zu einem für Israel guten Ende führen. Deshalb kann Judit wahrheitsgemäß behaupten, daß hierbei »ihr Herr« gewiß sein Ziel nicht verfehlen wird. Während Holofernes das Wort als Kompliment auf sich und seine Feldherrnkunst bezieht, hat Judit nur Jahwe, den Gott Israels, im Blick, der, wie sie vorher in ihrem Gebet bekannt hat, allein den Namen »Herr« verdient (9,8).

Abschließend bekräftigt Judit ihr Versprechen mit einem Eid. Sie schwört bei Nebukadnezzar, dem König der ganzen Erde, daß Holofernes dem Weltherrschaftsanspruch dieses Antijahwe nicht nur die Menschen alle auf der Erde, sondern auch die Tiere des Feldes und die Vögel des Himmels unterwerfen werde (11,7). Nicht ohne Grund hat der Erzähler dem Eid Judits ein Prophetenwort zugrunde gelegt, mit dem Gott seinerzeit dem historischen Nebukadnezzar sowie dessen Sohn und Enkel die Weltherrschaft zugesagt hat (Jer 27,5–7). Gemeint ist mit diesem Prophetenwort, daß für die anbrechende Exilsepoche laut ausdrücklicher Anordnung Jahwes Babel Träger der Weltherrschaft sein wird und daß sich daher in Zukunft dem Joch dieser Großmacht alle Völker zu beugen haben. Die in diesem Prophetenwort zum Ausdruck kommende geschichtstheologische Konzeption, die – in Anknüpfung an die ältere Prophetie und deren Aussagen über die Werkzeugfunktion fremder Völker im Strafgericht Jahwes – hier eine weltgeschichtliche Epoche ganz einer heidnischen Großmacht zugeteilt hat, ist für Israel auch nach dem Ende des babylonischen Exils von Aktualität geblieben. Das Urteil der alttestamentlichen Tradition über die Herrschaft des Perserkönigs Kyrus und deren Bedeutung für Israel ist dafür ein unwiderleglicher Beweis (Jes 44,28; 45,1–5; Esra 1,1–4; 6,1–5). Ihre Vollgestalt hat diese Konzeption erst im Buch Daniel gefunden, wo die ganze Weltgeschichte bis zum Anbruch der ewigen Königsherrschaft Gottes als eine Aufeinanderfolge von vier Weltreichen erscheint, deren viertes und letztes mit dem Auftreten des Antijahwe und dessen von Gott verfügten Untergang endet (Dan 2,31–45; 7,1–28).

Auf dem Hintergrund dieser geschichtstheologischen Konzeption erhält der Eid Judits vor Holofernes erst sein volles Profil. Denn Judit nimmt hier auf der einen Seite, wie das Zitat des Prophetenwortes aus dem Buch Jeremia beweist, ausdrücklich Bezug auf die Vorstellung von der Übertragung der Weltherrschaft an eine heidnische Großmacht, läßt aber auf der anderen Seite keinen Zweifel daran, daß sie in dem vorliegenden Fall an die Pervertierung dieser Weltherrschaft denkt, wie sie unter dem Machtanspruch des Antijahwe erfolgt. Darauf läßt sowohl die Bezeichnung Nebukadnezzars als König der ganzen Erde und damit als Widersacher des Zionsgottes (2,5)[8] schließen wie auch der Umstand, daß hier nicht mehr Gott selber dem Antijahwe die Weltherrschaft überträgt, sondern dessen Repräsentant sie diesem kraft eigener Anstrengung und unter Gewaltanwendung verschafft. In offenkundiger Verhöhnung der Hybris Nebukadnezzars und seines widergöttlichen Anspruchs (3,8; 6,2) fügt Judit darum zu dem falschen Gott auch den falschen Eid, und zwar zur Demonstration der abgrundtiefen Verblendung des Holofernes. In diesem Zusammenhang rühmt Judit auch die Weisheit des Oberbefehlshabers der Assyrer und die Fähigkeiten seines Geistes (11,8)[9], die in Wahrheit nur Ausdruck seines rücksichtslosen Erfolgsdenkens sind und daher als solche den Ungeist des Antijahwe und dessen pervertierte Weisheit (Jes 10,13) offenbaren.

Die tödliche Verblendung des Holofernes erstreckt sich jedoch nicht nur auf die Weltherrschaft Nebukadnezzars und deren Bedeutung im Schöpfungs- und Geschichtsplan Gottes, sondern auch auf die Situation Israels im Horizont seiner Führungsgeschichte mit Jahwe (11,9–11). Auch hier ist es die Doppelsinnigkeit der Ausführungen Judits, die das Ausmaß der Verblendung des Holofernes offenkundig macht. Denn Judit gelingt es, mit Berufung auf

---

8 »Herr der ganzen Erde« ist im Alten Testament ein Jahwe allein zukommender Hoheitstitel, der auf die Zionstradition verweist (Mi 4,13; Sach 4,14). Genau dort aber ist der in Jdt 2,5 noch zusätzlich gebrauchte Hoheitstitel »Großkönig« für Jahwe, den Allherrn von Jerusalem, reserviert als Inbegriff seiner absoluten und universalen Herrschaft über alle Götter und Völker (Ps 47,3; 48,3; 95,3; Mal 1,14).
9 Der in Jdt 11,8 verwendete griechische Begriff *panurgeúmata* (Sir 1,6; 42,18) kann »Schlauheiten« und »Schurkenstreiche« bedeuten.

Achior und dessen Wort von der Besiegbarkeit Israels, daß nämlich nur dann das Schwert seiner Feinde Gewalt über das Gottesvolk habe, wenn es durch seinen Abfall von Jahwe eine Sündenschuld auf sich geladen habe (5,20), bei Holofernes den Eindruck erwecken, daß jetzt dieser Fall zugunsten der Assyrer eingetreten sei.

Zur Rechtfertigung dieser für Holofernes gefährlichen Illusion führt Judit als Tatbestand an, daß die Einwohner Betulias aus Not ihre sie streng verpflichtenden Speisegesetze zu übertreten beschlossen hätten und sich bei dem in ähnlicher Weise bereits schuldig gewordenen Ältestenrat in Jerusalem um einen Schulderlaß bemüht hätten, der jedoch, wie Judit ausdrücklich hinzufügt, bis jetzt noch nicht eingetroffen sei. Sobald jedoch dieser Schulderlaß vorliege und die Einwohner Betulias das Verbotene zu tun sich anschickten, bestehe an deren Gerichtsverfallenheit kein Zweifel mehr, und den als Werkzeug des göttlichen Strafgerichts auftretenden Assyrern sei dann der Sieg so gut wie sicher (11,12–15). Auch bei dieser Darstellung der Situation Israels hat Judit kein Wort der Lüge gesagt. Beachtet man nämlich, daß angesichts des fiktiven Charakters des Juditbuches es ohnehin verfehlt ist, nach der Historizität der hier angesprochenen Vorgänge zu fragen, dann erkennt man, daß nach der Aussageabsicht des Erzählers die Darstellung der Situation Israels eine typische oder parabolische Funktion besitzt, insofern sie das vorher von Judit kritisierte Vorgehen der Stadtältesten von Betulia gleichnishaft illustriert. In beiden Fällen – in dem Vorgehen der Stadtältesten und in der Darstellung Judits – geht es um die in vermeintlicher Abstimmung mit Jahwes Führung vorgenommene Herausforderung seiner Macht, die Judit als die Sünde der Versuchung Gottes und damit als Grund für die Heraufbeschwörung seines Strafgerichtes bezeichnet hat (8,21–23). Was jedoch in der Darstellung Judits – ganz in Übereinstimmung mit der vorausgesetzten Situation – rein hypothetisch bleibt, führt bei Holofernes infolge seiner Verblendung zu der Gewißheit, daß Israel ein von seinem Gott verworfenes Volk sei und daß daher für ihn, den Oberfehlshaber der Assyrer, sowohl die Eroberung Betulias wie auch die Vernichtung ganz Israels keine unlösbare Aufgabe mehr darstelle.

Angesichts dieser schwerwiegenden Fehleinschätzung der Situation Israels verwundert es nicht, daß Holofernes auch hinsichtlich der Rolle Judits in dem von ihm geleiteten Unternehmen einer gefährlichen Selbsttäuschung erliegt. So erklärt Judit dem Oberbefehlshaber der Assyrer, daß Gott sie hergesandt habe, um mit ihm Dinge zu vollbringen, über die alle Welt, wenn sie davon erfahre, nur mit Staunen und Entsetzen reagiere (11,16). Während Holofernes aus dieser Antwort schon den Endsieg der Assyrer über Israel heraushört, denkt Judit wahrheitsgemäß an ihren Entschluß, unter Einsatz von Leib und Leben der Rettermacht Gottes zum Durchbruch zu verhelfen (8,32). Denn auf die Rettermacht Gottes weist das von Judit hier angesprochene und als Theophaniemotiv bekannte Staunen und Entsetzen hin, mit dem das Alte

Testament die Reaktion der Weltöffentlichkeit auf den Machterweis Gottes zu beschreiben pflegt (Hab 1,5; Ps 48,6).

Die gleiche Doppelsinnigkeit bestimmt auch die weitere Ankündigung Judits, daß sie, sobald Gott ihr die Gerichtsverfallenheit Israels und damit die grundsätzliche Besiegbarkeit ihres Volkes bestätigt habe, augenblicklich Holofernes benachrichtigen und ihn anschließend quer durch Judäa bis nach Jerusalem führen werde. Denn das alles, versichert Judit, sei ihr mittels einer ihr gewährten Vorausschau mitgeteilt und zur Weitergabe an den Oberbefehlshaber der Assyrer aufgetragen worden (11,17–19). Formal ist das, was Judit hier Holofernes in Aussicht stellt, ein bedingtes Versprechen, das sich auf eine bloß angenommene Gerichtsverfallenheit Israels stützt. Inhaltlich zielt jedoch das Wort Judits wiederum auf den schon bekannten Mechanismus der Verblendung bei Holofernes. Während nämlich der Oberbefehlshaber der Assyrer das Versprechen Judits für bare Münze nimmt, weil er sich in seinem Eroberungsdrang auch noch als Werkzeug der Vorsehung Gottes bestätigt fühlt, hat Judit offenbar das von der eschatologischen Prophetie angekündigte Gericht an dem Antijahwe im Sinn, das mit der Manifestation der universalen Königsherrschaft Gottes auf Zion endet und das für Israel die Errettung aus der Enddrangsal bringt (Ez 38–39; Joel 4; Sach 12–14). Daß Judit an dieses Gottesgericht denkt, das sie wie alle Aussagen der eschatologischen Prophetie bezüglich des Antijahwe innergeschichtlich[10] interpretiert, geht deutlich aus zwei Beobachtungen hervor: einmal aus dem Umstand, daß Judit als Frau wie einst die Richterin Debora (Ri 4–5) die Anführerschaft in einem Jahwekrieg übernimmt und damit auf Jahwe als den Retter Israels verweist, der zur Erreichung seiner Ziele nicht der unter Menschen üblichen Machtmittel bedarf, und sodann aus dem ausdrücklichen Hinweis Judits auf die ihr zuteil gewordene Vorausschau, womit die in der Schöpfungs- und Geschichtsplanung Gottes schon fest beschlossene Vernichtung des Antijahwe gemeint ist (9,6).

Als Judit ihre Ausführungen beendet hat, ist Holofernes mit seinem ganzen Gefolge davon so begeistert, daß sie allesamt Judits Schönheit und Weisheit als für diese Welt einmalig bezeichnen. Und Holofernes hat keine Bedenken, Jahwe, dem Gott Israels, herablassend zu bestätigen, daß er gut daran getan habe, ihm diese Israelitin zuzuführen, damit den Assyrern der Triumph, den Verächtern der Weltherrschaft Nebukadnezzars jedoch die Katastrophe gewiß sei. Ja, im Überschwang seiner Begeisterung für Judit versteigt Holofernes sich sogar zu dem Gelöbnis, daß er nach dem Endsieg der Assyrer Jahwe, den Gott Israels, auch als seinen Gott ansehen werde und daß dann Judits Ruhm im Licht Nebukadnezzars vor aller Welt hell erstrahlen werde (11,20–

---

10 Nach der Darstellung des Buches Judit wird Jahwe nicht nur beim Anbruch seiner ewigen Königsherrschaft am Ende der Zeiten, sondern auch schon vorher innerhalb der Geschichte, wenn es seinem Willen entspricht, seine göttliche Macht offenbaren im Gericht an seinen und seines Volkes Feinden sowie durch Errettung und Heil für seine Auserwählten.

23). Mit diesem Wort beschreibt der Erzähler den Höhepunkt der Verblendung bei dem Repräsentanten des Antijahwe. Denn jetzt gibt Holofernes deutlich zu erkennen, daß seine katastrophale Fehleinschätzung der Situation sich nicht allein auf die Weltherrschaft Nebukadnezzars (11,5–8), die Besiegbarkeit Israels (11,9–15) und die Rolle Judits in seinem Unternehmen (11,16–19), sondern auch auf Jahwe, den Gott Israels, selbst sowie dessen Schöpfungs- und Geschichtsplanung erstreckt. Denn für Holofernes, der außer Nebukadnezzar keinen anderen Gott anerkennt (6,2), ist Jahwe, der Gott Israels, offenbar wie einer der Götter im himmlischen Hofstaat geworden, deren Dienst jetzt der Antijahwe als ihr höchster Gott für sich beansprucht. Mit Hilfe dieser mythischen Vorstellung, die innerhalb der alttestamentlichen Tradition zur Charakterisierung des Antijahwe und seiner widergöttlichen Hybris eine wichtige Rolle spielt[11], gibt der Erzähler hier zu erkennen, daß Jahwe für Holofernes nicht mehr der Da-seiende (Ex 3,14) ist, der im Vollzug seiner Schöpfungs- und Geschichtsplanung in Rettertaten seine auf Zion anfanghaft begründete universale Königsherrschaft manifestiert; vielmehr ist Jahwe für Holofernes, wie nicht zuletzt dessen Wort über die Vereinnahmung Judits in das Haus Nebukadnezzars (11,23) verrät, nur noch die Chiffre für eine seinem Herrn untergeordnete Funktion der Vorsehung im Weltherrschaftskonzept des Antijahwe. Mit der Pervertierung der alten Bekenntnisformel »dein Gott soll auch mein Gott sein« (Rt 1,16) folgt Holofernes daher dem Beispiel seines Herrn, indem er auch seinerseits Jahwe für seine Interessen vereinnahmt.

II. Die literarische Form der Darstellung in Jdt 10–11

Die relativ kurze, nur auf Jdt 10–11 beschränkte semantische Analyse hat mit wünschenswerter Deutlichkeit gezeigt, daß in diesen Kapiteln die Darstellung keinerlei historischen, sondern einen parabolischen Charakter hat, insofern nämlich die hier auftretenden Personen allesamt Typen und als solche Träger eines Geschehens sind, das in gleichnishafter Form einen theologischen Sachverhalt beschreibt. Das gilt vor allem für Judit, die als Typos des wahren Israel den Assyrern als dem Heer des Gottesfeindes begegnet, aber dann auch für Holofernes, den Oberbefehlshaber dieses Heeres und typischen Repräsentanten des als Antijahwe verstandenen Nebukadnezzar.

Angesichts dieser deutlich erkennbaren Intention der Darstellung in Jdt 10–11 einerseits und der Unmöglichkeit einer streng historischen Interpretation dieser Kapitel andererseits stellt sich die Frage, ob die Bestimmung der literarischen Gattung des Juditbuches als Roman noch dem Textbefund

---

11 Vgl. Jes. 14,12–15; Dan 7,23–27; 8,10–12.25.

gerecht wird. Geht man nämlich von der literaturgeschichtlich unbestreitbaren Tatsache aus, daß der antike Roman als Großform erzählender Prosa eine im Altertum weitverbreitete Gattung dargestellt hat, deren Eigenart wissenschaftlich gut erforscht ist[12], dann nimmt man mit nicht geringer Ernüchterung zur Kenntnis, wie außerordentlich schmal hier die Basis für einen Vergleich mit der literarischen Gattung des Buches Judit ist. Aufschlußreich ist in diesem Fall das Urteil, das H. van Thiel in der Einleitung zu seiner Edition des griechischen Alexanderromans über die Eigenart dieser Gattung abgegeben hat. Nach ihm hat der antike Roman zwar eine weite Verbreitung gehabt, »aber die Aufmerksamkeit der literarischen Kritik hat der Roman in der Antike nicht gefunden. Denn er befriedigte keine künstlerischen Ansprüche, er wandte sich an ein ganz anderes Publikum als das der anerkannten literarischen Gattungen, des Epos etwa oder der Historiographie. Der antike Roman verdankt diesen und anderen literarischen Gattungen zwar viele Einzelzüge, doch spielen die Gattungsstile in ihm keine Rolle, wie in der gesamten volkstümlichen Literatur; sie sind geschrieben für das Massenpublikum der hellenistischen Städte, das zu lesen gelernt hat, ohne gebildet zu sein, geschrieben für den einzelnen in dieser Masse mit seinem vorwiegend stofflichen Interessse, der weder Anteil hat an Geschmack und Kultur der maßgebenden Kreise noch Verantwortung für das Geschick der Gesamtheit. Der Roman befriedigt das Verlangen der 'Kleinen', an den geistigen und politischen Bewegungen der Zeit, an den Schicksalen großer, idealer Menschen und ihren großen, idealen Gefühlen wenigstens entfernt teilzuhaben; der antike Roman ist die Literatur, aber auch Philosophie und Wissenschaft, Geschichte und Theologie für das Volk.«[13] Und mit Bezug auf den griechischen Alexanderroman fügt H. van Thiel hinzu: »Der historische Roman bietet so viel an Genauigkeit und Treue, wie ein Publikum verlangt, das zwischen Wahrheit und Lüge manchmal, zwischen Wahrheit und Fiktion fast nie unterscheidet, das aber immer glauben möchte, was es liest.«[14]

Vergleicht man mit dieser Charakterisierung des antiken Romans die anerkannt hohe literarische Qualität der Darstellung im Juditbuch und die unerhörte Dichte seiner theologischen Aussage, dann erscheint die Bestimmung der literarischen Gattung dieses Buches als Roman als unbegründet. Mögliche Parallelen in der Darstellungstechnik sind hier noch kein Indiz für das Vorhandensein der literarischen Gattung des antiken Romans, sondern nur ein Beweis für den hohen Bildungsgrad des Hagiographen. Ausschlagge-

---

12 Vgl. H. Kuch (u. a.), Der antike Roman. Untersuchungen zur literarischen Kommunikation und Gattungsgeschichte, Berlin 1989; T. Hägg, Eros und Tyche. Der Roman in der antiken Welt, Mainz 1987; N. Holzberg, Der antike Roman, München-Zürich 1986; B. E. Perry, The Ancient Romances, Berkeley 1967; O. Weinreich, Der griechische Liebesroman, Zürich 1962; R. Helm, Der antike Roman, Göttingen ²1956.
13 H. van Thiel, Leben und Taten Alexanders von Makedonien. Der griechische Alexanderroman nach der Handschrift L, herausgegeben und übersetzt, Darmstadt 1974, XI.
14 H. van Thiel, a. a. O. XI.

bend für die Bestimmung der literarischen Gattung – oder zumindest für deren Beschreibung – ist im Buch Judit vielmehr die überaus enge Relation von Inhalt und Form, die von Anfang bis Ende konsequent aufrechterhalten wird. Die literarische Gattung des Juditbuches ist darum so zu bestimmen, daß der mit ihrer Hilfe dargestellte theologische Sachverhalt unbeeinträchtigt zur Geltung gelangt.

Nach all dem Gesagten ist daher die literarische Gattung des Buches Judit als freie parabolische Geschichtsdarstellung zu bezeichnen.[15] Diese Gattung stellt, wie zahlreiche Beispiele im Alten Testament belegen,[16] nicht die empirische Geschichte des Gottesvolkes oder der Menschheit dar; vielmehr macht sie in freier Darstellung mit den Mitteln der literarischen Technik ihrer Zeit und in idealer Ausprägung jene Mächte und Kräfte sichtbar, durch welche die empirische Geschichte des Gottesvolkes oder der Menschheit bestimmt wird. Anders als der antike Roman ist die freie parabolische Geschichtsdarstellung weit davon entfernt, die Glaubensverbindlichkeit des Juditbuches zu mindern; vielmehr läßt sie den in der theologischen Aussage des Buches beschlossenen wesenhaften Bezug zu der heilsgeschichtlichen Offenbarung Gottes in Israel und deren Gefährdung durch den Antijahwe voll und ganz hervortreten.

Geht man daher von der gut begründeten Annahme einer freien parabolischen Geschichtsdarstellung im Juditbuch aus, dann erkennt man aufgrund der semantischen Analyse in Jdt 10–11, daß diese Darstellung des Zusammentreffens von Judit und Holofernes kein spezifisch ethisches, sondern primär ein theologisches Problem enthält. Es geht nämlich hierbei nicht mehr um Lüge und Verführung oder um ein verhindertes Liebesabenteuer, sondern um den theologisch hochbedeutsamen Sachverhalt der Verblendung angesichts der Offenbarung Gottes und damit um ein Phänomen, das, wie schon der Verstockungsauftrag des Propheten Jesaja gezeigt hat (Jes 6,9–11), ein integrierender Bestandteil des Gottesgerichtes am Sünder ist.

---

15 Ausführliche Begründung bei E. Haag, Studien zum Buche Judith, Trier 1963; vgl. auch H. Groß, Tobit-Judit (NEB), Würzburg 1987, 59.
16 So in Gen 11,1–9 (vgl. H. Junker, Die Zerstreuung der Völker nach der Biblischen Urgeschichte, TThZ 70, 1961, 182–185); im Werk des Chronisten (vgl. P. Welten, Geschichte und Geschichtsdarstellung in den Chronikbüchern, WMANT 42, Neukirchen 1973, 201–206) und in den Büchern Ester und Tobit (vgl. E. Haag, Studien zum Buche Judith, 127–131).

FRANZ RONIG

Die zehn Gebote und die zehn Ägyptischen Plagen

Zu den spätgotischen Wandgemälden in Bleialf (Eifel)

Im Jahre 1980 begannen die Restaurierungsarbeiten in dem alten gotischen Teil der Pfarrkirche St. Marien zu Bleialf. Die Pfarrkirche besteht heute aus zwei deutlich zu unterscheidenden Teilen, der alten kleinen spätgotischen Kirche[1] und einem großen Erweiterungsbau, der sich in neobarocken Formen seit 1926 an die Südseite der alten Kirche anschließt; die Seitenschiffe der alten Kirche wurden zu Gunsten der Erweiterung abgebrochen. Beide Kirchen sind durch die alten Bogenstellungen auf der Südseite der gotischen Kirche miteinander verbunden. Das gotische Kirchlein besteht (heute) aus drei querrechteckig gewölbten Jochen, einem ebenfalls querechteckigen Chorjoch und einer gotisch gewölbten Apsis im 3/8-Schluß. Die ältere Geschichte der Kirche, die inschriftlich bereits 1187 bezeugt ist, muß uns hier nicht interessieren.[2]

Bei den Reinigungs- und den dann beginnenden Restaurierungsarbeiten an den Chorgewölben[3] der spätgotischen Kirche fand man (1980[4]) neben der nur noch in Spuren erhalten Architektur- und Dekorationsbemalung (auf die hier nicht einzugehen ist) einen Bildzyklus, der im ersten Moment schwer deutbar erschien. Auf dem Triumphbogen und an einer der Gewölberippen hatte man früher schon die Datierung »1496« gelesen.[5] Es ist dies das Jahr der Erbauung der an einen älteren Turm angefügten Kirche und damit für die Datierung der Ausmalung ein terminus post quem; stilistisch passen die Malereien in diese Zeit.

Je mehr von den Bildern zum Vorschein kam, um so deutlicher wurde erkennbar, daß in sich zehnmal wiederholenden Darstellungen Moses mit den

.1   Die Kunstdenkmäler des Kreises Prüm, bearbeitet von Ernst Wackenroder. (Die Kunstdenkmäler der Rheinprovinz 12,2). Düsseldorf 1927, S. 31–37. »...in der Inflationszeit begonnene umfangreiche Erweiterung... wurde i.J. 1926 nach den Plänen des Architekten Thoma (Andernach) im Rohbau fertig gestellt.« (S. 32). – Georg Dehio, Handbuch der deutschen Kunstdenkmäler. Rheinland-Pfalz, Saarland. 2. Aufl. 1984, S. 121. – F. Ronig, Bleialf. In: Jahresbericht 1987. Archiv für mittelrheinische Kirchengeschichte. 40, 1988, S. 492–494.

2   Kunstdenkmäler, S. 32.

3   Die Freilegungen und Restaurierungen wurden durch die Firma Merziglod (Tholey, Saar) ausgeführt. Die Arbeiten wurden von intensiven Gesprächen und Beratungen durch die staatliche und kirchliche Denkmalplege begleitet.

4   Dehio, S. 121, nennt 1981 statt 1980.

5   Kunstdenkmäler, S. 32:»1496 Robertus Comes de Virneburg Abbas Prumiensis in hanc formam reduxit.«

Pfarrkirche Bleialf, Chorgewölbe.

Gesetzestafeln vorkam. Der Zyklus hatte also etwas mit den Zehn Geboten[6] zu tun. – Moses trägt jeweils als Kleidung eine Albe und darüber einen rotbraunen, vorn offenen Mantel. Die zu Hörnern stilisierten Haare sind ein Hinweis auf die »Facies cornuta«, das gehörnte Antlitz, das die Herrlichkeit Gottes spiegelte, als Moses vom Berge kam.[7] Mit der durch den Mantel verhüllten Linken hält Moses die zwei Gesetzestafeln; mit dem Finger der rechten Hand zeigt er auf die Tafeln.

Die Zehn Gebote[8] sind durch ihre Übertretungen exemplifiziert, den zehn ägyptischen Plagen gegenübergestellt und in folgender Weise der Architektur einbeschrieben: Der Zyklus befindet sich im Chor- und Altarraum; er beginnt

6   Joachim Glatz, Die Ikonographie der Chorausmalung in Bleialf, Kreis Bitburg-Prüm. In: Denkmalpflege in Rheinland-Pfalz 1979–1981, S. 23–26. – Hans Berthold Busse, Gemalte Bibel an Decken und Wänden. In: Paulinus. Trierer Bistumsblatt, Jg. 1984, Nr. 43, S. 18 ff.
7   Das Horn ist im Hebräischen ein Zeichen der Macht. Gottes Herrlichkeit erstrahlte aus dem Antlitz des Moses so sehr, daß er es mit einem Tuch bedecken mußte, weil die Israeliten den Glanz nicht ertragen konnten. Vgl. Ex. 34, 29–35. – Bibel-Lexikon. Hg. von Herbert Haag, Sp. 736.
8   Zu den Zehn Geboten: Karl Künstle, Ikonographie der Christlichen Kunst. I. Freiburg Br. 1927, S. 184 f. – Martin Lechner, Zur Ikonographie der Zehn Gebote. Fresken in Nonnberg, Landkreis Altötting. In: Ostbairische Grenzmarken. Passauer Jahrbuch für Geschichte, Kunst und Volkskunde 11, 1969, S. 313–339. – Martin Lechner, Zehn Gebote. In: Lex.d.Chr. Ikonographie IV, Sp. 564–569 (Lit.!). – Zur Zählung: LThK², III, Sp. 199 f. – Christiane Laun geb Gocht, Bildkatechese im Spätmittelalter. Allegorische und typologische Auslegungen des Dekalogs. Diss. München 1979.

auf der Südseite des Chorrechtecks – im Feld zwischen den beiden Diagonalrippen, die auf die Ecken der Nordwand zulaufen. Dort stehen sich zwei Bilder gegenüber: die Darstellung des 1. Gebotes und die der 1. Ägyptischen Plage. Nun folgen in den Gewölbesegeln die weiteren Gebote und Plagen in Gegenüberstellungen: Zunächst in Richtung Osten, dann um die Apsis herumlaufend, in Richtung Westen, der Nordseite entlang. Das 10. Gebot und die 10. Plage füllen das westliche Dreieck des Chorrechtecks. Auf der östlichen Wand des Triumphbogens ist die Marienkrönung dargestellt; sie schließt den Kreis auf der Westseite. Jedes der zwanzig Bilder sitzt auf einem breiten Ornamentstreifen aus rotem Grund und schwarzen Kreuzmustern.

1. Gebot: *Du sollst keine anderen Götter neben mir haben. Du sollst dir kein geschnitztes Bild machen...* (Ex. 20,3–5). – Drei Personen (Mann, Frau und Kind) beten kniend ein Götzenbild an, das auf einer Bildsäule steht. Vor Ihnen erscheint über Wolken Gottvater; hinter ihnen steht Moses mit den Tafeln.[9] – Das Gebot wird durch seine Übertretung illustriert, wobei die Anbetung Gottes als die rechte Befolgung durch das Bild Gottvaters mit ins Bild kommt.

2. Gebot: *Du sollst den Namen Gottes nicht mißbrauchen.* (Ex. 20,7). – Moses mit den Gesetzestafeln. Ein Mann in roten Strümpfen, schwarzen Schuhen und kurzem weißen Rock steht vor einer Kirche und schwört mit erhobenen zwei Fingern. Die Beine hat er gekreuzt. – Das Gebot ist durch seine Übertretung, das falsche, zumindest aber das leichtsinnige Schwören, dargestellt: der Schwur findet vor einer Kirche statt; der Schwörende hat die Beine überkreuzt, um die göttliche Strafe auf diese Weise (abergläubisch) zu hemmen.[10]

3. Gebot: *Gedenke, daß du den Sabbat heiligest.* (Ex. 20,8–11). – Moses mit den Gesetzestafeln. Ein Mann in engen grauen Hosen, schwarzen Schuhen, kurzem gegürteten Rock schwingt mit zwei Händen eine Axt gegen einen Baum. Das Schriftband ist in seinem Anfang noch lesbar:»Du sollst...« Das Gebot ist auch hier durch seine Übertretung dargestellt, die Arbeit am Sabbat.[11]

---

9   Vgl. das zeitlich und räumlich nahe Grabmal des Johannes Lupi (+ 30.9.1468). Frankfurt/M., Historisches Museum der Stadt (X 17129b). (FFM 1200. Traditionen und Perspektiven einer Stadt. Hg. von Lothar Gall. Sigmaringen 1994, Abb. S.68.). – Die spätgotischen Wandmalereien in Partenheim (Rheinhessen) zeigen in ihrem Zehn-Gebote-Zyklus das 1. Gebot dadurch, daß die Menschen ein Götzenbild – hier das Goldene Kalb – auf einer Bildsäule anbeten. (Joachim Glatz, Mittelalterliche Wandmalerei in der Pfalz und in Rheinhessen. Quellen und Abhandlungen zur mittelalterlichen Kirchengeschichte 38. Mainz 1981, Abb. 76, S. 306 f. – Ähnlich illustriert Hans Baldung Grien dieses Gebot in seinem graphischen Zyklus von 1516. Markus Lindau, Die zehn Gebote. Straßburg 1516. (Hans Baldung Grien, Das graphische Werk. Vollständiger Bildkatalog der Einzelholzschnitte etc., bearbeitet von Matthias Mende. Unterschneidheim 1978, Abb. 421.)

10 Handwörterbuch des deutschen Aberglaubens. Hg. von Hanns Bächtold-Stäubli. I, 1927, Sp. 1012–1016. – Zum Schwören bei der Kirche: Vgl. Laun, S. 53 (unten), Nr. 2.

11 Die o.g. Frankfurter Tafel zeigt ebenfalls einen mit der Axt arbeitenden Mann. – Vgl. die Wandmalerei im o.g. Partenheim.

4. Gebot: *Du sollst Vater und Mutter ehren.* (Ex. 20,12). – Moses mit den Gesetzestafeln. Kinder mit ihren Eltern; die Einzelheiten sind wegen der Schäden im Gemälde nicht genau erkennbar. Während andere Bildbeispiele auch in diesem Falle die Übertretung des Gebotes – Mißhandlung der Eltern – darstellen – ist eine solche Handlung hier (wohl nicht nur wegen des mangelhaften Erhaltungszustandes?) nicht erkennbar.[12]

5. Gebot: *Du sollst nicht töten.* (Ex. 20,13). Moses mit den Gesetzestafeln. Ein Mann sticht mit dem Schwert einem am Boden liegenden Manne in den Mund. Ein dritter Mann packt den Mörder am Haar und sucht ihn so zurückzuhalten.[13]

6. Gebot: *Du sollst nicht ehebrechen.* (Ex. 20,14). – Moses mit den Gesetzestafeln. Statt des 6. ist das 7. Gebot dargestellt: *Du sollst nicht stehlen.* (Ex. 20,14). Die Szene ist nicht mehr deutlich erkennbar. Man sieht einen Mann, dazu zwei kastenartige Gebilde, welches wohl kaum ein Bett, eher zwei Schatztruhen darstellen können.[14] Hier ist das 7. Gebot (Du sollst nicht stehlen) mit dem 6. vertauscht.[15]

7. Gebot: *Du sollst nicht stehlen.* (Ex. 20,14). Moses mit den Gesetzestafeln. Hier findet man nun die Darstellung der Übertretung des 6. Gebotes: *Du sollst nicht ehebrechen.* Zwar ist auch dieses Bild wegen der Beschädigungen nicht mehr deutlich genug ablesbar; allerdings sprechen die Details eher für das 6. als das 7. Gebot. Ein Mann und eine Frau sind dargestellt, sitzend und in Umarmung.[16]

8. Gebot: *Du sollst kein falsches Zeugnis geben wider deinen Nächsten.* (Ex. 20,16). – Moses mit den Gesetzestafeln. Rechts steht der Richter mit langer rotbrauner Robe und Barett. Von den beiden anderen Männern hat der kleinere (mit roten Strümpfen und kurzem weißen Gewand) die Schwurhand erhoben.[17]

---

12 Die Bildbeispiele in Frankfurt und Partenheim zeigen eindeutig die Mißhandlung.
13 Die o.g. Frankfurter Tafel zeigt zwei mit Waffen streitende Männer. Auf dem o.g. Partenheimer Wandgemälde ist der Totschläger dargestellt, wie er mit einem Knie den am Boden Liegenden niederhält und tötet. – Der Zyklus von Lucas Cranach zeigt bei dem entsprechenden Bild zwei Männer, die mit Schwertern wie in einem Zweikampf aufeinander losgehen (s.o., Abb. 425).
14 Bei Lucas Cranach (Abb. 427) greift der Dieb in die Truhe, während der Eigentümer hinter einem Vorhang sitzt und schläft. Das Bild in Bleialf könnte, soweit der ruinöse Zustand eine Beurteilung zuläßt, derselben Bildtradition folgen. – Auch die Frankfurter Tafel von 1468 und das Partenheimer Wandbild zeigen diese Vorstellung. – Lechner (1969), S. 318, Tafelabb. mir Darstellung des Aufbrechens einer Schatztruhe (Nonnberg).
15 Als Beispiele für diese Vertauschung siehe auch: Auf der o.g. Frankfurter Tafel und auf dem Partenheimer Gemälde ist die Verwechslung der Gebote und Szenen ebenfalls gegeben.
16 Auf der o.g. Frankfurter Tafel ist (ebenfalls als 7. Gebot) dargestellt, wie ein Paar in einem Bett liegt; ein Vorhang ist zur Seite gezogen. Die Darstellung auf dem o.g. Partenheimer Wandgemälde zeigt ebenfalls die Szene des Ehebruches. – Eher vergleichbar dem Wandgemälde in Bleialf ist die Illustration Lucas Cranachs: Ein Paar sitzt in einer Landschaft; der Mann umfaßt die Frau (Cranach, Abb. 426).
17 Auch die Frankfurter Tafel, das Partenheimer Wandbild und Lucas Cranach zeigen eine Gerichtsverhandlung.

1. Gebot.

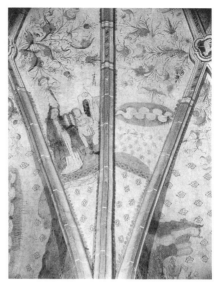

2. Gebot.

3. Gebot.

4. Gebot.

73

9. Gebot: *Du sollst nicht begehren deines Nächsten Weib.* (Ex. 20,17).[18] – Moses mit den Getzestafeln. Zwischen zwei Türmen steht eine Frau in rotem Kleid und weißer Haube; sie zieht an einem Strick einen Mann zu sich herauf. Eine ähnliche Darstellung findet sich auf der Frankfurter Tafel des Johann Wolf (Lupi).[19] – Es handelt sich um eine Illustration aus dem Bereich der »Weiberlisten«. Von dem römischen Dichter Vergil wird berichtet, wie er von seiner Geliebten, der Tochter des Kaisers Augustus, in einem Korb hochgezogen, aber auf halber Höhe hängengelassen und dem Gespött der Leute preisgegeben wurde.[20] Die Manessische Handschrift kennt eine ähnliche Darstellung.[21] In der Renaissance-Bildnerei Triers wurde dieses Thema – quasi zur Warnung der Mönche – im Stadtdomizil der Trierer Abtei St.Maximin mit anderen Bildern der »Weiberlisten« dargestellt.[22]

10. Gebot: *Du sollst nicht begehren deines Nächsten Hab und Gut.* (Ex. 20,17). – Moses mit den Gesetzestafeln. Zwei Männer beäugen das Geld (oder die Schätze) auf dem Tisch eines Geldwechslers. Die Szene ist besonders deutlich bei Lucas Cranach.[23] Das Textband ist teilweise noch erkennbar:»Du sollst...« – Man möchte an die geplante Beraubung des reichen Mannes denken. Indessen ist der die Schätze aufhäufende Mann als der Übertreter des Gebotes gemeint: Es handelt sich um den Wucherer, der auf seine Weise nach dem Hab und Gut seiner Mitmenschen trachtet. So wird dieses Gebot bereits im 11. Jahrhundert interpretiert.[24]

Diesen Darstellungen der Zehn Gebote sind in Bleialf – wie bereits oben erwähnt – die Bilder mit den 10 ägyptischen Plagen[25] gegenübergestellt. Diese

---

18 Im Text des Dekalogs steht unser 10. Gebot vor dem 9. Gebot.

19 Dort hängt der Mann an einem Strick, den die Frau über die Zinnen eines Turmes herabgelassen hat, in der Luft. (Abb. s.o.)

20 Karl Künstle, Ikonographie der christlichen Kunst. I. Freiburg Br. 1928, S. 178 (ausführliche Erzählung der Legende). – Lex. d.Chr.Ikonographie, III, Sp. 269 f:»Minnesklaven«. – Auf folgende Werke machte mich Christoph Gerhardt (Trier) aufmerksam: John Webster Spargo, Virgil the Necromancer. Studies in Virgilian Legends. (Harvard Studies in Comparative Literature, Vol. X). Cambridge, 1934, Cap. IX: The Virgilius Romance (S. 236–253, Ikonographie: 255 ff). – Norbert H. Ott, Minne oder *amor carnalis?* Zur Funktion der Minnesklaven-Darstellungen in mittelalterlicher Kunst. In: Liebe in der deutschen Literatur des Mittelalters. St. Andrews-Colloquium 1985. Tübingen 1987, S. 107–125, hier: S. 115.

21 Heidelberg, Universitätsbibliothek, cod. pal. germ. 848, fol 22v und fol. 71v. – Sämtliche Miniaturen der Manesse-Liederhandschrift. Hg. von Ingo F. Walter. Gütersloh 1981, Taf. 31 (Herr Kristan von Hamle wird von seiner Dame in einem Korb mittels einer Seilwinde über Zinnen eines Turmes herabgelassen). Hier hat die Vergil-Legende offensichtlich Pate gestanden.

22 Haus Fetzenreich (jetzt: Centralhotel). – Eberhard Zahn, Stadthof Fetzenreich in Trier. (Privatdruck) Trier 1975, S. 20 f.

23 Die Frankfurter Tafel, das Partenheimer Gemälde und Lucas Cranach zeigen eine ähnliche Szene. – Vgl. auch die Heidelberger Bilderhandschrift (cod.pal.germ. 438, 1. Hälfte 15. Jahrhundert): Lechner (1969), S. 332.

24 Laun, S. 18, 150 (Nr.10), 153 (Nr. 10):»Fuit usuarius alter«, »Quia avaricie studuerunt«, »Contra usuarios«.

25 Lex.d.Chr. Ikonographie III, Sp.442 f.

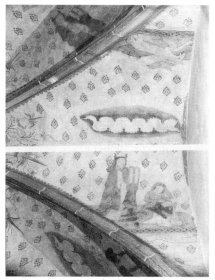

5. Gebot.

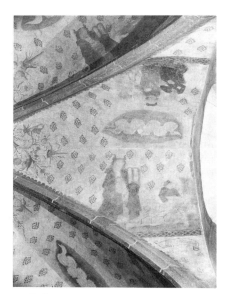

6. Gebot.

7. Gebot.

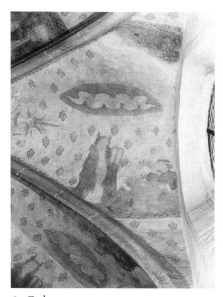

8. Gebot.

75

gehören in die Vorgeschichte des Auszugs der Israeliten unter der Führung des Moses aus Ägypten. (Ex. 7,14–11,10; 12,29 f.)

1. Plage: Die Verwandlung des Nilwassers in Blut (Ex. 7,14–25). Parallel zum Bild des 1. Gebotes ist in demselben Gewölbesegel unter einem regnenden Wolkenband ein blutroter Fluß dargestellt, wie er zwischen zwei Felsen herunterfließt.[26]

2. Plage: Gott schickt die Frösche (Ex. 7,26–8,11). Die beiden zusammengehörigen Bilder des 2. Gebotes und der 2. Plage befinden sich rechts und links vom Gurtbogen, der Chorrechteck und Apsis trennt. Als sei der Nil noch blutrot, steigen aus ihm die ebenfalls roten Frösche heraus. Über ihnen befindet sich eine regnende Wolke.[27]

3. Plage: Gott schickt die Stechmücken (Ex. 8,12–15). Dieses Bild ist in demselben Gewölbesegel dem Bild des 3. Gebotes gegenübergestellt. Die Mücken steigen aus dem mit Bäumen bewachsenen Boden auf. Über ihnen eine Wolke.

4. Plage: Gott schickt die Bremsen (Ex. 8,16–28). Ähnlich dem vorangehenden Bilde ist der Erdboden mit drei Bäumen dargestellt; über ihnen fliegt ein Schwarm Bremsen. Darüber eine Wolke

5. Plage: Die Viehseuche (Ex. 9,1–7). Die Bilder des 5. Gebotes und der 5. Plage befinden sich im Scheitelsegel der Apsis. Auf der Erde liegen zwei verendende Pferde und zwei Rinder. Wolke über der Szene.

6. Plage: Geschwüre kommen über Mensch und Vieh (Ex. 9,8–12). Die signifikanten Einzelheiten dieses Bildes sind nicht mehr zu erkennen.

7. Plage: Gott läßt einen schweren Hagel niedergehen (Ex. 9,13–35). Dieses Bild ist besonders stark zerstört.

8. Plage: Heuschrecken kommen über das Land (Ex. 10,1–20). Die beiden Bilder des 8. Gebotes und der 8. Plage stehen rechts und links von der Gurtrippe, die Chorrechteck und Apsis scheidet. Zwischen der Erdscholle und der Wolke befindet sich ein Schwarm von Heuschrecken.

9. Plage: Die Finsternis (Ex. 10,21–29). Zwischen der oberen Wolke und dem unten befindlichen Ornamentstreifen befindet sich eine schwarze Sonne mit schwarzen Strahlen.

10. Plage: Die Tötung der erstgeborenen Ägypter (Ex. 13,1–16). Innerhalb des Umrisses der roten Erdscholle liegen sechs tote Männer wirr durcheinander.

---

26 Der bereits im Zusammenhang mit den Zehn Geboten herangezogene Wandmalereizyklus in Partenheim zeigt in dem den Gebotebildern benachbarten Wandjoch die Bilder mit den 10 ägyptischen Plagen (Glatz, Abb. 76.) Im Gegensatz zu der zeichenhaften Darstellung des Flusses in Bleialf ist in Partenheim eine Flußlandschaft dargestellt.

27 Über dem Bildfeld mit den Fröschen ist eine spätere Bemalung spurenhaft (Ritzungen und Farben) erkennbar, die das Innere eines gotisch gewölbten Apsisraumes zeigte: mittleres Rundbogenfenster, halbkreisförmige Schildbögen, sich kreuzende Gewölberippen mit rundem Schlußstein.

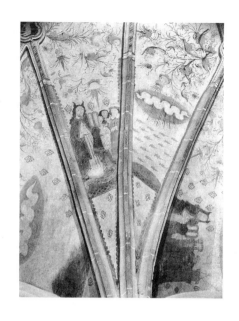

9. Gebot *(links)*.

10. Gebot *(unten)*.

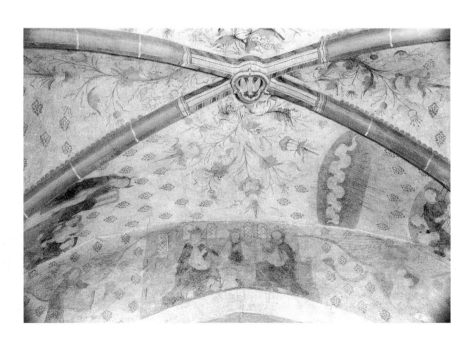

Nun werden die Zehn Gebote und die Zehn Ägyptischen Plagen des öfteren in Parallele gesetzt. Die spätgotischen Wandmalereien in Partenheim (s.o.) sind dafür ein Beispiel. Ein weiteres befindet sich in Gau-Odernheim (Kreis Alzey-Worms). Allerdings sind die dortigen Wandmalereien so sehr vergangen, daß sie kaum mehr realistisch in einen Vergleich einbezogen werden können.[28] – Bei den Restaurierungsarbeiten (1989–1994) in der alten Pfarrkirche St.Michael in Alken/Mosel sind an der Westwand – zum Teil durch die Emporentreppe verdeckt – einige Fragmente ans Licht gekommen, die sehr wahrscheinlich zu Darstellungen der Ägyptischen Plagen gehören. Da die Malereien der Westwand insgesamt so zerstört sind, daß ein Zusammenhang nicht mehr rekonstruiert werden kann, muß die Deutung leider im Ungewissen bleiben. Man erkennt mit Gewißheit eine stehende Gestalt mit den Gesetzestafeln (Moses) und einen Erdhügel, auf den tropfenartige Gebilde (Hagel?) fallen. Die übrigen Personen auf dem Bild sind nicht recht deutbar. Da es sich beim Hagel um die 7. Plage handelt, könnte das zugehörige Bild eine Darstellung des Diebstahles als eine Übertretung des 7. Gebotes sein. Tatsächlich möchte man einen Mann in gebückter Haltrung erkennen, der einem anderen nach der Tasche greift. – Sehr häufig wird der Zyklus der Zehn Gebote in zwei Bildstreifen aufgeteilt, wobei die Befolgungen den Übertretungen gegenübergestellt sind.[29]

Ohne jetzt hier weitere Bildparallelen – deren es sehr viele gibt[30] – aufzuführen, sollten einige theologische Quellen und Vorstellungen bedacht werden, die zu dieser Gegenüberstellung geführt haben.[31] Der Parallelismus von Geboten und Plagen besteht zunächst in der Äußerlichkeit ihrer Zehnzahl. Man hat aber schon früh erkannt, daß diesem Parallelismus des Ganzen ein solcher der Einzelheiten (innewohnt oder wenigstens) abzugewinnen ist.

Den Zehn Geboten (oder: »Zehn Worten«) sind keine direkten (!) Sanktionen beigegeben, weder diesseitige noch jenseitige, sieht man von der Verheißung beim 4. Gebot ab (*... damit du lange lebest auf Erden.*) Insofern könnten die Zehn Plagen nachträglich als Sanktionen interpretiert werden, wenn sie auch im biblischen Zusammenhang nicht als solche gedacht sind und zeitlich der Gesetzgebung vorausgehen.

---

28 Glatz, S. 200–203; S. 201, Anm. 4 nennt Glatz einen oberrheinischen Metallschnitt und einen deutschen Einblattholzschnitt (beide aus der Zeit um 1475) als mögliche Vorlage.

29 Lechner (1969). – Laun.

30 Vgl. die in der einschlägigen Literatur genannten Werke. – Geffcken – Lechner (1969). – Lex.d.Chr. Ikonographie. – Laun (s.o.). – Das kunsthistorisch bedeutende Bopparder Zehn-Gebote-Fenster (1440/46) im Kölner Schnütgen-Museum bringt nur die Darstellung der Gebote und verzichtet auf die Plagen. Das Schnütgen-Museum. Eine Auswahl. 3.Aufl. Köln 1964, Nr. 122.

31 Das Werk von Paul Rentschka, Die Dekalogkatechese des hl. Augustinus (Kempten 1905) trägt zu unserem Aspekt kaum etwas bei. S. 59 findet sich der pauschale Hinweis auf den Sermo 8 des hl. Augustinus; S. 162 wird Isidor von Sevilla zitiert, der die augustinische Verknüpfung der 10 Plagen mit den 10 Geboten referiert. Bei den Autoren aus der Zeit vor und nach Augustinus ist unsere Fragestellung nicht beachtet.

Schon der Alexandriner Origenes (ca. 185–254) hat in seinen Exodus-Homilien die Plagen und die Gebote in Verbindung gebracht.[32] Dabei steht die Zahlenentsprechung als solche nicht im Vordergrund. Der Stab, mit dem Moses im Auftrage Gottes die Wunder wirkt, ist sowohl der Wunderstab als auch ein Zeichen der Züchtigung und Reinigung. Origenes geht dann die 10 Plagen einzeln durch, um sie allegorisch zu deuten. Wenn sie auch nicht den einzelnen Geboten gegenübergestellt werden, so ist die Erklärung dennoch eine sowohl moralische als auch heilsgeschichtliche. Die Wasser der Ägypter (1) werden z.B. auf die vom Irrtum behafteten Lehren der Philosophen gedeutet. Die Frösche (2) weisen mit ihrem Gequake auf die betrügerischen Gesänge der heidnischen Dichter hin. Die Plage der Geschwüre (6) ist die Strafe für Hochmut, Zorn und Wut. Die Finsternis (9) ist ein Zeichen für die Finsternis des Geistes, u.s.w.

Ohne die Linien der Lehrentwicklung hier nachzeichnen zu müssen, sei auf einige Punkte verwiesen. Wichtig für das gesamte Mittelalter wurde Augustinus (354–430).[33] In einer seiner Predigten (Sermo VIII) vergleicht er die *decem praecepta* mit den *decem plagae*:»Die besprochenen zehn Gebote und zehn Plagen, liebe Brüder, ebenso die Verächter der...Gebote, sollten euch vorsichtig machen, damit ihr durch die Gebote Gottes in euren Angelegenheiten sicher seid.«[34] In demselben Sermo stellt Augustinus Gebote und Plagen einzeln gegenüber und fordert zu einem spirituellen Vergleich auf.[35]

In den einzelnen Vergleichen setzt Augustinus die allegorische Methode ein. Wenn auch die Ansätze mitunter gesucht erscheinen, so sind sie doch geistvoll, mitunter sogar mit einem Anflug von Humor oder Spott. So geht er – ähnlich wie (s.o.) Origenes – bei der Froschplage auf die Geschwätzigkeit und den Lärm der Frösche ein; dieser leere Lärm ist für ihn ein Zeichen für den »leeren« Gebrauch des Namens Gottes.[36]

Caesarius von Arles (470/1–542) ist einer der ersten Textzeugen, die Augustinus fast bis aufs Wort getreu in dieser Ansicht folgen.[37] In der Deutung

---

32 PG. 12, Sp. 321–324. – Rentschka, S. 24–27: zu pauschal.

33 Rentschka, passim.

34 Augustinus, Sermo VIII, 315 (PL. 38, Sp.67–74). Hier und im folgenden zitiert nach Cetedoc, Brepols:»Haec, fratres, decursa decem praecepta et decem plagae, comparati contemptores praeceptorum contumaciae damnatae aegyptiorum cautos uos fecerint, ut habeatis securi res vestras in praeceptis dei. Res vestras, inquam, res vestras interioris arcae vestrae.« – Vgl. auch Aug., Enarr. in Psalmos, Ps. 77.

35 Augustinus, Sermo VIII, 36 (nach Cetedoc):»Decem sunt plagae, quibus populus faraonis percussus est. Decem sunt praecepta, quibus dei populus instructus est. Videamus fratres, quoniam corporaliter facta spiritaliter sunt intellegenda.«

36 Augustinus, Sermo VIII, 114 (nach Cetedoc):»Huic praecepto secundo contrariam videte secundam plagam. Quae est illa secunda plaga? ranarum abundantia. Habes congruenter significatam vanitatem, si attendas ranarum loquacitatem. Vide amatores veritatis, non accipientes in vanum nomen domini dei sui.«

37 Sermones Caesarii vel ex aliis fontibus hausti, Sermo 100, cap. 12 (nach Cetedoc):» Haec, fratres, conparatio et quodam modo contrarietas decem praeceptorum et decem plagarum cautos nos faciat, ut habeamus securi res nostras in praeceptis dei: res, inquam, nostras interiores, in arca conscientiae nostrae repositas.«

der zweiten Plage als Strafe für das zweite Gebot greift er noch deutlicher, als Augustinus es tut, auf Origenes zurück. Die Frösche bedeuten *figuraliter* die Gesänge der (heidnischen) Dichter, die mit aufgeblasener Modulation wie die Stimmen der Frösche dieser Welt die betrügerischen Fabeln einbringen.[38] An anderer Stelle vergleicht Caesarius Plagen und Gebote soteriologisch: Die Zehn Gebote sind wie eine Medizin für die zehn Wunden, welche die Plagen geschlagen haben.[39]

Rupert von Deutz (1075/80–1129/30), der mehrfach auf die Plagen und die Gebote zu sprechen kommt, deutet den Zusammenhang der Zehn Plagen mit den Zehn Geboten heilsgeschichtlich:»Wie das Abendopfer jenes Lammes, durch das der Pharao besiegt und Israel befreit wurde, das Gotteslamm Christus und seine Passion bezeichnete, durch welche in den Letzten Tagen der Teufel besiegt und die Welt gerettet wird, so bezeichneten jene zehn … Plagen, durch welche jener Pharao zwar gezüchtigt, aber nicht besiegt werden konnte, die zehn Vorschriften des Gesetzes, durch deren Beobachtung das Reich des Todes zwar beunruhigt, aber nicht vernichtet werden konnte.«[40]

Im Zusammenhang der Beschäftigung mit dieser Materie ergab es sich fast wie von selbst, daß auch graphische Schemata entwickelt und gemalt wurden.[41] Ein frühes Zeugnis dafür ist der »Verger de Soulas«, eine illuminierte Handschrift der Zeit um 1300 aus der Picardie.[42] Sie besitzt eine Reihe von Schemazeichnungen, in denen Texte und Bilder zu eigenen Sinnkompositionen zusammengefügt sind. Neben z.B. einer typologisch komponierten Seite »De sancta Cruce et de sancta Maria«[43] findet man auch die uns hier interessierende mit der Gestalt eines monumentalen Moses mit den Gesetzestafeln, den Zehn Plagen und den Zehn Geboten – je in einem Medaillon rechts und links von der Mosesgestalt. Wichtig sind hier die in die Komposition einge-

---

38 Sermones Caesarii ... Sermo 99, cap. 2 (nach Cetedoc):»Secunda vero plaga, in qua inducuntur ranae, indicari figuraliter arbitror carmina poetarum, qui inani quadam et inflata modulatione velut ranarum sonis et cantibus mundo huic deceptionis fabulas intulerunt.« – Dem Caesarius wird die Übersetzung durch Rufinus vorgelegen haben.

39 Sermones Caesarii ... Sermo 100, cap. 1 (nach Cetedoc):»Ideo sine dubio, quia in istis erant vulnera, in illis medicamenta; et opus erat, ut tam periculosis plagarum decem vulneribus decem praeceptorum medicamina subvenirent.«

40 De sancta trinitate et operibus eius, lib. 10, In Exodum (nach Cetedoc):»Igitur quemadmodum uespertina immolatio illius agni per quem pharao uictus et israhel liberatus est agnum dei christum significauit uel passionem
eius per quam in nouissimis diebus diabolus uictus et mundus saluatus est sic illa decem signa uel plagae quibus ille pharao flagellari quidem sed non uinci potuit decem legis praecepta significauerunt quorum obseruatione
regnum mortis inquietari quidem sed non destrui potuit.« – Weitere Zeugnisse siehe bei Laun, S. 115 f, Anm. 82.

41 Zu diesem Thema: die o.g. Diss. von Laun.

42 Manuscrits à Peintures en France du XIIIᵉ au XVIᵉ siècle (Ausstellungskatalog). Paris 1955, Nr. 66.

43 Verf., Zwei Bilder der stillenden Muttergottes in einer Handschrift des Trierer Bistumsarchivs. (Ein Beitrag zur Ikonographie der *Maria lactans*). In: Archiv für Mittelrheinische Kirchengeschichte 8, 1956, S. 362–370, hier: S. 365–370, Abb. 1.

fügten und diese formal mitbestimmenden Textstreifen.[44] Die Zehn Plagen werden in 10 Medaillons (auf der linken Seite) dargestellt. Auf der anderen Seite sind in Medaillons Szenen mit den Übertretungen der Zehn Gebote zu finden. Von diesen kehren das Schwören bei einer Kirche (2) und der Wucherer (10) inhaltlich auf den Malereien in Bleialf wieder.

In den Textschemata, die in etwa dem des Verger de Soulas folgen (oder mit ihm verwandt sind), findet man kurze Sprüche, welche die Plagen als innerlich mit den Geboten verwandt erweisen möchten; sie sind sogar als deren Folgen und Sanktionen dargestellt. Es folgt hier die Zusammenstellung aus dem Verger de Soulas nach Laun.[45]

1. Quia in deum non crediderunt – Da sie nicht an Gott glaubten.
2. Quia nomen domini blasphemaverunt – Da sie den Namen des Herrn blasphemisch gebrauchten.
3. Quia dei sabbata contempserunt – Da sie die Sabbate Gottes verachteten.
4. Quia parentibus non obedierunt – Da sie den Eltern nicht gehorchten.
5. Quia sanctos dei occiderunt – Da sie die Heiligen Gottes töteten.
6. Quia furtis intenderunt – Da sie Diebstahl begingen.
7. Quia fornicacioni vacaverunt – Da sie sich der Hurerei widmeten.
8. Quia iniqua testimonia protulerunt – Da sie falsches Zeugnis gaben.
9. Quia adulteria commiserunt – Da sie Ehebrüche begingen.
10. Quia avaricie studuerunt – Da sie in der Habsucht eifrig waren.

Eine andere Reihe von Sprüchen bezieht die Plagen nur auf die bösen Taten der Ägypter.[46] Hier ist zwar auch eine inhaltliche Beziehung zwischen den Plagen als Strafen für bestimmte Übertretungen intendiert, wird aber nicht immer so deutlich wie bei der ersten Textreihe.

**

Die Darstellungen der Zehn Gebote und der Zehn Ägyptischen Plagen im Inneren von Kirchen wie auch in Büchern und auf Einzelblättern dienten zweifellos didaktischen und pädagogischen Zwecken. Die Malereien auf den Wänden der Kirchen hatten natürlich einen anderen und höheren Öffentlichkeitscharakter als solche in Büchern. – In Bleialf befinden sich die Darstellungen auf den Gewölbesegeln des Chores und des Altarraumes. Damit erhalten sie einen besonderen Stellenwert. Man könnte der Auffassung sein, daß sie dadurch vielleicht »zu hoch gehängt« seien; die ethisch-moralische Komponente der christlichen Botschaft sei dadurch zu sehr in den Mittelpunkt und in die Nähe des Altares gerückt. Andererseits erhalten durch diese Stellung

---

44 Auf fol. 14. – Laun, S. 51–55.
45 Laun, S. 150.
46 Laun, S. 151.Y

im Heiligtum die Gebote und damit der sittliche Lebenswandel eine Verankerung im sakramentalen Bereich. Die Einheit von Botschaft und Leben, von eucharistischer Feier und Lebenswandel, erscheinen als hoher Wert.

Sind den Bildern der Gebote resp. von deren Übertretungen die Bilder der Plagen als Sanktionen und Strafen beigegeben, so winkt als eine Art ewiger Lohn die Herrlichkeit des Himmels, die – in der Spitze des Chor- und Triumphbogens – durch die Darstellung der Krönung Marias im Himmel bildhaft anschaulich gemacht wird. Diese Art der Exemplifizierung der himmlischen Herrlichkeit durch die Verherrlichung Marias lag in Bleialf nahe; ist doch diese Kirche der Gottesmutter geweiht. Die Marienkrönung erhält durch diesen Zusammenhang einen ausgesprochen eschatologisch-verheißungsvollen Charakter: An Maria soll vergleichsweise ablesbar werden, welche Erfüllung auf denjenigen wartet, der in der Verheißung Christi verharrt und die Gebote hält.[47] – Über dem Zenit des Bogens sitzt in der Mitte, zwischen Christus und Gottvater die in den Himmel aufgenommene und gekrönte Jungfrau und Gottesmutter Maria. Alle drei Personen sind auf einer breiten Holzbank mit hoher Rückenlehne und geschwungenen und ornamentierten Seitenwangen innerhalb eines himmlischen Kirchenraumes, der durch Mauerwerk und Fenster mit gemalter Rautenverglasung angedeutet ist, vereint. Auf den seitlichen Flächen des Triumphbogens sieht man die Bilder zweier großer Engel mit weitausgespannten Flügeln. In hohem Bogen schwingen sie Rauchfässer und bringen so den göttlichen Personen und Maria ihre Verehrung dar. – In der Darstellung der göttlichen Personen möchte man das Bild des Heiligen Geistes als der Dritten Person der Trinität vermissen. Er ist jedoch ikonographischer Teil des Gesamten: in dem dem Gemälde benachbarten Schlußstein des Chorgewölbes ist er unter dem Symbol der Taube so dargestellt, daß er auf das Bild zuzufliegen scheint. Diese Verbindung von gemaltem und skulptiertem Bild zu einer ikonographischen Einheit (nur einer einzigen Szene) ist zweifellos für die Zeit der Gotik bemerkenswert.

An den Innenseiten des Triumphbogens befinden sich zwei gemalte Heiligenfiguren, die, wie gemalte Skulpturen (!), auf ebenso gemalten und kunstvoll abschatttierten Konsolen »stehen«. Leider sind sie nicht mehr zu identifizieren. Es scheinen jedoch Apostel zu sein. Nun sind heute noch im Chor einige gemalte Konsolen vorhanden, die darauf schließen lassen, daß einstmals eine Reihe solcher Figuren zu sehen war. Von den architektonisch vorgegebenen Möglichkeiten könnten es (mindestens) zwölf Konsolen und damit zwölf Figuren gewesen sein. Es ist reizvoll, sich auszudenken, daß hier der Chor der zwölf Apostel dargestellt oder vielleicht eine andere Konstellation von Heiligenbildern zu sehen war. Auf alle Fälle handelt es sich der Idee nach um eine bildhafte Repäsentation der Kirche unter dem Aspekt der Communio

---

47 In Nonnberg ist zusätzlich zum Jüngsten Gericht die Marienkrönung eingefügt. Lechner, S. 323.

Sanctorum, die Chor und Apsis halbkreisförmig umgibt. Die gekrönte Muttergottes im Schoße der allerheiligsten Dreifaltigkeit schließt nach Westen hin diesen Kreis: Sie ist »Typus ecclesiae« und damit auch Sinnbild der in die Herrlichkeit Gottes aufgenommenen und in Herrlichkeit vollendeten Kirche. So sind die Gebote zwar mit ihren Sanktionen bildlich verbunden, aber auch mit der Verheißung der himmlischen Vollendung in die Gemeinschaft der Gerufenen, der Berufenen und der schon Vollendeten eingebettet – mit dem eucharistischen Altar am Boden und dem skulptierten Bilde des Lammes Gottes, »das die Sünden der Welt hinwegnimmt«, im Schlußstein darüber.

II.

HISTORISCHE AUSFORMUNG

REINHOLD BOHLEN

Wann starb der Aufklärungstheologe und Bibelübersetzer Dominikus von Brentano?

Der zu seinen Lebzeiten als Bibelübersetzer ebenso geschätzte wie geschmähte Dominikus von Brentano, über zwei Jahrzehnte hin Hofkaplan und Geistlicher Rat des fürstlichen Hochstiftes Kempten, nachmaliger Pfarrer in Gebrazhofen bei Leutkirch, ist heute weithin vergessen[1]. Dies erstaunt angesichts sowohl des langen Nachlebens seines Übersetzungswerkes[2] als auch der durch seine Übertragung und Erklärung des Neuen Testamentes ausgelösten heftigen literarischen Fehde[3]; galt seine NT-Ausgabe doch einerseits zeitgenössischen Befürwortern »aus allen deutschen katholischen, und ... aus den meisten des Auslandes« als »die beste und zweckmäßigste«[4], veranlaßte jedoch andererseits Gegner zu dem Aufschrei: »Wie weit erfrecht sich nicht der Aufklärungs-Schwärmgeist!«[5]

Dominikus von Brentano, im Jahre 1772 durch Fürstabt Honorius Roth von Schreckenstein (1760–1785) als erster Hofkaplan und wirklich geistlicher Rat nach Kempten berufen, wandte sich auf Geheiß von dessen Nachfolger Rupert von Neuenstein (1785–93)[6] der Übersetzung und Kommentierung der

---

1 Als symptomatisch darf die Fehlinformation bei W. GUNDERT, Bibelübersetzungen IV: Theologische Realenzyklopädie, Bd. 6 (1980), 269–299, hier S. 274 f., gelten: »Besonders bekannt geworden ist das Neue Testament von Karl und Leander van Ess, weil es erstmals im katholischen Bereich aus dem Griechischen ins Deutsche übersetzt wurde, Braunschweig 1807.« Tatsächlich stellt bereits die in den Jahren 1790–91 erschienene 1. Auflage des Brentanoischen Neuen Testaments ab Mt 15 eine Übersetzung aus dem Griechischen dar, vollends die 1794 erschienene 2. Auflage, für die BRENTANO auch Mt 1–14 aus der Ursprache übertragen hat.
2 Das populäre Werk wurde von Thaddäus Anton DERESER fortgeführt und erschien schließlich, von J. M. A. SCHOLZ durchgreifend überarbeitet, in 17 Bänden, abgeschlossen 1837.
3 Vgl. dazu W. BRANDMÜLLER, Aufklärung im Fürststift Kempten: Zeitschrift für bayerische Landesgeschichte 54, 1991, 239–252, im folgenden abgekürzt: BRANDMÜLLER 1991. Diese Studie beruht auf dem von der Augsburger theologischen Diplomarbeit »Die Kontroverse um die Bibelübersetzung des Dominikus von Brentano (1790–94)«, Augsburg 1983, gesammelten Material, »kommt aber zu einer anderen Bewertung als deren Vf.« (BRANDMÜLLER 1991, S. 239, Anm. 1). Herrn Knoller gilt mein herzlicher Dank für die bereitwillige Überlassung seiner unveröffentlichten Arbeit.
4 So urteilt der Rezensent A.S. [= Aloys Sandbichler] in der Oberdeutschen allgemeinen Litteraturzeitung 4, 1791, Stück 124, Sp. 760–768, hier Sp. 763.
5 Sendschreiben an Hrn. Brentano, Herausgeber des neuen Testaments zum Nutzen, und Gebrauche der Hochfürstlich-Kemtischen [!] Unterthanen, von einem katholischen Landpfarrer, Freyburg [= Augsburg] 1791, zitiert nach: Annalen der neuesten Theologischen Litteratur und Kirchengeschichte 4, 1792, Beylagen, S. 92.
6 Zur Series der Äbte vgl. Joseph ROTTENKOLBER, Geschichte des hochfürstlichen Stiftes Kempten, München o. J. [1933], 266 f.

Heiligen Schrift aus den Urtexten zu, beginnend mit dem Neuen Testament, sodann – unmittelbar nach dessen Erscheinen[7] – zum Alten Testament fortschreitend. Seine »mit grossen Kosten im ganzen Lande ausgebreitete Uebersetzung, welche in Wien die Censur passirt hat« und schon 1791 an den Universitäten Salzburg und Würzburg in Vorlesungen eingesetzt wurde[8], ist in drei autorisierten Auflagen erschienen, erstmals 1790–91.[9] Eine zweite, vermehrte und verbesserte Auflage wurde in drei Teilen »Mit kaiserl. königl. allergnädigster Freiheit. Frankfurt am Main, bei Varrentrapp und Wenner 1794« verlegt[10], ebenso 1798 die dritte Auflage. Von einer als 2., verbesserte Auflage bezeichneten, bei Joseph Brentano in Bregenz 1793 publizierten Ausgabe[11] hat Dominikus von Brentano sich entschieden in einer Erklärung vom 11. Juli 1793 distanziert, weil er sich schämen müsse, sich »diese sogenannten Verbesserungen dieses Frömmlings, wer er auch seyn mag, auf die Rechnung schreiben zu lassen«[12]. Vom Alten Testament konnte Brentano nicht nur den Pentateuch übersetzen[13], wie durchweg zu lesen ist[14], sondern

---

7   Vgl. »Nachrichten aus Schwaben, vom 20sten Octobr. 1791.«, in: Annalen der neuesten Theologischen Litteratur und Kirchengeschichte 3, 1791, 748–751, hier S. 750.

8   Vgl. ebd. S. 750.

9   Die heilige Schrift des neuen Testaments. Auf Befehl des Hochwürdigsten Fürsten und Herrn Herrn Rupert II. Abten des fürstlichen Hochstifts Kempten etc. etc.. Zum Nutzen und Gebrauch der hochfürstlichen Unterthanen Herausgegeben von Dominikus von Brentano hochfürstl. kemptischen geistlichen Rath, und Hofkaplan, Gedruckt und verlegt in der hochfürstlichen Hofbuchdruckerey in Stift Kempten, Erster Theil 1790; Zweyter Theil, Erster Band 1791; Zweyter Theil, Zweyter Band 1791.

10   Das Erscheinen der bereits in den oben angeführten »Nachrichten aus Schwaben, vom 20sten Octobr. 1791.«, S. 750, angekündigten verbesserten 2. Auflage hat sich offensichtlich verzögert. Dies ergibt sich erstens aus der Tatsache, daß Brentano die Vorrede zur 2. Auflage bereits am 9. September 1792 unterzeichnet hat; sodann beklagt er am 11.7.1793, daß seine rechtmäßigen Herren Verleger Varrentrapp und Wenner »den Druck meiner zweyten Ausgabe, wozu sie die Manuscripte schon lange in Händen haben, nicht beschleunigten« (Oberdeutsche allgemeine Litteraturzeitung 6, 1793, Stück 86, Sp. 168).

11   Vgl. das »Avertissement« in: Kritik über gewisse Kritiker, Rezensenten, und Broschürenmacher 7, 1793, auf der letzten unpaginierten Seite der »Alphabetische(n) Übersicht des ersten Semesters vom Jahre 1793«.

12   »An das Publikum«, in: Oberdeutsche allgemeine Litteraturzeitung 6, 1793, Stück 86, Sp. 168. Vgl. auch die Warnung des Rezensenten F. Sch. in der Oberdeutschen allgemeinen Litteraturzeitung 7, 1794, Stück 81, Sp. 52–54, hier Sp. 52, vor der gefälschten Auflage.

13   Die heilige Schrift des alten Testaments Erster Theil welcher die fünf Bücher Mosis enthält. Auf Befehl des Hochwürdigsten Fürsten und Herrn Herrn Rupert II. Abts des fürstlichen Hochstifts Kempten Zum Nutzen und Gebrauche der hochfürstlichen Unterthanen herausgegeben von Dominik von Brentano hochfürstlich kemptischen geistlichen geheimen Rath, und Hofkaplan, Frankfurt am Main 1797.

14   Vgl. etwa H. DÖRING, Die gelehrten Theologen Deutschlands im 18. und 19. Jahrhundert, Bd. 1, Neustadt a.d. Orla 1831 = Deutsches Bibliographisches Archiv. Microfiche-Edition [DBA], München u.a.1982, Fiche 143, Nr. 180–181; K. WERNER, in: Allgemeine deutsche Biographie, Bd. 3, Leipzig 1876, 313; F. KAULEN, Art. Brentano, Dominicus von: Wetzer und Welte's Kirchenlexikon², Bd. 2 (1883), 1234; D. GLA, Systematisch geordnetes Repertorium der kathol.- theolog. Literatur in Deutschland, Österreich und der Schweiz seit 1700 bis zur Gegenwart, Bd. 1,1, Paderborn 1895, 194; J. SCHMID, Art. Brentano, 2) Dominikus v.: LThK¹, Bd. 2 (1931), 541; ders., Art. Brentano, 1) Dominikus v.: LThK², Bd. 2 (1958), 669 f.; BRANDMÜLLER 1991, S. 242.

auch den Psalter[15] und die Sprichwörter, die postum im 2. Bd. des 3. Teils des von Thaddäus Anton DERESER fortgeführten Werkes veröffentlicht wurden[16].

Wer zur dritten Auflage des Lexikons für Theologie und Kirche greift, um sich über Leben und Werk des Dominikus von Brentano zu informieren, findet als dessen Todestag den 2. Juli 1797 angegeben[17], wohingegen die beiden früheren Ausgaben dieses Lexikons den 10. Juni desselben Jahres als Todesdatum nennen[18]. Dieser Sachverhalt verlangt eine Erklärung, zumal die zur Verfügung stehenden biographisch-bibliographischen Werke unterschiedliche und/oder unvollständige Angaben zum Sterbetag des Gelehrten notieren: So findet sich einmal[19] das Jahr 1794, sodann mehrfach das Jahr 1797 ohne nähere Angaben[20], der Monat Juni 1797 ohne Tagesangabe[21], der 10. Juni 1797[22], schließlich der 2. sowie der 3. Juli 1797[23]. Wann starb Dominikus von Brentano tatsächlich?

---

15 Die heilige Schrift des alten Testaments Dritten Theils Erster Band welcher die Psalmen enthält ... herausgegeben von Dominikus von Brentano ...., Frankfurt am Main 1797. Das Erscheinen dieses Bandes hat der Verfasser noch erlebt, wie aus einem in der unten vorgestellten »Biographischen Skizze 1798«, S. 49, mitgeteilten Briefauszug vom 25. Mai 1797 hervorgeht.

16 Die heilige Schrift des alten Testaments Dritten Theils zweyter Band welcher die Sprüchwörter, den Prediger, das hohe Lied, das Buch der Weisheit und Jesus Sirach enthält .... herausgegeben von Dominikus von Brentano weiland hochfürstlich Kemptischen geistlichen geheimen Rath und Hofkaplan, Fortgesetzt von Thaddäus Anton Dereser der Gottesgelehrtheit Doctor und Professor an der Universität zu Heidelberg, Frankfurt am Main 1800. In der Vorrede dieses Bandes (S. III) teilt DERESER mit, daß die Übersetzung der Proverbien aus der Feder Brentanos bereits gedruckt gewesen sei, als er im Sommer 1799 die Fortführung des Werkes übernommen habe.

17 Vgl. R. BOHLEN, Art. Brentano, 1) Dominikus v.: LThK[3], Bd. 2 (1994), 673 f.

18 Vgl. J. SCHMID, Art. Brentano, 2) Dominikus v.: LThK[1], Bd. 2 (1931), 541; ders., Art. Brentano, 1) Dominikus v.: LThK[2], Bd. 2 (1958), 669 f.

19 Vgl. K. WERNER, Geschichte der katholischen Theologie seit dem Trienter Konzil bis zur Gegenwart (Geschichte der Wissenschaften in Deutschland. Neuere Zeit. Bd. 6), München [2]1889, 267.

20 Vgl. M. LUTZ, Nekrolog denkwürdiger Schweizer aus dem 18. Jahrhundert, 1812 = DBA Fiche 143, Nr. 177; KAULEN, a.a.O., Sp. 1234.

21 Vgl. G. Chr. HAMBERGER / J. G. MEUSEL, Das gelehrte Teutschland oder Lexikon der jetzt lebenden teutschen Schriftsteller, 5. Ausg., Bd. 9, Lemgo 1801 = DBA Fiche 143, Nr. 172; J. G. MEUSEL, Lexikon der vom Jahr 1750 bis 1800 verstorbenen teutschen Schriftsteller, Bd. 1, Leipzig 1802 = DBA Fiche 143, Nr. 173–174, hier 173; DÖRING, a.a.O. = DBA Fiche 143, Nr. 180.

22 Außer den beiden oben genannten Artikeln von J. SCHMID vgl. K. WERNER, in: Allgemeine deutsche Biographie, Bd. 3, Leipzig 1876, 313; H. HURTER, Nomenclator literarius theologiae catholicae, Tomus III, Innsbruck 1895, 307; W. KOSCH, Das Katholische Deutschland, Bd. 1, Augsburg 1933, 244; P. H. VOGEL, Die deutschen Bibeldrucke, in: Die Bibel in Deutschland. Das Wort Gottes und seine Überlieferung im deutschen Sprachraum, Stuttgart 1965, 251–328, hier S. 276.

23 Den 2. Juli 1797 nennt, soweit ich sehe, erstmals die »Nachricht von neuerlich verstorbenen merkwürdigen Gottesgelehrten«, in: Archiv für die neueste Kirchengeschichte 5, 1798, 739–749, hier S. 746 f: Dominicus von Brentano; außerdem S. BAUR, Allgemeines historisches Handwörterbuch aller merkwürdigen Personen, die in dem letzten Jahrzehend des 18. Jahrhunderts gestorben sind, 1803 = DBA Fiche 143, Nr. 175–176, hier 175; Cl. A. BAADER,

Auf diese Frage gibt eine m. W. in der Literatur bisher nicht herangezogene schriftliche Äußerung eines Mannes, der als letzter mit Dominikus von Brentano noch wenige Stunden vor dessen Tod zusammensaß, eine verläßliche Auskunft: »Zu Gebratzhofen, auf seiner Landpfarrey in Schwaben, welche zur österreichischen Landvogtey Altdorf, oder Weingarten gehört, und zwischen den Reichs-Städten Wangen und Leutkirch, an der grossen Landstrasse gelegen ist, starb in der Nacht vom 2ten auf den 3ten Juli 1797. an einem Schlagflusse der Herr Dominikus von Brentano der Gottesgelahrtheit Doktor, u. seiner hochfürstlichen Gnaden zu Kempten wirklicher Geheimderrath, und erster Hofkaplan etc.

Er war kurz zuvor beym traulichen Nachtmahle mit seinem anwesenden Freund, und Verwandten Hr. Commendeur Bueler von Buel noch sehr aufgeräumt, und speiste mit sehr gutem Apetit, ohne mindeste Ahndung einer Unpäßlichkeit.«[24]

Zum »traulichen Nachtmahle« hatte man sich an einem Sonntagabend zusammengesetzt, denn nach Ausweis des Liber mortuorum 1776–1852 des Pfarramtes Gebrazhofen[25] fiel der 2. Juli 1797 auf den 4. Sonntag nach Pfingsten. Und unter diesem Datum »1797. 2. July[26] Dom. IV. p Pentec.« ist dort eingetragen:

»Titl. Herr Dominikus von Brentano, fürstl. Kempti[27].

geheimer, geistl. Rath, Pfarrer durch 3 Jahre hier,

gebürtig von Rapperschwyl in der Schweitz, starb an

einem Schlagflusse den 2ten July 1797. im 57ten Jahre.

Pietate, Prudentia, Eruditione, concionibus praelo

Lexikon verstorbener baierischer Schriftsteller des 18. und 19. Jahrhunderts, Bd. 2, Augsburg/Leipzig 1825 = DBA Fiche 143, Nr. 178–179, hier Nr. 178; Chr. G. KAYSER, Vollständiges Bücher-Lexikon, Bd. 1, Leipzig 1834, 343, übernommen in das Gesamtverzeichnis des deutschsprachigen Schrifttums 1700–1910, Bd. 20, München u.a. 1980, 111; BRANDMÜLLER 1991, S. 250. Den 3. Juli 1797 teilt der Spendenaufruf »An das Publikum« mit, in: Oberdeutsche allgemeine Litteraturzeitung 11, 1798, Stück 93, Sp. 256; vgl. auch M. BRANDL, Die deutschen katholischen Theologen der Neuzeit. Ein Repertorium, Bd. 2: Aufklärung, Salzburg 1978, 25 f., hier S. 25.

24 Biographische Skizze auf das Grab des Herrn Dominikus von Brentano der heil. Gottesgelahrtheit, und der Rechte Doktor, Seiner hochfürstl. Gnaden zu Kempten wirklichen geheimden Rath und Pfarrer in Gebratshofen. Herausgeber einer neuen Uebersetzung des neuen und alten Testaments. Von einem Freund und Verehrer des Seligen. Rapperschweil am Zürichersee, In Kommißion bey Herrn F. J. Bueler von Buel, Licentiat bey den drey Königen. Gedruckt in Bregenz, bey Joseph Brentano, 1798, 11. (Die in der UB Augsburg im Bestand der Oettingen-Wallerstein'schen Bibliothek [02/IV. 27. 8°. 130] und in der Staatlichen Bibliothek Neuburg/Donau [8 Bavar. 173] vorhandene Schrift wird im folgenden als »Biographische Skizze 1798« angeführt.)

25 Herrn Pfarrer P. Alois Schneider SVD, Leutkirch-Gebrazhofen, gilt mein aufrichter Dank für die zuvorkommende Freundlichkeit, mit der er mir die Einsichtnahme in das Pfarrarchiv ermöglicht hat.

26 Die Buchstaben ly korrigieren eine zuvor unterlaufene Verschreibung.

27 Das vor dem Abkürzungspunkt an das t angehängte Zeichen, hier als i gelesen, ist nicht eindeutig zu identifizieren.

datis, nova S. Scripturae ad fontes graecos revisae atque explicatae editione vir inclytus. Ovibus suis pastor dilectissimus perpetuaque memoria perennis.«[28] Die lateinischen Zeilen enthalten die Würdigung: Ein Mann, berühmt durch seine Frömmigkeit, seine Klugheit, seine Bildung, seine in die Druckpresse gegebenen Predigten[29] und seine neue Ausgabe der heiligen Schrift, die anhand des griechischen Urtextes revidiert und erklärt ist. Seinen Schafen ein sehr geliebter Hirte, durch fortwährende Erinnerung bleibend.

Daß die Nachwelt die Bibelübersetzung als das literarische Hauptwerk des Verstorbenen zu würdigen wußte, geht auch aus seiner Grabinschrift hervor, die heute als Gedenktafel in die Außenwand der Sakristei der Pfarrkirche Gebrazhofen eingelassen ist[30]. Zugleich bestätigt sie den 2. Juli 1797 als Todestag des Verstorbenen. Ihr von einem Wappen und einem als Heilige Schrift gekennzeichneten Buchrelief gekrönter, in Marmor gehauener Text lautet:

»Dominick von Brentano
Hochfürstlich Kemptischer Geistlicher Geheimer Rath
und
Pfarrer zu Geberatshofen
ruht hier
Seit dem 2. July 1797
von seinem
Rastlosen Mühen für Christenthum
und Menschenwohl.
Sein Geist ärnte den Lohn,
den ihm die Bibel verhieß,
Um die er sich besondere Verdienste erwarb.
der Weise Gute ruhe sanft«[31]

Zieht man zu den in der Forschung bereits bekannten Fakten auch neuerlich gefundene Nachrichten heran, so ergibt sich für die letzten Lebensjahre des Dominikus von Brentano ein stimmiges Bild: In ihrer Ausgabe vom 19. März

---

28 Die bei KNOLLER, a.a.O., S. 142, im lateinischen Text unterlaufenen Lesefehler sind entsprechend zu korrigieren.
29 Damit wird hingewiesen auf Brentanos Biblische Predigten auf alle Sonntage des Jahres, deren erster Teil 1796 noch zu Lebzeiten des Verfassers in Bregenz erschien, die nach seinem Tode von einem Freund (V. Elbs) mit Teil 2 und 3 fortgesetzt wurden (Bregenz 1798–99).
30 Als bescheidener Denkstein, angebracht an der Sakristei, aufgeführt in: Die Kunst- und Altertums-Denkmale in Württemberg, hg. v. Württ. Landesamt für Denkmalpflege. Inventar. 70./74. Lieferung: Donaukreis Oberamt Leutkirch, bearbeitet von Prof. Dr. Klaiber, Eßlingen a. N. 1924, 70. Vermutlich ist diese Tafel das letzte Relikt eines Denkmals, zu dessen Finanzierung ein Spendenaufruf »An das Publikum« erging, in: Oberdeutsche allgemeine Litteraturzeitung 11, 1798, Stück 93, Sp. 256.
31 Die bei KNOLLER, a.a.O., S. 142, als verwittert gekennzeichnete letzte Zeile läßt sich mit Hilfe eines Papierabklatsches zweifelsfrei lesen.

1792 teilt die Oberdeutsche allgemeine Litteraturzeitung ihren Lesern das
»Gerücht« mit, »daß der geistliche Rath und Hofkaplan des Hrn. Fürstabtes
zu Kempten Hr. von Brentano, um dem Bibelstudium besser obliegen zu
können, um seine Entlassung gebethen, und sie auch wirklich erhalten habe;
doch habe der vortreffliche Fürstabt, dem Belohnung und Aufmunterung
arbeitsamer, talentvoller Männer eine wahrhaft dringende Angelegenheit zu
seyn pflegt, demselben zur Erkenntlichkeit seiner 20jährigen Dienste, aus
eigener Bewegung eine großmüthig reichliche Pension ausgeworfen.«[32] Die
Annalen der neuesten Theologischen Litteratur und Kirchengeschichte, die
diesen Vorgang unter dem August 1792 als Nachricht mitteilen, nennen als
weiteren Beweggrund für die erbetene Entlassung aus fürstabtlichen Diensten
eine »geschwächte Gesundheit«, verbunden mit der Absicht Brentanos, »in
seinem Vaterland Rappersweil, mit Pension von seinem Fürsten, privatisiren«
zu wollen. Er befinde sich gegenwärtig aber noch im Stift Kempten.[33] Daß
gerade die beharrlich an der Bibelübersetzung neben den umfangreichen
Amtsobliegenheiten geleistete Arbeit die Gesundheit des Geistlichen Rates
angegriffen hat, unterliegt für den Biographen keinem Zweifel: »denn da die
Tage zu seinen Amtsgeschäften oft kaum hinlänglich waren; so wiedmete er
dieser Unternehmung seine Nachtwachen, und einem Manne von fetter
Leibsconstitution, wie er war, mußte natürlich das beständige Sitzen und
Denken, mit der ruhelosesten Anstrengung verbunden, alle Schnellkraft seines innern Mechanismus erschlappen machen«.[34] Brentano wurde – offensichtlich in Anerkennung seiner geschätzten Verdienste und um weiterhin mit
seinem Rat zur Verfügung zu stehen – zur Ehre eines wirklichen Geheimen
Rats erhoben[35]. Dennoch verließ er schließlich das Stift – nach BRANDL[36]
am 31. Mai 1794 –, aber nicht, um sich als Privatier in seiner eidgenössischen

---

32 Oberdeutsche allgemeine Litteraturzeitung 5, 1792, St. 34 (19.3.1792), Sp. 543. Nach HAM-
    BERGER / MEUSEL, a.a.O., Bd. 1, Lemgo 1796 = DBA Fiche 143, Nr. 171–172, hier Nr.
    171, hat Brentano tatsächlich im Februar 1792 seine Demission erhalten (so auch BAADER,
    a.a.O. = DBA Fiche 143, Nr. 178), sei aber auf Verlangen des Fürstabtes Rupert weiterhin
    im Stift geblieben.
33 Annalen der neuesten Theologischen Litteratur und Kirchengeschichte 4, 1792, 607.
34 Biographische Skizze 1798, 38. Dem Titelblatt dieser »Biographischen Skizze« gegenüber ist
    ein Porträt des Geehrten als Stich vorgesetzt. Die Bildunterschrift lautet: »Dominicus de
    Brentano Rapperschwilanus Helvetus, Novae graecis fontibus versionis biblicae Editor.
    1796«. Damit besitzen wir neben dem im Pfarrhaus Gebrazhofen befindlichen Ölgemälde
    und einem von W. BRANDMÜLLER, Geistiges Leben in Kempten des 17. und 18.
    Jahrhunderts: Zeitschrift für bayerische Landesgeschichte 43, 1980, 613–631, hier S. 621,
    erwähnten mutmaßlichen Porträt Brentanos im Fürstensaal der Kemptener Residenz ein
    weiteres Bildnis des Theologen.
35 Vgl. Biographische Skizze 1798, 38. LUTZ, a.a.O. = DBA Fiche 143, Nr. 177, datiert diese
    Ernennung offensichtlich später: »Im Jahr 1794 trug ihm der Abt von Kempten die Pfarre
    Gebratsofen mit dem Prädikat als wirklichen geheimen Rath auf.« Die Titulierung wird
    jedenfalls sowohl im Eintrag des Sterberegisters als auch in der Grabinschrift aufgeführt.
36 A.a.O., 25.

Geburtsstadt Rapperswil gänzlich seinem übersetzerischen Vorhaben zu widmen, sondern um als Pfarrer in Gebrazhofen zu wirken. Das Verlassen des Stiftes wird mit dem Tod des Fürstabtes Rupert von Neuenstein und der am 16. Oktober 1793 erfolgten Wahl des Kastolus von Reichlin-Medegg (1793–1803) in Zusammenhang gebracht. Dieser habe Brentano von sich entfernt, weil er Freimaurer war[37]. Die Übernahme der Pfarrei Gebrazhofen im Frühsommer 1794[38] ergibt sich für den Verfasser der »Biographischen Skizze« aus dem Wunsch des inzwischen Mittfünfzigers, »künftig allein seinem Bibelstudium, und seiner Lieblingsbeschäftigung, der Seelsorge abzuwarten.«[39] Ein konkreteres, bisher nicht bekanntes Motiv geht jedoch aus der Biographie »Franz Ernst Heinrich von Brentano«[40], Neffe des Dominikus von Brentano, hervor. Danach hat der am 9.1.1768 geborene Heinrich bereits in seinem 6. Lebensjahr den Vater verloren und wurde daher »von seinem Onkel, dem durch seine Schriften so berühmt gewordenen Hrn. geheimen Rath, Dominik von Brentano, in Kempten erzogen. Dieser edle Mann wendete nun alle Sorgfalt auf die Erziehung seines Neffen«[41]. Er ermöglichte dem Knaben das Studium der Theologie, dem schließlich die Weihe zum Priester am 18.12.1790 in Konstanz folgte[42]. Wie großen Anteil der Onkel an dem Lebensweg seines Neffen nahm[43], geht zunächst aus der

---

37 Vgl. HAMBERGER / MEUSEL, a.a.O., Bd. 1, Lemgo 1796 = DBA Fiche 143, Nr. 171; Nachricht von neuerlich verstorbenen merkwürdigen Gottesgelehrten: Archiv für die neueste Kirchengeschichte 5, 1798, 739–749, hier S. 747; MEUSEL, a.a.O. = DBA Fiche 143, Nr. 173; zur Gründungsmitgliedschaft Brentanos in der Kemptener Freimaurerloge »Zur aufgehenden Sonne« vgl. BRANDMÜLLER 1991, S. 241. Allerdings verdient in diesem Zusammenhang die Darstellung der Biographischen Skizze 1798, 38 f., Beachtung, wonach Brentano 1) kurz vor seinem Weggang in einem Zwist zwischen dem Fürsten und seinem Kapitel treue Position für seinen eigentlichen Herrn bezogen habe, 2) auch als Pfarrer von Gebrazhofen immer wieder zur Beratung in wichtige Angelegenheiten nach Kempten gerufen worden sei und 3) noch zwei Jahre vor seinem Tod im Auftrag des Hofes eine Geschäftsreise zur Nuntiatur in Luzern unternommen habe.

38 In ihrem 13. Stück vom 25.6.1794 melden die Würzburger gelehrten Anzeigen 9, 1794, 264, daß Brentano »die Pfarrstelle zu Gebratshofen in der untern Landvogtey erhalten« habe. Möglicherweise war er auf diese »zur philosophischen Musse und Ruhe sehr gelegenen Landpfarrey« (Biographische Skizze 1798, 37) durch einen Streit um die dem Stift Kempten als Patronatsherrschaft zustehende Abgabe für das Vogtrecht aufmerksam geworden, der erst 1792 beendet werden konnte. Der im selben Jahr nach dem Tod seines im März 1792 verstorbenen Vorgängers eingeführte Pfarrer Jakob Reutlinger starb nach einer nur einjährigen Amtszeit im Alter von 40 Jahren, so daß die Pfarrei wiederum vakant war. Im Zusammenhang mit der Neubesetzung der Pfarrei dürfte auch die kostspielige Reparatur des Pfarrhauses angefallen sein, die 1794 vorgenommen wurde. Vgl. zu den Fakten: R. ROTH, Geschichte der ehemaligen Reichsstadt Leutkirch und der Leutkircher Haide, 2. Theil, cultur-historischen Inhalts, Leutkirch 1872, 339–341.

39 Biographische Skizze 1798, 38.

40 F. K. FELDER, Gelehrten- und Schriftstellerlexikon der deutschen katholischen Geistlichkeit; weitergef. v. F. J. WAITZENEGGER, Bd. 1, Landshut 1817, 97–104.

41 FELDER/WAITZENEGGER, a.a.O., S. 98.

42 Vgl. FELDER/WAITZENEGGER, a.a.O., S. 98.

43 Zweifellos hat sich Dominikus von Brentano hierin dankbar auf sein eigenes Geschick besonnen: Er selbst hatte in seinem 8. Lebensjahr seinen Vater verloren und wurde der Obhut

Tatsache hervor, daß er zu dessen Priesterweihe ein pastorales Lehrbüchlein verfaßte und es dem Primizianten dedizierte.[44] Als dieser dann ohne dauerhafte Anstellung u.a. zwei Jahre in Rapperswil lebte[45] und »öfter in der Stadt und auf dem Lande predigte, schrieb er sein Gebetbuch[46]. Damit er aber für die praktische Seelensorge nicht verloren gienge, nahm sein Oheim, der oben genannte Hr. Dominik von Brentano, die Pfarrey Gebratshofen im Allgäu an, und berief seinen Neffen dahin, um diesem Gelegenheit zu verschaffen, sich daselbst unter seiner Leitung zu einem praktischen Seelensorger zu bilden.« Nach sieben Monaten pastoraler Tätigkeit unter Anleitung seines Onkels wurde Heinrich von Brentano zum Pfarrer von Poltringen im Ammertal berufen[47].

Dominikus von Brentano wurden die Pfarrei und die Zuneigung der ihm anvertrauten Menschen so teuer, daß er »die an Einkünften und Interesse überhaupt weit beträchtlichere Pfarrey Stettwang, welche der Fürst ihm wirklich schon ertheilt hatte,« ausschlug, »um sein thätiges Leben bey seiner lieben Pfarrgemeinde zu beschließen«[48]. Damit – wohl infolge seiner publizistischen Interessen – in der Seelsorge nichts versäumt würde, stellte er auf eigene Kosten einen Helfer oder Vikar ein, »ohne daß er jedoch unterließ, bey

---

eines väterlichen Oheims anvertraut, dem Herrn Dominik Brentano, bischöflichen »Kommissarius und Stiftspfarrer zu Schönis, in der eydgenössischen Landvogtey Gastel«, der um die Förderung seiner Begabungen wache Sorge trug. Dieser trachtete auch danach, dem Neffen einen Studienplatz im dem einst von ihm selbst besuchten, von Karl Borromäus begründeten und dotierten Collegio Elvetico in Mailand zu sichern. Nachdem Dominikus von Brentano ebenso wie sein Onkel Dominik die Mailänder Studien mit dem theologischen Doktorat abschließen konnte und vom dortigen Erzbischof Pozzobonelli zum Priester geweiht worden war, kehrte er zunächst zu seinem Onkel zurück. Vgl. Biographische Skizze 1798, 12–17; Zitat S. 12.

44 Der wahre Priester. Ein Primitzgeschenk an seinen lieben Neffen Heinrich von Brentano. Von Dominikus von Brentano hochfürstlich kemptischen geistlichen Rath und ersten Hofkaplan, Kempten 1790 [UB Augsburg im Bestand der Oettingen-Wallerstein'schen Bibliothek: 02/III. B 5578].

45 Schon Dominikus von Brentano hatte sich nach seiner Priesterweihe nach kurzem Zwischenaufenthalt in Schönis zunächst in seine Vaterstadt Rapperswil begeben, »um da einsweilen, bis zu besserer Aussicht, eines kleinen Familien Benefiziums zu genießen, das sein väterlicher Großvater für seine geistliche Descendenten, vermittels eines Testaments gestiftet hatte« (Biographische Skizze 1798, 17).

46 Das oft dem Dominikus von Brentano zugeschriebene »Andachtbuch für die katholische Eidgenossenschaft, Bregenz am Bodensee 1794« (vgl. HAMBERGER / MEUSEL, a.a.O., Bd. 1, Lemgo 1796 = DBA, Fiche 143, Nr. 172; MEUSEL, a.a.O. = DBA Fiche 143, Nr. 174; BAADER, a.a.O. = DBA Fiche 143, Nr.179; DÖRING, a.a.O. = DBA Fiche 143, Nr. 180–181) wurde also – wie schon zutreffend bei KAYSER, a.a.O., S. 343, nachgewiesen – von Fr. E. H. von Brentano verfaßt.

47 Vgl. FELDER/WAITZENEGGER, a.a.O., S. 99 f.; ebenda findet sich das Zitat. In diesem Ausbildungsgang scheint wiederum Dominikus' Biographie Pate gestanden zu haben: Denn auch er kam einige Zeit nach seiner Priesterweihe zu einem seiner Verwandten, dem Herrn Bueler von Buel, der damals »die sehr beträchtliche Pfarrey Velten in Bayern, ohnweit Landshut besaß,« als Pfarrhelfer »zur praktischen Ausbildung in der Seelsorge« (Biographische Skizze 1798, 24).

48 Biographische Skizze 1798, 39.

dem gewöhnlichen Gottesdienste seine Gemeinde zu erbauen, und zu lehren«[49]. Die Arbeit der Bibelübertragung betrieb er zielstrebig weiter. Das Erscheinen der Pentateuch-Übersetzung und des Psalters[50] konnte Brentano noch erleben, ebenso die Publikation des ersten Teils seines Predigtwerkes[51], gleichfalls die Vorbereitungen zur 3. Auflage seines Neuen Testamentes[52]. Allerdings machte ihm zunehmend die Gesundheit zu schaffen. So klagt er in dem genannten Brief vom 25. Mai 1797 über »anhaltenden drey monatlichen Schwindel«, der ihn in seiner Bibelarbeit weit zurückgeworfen und auch die Fertigstellung des zweiten Teils seiner Predigten verzögert habe[53].

Vierzehn Tage zuvor, am 10. Mai 1797, waren im Zuge des napoleonischen Krieges, unter dem das Dorf schwer zu leiden hatte, zum zweiten Mal französische Truppen in Gebrazhofen einmarschiert. Sie hatten »mitunter ganze Häuser ausgeraubt. Sie nahmen Vieh, Pferde und Schweine, oder mußte ihnen solches geliefert werden und hatte das Landvogteiamt noch 6000 fl. zu bezahlen.«[54] Beim früheren Einzug der Franzosen war es nur der klugen Intervention des Pfarrers gelungen, die Truppen von Vergeltungsmaßnahmen gegen die Bevölkerung abzuhalten; er selbst aber »litt bey diesem wichtigen Anlaße beträchtlichen Schaden.«[55] Es ist daher glaubhaft, wenn ein früher Biograph »schreckhaft militärische Auftritte«[56] für die Krankheit (mit)verantwortlich macht, die zum unerwartet eintretenden Tod des 57jährigen in der Nacht vom 2. auf den 3. Juli 1797 führte, im Liber mortuorum für Sonntag, den 2. Juli, beurkundet.

49 Biographische Skizze 1798, 49.
50 Vgl. oben Anm. 15.
51 Vgl. oben Anm. 29.
52 Kurz vor seinem Tod schrieb er unter dem Datum vom 18.6.1797 an seinen Vetter, den Buchdrucker und Verleger Joseph Brentano in Bregenz, der sein Predigtwerk verbreitete: »Die Herren Varrentrapp und Wenner veranstalten wirklich die dritte, verbesserte Auflage meiner Bibel; diese Auflage wird mit vielen Verbesserungen, und hauptsächlich mit einem trefflichen Realregister meiner besten Erklärungen vermehrt. u.s.w.« (mit einer stillschweigenden Korrektur zitiert nach Biographische Skizze 1798, 36).
53 Biographische Skizze 1798, 49.
54 ROTH, a.a.O., S. 333. Vgl. dort auch zu den lastenden Kriegssteuern, die in der Folge – auch von den Stiftungen und der Kirchenpflege – aufzubringen waren.
55 Vgl. Biographische Skizze 1798, 47 f.; Zitat S. 48.
56 LUTZ, a.a.O. = DBA Fiche 143, Nr. 177; vgl. auch DÖRING, a.a.O. = DBA Fiche 143, Nr. 180.

BALTHASAR FISCHER

Der Heilig-Ruf der Messe als Stoßgebet

Wenn man von der landläufigen Vorstellung ausgeht, die das deutsche Wort »Stoßgebet« heraufruft, scheint ein reines Lobgebet wie der Heilig-Ruf der Messe, dem das Bitt-Element so gänzlich fehlt, zum Gebrauch als Stoßgebet denkbar ungeeignet. Die Definition des Stoßgebets im Grimm'schen Wörterbuch lautet denn auch: »Kurzes, in Angst und Erregung hervorgestoßenes Gebet«.[1] Demnach müßten die Stoßgebete sämtlich zur Gruppe der Bitt- und Flehgebete gehören.

Es ist sicher richtig, daß viele Stoßgebete diesem Genus angehören – man denke nur, um ein denkwürdiges Beispiel zu nennen, an das »Jesu juva«, das Johann Sebastian Bach über seine Partituren zu schreiben pflegte.

Trotzdem wird schon bei der ersten Berührung mit klassischen Stoßgebetsammlungen der Tradition, etwa denen des Zisterzienser-Kardinals Johannes Bona (1609–1674)[2] und mit den Auskünften der einschlägigen theologischen Nachschlagewerke[3] deutlich, daß wir es hier mit einer ungebührlich verengten Vorstellung von Stoßgebet zu tun haben. Das Genus »Stoßgebet« ist für alle Arten des Gebetes bis zur höchsten Mystik offen: sein Charakteristikum ist die Kompaktheit im Ausdruck. Nicht das Ungestüm, sondern die Knappheit macht das Gebet zum handlichen »Wurfgeschoß« (oratio iaculatoria ist bei Augustin der lateinische Name), mit dem der Beter das Herz Gottes zu treffen versucht: nicht mit langatmiger Überredung des göttlichen Partners, sondern mit einem knappen vielsagenden Wort.

So ist es zu erklären, daß es im Schatz der traditionellen Stoßgebete eines gibt, das wahrhaftig nichts von Ungestüm an sich hat und das man nicht herausstoßen, sondern nur meditativ vor sich hinsagen kann, ein Gebet, das gar nichts will als den ewigen dreifaltigen Gott mit den Engeln zu loben, wie das die kirchliche Gemeinschaft seit den ältesten Zeiten auf dem ersten Gipfel des Eucharistischen Hochgebetes tut: den Heilig-Ruf, der seit alters seinen Platz im Hochgebet der Eucharistiefeier hat.[4]

---

1   Deutsches Wörterbuch von Jacob und Wilhelm Grimm, DTV-Ausgabe Band 19 (1984) 553.
2   Vgl. J. M. Canivez, Art. Bona (Jean): Dict. Spir. 1 (Paris 1937) 1762–1766. Aus seiner Feder stammen zwei einschlägige Sammlungen: Horologium Asceticum, Parisiis 1676, in: Opera Omnia 1 (Parisiis 1677), 1–160; ders., Via compendii ad Deum per motus anagogicos et orationes iaculatorias. Romae 1657, in: Opera Omnia, ebd. 391–548.
3   Vgl. F. Vansteenbroucke, Aspirations: Dict. Spir. 1 (Paris 1937) 1017–1025; A. Rayez, Art. Iaculatoires (Oraisons), ebd. 8 (Paris 1974), 66f.
4   Zur Rolle des Heilig-Rufs im Eucharistischen Hochgebet vergleicht man immer noch am besten: Jos. A. Jungmann, Missarum Sollemnia 2 (Wien ⁵1962) 161–170.

Das erste Gebet, das Kardinal Bona zum morgendlichen Aufstehen vorschlägt, lautet:
Sanctus, Sanctus, Sanctus,
Domine Deus Sabaoth.
Pleni sunt caeli et terra gloria tua.

Der Beter wird gemahnt, beim Aufstehen am Morgen gleichsam zum geöffneten Himmel emporzuschauen und mit großer Freudigkeit des Herzens mit den Geistern des Himmels das »Sacrum Trishagion« zu singen oder zu sprechen.[5]

Man fragt sich unwillkürlich, ob es Menschen gegeben hat (oder gar gibt), die den hohen Grad an liturgischer und trinitarischer Spiritualität besitzen, den eine solche allmorgendliche Übung voraussetzt.

Durch eine Zufallsentdeckung bin ich auf ein Zeugnis gestoßen, das belegt, wie ein namhafter Laienchrist unseres Jahrhunderts davon berichtet, wie genau diese fromme Morgenübung ihn in den dunklen Tagen des Zweiten Weltkrieges getröstet hat. Es handelt sich um einen der bedeutendsten klassischen Archäologen, die Deutschland in unserem Jahrhundert hervorgebracht hat, den aus einer katholischen Augsburger Arztfamilie stammenden Professor Ludwig Michael Curtius (1874–1954), der bis zur Absetzung durch die Nazis (1938) Direktor des Deutschen Archäologischen Instituts in Rom gewesen ist.[6] Er hat eine Autobiographie von hohem literarischem Rang hinterlassen.[7] Drei Jahre nach seinem Tode hat Joachim Moras unter dem Titel »Torso« eine Nachlese z. T. auch autobiographischer Äußerungen von L. Curtius veröffentlicht.[8] Hier findet sich die nachfolgende undatierte »Tagebuchaufzeichnung aus dem letzten Krieg«:

»Heute beim Aufstehen, nachdem ich mir lange, im Bett wach vor mich hinträumend, das namenlose, sinnlose Elend dieses Krieges wiederum überlegt hatte, überkam mich aufs neue der Drang, vor mir hinzusagen: Sanctus, sanctus, sanctus, und ich hatte dazu das leise Engelsgeflüster aus Beethovens Missa Solemnis im Ohr«.[9]

Man wird annehmen können, daß der hier sichtbar werdende Gebetsbrauch (er spricht das Gebet »aufs neue«) des nach dem Zeugnis seiner Autobiographie[10] tief im katholischen Brauchtum seiner schwäbischen Hei-

---

5   J. Bona, Horologium 1,2 (6). Der Verfasser fügt an dieses erste morgendliche Stoßgebet zwei weitere an, die offenbar zur Auswahl gedacht sind; denn auf sie trifft die Einleitung vom morgendlichen Einstimmen in den Gesang der himmlischen Geister nicht mehr zu.
6   Vgl. Reinhard Tenberg, Art. Curtius, Ludwig Michael, in: Walter Killy, Literatur-Lexikon 2 (Gütersloh 1989) 498f.
7   L. Curtius, Deutsche und Antike Welt. Lebenserinnerungen. Stuttgart 1950.
8   L. M. Curtius, Torso. Verstreute und nachgelassene Schriften, hg. v. Joachim Moras, Stuttgart 1957.
9   A. a. O. S. 289.
10 Hier ist besonders wichtig das Kapitel von der großartigen mütterlichen Großmutter in

mat verwurzelten Mannes in der Linie der Tradition liegt, die von dem frommen italienischen Zisterzienserabt in den so stark von den Zisterzienser-klöstern geprägten süddeutschen und österreichen Bereich ausgegangen ist. Das kleine Beispiel, das unser Zufallsfund aus dem (längst noch nicht für die Frömmigkeitsgeschichte ausgeschöpften) Reservoir der Autobiographien zutage gefördert hat, ist vielsagend. Es zeigt, wie eine der größten liturgischen Formeln Volksgebet werden und den Alltag des Christen formen konnte. Es zeigt aber auch, was ein für solche Formen aufgeschlossener, differenzierterer Mensch einer höheren Bildungsstufe aus solchem Überlieferungsgut machen konnte. Es wird unter seinen Händen zu einem wahrhaft situationsgerechten Morgengebet eines 70jährigen Gelehrten im Zweiten Weltkrieg, zu einem Ruf stiller Anbetung, der in der Morgenfrühe aus einer Welt der Bosheit und des zerstörerischen Hasses zum dreimal heiligen Gott emporsteigt und sich seiner von keiner Bosheit zu trübenden Heiligkeit versichert.

Hindelang im Allgäu, bei der der Lieblingsenkel Ludwig regelmäßig seine Ferien verbrachte, und die sicher für den Enkel auch ein Bindeglied zur volkstümlichen Gebetstradition gewesen ist. Bezeichnend ist, daß das Gebet, von dem Curtius berichtet, genau noch den Sitz im Leben hat, der ihm in der Bona'schen Gebetssammlung durch die Überschrift zugedacht ist: Surrectio matutina (a. a. O. 5): Gebet zum morgendlichen Aufstehn.

GUNTHER FRANZ

Friedrich Spee als Professor
an der Trierer Universität

Obwohl sich die von 1473 bis zur Aufhebung unter französischer Herrschaft
1798 bestehende Trierer Universität[1] auf eine bereits zur Römerzeit florie-
rende Hochschule zurückführte und rühmend als »uralte Universität« bezeichnete,[2] hatte sie besonders im 18. Jahrhundert keinen guten Ruf. 1700
beschuldigte der Löwener Dominikaner Jakob Hyazinth Serry unter dem
Pseudonym Augustinus Le Blanc die Theologischen Fakultäten in Mainz und
Trier, sie seien *obscuri nominis* oder gar nur bessere Jesuitengymnasien, weil
sie in der Gnadenlehre eine andere Meinung vertraten.[3] In Zedlers Univer-
sallexikon wurde die Trierer Universität 1744 zwar wegen der Herkunft aus
der Antike an erster Stelle genannt, dann aber folgendermaßen charakterisiert:
Sie hat nachher so viele Veränderungen ausgestanden, daß sie darüber in
großen Abfall und beynahe in völlige Vergessenheit gerathen, wie sie denn
von einigen in der Zahl der teutschen Academien gar ausser acht gelassen
wird.[4] Dies sonderbare Urteil läßt sich nur erklären, wenn man die große
Theologische Fakultät, die zusammen mit der Philosophischen Fakultät von
den Jesuiten betreut wurde, nicht zur Universität rechnete und unter dieser
nur die kleine Juristische und die zeitweise tatsächlich »in Vergessenheit
geratene« Medizinische Fakultät verstand. Dagegen ist anzuführen, daß an
der Juristischen Fakultät die bedeutenden Kanonisten und Historiker Johann
Nikolaus von Hontheim und Christoph Georg Neller lehrten. Hontheim
(1701–1790, Professor 1733–1738, Weihbischof 1748) und Neller (1709–1783,
1748 Professor in Trier) lösten die Bewegung des Febronianismus aus.[5] An
der kleinen Medizinischen Fakultät war der Anatom Heinrich Palmatius

---

1   Emil Zenz: Die Trierer Universität 1473–1798. Ein Beitrag zur abendländischen Universi-
     tätsgeschichte. Trier 1949 (Trierer geistesgeschichtl. Studien 1). – Gunther Franz: Geistes-
     und Kulturgeschichte 1560–1794. In: 2000 Jahre Trier, Bd.3: Trier in der Neuzeit, hrsg. Kurt
     Düwell, Franz Irsigler. Trier 1988, S. 203–373. – Arnd Morkel: Die alte Trierer Universität.
     Versuch einer Annäherung. In: Kurtrierisches Jahrbuch 34 (1994), S. 77–92.
2   Jakob Meelbaum: Sylva academica, sive de antiquitate urbis et academiae Trevirorum...,
     Trier 1657.
3   Jakob Marx: Geschichte des Erzstiftes Trier, d.i. der Stadt Trier und des Trier. Landes, Bd.1,
     2, Trier 1859, S.476–479. – Franz (wie Anm.1), S. 233.
4   Johann Heinrich Zedler: Großes vollständiges Universal-Lexicon, Bd. 42. Leipzig und Halle
     1744, Sp. 1732.
5   Gunther Franz: Neller-Hontheim und der Episkopalismus-Febronianismus. In: Aufklärung
     und Tradition. Kurfürstentum und Stadt Trier im 18. Jahrhundert. Ausstellungskatalog und
     Dokumentation. Hrsg. von Gunther Franz. Trier 1988 (Ausstellungskataloge Trierer Biblio-
     theken 16), S.101–127 (mit Lit.)

(von) Leveling (1742–1798) 1764 bis 1771 *Assessor*, bevor er nach Ingolstadt ging.[6]

Der alten Trierer Universität gereicht es auch zur Ehre, daß vier heute noch bekannte Theologen an ihr lehrten: Ambrosius Pelargus, Caspar Olevian, Cornelius Loos und Friedrich Spee. Der Dominikaner Ambrosius Pelargus (Storch, 1493–1561) griff in Wort und Schrift in die Auseinandersetzungen der Reformationszeit ein, nahm (seit 1533 Professor in Trier) 1540 am Wormser Religionsgespräch teil und war Prokurator und Theologe auf dem Trienter Konzil.[7] Der aus Trier stammende Dr. jur. Caspar Olevian(us) (1536–1587) erhielt 1559 von der Stadt Trier eine Anstellung, in der Burse »zur Taube« der artistischen (philosophischen) Fakultät die Dialektik zu lehren, damit er bei der Einführung der Reformation mitwirken könne. Die Trierer Universität war 1473 von der Stadt eröffnet worden und diese beanspruchte noch 1575 das Recht, wie von alters her Universitätsprofessoren anzustellen.[8] Nach der Unterdrückung des Reformationsversuches wurde Olevian als Vertreter der Föderaltheologie ein führender evangelisch-reformierter Theologe in Heidelberg und Herborn. Als Folge der Belebung seines Andenkens in den letzten Jahren wurde 1992 die Caspar-Olevian-Gesellschaft gegründet.[9]

Cornelius Loos (Losaeus Callidius, um 1546–1595 oder 1597) stammte aus Gouda in Holland, lehrte ab 1580 in Mainz, wo er als vielseitiger Gelehrter zahlreiche Schriften verfaßte, und ab 1585 in Trier. Mit seinem Traktat gegen die Hexenprozesse *De vera et falsa magia*, die sich gegen den Trierer Weihbischof Petrus Binsfeld wandte, war Loos ein Vorläufer von Spee. Der 1593 erzwungene Widerruf ist durch den Abdruck bei Martin Delrio bekannt. Nach bisheriger Ansicht konnte Loos keine Professur an der Trierer Universität gehabt haben, da alle theologischen und philosophischen Lehrstühle von den Jesuiten besetzt wurden.[10] In der dritten Ausgabe seines »Hexenham-

6 August Hirsch, Art. Leveling. In: Allgemeine deutsche Biographie 18 (1983), S. 502f. – F. Seitz: Art. Leveling, Heinrich Palmatius von. In: E. Gurlt, A. Hirsch: Lexikon der hervorragenden Ärzte aller Zeiten und Völker 3. WIen, Leipzig 1886, S. 690.

7 Albert M. Keil: Ambrosius Pelargus O.P. Ein Verkünder der Wahrheit in schwerer Zeit. In: Archiv f. mittelrhein. Kirchengeschichte 8 (1956), S. 181–223. – Denis R. Janz: Ambrosius Pelargus. In: Contemporaries of Erasmus (Suppl. to Erasmus: Works). Ed. Peter G. Bietenholz. Vol. 3. Toronto u.a. 1987, S. 63f.

8 Franz (wie Anm. 1), S. 216f.

9 Caspar Olevian 1536–1587. Evangelisch-reformierter Theologe aus Trier. Gunther Franz, Wilhelm Holtmann u.a. Trier 1987 (Ausstellungskataloge Trierer Bibliotheken 14). – Caspar Olevian (1536 bis 1587), ein evangelisch-reformierter Theologe aus Trier. Studien und Vorträge anläßlich des 400. Todesjahres. Köln 1989 (Sonderdruck aus Monatshefte für Evang. Kirchengeschichte des Rheinlandes 1988/89). – Caspar Olevian: Der Gnadenbund Gottes 1590. Faksimile-Edition mit Komm. hrsg. von Gunther Franz, J.F. Gerhard Goeters und Wilhelm Holtmann. Köln 1994 (Faksimile-Edition des Vereins f. Rhein. Kirchengeschichte 2).

10 Emil Zenz: Cornelius Loos – ein Vorläufer Friedrich von Spees im Kampf gegen den Hexenwahn. In: Kurtrierisches Jahrbuch 21 (1981), S. 146–153. – Ders.: Art. Loos, Cornelius. In: Neue Deutsche Biographie 15. Berlin 1987, S. 153. – P. C. van der Eerden: Cornelius Loos und die *magia falsa*. In: Vom Unfug des Hexen-Processes. Gegner der Hexenverfol-

mers« *De confessionibus maleficorum et sagarum* von 1596 wandte sich
Binsfeld aber gegen ein Mitglied der theologischen Fakultät, dessen Namen
er nicht nennen wollte, bei dem es sich aber zweifellos um Loos handelte.[11]
Er war während eines Zeitraums von 200 Jahren der einzige bekannte Nicht-
jesuit in der Fakultät.

Nach den Veranstaltungen und Veröffentlichungen zu Friedrich Spees
(1591–1635) 350. Todestag 1985 und seinem 400. Geburtstag 1991 wurde er
größeren Bevölkerungskreisen bekannt.[12] Sein vielseitiges Wirken wird in
Wendungen wie »Dichter, Seelsorger, Bekämpfer des Hexenwahns« im Titel
der Jubiläumsausstellungen umschrieben.[13] Helmut Weber hat das bleibende
Verdienst, auf die Bedeutung Spees als Moraltheologe hingewiesen zu haben.
Nachdem er 1984 versucht hat, auf dem Hintergrund von Spees erhaltenen
Schriften Grundzüge seiner Moraltheologie aus Hermann Busenbaums *Me-
dulla theologiae moralis* zu erschließen,[14] fand sich im Historischen Archiv
der Stadt Köln die Handschrift *Theologia moralis explicata*. Obwohl sie auf
dem Rücken des Einbands die Bezeichnung *Casus conscientiae... P. Frid...
Spee* trägt, ist die Verfasserschaft umstritten. Diffizile Untersuchungen, in
deren Zusammenhang auch eine von Weber vorbereitete Edition der Handschrift steht, sollen klären, inwiefern die neue Quelle Auskunft über Spees
Moraltheologie gibt.[15] Ich möchte als Gruß an den Jubilar – dem ich im
Vorstand der Friedrich-Spee-Gesellschaft verbunden bin – neuere Forschungen zu den äußeren Aspekten von Spees Wirken als Professor in Trier

gungen von Johann Weyer bis Friedrich Spee. Hrsg. von Hartmut Lehmann und Otto
Ulbricht. Wiesbaden 1992 (Wolfenbütteler Forschungen 55), S. 139–160.

11 Othon Scholer: Un monstre au château de Mansfeld. Science et superstition. In: Hémecht.
Zs. f. Luxemburger Geschichte 47 (1995), S. 43–105, darin S. 85. Dieser Aufsatz enthält
interessante Angaben zu Binsfeld, Loos und Dietrich Flade.

12 Die Friedrich-Spee-Gesellschaften Düsseldorf und Trier wurden 1985 und 1987 gegründet
und geben seit 1994 gemeinsam das Spee-Jahrbuch heraus. Gunther Franz: Friedrich-Spee-
Gedächtnis zum 400. Geburtstag 1991. In: Kurtrierisches Jahrbuch 32 (1992), S. 275–298. –
Michael Embach: Spee-Dokumentation. Trier 1995 im Druck.

13 Friedrich Spee. Dichter, Seelsorger, Bekämpfer des Hexenwahns. Kaiserswerth 1591–Trier
1635. 2. Aufl, hrsg. von Gunther Franz. Trier 1991 (Ausstellungskataloge Trierer Bibliotheken 10 A).

14 Helmut Weber: »Casuum summam confecit...« Friedrich Spee als Professor der Moraltheologie. In: Friedrich Spee im Licht der Wissenschaften. Hrsg. von Anton Arens. Mainz 1984
(Quellen u. Abh. z. mittelrhein. Kirchengeschichte 49), S.179–204.

15 Helmut Weber: Ist Friedrich Spees Moraltheologie gefunden? In: Trierer Theologische
Zeitschrift 97 (1988), S. 85–105. – Johannes Vennebusch: Die Theologia moralis des Jesuiten
Johannes Schücking und Friedrich Spees verschollene Summa casuum. In: Rheinische
Vierteljahrsblätter 53 (1989), S. 38–51. – Helmut Weber: Was hat Friedrich Spee von
Langenfeld in Trier über die Hexerei gelehrt? Der Abschnitt *De sagis* in der Kölner
Handschrift *Theologia moralis explicata*. In: Friedrich Spee. Dichter – Seelsorger – Bekämp-
fer des Hexenwahns. 1991 (wie Anm. 13), S.123–137. – Ders.: Spee als Moraltheologe. A.a.O.,
S. 184–190. – Ders.: Das Gewissen bei Friedrich Spee. In: Friedrich Spee zum 400. Geburts-
tag. Hrsg. von Gunther Franz. Paderborn 1995. – Die weitgehend fertiggestellte Ausgabe
der *Theologia moralis explicata* von Helmut Weber soll in der Reihe »Quelleneditionen der
Friedrich-Spee-Gesellschaft Trier« erscheinen.

zusammenstellen, zu seiner Versetzung von Köln nach Trier und zu der Rechtsstellung innerhalb der Universität.

Spee hat seine akademische Lehrtätigkeit in der Philosophie 1623–1626 und als Professor der Moraltheologie im Spätjahr 1629 an der damals als Universität geltenden Hochschule in Paderborn begonnen. Wegen Auseinandersetzungen mußte er wahrscheinlich im November 1630 die Professur aufgeben. Der Kölner Provinzial Goswin Nickel betraute Spee zu Beginn des Schuljahres 1631/32 mit den Kasusvorlesungen im Kölner Jesuitenkolleg. Es waren keine öffentlichen Vorlesungen an der Universität, da an dieser die Jesuiten nur vereinzelt lehren konnten. Im Kolleg wurden von etwa 1570 an philosophische und wenig später theologische Vorlesungen gehalten, zu denen seit 1622 ein Vorlesung über die *casus conscientiae* gehörte.[16] Spees Zeit in Köln wurde überschattet durch die Auseinandersetzung um den ohne Zensur des Ordens 1631 in Rinteln erfolgten Druck der *Cautio criminalis* gegen die Hexenprozesse. Der Ordensgeneral Mutius Vitelleschi hatte Spees Entschuldigung, daß der Druck der *Cautio* ohne sein Wissen erfolgt sei und er deswegen keine Schuld trage, in seinen beiden Schreiben vom 19. und 26. Juni 1632 gelten lassen. Unmittelbar anschließend, im August 1632, traf ein Brief des Provinzials Nickel vom 10. Juni mit der Nachricht eines zweiten unerlaubten Drucks in Rom ein.[17] Nachdem man schon vor Jahrzehnten festgestellt hatte, daß die zweite Auflage keineswegs – wie vom General angeregt – Abschwächungen, sondern Präzisierungen und Verschärfungen von der Hand Spees enthält, konnte ich zusammen mit Walther Gose beweisen, daß diese zweite Ausgabe nicht in Frankfurt am Main, sondern in einer Kölner Jesuitendruckerei hergestellt worden ist, daß Spee sie also selber mit Wissen des Provinzials, der die Kritik an den blutigen Hexenprozessen geteilt haben wird, in Druck gegeben haben muß.[18] Der General war natürlich verärgert, mußte er doch darauf achten, nicht durch die Unbesonnenheit eines Paters sein Gesicht zu verlieren. Am 28. August 1632 schrieb er dem Provinzial, daß Spee sofort aus dem Orden zu entlassen sei, wenn er die letzten Gelübde noch nicht abgelegt habe: »Der gute Mann ist im Umgang mit seine Oberen unaufrichtig. Wir haben allen Grund, von einem Menschen mit einer solchen

---

16 Hermann Keussen: Die alte Universität Köln. Köln 1634, S. 212. – Helmut Weber: »Casuum summam confecit...« (wie Anm. 14), S. 186–188.
17 Theo G. M. van Oorschot: Friedrich Spees Schwierigkeiten im Jesuitenorden. Eine Ergänzung der von Bernhard Duhr publizierten Dokumente zu Spees Leben. In: Friedrich Spee – Dichter, Seelsorger, Bekämpfer des Hexenwahns 1991 (wie Anm. 13), S. 28–36, hier S. 34.
18 Walther Gose: Friedrich von Spees 'Cautio Criminalis' von 1632. In: Jahrbuch des Kölnischen Geschichtsvereins 60 (1989), S. 77–82. – Gunther Franz: Die Druckgeschichte der Cautio Criminalis. In: Friedrich Spee: Cautio Criminalis. Hrsg. von Theo G. M. van Oorschot. Tübingen und Basel 1992 (Spee: Sämtliche Schriften 3), S. 496–548, hier S. 512–518. – Ders.: Friedrich Spee und die Bücherzensur. In: Friedrich Spee zum 400. Geburtstag. Hrsg. von G. Franz. Paderborn 1995.

Gesinnung in Zukunft noch Schlimmeres zu befürchten.« Die Gesellschaft Jesu solle möglichst von diesem Pater befreit werden.

Nachdem Spee im Mai 1632 wegen Belästigungen durch eine Frau in einem Brief an den General selber um den Wechsel in eine andere Ordensprovinz gebeten hatte, wurde ihm die Versetzung in ein anderes Kolleg der Rheinischen Provinz in Aussicht gestellt. Der Provinzial nahm Spee vor der Forderung des Generals nach Entlassung in Schutz und versetzte ihn wahrscheinlich im Herbst 1632 nach Trier, wo er bereits im Ordenskatalog vom Ende des Jahres 1632 aufgeführt ist.[19] Noch bevor das Problem mit dem General geklärt war, wollte Nickel Spee aus dem Kölner Kolleg, wo dieser verschiedene Gegner hatte, die auch mit Rom korrespondierten (der Theologieprofessor Petrus Roestius hatte gedroht, er wollte Spees *Cautio criminalis* auf den *Index librorum prohibitorum* setzen lassen) entfernen. Auf Nickels Fürsprache antwortete Vitelleschi am 4. Dezember 1632, Spee solle zwar nicht gezwungen werden, aus dem Orden auszutreten, in einem freundlichen Gespräch aber aufgefordert werden, selber um Entlassung zu bitten. Am 2. Juli 1633 mußte der General feststellen, daß angeblich wegen der durch den Krieg verworrenen Zustandes der Provinz Nickel die Verhandlungen mit Spee noch nicht geführt hatte.

Spees Versetzung von Köln nach Trier als Professor der Moraltheologie war keineswegs als Strafe gedacht. Trier hatte ein großes Kolleg mit Universität und Gymnasium und Noviziat, das nach der 1626 erfolgten Teilung der Rheinischen Provinz für die Niederrheinische und die Oberrheinische Provinz gemeinsam war. Daß Trier in den folgenden Jahren in Kämpfe zwischen Spaniern und Franzosen verwickelt werden würde, war in der Zeit des Dreißigjährigen Krieges mit seinen vielen umherziehenden Armeen keine Besonderheit. Besonders phantasiereich hat der damals angesehene Kulturredakteur der Stuttgarter Zeitung die Versetzung von Köln nach Trier unter der Überschrift »Hie die Keule des Krieges – dort der Ketzerprozeß« ausgemalt:

»Wäre es nach dem Willen der Mächtigen seiner Kirche, nach dem Jesuitengeneral und dem Kölner Kurfürst-Erzbischof, nach den Schultheologen und Hochmögenden und Beichtvätern der Hochmögenden gegangen – er hätte für immer vergessen sein sollen, dieser lästig gewordene Unruhestifter Friedrich von Spee. Seine Ordensoberen hatten ihn als Hilfsgeistlichen an die wüste Front geschickt, weil sie mit einiger Wahrscheinlichkeit annehmen konnten, daß er von dort nicht mehr heimkehren werde.«[20]

---

19 Weber, »Casuum summam confecit...« (wie Anm. 14), S. 189.
20 Friedrich Weigend: Folter und Lyrik, Hexenwahn und Gotteslob. Zum 350. Todestag des großen Jesuiten, Märtyrers und Dichters Friedrich von Spee. In: Stuttgarter Zeitung vom 10.8.1985, Die Brücke zur Welt. Dazu Leserbrief von Gunther Franz in Stuttgarter Zeitung vom 6.9.1985. Abgedruckt in: Friedrich Spee – Gedächtnis. Dokumentation anläßlich des 350. Todesjahres. Für die Friedrich-Spee-Gesellschaft bearb. von Valentin Probst. Trier 1988, S. 288–290. Es kann auch keine Rede davon sein, daß Spee in Köln wegen seiner Stellungnahme gegen die Hexenprozesse ein Ketzerprozeß gedroht hätte, wie die Zwischenüberschrift im Zeitungsartikel behauptet.

Helmut Weber hat in seinem grundlegenden Aufsatz über Spee als Professor der Moraltheologie die Frage gestellt, ob es sein könne, daß Spee wie in Köln »auch in Trier nicht an der Universität, sondern lediglich im eigenen Kolleg, eventuell sogar wiederum nur für die Studenten seines Ordens die Moraltheologie gelesen hat?«[21]

Zur Beantwortung dieser Frage sind Überlegungen zu Verfassung und Praxis der Trierer Universität notwendig. Nach dem Scheitern des Reformationsversuches Caspar Olevians wurden 1560 die Jesuiten nach Trier geholt und wurde ihnen im folgenden Jahr neben dem Gymnasium die Philosophische und die Theologische Fakultät der Universität übertragen. Die Jesuiten hatten ihre eigene Studienordnung und hätten bei der vom Kurfürsten erhaltenen reichlichen »Fundierung« die Ausbildung ohne weiteres im Rahmen einer selbständigen Hochschule durchführen können. Sie fügten sich aber wie in Mainz in die Universität ein. Die alte Universitätsverfassung wurde am 9. Juli 1562 geändert. Entscheidend war die Klausel, daß die Jesuiten, die in den Fakultäten der Philosophie und Theologie eingesetzt werden und lehren sollten (*instaurarentur et docerentur*), die Eide und Statuten nur akzeptieren könnten, wenn ihr Institut für immer unberührt bleibe (ut semper eorum vivendi institutum integrum permaneat).[22] Es waren in der Folgezeit eine große leistungsfähige Institution im Jesuitenkolleg und die kleine Restuniversität mit den Juristischen und Medizinischen Fakultäten im alten Universitätsgebäude in der Dietrichstraße zusammengekoppelt, ohne daß es eine gemeinsame Universitätsverwaltung gab. Zum Rektor – einem Ehrenamt – wurden hohe Prälaten als Protektoren der Universität und des Kollegs gewählt. Kanzler war der Kurfürst, der sich durch den Weihbischof als Vizekanzler vertreten ließ. Als Dekane der Theologischen Fakultät fungierten von 1561 bis 1764 – von der einen Ausnahme 1582/83 abgesehen – nur Jesuiten, die auch alle Professoren stellten. Daneben oder in Personalunion waren nach der *Ratio studiorum* von 1599 Studienpräfekten für das ganze Kolleg (Theologie, Philosophie und Gymnasium) als Vertreter des Rektors vorgesehen. Wohlgemerkt: des Rektors des Jesuitenkollegs und nicht etwa des Rektors der Universität, der weder in Studien- noch Diszipinarangelegenheiten bei den beiden Jesuitenfakultäten irgendetwas zu sagen hatte. Selbst der Kurfürst hatte bis 1764 kein Mitwirkungsrecht bei der Ernennung von Professoren. Vielmehr unterstand das Kolleg dem Provinzial und dem Ordensgeneral in Rom.

Nach den 1625 neu gefaßten Statuten der Theologischen Fakultät von 1588 gab es zwei Professoren, die die scholastische Theologie nach der *Summa* des

---

21 Weber, »Casuum summam confecit…« (wie Anm. 14), S. 190.
22 Heinz Duchardt: Die Generalstatuten der Universität Trier von 1475. In: Jahrbuch für westdeutsche Landesgeschichte 4 (1978), S. 129–189. – G. M. Pachtler: Ratio studiorum et Institutiones Scholasticae Societatis Jesu per Germaniam olim vigentes, vol. 1–4. Berlin 1887–1894 (Monumenta Germaniae Paedagogica 2, 5, 9, 16), hier Bd. 1, S. 172–188. – Franz (wie Anm.1), S. 216–223.

Thomas von Aquin lehrten, und einen dritten, *Professor sacrae Scipturae*, der die Bücher des Alten und Neuen Testaments erklären sollte. Damit war häufig die Erklärung von Gewissensfällen (*casus conscientiae*), die Moraltheologie, verbunden. In Trier begegnet zuerst 1599 Conrad Hungenius als Professor scripturae et casuum.[23] Diese Verbindung bestand noch 1629 bei Heinrich Rotthausen. Nach K. Hengst waren von 1618 an vier Jesuitenpatres an der Trierer Universität als Professoren tätig.[24] Tatsächlich schwankte die Zahl. 1632 begegnen Lorenz Rippberger, Heinrich Moderson und Friedrich Spee. Die Wahl des Dekans wurde wegen der Kriegsereignisse verschoben (*Electio dilata propter turbas*). 1633 gibt es fünf Professoren: Christian Meyer (Dekan), Lorenz Rippberger, Heinrich Moderson, Friedrich Spee und Joseph Zweenbrüggen. 1634 wurde nach dem Tod von Christian Meyer Bernhard Wimpffling Vizedekan.

Auch wenn die zusätzlichen Lehrkräfte nicht in den Statuten der Fakultät vorgesehen waren, galt die Beauftragung von Patres als interne Angelegenheit des Ordens. Neben den Personallisten der Jesuiten gibt es deswegen auch keine Universitätsakten über die Theologieprofessoren. Es war keine Frage des Stellenplans und das heißt, des Geldes, da das Kolleg als ganzes reichlich Einkünfte hatte, »fundiert« war. Da man aber eine Rangfolge der Professoren kannte, werden die drei statutenmäßigen Professoren über den außerplanmäßigen Kollegen gestanden haben. Für ein eigenes Ordensstudium neben der Universität bestand in Trier kein Anlaß, da anders als in Köln die Philosophische und die Theologische Fakultät völlig in den Händen der Jesuiten lag. Anders war es seit der Mitte des 18. Jahrhunderts, als unter dem Eindruck der Aufklärung der Einfluß der Jesuiten an der Universität begrenzt werden sollte und man sich deswegen um die Rechtsstellung der Professoren stritt. Seit 1764 begegnen neben drei ordentlichen Professoren (*professores publici*) aus dem Jesuitenorden andere Professoren und *Assessores* (Ehrenmitglieder oder Honorarprofessoren) und ordensinterne Dozenten der Jesuiten, die nicht zur Fakultät gehörten.[25] Das war aber lange nach der Zeit von Friedrich Spee.

Der Provinzial Nickel konnte Positives über Spee nach Rom vermelden. In der Antwort vom 25. Februar 1634 drückte der General seine Freude aus, daß Spee »nicht allein in der besten Stimmung sei, in der Gesellschaft auszuharren, sondern auch die begründeste Hoffnung gebe, in der Folge, wie er bereits begonnen, den Regeln der Gesellschaft mehr zu entsprechen... So wird es uns

---

23 Carl Schmidt: Geschichte der theologischen Fakultät an der Universität Trier 1473–1779. Masch. Priesterseminar Trier, Anhang: Die Theologieprofessoren der Jesuiten, zusammengestellt nach den Katalogen der Gesellschaft Jesu und den in Trier und Köln vorhandenen Archivalien von Prof. (Ferdinand) Hüllen.
24 Karl Hengst: Jesuiten an Universitäten und Jesuitenuniversitäten. Paderborn 1981 (Quellen u. Forschungen aus dem Gebiet der Geschichte, N.F. 2), S.114, 116.
25 Franz (wie Anm. 1), S. 220–225.

hoffentlich nie gereuen, ihn in der Gesellschaft zurückgehalten zu haben.«[26] Für das Studienjahr 1634/35 wird Spee im Ordenskatalog als Professor der hl. Schrift geführt. Dies muß im Zusammenhang mit seiner Rehabilitierung gesehen werden, da es eine der drei klassischen statutenmäßigen Professuren war. In Trier fand Spee Zeit, seine Gedichtsammlung *Trutz-Nachtigal* zu vollenden. Aus dem Jahre 1634 sind zwei eigenhändige Niederschriften, die den Entstehungsprozess verdeutlichen und die letzte Fassung enthalten, in Straßburg und Trier erhalten.[27] Spee war auch Seelsorger der Hospitäler und Gefängnisse (*visitator hospitalium et carcerum*). Am 26. März 1635 nahmen kaiserlich-spanische Truppen die mit französischen Truppen belegte Stadt Trier im Handstreich ein. Spee wurde im Krankenpflege- und Seelsorgedienst in den Lazaretten von der dort grassierenden ansteckenden Seuche ergriffen. Unmittelbar nach seinem Tod am 7. August 1635 wurde er in der Gruft unter der Trierer Jesuitenkirche begraben.

Die Frage der Rechtsstellung war für den Pater Spee nicht unwichtig, da sie im Zusammenhang der für ihn existentiell wichtigen Frage des Verbleibens im Jesuitenorden stand. Für die 1950 aus dem Priesterseminar hervorgegangene Theologische Fakultät Trier und die 1970 wieder gegründete Universität ist das Andenken an den heute bekanntesten Professor der alten Universität nicht nur eine Frage der Traditionspflege. Friedrich Spee hat durch seinen Einsatz für die unschuldig Verfolgten und für die Gerechtigkeit weit über den akademischen Bereich hinaus gewirkt und ist für viele heute ein Vorbild.

---

26 van Oorschot (wie Anm. 17), S. 35.
27 Friedrich Spee: Trutz-Nachtigall. Hrsg. von Theo G. M. van Oorschot (Spee: Sämtliche Schriften, Bd. 1), Bern 1985.

ANDREAS HEINZ

Spätformen der öffentlichen Kirchenbuße im alten Erzbistum Trier in nachtridentinischer Zeit

Die Feiergestalt des Bußsakramentes hat sich im Laufe der Jahrhunderte erheblich verändert. Die jüngste deutschsprachige Gesamtdarstellung der »Feiern der Umkehr und Versöhnung« von den Anfängen der Kirche bis in die Gegenwart charakterisiert die tiefgreifendste Veränderung, die Ablösung der altkirchlichen kanonischen Buße durch die aus dem irischen Mönchtum gekommene »Tarifbuße«, gar als »einen wirklichen Bruch in der Bußgeschichte«.[1] Seit dem Frühmittelalter hat sich unter dem Einfluß der iroschottischen Wandermönche sehr schnell die Beichte als neue Grundform des Bußsakramentes auch auf dem Kontinent ausgebreitet. Sahen diese doch eine ihrer vordringlichsten Seelsorgaufgaben darin, das »Heilmittel der Buße« in der fränkischen Landeskirche wieder zur Geltung zu bringen.[2]

I. Die »poenitentia solemnis« im Mittelalter

Die neue Beichtpraxis ließ die öffentliche Kirchenbuße indes nicht sofort und völlig untergehen. Zum Erneuerungsprogramm der karolingischen Reform gehörte bekanntlich der Versuch, das Institut der altkirchlichen »poenitentia publica« wiederzubeleben.[3] Einzelne Synoden verlangten sogar die Abschaffung der Bußbücher[4], wobei freilich keine rigorose Abkehr von der inzwi-

---

1   R. Meßner, Feiern der Umkehr und der Versöhnung, in: H. B. Meyer u. a. (Hg.), Gottesdienst der Kirche. Handbuch der Liturgiewissenschaft 7,2. Regensburg 1992, 164.
2   Vgl. ebd. 163–168. Der Biograph Kolumbans, Jonas von Bobbio, hebt hervor, Kolumban, der um 590 als peregrinans auf das Festland kam, habe den Eindruck gewonnen, daß »die Heilmittel der Buße und die Liebe zur Abtötung« dort kaum noch praktiziert wurden; vgl. Vita Col. 5: MGH.SRM 4,71.
3   Vgl. Meßner (s. Anm. 1) 120 f.
4   Zur Bedeutung der Bußbücher (libri poenitentiales) vgl. den Überblick von R. Kottje, Art. Bußbücher: Lexikon des Mittelalters II (München und Zürich 1983) 1118–1122 (Lit.). Ablehnend äußerten sich z. B. die Synode von Chalon-sur-Saône (813) und Paris (829); vgl. C. Vogel, Art. Bußbücher: LThK II (Freiburg 1958) 802–805. Eine Verwerfung der Bußbücher enthält auch die Kanonessammlung des Trierer Erzbischofs Ruotger (915–930). Sie bestimmt in c. 28, die Priester sollten sich bei der Erteilung der Buße leiten lassen »per antiquorem canonum institutionem aut per sanctarum scripturarum auctoritatem aut per ecclesiasticam consuetudinem ... abiectis libellis, quos poenitentiales vocant«. Zit. n. M. Blasen, Die Kanonessammlung des Erzbischofs Ruotger von Trier vom Jahre 927: Pastor

schen fest etablierten neuen Beichtform beabsichtigt war. Es galt vielmehr Bußbücher dubioser Herkunft zu eliminieren, die durch ihre unterschiedlichen Angaben über die zu verhängenden »Bußtarife« Unordnung, Willkür und Laxheit im kirchlichen Bußwesen verbreiteten. Wenn auch die allgemeine Wiederherstellung der kanonischen Kirchenbuße in karolingischer Zeit nicht gelang, so blieb doch ein damals aufgestellter Grundsatz nicht ohne Folgen in der Bußpraxis der mittelalterlichen Kirche. Er lautet: Für öffentlich bekannte schwere Sünden ist öffentlich Buße zu leisten, für geheime Sünden gilt die »Tarifbuße«.[5]

In den einschlägigen liturgischen Büchern findet sich seit dem frühmittelalterlichen Altgelasianum[6] bis zum Pontificale Romanum von 1596 eine rituell reich ausgestaltete Ordnung für die öffentliche Buße. Sie hatte zwei Schwerpunkte: die Bußeröffnungsfeier am Aschermittwoch und die Rekonziliationsfeier am Gründonnerstag. Regulärer Ort der »poenitentia solemnis«[7] war die Kathedrale, ihr Leiter der Bischof. Regino von Prüm († 915) gibt eine ausführliche Beschreibung des Bußeröffnungsgottesdienstes in seinem im Auftrag des Trierer Erzbischofs Radbod (883–915) um 906 zusammengestellten kanonistischen Visitationshandbuch.[8] Demnach versammeln sich am Aschermittwoch alle, die sich der öffentlichen Buße unterziehen müssen, vor der Kirche, wo ihnen die Bußauflage erteilt wird. Dann werden die Pönitenten in die Kirche geführt. Nach dem Gesang der sieben Bußpsalmen legt ihnen

bonus 52 (1941) 61–72, hier 72. Zur Interpretation dieser Forderung vgl. ders., Die Bußbücher und die Reformbestrebungen des Erzbischofs Ruotger von Trier (915–930) auf dem Gebiete der Bußdisziplin: AmrhKG 3 (1951) 56–76. Peter Brommer konnte nachweisen, daß die Kanonessammlung Ruotgers ein spätes Beispiel der Capitula episcoporum mit »rezipiertem Recht« darstellt; die Hauptquelle war (auch für c. 28) das Kapitular Erzbischofs Radulf von Bourges (840–866); vgl. P. Brommer, Die Kanonessammlung Ruotgers von Trier. Quellenuntersuchung und Analyse der Arbeitsweise: AmrhKG 27 (1975) 35–48. Aus den Bestimmungen des im Auftrag von Ruotgers Vorgänger verfaßten Visitationshandbuchs des Abtes Regino von Prüm († 915) ergibt sich, daß die Bußerteilung nach anerkannten Bußbüchern durchaus legale und allgemein verbreitete Praxis im damaligen Erzbistum Trier war. Vgl. Reginonis libri duo de synodalibus causis et disciplinis ecclesiasticis (ed. F. G. A. Wasserschleben). Lipsiae 1840,23.26. Reginos Werk ist jüngst durch den verehrten Adressaten dieser Festschrift nach seinem »Ertrag für den spezifisch ethischen Bereich« untersucht und gewürdigt worden; vgl. H. Weber, Christliche Moral im Jahrhundert Egberts. Ethische Themen und Perspektiven im Sendhandbuch Reginos von Prüm (gest. 915), in: F. J. Ronig u. a. (Hg.), Egbert Erzbischof von Trier 977–993 (= Trierer Zeitschrift, Beiheft 18), 2 Bde. Trier 1993, II 231–243.

5 So u. a. Theodulf von Orléans († 821), die Synode von Arles (813) c. 26, von Reims (813) c. 31, Hrabanus Maurus († 856), Radulf von Bourges († 866); vgl. die Einzelbelege bei Meßner (s. Anm. 1) 121. Zur Geltung des Prinzips im alten Erzbistum Trier vgl. Blasen, Bußbücher (s. Anm. 4) 73–75.

6 Vgl. Liber Sacramentorum Romanae Aecclesiae Ordinis anni circuli … (Sacramentarium Gelasianum). In Verb. mit L. Eizenhöfer und P. Siffrin hg. von L. C. Mohlberg. Roma 1960 (= GeV); hier GeV 78–83.353–368.

7 Pontificale Romanum Summorum Pontificum cura editum a Benedicto XIV. et Leone XIII. Pont. Max. recognitum et castigatum. Ratisbonae 1888, III 6–21.23–39; vgl. dazu die vergleichende Übersicht der wichtigsten liturgischen Ordnungen bei Meßner (s. Anm. 1) 122–134.

8 PL 132,245 f.

der Bischof die Hand auf. Sie werden mit Weihwasser besprengt; Asche wird ihnen auf- und das Bußgewand angelegt. Unter dem Gesang der Antiphon »In sudore« werden sie nach einer Vermahnung aus der Kirche gewiesen (Expulsio). Die Rekonziliationsfeier am Gründonnerstag[9] beginnt wieder mit einer Versammlung vor der Kirche, wo dem Bischof die Bitte um Vergebung vorgetragen und für die Büßer gebetet wird. Darauf fordert der Bischof feierlich zum Einzug in die Kirche auf, wo ein ausgedehnter Gebetsgottesdienst gefeiert wird. Währenddessen liegen die Büßer am Boden. Zum Schluß werden die Rekonziliierten mit Weihwasser besprengt und inzensiert. Mit dem Gesang der Antiphon »Exsurge, qui dormis ...« (Eph 5,14) und einer Mahnung des Bischofs, nicht rückfällig zu werden, endet die Feier der Versöhnung.

Die liturgiegeschichtliche Forschung geht davon aus, daß diese bischöflich geleitete Bußliturgie im Hoch- und Spätmittelalter kaum mehr praktische Bedeutung hatte. Karl Rahner glaubt für das ausgehende Mittelalter diesbezüglich feststellen zu können: »Im 14. Jahrhundert war die poenitentia solemnis schon fast ganz außer Übung, und die Wünsche einzelner Synoden des 16. Jahrhunderts (einschließlich Trients), sie für schwere Fälle wieder zu beleben, blieben Wünsche«.[10] Demgegenüber hat Reinhard Meßner kürzlich darauf aufmerksam gemacht, daß die öffentiche Buße in manchen französischen Diözesen, namentlich in Rouen, noch in der zweiten Hälfte des 17. Jahrhunderts praktiziert wurde.[11] Um diese Zeit finden sich auch in Münster noch Spuren dieser Bußriten.[12]

II. Rekonziliationsfeier für öffentliche Büßer in der spätmittelalterlichen Trierer Domliturgie

In unserem Zusammenhang ist von besonderem Interesse, daß in der spätmittelalterlichen Trierer Domliturgie der feierliche Rekonziliationsritus unter bischöflicher Leitung am Morgen des Gründonnerstags noch lebendiger Brauch war. Seine Gestalt entsprach im wesentlichen der um die Mitte des 10. Jahrhunderts im Pontificale Romano-Germanicum festgelegten Ordnung.[13]

9 Die für die Folgezeit im wesentlichen maßgebliche Ordnung bietet das um die Mitte des 10. Jahrhunderts in Mainz zusammengestellte »Pontificale Romano-Germanicum«; vgl. Le Pontifical Romano-Germanique du dixième siècle. Hg. von C. Vogel-R. Elze, 3 Bde. Vatikanstadt 1963–1972 (= PRG); hier PRG 99, 224–251.
10 K. Rahner, Art. Bußdisziplin: LThK II (Freiburg 1958) 805–815, hier 814. Für das Tridentinum vgl. Sessio XXIV de ref. c. 8. Einschlägige Bestimmungen erließen namentlich die Synoden von Köln (1536), Mainz (1549), Mecheln (1570) und Bourges (1587).
11 Vgl. Meßner (s. Anm. 1) 129 f.
12 Vgl. R. Stapper, Die älteste Agende des Bistums Münster. Münster 1906, 123 f.
13 Vgl. A. Kurzeja, Der älteste Liber Ordinarius der Trierer Domkirche (LQF 52). Münster 1970, 133 f.

Der 1519 verstorbene Trierer Weihbischof Johannes Enen berichtet, wie eindrucksvoll und bewegend er selbst diese Bußfeier miterlebt hat.[14] Die Gläubigen aus der Bischofsstadt und dem Umland seien dazu in Scharen herbeigeströmt, so daß der Rat der Stadt 300–400 Bürger in Harnisch abordnen mußte, um die andrängende Volksmenge zurückzuhalten, damit die Feier ungestört vor sich gehen konnte. Die Zahl der Büßer, die sich am Gründonnerstag beim ersten Hahnenschrei zwischen drei und vier Uhr vor dem Dom versammelten, scheint beträchtlich gewesen zu sein. Die Pönitenten hatten an den Tagen zuvor ihre Sünden vor den in ausreichender Zahl sich bereithaltenden und mit den notwendigen Fakultäten ausgestatteten Beichtvätern bekannt. Öffentlichen Sündern wurde in der Beichte eine öffentlich zu verrichtende Buße auferlegt. Gewöhnlich bestand sie in einer Sühnewallfahrt zu den sieben Hauptkirchen Triers. Es ist anzunehmen, daß die Pönitenten bei der »Sieben-Kirchen-Wallfahrt« in ihrer Aufmachung als Büßer kenntlich waren. Zur Rekonziliationsfeier am Gründonnerstagmorgen hatten sie jedenfalls barfuß und in Bußgewändern zu erscheinen, die Frauen zusätzlich mit aufgelöstem Haar. Der Erzbischof, vom Domklerus begleitet, ging der Gruppe der vor dem Dom wartenden Büßer entgegen, führte sie in das Innere der Bischofskirche und erteilte ihnen nach dem Gesang der sieben Bußpsalmen die Absolution.

Wir wissen nicht, wie lange die öffentliche Buße in dieser feierlichen Form in Trier weitergelebt hat. Spätere Zeugnisse fehlen. Zu beachten ist, daß Erzbischof Jakob III. von Eltz den Dechanten 1578 die Vollmacht erteilte, von solchen reservierten Sünden zu absolvieren, für die an sich die »poenitentia solemnis« zu verhängen gewesen wäre.[15] Infolgedessen wird sich die Zahl der an der Rekonziliationsliturgie im Dom teilnehmenden öffentlichen Büßer erheblich verringert haben. Wie lange sie überhaupt noch weiterbestand, bleibt ungewiß. Auch für Trier läßt sich nicht nachweisen, daß der an sich großartige, reich ausgestaltete Ritus der »Expulsio« der öffentlichen Büßer am Aschermittwoch und der »Reconciliatio poenitentium« am Gründonnerstag, den das Pontificale Romanum von 1596 den Bischöfen anbot[16], jemals gebraucht wurde. Die Quellen des 17. und 18. Jahrhunderts erwähnen als Element der Gründonnerstagliturgie im Trierer Dom lediglich eine Generalabsolution und Ablaßverkündigung an die in den Kartagen zahlreich sich einfindenden auswärtigen Pilger.[17]

---

14 Vgl. ebd.
15 Vgl. Ordinationes ecclesiasticae pro decanis …; Text bei J. J. Blattau, Statuta synodalia, ordinationes et mandata Archidioecesis Trevirensis, 9 Bde. Augustae Trevirorum 1844–1859, hier II 284–289, 286.
16 Eine gute theologische Würdigung dieses Ritus bietet die römische Dissertation von W. Lentzen-Deis, Buße als Bekenntnisvollzug. Versuch einer Erhellung der sakramentalen Bekehrung anhand der Bußliturgie des alten Pontificale Romanum. Freiburg i. Br. 1969.
17 Vgl. Kurzeja (s. Anm. 1) 134–136.

III. Die »poenitentia publica« im alten Erzbistum Trier

Die vom Bischof geleitete »poenitentia solemnis« und die Normalform der »poenitentia privata«, der Beichte, waren indes nicht die einzigen Formen der Buße im Hoch- und Spätmittelalter. Zum Gesamtbild des kirchlichen Bußwesens jener Zeit gehört noch eine dritte Art: die »poenitentia publica«, meist in Gestalt einer Sühnewallfahrt.[18] Je nach Schwere des bekannten Vergehens konnte es sich bei dem auferlegten Bußwerk um eine Nah- oder Fernwallfahrt handeln. Über den erfolgten Vollzug hatte der Pönitent in der Regel seinem Pfarrer eine Bescheinigung zurückzubringen, aus der hervorging, daß er am Zielort seiner Wallfahrt gebeichtet und kommuniziert hatte und damit wieder als ein voll in die Gemeinschaft der Kirche integriertes Glied gelten konnte.

Die liturgiegeschichtliche Forschung hat bisher zu wenig beachtet, daß es im gottesdienstlichen Leben der Pfarreien neben der Sühnewallfahrt noch andere Erscheinungsformen der »poenitentia publica« gegeben hat. Daß sie fast ganz übersehen wurden, liegt hauptsächlich an der ungünstigen Quellenlage. Erst als infolge des Reformkonzils von Trient (1545–1563) wieder häufiger Visitationen stattfanden, werden auch die schriftlichen Zeugnisse über das kirchliche Leben auf der Ebene der Pfarrei zahlreicher. Die mehr oder weniger ausführlichen Visitationsprotokolle erlauben uns, wenn sie mit der gebotenen Umsicht interpretiert werden, wertvolle Einblicke in das religiös-sittliche Leben der Gemeinden. In dieser Quellengattung müßten sich – so darf vermutet werden – auch Hinweise finden, ob in der Zeit nach dem Konzil von Trient noch Formen der »poenitentia publica« weiterlebten.

1. Das Zeugnis der Visitationsprotokolle 1569/70

Innerhalb des begrenzten Rahmens dieses Festschriftbeitrags läßt sich die angesprochene Frage nach Spätformen der öffentlichen Buße nur regional beantworten. Es liegt nahe, das alte Erzbistum Trier als Untersuchungsgebiet auszuwählen. In der regionalen trierischen Geschichtsschreibung fehlt es nämlich nicht an Andeutungen, die vermuten lassen, daß sich gerade im Trierischen archaische Formen der »poenitentia publica« sehr lange behauptet haben.[19]

---

18 Vgl. Meßner (s. Anm. 1) 122. Zum Phänomen der Sühnewallfahrt vgl. K. Adam, Art. Bußdisziplin: LThK II (Regensburg 1931) 655 ff.; G. Schreiber, Wallfahrt und Volkstum in Geschichte und Leben (= Forschungen zur Volkskunde H. 16/17). Düsseldorf 1934, 15–21; E. Wohlhaupter, Wallfahrt und Recht (= Forschungen zur Volkskunde H. 16/17). Düsseldorf 1934, bes. 217–225; L. Pfleger, Sühnewallfahrt und öffentliche Kirchenbuße im Mittelalter: Archiv f. elsässische Kirchengeschichte 8 (1933) 127–162.
19 Vgl. J. Marx d. Ä., Geschichte des Erzstifts Trier. I. Abt. 2. Bd. Trier 1859, 180 f.; J. Marx, Geschichte der Pfarreien der Diözese Trier. Allgemeines. Trier 1923, 548–551; N. Majerus, Histoire du Droit dans le Grand-Duché de Luxembourg. 2 Bde. Luxemburg 1949, II

Die ersten Visitationsprotokolle aus der Zeit nach dem Konzil von Trient sind jene der erzbischöflichen Visitation der Jahre 1569/70.[20] Jakob III. von Eltz (1567–1591) war im Reichsepiskopat einer der ersten, der die Dekrete des Konzils für seinen Sprengel publizierte.[21] Die Kirchenreform war ihm ein echtes Anliegen. Im Rahmen einer Diözesansynode kündigte er im April 1569 eine allgemeine Visitation der ganzen Erzdiözese an, bei deren Vorbereitung und Durchführung die Jesuiten maßgeblich mithalfen.[22] Die Visitationskommission begann ihre Arbeit Mitte Juli 1569 mit dem Besuch der Pfarreien der Bischofsstadt und bereiste dann die Dekanate Merzig, Perl, Wadrill, Piesport und Zell. Nach der Winterpause nahm die Visitation ab April 1570 ihren Fortgang in den westlichen Dekanaten des Oberstifts: Remich, Luxemburg, Bazailles, Longuyon, Juvigny, Ivoix, Arlon, Mersch und Kyllburg-Bitburg. Weniger systematisch und kontinuierlich wurden die Dekanate des Niederstifts an der unteren Mosel, dem Mittelrhein und im rechtsrheinischen Teil des Erzbistums visitiert. Die entsprechenden Protokolle sind nicht erhalten. So stehen uns als Quellen nur die Visitationsakten des Oberstifts zur Verfügung. Ihre Auskünfte in der uns speziell interessierenden Frage dürften aber für die ganze Erzdiözese Trier Gültigkeit haben.

Am Mittwoch, dem 19. Juli 1570, hatte die erzbischöfliche Visitationskommission bei ihrer Reise durch das ausgedehnte Landkapitel Mersch im Herzogtum Luxemburg im Dominikanerinnenkloster Marienthal bei Diekirch Station gemacht. Dort fanden sich die Pfarrer und Sendschöffen (Synodales) aus acht im Umland gelegenen Pfarreien ein, um sich von den Visitatoren über den Zustand ihrer jeweiligen Pfarrei befragen zu lassen und ihrerseits vorzubringen, was durch die Visitatoren autoritativ geregelt werden sollte. Als die Delegation der Pfarrei Bettendorf a. d. Sauer an der Reihe war, brachte sie u. a. folgenden Vorfall zur Sprache[23]: Ein gewisser Willibrord Muysser, des

---

622–626. Mit besonderem Blick auf den Westeifelraum habe ich die entsprechende nachtridentinische Praxis ausführlich dargestellt; vgl. A. Heinz, Die sonn- und feiertägliche Pfarrmesse im Landkapitel Bitburg-Kyllburg der alten Erzdiözese Trier (TThSt 34). Trier 1978, 278–299.

20 Vgl. F. Hüllen, Die erste tridentinische Visitation im Erzstifte Trier 1569: Trierisches Archiv 9 (1906) 35–86; J. W. Heydinger, Archidiaconatus tituli S. Agathes. Trier 1884. Die von Heydringer ausgelassenen Angaben über die 1570 in den Dekanaten Arlon, Bazailles, Bitburg, Ivoix, Juvigny, Longuyon, Luxemburg, Mersch und Remich festgestellten Konkubinarier bei A. Hahn, Die Rezeption des tridentinischen Pfarrerideals im westtrierischen Pfarrklerus des 16. und 17. Jahrhunderts. Luxemburg 1974, 379–382.

21 Zu seiner Person und Bedeutung vgl. V. Conzemius, Jakob III. von Eltz. Erzbischof von Trier 1567–1581. Ein Kurfürst im Zeitalter der Gegenreformation. Wiesbaden 1956; H. Molitor, Kirchliche Reformversuche der Kurfürsten und Erzbischöfe von Trier im Zeitalter der Gegenreformation. Wiesbaden 1967.

22 Vgl. Molitor (s. Anm. 21) 100 f.; 122 f. Zur Mithilfe der Jesuiten vgl. A. Heinz, Die Mitwirkung der Jesuiten in der Seelsorge im Bereich des Erzbistums Trier, in: Für Gott und die Menschen. Die Gesellschaft Jesu und ihr Wirken im Erzbistum Trier. Hg. vom Bischöflichen Dom- und Diözesanmuseum Trier und der Bibliothek des Bischöflichen Priesterseminars Trier (QAmrhKG 66). Mainz 1991, 227–244, hier 227–232.

23 Vgl. Heydinger (s. Anm. 20) 252.

Ehebruchs überführt, weigere sich, in der Prozession die Steine zusammen mit Kerze und Rute zu tragen, wie es ihm vom Dechanten auferlegt worden war, und das, obwohl er vor Zeugen versprochen habe, die auferlegte Buße auszuführen. Seine Komplizin (adultera) habe dagegen die öffentliche Buße (poenitentia publica) ausgeführt, wie sie ihr auferlegt worden war. Pfarrer und Sendschöffen aus Bettendorf berichteten weiter, es sei da noch ein gewisser Johann Georgen, der Verkehr mit der Schwester seiner Frau gehabt habe.

Den Visitatoren schien es im Fall des unbußfertigen Ehebrechers ange-bracht, den »weltlichen Arm« (brachium saeculare) einzuschalten, um den Vollzug der »poenitentia publica« zu gewährleisten. Im zweiten Fall entschie-den sie, der zuständige Dechant, d. h. der Pfarrer von Bettendorf, der zu dieser Zeit Dechant des Landkapitels Mersch war, solle dem Beschuldigten die »poenitentia pubica« auferlegen, weil dessen Sünde öffentlich bekannt sei: »Imponetur ... publica poenitentia, quia peccatum est publicum«.[24]

Ehe wir näher auf die zum Teil rätselhaften Einzelheiten dieser Notiz eingehen, empfiehlt es sich weitere vergleichbare Fälle, die bei der Visitation von 1569/70 aktenkundig geworden sind, zu referieren. Im gleichen Dekanat Mersch meldeten die Sendschöffen der Pfarrei Heiderscheid[25], ein Mann namens Klaus Rupricht aus dem Filialort Merscheid habe Ehebruch mit seiner Magd begangen. In diesem Fall entschieden die Visitatoren, der Pfarrer solle dem Ehebrecher die »poenitentia publica« auferlegen. Der Sünder müsse in der Prozession am Fest »Mariä Himmelfahrt« barfuß (nudis pedibus) mitge-hen und eine zweipfündige Kerze tragen. Nach der Prozession müsse er diese vor dem Allerheiligsten als Opfer darbringen. Außerdem müsse er zwei Pfund Wachs oder den entsprechenden Gegenwert zugunsten der Armen spenden. Dies, weil er zweimal beim Ehebruch entdeckt worden sei. Auch müßten die Sendschöffen ihm verbieten, seine Komplizin weiterhin in seinem Haus wohnen zu lassen.

In der ebenfalls zum Dekanat Mersch gehörenden Pfarrei Mompach[26] war es eine Frau namens Irmina, die, nachdem sie ihren Ehemann aus dem Haus gejagt hatte, sich mit zwei anderen eingelassen hatte. Allen Beteiligten, so bestimmten die Visitatoren, ist nach dem Gewohnheitsrecht des Landkapitels vom Pfarrer die öffentliche Buße aufzuerlegen: Kerze und Rute in den Händen haltend, müssen sie nach der Prozession während der Messe vor dem Altar knien.

Die im benachbarten Landkapitel Kyllburg-Bitburg der Visitationskom-mission vorgetragenen Fälle runden das Bild ab. Im Filialort Oberweiler der Pfarrei Ehlenz[27] hatte eine gewisse Anna Hollenstein zwei Kinder von einem nahen Verwandten. In der Nachbarpfarrei Bickendorf war es die Frau des

---

24 Vgl. ebd.: »Imponetur sibi (!) per decanum publica penitentia, quia peccatum est publicum.«
25 Vgl. ebd. 273.
26 Vgl. ebd. 281.
27 Vgl. ebd. 330.

Müllers von Nattenheim, die mit einem Witwer Ehebruch begangen hatte.[28] In beiden Fällen wiesen die Visitatoren den zuständigen Dechanten an, die »poenitentia publica« aufzuerlegen. Dies taten sie selbst im Fall des Sendschöffen Hans Honthemß aus Gondelsheim.[29] Als Verheirateter hatte er sich mit einer gewissen Maria eingelassen. Die Visitatoren enthoben ihn seines Amtes als Sendschöffe und verpflichteten ihn, zur »Erbauung« der Pfarrleute, denen er Ärgernis gegeben habe, öffentlich Buße zu tun. Er müsse an einem Sonntag barfuß in der Prozession mitgehen; dabei eine Rute und eine zweipfündige Kerze tragen, anschließend die ganze Messe hindurch vor dem Altar »sitzen«. Weigere er sich, müsse man das als Zeichen seiner Unbußfertigkeit werten, und er könne in diesem Fall nicht mehr als Sohn der Kirche gelten. Zur Durchführung der auferlegten »poenitentia publica« sei nötigenfalls der »weltliche Arm« zu bemühen. Auch die Komplizin Maria habe die öffentliche Buße in dieser Form zu leisten und müsse zusätzlich der Kirche ein Pfund Wachs spenden.

Die Visitationsprotokolle bezeichnen die uns hier entgegentretende Bußform als »poenitentia publica – öffentliche Buße« oder auch »poenitentia salutaris – heilsame Buße«. Sie lassen erkennen, daß es an sich nicht Sache der erzbischöflichen Visitationskommission war, diese Art der Buße aufzuerlegen. Nur wenn besondere Umstände vorlagen, wurden die Visitatoren damit befaßt. Ihre Autorität war zum Beispiel gefragt, wenn – wie in dem aus Bettendorf gemeldeten Fall – der Büßer sich weigerte, die auferlegte öffentliche Buße auszuführen. In anderen Fällen mag eine gewisse Unsicherheit hinsichtlich der Vorgehensweise die Erstzuständigen bewogen haben, die Visitatoren zu konsultieren. Diese wurden dann aber nicht selbst tätig, sondern wiesen den zuständigen Dechanten oder Ortspfarrer an, die öffentliche Buße zu verhängen, und zwar »secundum capituli consuetudinem«: nach dem im Landkapitel geltenden Rechtsbrauch.[30] Eine Ausnahme bildet der Fall des ehebrüchigen Sendschöffen. Das direkte Eingreifen der Visitatoren erklärt sich in diesem Fall aus dem Umstand, daß hier ein Mitglied jenes Gremiums zu maßregeln war, das nach Trierer Bistumsrecht bei der Verhängung der »poenitentia publica« mitwirkte: das Kollegium der Sendschöffen.

---

28 Vgl. ebd. 318.
29 Vgl. ebd. 332; Ph. de Lorenzi, Beiträge zur Geschichte sämtlicher Pfarreien der Diözese Trier, 2. Bde. Trier 1887, I 474; P. Oster, Geschichte der Pfarreien der Dekanate Prüm-Waxweiler. Trier 1927, 436; Heinz, Pfarrmesse (s. Anm. 19) 283 f.
30 Vgl. Heydinger (s. Anm. 20) 281; Heinz, Pfarrmesse (s. Anm. 19) 284.

2. Die Mitwirkung des Pfarrsends bei der Verkündigung der »poenitentia publica«

Schon Regino von Prüm († 915) bezeugt die Existenz eines in der Regel sieben Sendzeugen umfassenden Kollegiums in den Pfarreien des Erzbistums Trier.[31] Das Institut der »Synodales« garantierte den Laien in beachtlichem Maß Mitverantwortung und Mitarbeit im kirchlichen Leben.[32] Zum traditionellen Pflichtenkreis des »Synodus parochialis« gehörte neben der Vermögensverwaltung die Wächteraufgabe: Die Kirchenschöffen hatten auf die Gesundheit des religiös-sittlichen Lebens in der Pfarrei zu achten. Ärgerniserregendes Fehlverhalten einzelner Pfarrgenossen hatten sie in den unter dem Vorsitz des Pfarrers stattfindenden Sitzungen des Pfarrsends[33] oder anläßlich einer Visitation durch den Archidiakon oder Landdechanten zu »rügen« und über die angemessene Sendstrafe zu beraten. Diese wurde dann durch den Pfarrer oder – bei schwereren Vergehen – durch den Dechanten denen, die sich vor versammeltem Send geständig und umkehrwillig gezeigt hatten, auferlegt. Der Pfarrsend verhängte Strafen nur für weniger bedeutsame Vergehen. Öffentlich bekanntgewordene, schwere Verfehlungen, die zum Ärgernis der ganzen Gemeinde geworden waren, mußtem dem Landdechanten vorgetragen oder der Gerichtsbarkeit des Erzbischofs überlassen werden.

Die Protokolle der tridentinischen Visitation von 1569/70 lassen erkennen, daß die Verhängung der öffentlichen Kirchenbuße im Fall von Ehebruch in die Kompetenz des Landdechanten gehörte. Wenn dieser zur Visitation in einer Pfarrei erschien, mußte der Küster dafür sorgen, daß bei seiner Ankunft »auff dem altare ein kampf (Kamm), eine schere undt ein weiß ruth vorhanden sey«.[34] Die Sendordnung von Pommern (Mittelmosel) erwähnt zusätzlich »die Steine« und Kerzen.[35] Sehr anschaulich sind uns die Vorbereitungen zu

---

31 Vgl. De synodalibus causis (s. Anm. 4) II C. 2–4: Wasserschleben 207 f. Über die Sendgerichtsbarkeit im Trierer und Luxemburger Raum vgl. Marx, Geschichte der Pfarreien (s. Anm. 19) 539–551; N. van Werveke, Kulturgeschichte des Luxemburger Landes, 3 Bde. Luxemburg 1921–1926, III 164–169; Majerus, Droit (s. Anm. 19) I 326–328. II 622–626; Heinz, Pfarrmesse (s. Anm. 19) 90–96.

32 Dazu bes. F. Pauly, Laienaufgaben in der Kirche nach Trierer Quellen des 15. bis 18. Jahrhunderts, in: Ekklesia. Festschrift für Bischof Dr. M. Wehr (TThSt 15). Trier 1962, 171–180.

33 Vielerorts war ein viermaliges Zusammentreten im Jahr an den »Quatembersonntagen« üblich; vgl. Heinz, Pfarrmesse (s. Anm. 19) 91 Anm. 403.

34 Sehnerweistum der Pfarrei Helpert (Landkapitel Mersch) 1588, in: N. Majerus, Die Luxemburger Gemeinden nach den Weistümern, Lehenserklärungen und Prozessen, 7 Bde. Luxemburg 1955–1963, hier II 138.

35 Vgl. A. M. Koeniger, Quellen zur Geschichte der Sendgerichte in Deutschland. München 1910, 274. Aufgezeichnet 1687; so auch die Sendordnung aus Nickenich von 1642 (vgl. ebd. 256 f.) und Junglinster im Dekanat Mersch (um 1600); vgl. Majerus, Gemeinden (s. Anm. 34) VI 502. In Bassenheim bei Koblenz wurden die dort 1515 erwähnten »Lasterteine« auch nach der Anfang des 18. Jahrhunderts aufgezeichneten Sendordnung noch gebraucht; vgl. P. Schug, Geschichte der Dekanate Bassenheim, Kaisersesch, Kobern und Münstermaifeld. Trier 1966, 42 Anm. 48.

einer Sendgerichtssitzung in einer 1724 in Obermendig aufgezeichneten Ordnung geschildert[36]: Nachdem der visitierende Landdechant die Messe gefeiert hat, wird ein Tisch in der Mitte des Altarraums aufgestellt. Auf ihm liegen um ein Kreuz zwei Kerzen, zwei große Steine, eine Rute, eine Schere, ein Kamm. Dann wird in Anwesenheit der Gemeinde der Katalog der Sendfragen aus dem Bistumsrituale verlesen. In der Trierer Agende von 1574 umfaßt er 38 Punkte[37], im Bistumsrituale von 1688 24.[38] Unter anderem wurde auch nach ärgerniserregenden sexuellen Vergehen gefragt. Die Sendschöffen hatten zu prüfen und zu melden: »Ob jemand wäre, welcher ... Ehebruch getrieben, heimlich oder offenbar, (und) dadurch die Gemeinde geärgert (habe)«.[39] Waren die Sendfragen verlesen, wurde der 67. (66.) Psalm gebetet: »Gott sei uns gnädig und segne uns ...«, worauf der Dechant das Volk segnete und entließ. Dann trat der vom Dechanten präsidierte Pfarrsend zusammen. Vor ihn wurden die öffentlichen Sünder zitiert und bekamen nach erfolgtem Bekenntnis eine angemessene Sendstrafe auferlegt. Sie bestand – außer der Gebühr für den Sendherrn – in der Regel in einem Geld- oder Wachsopfer zugunsten der Pfarrkirche oder der Ortsarmen; bisweilen wurde ein Bußgang zu einer Wallfahrtskirche der Umgebung angeordnet[40], wo der Büßer beichten und kommunizieren mußte.

Die beschämende Form der »poenitentia publica« mit Rute, Kerze und »Steinen« hatten nur diejenigen zu erwarten, die durch Ehebruch öffentlich Ärgernis gegeben hatten. Das diesbezügliche Gewohnheitsrecht, das die Visitatoren von 1569/70 angewandt sehen wollten, reicht im Trierischen nachweislich bis in die erste Hälfte des 13. Jahrhunderts zurück. Ein Kanon des Trierer Provinzialkonzils von 1238[41] bestimmt nämlich, Ehebrecher und Ehebrecherinnen, die ihr öffentlich ruchbar gewordenes Vergehen bekannt hätten, müßten öffentlich Buße tun (publicam agant poenitentiam): Ehebrecherinnen hatten während des Pfarrgottesdienstes auf der Schulter einen Becher und in einer Hand eine Rute zu halten. In ihrer äußeren Aufmachung und in ihrer Lebensweise mußten sie sich wie Büßer verhalten, die eine

---

36 Vgl. P. Schug, Geschichte der Dekanate Mayen und Burgbrohl und einzelner Pfarreien der Dekanate Daun, Gerolstein, Kelberg und Remagen. Trier 1961, 374 f.

37 Libri Officialis sive Agendae S. Ecclesiae Treverensis, Pars prior ... Augustae Treverorum 1574, 123–126.

38 Libri Officialis seu Agendorum Pastoralium S. Treverensis Ecclesiae ... Moguntiae 1688, 417–420.

39 Libri Officialis (s. Anm. 37) 125. In der Agende von 1688 lautet die entsprechende (15.) Frage: »Ob einige Mann- und Weibsbilder fleischlich miteinander gesündiget, ledige, verehelichte, Blutsverwandte, beschwägerte, Gevatterleuthen, oder mit Gott verlobten Personhen?«

40 Als Zielorte nennen die Sendprotokolle von Obermendig »Frauenkirch«, eine nur wenige Kilometer entlegene Marienwallfahrtskirche, und Bornhofen (Fernwallfahrt); vgl. Schug (s. Anm. 36) 374 Anm. 56. Im Trierer Raum begegnen als Zielkirchen von Bußwallfahrten die Marienwallfahrtsorte Beurig bei Saarburg, Eberhardsklausen sowie St. Matthias in Trier.

41 Mit der öffentlichen Buße für Ehebrecher befaßt sich c. 35; vgl. Blattau (s. Anm. 15) I 41; vgl. Heinz, Pfarrmesse (s. Anm. 19) 290–292.

Karene[42], d. h. eine vierzigtätige Bußzeit, beobachteten. Sie wurden kahl geschoren und erschienen, unbeschuht und in ein Bußgewand gekleidet, vor der versammelten Gemeinde. Außerdem mußten sie vierzig Tage fasten. Für Männer galt die gleiche Bußform. Doch durften sie die öffentliche Buße auch außerhalb der eigenen Pfarrei ableisten.

Den Becher auf der Schulter einer büßenden Ehebrecherin wird man von Offb 17,4 her verstehen müssen. Dort wird die Buhlerin Babylon beschrieben als ein Weib, das den Becher »gefüllt mit Greuel und dem Unrat seiner Unzucht« in Händen hält. An die Stelle des Bechers als Schandattribut trat im Spätmittelalter die brennende Kerze, so daß der Büßer oder die Büßerin in einer Hand eine Rute, in der anderen eine brennende Kerze hielt. Mancherorts kam erschwerend »das Steintragen« hinzu, wie das oben angeführte Beispiel aus Bettendorf erkennen läßt. Das strenge Fasten erwähnen die Quellen des 16. Jahrhunderts nicht mehr. Wenn Kamm und Schere auf den Tisch des Sendgerichts gelegt wurden[43], erinnerten diese Utensilien in nachtridentinischer Zeit nur mehr daran, daß sie einmal bei Verhängung der öffentlichen Buße wirklich gebraucht wurden. Von den äußeren Kennzeichen der öffentlichen Büßer war nur noch das Barfußgehen übriggeblieben. Doch im wesentlichen wurde zur Zeit der ersten nachtridentinischen Visitation im alten Erzbistum Trier noch immer die gleiche Buße bei ärgerniserregenden Ehebruchvergehen auferlegt, wie sie ein Trierer Provinzialkonzil zu Anfang des 13. Jahrhunderts vorgeschrieben hatte.

Dieses Bußverfahren bestätigte neuerlich die 1589 von Erzbischof Johann von Schönenberg (1581–1599) erlassene Sendstrafordnung. Sie bestimmte unter anderem:

»Zum achtzehnten sollen Ehebrecher und Ehebrecherinnen nach geleisteter und bezeugter Beichte drei Sonntage nacheinander, eben zur Hochmeß- und Predigtzeit, öffentlich die Steine und eine angezündete Kerze tragen, oder bei der Kerze eine Rute, entblößten Hauptes und barfuß die ganze Messe und Predigt (hindurch) andächtig auf den Knien vor dem hochwürdigen Sakrament sitzen; und dann am letzten Sonntag (sollen sie) nach erfolgter Beichte das hochwürdige Sakrament des Altares empfangen. Da er aber oder sie diese geistliche Strafe nicht willig annehmen und bußfertig verrichten wollten, sollen sie der Obrigkeit angetragen werden«.[44]

---

42 Lat. Carena, abgeleitet von Quadragesima, war eine 40 Tage dauernde Form der öffentlichen Kirchenbuße. Während der Bußzeit war der Büßer als solcher kenntlich (Bußgewand, unbeschuhte Füße, geschorenes Haupt) und hatte streng zu fasten. Oft gehörte zur auferlegten Buße eine Sühnewallfahrt. In einem Rekonziliationsritus wurde der Pönitent nach geleisteter Buße wieder in die Gemeinde aufgenommen; vgl. J. A. Jungmann, Die lateinischen Bußriten in ihrer geschichtlichen Entwicklung. Innsbruck 1932, 68 f.
43 Vgl. die oben in Anm. 34 und 35 angeführten Belege; Heinz, Pfarrmesse (s. Anm. 19) 296 Anm. 1467.
44 Blattau (15) II 351–356, 355.

3. Zur Gestalt der »poenitentia publica« und Einzelheiten ihres Vollzugs

Es wird sich empfehlen, ausgehend von dieser für die Folgezeit bis zum Untergang der Sendgerichtsbarkeit um 1800 maßgeblichen Bestimmung, die Einzelheiten im Vollzug der »poenitentia publica« näher zu erläutern. Zunächst ist hervorzuheben, daß noch immer der in der karolingischen Reform geprägte Grundsatz gilt: Poenitentia publica, quia peccatum publicum![45] Nur wenn ein Ehebruch in der Gemeinde »ein offenes Geheimnis« war und »dardurch die gemein geergert«[46] wurde, schritt der Send ein.

a) Der Pfarrgottesdienst als Ort des Vollzugs

Vor der qualifizierten Öffentlichkeit des die ganze Pfarrgemeinde repräsentierenden Sendschöffenkollegiums »beichteten« die Beschuldigten ihr Vergehen.[47] Dann legte ihnen der Dechant oder in dessen Namen der Pfarrer die Buße auf. Sie erstreckte sich nach der Sendstrafordnung von 1589 bei Ehebruchdelikten über einen Zeitraum von drei aufeinanderfolgenden Sonntagen. Barfuß mußten die Büßer in der sonntäglichen Pfarrmesse erscheinen. Da es in den trierischen Landpfarreien jener Zeit grundsätzlich nur eine Sonntagmesse gab[48], war diese als Vollversammlung der jeweiligen Gemeinde Ort größter Öffentlichkeit.

In der Osterzeit und an hervorgehobenen Festen ging der Pfarrmesse »die Prozession« voraus: ein Umgang um die Kirche. Es ist dies die seit der karolingischen Zeit bezeugte sonntägliche »Aspersionsprozession«, bei der der Priester die versammelte Gemeinde mit Weihwasser besprengte und dann, mit dieser um die Kirche ziehend, die Gräber der verstorbenen Pfarrangehörigen segnete.[49] Dieser ursprünglich allsonntägliche Umgang hatte sich in der

---

45 Vgl. oben Anm. 5 und 24.
46 Vgl. oben Anm. 39.
47 Mit der Wendung »geleistete und bezeugte Beichte« in der in Rede stehenden Sendstrafordnung ist das Eingeständnis des Vergehens vor dem Pfarrer und den versammelten Sendzeugen gemeint, nicht das persönliche Bekenntnis im Bußsakrament. Wie man sich den Vorgang vorzustellen hat, läßt eine Anweisung des Trierer Generalvikariats an die Stiftsdechanten von Prüm vom 12. August 1738 erkennen; vgl. Bistumsarchiv Trier (= BATr) Abt. 46, Nr. 11, 185: »Committimus D. Pastori et Synodalibus de Prumia, ut Catharinam Frantz coram synodo constituant et, quatenus repetitos excessus carnales fessa fuerit, eandem die dominica seu festiva proxime sequente sub officio solemni una manu virgam altera cereum unius librae propriis sumptibus comparandum gestare et finito officio offerre faciant.«
48 Zur Einmaligkeit der Pfarrmesse und zum Fortleben des mittelalterlichen Pfarrzwangs im alten Erzbistum Trier vgl. Heinz, Pfarrmesse (s. Anm. 19) 31–67. Zur moraltheologischen Bewertung vgl. H. Weber, Muß man zur Sonntagsmesse in die Pfarrkirche? Zu einer Diskussion über den Pfarrzwang im Jahrhundert des Dreißigjährigen Krieges, in: A. Heinz, W. Lentzen-Deis und E. Schneck (Hg.), Wege der Evangelisierung. Heinz Feilzer zum 65. Geburtstag. Trier 1993, 117–132.
49 Die Trierer Agenden von 1574/76 und 1688 (vgl. oben Anm. 37 und 38) bezeugen die seit Regino von Prüm († 915) auch im Erzbistum Trier nachzuweisende Praxis der die Pfarrmesse eröffnenden Prozession; dazu allgemein A. Franz, Die kirchlichen Benediktionen im Mittelalter, 2 Bde. Freiburg i. Br. 1909, I 98–104. 633–635.

Neuzeit nur mehr an den Sonntagen zwischen Ostern und Pfingsten und an wichtigen Feiertagen gehalten.[50] Öffentliche Büßer mußten in dieser Eröffnungsprozession mitgehen, da sie als Bestandteil der sonn- und feiertäglichen Pfarrmesse galt. Auch wenn in dem oben zitierten Passus der Sendstrafordnung von 1589 »die Prozession« nicht eigens genannt ist, ist sie doch mitgemeint. Die aus den Visitationsakten von 1567/70 angeführten Beispiele für den Vollzug der »poenitentia publica« bestätigen dies.[51]

b) Das Tragen der »Lastersteine«

Der öffentliche Büßer mußte, wenn er »bloß-haubts und fuß« in der Prozession mitging und während der Messe im Altarraum kniete, bestimmte Instrumente tragen. An erster Stelle werden »die stein« genannt. Das Steinetragen als freiwillig vollzogenes Bußwerk ist aus dem Wallfahrtsbrauchtum bekannt.[52] Als Element der öffentlichen Kirchenbuße begegnet es uns auffallend häufig im Bereich des alten Erzbistums Trier. Der rechtsgeschichtlichen und volkskundlichen Forschung sind regional unterschiedliche Ausprägungen dieser Bußform bekannt. Quellen aus dem Elsaß bezeugen, daß dort nur ein Stein zu tragen war.[53] Die Zeugnisse aus dem Trierischen sprechen dagegen immer von Steinen in der Mehrzahl. Konkret handelte es sich bei den »Lastersteinen« um zwei etwa gleich schwere, gewichtähnliche Steine, die durch eine Kette miteinander verbunden waren. Das Steinpaar wurde dem öffentlichen Büßer um den Hals gehängt. Durch das Gewicht der beiden Steine, die zusammen etwa einen halben Zentner wogen, wurde der Oberkörper nach unten gezogen und bewirkt, daß der mit den Steinen Beschwerte nur in tiefgebeugter Haltung auf den Knien hocken konnte.[54]

Ursprünglich war das Steinetragen wohl eine freiwillig gewählte Bußleistung, die dann in das kirchliche Bußverfahren übernommen wurde. Der älteste bisher bekanntgewordene Beleg für diese Übernahme in die Rechtssphäre stammt aus dem Ende des 12. Jahrhunderts und belegt den Vorgang für das an die ehemalige Trierer Kirchenprovinz grenzende Erzbistum Reims.[55]

50 Vgl. Heinz, Pfarrmesse (s. Anm. 19) 129–179.
51 Vgl. Heydinger (s. Anm.20) 332; ferner ebd. 273 (Prozession an »Mariä Himmelfahrt«).
52 Vgl. R. Kriß, Die Volkskunde der Altbayerischen Gnadenstätten, 3. Bde. München 1953–1956,III 243 f.; Lenz Kriß-Rettenbeck, Ex Voto. Zürich und Freiburg i. Br. 1972, 40 f.
53 Vgl. Pfleger (s. Anm. 18) 154 f.
54 Vgl. die Einzelbelege und deren Kommentierung in meiner Dissertation: Pfarrmesse (s. Anm. 19)294–298; eine Beschreibung bei Heydinger (s. Anm. 20) 252 Anm. 20.
55 Vgl. E. Freiherr von Künßberg, Rechtsgeschichte und Volkskunde: Jahrbuch f. historische Volkskunde 1 (1925) 69–125, bes. 103.

c) *Rute und Kerze*

Im Gegensatz zu den Steinen sind die beiden anderen in unserem Dokument genannten Bußinstrumente, nämlich die Rute und die brennende Kerze, als Elemente der kirchlichen Bußdisziplin allgemein bekannt. Die Rute ist als Zuchtrute zu deuten. Im Kontext der öffentlichen Kirchenbuße läßt sich ihre Verwendung erstmals in einem englischen Pontificale aus dem 12. Jahrhundert nachweisen.[56] Wir wissen, daß im 13. Jahrhundet in Südfrankreich Häretiker, die sich der öffentlichen Kirchenbuße unterziehen mußten, barfuß der Messe beiwohnten. Dabei hielten sie in einer Hand ein Rutenbündel und in der anderen eine brennende Kerze. Beim Offertorium opferten sie die Kerze auf dem Altar. Die Ruten übergaben sie dem Priester, von dem sie, auf den Knien hockend, die Züchtigung empfingen.[57] In einer 1492 aufgezeichneten Speyerer Sendordnung ist die ursprüngliche Funktion der Rute noch unmißverständlich benannt: Sie dient dazu, »die bussigen damit zu hauen«.[58] Eine tatsächlich vorgenommene Züchtigung mit der Rute läßt sich aus den trierischen Quellen nicht belegen. Die öffentlichen Büßer halten eine solche Rute lediglich als Schandattribut in der linken Hand.[59] Doch sollte die Rute zweifellos andeuten, welche Strafe ihnen eigentlich gebührte.

Die brennende Kerze gehört in den hochmittelalterlichen Ordnungen der »poenitentia solemnis« in der Regel zum Ritual der Rekonziliationsliturgie am Gründonnerstag.[60] Die Büßer hielten eine Kerze, zunächst noch unangezündet, in der rechten Hand. Vor der Wiedereinführung in die Kirche wurden die Kerzen angezündet. Am Ende der Versöhnungsfeier trugen die wiederaufgenommenen Büßer ihre Kerze zum Altar und opferten sie dort. Die im Verlauf der Rekonziliationsliturgie angezündete Kerze wies zurück auf die Taufkerze: durch die den Pönitenten gewährte Vergebung wurde das in der Taufe geschenkte »Gnadenlicht« in ihnen wieder entzündet und sie waren wieder voll in die Gemeinschaft der Kirche integriert.

Bei der im Erzbistum Trier praktizierten Form der »poenitentia publica« tritt die Taufsymbolik des Kerzenritus zurück zugunsten des Sühnegedankens. Durchweg wird gefordert, daß der Pönitent die von ihm zu tragende Kerze mit eigenen Mitteln beschafft haben muß.[61] Ihr Gewicht war vorgeschrieben und variierte je nach der Schwere des zu sühnenden Vergehens zwischen 1/2 bis 2 Pfund. Die Kerze ist schon beim Umgang um die Kirche

---

56 Vgl. H. A. Wilson, The Pontifical of Magdalen College (HBS 39). London 1910, 237 f.; vgl. Jungmann, Bußriten (s. Anm. 42) 108.
57 Vgl. E. Vancandard, Art. Inquisition: DThC VII/2, 2016–2068, hier 2056.
58 Zit. n. Koeniger (s. Anm. 35) 180.
59 Die linke Hand nennt ausdrücklich die Sendordnung aus Koblenz St. Florin (2. Hälfte 17. Jahrhundert); vgl. ebd. 223.
60 Dazu ausführlich E. Wohlhaupter, Die Kerze im Recht. Weimar 1940, 80–88; Jungmann, Bußriten (s. Anm. 42) 52–59. 97 f.
61 Vgl. oben Anm. 47.

vor der Pfarrmesse, also von Anfang an, entzündet. Unsere Sendstraffordnung sagt nicht, was mit der Kerze geschieht, die der Büßer während der ganzen Pfarrmesse in der Hand halten mußte. Aus anderen Quellen läßt sich jedoch klar erkennen, daß die Kerze zugunsten der Kirche geopfert wurde. Der Pönitent mußte sie entweder vor dem Aufbewahrungsort des Allerheiligsten darbringen[62] oder am Ende der Pfarrmesse auf dem Altar als Opfergabe niederlegen.[63] Die Sühnekerze wurde dann vor dem Wandtabernakel oder auf dem Meßaltar aufgestellt und während des Gottesdienstes angezündet, bis sie niedergebrannt war.

d) Der Platz der öffentlichen Büßer

Es ergibt sich aus dem intendierten Öffentlichkeitscharakter des hier in den Blick genommenen Bußverfahrens, daß den Pönitenten ein exponierter Platz zugewiesen wurde. Die Sendstraffordnung von 1589 verlangt, daß sie während der Sonntagsmesse »vor dem hochwürdigen Sacrament« auf den Knien »sitzen« müßten. Da zur damaligen Zeit in den Kirchen des Erzbistums Trier das Allerheiligste nicht überall auf dem Altar, sondern vielfach noch in einem Wandtabernakel aufbewahrt wurde, knieten die Pönitenten vor diesem »Sakramentsschrank«.[64] Waren die Raumverhältnisse sehr beengt, wovon in den Landpfarrkirchen auszugehen ist, war ihr Platz vor dem Altar der Pfarrmesse. Sie befanden sich in jedem Fall während des ganzen Gottesdienstes an der sichtbarsten Stelle der Kirche, im Blickfeld der versammelten Gemeinde. So sollten sie durch ihre allen kundgemachte Bußbereitschaft das allen gegebene Ärgernis wiedergutmachen. Doch hatte die beschämende »Vorführung« auch den Zweck, abschreckend zu wirken.

Die Bestimmung der Sendstraffordnung von 1589, den demütigenden und beschämenden Auftritt an d r e i Sonntagen zu wiederholen, muß als Verschärfung der herkömmlichen Praxis gewertet werden. Das in den Landkapiteln bis dahin geltende Gewohnheitsrecht begnügte sich mit einem einmaligen Vollzug dieser Ehrenstrafe. Dabei dürfte es in der Folgezeit an den meisten Orten tatsächlich auch geblieben sein.

e) Öffentlicher Eucharistieempfang

Als letztes Element der »poenitentia publica« wird die sakramentale Beichte verlangt und der Empfang der Eucharistie im Angesicht der versammelten Pfarrgemeinde. Der öffentliche Kommunionempfang konnte so als Zeichen

62 Vgl. Heydinger (s. Anm. 20) 273; Oster (s. Anm. 29) 88.
63 Vgl. oben Anm. 47. Ähnliche Anweisungen ergingen 1723 an den Pfarrsend von Trier St. Gangolf und Fleringen: BATr, Abt. 46, Nr. 9, 158 f.;192 f. « … in altari postmodum offerendum«.
64 Vgl. O. Nußbaum, Die Aufbewahrung der Eucharistie. Bonn 1979, Reg. Wandschrank, euchar.

der erfolgten Wiederversöhnung mit Gott und der Kirche eindrücklich erfahren werden. Dies um so mehr, als während der Berichtszeit an gewöhnlichen Sonntagen normalerweise sonst niemand in der Pfarrmesse kommunizierte[65], so daß die Reichung des Sakraments an die rekonziliierten Büßer eine auffällige Besonderheit war.

f) Der »weltliche Arm« erzwingt den Vollzug

Der Gesetzgeber vermutete nicht ohne Grund, daß die Übernahme der »poenitentia publica« in dieser aufsehenerregenden Form Schwierigkeiten bereiten könnte. Deshalb endet der einschlägige Passus der erzbischöflichen Sendstrafordnung mit dem Hinweis auf die »Obrigkeit«. Sie ist anzurufen, falls die zur öffentlichen Buße Verurteilten nicht willens sind, »diese geistliche straff« anzunehmen und bußfertig zu verrichten.

4. Die Praxis im 17. und 18. Jahrhundert

Die allgemein verbreitete Meinung, in nachtridentinischer Zeit sei die »poenitentia publica« keine lebendige Größe mehr gewesen, könnte zu der Annahme verleiten, die einschlägige Bestimmung der trierischen Sendstrafordnung von 1589 sei ohne praktische Folgen geblieben. Es ist deshalb zu prüfen, ob die wenige Jahrzehnte nach dem Konzil von Trient für das Erzbistum Trier bestätigte Form der »poenitentia publica« im Fall von schweren, ärgerniserregenden Verfehlungen im sexuellen Bereich überhaupt rezipiert worden ist. Erlebten die Pfarrleute es auch noch im 17. und 18. Jahrhundert, daß Ehebrecher und Ehebrecherinnen, mit den »Lasterssteinen« behängt, Kerze und Rute in den Händen haltend, tiefgebeugt vor dem Tabernakel knieten und nach geleisteter Buße vor der ganzen Gemeinde die Kommunion gereicht bekamen?

a) Zeugnisse aus dem 17. Jahrhundert

Aus dem Dekanat Mersch ist uns eine wohl noch kurz vor 1600 niedergeschriebene Aufstellung über die durch den Send zu verhängenden Kirchenstrafen erhalten. Sie hat bezüglich der »ehbrecher oder ehbrecherinnen« bereits die Regelung von 1589 übernommen. Solche müßten *»drey sondagh nach eynander, wannhe der kyrchherre mytt den pfarrkinderen umb die kyrch gehett, die steyn sampt eyner brennenden kertzen uffentlichen umbdragen, bloeßes haupts und fueßen die gantze meße und predigt auß andegligklich auff den knehen vor dem hochwürdigen sacramentt andechtig sit-*

---

65 Vgl. Heinz, Pfarrmesse (s. Anm. 19) 371–384. Ein höchstens viermaliger Kommunionempfang an den höchsten Festen Weihnachten, Ostern, Pfingsten oder Mariä Himmelfahrt und Allerheiligen war die Regel.

zen ...«[66]; dann wird der Empfang der Eucharistie nach vorausgegangener Beichte am dritten Sonntag erwähnt. Zusätzlich wird dem Dechanten als Sendherrn eine Gebühr von drei Gulden zuerkannt. Auch die Anrufung des »brachio seculari« im Fall der Unbußfertigkeit ist vorgesehen. Für diesen Fall wird den des Ehebruchs Überführten eine noch härtere Strafe angedroht.

Daß dieses Bußverfahren nicht bloß auf dem Papier stand, beweist ein aus der Pfarrei Diekirch (Landkapitel Mersch) aktenkundig gewordener Fall aus dem Jahre 1626.[67] Ein Mann aus dem Filialort Erpeldingen war vom Send wegen Ehebruchs dazu verurteilt worden, an drei aufeinanderfolgenden Sonntagen während des Hochamtes kniend vor dem Altar zu hocken und zusätzlich eine Wallfahrt zum Marienwallfahrtsort Beurig (bei Saarburg) zu machen. Im Herzogtum Luxemburg konnten die Sendgerichte auch mit der Unterstützung durch den »weltlichen Arm« rechnen. Ein gegen die Ehrenstrafe opponierender Ehebrecher in der Eifelpfarrei Daleiden (Landkapitel Stablo) wurde von der zuständigen staatlichen Stelle angewiesen, die öffentliche Buße auf sich zu nehmen, nämlich an drei aufeinanderfolgenden Sonntagen, »wen man mit den Kreutzern vmb seyne pfarkirche gehen wirdt«, eine einpfündige Kerze umzutragen, sie dann vor dem Allerheiligsten »niederzusetzen« und die Messe hindurch davor zu knien.[68]

Eine Frau wurde in der Moseltalpfarrei Lösnich bei der Visitation von 1658 verurteilt, an einem Sonntag mit Kerze und Rute öffentlich Buße zu tun.[69] Ebenfalls nur einmal mußte ein des Ehebruchs überführter Mann in Etalle (Landkapitel Longuyon) mit der Bußkerze in der Pfarrmesse erscheinen.[70] Auch in Fleringen (Landkapitel Kyllburg-Bitburg) wird eine gefallene Frau dazu verurteilt, an bloß einem Sonntag mit einer brennenden Kerze zum Pfarrgottesdienst zu kommen.[71] In der benachbarten Pfarrei Olzheim hatte um die gleiche Zeit (1677) eine Ehebrecherin dagegen an zwei aufeinanderfolgenden Sonntagen mit einer brennenden Kerze vor der zur Pfarrmesse versammelten Gemeinde zu knien.[72] In den angeführten Fällen sind die um den Hals zu tragenden »Lastersteine« nicht erwähnt. Doch hören wir aus Bassenheim bei Mayen, daß dort 1590 exakt nach der Sendstrafordnung von 1589 verfahren wurde.[73] Auch die in der zweiten Hälfte des 17. Jahrhunderts neuerlich aufgezeichnete Sendordnung des Stiftes St. Florin in Koblenz bestätigt in diesem Punkt unverändert die erzbischöfliche Regelung von 1589.[74]

---

66 Majerus, Gemeinden (s. Anm. 34) VI 500–505, hier 502.
67 Vgl. Majerus, Droit (s. Anm. 19) II 625.
68 Vgl. Oster (s. Anm. 29) 88.
69 Vgl. Ph. de Lorenzi (s. Anm. 29) I 78 f.
70 Vgl. J. B. Kaiser, Das Archidiakonat Longuyon am Anfang des 17. Jahrhunderts, 2 Bde. Heidelberg 1928/29, I 23.
71 Vgl. Oster (s. Anm. 29) 437.
72 Vgl. ebd. 307.
73 Vgl. Schug, Bassenheim (s. Anm. 36) 42 Anm. 48.
74 Vgl. Koeniger (s. Anm. 35) 223.

b) Abweichungen von der Norm und Mißbräuche

Die »poenitentia publica« wurde auch im 17. Jahrhundert verhängt. Doch erfuhr ihre Art und Dauer manche lokalen Abänderungen. Insbesondere riß die Unsitte ein, dem Send zufließende Geldstrafen von manchmal exzessiver Höhe zu verlangen. So mußte etwa der 1626 in der Pfarrei Diekirch zur öffentlichen Kirchenbuße verurteilte Ehebrecher zusätzlich 100 Gulden Strafe zahlen.[75] Dem Pfarrer von Diedenhofen (Thionville) verbot der Provinzialrat in Luxemburg 1628 förmlich, bei Sendgerichtsurteilen über die Ehrenstrafe der öffentichen Buße mit Steinen, Kerze und Rute hinaus Geldbußen zu verlangen.[76]

Hier und da scheint sich auch die Praxis herausgebildet zu haben, daß der Send die Zahlung einer Geldbuße anstelle der öffentlichen Kirchenbuße akzeptierte. Als der Trierer Weihbischof Johann Heinrich d'Anethan 1677 das Eifeldekanat Kyllburg-Bitburg visitierte, ermöglichte er Personen, die wegen Ehebruchs zur öffentlichen Buße verurteilt wurden, dem gefürchteten Auftritt im Pfarrgottesdienst zu entgehen, wenn sie ersatzweise eine verhältnismäßig geringe Geldbuße zahlten.[77]

Die hier zutage tretende unterschiedliche und z. T. mißbräuchliche Praxis mag Erzbischof Johann Hugo von Orsbeck (1676–1711) bewogen haben, die Vollmacht zur Auflage der öffentlichen Buße den örtlichen Sendgerichten zu entziehen. 1688 verfügte er, daß die der »poenitentia publica« unterworfenen Verfehlungen in Zukunft dem erzbischöflichen Offizialat gemeldet werden müßten.[78] Dieses sollte dann über die zu leistende Buße in jedem einzelnen Fall befinden. Dem Pfarrsend kam es nur mehr zu, die Entscheidung des Offizialats im Rahmen einer Sendsitzung bekanntzugeben und den Vollzug der »poenitentia publica« zu überwachen.

Die Alleinzuständigkeit des Offizialats bei ärgerniserregenden »excessus carnales« bewirkte erwartungsgemäß eine größere Einheitlichkeit in den diesbezüglich auferlegten Bußwerken. Als Normalform der »poenitentia publica« bei öffentlich bekanntgewordenem Ehebruch darf nach 1688 gelten: die der öffentlichen Buße Unterworfenen haben an einem (!) Sonntag während der Pfarrmesse mit Kerze und Rute in den Händen vor dem Altar zu knien; erschwerend konnte das Tragen der »Lastersteine« hinzukommen und/oder eine Bußwallfahrt verlangt werden. In diesem Fall bestand der letzte Akt des Bußverfahrens darin, daß der Büßer am Zielort der Wallfahrt beichten

---

75 Vgl. oben Anm. 67.
76 Vgl. Majerus, Droit (s. Anm. 19) II 625 f.
77 Vgl. Oster (s. Anm. 29) 307. 437. Das geforderte Bußgeld belief sich auf ein bis zwei Gulden.
78 Diese Bestimmung ist Bestandteil der Sendordnung im Trierer Rituale von 1688; vgl. Libri Officialis (s. Anm. 38) 414. Die vom Pfarrsend verhängten Bußen durften nicht höher sein als zwei Pfund Wachs, zwei Liter Öl oder deren Gegenwert in barer Münze.

126

und kommunizieren mußte und die so erfolgte Rekonziliation seinem Heimatpfarrer durch eine mitgebrachte Bescheinigung nachzuweisen hatte.[79]

c) Beispiele aus dem 18. Jahrhundert

Mit Kerze und Rute knieten 1715 in der Pfarrkirche von Bernkastel zwei büßende Pfarrangehörige »in exemplum totius parochiae«.[80] Im gleichen Jahr hören wir vom Vollzug des gleichen Bußverfahrens in den Pfarreien Föhren bei Trier und Bischofsdrohn im Landkapitel Piesport.[81] Das Trierer Offizialat verurteilte 1723 eine Frau in der Trierer Innenstadtpfarrei St. Gangolf dazu, während des sonntäglichen Hochamtes in einer Hand eine mit eigenen Mitteln beschaffte halbpfündige Kerze zu tragen, in der anderen eine Rute.[82] Das gleiche Bußwerk wurde einer Frau aus Fleringen (Eifel) auferlegt. Der zuständige Dechant hatte dem Offizialat nachträglich zu berichten, ob die öffentliche Buße in der verlangten Form geleistet worden war.[83] An den Pfarrer und die Sendschöffen von Prüm erging 1738 die Aufforderung, eine wegen wiederholter »excessus carnales« angezeigte Frau vor den Send zu zitieren. Falls sie die ihr zur Last gelegten Vergehen bekenne, müsse sie am nächstfolgenden Sonntag mit Rute und Kerze öffentlich Buße tun und die auf ihre Kosten beschaffte einpfündige Kerze am Ende der Pfarrmesse opfern.[84]

Es waren aber keineswegs nur Frauen, die diese Ehrenstrafe auf sich nehmen mußten. Ein Wittlicher Bürger wurde 1731 verurteilt, am nächstfolgenden Sonntag in der Pfarrmesse die Steine, im Volksmund die Lastersteine, zu tragen und in einer Hand eine Kerze, in der anderen eine Rute zu halten, um so das öffentlich gegebene Ärgernis einigermaßen wiedergutzumachen.[85] Diese Vollform der »poenitentia publica« hatte 1738 ein verheirateter Mann aus der Pfarrei Neidenbach (Landkapitel Kyllburg) genau so auf sich zu nehmen wie seine Komplizin.[86]

Eine ungewöhnliche Abwandlung der üblichen Bußform begegnet uns in einem Bescheid der Trierer geistlichen Behörde vom 5. Juni 1725[87]: Eine sich

---

79 Vgl. Majerus, Droit (s. Anm. 19) II 625; Oster (s. Anm. 29) 371. Ein des Ehebruchs überführter Mann aus der Pfarrei Neidenbach (Kyllburg-Bitburg) wurde zusammen mit seiner Komplizin verurteilt » ... quatinus proxima die dominica pro aliquali reparatione dati scandali sub divino parochiali officio lapides portent, ferantque in una manu virgam, in altera cereum, et postea peregrinentur in Eberhardi Clusam, ibique confiteantur et communicent necnon domino pastori desuper testimonium adferant.« BATr, Abt. 44, Nr. 40; vgl. Heinz, Pfarrmesse (s. Anm. 19) 280–282.
80 Vgl. A. Schüller, Pfarrvisitation in der Erzdiözese Trier: Trierer Archiv 16/17 (1916) 145–179, hier 155.
81 Vgl. Ph. de Lorenzi (s. Anm. 29) I 586.
82 BATr, Abt. 46, Nr. 9, 192 f.
83 Ebd. 158 f. Fälle in Sehlem (1731) und Dusemont (Brauneberg) bei Bernkastel (1731): BATr, Abt. 46, Nr. 10,162 f. und 183.
84 BATr, Abt. 46, Nr. 11, 185; vgl. Heinz, Pfarrmesse (s. Anm. 19) 286.
85 Das Urteil des Trierer Offizialats ist abgedruckt bei Blattau (s. Anm. 15) IV 198.
86 Siehe Anm. 79.

damals im Filialort Oberkirch der Pfarrei Zewen bei Trier aufhaltende, nichtseßhafte Person wurde wegen wiederholtem sexuellen Fehlverhalten, wodurch sie öffentliches Ärgernis erregt hatte, dazu verurteilt, während der Messe am Kirchweihfest eine Strohkrone (corona stramnea) auf dem Kopf zu tragen und in der Hand eine Kerze zu halten. Die Strohkrone als Schandattribut ist in einem ähnlich gelagerten Fall für die kölnische Pfarrei Niederdollendorf bezeugt. Dort mußte 1777 ein »gefallenes Mädchen« mit zwei unehelichen Kindern an einem Sonntag in der Frühmesse, im Hochamt und in der nachmittäglichen Christenlehre mit einer Strohkrone erscheinen.[88] Im ebenfalls kölnischen Münstereifel fand die Strohkrone Verwendung bei Ehrenstrafen wegen Feldfrevel. So verurteilte das dortige Sendgericht 1757 einen Felddieb dazu, an drei aufeinanderfolgenden Sonn- oder Feiertagen während des Gottesdienstes vor der Pfarrkirche »mit einer strohener Kron« ausgestellt zu werden.[89]

d) Milderung der Vollzugsform

Um die Mitte des 18. Jahrhunderts bahnt sich ein Wandel beim Vollzug der öffentlichen Buße an. Die geistlichen Richter zeigen sich, wenn ein entsprechender Antrag gestellt wird, in der Regel bereit, den zur »poenitentia publica« Verurteilten den beschämenden öffentlichen Auftritt in der Pfarrmesse zu erlassen. Stattdessen müssen diese vor dem versammelten Pfarrsend kniend Abbitte leisten (deprecatio coram synodo). Außerdem wird ihnen je nach Vermögenslage eine Geldbuße und ein Kerzen- oder Wachsopfer abverlangt. So lautete etwa das gegen einen geständigen Ehebrecher aus der Pfarrei Mürlenbach (Landkapitel Kyllburg) im Mai 1748 gefällte Urteil[90], der Betreffende habe 10 Goldgulden an das erzbischöfliche Siegelamt zu zahlen. Außerdem müsse er »coram congregata synodo« auf den Knien um Vergebung bitten und eine einpfündige Kerze kaufen, die dann vor dem Allerheiligsten aufgestellt werden und brennen sollte. Ein verheirateter Bürger aus Prüm, der mit seiner Magd Ehebruch begangen hatte, mußte die Komplizin nicht nur umgehend aus seinem Dienst entlassen, er hatte auch vor dem Stiftsdekan und versammeltem Send sein Vergehen zu bekennen, eine Buße von 25 Goldgulden zu zahlen und sämtliche Kosten des Verfahrens zu tragen.[91] Glimpflicher kam ein anderer wegen »excessus carnales« angeklagter Mann aus Prüm davon. Auch ihm wurde die Ehrenstrafe erlassen; »honore salvo« mußte er vor dem Send Abbitte leisten, brauchte aber im übrigen nur zwei Pfund Wachs der Kirche zu spenden.[92] Der gleiche Spruch erging 1772 gegen eine

---

87 BATr, Abt. 46, Nr. 9, 264.
88 Vgl. Ch. Helfer, Denkmäler des Vollzugs von Ehrenstrafen am unteren Mittelrhein: Rhein. Jahrbuch f. Volkskunde 15/16 (1964/65) 56–75, hier 73.
89 Vgl. ebd.
90 Vgl. BATr, Abt. 46, Nr. 13, 240 f.
91 Vgl. ebd. Nr. 16, 894 f. (6. Nov. 1771).

Angeklagte aus Niederprüm.[93] Die mildere Buße dürfte sich in diesen Fällen aus dem Umstand erklären, daß es sich bei den gerügten »Fleischessünden« nicht um Ehebruch, sondern um vorehelichen Verkehr gehandelt hat.

Waren die Verurteilten wegen Armut nicht in der Lage, die Bußgelder oder Wachsstrafen beizubringen, wurden sie ihnen erlassen.[94] In Obermendig (Landkapitel Ochtendung) verlangte das Sendgericht jedoch in solchen Fällen ersatzweise eine Sühnewallfahrt.[95] Als das Trierer Offizialat 1775 in einem aus Prüm gemeldeten, besonders gravierenden Fall von Inzest und Ehebruch noch einmal die öffentliche Buße im Pfarrgottesdienst mit Kerze und Rute verfügte, erwirkte eine inständige Bittschrift der Verurteilten, daß die »poenitentia publica« auch in diesem Fall umgewandelt wurde in eine Abbitte vor versammeltem Send.[96]

Die öffentliche Entehrung blieb den Verurteilten nur erspart, wenn die Abbitte in einer geschlossenen Sitzung des Sends erfolgte. Die Ehre war jedoch dahin, wenn, wie es das Limburger Sendgericht 1781 in zwei Fällen verlangte, die Ehebrecher in aller Öffentlichkeit vor dem Pfarrsend Abbitte leisten mußten.[97] Ort der Handlung war dort geradezu der öffentlichste Platz der Stadt: das Hauptportal der Pfarrkirche. Davor sollte, »ehe der ordentliche Pfarrdienst angeht, vor dem ganzen eigens versammelten Send« die »deprecatio« geschehen. Auf den Knien mußten die des Ehebruchs Überführten »Abbitte ihres schweren Verbrechens tun« und dann während des anschließenden Gottesdienstes »in der Mitte des Chores allein und ausgezeichnet« (abgesondert) knien. Dies sollte dreimal, in jeweils vierzehntägigem Abstand, geschehen, und jedesmal sollten der Ehebrecher und seine Komplizin in der Messe, nach vorheriger Beichte, andächtig die Kommunion empfangen.

---

92 Ebd. 548 (1770).
93 Ebd. 1138.
94 Vgl. ebd.: » ... quatenus media habeat.«
95 Vgl. Schug, Mayen (s. Anm. 36) 374 Anm. 56. Eine Frau, die zweimal ein uneheliches Kind geboren hat, muß anstelle des Auftritts mit Kerze und Rute in der Pfarrmesse eine Wallfahrt nach Bornhofen und drei Bittgänge zur Frauenkirche machen. Vergehen, die mit einem Bußgeld von einem Gulden bestraft wurden, konnten auch durch zwei Bittgänge nach Frauenkirch gesühnt werden.
96 BATr, Abt. 46, Nr. 18, 141 f.; 222; vgl. Heinz, Pfarrmesse (s. Anm. 19) 287.
97 Auszug aus dem Sendprotokoll Limburg vom 2. Mai 1781 im Protokollbuch des Koblenzer Offizialats: BATr, Abt. 46, Nr. 78, 133 f. Betroffen war ein verheirateter Müllerknecht, der mit einer ledigen Frau Ehebruch begangen und das Vergehen vor dem Send eingestanden hatte. Das Urteil lautete: » ... beide Schuldige sollen am nächsten sonntage vor der hauptkirchenthür, ehe der ordentliche pfarrdienst angehet, vor dem gantzen eigens versammelten Sende kniende demütige abbitte ihres schweren verbrechens thun, und hiernächst, so lang erwehnter dienst dauert, in der mitte des Chors allein und ausgezeichneter knien, auf dreymal, jedesmal nach 14 tagen reumütig beichten und ohnmittelbar post communionem celebrantis die communion andächtig empfangen.« Die gleiche Strafe wurde in einem ähnlichen Fall verhängt.

Vergleichbare Ehrenstrafen sind aus Süddeutschland bekannt. So mußten nach Rottweiler Recht (Strafordnung von 1762) Verheiratete, die sich des Ehebruchs schuldig gemacht hatten, mit einer angezündeten schwarzen (!) Kerze eine Stunde vor und eine Stunde nach dem Hauptgottesdienst vor der Kirchtüre stehen. Die bayerische »Landesordnung« von 1578 sah als Strafe bei Ehebruch außer Einkerkerung (1 Monat bei Wasser und Brot) vor, daß die Übeltäter drei Sonntage nacheinander mit Kerze und Rute vor der Türe ihrer Pfarrkirche stehen mußten, wenn die Gemeinde zum Gottesdienst kam.[98]

e) Abschaffung der öffentlichen Kirchenbuße durch Erzbischof Clemens Wenzeslaus (1782)

Vielleicht waren es gerade diese beiden in den Protokollen des Koblenzer erzbischöflichen Offizialats festgehaltenen Limburger Fälle, die Erzbischof Clemens Wenzeslaus veranlaßten, am 22. Juli 1782 dem erzbischöflichen Generalvikariat folgende Anweisung zugehen zu lassen:

»Da dergleichen öffentliche Kirchenbußen bei der unschuldigen und nach-forschenden Jugend vielleicht mehr zu Ärgernisse als Auferbauung dienen können, so hat Vicariatus in solchen Fällen eine andere dem Laster ebenwohl angemessene und zur Besserung eindienende Strafe zu wählen, als wofür das Zuchthaus oder die Einthürmung bei Wasser und Brod gleich nützlich seyn mag«.[99]

Da bei der Abbitte im Rahmen einer geschlossenen Sendsitzung die vom Erzbischof befürchtete korrumpierende Wirkung auf die »unschuldige Jugend« nicht zu befürchten war, verlangte die Trierer Behörde auch in der Folgezeit noch gelegentlich die »deprecatio coram synodo«.[100] Es mögen besonders gravierende Umstände vorgelegen haben, daß in der Ruwertalpfarrei Waldrach (Landkapitel Wadrill) im Jahre 1787 noch einmal eine Person mit Kerze und Rute in der Pfarrmesse öffentlich Buße tun mußte.[101] Als wenige Jahre später die französischen Revolutionsheere die linksrheinischen Gebiete besetzten, brach mit der alten Ordnung auch die Sendgerichtsbarkeit zusammen.[102] Mit ihr verschwanden endgültig die letzten Reste der »poenitentia publica«, die im alten Erzbistum Trier tatsächlich bis ins ausgehende 18. Jahrhundert eine lebendige Größe geblieben waren.

---

98 Vgl. E. Wohlhaupter, Die Kerze im Recht. Weimar 1940, 95.
99 Blattau (s. Anm. 15) V 349.
100 So etwa 1786 in Ittel (Landkapitel Kyllburg): BATr, Abt. 46, Nr. 22, 1019 f.
101 Vgl. M. Schuler (Hg.), Geschichte der Pfarreien der Dekanate Trier, Konz und Engers, Trier 1932, 105.
102 In den von den französischen Revolutionstruppen nicht besetzten rechtsrheinischen Rest-territorien des Erzbistums Trier blieb der Pfarrsend in seiner richterlichen Funktion noch bis weit ins 19. Jahrhundert hinein tätig; vgl. M. Schuler (s. Anm. 101) 313–316; J. Höffner, Das letzte Horhauser Sendgericht: Pastor bonus 48 (1937) 125–133.

IV. Einige Schlußbemerkungen

Die hier vorgestellten Spätformen der »poenitentia publica« haben bis in das ausgehende 18. Jahrhundert noch manche für dieses kirchliche Bußverfahren charakteristischen Merkmale bewahrt. So geschah die Auflage der zu leistenden Buße nach erfolgtem Eingeständnis des »peccatum publicum« im Rahmen einer Zusammenkunft des Pfarrsends. Das Kollegium mit dem Pfarrer an der Spitze galt als Vertretung der Gesamtgemeinde, so daß die »poenitentia publica« – anders als »die Genugtuung« in der Beichte – öffentlich verhängt wurde. Der Vollzug war ebenfalls offenkundig. Er hatte zudem noch liturgischen Charakter, insofern die auferlegte Buße normalerweise in der sonn- und feiertäglichen Pfarrmesse zu leisten war. Wer zur »poenitentia publica« verurteilt worden war, mußte als Büßer erkennbar (unbeschuhte Füße, in einer Hand eine brennende Kerze, in der anderen eine Rute, eventuell mit den »Steinen« beschwert) am Umgang um die Pfarrkirche, an der Pfarrmesse und Predigt teilnehmen, und zwar im Blickfeld der versammelten Gemeinde. Vor den Augen aller wurde ihm am Ende des Bußverfahrens die Eucharistie zum Zeichen der erfolgten Rekonziliation gereicht. Die sakramentale Lossprechung erfolgte jedoch nicht in der Öffentlichkeit, sondern in der vor dem Kommunionempfang abzulegenden Beichte. Auch wenn dem Pönitenten erlaubt wurde, die »poenitentia publica« in Form einer Sühnewallfahrt außerhalb der Pfarrei zu leisten und Absolution und Kommunion am Zielort der Wallfahrt zu empfangen, blieb formal der Öffentlichkeitscharakter des Verfahrens gewahrt. Dem Heimatpfarrer mußte nämlich der Vollzug der Buße und die erfolgte Rekonziliation durch eine Bescheinigung angezeigt und nachgewiesen werden.

Trotz der grundsätzlichen Einbeziehung der öffentlichen Kirchenbuße in den Gemeindegottesdienst fehlte ihr das für die kanonische Buße der alten Kirche wichtigste Kennzeichen: Die anteilnehmende Fürbitte der Gemeinde für ihre schwach gewordenen Glieder. Der Straf- und Sühneaspekt steht bei den von uns geschilderten Vollzugsformen eindeutig im Vordergrund. Er hat jedes Gespür für die der Gemeinde ursprünglich zukommende Rolle fürbittender und mitsorgender Begleitung völlig aus dem Bewußtsein verdrängt. Die »poenitentia publica« wurde als demütigende Ehrenstrafe erlebt. Die Obrigkeit erwartete sich von der »Anprangerung« öffentlicher Sünder im Pfarrgottesdienst eine abschreckende Wirkung.

Wie gründlich die gottesdienstliche und »heilende« Dimension der öffentlichen Kirchenbuße in Vergessenheit geraten war, beweist am klarsten die Abschaffungsorder des Erzbischofs. Mit einer für die Aufklärungszeit typischen pädagogischen Begründung (durch das auffällige Auftreten öffentlicher Büßer könnte die »unschuldige und nachforschende Jugend« zu sexuellem Fehlverhalten verführt werden) verbot Clemens Wenzeslaus die »poenitentia publica« in der Pfarrmesse. Als Ersatz von gleicher abschreckender Wirkung empfahl er Zuchthausstrafen oder zeitweilige Einkerkerung bei Wasser und Brot.

Bedenklich an der hier vorgestellten Praxis der »poenitentia publica« stimmt ferner die Tatsache, daß diese Bußform praktisch ausschließlich bei öffentlich bekanntgewordenen Verfehlungen im sexuellen Bereich angewandt wurde: Ehebruch, Inzest, uneheliche Mutterschaft. In letzterem Fall büßte oft die Frau allein. Überhaupt darf vermutet werden, daß das diskriminierende Bußverfahren häufiger Frauen als Männer traf. Bei Ehebruchdelikten wurden beide Beteiligten jedoch grundsätzlich in gleicher Weise gestraft.

In den Protokollen der ersten nachtridentinischen Visitation im alten Erzbistum Trier wird die Kirchenbuße in der Pfarrmesse mit Kerze, Rute und Lastersteinen an einer Stelle als »poenitentia salutaris« bezeichnet. Von den öffentlich bloßgestellten und in ihrer Personwürde verletzten Pönitenten wird sie wohl kaum als »heilbringend« empfunden worden sein. Dieses Verfahren entsprach in seiner ungebührlichen Härte nicht der Art des Umgangs Jesu mit den Sündern. Sein Verschwinden gegen Ende des 18. Jahrhunderts ist deshalb uneingeschränkt zu begrüßen.

Und noch eine letzte Schlußbemerkung: Zu überheblicher Entrüstung über kirchliche Bußverfahren der Vergangenheit hat unsere Gesellschaft wohl kaum das Recht. Im Vergleich zu den öffentlichen »Anprangerungen« und Vorverurteilungen, wie sie die Massenmedien ohne Rücksicht auf die Personwürde der Betroffenen heute praktizieren, wirkt der Auftritt der öffentlichen Büßer in der Pfarrmesse geradezu harmlos.

MICHAEL KNEIB

Die lehramtlichen Stellungnahmen zur Gewissensfreiheit (1832–1965)

Im Leben eines Moraltheologen ergeben sich zeitbedingte Schwerpunkte, durch Aktualität provozierte Arbeiten, aber auch Fragestellungen, die das ganze Leben begleiten.

Blickt man auf das Leben Helmut Webers, darf man zu Recht davon sprechen, daß die Thematik des Gewissens für ihn bis heute eine solche lebensbegleitende Fragestellung darstellt.[1] Daher verwundert es auch nicht, daß er mir – seinem bislang letzten Wissenschaftlichen Mitarbeiter – vorschlug, die Doktordissertation der Problematik der Gewissensfreiheit zu widmen. Sein Vorschlag enthielt zudem eine zweite für die Person und den Moraltheologen Helmut Weber charakteristische Note: die umstrittene Position des kirchlichen Lehramts sollte untersucht werden. Wer Helmut Weber kennt, der weiß, daß er seine Studienjahre in Rom nicht bloß in guter Erinnerung hat und in dieser Zeit mancher Zug seines Lebensstils und seiner Glaubenspraxis geprägt wurde. Er hat auch eine Ahnung davon, daß jene Jahre Fundamente für seine spätere Überzeugung legten, ein katholischer Moraltheologe sollte dem kirchlichen Lehramt zwar nicht unkritisch, aber primär wohlwollend und unterstützend zur Seite stehen.[2] Diese Haltung ließ ihn bei der Frage der Gewissensfreiheit vermuten, die heute gängige Meinung bzgl. der Lehramtsstellungnahmen könne nicht stimmen: Hat das II.Vatikanum wirklich die Gewissensfreiheit als Lehre der Kirche verkündet, während die Päpste des 19.Jahrhunderts diese Freiheit eindeutig verurteilt und abgelehnt hätten? Eine wissenschaftliche Arbeit zu den lehramtlichen Aussagen zur Gewissensfreiheit hielt Helmut Weber für eine hilfreiche Ergänzung der moraltheologischen Forschung.

Das Vorhaben ist mittlerweile verwirklicht,[3] und so bietet es sich an, einige Erträge für die Festgabe beizusteuern. »Die lehramtlichen Stellungnahmen

---

1 Vgl. für die frühen Jahre z. B. den Aufsatz: Toleranz aus katholischer Sicht, in: Toleranz. Evangelisches Forum Heft 7, Hg.: Evangelische Akademie Tutzing, Göttingen 1966, 5–27; und aus der jüngsten Vergangenheit etwa: Was man früher vom Gewissen hielt. Geschichtliche Durchblicke, in : Streit um das Gewissen, Hg.: G.Koch/J.Pretscher, Würzburg 1995, 27–52.

2 Diese Haltung kommt gut – gerade mit Blick auf das vorliegende Thema – im Aufsatz H.Webers zum Vorschein: Konkurrenten oder Weggenossen? Das Verhältnis von Gewissen und kirchlichem Lehramt, in: Das Gewissen. Subjektive Willkür oder oberste Norm?, Hg.: J.Gründel, Düsseldorf 1990, 85–98.

3 Die Arbeit wird im Laufe des Jahres in den »Frankfurter Theologischen Studien« erscheinen und behandelt u. a. auch die Rezeptionsgeschichte der Gewissensfreiheit in der katholischen Moraltheologie.

zur Gewissensfreiheit (1832–1965)« – ein solches Thema kann im Rahmen eines Aufsatzes natürlich nur sehr summarisch und in einigen grundlegenden Ergebnissen dargestellt werden. Mit dieser Einschränkung sollen im Folgenden die charakteristische Prägung der Lehramtsaussagen, die maßgeblichen Entwicklungsschritte und schließlich die Frage des Lehrwiderspruchs erörtert werden.

1. Die charakteristische Prägung

Die mit der Enzyklika »Mirari vos« anhebende Auseinandersetzung des kirchlichen Lehramts mit der Gewissensfreiheit weist bis in die Texte des Zweiten Vatikanischen Konzils hinein eine nicht erwartete, charakteristische Prägung auf. Es handelt sich dabei in formaler, allgemeiner Hinsicht sowohl um die spezifisch begrenzte Perspektive, unter der »Gewissensfreiheit« lehramtlich erörtert wurde, als auch um die Tatsache, daß sich eine solche Erörterung selten und zumeist nur am Rande findet.[4]

Materialiter besteht das erste Charakteristikum darin, daß Gewissensfreiheit primär als ein bestimmtes Recht behandelt wurde. Sekundär und als Folge der rechtlichen Sicht läßt sich dann auch eine sozialethische Deutung eruieren.

---

4   Um einen summarischen Überblick zu geben, seien die wichtigsten Dokumente und Passagen genannt: Gregor XVI., Enzyklika »Mirari vos«, 15.8.1832, in: Die katholische Sozialdoktrin in ihrer geschichtlichen Entfaltung, Bd.1, Hg.: A.Utz-B.v.Galen, Aachen 1976, 136–159, hier vor allem 149 (AG I 169–174) ; Pius IX., Apostolischer Brief »Quanta cura«, 8.12.1864, in: ebd., 162–179, hier vor allem 167 (AP/IX, I 3, 687–700); Leo XIII., Enzyklika »Immortale Dei«, in: ebd., Bd. 3, 2116–2153, hier vor allem 2135.2141 (ASS XVIII (1885) 161–180); Leo XIII., Enzyklika »Libertas praestantissimum«, 20.6.1888, in: ebd., Bd. 1, 180–223, hier vor allem 211 (ASS XX (1887) 593–613); Leo XIII., Apostolischer Brief »Prevenuti all'anno«, 19.3.1902, in: ebd., Bd.3, 2558–2595, hier vor allem 2579.2583 (ASS XXXIV (1901–1902) 513–532); Pius XI., Enzyklika »Non abbiamo bisogno«, 29.6.1931, in: ebd. 2806–2849, hier vor allem 2817.2831–2833 (AAS XXIII (1931) 285–312); Pius XI., Enzyklika »Mit brennender Sorge«, 14.3.1937, in: ebd., Bd. 1, 290–309 (AAS XXIX (1937) 145–167); Pius XI., Enzyklika »Divini Redemptoris«, 19.3.1937, in: ebd., Bd.1, 224–289, hier vor allem 271 (AAS XXIX (1937) 65–106); Pius XII., Rundfunkansprache »Con sempre«, 24.12.1942, in: Mensch und Gemeinschaft in christlicher Schau, Hg.: E.Marmy, Freiburg 1945, 657–680, hier vor allem 670 (AAS XXXV (1943) 9–24); Pius XII., Rundfunkansprache »Benignitas«, 24.12.1944, in: ebd. 681–699, hier vor allem 685 (AAS XXXVII (1945) 10–23); Pius XII., Ansprache an die Mitglieder der Sacra Romana Rota, 6.10.1946, in: Aufbau und Entfaltung des gesellschaftlichen Lebens, Soziale Summe Pius XII., Bd.2, Hg.: A.F.Utz-J.F.Groner, Freiburg 1954, 1352–1361, hier vor allem 1354.1357 (AAS XXXVIII (1946) 391–397); Pius XII., Ansprache »Ci riesce«, 6.12.1953, in: ebd. 2042–2053 (AAS XLV (1955) 794–802); Johannes XXIII., Enzyklika »Pacem in terris«, 11.4.1963, in: Texte zur katholischen Soziallehre, Hg.: KAB Deutschlands, Kevelaer 1976, 271–320, hier vor allem 274.279.284 (AAS LV (1963) 257–304); Zweites Vatikanisches Konzil, Erklärung über die Religionsfreiheit »Dignitatis humanae«, 7.12.1965, in: LThK, Ergbd.II, Freiburg 1967, 712–748; Zweites Vatikanisches Konzil, Pastoralkonstitution über die Kirche in der Welt von heute »Gaudium et spes«, 7.12.1965, in: LThK, Ergbd.III, Freiburg 1968, 280–592.

M. a. W.: wenn sich das kirchliche Lehramt mit der Gewissensfreiheit ausein-
andersetzte, sprach es zu einem inhaltlich jeweils spezifisch geprägten Recht
der staatlichen Ordnung und darin zu einem Detail der staatlichen Verfas-
sungs- und Rechtsordnung.

Damit klingt bereits das zweite charakteristische Merkmal an. Die Frage
der Gewissensfreiheit ist in lehramtlicher Perspektive auf's engste mit der
Staatslehre und den jeweils aktuellen Gesellschafts- und Staatstheorien verbunden. Eine Trennung der Aussagen zum Recht der Gewissensfreiheit von
den jeweiligen staatstheoretischen Prämissen verfehlte daher den hermeneutischen Kontext. Dieses »Junktim« hat seinen Ursprung außerhalb des kirchlichen Bereichs, es entstammt der »weltlichen« Genese des Begriffs der Gewissensfreiheit in der Zeit der Nachreformation und der Aufklärung.[5]

Neben der rechtlichen Perspektive und der Verknüpfung mit der Staatslehre muß schließlich als drittes Charakteristikum genannt werden, daß das
Recht der Gewissensfreiheit bis zum Pontifikat Leos XIII. ausschließlich als
Element des Rechts der Religionsfreiheit, also als religiöse Freiheit, verstanden wurde. Diese Sicht endet zudem nicht bei Leo XIII., sondern setzt sich
bis zu Johannes XXIII. fort.[6] Daneben begann im Pontifikat Leos XIII. eine
zweite Traditionslinie, die unter dem Recht der Gewissensfreiheit bzw. ähnlich klingenden Platzhaltern auch das bürgerliche Recht verstand, im Gewissensbereich von unsittlichem staatlichen oder mitmenschlichen Zwang geschützt zu sein.

2. Die Phasen der Entwicklung

Diese nunmehr grob umrissene charakteristische Prägung stellt das Moment
der Kontinuität im lehramtlichen Sprechen dar. Das Moment des Wandels
findet sich im inhaltlichen Verständnis des Rechts der Gewissensfreiheit und
in der Haltung, die die Päpste jenem Recht gegenüber einnehmen. Man kann
drei Hauptphasen der Entwicklung ausmachen. Von »Mirari vos« bis »Libertas praestantissimum« hat das Lehramt eine jeweils spezifisch akzentuierte
liberale Auffassung des Rechts der Religionsfreiheit im Blick, die diesbezügliche Stellungnahme ist eine eindeutig ablehnende. In »Libertas praestantissi-

---

5 Man wird einen staatspolitisch-religiösen und einen gesellschaftstheoretisch-philosophi-
   schen Ursprung des Begriffs unterscheiden können. Vgl. etwa J.Lecler, Die Gewissensfreiheit, Anfänge und verschiedene Auslegung des Begriffs, in: Zur Geschichte der Toleranz und
   Religionsfreiheit, Hg.: H.Lutz, Darmstadt 1977, 331–371.
6 Vgl. etwa Pius XI., Enzyklika »Non abbiamo bisogno«, a. a. O., 2831–2833; ders., Enzyklika
   »Divini Redemptoris«, a. a. O., 271; Pius XII., Ansprache an die Mitglieder der Sacra Romana
   Rota, 6.10.1946, a. a. O. 1354.1357; Johannes XXIII, Enzyklika »Pacem in terris«, a. a. O.,
   274.

mum« beginnt – wie gesagt – zugleich die zweite Phase. Das Recht der Gewissensfreiheit kann nunmehr auch als ein formales bürgerliches Abwehrrecht verstanden werden, dem eine zustimmende Haltung entgegengebracht wird. Im historischen Kontext der Auseinandersetzung mit dem Totalitarismus und einer eigenständigen Rezeption der Menschenrechtsidee wird dieses Verständnis allmählich gefestigt, selbst wenn der Begriff der Gewissensfreiheit vermieden wird und stattdessen Platzhalter gebraucht werden.[7] Die dritte Phase stellt das Zweite Vatikanische Konzil dar, da hier durch ein gewandeltes Rechts- und Verfassungsverständnis die in »Libertas praestantissimum« neu anhebende Traditionslinie einem Abschluß zugeführt wird. Denn obwohl das II.Vatikanum kein eigenes Dokument und keine explizite Erörterung der Gewissensfreiheit besitzt, liegt in der Erklärung über die Religionsfreiheit »Dignitatis humanae« die endgültige Rezeption des rechtstaatlichen Prinzips der Gewissensfreiheit und des dementsprechenden bürgerlichen Rechts vor.

Die beiden ersten Phasen sollen im Folgenden etwas detaillierter beschrieben werden, bevor daran anschließend in einem eigenen Abschnitt die Aussagen des II.Vatikanums zur Sprache kommen.

Wie gesagt ist Gregor XVI., Pius IX. und Leo XIII. gemeinsam, daß sie sich gegen eine liberale Vorstellung des Rechts der Religionsfreiheit wenden. Diese drei Päpste bilden in ihren Stellungnahmen die erste Phase der Entwicklung. In ihren Aussagen sind aber auch spezifische Unterschiede festzustellen. Gregor XVI. weist nämlich in jenem oft zitierten Passus aus der Enzyklika »Mirari vos«[8] nur in indirekter Weise das Recht der Religionsfreiheit zurück. Die Analyse des Kontextes, der gesamten Enzyklika und ihrer Vorgeschichte macht vielmehr deutlich, daß der Papst in jenem Satz nur eine politische Forderung verurteilt, die Felicité de Lamennais, ein französischer Priester und Journalist, erhoben hatte.[9] Es handelt sich um die Meinung Lamennais', die Kirche solle vom weltlichen Herrscher fordern, die katholische Staatsreligion aufzugeben, und das bestehende Recht der Gewissensfreiheit für sich in Anspruch nehmen, um jeder staatlichen Instrumentalisierung zu entkommen. Gregor XVI. konnte diese politische Forderung nicht teilen. Denn für ihn

---

7   In diesem Zusammenhang kommt es auch zu ersten Ansätzen, eine sozialethische Deutung der Gewissensfreiheit lehramtlich gutzuheißen.

8   »Aus der Quelle dieser verderblichen Gleichgültigkeit fließt jene törichte und irrige Meinung, oder noch besser jener Wahnsinn, es sollte für jeden die 'Freiheit des Gewissens' verkündet und erkämpft werden«, Gregor XVI., Enzyklika »Mirari vos«, a. a. O., 149.

9   Das Wirken Lamennais' hatte Rom erst in Zugzwang gebracht und war der Anlaß, eine Enzyklika verfassen zu müssen. Vgl. das römische Dossier, das von M.J.LeGuillou und L.LeGuillou bearbeitet und veröffentlicht wurde: La condamnation de Lamennais, Dossier presente par M.J.LeGuillou et L.LeGuillou, Paris 1982. Ebenfalls sehr aufschlußreich sind die Arbeiten: L.LeGuillou, Les vraies raisons de la condamnation de Lamennais par le Saint-Siege, in: L'actualite de Lamennais, recherches institutionelles, No. 6, Strasbourg 1981, 37–45; J.Oldfield, The Problem of Tolerance and Social Existence in the Writings of Felicite Lamennais, 1809–1831, Leiden 1973.

bedeutete sie vor allem die Leugnung der Verpflichtung des Herrschers zur wahren Religion und dessen gottgewollter Sorge für die einzig wahre. Während Gregor XVI. in seiner Ablehnung der »libertats conscientiae« nur eine politische Forderung zum Recht der Religionsfreiheit explizit zurückwies, wird die Verurteilung bei Pius IX. abstrakter und direkter.[10] Dennoch hat auch Pius IX. nur eine Ansicht bzw. eine Theorie im Blick. Er verurteilt das Recht der Religionsfreiheit, wie es in der liberalen Staats- und Gesellschaftslehre verstanden wurde. Die Vorstellung der Gewissensfreiheit als Recht auf religiöse Meinungsfreiheit, und zwar – was für die päpstliche Ablehnung entscheidend war – als eines von mehreren Elementen, mit denen die exklusive Vollmacht der staatlichen Gewalt über die Gewissen seiner Bürger und die diesbezügliche Nichtkompetenz der Kirche gelehrt und politisch durchgesetzt werden sollte, verfällt dem Verdikt des Papstes.

War der Gegenstand der Verurteilung bei Pius IX. also der liberale, staatstheoretische Versuch, auch durch das Recht der Religionsfreiheit die Kirche als Institution und gesellschaftlich relevante Größe auszuschalten, so hatte sich bei Leo XIII. die gegnerische Position verändert: Leo XIII. lehnt die Definition der religiösen Gewissensfreiheit in einer gewandelten liberalen Staats- und Gesellschaftslehre ab. Mit dieser Definition wurde die Beliebigkeit der Wahl bzw. Nichtwahl einer Religion, und zwar als einziges Element der religiösen Ordnung des Staates gelehrt.[11]

Trotz der mehrmaligen Ablehnung jener liberaltheoretischen Vorstellung durch Leo XIII. bildet sein Pontifikat auch einen Neuanfang. Leo XIII. löst nämlich in »Libertas praestantissimum« das Recht der Gewissensfreiheit lehramtlich zum ersten Mal aus dem Kontext der Religionsfreiheit und interpretiert es als bürgerlich ethisches. Die maßgebliche Stelle bringt den Wandel sehr gut zum Ausdruck: »Viel gepriesen wird auch die sogenannte 'Gewissensfreiheit'. Wird sie so verstanden, daß ein jeder nach Belieben Gott verehren oder auch nicht verehren kann, so ist sie nach dem bereits früher Gesagten hinlänglich widerlegt.– Sie kann aber auch in dem Sinne aufgefaßt werden, daß es dem Menschen in der bürgerlichen Gesellschaft erlaubt ist, nach dem Gebote seines Gewissens ungehindert Gottes Willen zu tun und dessen Befehle auszuführen.«[12] Damit legt Leo XIII. ein neues Fundament, dem Recht der Gewissensfreiheit zustimmend gegenüberzustehen, insofern

---

10 Pius IX., Apostolischer Brief »Quanta cura«, a. a. O., 167: »Von dieser falschen Auffassung der Gesellschaftsordnung aus begünstigen sie weiter jene irrige Ansicht, die der katholischen Kirche und dem Seelenheile höchst verderblich ist und von Unserm unmittelbaren Vorgänger Gregor XVI. als 'Wahnsinn' erklärt wurde, nämlich, 'die Freiheit des Gewissens' und die Gottesverehrung seien jedes Menschen Eigenrecht, das in jedem Staat mit ordentlicher Verfassung gesetzlich umschrieben und gewahrt werden müsse«.
11 Vgl. Leo XIII., Enzyklika »Libertas praestantissimum«, a. a. O., 200–201.210–211.
12 Ebd. 211.

es als bürgerlich rechtliche Freiheit von Behinderung interpretiert wird, die das sittliche und religiöse Leben ermöglichen und schützen soll.[13]

Die somit bei Leo XIII. anhebende zweite Phase der Entwicklung, die die Pontifikate Pius' XI., Pius' XII. und Johannes' XXIII. umfasst, weist ebenfalls charakteristische Gemeinsamkeiten auf. Zum einen verändert sich das Gegenüber der lehramtlichen Verkündigung. Es besteht nicht mehr in der liberalen Staatslehre, sondern in Theorie und Praxis des totalitären Staates faschistischer oder kommunistischer Provenienz. Zum anderen entwickelt sich in diesem historischen Kontext eine eigenständige kirchliche Lehre von den menschlichen Persönlichkeitsrechten, die Grundideen der Menschenrechtstradition aufnimmt. Rein sprachlich ist schließlich die dritte Gemeinsamkeit: man vermeidet den Terminus »Gewissensfreiheit« zugunsten von Platzhaltern.[14]

Pius XI. führt die Linie Leos XIII. fort, einen rechtlich garantierten gesellschaftlichen Freiheitsraum des einzelnen zu fordern. Dies geschieht vornehmlich mit seiner Lehre von den vorstaatlichen Persönlichkeitsrechten,[15] in der er zudem die leoninische Auffassung »sozialer Naturrechte« durch das Personprinzip als Begründung jener Grundrechte vertieft. Die Lehre von den vorstaatlichen Persönlichkeitsrechten darf als lehramtlicher Platzhalter für das metajuristische Grundprinzip[16] der Gewissensfreiheit gelten. Man kann zudem im vorstaatlichen Recht, »dem letzten Ziele auf dem von Gott vorgezeichneten Wege zuzustreben«[17], einen weiteren Platzhalter für das bürgerliche Recht der Gewissensfreiheit sehen. Der Begriff der Gewissensfreiheit wird von Pius XI. jedoch nur als Terminus technicus für das Recht der Religionsfreiheit gebraucht.[18]

Pius XII. vertieft und erweitert die kirchliche Menschenrechtslehre. Aus der Vielzahl der Forderungen, die Menschenrechte anzuerkennen, seien ex-

---

13 In formal vergleichbarer Weise entsprechen auch die sozialen Naturrechte, die Leo XIII. in der Enzyklika »Rerum novarum« in die Lehre der Kirche einführt, diesem neuen Fundament, da bei ihnen ebenfalls ein rechtlich zu schützender Freiheitsraum der Bürger zur menschwürdigen Entfaltung ihrer Anlagen gefordert wird.

14 Wir verzichten im Folgenden auf eine detaillierte Darstellung der Stellungnahmen zum Recht der religiösen Gewissensfreiheit, obwohl in dieser Traditionslinie der Begriff »Gewissensfreiheit« explizit verwendet wird.

15 Vgl. beispielsweise in der Enzyklika »Mit brennender Sorge«, a. a. O., 302, wo er ausführt, »daß der Mensch als Persönlichkeit gottgegebene Rechte besitzt, die jedem auf ihre Leugnung, Aufhebung und Brachlegung abzielenden Eingriffe von seiten der Gemeinschaft entzogen bleiben müssen.«

16 Vgl. zum Begriff des »metajuristischen Grundprinzips Gewissensfreiheit« etwa E. Mock, Gewissen und Gewissensfreiheit. Zur Theorie der Normativität im modernen Verfassungsstaat, Berlin 1983.

17 Pius XI., Enzyklika »Divini Redemptoris«, a. a. O., 245.

18 Vgl. Pius XI., Enzyklika »Non abbiamo bisogno«, a. a. O., 2831–2833; ders., Enzyklika »Divini Redemptoris«, a. a. O., 271. Zudem geht Pius XI. hier inhaltlich davon aus, daß das Recht der Gewissensfreiheit die religiöse Freiheit jedes Bürgers bezeichne, sich katholisch bilden zu lassen und am kirchlichen Apostolat unbehindert teilzunehmen.

emplarisch die folgenden Passagen angeführt: »Dieselbe unbedingt gültige Ordnung des Seins und der Zwecke, die den Menschen als autonome Persönlichkeit ausweist, d. h. als Träger von unverletzlichen Rechten und Pflichten«[19] fordere »auf allen Lebensgebieten solche Gemeinschaftsnormen, in denen allseitige Eigenverantwortung der Persönlichkeit in ihren Diesseits- wie Jenseitsaufgaben ermöglicht und gewährleistet ist«[20]. Im Kontext der Menschenrechtslehre nimmt Pius XII. fast unmerklich sowohl das Recht der religiösen Gewissensfreiheit[21] als auch das Recht einer allgemeinen bürgerlichen Gewissensfreiheit[22] in den Katalog unantastbarer Menschenrechte auf. Allerdings muß auch darauf hingewiesen werden, daß es nach dem Krieg zu einem Widerspruch in der Rechtslehre Pius' XII. kommt, wenn in »Ci riesce« zum Recht der religiösen Gewissensfreiheit Prinzipien vertreten werden, die den früheren Stellungnahmen nicht entsprechen.[23]

Das Pontifikat Johannes' XXIII. zeichnet sich schließlich dadurch aus, daß das moderne Grundrecht der Gewissensfreiheit als Prinzip zwischenmenschlichen und staatlichen Zusammenlebens umfassender rezipiert wird, und zwar im Kontext einer erneuerten Gesellschaftstheorie, in die die Menschenrechte endgültig und in erweiterter Form zum Fundament der katholischen Soziallehre geworden sind. Dabei verwendet auch Johannes XXIII. den Begriff der Gewissensfreiheit nicht, doch sind die Synonyme und Platzhalter recht zahlreich.[24] Zudem faßt er die widersprüchliche Position Pius' XII. zum

---

19 Pius XII., Rundfunkansprache »Con sempre«, a. a. O., 689.
20 Ebd. 673.
21 Er bezeichnet es ebd. als »das Recht zur privaten und öffentlichen Gottesverehrung, einschließlich der religiösen Liebestätigkeit«.
22 Hier sind die Platzhalter recht vielfältig: das »Recht, in Ehren sein persönliches Eigenleben führen zu dürfen«, Rundfunkansprache Benignitas, a. a. O., 688; die Person, die sich ihrer eigenen Überzeugung und Verantwortung bewußt sei und darin geachtet werden müsse, vgl. ebd. 687; ein Staat, »der alles beherrscht und das Gesamtgebiet des öffentlichen und privaten Lebens regeln will, bis hinein selbst in den Gesinnungs-, Überzeugungs- und Gewissensbereich« führe zu katastrophalen Folgen, Rundfunkansprache »Con sempre«, a. a. O., 670; jeder Staatsabsolutismus, der in seinen »theoretischen und praktischen Forderungen in offenbarer Verletzung und Verneinung wesentlicher Pflichten des menschlichen und christlichen Gewissens ende«, wird scharf zurückgewiesen, vgl. ebd. 666–667.
23 Vgl. Pius XII, Ansprache »Ci riesce«, a. a. O., 2049. Pius XII. fordert hier mit Blick auf die individuelle religiöse Freiheit: »Was nicht der Wahrheit und dem Sittengesetz entspricht, hat objektiv kein Recht auf Dasein, Propaganda und Aktion. … Nicht durch staatliche Gesetze und Zwangsmaßnahmen einzugreifen, kann trotzdem im Interesse eines höheren und umfassenderen Gutes gerechtfertigt sein«. Damit interpretiert er die religiöse Gewissensfreiheit anscheinend nicht mehr als unantastbares Menschenrecht, sondern nur noch als bürgerliches Toleranzrecht.
24 Vgl. etwa für eine sozialethische Deutung von Gewissensfreiheit als Grundprinzip zwischenmenschlichen, gesellschaftlichen Handelns: »Außerdem verlangt die Würde der menschlichen Person, daß es dem Menschen möglich gemacht wird, *aus eigenem Entschluß und in Freiheit zu handeln*. Im Zusammenleben hat er deshalb mit gutem Grund Rechte zu pflegen, Pflichten zu erfüllen *sich aus eigenem Antrieb und Entschluß* in den so zahlreichen Werken, die durchzuführen sind, die für andere in der Gemeinschaft dienend einzusetzen; und zwar so, daß *jeder nach seiner Überzeugung, seinem Urteil und Pflichtbewußtsein* handelt und *nicht vorwiegend auf Grund von äußerem Zwang und Druck*.

Recht der religiösen Gewissensfreiheit in jener bekannten und bewußt inter-
pretationsbedürftigen Formel zusammen: »Zu den Menschenrechten gehört
auch das Recht, Gott der rechten Norm des Gewissens entsprechend zu
verehren und seine Religion privat und öffentlich zu bekennen.«[25]

Überblickt man die beiden ersten Phasen der lehramtlichen Stellungnahmen zur Gewissensfreiheit wird die rechtliche und staatstheoretische Perspektive der Aussagen sehr deutlich. Im rein ethischen Kontext findet sich
der Begriff der Gewissensfreiheit nicht. Vom Gewissen ist überhaupt selten
die Rede.[26] Wenn es einmal angesprochen wird, geht man wie selbstverständlich von der Bindung des Gewissens an das natürliche und geoffenbarte
Sittengesetz aus. Das Fehlen einer Reflexion der Gewissensfreiheit in rein
ethischer Hinsicht war wesentlich durch zwei Umstände bedingt. So lange
zum einen die rechtlich-staatstheoretische Frage, inwiefern die Verfassungsordnung freiheitlich gestaltet sein müsse, ungeklärt blieb, war ein echtes
Erfassen der tieferliegenden Problematik einer ethisch verstandenen Gewissensfreiheit blockiert.[27] Zum anderen fehlten die entsprechenden wissenschaftlich moraltheologischen Vorarbeiten zur ethischen Gewissensfreiheit.
Dies wiederum war durch die neuscholastischen Systematik selbst begründet.
Die Sicht der Seelenvermögen des Gewissens und des Willens machte es

---

Wenn eine Gemeinschaft von Menschen allein auf Gewalt aufgebaut ist, so ist sie nicht
menschlich; die einzelnen haben dann *keine Freiheit mehr*, während sie doch im Gegenteil
anzuspornen sind, ihr Leben selber zu entfalten und an ihrer Vervollkommnung zu arbeiten.«, »Pacem in terris«, a. a. O., 279. Für das Verständnis der Gewissensfreiheit als
Grundprinzip des Verhältnisses von Staatsgewalt und Staatsbürger vgl. etwa ebd. 284–285:
»Befehlsgewalt, die nur oder hauptsächlich auf Drohung und Furcht vor Strafen oder auf
Versprechungen von Lohn beruht, treibt keineswegs wirksam dazu an, das gemeinsame
Wohl aller zu verwirklichen; sollte es vielleicht doch der Fall sein, so wäre dies immerhin
nicht in Übereinstimmung mit der Würde von Menschen, die der Freiheit und des Vernunft-
gebrauchs fähig und teilhaftig sind. Denn da Autorität hauptsächlich in einer geistigen
Gewalt besteht, *müssen die Staatslenker an das Gewissen, d.h. an die Pflicht eines jeden
appellieren*, sich bereitwillig für das gemeinsame Wohl aller einzusetzen. Weil aber alle
Menschen in der natürlichen Würde unter sich gleich sind, besitzt *keiner von ihnen die
Macht, einen anderen innerlich zu einem Tun zu bestimmen*. Gott allein kann das tun, der
ja als einziger die geheimen Ratschlüsse des Herzens durchforscht und richtet. Die Träger
der staatlichen Gewalt dürfen die Menschen also *nur dann im Gewissen verpflichten, wenn
ihre Autorität mit Gottes Autorität in Einklang steht* und an dieser teilhat.«
25 Ebd. 274. Er wollte die abschließende Klärung der kirchlichen Lehre zum Recht der
Religionsfreiheit bewußt dem Konzil überlassen. Vgl. etwa L.Janssens, Liberte de religion
et liberte de conscience, Paris 1964, 8–25.
26 Erst im Pontifikat Pius XII. kommt es durch die Herausforderung der Situationsethik zu
detaillierteren Erörterungen des Gewissens. Vgl. etwa: Pius XII., Radioansprache »La famig-
lia è la culla«, 23.3.1952, in: Aufbau und Entfaltung des gesellschaftlichen Lebens, Soziale
Summe Pius XII., Bd.1, Hg.: A.F.Utz-J.F.Groner, Freiburg 1954, 877–888 (AAS XLIV
(1952) 270–278); Ansprache »Soyez les bienvenues«, 18.4.1952, in: Heilslehre der Kirche,
Dokumente von Pius IX. bis Pius XII., Hg.: A.Rohrbasser, Freiburg 1953, 715–723 (AAS
XLIV (1952) 413–419).
27 Man wird diesbezüglich auch eine patriarchalische und zu schnell auf das Rechtliche zielende
Grundhaltung der lehramtlichen Verkündigung kritisch anmerken müssen.

nämlich schwer möglich, den Begriff »Gewissensfreiheit« sinnvoll zu deuten.[28]

3. Die Aussagen des Zweiten Vatikanischen Konzils

Die Aussagen, die das II.Vatikanum zur Gewissensfreiheit macht,[29] stehen in der Linie der aufgezeigten lehramtlichen Entwicklung und führen sie zu einem Abschluß. In den Konzilstexten findet sich nämlich die Anerkennung des metajuristischen Prinzips und des bürgerlichen Rechts der Gewissensfreiheit, sowie einer dementsprechenden sozialethischen Auffassung. Hingegen fehlt wiederum sowohl der Begriff als auch eine eigenständige Reflexion zur Gewissensfreiheit in rein ethischem Kontext. Diesbezüglich lassen sich nur drei implizite Ansätze ausmachen.

Die Anerkennung des Rechts und der sozialethischen Deutung der Gewissensfreiheit

Die endgültige Rezeption des bürgerlichen Rechts und des metajuristischen Prinzips der Gewissensfreiheit vollzieht sich im Kontext der Anerkennung des Rechts auf Religionsfreiheit. Das Zweite Vatikanische Konzil nimmt mit »Dignitatis humanae« das Recht der Religionsfreiheit endgültig – und zwar formaliter als juridische Konzeption der Gesellschafts- und Verfassungsordnung und materialiter als Freiheit von Zwang[30] – in die kirchliche Sozialverkündigung auf.[31] Die menschliche Person hat aufgrund ihrer Personwürde

---

28 Das Gewissen wurde als intellektuelles Erkenntnisvermögen gedeutet, das in syllogistischer Weise das Gesetz auf den Einzelfall anwendete. Als solches diente es der neuscholastischen Moraltheologie vornehmlich dem Nachweis, daß der Mensch die objektive sittliche Wahrheit erkennen und sich zu eigen machen könne. Die freiheitliche Befähigung des Menschen bzw. Freiheit als Konstitutivum der Sittlichkeit kam erst nachfolgend in der Lehre vom freien Willen zur Sprache. Dabei wurden Freiheit und Gewissen strikt auseinandergehalten, was den Begriff der Gewissensfreiheit entweder als unannehmbare Freiheit vom göttlichen Gesetz oder als systematisch unsinnig erscheinen ließ. Erst in der Mitte des 20.Jahrhunderts kam es im Kontext einer erneuerten Gewissenslehre zu den ersten moraltheologischen Ansätzen, »Gewissensfreiheit« als freiheitliche Befähigung des Gewissensvermögens selbst zu deuten.

29 Die maßgeblichen Dokumente sind »Lumen gentium«, vor allem aber »Gaudium et spes« und »Dignitatis humanae«.

30 Was schon die Angabe des Gegenstandes der Erklärung belegt, vgl. »Dignitatis humanae«, Artikel 1, a. a. O., 715: »Da nun die religiöse Freiheit ... sich auf die **Freiheit von Zwang** in der **staatlichen Gesellschaft** bezieht, läßt sie die überlieferte katholische Lehre von der moralischen Pflicht der Menschen und der Gesellschaften gegenüber der wahren Religion und der einzigen Kirche Jesu Christi unangetastet« (Hervorhebungen von uns).

31 Vgl. zum Ganzen z. B. W.Kasper, Wahrheit und Freiheit. Die »Erklärung über die Religionsfreiheit« des II.Vatikanischen Konzils, Heidelberg 1988.

das Recht auf religiöse Freiheit. Der Inhalt dieses Rechts besteht in der Freiheit von Zwang und Nötigung in religiösen Dingen.

Mehr noch als diese Anerkennung eines einzelnen Rechts liegt die Bedeutung der Erklärung darin, daß das Lehramt seine mit dem Recht der Religionsfreiheit auf's engste verknüpfte Staats- und Rechtslehre modifiziert.[32] Die Kirche verzichtet nunmehr darauf, mit Hilfe des Staates und seiner Gesetzgebung die katholische Glaubenswahrheit verbindlich machen zu wollen und erkennt die moderne Konzeption der staatlichen Verfassung als Friedens- und Freiheitsordnung und das Personprinzip als maßgebliches Fundament der Rechtsordnung an.[33]

Was bedeutete dieser Kontext nun für die Anerkennung des Rechts der Gewissensfreiheit? Als erstes liegt in der positiven Stellungnahme zu einer solchen Verfassungsordnung, die das Prinzip der »Freiheit von Zwang« enthält, auch die Bestätigung des modernen metajuristischen Prinzips der Gewissensfreiheit. Denn eben das meint jenes Prinzip der Staats- und Gesellschaftsordnung: eine gesellschaftliche Ordnung, die Freiheit von Zwang für die Person gewährleistet, so daß jeder Bürger eigenverantwortlich das eigene und das gesellschaftliche Leben gestalten und tragen kann.

Damit ist auch das Zweite, nämlich die Anerkennung des bürgerlichen Rechts der Gewissensfreiheit grundgelegt. Das Recht der Religionsfreiheit ist wie das Recht der Gewissensfreiheit eine von vielen rechtlichen Ausfaltungen jenes metajuristischen Prinzips der »Freiheit von Zwang«. So verwundert es nicht, daß man bei exakter Lektüre von »Dignitatis humanae« den Anschein gewinnt, die Konzilsväter setzten bereits die Legitimität des bürgerlichen Rechts der Gewissensfreiheit als selbstverständlich voraus, obwohl dieses Recht in der lehramtlichen Tradition der Kirche nie explizit, sondern immer nur über Platzhalter anerkannt worden war. Es heißt etwa: »Zugleich haben die Christen wie die übrigen Menschen das bürgerliche Recht, daß sie nach ihrem Gewissen leben dürfen und darin nicht gehindert werden«[34]. Die mit Leo XIII. beginnende, dann vor allem im Kontext der Menschenrechtstradition weitergeführte kirchliche Lehre vom bürgerlichen Abwehrrecht, im Gewissensbereich vor unsittlichen Eingriffen geschützt zu sein und ohne staatlichen Zwang sein persönliches Eigenleben führen zu dürfen, wird also in »Dignitatis humanae« aufgegriffen und endgültig lehramtlich bestätigt. Zwar muß einschränkend zugegeben werden, daß die Erklärung explizit keinerlei weitere Erläuterungen zu Träger, Inhalt, Begründung und Grenzen dieses Rechts macht, doch scheint es nicht unangemessen, die entsprechenden Überlegungen zum Recht der Religionsfreiheit auch auf das Recht der Ge-

---

32 Vgl. z. B. E.W.Böckenförde, Die Bedeutung der Konzilserklärung über die Religionsfreiheit, in: ders., Religionsfreiheit, Freiburg 1990, 59–70.

33 Auf die spezifischen Elemente der kirchlichen Anerkennung kann hier leider nicht eingegangen werden.

34 »Dignitatis humanae«, a. a. O., 743.

wissensfreiheit zu übertragen. Handelt es sich doch bei diesen beiden Rechten grundsätzlich um Exponenten ein und derselben juridischen Konzeption gesellschaftlich-staatlichen Zusammenlebens.

Drittens wurde eine sozialethische Auffassung der Gewissensfreiheit, die seit dem 19.Jahrhundert auch in der katholischen Moraltheologie in Ansätzen zu finden war,[35] endgültig in die Lehre der Kirche aufgenommen. Was das Recht garantiert und schützt, soll ja die sozialethische Grundlage des Zusammenlebens sein: der Verzicht auf Zwang und Nötigung, die Achtung des Gewissens des Nächsten, sowie die Verpflichtung zum eigenen gewissenhaften Leben.

Die fehlende explizite Reflexion der individualethischen Deutung der Gewissensfreiheit

Trotz der Anerkennung des Rechts der Gewissensfreiheit und der damit verbundenen sozialethischen Deutung fehlt eine explizite konziliare Stellungnahme zur Gewissensfreiheit in individualethischer Hinsicht, und zwar sowohl in »Dignitatis humanae« als auch in »Gaudium et spes«.

Wie die Textgeschichte von »Dignitatis humanae« belegt, wurde die Problematik der Gewissensfreiheit in ethischem Kontext bewußt ausgeklammert.[36] Zudem führte erst der Verzicht, die Gewissenslehre als Begründung und als wesentlichen Inhalt des Rechts der Religionsfreiheit anzusehen, zur allmählichen Akzeptanz und schließlich zur Verabschiedung der Erklärung. Die Bedeutung der Gewissenslehre in verabschiedeten Text von »Dignitatis humanae« besteht darin, eines von vielen Elementen der kirchlichen Lehre zu sein, die das moderne Recht der Religionsfreiheit reduktiv[37] rechtfertigen. Auch die konziliare Erörterung der Gewissenslehre in »Gaudium et spes« 16 weist keine eigenständige Reflexion des freiheitlichen Vermögens des Gewissens auf. Die Gewissenslehre von »Gaudium et spes« 16 stellt vielmehr eine Vertiefung und Erweiterung der neuscholastischen Tradition hin zu einem personalen und ganzheitlichen Gewissensverständnis dar.[38] Dabei wird bewußt auf fachspezifische Detailfragen verzichtet, um in allen Menschen ver-

---

35 Auch wenn sie dort nur am Rande vorkam und zudem einige gewichtige Einschränkungen aufwies, die sich in »Dignitatis humanae« nicht mehr finden. Vgl. etwa M.Jocham, Moraltheologie, Bd.3, Sulzbach 1854, 246–247 oder H.Th.Simar, Das Gewissen und die Gewissensfreiheit, Freiburg 1874.

36 Vgl. – auch für das Folgende – J.Hamer, Geschichte des Textes der Erklärung, in: Über die Religionsfreiheit. Kommentare zur Konzilserklärung, Hg.: J.Hamer/Y.Congar, Paderborn 1967, 59–116.

37 Vgl. zur reduktiven Methode W.Kasper, Wahrheit und Freiheit. Die »Erklärung über die Religionsfreiheit« des II.Vatikanischen Konzils, Heidelberg 1988, 31–32.

38 Vgl. etwa K.Golser, Das Gewissen als »verborgenste Mitte des Menschen«, in: Grundlagen und Probleme der heutigen Moraltheologie, Hg.: W.Ernst, Würzburg 1989, 113–137.

ständlicher allgemeiner Weise mit dem Gewissensbesitz die anthropologische Befähigung zum Guten aufzuzeigen.

So lassen sich daher nur drei implizite Ansätze ausmachen, die eine individualethische Deutung von »Gewissensfreiheit« ermöglichen. »Gaudium et spes« bietet eine Möglichkeit im scholastischen und eine weitere im vertieften Gewissensverständnis, während »Dignitatis humanae« durch die Verbindung der Gewissenslehre mit dem Motiv der personal-dialogischen Wahrheitssuche einen solchen Ansatz enthält.

Der erste Ansatz aus »Gaudium et spes« ergibt sich aus der Kombination der Artikel 16, 17 und 41. Wenn es in GS 41 heißt, die »Frohbotschaft ... respektiert sorgfältig die Würde des Gewissens und seiner freien Entscheidung«[39], dann setzt diese Formulierung voraus, daß die Konzilsväter das Gewissen nicht nur als intellektuelles Erkenntnis-, sondern auch als Entscheidungsvermögen betrachten. Entscheiden aber, so lehrt Artikel 17, meine, eine freiwillige Wahl treffen. Damit muß man zu dem Schluß kommen, daß das Gewissen selbst, das in Artikel 16 behandelt wurde, mit dem Freiheitsvermögen des Menschen verbunden und somit auch als freiheitliches Vermögen angesehen werden kann.

Der zweite Ansatzpunkt aus »Gaudium et spes« findet sich in der vertieften Gewissenslehre des Artikels 16. Die ganzheitliche Vorstellung vom Gewissen als der Mitte der Person greift die neuere moraltheologische Tradition vom Gemüt als Sitz des Gewissens auf, in dem alle Seelenvermögen geeint sind und damit auch das Freiheitsvermögen ein Bestandteil des Gewissens selbst darstellt. Zudem lassen die religiös-responsorische Sicht, die personal-intersubjektive Ausrichtung des Gewissen und die geschichtliche Suche der Wahrheit – alles Motive des Artikel 16 – den Schluß zu, daß das Gewissen nicht einfach nur ein passiv-rezeptives, sondern auch ein personal-freiheitliches Vermögen sein muß. Denn die personale Ansprache, die intersubjektive und geschichtlich gebundene Orientierung sind ohne Freiheit nicht zu denken.

Dieser zweite Ansatz scheint auch in »Dignitatis humanae« auf, wenn dort die traditionelle Gewissenslehre andeutungsweise mit dem Motiv verbunden wird, daß die Wahrheit sozial in freier, dialogischer Weise gefunden und in personaler Zustimmung festgehalten wird.[40]

Bei diesen drei Ansätzen bleibt festzuhalten, daß ihr Mangel vor allem darin besteht, nur implizit zu sein. Dadurch blieb beispielsweise ihr Verhältnis zur

---

39 »Gaudium et spes«, a. a. O., 409.
40 Vgl. »Dignitatis humanae«, Artikel 3, a. a. O., 719–720. K.Demmer, der betont, das Konzil habe das vergessene kirchliche Traditionsmotiv wieder ins Bewußtsein gerufen, daß die sittliche Wahrheit durch die personale Freiheit des Gewissens mitkonstituiert wird und zwar auf der Ebene ihres objektiven Anspruchs, kann in diesem Sinn zugestimmt werden. Vgl. ders., Wahrheit oder Freiheit? Gewissensfreiheit – ein Prüfstein der Wahrhaftigkeit, in: Öffnungen zum Heute, Hg.: U.Struppe/J.Weismmayer, Innsbruck 1991, 55–76, hier 58–59.

konziliaren Lehre vom christologisch-pneumatologischen Handlungsprinzip der Christen[41] oder zur traditionellen Lehre vom Gesetz unreflektiert.

4. Die Frage des Lehrwiderspruchs

Auch wenn die vorangegangenen Ausführungen notwendigerweise sehr summarisch und ohne manche hilfreiche Erläuterung vorgestellt werden mußten, scheint es möglich, abschließend auch die Frage zu beantworten, ob man dem kirchlichen Lehramt einen Lehrwiderspruch bzgl. seiner Aussagen zur Gewissensfreiheit vorwerfen muß.

Da sich Aussagen des kirchlichen Lehramts zu einer aus dem Kontext der Religionsfreiheit gelösten Vorstellung erst seit Leo XIII. finden lassen und sich immer auf das Recht der Gewissensfreiheit beziehen, kann man vom Fehlen einer Auseinandersetzung des Lehramts mit der modernen Problematik der Gewissensfreiheit sprechen. Im rein ethischen Kontext wurde der Begriff lehramtlich nie explizit reflektiert.[42] Die These, Gewissensfreiheit im Sinne einer ethischen Freiheit der Person, seinem Gewissen zu folgen, sei lehramtlich verurteilt worden, ist daher aufgrund der Quellenlage nicht haltbar.[43]

Die wenigen moraltheologischen Aussagen von Gregor XVI. bis zum Zweiten Vatikanischen Konzil, die sich der Frage von Gesetz und Gewissen annehmen, lassen nur den Schluß zu, daß das Lehramt recht allgemein sowohl die unabdingbare Bedeutung des Gewissens für die Sittlichkeit als auch die Einbindung und den Bezug des Gewissens zum »natürlichen Sittengesetz« und zum »christlichen Offenbarungsgesetz« festhalten. Dabei ist die Abhängigkeit von der scholastisch-neuscholastischen moraltheologischen Tradition offensichtlich. Die Gewissenslehre in »Gaudium et spes« und Elemente der Konzilserklärung »Dignitatis humanae« stellen demgegenüber den Versuch dar, jene Abhängigkeit aufzugeben und zu einem neuen Grundansatz zu gelangen. Obwohl keine ausgesprochene konziliare Lehre ethischer Gewis-

---

41 Vgl. »Gaudium et spes« 22, dem Zielpunkt des gesamten ersten Kapitels der Pastoralkonstitution, oder auch »Lumen gentium« 16, wo das Gewissen als leitendes sittliches Prinzip dem natürlichen Gottsucher zugeordnet wird, während für die Christen der Hl.Geist, der Christus gleichgestaltete, als Prinzip des Handelns angegeben wird.

42 Man findet nur eine sozialethische Position in den späten Aussagen zum allgemeinen Recht der Gewissensfreiheit.

43 Man wird sogar darauf hinweisen müssen, daß selbst das Zweite Vatikanische Konzil bei der Anerkennung einer rechtstaatlichen Ordnung, zu der das Recht der Gewissensfreiheit als Abwehrrecht der Person und als metajuristisches Grundprinzip der »Freiheit von Zwang« gehört, keine Lehre zur ethischen Gewissensfreiheit bieten wollte. Es fehlt damit der These vom Widerspruch zudem eine zweite Grundlage: daß das II.Vatikanum »Gewissensfreiheit« als individualethische Freiheit ausdrücklich gelehrt habe.

sensfreiheit vorliegt, kann man festhalten, daß das II.Vatikanum vor allem in seiner vertieften Gewissenslehre und im Motiv der personal-dialogischen Wahrheitssuche Einsichten der neueren katholischen Moraltheologie übernahm, die es möglich machen, den Begriff der Gewissensfreiheit nicht nur rechtlich oder sozialethisch, sondern auch anfanghaft individualethisch zu deuten.

Abschließend sei noch eine Bemerkung zur Frage des Lehrwiderspruchs bzgl. der Religionsfreiheit angefügt. Aufgrund des jeweils spezifischen Objekts der Lehramtsaussage, läßt sich auch hier kein direkter Lehrwiderspruch aufzeigen. Der eigentliche Wandel der kirchlichen Lehre zwischen »Mirari vos« und dem II.Vatikanum besteht grundsätzlicher in der Staats- und Rechtslehre. Das lehramtliche Denken zum Recht der Religionsfreiheit war bis zum II.Vatikanum dem Staats- und Gesellschaftsmodell der mittelalterlichen Einheitsgesellschaft verpflichtet. Diese wohl zumeist unbewußte Verhaftung an ein bestimmtes staatstheoretisches Modell muß – neben den konkreten geschichtlichen Auseinandersetzungen – als der eigentliche systematische Grund der lange Zeit ablehnenden Haltung zur Religionsfreiheit bezeichnet werden. Das Zweite Vatikanische Konzil im allgemeinen und »Dignitatis humanae« im besonderen beenden vor allem diese auch religiös anfragbare politische Fixierung. Ein gewandeltes Kirchenbild, die geschichtlichen Erfahrungen mit den totalitären Staatssystemen und die eigene kirchliche Tradition der vorstaatlichen Personrechte und des Gemeinwohls ermöglichten grundlegend, sich von den staatstheoretischen Grundprinzipien der mittelalterlichen Einheitsgesellschaft zu verabschieden. Das Konzil weist statt dessen den Weg, die Wahrheit des Glaubens und der kirchlichen Tradition im gesellschaftlich-freien Miteinander, das in einer rechtsstaatlichen Weise geordnet sein soll, zu leben und weiterzugeben, und es verzichtet darauf, die religiöse Wahrheit unmittelbar über den staatlich-rechtlichen Bereich tradieren zu wollen. Die Anerkennung des Rechts der Religionsfreiheit als technisch-juridische Konzeption des modernen Verfassungsstaates stellt zentral jenen staatstheoretischen Wandel dar.

5. Ein Ausblick

Die charakteristische Grundhaltung des II.Vatikanums – das Recht der Gewissensfreiheit anzuerkennen, aber in individualethischer Sicht nur in allgemeiner Weise von der Würde des Gewissens zu sprechen – prägt die lehramtliche Verkündigung zur Gewissensfreiheit bis in die heutige Zeit. Exemplarisch mag hier die Aussage aus »Centesimus annus« stehen: »In den totalitären und autoritären Regimes wurde das Prinzip des Vorrangs der Macht vor der

Vernunft auf die Spitze getrieben. ... Dieses Prinzip muß zum Sturz gebracht werden, und die *Rechte des Gewissens*, das nur der Wahrheit, sowohl der natürlichen wie der geoffenbarten, verpflichtet ist, müssen wieder voll zur Geltung kommen.«[44] In den neueren lehramtlichen Verlautbarungen ist das entschiedene Eintreten für das Grundrecht der Gewissensfreiheit und für die sozialethische Deutung unübersehbar. Gleichzeitig wird die Bindung des Gewissens an das natürliche und geoffenbarte Gesetz betont. Man wird kritisch einwenden müssen, daß die ebenfalls in den Dokumenten des Konzils ansatzhaft grundgelegte personal-freiheitliche Dimension des Gewissens vernachläßigt wurde.[45] Dies weist auf eine noch ungelöste Spannung in der Lehramtsverkündigung zwischen jener rechtlich-sozialethischen und einer individualethischen Vorstellung der Gewissensfreiheit hin.

Daher möchte ich mit der persönlichen Bemerkung schließen, daß sich vielleicht auch Helmut Weber dazu noch einmal zu Wort melden wird. Ein Lebensthema ist mit 65 Jahren ja nicht zu den Akten gelegt.

---

44 Johannes Paul II., Enzyklika »Centesimus annus«, 1.5.1991, in: Verlautbarungen des Apostoloischen Stuhls 101, Hg.: Sekretariat der Deutschen Bischofskonferenz, Bonn 1991, 33–34 (AAS LXXXIII (1991) 793–867). Hervorhebung im Text.
45 Vgl. besonders bei Johannes Paul II., Enzyklika »Veritatis splendor«, 6.8.1993, in: Verlautbarungen des Apostolischen Stuhls, 111, Hg.: Sekretariat der Deutschen Bischofskonferenz, Bonn 1993, 56–64 (AAS LXXXV (1993) 1133–1228).

ALFONS THOME

Giorgio La Pira
»Der weiße Kommunist«

Auf der Schwelle zum 3.christlichen Jahrtausend blicken wir auf die Leistungen des 2o. Jahrhunderts zurück. Ein ungeahnter Fortschritt hat sich vollzogen: Überschallflugzeuge haben die Kontinente untereinander zum »Weltdorf« werden lassen; mit ihren Raketen hat die Menschheit den Fuß auf den Mond gesetzt und mit ihren Sonden die Geheimnisse der Gestirne ausgeforscht. Die Nachrichtentechnik lauscht und leuchtet in die geheimsten Winkel der Erde und des Weltalls und bringt Stimmen und Bilder in die entlegensten Winkel der Erde. Die Medizin hat durch ihren chirurgischen und pharmazeutischen Fortschritt die Lebenserwartung fast verdoppelt. Aber den bedeutsamsten Fortschritt hat die Menschheit im gesellschaftlichen Bereich vollzogen, in der demokratischen Gestaltung des Völkerlebens, wo die letzten Bastionen autoritärer, diktatorischer und totalitärer Herrschaftsausübung gefallen oder wenigstens im Fallen sind.

Dadurch ist auf der ganzen Welt das Potential menschlicher Unverletzbarkeit der Würde, Unvertretbarkeit in der Verantwortung und personaler Bezogenheit untereinander ungemein gewachsen.

Zu diesem Fortschritt im gesellschaftlichen Bereich gehört dann besonders die soziale Absicherung, wodurch die Fabrikarbeiter aus dem Beginn dieses Jahrhunderts fast ebenbürtig mit Besitzern und Managern am Verhandlungstisch sitzen.

Zu letzterem Fortschritt haben auch viele sozialpolitisch tätige Christen mitbeigetragen. In der Betrachtung der sozialethischen Probleme beim Schritt in das neue Jahrtausend müssen wir dankbar auch der christlichen Sozialpolitiker gedenken und uns deren Wirken zur eigenen Orientierung und Motivierung stets gegenwärtig halten. Für eine christliche Sicht der Gesellschaftsprobleme bleibt darum das Wirken des ehemaligen Sindaco von Florenz, Giorgio La Pira, neben vielen andern Sozialpolitikern, immer bedenkenswert. In ärmlichen Verhältnissen l9o5 in Pozzallo (Sizilien) geboren, schaffte er nach kaufmännischer Lehre, gleichsam auf dem zweiten Bildungswege, unterstützt von einem Verwandten, was von der sozialen Bedeutsamkeit der Großfamilie zeugt, l924 das klassische Abitur. Durch die Förderung eines Lehrers – die staatlichen Institutionen können und dürfen nicht alles regulieren – wurde der junge Laureat an die Universität Florenz berufen. Dort wirkte er dann ab l93o bis zu seinem Lebensende als Professor für römische Rechtsgeschichte.

Die kirchlich-katholische Grundeinstellung, die er sich in einem harten persönlichen Ringen erworben hatte, bewahrte ihn vor der Mitarbeit mit dem totalitären Faschismus. Aber zugleich verstärkte er die sozialethische Mitwirkung im kirchlichen Bereich; dadurch wiederum wuchs sein Widerstand gegen das Mussolini- und (während des Krieges) Hitlersystem. 1946 wurde La Pira Mitglied der Verfassunggebenden Versammlung in Rom, Staatssekretär im Arbeitsministerium mit Fanfani als Minister und De Gasperi als Ministerpräsident.

1951 wählten die Florentiner La Pira zum Sindaco (Oberbürgermeister); sie gaben ihm damit die Plattform für sein einzigartiges sozialpolitisches Wirken. Jedoch die universal-christlich-soziale Lebensorientierung ließ den »Weißen Kommunisten«, wie man La Pira seit dieser Zeit charakterisierte, weit über die Mauern von Florenz hinaus Anteil nehmen an den Weltproblemen seiner Zeit: Die Mittelmeerkrisen (Israel-Ägypten, Nordafrika), das Ringen um den »Abrahamitischen Frieden«, die Probleme des »Kalten Krieges«, die atomare Aufrüstung, die Vietnamfrage und die Jugendrevolte. Immer war der Sindaco an den Brennpunkten der aktuellen Weltprobleme gegenwärtig: Israel, Ägypten, Algier, Marokko, Tunis, Libanon, dann in einem außergewöhnlichen Engagement in Moskau, Hanoi und Paris (Vietnamkonferenz). Wegen seines sozialen Einsatzes in Florenz und der einzigartigen Beziehungen zu den kommunistischen Machthabern nannte man ihn auch den »Bolschewiken des Heiligen Geistes« oder den »roten Fisch im Weihwasserbecken«. Wegen seines weltweiten sozialpolitischen Wirkens verdient La Pira die Aufmerksamkeit auch im deutschen Sprachraum.

1. Die Wurzel des sozialethischen Engagements

La Pira hatte ganz gewiß von seiner ärmlichen Herkunft her ein existentielles Interesse für die sozialen Lebensfragen. Dazu kam aber, daß in einer zufälligen Erfahrung mit Nonnen der traditionsgebundene Kindheitsglaube zu einer bewußten, überzeugten Lebensorientierung sich entwickelte: »Ich sollte Pakete zu einem Schwesternkonvent bringen; dort mußte ich mich etwas aufhalten und hörte den Meßgesängen der 'Claustrali'in den damals üblichen Choralmelodien zu. Die Reinheit und Innigkeit der Stimmen packte mich derart, daß ich mich an eine Mauer anlehnen mußte. Es war mir, als ob ein Blitz meine Seele durchzuckte, als ob etwas ganz Anderes, Jenseitiges aufleuchtete, etwas Wunderbares, das alle irdische Wahrnehmung übertraf, mein Inneres drehte sich um!«[1]

---

1   F. Mazzei: La Pira, Cose viste e ascoltate, Firenze 1977, 15–16; vgl.: A. Thome, Die Leiden der Völker begriffen, Giorgio La Pira/Christ und Politiker, 1990, 17–20.

Diese Erfahrung bewirkte nach seinen eigenen Worten ein dreifache Neu-
orientierung: »Die Gnade, vor allem die Gnade, sie bewirkt die innere Erneuerung des Menschen. Ihr eigentliches Geheimnis ist die Ebenbildlichkeit
des Menschen mit dem himmlischen Vater in Christus. Ferner: Diese Gnade
wirkt nicht isolierend; der begnadete Mensch ist nicht allein. Er ist ein
inkorporiertes Glied im »mystischen Leib Christi«, tritt auch vordergründig
weltlich gesehen, gerade im sozialpolitischen Wirken in einen wirksamen
Lebensaustausch mit der gesamten Christusgemeinschaft. Schließlich ergibt
sich daraus: Der »mystische Leib« ist universal, darum muß die Gesellschaft
der Staaten in ihren Rechten und Ordnungen auch die Einheit der gesamten
Menschheit umgreifen. Die Glieder der einzelnen Völker und Staatengebilde
müssen letztlich aus einer solidarischen Norm gelenkt werden: Arbeit für alle,
Brot für alle, ein würdiges Lebensminimum für alle!«[2]

Wegen dieser »mystischen« Solidarität blieb der junge Mann zuerst einmal
den »Claustrali« verbunden; er sah ihre Lebensform in Solidarität, Armut und
Gebet auch für sich als Orientierungsnorm. Deswegen richtete er sich als
Professor und Sindaco in einer Klosterzelle von San Marco ein; in vielen
Anekdoten wurde die Einfachheit, fast Armut seiner Lebenshaltung bewundert. Teilnahme am Leben der Armen war und blieb ein Grundzug seines
sozialen Engagements; dadurch blieb sein sozialpolitisches Handeln auch
immer glaubwürdig; viele sozialpolitischen Eskapaden wurden ihm deswegen
auch verziehen: »Die Armut ist ein Passierschein der Brüderlichkeit, die
Geldgierigen sind gottloser als die Kommunisten!«[3]

Der erste Bereich des kirchlich-sozialen Wirkens des Professore war die
Vinzenzkonferenz, die er in Florenz mit Kollegen und Studenten nach dem
Vorbild von A.-F. Ozanam (1813–1853) ausbaute: Zuerst war »San Frediano«,
dann »San Procolo«, später die »Badia« Mittelpunkt der Armenbetreuung;
sein Freundeskreis hat diese Tradition auch nach seinem Tode bis in die
Gegenwart fortgesetzt.

Aus dem Geist der Vinzenzkonferenz entschied sich La Pira auch ganz
bewußt zum »Weltapostolat«. Wenn er auch eine sehr innige Beziehung zu
der Klostergemeinschaft von San Marco unterhielt, wenn in seinem Freundeskreis der »Pauliner« (Gemelli, Montini, Dossetti, Fanfani, De Gasperi,
Lanzati) Priester sehr einflußreich waren, wenn man ihn wohl auch für den
priesterlichen Dienst in der Kirche zu gewinnen suchte, so entschied er sich
dennoch für die sozial-politische Wirksamkeit in der Gesellschaft: »Ich bin
kein Priester, aber Jesus hat mich gerufen, ein freier Apostel in der Welt zu
sein!« Diese Lebensorientierung sah er als so wichtig an, daß er sich recht
kritisch zur Priester-Entscheidung eines Freundes äußerte: »Warum das,

2   Vgl. G. La Pira, Struktur einer christlichen Politik. Essays. Auswahl von Y. Meier, Mün-
    chen/Olten 1961,22–25.
3   Mazzei, ebd. 83.

Dossetti ist doch Politiker; er hat seine Berufung in der Politik. Er ist einer von den Seltenen, die einen universalen Blick haben; er ist zur politischen Führung berufen!«[4]

Entscheidend fand der Philosophieprofessor seine sozialpolitische Zielorientierung im christlichen Menschenbild.

In seiner Zeitschrift »Principi« legte er in den »Leitlinien über den Wert der menschlichen Person« sein politisches Programm dar. In Anlehnung an die anthropologischen Aussagen von Thomas von Aquin, aber auch an den zeitgenössischen französichen Philosophen Maritain (»l'humanisme integrale«), definierte er den Wert des Menschen entscheidend in der Unverletzbarkeit der Würde, in der Unvertretbarkeit in der Verantwortung, in der Bezogenheit zu allen anderen personalen Wirklichkeiten und deswegen letzlich in der Unmittelbarkeit gegenüber Gott. Ebenso hatte es auch später Romano Guardini in seinem Werk »Ende der Neuzeit« formuliert.[5]

Aus dem personal ausgerichteten Menschenbild waren ihm die totalitären politischen Systeme wie Faschismus und Bolschewismus ein Dorn im Auge: Die individuelle persoale Berufung darf nicht durch eine relative kollektive Berufung zerstört oder ausgenützt werden. Die kollektiven Bezüge dürfen nicht in den Wert oder über den Wert einer Person erhoben werden. Die Rasse, das Proletariat, der Staat sind nicht »Person im Großen«, der die »Personen im Kleinen« zu dienen hätten.

Mißtrauisch verfolgten deswegen die faschistischen, gegen Ende des Krieges auch die nationalsozialistisch-deutschen, Geheimdienste das Wirken des Professors und suchten nach einer Möglichkeit, ihn auszuschalten. Aber er konnte sich ihnen entziehen.

Schließlich gewann La Pira aus diesem personalen und zugleich Christusorientierten Grundverständnis eine starke Zuversicht für die gesamtmenschliche Entwicklung: »Die menschliche Geschichte ist wie ein besätes Land, wie eine Masse in Gärung, darin wirkt der geheimnisvolle Samen und die geheimnisvolle, aber kraftvolle Hefe eines göttlichen Versprechens: In dir (dem auferstandenen Gottmenschen Christus) werden alle Völker gesegnet! Du wirst mit uns sein alle Tage, bis an das Ende der Welt!«[6]

2. Das sozialpolitische Wirken

1946 fanden in Italien nach der ersten Aufbauphase in den Städten und Gemeinden, Wahlen zur Verfassunggebenden Versammlung statt; La Pira

4   Mazzei, ebd. 76.
5   Vgl. A. Thome, a.a.O.,48–49.
6   G. La Pira, a.a.O., 63.

wurde von seinen Freunden gerufen, stellte sich zur Wahl als Abgeordneter der Nationalversammlung, wurde gewählt und konnte mit einem gewissen Stolz sagen: »Ich bin der einzige, der in seiner Tasche schon die Verfassung hat, gut durchdacht und niedergeschrieben. Dadurch habe ich einen Vorteil und kann die Dinge führen.

Ich kann das inspirierende Grundprinzip vorlegen!«[7]

Durch die Mitarbeit von La Pira gewann die Neue Verfassung eine deutliche Orientierung nach der christlichen Wertordnung: »Wenn der Name Jesus auch nicht darin vorkommt, so trägt sie dennoch den Stempel Jesu und seines Evangeliums!« Dies konnte La Pira erreichen, weil er von seinem Verstänis des »integralen Humanismus« her eine gemeinsame Ebene mit den kommunistischen Abgeordneten fand, weil er auch eine ganz persönliche Beziehung zu dem Vorsitzenden der kommunistischen Partei, dem Abgeordneten Togliatti, pflegte. Die Nähe zu der Kommunistischen Partei muß so stark gewesen sein, daß ein Abgeordneter ihm eines Tages nahelegte: »Du könntest doch Mitglied in unserer Partei werden!« La Pira soll darauf geantwortet haben: »Ich habe nicht die Mitgliedskarte der Democrazia Christiana, ich will auch nicht die eure. Aber wir haben eine «Tessera» gemeinsam, das ist die Taufe. Ich liebe Christus und die Arbeiter; aber ihr liebt weder Christus noch in Wahrheit die Arbeiter!« Togliatti selbst soll von La Pira bemerkt haben: »Ich kann mit ihm nicht diskutieren, sein Blick so rein, ehrlich und wohlwollend, bringt mich in Verwirrung!«

Diese ersten Beziehungen des »Weißen Kommunisten« waren charakteristisch für das weitere politische Wirken; La Pira hatte immer einen besonderen Draht zu den Kommunisten, später auch zu den Ostblockspolitikern: »Viele Begegnungen verbinden mich seit der Arbeit in der Verfassunggebenden Versammlung mit Togliatti: Zuerst im November 1946, wobei mir sofort deutlich wurde, daß es sich nicht nur um etwas Provisorisches und Zufälliges zwischen uns handeln würde, sondern um eine tiefe Zuneigung, in der die Vorsehung das Werk der persönlichen und geschichtlichen Ziele gestaltete. Mit Togliatti, dem ich meine katholische und biblische Vision vermittelte, dem ich als Siegel der Freundschaft eine Bibel schenkte, stimmte ich in den grundlegenden Ideen und in den wesentlichen Linien der Neuen Verfassung überein. Ich durfte ihn in vielen Gesichtspunkten inspirieren. Die Sicht der menschlichen Person war uns beiden gemeinsam, das Anliegen ihrer Befreiung, ihrer würdigen Gestaltung, ihrer sozialen Struktur in Familie, Kirche, Stadt und Staat, ganz besonders in Wirtschaft und Kultur!«[8] Im Einvernehmen und mit der Hilfe Togliattis konnte La Pira den Artikel 7 der Verfassung durchsetzuen, wo es heißt: »Der Staat und die katholische Kirche sind je in ihrer Ordnung unabhängig und souverän«.

7   F. Mazzei, a.a.O., 64.
8   E. Balducci, Giorgio La Pira, Firenze 1986, 62.

Nach der Verfassungsreform wurde auf ganz speziellen Wunsch von Ministerpräsident De Gasperi (»Der Präsident hat mich gerufen!«) La Pira Staatssekretär im Arbeitsministerium unter Fanfani; seine Aufgabe beschrieb der Sozialpolitiker so: »Man muß rau und hart sein wie Stahl! Viele Besitzenden sind schlechter als die Atheisten. Der Besitzegoismus stört wie ein Teufel das gesellschaftliche Leben! Darum: Politisches Handeln ist eine Form der Nächstenliebe; nur noch die Kontemplation steht höher!⁹ In vielen Äußerungen erklärte der «Weiße Kommunist» das politische Wirken zum Wohle der Menschen als ein Grundanliegen christlicher Gläubigkeit und Frömmigkeit: »Alle Probleme der Menschheit und des Kosmos gehen mehr oder weniger den gläubigen Christen an, dies wegen der Menschwerdung und Auferstehung, wegen des 'mystischen Leibes', wegen des himmlischen Jerusalem. Das Christentum muß die Probleme der Menschheit als seine eigenen ansehen: Wandelt die Gesellschaft! So sagen die Päpste von Leo XIII. bis zu Pius XII.!«¹⁰

1951 wurde La Pira von seinen Parteifreunden gebeten, das Amt des Sindaco in Florenz zu übernehmen: »Schließlich überredeten sie mich, darunter war auch der Kardinal Dalla Costa, den Bürgermeister in Florenz zu machen. Nie hatte ich daran gedacht, ein politisches Amt zu übernehmen, dazu in einer Stadt wie Florenz. Das war für mich mehr als Jerusalem! Nun habe ich Florenz gewählt, die Perle der Welt! Mein süßes, harmonisches, schönes Florenz!«¹¹

Die Losung, unter der La Pira seine Arbeit begann, lautete: »Ein Bürgermeister muß wie ein Vater sein!« Mit Eifer ging er besonders an die vielen sozialen Aufgaben, die sich ihm stellten. Da waren zuerst die Armen; er richtete nicht nur die Armenküchen ein, sondern kontrollierte persönlich das Essen, sorgte für eine würdige Ausstattung der Speiseräume wie in den Restaurants. Ähnlich kümmerte er sich um die Schulspeisung, Milch und Kakao am Morgen, und zwar für alle Kinder. Als die städtischen Haushaltsmeister dies begrenzen wollten auf Kinder mit Armenausweis, beschied der Sindaco: »Nein, dann bekommen die armen Kinder es zu spüren, daß sie arm sind; das aber tut ebenso weh wie Hunger! Nein, alle sollen die Speisung erhalten! Die Madonna ist unsere Buchhalterin; sie wird schon helfen!« In der gleichen Weise wurde den Pendlern, die am frühen Morgen in der Stadt nach Arbeit suchten, allen ohne Unterschied, wenn sie darum baten, Milch angeboten. Aus eigener Erfahrung empfand La Pira das Demütigende der Armut schlimmer als den Hunger.

Die Ausführungen des Professore über den Wert der menschlichen Person blieben nicht nur Phrasen; sie wurden sein konkretes Arbeitsprogramm:

---

9   F. Mazzei, a.a.O., 60.
10 G. La Pira, a.a.O., 87–88.
11 F. Mazzei, a.a.O., 93.

Zuerst eine menschenwürdige Unterkunft und dann eine existenzsichernde Beschäftigung:

»Wir haben die Absicht, dreitausend Wohnungen zu bauen; aber das braucht Zeit und Geld, viele Milliarden Lire, dazu suche ich irgendeine Kasse zu bestürmen!«[12] Tatsächlich gelang es ihm, etwa 5–6.000 Kleinstwohnungen zu bauen; aber wegen der Finanzierung mußte sich der »Rote Fisch im Weihwasserbecken« vor dem Stadtrat verteidigen: »Nein, wenn der zwischenmenschliche Haushalt nicht stimmt, wenn die Leute keine Beschäftigung finden, wenn die erforderlichen Häuser nicht gebaut werden, wenn ein menschenwürdiges Dasein nicht gewährt wird, dann stimmt eben die Bilanz vor Gott und dem Evangelium nicht; aber für diese Bilanz muß ich zuerst sorgen!« Seinen Kritikern warf der »Weiße Kommunist« vor:

»Soll ich sagen: Weil ich kein Mann des Klassenkampfes bin, keine Klasse bevorzuge, kann ich auch für eure Klasse (Arbeitslose und Obdachlose) nichts Besonderes tun. Nein! Will man nicht ein Pharisäer sein, gibt es nach dem Evangelium nur eine Möglichkeit: Wie der Samariter vom Pferd herabzusteigen und zu helfen!«[13]

Am schlimmsten wurde er wegen seiner »Hausbesetzungen« angefeindet. Bei der katastrophalen Wohnungsnot kam er auf die Idee, einen Notstandparagraphen aus dem Jahre 1865 auszunutzen und leerstehende Wohnungen von Obdachlosen besetzen zu lassen; nicht selten vollzog er selbst die Einweisung. Ein Industrieller, der ihn deswegen vor Gericht zog, gab schließlich doch auf; zu sehr hatte ihn der Eifer des Sindaco beeindruckt.

Ein Höhepunkt des sozialpolitischen Wirkens war der Kampf um die Erhaltung der Arbeitsplätze in der »Pignone«-Fabrik. Die Geschäftsleitung hatte am 28.10.1953 die Liquidation der Gießerei beschlossen und die Entlassung von 2.000 Arbeitern verfügt. La Pira ging sofort nach Rom an die höchsten Stellen, forderte den Erhalt der Arbeitsplätze. Wegen der Fluchtgefahr der Verantwortlichen ins Ausland, bewirkte Sindaco staatlicherseits, daß diesen die Pässe entzogen wurden. Weiter wandte sich der Sindaco an den Papst, an alle Bischöfe Italiens, an alle verantwortlichen Politiker: »Wie kann der Staat den Großindustriellen, die allein nach dem Markt sich orientieren die Initiative in Problemen von derartiger sozialer Tragweite überlassen?« Darum regte er die Arbeiter an, die Fabrik besetzt zu halten. Am 8.12., dem Fest der Immaculata regte er sogar eine Eucharistiefeier an, wobei er selbst die Predigt hielt: »Christus in Pignone!« Schließlich bedrängte er in einem Augenblick höchster Entscheidung seinen Freund, den Minister Fanfani, mitten in der Nacht, daß er als Verantwortlicher des staatlichen Chemieunternehmens ENI, die Pignonefabrik übernehme.

---

12 G. La Pira, a.a.O., 17.
13 A. Lugli, Giorgio La Pira, Padova 1978, 39.

Auf die Frage des Ministers: Wie kommst du dazu?, antwortete der »Bolschewik des Heiligen Geistes«: »Das hat der Heilige Geist mir eingegeben!« Bewunderung und Anfeindung wegen dieser »Närrischen Streiche der Barmherzigkeit« begleiteten das sozialpolitische Wirken von La Pira fortan in Italien, auch im Ausland, besonders in den sozialistischen Ländern.[14]

3. Kontakt zu den Politikern Moskaus und Hanois

Bereits zur Zeit des Koreakrieges 1950 war sich La Pira im Klaren, daß auf Dauer nur der Völkerfrieden gesichert werden könnte, wenn zwischen den Politikern des Ostens und Westens ein intensives Gesprächsklima entwickelt würde. Deswegen suchte er in den spannungsgeladenen Dezembertagen 1950 während des Koreakrieges über seine römischen »Freunde« Togliatti und Longo, über den kommunistischen Gewerkschaftsführer Bitossi in Moskau für eine Friedenslösung zu intervenieren. Aber Stalin soll alle Anregungen von La Pira abgelehnt haben; sarkastisch soll Stalin bemerkt haben: »Jener La Pira sollte sich besser der marxistischen Friedensbewegung anschließen, anstatt auch noch den Vatikan einschalten zu wollen!« Jedoch La Pira ließ sich nicht einschüchtern; er war sich bewußt, daß für eine solche Vermittlungspolitik der Boden von weit her erst vorbereitet werden müßte. Gerade angesichts des sich steigernden Gegensatzes zwischen den Atommächten USA/UdSSR sah er sich für die vorbereitende Friedensarbeit herausgefordert.

Also kam er auf die Idee, die Verantwortlichen in Politik und Wissenschaft zu einem Friedenskonzil in sein schönes Florenz einzuladen. Bereits 1952 folgten politisch bedeutsame Persönlichkeiten aus 33 Ländern seiner Einladung. Man war sich darüber einig, daß in Zukunft der technisch-industrielle Fortschritt, vor allem im Nuclearbereich, überwacht werden müßte unter dem Kriterium: Inwieweit wird durch diesen Fortschritt der menschlichen Lebensqualität und dem wahren Völkerfrieden gedient? Der »Bolschewik des Heiligen Geistes« sah es als notwendig an, daß unter der gesamten Menschheit die Sorge wachsen müßte, alle wissenschaftliche und technische Energie auf eine menschenwürdigere Gestaltung von Wohnung, Verkehr, Bildung und Arbeit hinzulenken. Selbst den »Claustrali«, mit denen er einen regen Briefverkehr pflegte und die er um die mystische Gebetsunterstützung für sein politisches Wirken bat, machte er deutlich:

»Nur ein Drittel der Menschen kann ein menschenwürdiges Leben führen; angesichts der Unterernährung ist geradezu ein Orkan vielfältiger Probleme ausgebrochen: Kräfte des Guten und Bösen, der Sauerteig der Liebe und des

---

14 Vgl.:Der Spiegel, Närrische Streiche der Barmherzigkeit. Christlicher Sozialist und Bürgermeister von Florenz: Giorgio La Pira (Titelgeschichte), 1967, Nr. 16.

Hasses haben alles in Bewegung gesetzt, die materialistische Einstellung in weiten Bereichen zu verbreitern; die sozialen Unruhen, die Gefahren kriegerischer Auseinandersetzung haben eine Erschütterung der Grundfesten dieser Welt ausgelöst.[15]

Auf die erste Begegnung in Florenz folgte dann ganz im Sinne von La Pira's religiöser und politischer Grundorientierung der Kongreß über »Gebet und Poesie«. Auch darüber schrieb er seinen »Claustrali«: »Bedenken Sie, in einer so großen Verschiedenheit der Stimmen und Erwartungen, der geistigen Ausdrucksfähigkeit und nicht zuletzt der Persönlichkeiten gab es keinen Mißklang und keine Mißstimmung. Alle waren glücklich und froh, erfüllt von gemeinsamer Liebe und Hoffnung!«[16]

Nach einem weiteren erfolgreichen Kongreß 1954 über das Thema »Offenbarung und Kultur« rief der Sindaco dann 1955 die Oberbürgermeister der Welthauptstädte nach Florenz; 44 folgten der Einladung, darunter auch die Oberbürgermeister von Moskau und Peking. Wie bereits in den Jahren vorher, war auch diesmal ein Hauptprogrammpunkt die Eucharistiefeier in Santa Croce, zelebriert von dem Kardinal Dalla Costa. Diesmal nahmen nicht nur die kommunistischen Vertreter von Moskau und Peking daran teil, sondern auch der sowjetische Botschafter in Rom, Bogomolov, war gekommen. Es war ein bewegender Augenblick, als nach der Feier der Kardinal und der Sovjetvertreter sich begrüßten. Für La Pira begann damals eine sehr vertrauensvolle Beziehung zu Bogomolov. In der Folgezeit trafen sich beide zu wichtigen Gesprächen in »San Miniato«; dadurch erfuhr der Sindaco von Florenz als einer der ersten westlichen Politiker von der berühmten Rede Chruschtschovs über Stalin, den Personenkult und das politische Tauwetter. Das Vertrauensverhältnis zwischen beiden Politikern wurde trotz der Verschärfung des »Kalten Krieges« immer inniger; aber gerade deswegen wuchs das Mißtrauen vieler Freunde der Democrazia Christiana gegenüber La Pira; immer häufiger diffamierte man den Sindaco wegen dieser Begegnungen mit Sovjetvertretern, wegen seiner gesamten sozialpolitischen Einstellung als den »Bolschewiken des Heiligen Geistes« oder als »Sakristeikommunisten«. Darauf führe ich auch zurück, daß man in Deutschland trotz seiner anerkennenswerten Sozialpolitik La Pira so wenig erwähnte.

Die Anfeindungen jedoch störten den Sindaco nicht. Über den Botschafter Bogomolov hatte er vom Oberbürgermeister von Moskau eine Einladung nach Moskau erhalten; der Botschafter Bogomolov erinnerte ihn immer wieder an den vorgesehenen Besuch. Aber es war für La Pira charakteristisch, daß er in der Entscheidung zögerte und den Rat des Heiligen Geistes in Gebet und Wallfahrt suchte. Seine »Claustrali« bat er, eine »Bombe des Gebetes« zu zünden, während er selbst eine Wallfahrt nach Lourdes und Fatima unter-

15 G. La Pira, lettere alle Claustrali, Milano 1978, 19.
16 Ebd. 41.

nahm, um Klarheit über den »dialogischen Brückenbau« zwischen Florenz und Moskau zu gewinnen. Selbst seinen Freund aus den frühen Akademiker-jahren, den damaligen Kardinal von Mailand Montini, den späteren Papst Paul VI, bat er um Rat; dieser jedoch antwortete in seiner »hamletischen« Art nur mit dem Bibelspruch: »Der Vater dachte schweigend über diese Dinge nach.« (Abraham über Josefs Träume) Eine Ansprache von Papst Johannes XXIII. am Fest der Slavenapostel bestärkte dann La Pira in seiner endgültigen Entscheidung: »Es eröffnen sich uns für das Werk der Heiligen Kyrill und Methodius Horizonte, die wir heute noch nicht erahnen, die durch den 'Éisernen Vorhang' noch verdeckt sind. Wagen wir doch zu hoffen, daß dank unserer Gebete und Opfer die göttliche Vorsehung im Begriffe ist, eines der größten Geheimnisse der Geschichte ins Werk zu setzen, ein Werk der Barmherzigkeit für alle Völker!«[17] Unter dem Datum des 22.Juli 1959 telegra-phierte der »Bolschewik des Heiligen Geistes« an Bogomolov: »Herr Bot-schafter, ich nehme die Einladung an; aber ich bitte zuzustimmen, daß ich für die Reise das Datum des 14. August nehme, daß ich beginnen möchte mit dem Besuch des Klosters von der Allerheiligsten Dreifaltigkeit in Sagorsk, dann Moskau, dann Kiev!« Wiederum charakteristisch für den »Weißen Kommu-nisten« ist die Tatsache, daß er in seinem Diplomatengepäck Hunderte von Bildchen der Annunziata von Florenz und der Kleinen Theresia, Medaillen aller Art und sogar eine Fatimamadonna mitführte; das war seine Einstellung: »Wenn Christus auferstanden ist, dann ist er unter uns gegenwärtig; dann sind auch alle da, die in ihm ihr Leben vollendet haben; dann ist nichts realistischer, als uns immer an die Gegenwart und Begleitung durch Christus und seine Heiligen zu erinnern!«

Im Verlaufe des Besuches kam es zu sehr offenherzigen Gesprächen zwis-hen ausgewählten Vertetern des Obersten Sovjet und La Pira; in einer Tisch-rede faßte er seine Eindrücke zusammen: »Ich habe einen sehr günstigen Eindruck vom ehrenwerten und arbeitsamen russischen Volk erhalten. Ich habe beobachten können, daß die religiösen und mystischen Wurzeln des russischen Volkes wieder ausschlagen und am Aufblühen sind….Gestattet mir aber auch, da hier Menschen von hoher Verantwortung und Kultur versammelt sind, daß ich Ihnen auch das vortrage, was mir Sorge macht, nämlich, die entscheidende Frage nach dem letzten Grund der menschlichen Person…Deswegen hat mich auch ein Artikel in Ihrer Zeitung («Prawda») verletzt, der in einer sehr oberflächlichen und -wissenschaftlich gesehen -kindischen Art dieses so gewichtige Problem behandelt hat. Eine solche Argumentation liegt doch um 15o Jahre zurück und kann heute nicht mehr aufrecht gehalten werden! Sie ist ein Ausdruck einer verderblichen und zurückgebliebenen Aufklärung!« Von La Pira ertrugen die Vertreter des Moskauer Stadtsovjets und anderer politischer und kultureller Institutionen

---

17 Vgl. ebd. 89.

solche Worte; denn sie wußten um seine Beziehungen zu Chruschtschov und schätzten ungemein den Einsatz des »Roten Fisches im Weihwasserbecken« gegen die nucleare Aufrüstung. Denn La Pira hatte schon in den fünfzigern Jahren diese schreckliche Gefahr für die Menschheit erkannt, beschwor bereits in dieser Zeit durch aufrüttelnde Reden, persönliche Briefe und dringliche Telegramme an die damals Verantwortlichen in Ost und West, dieser Menschheitsgefahr zu begegnen. Mehr oder weniger aber stand er immer vor einer stählernen Wand der Ablehnung und des Mißtrauens, vor einer unüberwindlichen Mauer der krampfhaften Machtabsicherung.

Ermutigt durch seinen Freund, den Botschafter Bogomolov, schrieb La Pira bereits am 4. Juli 1957, gedrängt durch die verschiedensten politischen Krisenzeichen, an Chruschtschov:

»...dieser Brief wird Sie wohl erstaunen lassen; er ist sicher ein sehr befremdender und nicht erwarteter Brief!« Zuerst zollt der Sindaco dem sowjetischen Ministerpräsidenten Lob und Anerkennung für die politischen Reformen des »Tauwetters«; aber es finden sich darin auch Aufforderungen, die für einen Sovjetmenschen sehr befremdlich klingen mußten: »Grabt den Leichnam des Atheismus aus, wie Ihr den Leichnam Stalins ausgegraben habt! Das sind Leichname, die sich im gleichen Grab befinden. Man muß sie entfernen und darüber Blumen des Friedens, der Freiheit und einer neuen menschenwürdigen Kultur anpflanzen!« In einer fast naiven Reinheit der Gesinnung, mit einem ungetrübten Vertrauen für die »anima naturaliter christiana« seines Gegenübers suchte der »Weiße« den »Roten« Kommunisten für die Wirklichkeit Gottes aufzuschließen: »...Ihr revolutionäres Unternehmen bleibt verstümmelt und unerfüllt, wenn ihm nicht jene krönende, gewagte Kuppel des Glaubens gelingt. Wie die Kuppeln von Brunelleschi und von Michelangelo der Architektur von Maria dei Fiori und von St. Peter den krönenden Anblick schenken, zugleich aber auch Festigkeit und Schönheit bewirken, so ist die Kuppel der Kirchlichkeit, der Liturgie und der Religion die einzige Gestaltungskraft, die dem menschlichen Gemeinwesen, der Gesellschafts- und Wirtschaftsordnung, der Politik und der Kultur Festigkeit und Schönheit geben kann...Sie sind doch ein Mensch, der ganz unerwartete und sehr gewagte Entscheidungen treffen kann. Sie könnten doch für Ihre Völker und für alle Nationen dieser Erde die sensationelle Erfahrung des Friedens, der Brüderlichkeit und Wohlfahrt vermitteln; durch Sie könnte diese ersehnte Stunde des Friedens in der ganzen Welt für alle Menschen schlagen!« Es ist erstaunlich, wie La Pira mit einer ungenierten Selbstverständlichkeit auch immer wieder die religiösen, christlich-gläubigen Gesichtspunkte ins Feld führt: »Für uns gläubige Menschen ist noch mehr Mut notwendig; denn Gott existiert, Christus ist auferstanden! Es ist Gott selbst, es ist eben dieser Christus, der Sie gerade zu dieser größeren, noch mutigeren Entscheidung einlädt: Folge mir nach! Denken Sie an den heiligen Paulus, wie Christus ihn vor Damaskus niederwarf, aber ihn dennoch zum Verkünder seines Namens unter den Völkern machte. Er sollte die unergründlichen Reichtümer Gottes unter den Menschen verkünden!«

Mehrere Jahre hindurch wandte sich La Pira in Briefen, vor allem zu den christlichen Feiertagen an Chruschtschov; dabei waren seine wichtigsten Anliegen: Für den Weltfrieden und die nucleare Abrüstung einzutreten, für den christlichen Glauben aufzuschließen, für die Verfolgten einzutreten, so für die Kardinäle Wyszinski und Mindszenty: »Möge die Gnade in Ihrem Herzen Raum gewinnen und in voller Freiheit sich entfalten und sich ausdehnen über das ganze russische Volk!«

Chruschtschov antwortete nicht unmittelbar; über den Botschafter in Rom bekam La Pira ein gewisses Echo auf seine Vorstellungen.[18]

Am gewagtesten aber war für den »Bolschewiken des Heiligen Geistes« die Begegnung mit Ho Chi Minh in Hanoi im November 1965. Ganz aus eigenem Antrieb, nur von dem Journalisten Mario Primicerio begleitet, wagte La Pira den vielfach risikoreichen Flug über Wien, Moskau, Peking nach Hanoi. In dieser verfahrenen Situation des beginnenden Vietnamkrieges drängte ihn die erschreckende Ahnung, daß ein sinnloser Einsatz der modernsten Massenvernichtungswaffen bevorstehe.

Es drängte ihn eindeutig die »Liebe Christi«: Betend und betrachtend verfolgte er die Flugroute; in Peking gelang es ihm, an der Meßfeier eines älteren Priesters teilzunehmen; seine erste Bitte an Hi Chi Minh war, eine Eucharistiefeier besuchen zu dürfen. Da der »Weiße Kommunist« das Vertrauen der Verantwortlichen Ho Chi Minh und Van Dong besaß, kam es bei den Gesprächen zu Vorschlägen, die sehr wohl das kommende Unheil hätten abwenden können. So wurde gefordert: Zuerst einmal muß in der Luft, zur See und auf der Erde in Nord- und Südvietnam das mörderische Feuer eingestellt werden; ferner muß das Ausladen oder Landen amerikanischer Waffensysteme unterbleiben und schließlich sollen Friedensverhandlungen nach der Genfer Konvention von 1954 beginnen.[19]

Beide Seiten trennten sich voll Vertrauen, den Schrecken für die Völker beenden zu können. Die gegenseitige Hochachtung war derart gewachsen, daß sich La Pira nicht genierte, von Ho Chi Minh das notwendige Geld für den Rückflug zu erbitten. Sofort schickte La Pira den Brief mit dem Vertragsentwurf an seinen Freund Fanfani, der sich in New York am Sitz der Vereinten Nationen aufhielt. Aber der Chef des Pentagon Dean Rusk war für Fanfani nicht zu sprechen; als »Scharlatan« wurde La Pira bei der amerikanischen Administration abgetan; auch seine Freunde von der Demokrazia Christiana setzten sich von dem »Illusionisten«, dem »Sakristeikommunisten« ab. Für La Pira begann eine Zeit bitterer menschlicher und politischer Isolierung. Erst die Bitterkeit der Erfahrungen nach einem Meer von Blut,

---

18 Vgl. E. Balducci, a.a.O.,155–156.
19 Vgl. A. Thome, a.a.O., 146–151.

Schweiß und Tränen, nach einem Heer von Toten und Verwundeten, nach einem unvorstellbaren Ausmaß von Grausamkeit an Menschen und an Zerstörung der Natur, nach Verlusten an Kriegsgerät von ungeheurem Ausmaß, kam man zu den Einsichten, die La Pira 1965 ausgehandelt hatte. Mit Recht konnte er beklagen: »Warum so viel Irrationalität, so viel Unmenschlichkeit, so viel Wahnsinn!« Doch man erinnerte sich wieder an La Pira, den »Bolschewiken des Heiligen Geistes« und lud ihn 1976 als Berater zur Friedenskonferenz nach Paris ein. Auch die Democrazia Christiana sah ihren Fehler ein; man berief den »Roten Fisch im Weihwasserbecken« wieder in die Nationalversammlung. Jedoch die Kraft dieses Kämpfers für Würde, Freiheit und soziale Gerechtigkeit für alle Menschen, des Predigers für den »abrahamitischen Frieden« (Israel, Araber, Christen) und für eine christliche Lebensorientierung war gebrochen; am 5. November 1977 starb er.

Ein Neger aus Harlem/New York sprach an dem Sarg die rechten Worte: »Dieser Giorgio La Pira hat die Leiden der schwarzen Völker begriffen!« Man darf ergänzen: Aber nicht nur der schwarzen Völker, sondern aller Völker unserer Erde!

HERIBERT SCHÜTZEICHEL

Die wahre Glückseligkeit.

Calvins Auslegung von Mt 5,1–12/Lk 6,20–26

»Die Seligpreisungen stehen im Herzen der Predigt Jesu«[1]. Sie müssen deshalb immer neu bedacht werden. Das geschieht auch dadurch, daß man ihre
Auslegungsgeschichte studiert[2]. Hier soll untersucht werden, wie der Reformator Johannes Calvin (1509–1564) die Makarismen des Herrn in der Bergpredigt verstanden hat. Calvin hat sich mindestens dreimal mit ihnen besonders befaßt, nämlich 1533 innerhalb der von ihm formulierten Rektoratsrede,
in seiner 1555 erstmals veröffentlichten Evangelien-Harmonie und in 1562
mit anderen gedruckten vier Predigten.

Anläßlich der Eröffnung des akademischen Jahres hielt der Rektor der
Pariser Universität, der Mediziner Nicolas Cop, ein Freund Calvins, am 1.
November 1533, vermutlich in der Kirche der Franziskaner, die übliche
Antrittsrede. Diese Rede, die mehr eine Predigt darstellt, entstammt mit
großer Wahrscheinlichkeit der Feder Calvins[3]. Sie enthält u. a. eine Erklärung

---

1 Katechismus der Katholischen Kirche Nr. 1716. Damit stimmt überein, daß nach dem II.
   Vaticanum das ganze persönliche und gesellschaftliche Leben des Christen geprägt sein soll
   vom Geist der Seligpreisungen, insbesondere von der Seligpreisung der Armut (Gaudium et
   spes 72,1). Vgl. auch Helmut Weber, Allgemeine Moraltheologie, Graz-Wien-Köln 1991,
   54/55.

2 Von den altkirchlichen Auslegungen der Seligpreisungen seien hier erwähnt: Gregor von
   Nyssa, Acht Homilien über die acht Seligkeiten (BKV 56,153–240); Johannes Chrysostomus,
   Matthäus-Kommentar (BKV, 23,238–252); Augustinus, De sermone Domini in monte (CCL
   35; vgl. dazu Adolf Holl, Augustins Bergpredigtexegese. Nach seinem Frühwerk De sermone
   Domini in monte. Wien 1960); ders., De octo sententiis beatitudinum ex evangelio, in: G.
   Morin, Sancti Augustini sermones post Maurinos reperti, Rom 1930, 627–635; Zur altkirch-
   lichen Interpretation der Seligpreisung der Armen vgl. Dupont III (s. u.) 399–419. – Zur
   modernen Auslegung der Seligpreisungen des Herrn vgl. z. B. Jacques Dupont, Les Béati-
   tudes I–III. Paris ²1969–1973; Rudolf Schnackenburg, Matthäusevangelium I (Neue Echter-
   Bibel NT I/1), Würzburg 1985, 45–49; Ingo Broer, Die Seligpreisungen der Bergpredigt
   (BBB 61), Bonn 1986; Joachim Gnilka, Das Matthäusevangelium 1. Teil (HThK I/1),
   Freiburg-Basel-Wien ²1988, 115–132.

3 Textausgaben: CO (= Calvini Opera) 10/2,30–36; OS (= Opera selecta) I,4–10; Calvin-Stu-
   dienausgabe, herausgegeben von Eberhard Busch, Alasdair Heron, Christian Link, Peter
   Opitz, Ernst Saxer, Hans Scholl, Band 1 Reformatorische Anfänge (1533–1541) Teilband
   1/1, Neukirchen-Vluyn 1994, 1–25 (Lateinisch-Deutsch mit einer Einleitung von Hans
   Scholl). Vgl. dazu Erwin Mühlhaupt, Die Predigt Calvins, ihre Form und ihre religiösen
   Grundgedanken, Berlin 1931, 4–6; Jean Cadier, Calvin, Zollikon 1959, 35–37; Alexandre
   Ganoczy, Le jeune Calvin, Wiesbaden 1966, 67–70; ders., Jean Calvin (1509–1564), in:
   Klassiker der Theologie I, hrsg. von Heinrich Fries und Georg Kretschmar, München 1981,
   331; François Wendel, Calvin, Ursprung und Entwicklung seiner Theologie, Neukirchen-
   Vluyn 1968, 26/27; Wilhelm Neuser, Calvin, Berlin 1971, 21/22; Willem Nijenhuis, Calvin,
   Johannes (1509–1564), in: TRE VII, 570; Richard Stauffer, Johannes Calvin, in: Martin

von Mt 5,1–12 (Evangelium von Allerheiligen), namentlich der Seligpreisung der Armen im Geiste, der Trauernden, der nach Gerechtigkeit Hungernden und Dürstenden, der Friedensstifter und der Verfolgten um der Gerechtigkeit willen[4].

Mehr als 20 Jahre später erklärte Calvin die Seligpreisungen in seiner Evangelien-Harmonie[5]. Der Genfer Reformator zählt zu den herausragenden Bibelauslegern der abendländischen Christenheit. Er hat alle Schriften des Neuen Testamentes (außer 2 und 3 Joh sowie Apk) und viele Bücher des Alten Testamentes kommentiert. Die Haupttugend eines Exegeten sah er in der durchsichtigen Kürze (perspicua brevitas)[6]. Er bearbeitete die biblischen Bücher in der Reihenfolge, wie ihm die Bücher am wichtigsten und nützlichsten erschienen. Er begann mit dem Römerbrief, der seiner Meinung nach den Schlüssel zum Verständnis der ganzen Hl. Schrift enthält, und schloß, was das Neue Testament angeht, mit den synoptischen Evangelien. Den Kommentar zu Matthäus, Markus und Lukas[7], die Evangelien-Harmonie, widmete er dem Rat der Stadt Frankfurt, der 40 Goldgulden als Druckkostenbeihilfe gewährte. Beeinflußt von Martin Bucer[8], bietet Calvin die drei ersten Evangelien parallel dar und folgt bei der Auslegung im wesentlichen der Anordnung des

---

Greschat (Hrsg.), Die Reformationszeit II (Gestalten der Kirchengeschichte 6), Stuttgart-Berlin-Köln-Mainz 1981, 214/215; Gottfried W. Locher, Johannes Calvin, in: Protestantische Profile. Lebensbilder aus fünf Jahrhunderten, hrsg. von Klaus Scholder/Dieter Kleinmann, Königstein/Ts. 1983, 82; Alister E. McGrath, Johannes Calvin, Zürich 1991, 93–96; Karl Barth, Theologie Calvins 1922, Zürich 1993, 187–190.

4   Manches erinnert an Luthers Predigt am Allerheiligentag 1522 (WA 10/III, 400–407), die schon 1525 von Bucer ins Lateinische übersetzt wurde.

5   CO 45,159–166; Johannes Calvins Auslegung der Evangelien-Harmonie 1. Teil. Übersetzt von Hiltrud Stadtland-Neumann und Gertrud Vogelbusch (Johannes Calvins Auslegung der Hl. Schrift, Neue Reihe, 12. Band), Neukirchen-Vluyn 1966, 170–176.

6   Vgl. dazu den Widmungsbrief des Römerbriefkommentars vom 18.10.1539 an Simon Grynäus in Basel (Johannes Calvins Lebenswerk in seinen Briefen, Eine Auswahl von Briefen in deutscher Übesetzung von Rudolf Schwarz I; Neukirchen 1961, 130); Johannis Calvini commentarius in epistolam Pauli ad Romanos, Edidit Thomas Henry Louis Parker, Leiden 1981, 1 Z.8f. – Zur Exegese Calvins vgl. John Robert Walchenbach, John Calvin as Biblical Commentator. An Investigation into Calvin's Use of John Chrysostom as an Exegetical Tutor. Pittsburgh 1974; Alexandre Ganoczy/Klaus Müller, Handschriftliche Annotationen zu Chrysostomus. Ein Beitrag zur Hermeneutik Calvins. Wiesbaden 1981; Nijenhuis (Anm. 3) 580; Alexandre Ganoczy/Stefan Scheld, Die Hermeneutik Calvins. Wiesbaden 1983; Texte zum NT. Das NTD – Textreihe. Herausgegeben von Gerhard Friedrich, Band 3 Auslegungen der Reformatoren, Göttingen 1984, 25–32; R.C. Gamble, Brevitas et facilitas. Toward an Understanding of Calvin's Hermeneutic, The Westwinster Theological Journal 47 (1985) 1–17; Barth (Anm. 3) 522–532; Wilhelm Neuser (Hrsg.), Calvinus Sacrae Scripturae Professor, Grand Rapids 1994; Peter Opitz, Calvins theologische Hermeneutik, Neukirchen-Vluyn 1994.

7   Vgl. dazu Hiltrud Stadtland-Neumann, Evangelische Radikalismen in der Sicht Calvins. Sein Verständnis der Bergpredigt und der Aussendungsrede, Neukirchen-Vluyn 1966; Dieter Schellong, Das Evangelische Gesetz in der Auslegung Calvins, München 1968; ders., Calvins Auslegung der synoptischen Evangelien, München 1969.

8   Martin Bucer, In Sacra quatuor Evangelia Enarrationes perpetuae, Genf 1553. Vgl. dazu Stadtland-Neumann (Anm. 7) 83; Schellong, Calvins Auslegung der synoptischen Evangelien (Anm. 7) 52–56; Calvin selbst bezeugt, daß er sich an Bucer anlehne (vgl. CO 45,4).

Matthäus. Bei der Übersetzung des griechischen Bibeltextes ins Lateinische benutzte er »die Vulgata und die Übersetzung des Erasmus, daneben die Bucers, die jedoch auch von denselben beiden Vorgängern abhängig ist. Doch übernahm er keine genau, sondern erarbeitete mit ihrer Benutzung und unter Heranziehung von Budés Commentarii linguae Graecae eine neue Übersetzung vom griechischen Text aus, die mal mehr zur Vulgata tendiert, mal mehr zu Erasmus, mal mehr eigenständige Formulierung Calvins ist[9].

Noch ein drittes Mal beschäftigte sich Calvin mit den Seligpreisungen des Herrn, als er über Mt 5,1–12/Lk 6,20–26 vier Predigten hielt[10]« Diese zeigen – wie auch sonst – viel Verwandtschaft mit dem Kommentar. Der Reformator predigte lehrhaft. Seine Predigten trugen immer etwas vom Charakter einer Vorlesung über den Text an sich[11].

Von den drei genannten Calvinischen Erklärungen der Seligpreisungen interessiert hier nur die Auslegung von Mt 5,1–12/Lk 6,20–26 im Synoptikerkommentar[12]. Calvin bietet zuerst eine lateinische Übersetzung der beiden Evangelientexte, erläutert dann Mt 5,1–12 mit Bezug auf Lk 6,20–23 und kommentiert schließlich Lk 6,24–26. In der folgenden Untersuchung wird zuerst die eigentliche Interpretation Calvins referiert. Dann werden einzelne, für den Reformator charakteristische Elemente der Ausführungen herausgestellt.

1. Calvins Auslegung von Mt 5,1–12/Lk 6,20–26

Einleitend erklärt Calvin[13] die Bedeutung der Bergpredigt:

Nach Matthäus (5,1) hielt Jesus die Predigt auf einem Berg. Nach Lukas (vgl. 6,17) scheint Jesus in der Ebene gesprochen zu haben. Aber es handelt sich um dieselbe Predigt Jesu. Die beiden Evangelisten wollten einmal an einer Stelle gewisse Hauptstücke der Lehre Christi zusammenordnen, die die Richtschnur für ein frommes und heiliges Leben darstellen. Die Bergpredigt enthält eine kurze Zusammenfassung der Lehre Christi, die aus mehreren und verschiedenen Predigten Jesu gewonnen wurde.

---

9 Schellong, Calvins Auslegung der synoptischen Evangelien (Anm. 7) 66.
10 CO 46, 771–826.
11 Vgl. Schellong, Calvins Auslegung der synoptischen Evangelien (Anm. 7) 41; Zu Calvins Predigt vgl. auch Mühlhaupt (Anm. 3).
12 Zur Kommentierung der Seligpreisungen durch die übrigen Reformatoren vgl. Anm. 4 und 8 sowie: Martin Luther, Wochenpredigten über Mt 5–7 (WA 32, 302–342); Philipp Melanchthon, Annotationes in Evangelium Matthaei (1523), in: Melanchthons Werke in Auswahl, hrsg. von Robert Stupperich, IV. Frühe exegetische Schriften, hrsg. von Peter Barton, Gütersloh 1963, 149–153; ders. Annotationes et conciones in Evangelium Matthaei (CR 14,567–580).
13 Vgl. CO 45,160.

Die Tatsache, daß der Reformator in der Bergpredigt eine »brevis summa« der Lehre Jesu sieht, läßt erkennen, wie wichtig in der Verkündigung und in der Theologie die Kürze ist. Wie schon bemerkt, bemühte sich Calvin in seiner Bibelauslegung um durchsichtige Kürze. Natürlich ist Kürze nur hilfreich und wohltuend, wenn sie klar und bedacht ist.

1.1 Die Seligpreisungen (Mt 5,1–12/Lk 6,20–23)

Jesus, so erläutert Calvin[14], behandelt vor den Jüngern die wahre Glückseligkeit. Viele meinen irrtümlich, glücklich sei, wer, frei von Beschwerden und im Besitz der Erfüllung seiner Wünsche, ein frohes und ruhiges Leben führt. Das Glück wird nach dem gegenwärtigen Zustand des Lebens eingeschätzt. Christus korrigiert die falsche Ansicht, glücklich seien die Menschen, denen es jetzt gemäß dem Fleisch gut geht. Er will nämlich die Seinen daran gewöhnen, das Kreuz zu erdulden. Wer glaubt, die Geduld passe nicht zu einem glücklichen Leben, wird die Mühsale und Ungerechtigkeiten des Lebens nicht ruhig ertragen. Der Trost, wodurch die Härte des Kreuzes und aller Übel gemildert und sogar versüßt wird, liegt in der Überzeugung, daß wir mitten im Elend glücklich sind; denn unsere Geduld wird vom Herrn gesegnet, und nach kurzer Zeit folgt ein erfreulicherer Ausgang. Diese Lehre liegt zwar der allgemeinen Auffassung fern. Aber den Jüngern Christi geziemt es zu denken, daß ihr Glück außerhalb der Welt und oberhalb der Empfindung des Fleisches angesiedelt ist. Christus mahnt die Seinen zur Geduld, indem er ihnen die Hoffnung auf den Lohn schenkt.

Mit seinen Seligpreisungen will also Jesus nach Calvin die Gläubigen zur Geduld und zur Hoffnung erziehen. Das Glück, von dem Jesus spricht, ist eine zukünftige und eine schon in der Gegenwart durch die Hoffnung und die Geduld wirksame Größe.

»Selig die Armen im Geiste; denn ihnen ist das Himmelreich«
(Mt 5,3; vgl. Lk 6,20b).

Calvin führt aus[15]: Bei Lukas (6,20) heißt es: ihr Armen. Da aber die Armut vieler verflucht und unglücklich ist, drückt Matthäus den Gedanken Christi klarer aus und formuliert: die Armen im Geiste. Die meisten Menschen, die von den Übeln bedrückt werden, sind innerlich voll Stolz und Trotz. Deshalb verkündet Christus, glücklich seien die Menschen, die, durch die Leiden gezähmt und bezwungen, sich ganz Gott unterwerfen und, innerlich demütig, sich seinem Schutz anvertrauen. Mit den Armen sind also Menschen gemeint, die unter Unglück leiden. Durch den Zusatz »im Geiste« wird deutlich, daß

---

14 Vgl. CO 45,161.
15 Vgl. CO 45,161/162.

die Glückseligkeit denen verheißen ist, die gelernt haben, unter der Zucht des Kreuzes demütig zu sein. Mit seiner Verheißung (denn ihnen gehört das Himmelreich) erinnert Christus die Seinen an die Hoffnung auf das ewige Leben und ermutigt sie dadurch zur Geduld. Wichtig ist, daß niemand arm im Geiste ist, der sich nicht auf die Barmherzigkeit Gottes verläßt. Denn wer verzweifelt und gegen Gott murrt, besitzt einen herrischen und stolzen Geist. Calvin hat also klar gemacht: Die Armut im Geiste bezeichnet eine Haltung vor Gott. Sie umfaßt Demut, Geduld und Vertrauen. Das verheißene Himmelreich ist das ewige Leben. In der Alten Kirche wurde vielfach gelehrt, die Armen im Geiste seien die Demütigen[16]. Calvin stellt betont heraus, daß zur Armut im Geiste das Vertrauen auf die Barmherzigkeit Gottes gehört. Dieses Vertrauen bildet ein Wesenselement des christlichen Glaubens.

»Selig die Trauernden; denn sie werden Trost empfangen«
(Mt 5,4; vgl. Lk 6,21b).

Diese zweite Seligpreisung, so erklärt Calvin[17], erweitert und bestätigt die erste. Unglück macht den Menschen elend und deshalb, wie man gewöhnlich meint, auch traurig und betrübt. Dem Glück aber widerspricht nichts mehr als die Trauer. Doch Christus bestreitet, daß Trauernde unglücklich seien. Zudem lehrt er, die Trauer verhelfe zu einem glücklichen Leben, weil sie zum Empfang der ewigen Freude heranbilde und gleichsam wie mit Stacheln dazu antreibe, nur in Gott dauerhaften Trost zu suchen. Paulus schreibt: Wir rühmen uns der Trübsal; denn die Trübsal bewirkt Geduld, die Geduld Bewährung, die Bewährung Hoffnung. Die Hoffnung aber läßt nicht zugrunde gehen (vgl. Röm 5,3–5).

Wie Calvin gezeigt hat, geht es in dieser zweiten Seligpreisung um die Trauer, die die eschatologische Hoffnung und das alleinige Vertrauen auf Gott fördert, und um den Trost, der letztlich in der ewigen Freude besteht. Im Grunde macht der Reformator erneut deutlich, was glauben bedeutet.

»Selig die Milden (mites); denn sie werden die Erde zum Erbteil erhalten«
(Mt 5,5)

Mit den Sanften und Milden, so fährt Calvin seine Auslegung fort[18], meint Jesus die Menschen, die sich durch Unrecht nicht leicht herausfordern lassen, die auf eine Beleidigung nicht jedesmal empfindlich reagieren, die bereit sind, lieber alles zu ertragen, als es den Bösen gleichzutun. Daß Christus solchen Menschen das Erbe der Erde verheißt, scheint sehr ungereimt zu sein. Denn die Herrschaft über die Erde eignen sich eher diejenigen an, die jedes Unrecht heftig zurückweisen und bei einer Verletzung schnell mit der Rache bei der

---

16 Vgl. dazu Dupont (Anm. 2) III, 399–411.
17 Vgl. CO 45,162.
18 Vgl. CO 45,162/163.

Hand sind. Erfahrungsgemäß gehen die Bösen um so kühner und frecher zu Werk, desto milder man sie erträgt. Daraus entstand das teuflische Sprichwort, man müsse mit den Wölfen heulen, weil bald von den Wölfen zerrissen werde, wer sich als Schaf verhalte. Aber Jesus setzt seinen und seines Vaters Schutz der Wut und der Gewalt entgegen. Deshalb verkündigt er nicht vergeblich, die Milden würden die Herren und Erben der Erde sein. Die Kinder dieser Welt halten sich für sicher, wenn sie jedes Böse, das ihnen angetan wird, rächen und wenn sie mit Hand und Waffen ihr Leben schützen. Die Jünger Jesu aber glauben fest, daß Christus der einzige Beschützer ihres Lebens ist. Sie bergen sich deshalb im Schatten seiner Flügel. Sie müssen Schafe sein, wenn sie zur Herde Christi gehören wollen. Die Bösen haben ein unruhiges Leben, bei all ihrem Besitz besitzen sie doch nichts. Die Kinder Gottes können zwar niemals den Fuß auf dem Eigenen festsetzen, aber sie können in Ruhe die Wohnstätte der Erde, von der sie wissen, daß sie ihnen von Gott gegeben wurde, genießen. Sie werden von der Hand Gottes geschützt und leben sicher unter der Obhut Gottes. Sie dürfen von der Gnade Gottes schon kosten. Am letzten Tag werden sie das Erbe der Welt antreten.

Nach dieser von Calvin gebotenen Interpretation der dritten Seligpreisung sollen die Jünger Jesu nicht Wölfe sein, sondern Schafe, die sich von Christus beschützt wissen und in der Hoffnung leben, daß ihnen einst das Erbe der Welt geschenkt wird. Das Bewußtsein, daß Gott bzw. Christus ihn schützt, zählt zu den Grundhaltungen des Gläubigen. Calvin spricht vom Erbe der Erde und vom Erbe der Welt. Gemäß Röm 4,13 erhielten Abraham und seine Nachkommen die Verheißung, Erben der Welt zu sein. Was Calvin in seinem Römerbriefkommentar dazu schreibt[19], berührt sich teilweise mit seinen Äußerungen zur Seligpreisung der Milden: Unter dem Bild des Landes Kanaan wurde Abraham die Hoffnung auf das himmlische Leben und der volle und dauerhafte Segen Gottes vor Augen gestellt. Deshalb lehrt der Apostel zu Recht, dem Abraham sei die Herrschaft über die Welt verheißen worden. Davon schmecken die Frommen in diesem Leben schon ein wenig. Mit ruhigem Gewissen haben sie Anteil an dem, was Gott zu ihrem Wohl geschaffen hat. Unter seinem gütigen Willen genießen sie die irdischen Wohltaten als Unterpfand und Angeld des ewigen Lebens. Ihre Armut hindert sie nicht, Himmel, Erde und Meer als ihr Eigentum zu betrachten. Die Frommen empfangen aus der Hand des himmlischen Vaters, was ihnen rechtmäßig zukommt, bis sie den vollen Besitz ihres Erbes schauen dürfen. Für Calvin gilt also: Das Erbe der Welt ist eine zukünftige Größe, die aber von den Gläubigen schon jetzt ein wenig erfahren wird.

---

19 Vgl. Comm. Röm 4,13 (Parker 89/90); s. Anm. 6; Johannes Calvins Auslegung des Römerbriefes und der beiden Korintherbriefe übersetzt und bearbeitet von Gertrud Graffmann, Hans Jakob Haarbeck und Otto Weber (Johannes Calvins Auslegung der Hl. Schrift, Neue Reihe, 16. Band); Neukirchen 1960, 94.

»Selig, die hungern und dürsten nach der Gerechtigkeit;
denn sie werden gesättigt werden«
(Mt 5,6; vgl. Lk 6,21)

Calvin kommentiert[20]: »Hungern« und »Dürsten« sind Bilder für Mangel leiden, die notwendigen Dinge entbehren, um sein Recht betrogen sein. Der matthäische Zusatz »nach Gerechtigkeit« bringt zum Ausdruck, daß diejenigen selig sind, die in ihrer Not nur wünschen und begehren, was recht und billig ist. Ihre Angst ist eine sichere Vorbereitung auf die Glückseligkeit. Denn einmal werden sie gesättigt. Einmal wird Gott ihr Flehen erhören und ihr Verlangen befriedigen. Es ist ja das Amt Gottes, die Hungernden mit Gütern zu erfüllen, wie es im Lobgesang der Jungfrau heißt (vgl. Lk 1,53)[21].

»Selig die Barmherzigen; denn sie werden Barmherzigkeit erlangen«
(Mt 5,7)

Die Welt nennt selig, so schreibt Calvin[22], die unbekümmert um fremde Not, auf ihre Ruhe bedacht sind. Christus dagegen preist selig, die nicht nur bereit sind, die eigenen Übel zu ertragen, sondern auch die Nöte anderer auf sich zu nehmen, den Armen zu helfen, sich willig mit den Notleidenden zu verbinden, gleichsam ihre Gefühle sich zu eigen zu machen, um sich der Hilflosen gerne annehmen zu können. Die Barmherzigen erlangen Barmherzigkeit bei Gott und auch bei den Mitmenschen, deren Herzen Gott zur Menschlichkeit geneigt macht. Manchmal ist die ganze Welt undankbar und belohnt die Guten sehr schlecht. Bei Gott dagegen liegt für die Barmherzigen und Gütigen die Gnade bereit. Gott wird ihnen gnädig und barmherzig sein. Es verdient unterstrichen zu werden, daß nach Calvin die Verheißung der Barmherzigkeit sich auch auf die Barmherzigkeit bezieht, die die Mitmenschen, von Gott bewegt, erweisen.

»Selig, die ein reines Herz haben; denn sie werden Gott schauen«
(Mt 5,8).

Christus, so beginnt Calvin seine Auslegung[23], scheint hier etwas zu sagen, was mit dem Urteil aller übereinstimmt. Alle räumen ein, daß die Reinheit des Herzens die Mutter aller Tugenden ist. Indessen sieht man meistens in der Schlauheit die höchste Tugend. Man hält die Menschen für selig, die geschickt Listen anzuwenden wissen und ihre Geschäftspartner mit versteckten Kunst-

---

20 Vgl. CO 45,163.
21 Zu Calvins Interpretation von Lk 1,46–53 vgl. Heribert Schützeichel, »Das berühmte und denkwürdige Lied der heiligen Jungfrau«. Calvins Auslegung des Magnificat, in: Thomas Franke/Markus Knapp/Johannes Schmid (Hrsg.), Creatio ex amore. Beiträge zu einer Theologie der Liebe, Festschrift für Alexandre Ganoczy zum 60. Geburtstag, Würzburg 1989, 300–311.
22 Vgl. CO 45,163.
23 Vgl. CO 45,163/164.

griffen schlau zu umgarnen verstehen. Christus dagegen preist die selig, die nicht an Schläue ihr Vergnügen haben, sondern aufrichtig unter den Menschen leben und in Wort und Miene nichts anderes ausdrücken, als was sie im Herzen denken. Weil aber die Einfältigen verlacht werden, weil sie nicht umsichtig und heftig genug für sich sorgen, verheißt ihnen Christus, daß sie im Himmel den Anblick Gottes genießen werden.

Calvin schränkt also die Reinheit des Herzens ein auf die Aufrichtigkeit und Ehrlichkeit, der jede weltliche Schläue und jede Fähigkeit zu täuschen abgeht. Das Schauen Gottes versteht der Reformator jenseitig.

»Selig die Friedensstifter; denn sie werden Söhne Gottes genannt«
(Mt 5,9).

Christus, so äußert sich Calvin zu dieser siebten Seligpreisung[24], hat die Menschen vor Augen, die sich nicht nur um den Frieden bemühen und, soviel an ihnen liegt, Streitigkeiten meiden, sondern auch eifrig Uneinigkeiten bei anderen beheben, für alle Urheber des Friedens sind und Anlaß zu Haß und Feindschaft beseitigen. Die Friedensstiftung ist freilich keine leichte Sache. Menschen, die zwischen streitenden Parteien Frieden schaffen wollen, hören von beiden Seiten Vorwürfe, Klagen und Beschwerden. Jede Partei wünscht sich Anwälte, die auf ihrer Seite kämpfen. Damit wir jedoch nicht von der Gunst der Menschen abhängig seien, befiehlt uns Christus, auf das Urteil seines Vaters zu achten. Denn er ist ein Gott des Friedens und rechnet uns deshalb zu seinen Söhnen, wenn wir den Frieden fördern, mag auch unser Bemühen den Menschen nicht gefallen. Söhne Gottes genannt werden ist dasselbe wie zu den Söhnen Gottes gerechnet werden.

Es sei festgehalten, daß der Reformator die Forderung dieser Seligpreisung nicht nur auf die friedliche Gesinnung und auf die Friedfertigkeit bezieht, sondern auch und vor allem auf die aktive Friedensstiftung, und daß er die Verheißung: sie werden Söhne Gottes genannt werden, damit begründet, daß der Vater Jesu Christi ein Gott des Friedens ist, was das NT mehrmals ausdrücklich verkündet (vgl. Röm 15,33; 16,20; 2 Kor 13,11; Phil 4,9; 1 Thess 5,23; 2 Thess 3,16; Hebr 13,20).

»Selig, die Verfolgung leiden wegen der Gerechtigkeit; denn ihnen ist das Himmelreich. Selig seid ihr, wenn sie euch schmähen und verfolgen und lügnerisch alles Böse gegen euch sagen um meinetwillen. Freut euch und jubelt; denn euer Lohn ist groß im Himmel. So haben sie nämlich die Propheten verfolgt, die vor euch waren«
(Mt 5,10–12; vgl. Lk 6,22.23)[25].

---

24 Vgl. CO 45,164.
25 Die Zählung von neun (statt acht) Seligpreisungen in Mt 5,1–12 lehnt Calvin ab (vgl. CO 45,166).

Wir können, so verdeutlicht Calvin[26], unter keinem anderen Gesetz für Christus kämpfen, als daß uns der größere Teil der Welt feindschaftlich verfolgt bis zum Tod. Der Satan, der Fürst dieser Welt, hört nicht auf, seine Leute mit Wut gegen die Glieder Christi zu erfüllen. Infolge der Schlechtigkeit der zügellosen Welt erregen die Guten durch ihren Eifer für die Gerechtigkeit den Haß der Bösen. Es ist besonders das Los der Christen, bei der Mehrzahl der Menschen verhaßt zu sein. Das Fleisch kann nämlich die Lehre des Evangeliums nicht ertragen. Um der Gerechtigkeit willen leiden diejenigen, die gehaßt und verfolgt werden, weil sie sich mit Eifer der bösen Sache widersetzen und die gute Sache nach Kräften verteidigen. Auf dieser Seite nimmt die Wahrheit Gottes den ersten Platz ein. Durch dieses Kennzeichen (um der Gerechtigkeit willen) unterscheidet Jesus seine Märtyrer von den Frevlern und Übeltätern, die verfolgt werden. Mit der Verheißung des Himmelreiches begründet der Herr die Hoffnung auf das himmlische Leben, auf den künftigen Lohn.

Gemäß Lk 6,22 erklärt Jesus: Selig seid ihr, wenn euch die Menschen hassen, aus ihrer Gemeinschaft ausschließen, euch beschimpfen und euren Namen verächtlich machen. Mit diesen Worten wollte er seine Gläubigen trösten. Sie sollen den Mut nicht sinken lassen, wenn die Welt sie für verabscheuungswürdig hält, und wenn sie als Gottlose aus der Kirche ausgestoßen werden. Christus sah voraus, wie wütend die Feinde des Evangeliums gegen seine kleine und verachtete Herde vorgehen würden. Daraus folgt für uns, daß wir die päpstliche Exkommunikation nicht zu fürchten brauchen, solange uns jene Tyrannen von ihren Synagogen ausschließen, weil wir uns nicht von Christus scheiden wollen. Mit der Aufforderung: Freut euch und jubelt, richtet Jesus die Herzen der Gläubigen auf den Himmel, wo sich überreicher Grund zur Freude bietet, die die Traurigkeit verschlingt. Die Wendungen »um meinetwillen« und »um des Menschensohnes willen« zeigen deutlich, daß sich niemand als Märtyrer Christi betrachten darf, der durch eigene Schuld Verfolgung leidet. Die Donatisten hielten sich einst für Märtyrer, weil sie die staatliche Obrigkeit gegen sich hatten. Ähnlich denken heute die Wiedertäufer, obwohl sie die Kirche verwirren und das Evangelium in Verruf bringen und deshalb zu Recht verurteilt werden. Christus preist nur die selig, die seine Sache verteidigen.

Jesus erinnert die Apostel daran, daß ihnen dieselben Kämpfe bevorstehen, wie sie einst die Propheten durchlitten haben. Die Apostel rückten an die Stelle der Propheten. Diese gingen den Aposteln nicht nur zeitlich voraus. Sie gehörten auch wie die Apostel zur selben Ordnung (ordo).

Die von Calvin gebotene Exegese von Mt 5,10–12/Lk 6,22.23 erfordert drei Anmerkungen. Erstens dachte Calvin bei seiner Auslegung an die Verfolgung seiner Glaubensbrüder, vor allem in Frankreich unter Heinrich II. (1547–

---

26 Vgl. CO 45,164–166.

1559) und in England unter Maria der Katholischen (1553–1558). Der Reformator veröffentlichte seinen Synoptikerkommentar erstmals 1555. Zweitens läßt Calvin durch den Hinweis auf die päpstliche Exkommunikation erkennen, daß er der Überzeugung war, er müsse sich aus Treue zu Christus von der Kirche der Papisten trennen. Die Trennung von der Papstkirche war für ihn keine Trennung von der Kirche Christi[27]. Drittens verdient es besondere Beachtung, daß Calvin die Apostel als Nachfolger der atl. Propheten betrachtet. Propheten und Apostel haben gemeinsam, daß sie verfolgt werden. Sie gehören nämlich zum selben »ordo«[28]. Unter diesem »ordo« kann man das Amt verstehen, im Auftrag Gottes bzw. Christi zu sprechen.

1.2 Die Wehe-Rufe (Lk 6,24–26)

»Wehe euch, die ihr reich seid; denn ihr habt euren Lohn bereits. Wehe euch, die ihr satt seid; denn ihr werdet hungern. Wehe euch, die ihr jetzt lacht; denn ihr werdet trauern und weinen. Wehe euch, wenn euch alle Menschen loben; denn ebenso haben ihre Väter die falschen Propheten behandelt« (Lk 6,24–26).

Lukas, so legt Calvin dar[29], bietet nur vier Segenssprüche. Er setzt ihnen aber vier Verfluchungen entgegen. Diese sollen nicht nur den Gottlosen Schrecken einjagen. Sie sollen auch die Gläubigen davor bewahren, daß sie sich durch die nichtigen Verlockungen der Welt einschläfern lassen und die Schlechten, denen es in jeder Hinsicht gut geht, beneiden. Der erste Wehe-Ruf gilt nicht allen Reichen, sondern nur denen, die ihren Trost in der Welt empfangen, d.h. die in ihrem Glück ausruhen und dabei das künftige Leben vergessen. Sonst hält Gott die Reichen keineswegs von seinem Reiche fern. Um zu zeigen, daß Reichtum an sich den Kindern Gottes nicht zum Hindernis zu werden braucht, macht Augustinus[30] in feiner Weise darauf aufmerksam, daß der arme Lazarus in den Schoß des reichen Abraham aufgenommen wurde. Die Satten, denen Jesus ein Wehe zuruft, sind diejenigen, die im Vertrauen auf die gegenwärtigen Güter die himmlischen Güter verschmähen. Die Lachenden, die Jesus beim dritten Wehe-Ruf vor Augen hat, ertrinken in den Lüsten des Fleisches und drücken sich vor den Unannehmlichkeiten, die

---

27 Vgl. dazu Heribert Schützeichel, Die Glaubenstheologie Calvins, München 1972, 55–60. Zu den von Calvin erwähnten Donatisten und Wiedertäufern vgl. die entsprechenden Artikel im LThK ²III 504–506 (J. Ratzinger, L. Ueding) und X, 1107–1109 (F. Blanke).
28 Calvin hält es auch für wahrscheinlich, daß Jesus die Bergpredigt nach der Berufung der Zwölf hielt (vgl. Lk 6,12–16), obwohl bei Matthäus die Auswahl der zwölf Jünger erst nach der Bergpredigt plaziert ist (Mt 10,1–4) (vgl. CO 45,160).
29 Vgl. CO 45,166.
30 Vgl. Sermo de tempore 110,3–5 (PL 38,113/114); Enarr. in Ps. 85,3 (CCL 39,1178); Augustinus, Über die Psalmen. Ausgewählt und übertragen von Hans Urs von Balthasar, Einsiedeln 1983, 175.

man auf sich nehmen muß, wenn man die Ehre Gottes verteidigen will. Mit dem letzten Wehe-Ruf weist Jesus den Ehrgeiz zurecht. Die Jünger Jesu sollen nicht nach dem Beifall der Menschen haschen. Das gilt besonders für die Lehrer (doctores). Denn die reine Lehre Gottes wird verfälscht, sobald man nach der Gunst der Leute jagt. Niemand kann Diener Christi sein, der den Menschen zu gefallen sucht (vgl. Gal 1, 10). Wenn Jesus von »allen Menschen« (Lk 6,26) spricht, bezieht er sich auf die Menschen, die nur Betrügern und falschen Propheten Beifall spenden. Die treuen und rechtschaffenen Diener der gesunden Lehre finden bei den Guten Lob und Anerkennung.

Aus dem Referierten seien zwei Punkte nochmals herausgestellt. Der eine ist: Calvin verweist mit Augustinus darauf, daß der arme Lazarus in den Schoß des reichen Abraham aufgenommen wurde (vgl. Lk 16,22). Abraham war auf Erden reich und wohlhabend (vgl. z.B. Gen 13,2: »Abraham hatte einen ansehnlichen Besitz an Vieh, Silber und Gold«.). Er hat aber zugleich vorbildlich geglaubt (vgl. dazu Röm 4). Reichtum und Glaube schließen sich nicht grundsätzlich aus. Der zweite Punkt, der nochmals hervorgehoben werden soll, betrifft Calvins Aussage über die theologischen Lehrer, die in ihrem Ehrgeiz den Beifall der Menschen suchen und dabei die reine Lehre Gottes verfälschen. Darin liegt eine auch heute notwendige Ermahnung an die Professoren der Theologie.

Überblickt man noch einmal Calvins Interpretation der Seligpreisungen und der Wehe-Rufe Jesu in der Bergpredigt, dann wird deutlich, daß es bei allem, was Jesus fordert, hauptsächlich um das Vertrauen auf Gott geht, und daß die Glückseligkeit, die Christus achtmal verheißt, futurisch-präsentischen Charakter besitzt.

2. Besondere Einzelelemente der Auslegung

2.1 Die Erwähnung der Stoiker

In seiner Erklärung von Mt 5,1–12/Lk 6,20–23 erwähnt Calvin dreimal die Stoiker und setzt sich jeweils von ihrem Glücksverständnis ab[31]. Der Reformator war humanistisch gebildet und kannte die Antike. Er war sehr vertraut mit dem Gedankengut der Stoa. Er schuf 1532 einen Kommentar zu Senecas De clementia[32] und versuchte darin »in echt humanistischer Manier Stoa und Christentum miteinander zu versöhnen«[33]. Außerdem machte er 1546 hand-

---

31 Vgl. CO 45,161.162.165.
32 Vgl. CO 5,1–162; Ford Lewis Battles/André Malan Hugo, Calvin's Commentary on Seneca's De clementia. With Introduction, Translation and Notes, Leiden 1969.
33 Neuser (Anm. 3) 18; vgl. auch Ganoczy, Le jeune Calvin (Anm. 3) 57–59.

schriftliche Annotationen in Form von Unterstreichungen, Randstrichen, Randbemerkungen und Textkorrekturen zu sieben Tragödien Senecas und zur Pharsalia Lucans[34]. Er verriet dabei ein besonderes Interesse an den Themen Tyrannei und wahrer Herrscher, Tugend, Todesbewältigung sowie Götter und Religion. In seinen Publikationen der Jahre 1544 bis 1547 zeigt sich z.b. der spätstoische Einfluß bei der Charakterisierung der Herrschaft des Papstes als Tyrannei[35]. Seine Kenntnis der Stoa bezeugen schließlich Calvins Fragment »De luxu« und einige klassische Zitate in seinen Briefen[36].

2.2 Die Bezugnahme auf Augustinus

Wie oben dargelegt wurde, referiert Calvin die Aussage des Augustinus über den armen Lazarus und den reichen Abraham. Der Reformator verfügte über eine ausgezeichnete Kennntis der Schriften des Bischofs von Hippo. Er ließ sich von Augustinus vor allem in der Lehre von der Gnade, vom freien Willen, von der Erwählung und von den Sakramenten beeinflussen[37]. Der niederländische Kapuziner Luchesius Smits ging dem Einfluß des Augustinus auf die theologischen Gedankengänge Calvins genau nach und sammelte dabei sämtliche Hinweise auf die Werke des Augustinus. Die meisten Augustinus-Zitate oder Bezugnahmen auf die Schriften des Bischofs von Hippo finden sich in Calvins Hauptwerk (Institutio christianae religionis) und in den theologischen Traktaten, während sie in den Bibelkommentaren weniger zahlreich auftreten[38]. Die Exegese des Augustinus schätzte Calvin weniger. Er war nämlich der Meinung, in der Bibelauslegung übertreffe Johannes Chrysostomus alle alten bekannten Schriftsteller[39].

---

34 Alexandre Ganoczy/Stefan Scheld, Herrschaft – Tugend – Vorsehung. Hermeneutische Deutung und Veröffentlichung handschriftlicher Annotationen Calvins zu sieben Seneca-tragödien und der Pharsalia Lucans, Wiesbaden 1982.
35 Zum Thema: Calvin und der Papst vgl. Heribert Schützeichel, Calvins Kritik der biblischen Begründung des Papstamtes, in: ders., Katholische Beiträge zur Calvinforschung, Trier 1988, 49–70; ders., Das Altkirchliche Papsttum in der Sicht Calvins, Catholica 43 (1989) 31–53.
36 Vgl. dazu: Ford Lewis Battles, Against Luxury and License in Geneva. A Forgotten Fragment of Calvin, in: Interpretation. A Journal of Bible and Theology 19 (1965) Nr. 2, 182–202.
37 Vgl. z. B. Nijenhuis (Anm. 3) 580.
38 Luchesius Smits, Saint Augustin dans l'oeuvre de Jean Calvin. 2 Bde., Assen 1956 und 1958.
39 Vgl. Praefatio in Chrysostomi homilias (CO 9,831–838). Dieses Vorwort verfaßte Calvin, weil er sich mit der Absicht trug, die Homilien des Chrysostomus in französischer Übersetzung herauszugeben. Vgl. auch Walchenbach und Ganoczy/Müller (Anm. 6) sowie W. Ian P. Hazlett, Calvin's Latin Preface to His proposed French Edition of Chrysostom's Homilies. Translation and Commentary, in: Humanism and Reform: The Church in Europe, England and Scotland 1400–1643, Oxford 1991, 129–150.

2.3 Der Begriff »appendix«

Calvin kennzeichnet die zweite Seligpreisung (Selig die Trauernden) als »appendix vel confirmatio«[40] der ersten Seligpreisung (Selig die Armen im Geiste). Der Begriff »appendix« (Anhängsel, Zugabe) begegnet in den Schriften des Reformators häufig[41]. Calvin nennt die atl. »prophetiae« Anhängsel des Gesetzes, sofern sie das Gesetz interpretieren[42]. Die Geistesgaben betrachtet er als Zugaben des Dienstes der Kirche[43]. Den geistlichen Gehorsam des Gewissens charakterisiert er als Zugabe der Anbetung[44]. In der christlichen Freiheit sieht er eine Zugabe zur Rechtfertigung[45] und in den Sakramenten sowie in den Wundern Zugaben zum Worte Gottes[46]. Der Gebrauch des Ausdrucks »appendix« läßt erkennen, daß Calvin zu gewichten versteht, Primäres und Zugabe zu unterscheiden vermag und beim Blick auf das Erstrangige zugleich das Ganze zu bedenken weiß. Allerdings ist bei ihm die Verwendung des Wortes »Zugabe« nicht immer überzeugend.

2.4 Lohn und Verdienst

Jesu Verheißung des Lohnes (Mt 5,12/Lk 6,23) bietet für Calvin keine Grundlage für die katholische Lehre vom Verdienst. Denn, so betont er[47], es besteht keine gegenseitige Beziehung zwischen Lohn und Verdienst. Die Verheißung des Lohnes ist gnadenhaft und unverdient. Zudem sind auch die guten Werke der Besten verstümmelt und fehlerhaft. Deshalb findet Gott niemals ein Werk des Lohnes würdig. In seiner Institutio macht Calvin auch klar, daß alles, was in den zahlreichen Seligpreisungen der Bibel (z. B. der Armen im Geiste, der Milden, der Barmherzigen) genannt wird, sich nie derartig in einem Menschen findet, daß er vor Gott deshalb Anerkennung gelangen könnte. Für Calvin ist der Mensch immer elend, wenn er nicht durch die Vergebung der Sünden aus seinem Elend befreit wird. Alle Arten der Seligkeit, die in der Bibel gerühmt

---

40 CO 45,162.
41 Vgl. Heribert Schützeichel, Der Begriff »appendix« in der Theologie Calvins und die Hierarchie der Wahrheiten, in: ders., Katholische Beiträge zur Calvinforschung, Trier 1988, 122–126; ders., Der Weg der Liebe. Calvins Auslegung von 1 Kor 13, TThZ 102 (1993) 120–122.
42 Vgl. Comm. Jes. Praefatio (CO 36,21); s. dazu auch Institutio christianae religionis IV,8,6 (OS V, 138).
43 Vgl. Comm. 1 Kor 13,12 (CO 49,514).
44 Vgl. Institutio christianae religionis II,8,16 (OS III, 357).
45 Vgl. Institutio christianae religionis III, 19,1 (OS IV, 282/283). S. auch Heribert Schützeichel, Calvins Verständnis der christlichen Freiheit, in: ders., Katholische Beiträge zur Calvinforschung, Trier 1988, 95–121.
46 Vgl. z. B. Institutio christianae religionis IV, 14,5 (OS V, 262); 16,5 und 28 (OS V, 309 und 333); Comm. Mk 16,20 (CO 45,830: Die Wunder als »appendices« des Wortes Gottes).
47 Vgl. CO 45,165.

werden, haben nach Ansicht des Reformators nur Bestand in der Seligkeit, die aus der Vergebung der Sünden kommt (vgl. Röm 4,6–8). Diese Seligkeit, so Calvin, ist nicht nur die vollkommenste und wichtigste, sondern auch die einzige. Wir werden, wie Calvin formuliert, durch den Glauben allein gerechtfertigt, nicht nur wir, sondern auch unsere Werke[48].

Calvin verwirft die Lehre von der rechtfertigenden Bedeutung der guten Werke und damit vom Verdienst[49]. Nach dem Tridentinum besitzen die guten Werke des Gerechtfertigten verdienstlichen Wert. Das Verdienst ist eine Frucht der Rechtfertigung. Der Christ rühmt sich nicht in sich selbst, sondern im Herrn, dessen Güte gegenüber allen Menschen so groß ist, daß er will, daß ihre Verdienste seien, was seine eigenen Geschenke sind[50]. Es ergibt sich: Nach Calvin werden die Werke des Menschen allein durch den Glauben gerechtfertigt. Für die Väter des Konzils von Trient stellt das Verdienst eine Frucht der Rechtfertigung dar. Diese Positionen liegen im Grunde nicht weit auseinander[51].

Abschließend kann festgestellt werden, daß Calvins untersuchte Auslegung der Seligpreisungen und Wehe-Rufe Jesu in der Bergpredigt sich durch zwei Dinge auszeichnet, nämlich durch die Kürze und – das sei noch besonders unterstrichen – durch die Ausrichtung auf die Verkündigung. Der Reformator war sich bei seiner gesamten Bibelauslegung bewußt, daß die Exegese eine kerygmatische Funktion besitzt, wie auch das II. Vatikanische Konzil gelehrt hat[52].

---

48 Vgl. Institutio christianae religionis III, 17,10 (OS IV, 263); Johannes Calvin, Unterricht in der christlichen Religion. Institutio christianae religionis. Nach der letzten Ausgabe übersetzt und bearbeitet von Otto Weber, Neukirchen [6]1988, 537/538.
49 Vgl. noch besonders: Institutio christianae religionis III, 18 (OS IV, 270–282).
50 Vgl. DH 1545–1549; 1582.
51 Vgl. in diesem Zusammenhang auch Otto Hermann Pesch, Die Lehre vom »Verdienst« als Problem für Theologie und Verkündigung, in: ders., Dogmatik im Fragment. Gesammelte Studien, Mainz 1987, 377–416.
52 Vgl. Dei verbum 23; s. auch LThK[2]. E II, 576 (Ratzinger).

JOACHIM VENNEBUSCH

Die Unterscheidung von *peccatum mortale* und *peccatum veniale* nach Heinrich von Langenstein und anderen Autoren des Spätmittelalters

In der Theologie gibt es manche Fragen, denen man nicht ausweichen kann und nicht ausweichen darf, obwohl sie vermutlich nie befriedigend beantwortet werden können. Dazu zählt die Frage nach der Unterscheidung von *peccatum mortale* (Todsünde) und *peccatum veniale* (läßliche Sünde). Das Problem berührt den Kern christlicher Existenz: es geht um Heil und Unheil, um »Himmel und Hölle«. Schon die neutestamentlichen Schriften kennen unmoralisches Verhalten, das vom Reich Gottes ausschließt (z. B. Gal 5, 19–21), und der 1. Johannesbrief spricht von der »Sünde zum Tode« (1 Joh 5, 16). Die Theologen der folgenden Jahrhunderte haben – mit je verschiedenen Akzentsetzungen – den Unterschied von schwerer Schuld und alltäglichem Versagen bedacht.[1] Seit dem 12. Jahrhundert sind die Fachbegriffe geklärt: *Peccatum mortale* ist ein sittliches Fehlverhalten, das das christliche Leben so tief zerstört, daß der Sünder sich ewige Strafe zuzieht; dem unbußfertig sterbenden Todsünder droht die »Hölle«, endgültiges Unheil. *Peccatum veniale* ist ein geringfügiges sittliches Vergehen, das nicht vom Heil ausschließt. Wo liegt die Grenze, und wie ist die Grenzziehung zu begründen? Diese für jeden Christen lebenswichtige Frage erhielt im Mittelalter eine zusätzliche Brisanz und eine eminent praktische Bedeutung, weil die Beichtpraxis davon betroffen war (und das ist bis heute so geblieben). Der Beichtende ist verpflichtet, alle Todsünden zu bekennen; dagegen sind läßliche Sünden zwar möglicher, aber nicht notwendiger Gegenstand der Beichte. Diese Sicht des Bußsakramentes impliziert die Annahme, daß der Beichtende und der Beichtvater in der Lage sind, zwischen Todsünde und läßlicher Sünde zu unterscheiden. Doch das ist offenbar schwierig. Deshalb gab es im Spätmittelalter eine Fülle von Traktaten und Traktätchen über die Unterscheidung von *peccatum mortale* und *peccatum veniale*. Zwei Schriften zu diesem Thema wollen wir im Folgenden vorstellen. Die eine stammt von Heinrich von Langenstein, die andere von einem unbekannten Anonymus. Keine der beiden Schriften ist ein Meisterwerk tiefschürfender Theologie. Nicht aus systematischer Sicht, sondern aus historischer Sicht sind sie bemerkenswert.

---

1   Vgl. H. Weber, Todsünde – läßliche Sünde. Zur Geschichte der Begriffe. In: Trierer theol. Zeitschrift 82 (1973) 93–119.

Es spiegeln sich in ihnen die mit der damaligen Beichtpraxis verbundenen Probleme. Und in der Dürftigkeit und Unzulänglichkeit der Aussagen zeigt sich deutlich die Hilflosigkeit der Verfasser angesichts eines Problemfeldes, das sich plausiblen Lösungen widersetzt.

Die Autoren des Mittelalters erörtern die Abgrenzung von Todsünde und läßlicher Sünde mit Vorliebe im Zusammenhang mit den sieben Hauptsünden: Hochmut, Habgier, sexuelles Fehlverhalten, Neid, Völlerei, Zorn, geistliche Trägheit. Die Ursache für diese Verknüpfung liegt auf der Hand: Einerseits werden die Hauptsünden (*vitia capitalia*) in der Tradition oft als *peccata mortalia* bezeichnet; andererseits ist offenkundig, daß nicht jedes Fehlverhalten, das unter eine der Hauptsünden subsumierbar ist, eine Todsünde im moraltheologisch definierten Sinn des Wortes sein kann. Damit drängt sich unausweichlich die Frage auf, in welchen Fällen die Hauptsünden *peccata mortalia* bzw. *peccata venialia* sind.

Die Antwort, die der Wiener Theologe Heinrich von Langenstein († 1397) auf diese Frage gegeben hat, war im 15. Jahrhundert in ganz Europa verbreitet. Wir finden sie in dem Traktat »De confessione«, einem einfachen Leitfaden für Beichtväter. Das Werk ist in ungewöhnlich vielen Handschriften überliefert.[2] Nur ein Abschnitt, und zwar gerade der, der uns hier interessiert, ist gegen Ende des 15. Jahrhunderts mehrmals gedruckt worden, unter dem Titel »Regulae ad cognoscendum differentiam inter peccatum mortale et veniale«.[3] Heinrich geht in zwei Schritten vor: Zunächst formuliert er fünf *regulae*, die der Unterscheidung von Todsünde und läßlicher Sünde dienen sollen; dann wendet er diese »Regeln« auf die sieben Hauptsünden an. Die *regulae* bilden das theologische Fundament. Wir zitieren sie nach einer Handschrift des 15. Jahrhunderts.[4]

Quinto oportet scire regulas, quando fit peccatum mortale vel veniale, et illarum sunt quinque. Quarum prima est hec: quod quando amor vel affeccio ad creaturam, ad se [vel ad] alia (Hs: ad se quam alia), tantum crescit vel est tam magnus, quod in eo constituitur ultimus finis, idest quod aliquis nec actu nec habitu ordinat illam creaturam nec eius dileccionem aut eciam seipsum in deum, sed vellet cum tali creatura contentari et non curare deum offendere et precepta eius transgredi propter illam creaturam, quia ibi est aliqualis contemptus dei (sed non est formalis, cum alias tantum est fruicio creature et preponit creaturam deo), vel cum aliquis vellet cum creatura semper hic manere non curando de beatitudine, licet enim non super hoc sint rudes

2 Vgl. G. Kreuzer, Heinrich von Langenstein, Paderborn 1987, S. 146 f. – Über H. v. L.: Die deutsche Literatur des MA, Verfasserlexikon, 2. Aufl., Bd. 3, Berlin 1981, Sp. 763–773.

3 Esslingen um 1473 (Hain 8400; an Hain 7699); Memmingen 1483 (an Hain 1190); Magdeburg um 1498–1500 (an Hain 9081).

4 Hist. Archiv der Stadt Köln (im Folgenden: HAStK), GB f° 72, 105rb–105vb; die in winkligen Klammern stehenden Wörter fehlen in der Handschrift. Über die Handschrift: J. Vennebusch, Die theologischen Handschriften des Stadtarchivs Köln, Teil 1, Köln / Wien 1976, S. 53–59. Die Frühdrucke standen dem Verfasser nicht zur Verfügung.

temptandi, tamen semper talis amor est peccatum mortale. Quando autem aliquis (Hs: + plus) diligit creaturam plus quam deberet, sed tamen propter hoc nollet deum offendere, nec eius amiciciam [amittere], nec transgredi eius preceptum, nec deum deserere, nec eo carere, tunc non oportet quod sit mortale.

Secunda regula est, et concordat satis cum prima: quod cum aliquid committitur notabiliter contra dileccionem dei vel proximi, tunc est mortale. Sed quando non, tunc est veniale. Quando autem aliquid est contra dileccionem dei, potest attendi penes hoc, quod repugnat caritati et amicicie quam ad deum habere debemus super omnia. Quando vero (Hs: + non) fit contra dileccionem proximi, potest attendi penes ista precepta legis nature: Quod tibi non vis fieri, alteri ne feceris; et quod tibi vis racionabiliter fieri et ex debito, alteri hoc idem facias. Et potest eciam attendi penes scandalum activum, quod ego infero proximo meo malo exemplo. Sed inquanto aliquid oportet esse contra dileccionem proximi vel quantum sit illud scandalum ad hoc quod sit mortale, non est determinatum precise, quia in modico facere contra proximum non est mortale, aut eum in parvo scandalizare. Unde attendat quilibet penes seipsum, quod sibi vellet vel non vellet fieri et per quod factum servaretur inter se et proximum amicicia vel non; secundum hec iudicet aliquid mortale vel veniale.

Tercia regula est: quod quicquid committitur vel obmittitur contra preceptum dei vel ecclesie vel legis nature vel superioris que precepta sunt de necessitate salutis, vel contra votum publicum aut privatum, vel contra iuramentum licitum, tunc est mortale. Quando citra, tunc non oportet quod sit mortale.

Quarta regula est: quod quando aliquid fit contra conscienciam vere vel false dictantem aliquid esse mortale, vel contra conscienciam formidantem probabiliter et dubitantem an aliquid sit mortale, tunc semper est mortale. Quod autem non fit contra conscienciam, adhuc potest esse mortale, si consciencia non sit sufficienter instructa.

Quinta regula est de actibus intus manentibus: quod quandocumque est sola cogitacio de aliquo quantumcumque turpi vel malo absque complacencia vel delectacione seu consensu, tunc numquam est mortale, sed veniale. Quando vero est consensus in actum qui esset peccatum mortale, semper est mortale, quia deus acceptat voluntatem pro facto. Quando[5] autem cum cogitatione et complacencia et delectatione morosa in aliquo turpi, specialiter in libidinosis actibus, non est mortale secundum Augustinum, ita cum non sit consensus in actum etc. Hoc autem idem iudicium est de peccatis interioribus.

---

5 Der Satz ist in der Handschrift vom Rubrikator als fehlerhaft gekennzeichnet. Der richtige Text dürfte so oder ähnlich lauten: Quando autem est cogitatio cum complacencia et delectatione morosa in aliquo turpi, specialiter in libidinosis actibus, [si fit cum deliberatione, est peccatum mortale; si non,] non est mortale secundum Augustinum, scilicet cum non sit consensus in actum.

Ad quod eciam fit dubitatio supra habita de sensualitate et racione, et de peccatis prevenientibus et sequentibus deliberationem.

In Heinrichs Regeln werden die theologischen Wurzeln greifbar, aus denen seine praktischen Urteile und Ratschläge hervorwachsen. – Nach der 1. Regel liegt eine Todsünde dann vor, wenn der Sünder ein Geschöpf, also ein begrenztes Gut, zu seinem Gott macht, d. h. wenn er es zum Hauptziel *(finis ultimus)* [6] erhebt und dadurch dem wahren Gott die schuldige Achtung entzieht. – Die 2. Regel beschreibt die Todsünde als eine Tat, die die Gottesliebe oder die Nächstenliebe beträchtlich *(notabiliter)* verletzt. Doch was ist »beträchtlich«? Heinrich gibt in Bezug auf die Nächstenliebe einen bemerkenswerten Hinweis: Der Urteilende soll sich vorstellen, er selbst sei von der fraglichen Tat betroffen, und er soll sich fragen, ob seine freundschaftliche Beziehung *(amicitia)* zu dem Täter durch dessen Tat zerstört würde. Was eine gute menschliche Beziehung zerstört, ist *peccatum mortale.* – Die 3. Regel rekurriert auf die Gebote (Gebote Gottes, der Kirche, des Naturrechts, eines Vorgesetzten). Eine Übertretung ausdrücklicher Gebote ist Todsünde – allerdings nur, wenn die Gebote aus theologischer Sicht heilsnotwendig *(de necessitate salutis)* sind. Die Frage, was heilsnotwendig ist, bleibt hier ohne Antwort.[7] Indes wird ohne Einschränkung gesagt, daß der Bruch eines Gelübdes oder der Bruch eines Eides eine Todsünde sei. – Die 4. Regel macht das Gewissen zum Urteilsmaßstab. Eine Todsünde liegt vor, wenn jemand etwas tut, was er in seinem Gewissen als todsündhaft ansieht, und zwar ohne Rücksicht darauf, ob das subjektive Gewissensurteil objektiv wahr oder falsch ist. Auch wer gegen sein mit ernsten Gründen an der Todsündhaftigkeit einer Tat zweifelndes Gewissen handelt, begeht eine Todsünde. Sogar bei gutem Gewissen kann eine Todsünde vorliegen, nämlich dann, wenn die richtige Gewissensbildung (schuldhaft) versäumt wurde. – Die 5. Regel gilt für die Beurteilung innerer Akte (Gedanken, Willensentscheidungen, Gefühle). Der bloße Gedanke an eine verwerfliche Tat ohne Zustimmung des Willens und ohne lustvolle Bejahung des Bösen ist keine Todsünde. Dagegen ist die willentliche Zustimmung zu einer todsündhaften Tat immer eine Todsünde. Doch wie steht es mit der lustvollen Bejahung *(complacentia et delectatio morosa)* des Bösen? Der Text der zitierten Handschrift ist an dieser Stelle fehlerhaft. Doch kann Heinrichs Antwort mit hinreichender Sicherheit erschlossen werden. Die lustvolle Bejahung des Bösen ist dann und nur dann

---

6   Die Bedeutung des *finis ultimus* für die sittliche Grundhaltung des Menschen erläutert H. v. L. an anderer Stelle (a. a. O., 104rb) so: ... semper est aliquid in corde hominis quod homo summe diligit et in quo maxime vitam suam ordinat, et hoc dicitur ultimus finis hominis; et ad illud homo quasi specialiter faciem anime, idest intentionem supremam, conversam habet. Et si hoc est deus, tunc homo est in statu salutis, quod si subito moreretur, salvaretur. Si vero est creatura, vel ipsemet vel alter[a], iam est in statu dampnationis.

7   Im Abschnitt über *gula* nennt H. v. L. zwei Beispiele für »heilsnotwendige« Gebote: das Fastengebot und das Gebot des Meßbesuches an Sonn- und Feiertagen (a. a. O., 105vb).

eine Todsünde, wenn sie von der Einsicht und vom freien Willen des Handelnden getragen ist.

Die Lektüre der *regulae* hinterläßt einen zwiespältigen Eindruck. Im Vergleich mit den Aussagen der großen Meister der Theologie[8] erscheinen sie als recht hausbacken: theologischer Tiefgang, systematische Integration, gedankliche und sprachliche Präzision lassen zu wünschen übrig. Andererseits muß man anerkennen, daß die *regulae* frei sind von einer engstirnigen Kasuistik und daß tragende theologische Einsichten zur Geltung kommen: Die Sünde wird beschrieben und erklärt als Vergötzung eines kontingenten Gutes (regula 1), als Verstoß gegen die Gottes- und Nächstenliebe (regula 2), als Übertretung von Geboten (regula 3), als ein Handeln gegen den Spruch des Gewissens (regula 4) und als verwurzelt im freien Willen des Sünders (regula 5). Das sind keineswegs neue Einsichten; Heinrich konnte sie aus dem Strom traditioneller Theologie schöpfen. Dennoch sind die *regulae* bemerkenswert, nämlich als Versuch, überkommene theologische Einsichten umzuschmieden zu Werkzeugen praktischer Urteilsbildung.

Heinrich ist in der Tat der optimistischen Meinung, daß dann, wenn man seine *regulae* als Urteilsmaßstäbe an menschliches Handeln anlegt, erkennbar wird, ob das Handeln ein *peccatum mortale* ist oder nicht. Er demonstriert die Anwendbarkeit, indem er nacheinander die sieben Hauptsünden betrachtet und dabei die *regulae* als diagnostisches Werkzeug einsetzt. Wie er im einzelnen vorgeht, läßt sich am Beispiel der *avaritia* veranschaulichen.

Habgier ist Sünde nach der 2. Regel, insofern die Habgier der Nächstenliebe widerspricht. Wer materielle Güter erstrebt und dabei die Gerechtigkeit verletzt (z. B. durch Betrug, im ungerechten Krieg oder im Glücksspiel), sündigt; ebenso derjenige, der anderen das ihnen Zustehende (Arbeitslohn, Kirchenzehnt) vorenthält oder ihnen ihr Eigentum (Fundsachen, Diebesgut) nicht zurückgibt. Das alles ist Todsünde, allerdings nur dann, wenn es um eine Sache von beträchtlichem Wert geht *(in aliqua notabili quantitate)*. – Habgier ist auch nach der 1. Regel Todsünde, wenn jemand materiellen Besitz zum Hauptziel seines Lebens macht. – Auch nach der 3. Regel kann Habgier eine Todsünde sein, wenn jemand um des Besitzerwerbs willen das Heilsnotwendige vernachlässigt oder Kirchengebote übertritt. Das gleiche gilt vom Zinsnehmen, dem Abschluß unerlaubter Verträge und der Simonie. – Schließlich kann Habgier auch nach der 4. Regel eine Todsünde sein, wenn jemand einen Vertrag abschließt, obwohl er an dessen Rechtmäßigkeit zweifelt (gemeint sind Verträge, die gegen das Zinsverbot verstoßen). – Zum Schluß erklärt Heinrich zusammenfassend, in welchen Fällen und unter welchen Bedingungen Habgier nur eine läßliche Sünde ist: *Quando autem aliquis appetit divicias plus quam deberet, et sollicitatur pro eis et laborat, et*

---

8   Z. B. Thomas von Aquin, Qu. disp. de malo, qu. 7–15; Summa theol. 1–II, qu. 88–89.

tamen nollet iniusta bona habere, nec deum propter hoc offendere, nec finem nec felicitatem in hoc ponere, tunc est veniale.[9]

Heinrichs Ausführungen über die Habgier und die anderen Hauptsünden rücken konkrete Lebensverhältnisse seiner Zeit ins Blickfeld. Es fällt auf, daß er zur Beurteilung einer Tat nicht mehrere seiner Regeln heranzieht, sondern immer nur eine. Bei der Abgrenzung von Todsünde und läßlicher Sünde spielt das Wort *notabilis* oft eine Rolle: eine Todsünde liegt nur dann vor, wenn die Sache, um die es geht, »beträchtlich« ist. Die Frage, wo genau die Grenze zwischen dem Beträchtlichen und dem Unbeträchtlichen liegt, wird entweder gar nicht beantwortet oder in wenig erhellender Weise.[10] Ob Heinrichs Adressaten, die Beichtväter des 14. und 15. Jahrhunderts, zufrieden waren mit den Urteilshilfen, die er ihnen angeboten hat? Allzu viele Fragen bleiben offen.

Die Seelsorger des Spätmittelalters konnten auch anderswo Rat suchen, zum Beispiel im »Tractatus de differentia peccatorum venialium et mortalium« des Johannes Gerson († 1429).[11] Wir können Gersons Thesen hier nicht im einzelnen darlegen, wollen aber doch einen Blick werfen auf das theologische Fundament, von dem er ausgeht. Gerson unterscheidet zwei Arten von Geboten.[12] Die einen sind mit der Strafsanktion des ewigen »Todes« verknüpft; es sind jene Gebote, durch deren Übertretung die Gott geschuldete Unterordnung *(subiectio deo debita)* aufgehoben oder die menschliche Gemeinschaft *(societas inter homines)* zerstört wird. Von anderer Art sind die Gebote *(praecepta, constitutiones, ordinationes)*, deren Übertretung nur mit einer begrenzten Strafe bedroht ist, weil das unbotmäßige Verhalten weder die Gott geschuldete Unterordnung aufhebt noch die menschliche Gemeinschaft zerstört. Wer ein Gebot der ersten Art übertritt, begeht eine Todsünde; die Übertretung eines Gebotes der zweiten Art ist eine läßliche Sünde. In Gersons Hinweisen auf die *subiectio* und die *societas* stecken die Grundgedanken der 1. und 2. Regel des Heinrich von Langenstein. Aber anders als Heinrich verankert Gerson den Unterschied von *peccatum mortale* und *peccatum veniale* letztlich im Willen des göttlichen (oder menschlichen) Gesetzgebers. Gott selbst und die von ihm legitimierten Autoritäten verbinden ihre Gebote mit verschiedenen Sanktionen, so wie beispielsweise ein König manches unter Todesstrafe gebietet, anderes nur unter Androhung von

---

9 A. a. O., 106^r.
10 Z. B. im Abschnitt über *ira*: Si [quis] verbo vel modico motu aut facto aliquem leserit, non oportet quod sit mortale, sicut nec est furtum, quod aliquis recipit (lies: eripit) alteri unum granum vel duo ex acervo tritici (a. a. O., 106rb). Absurde Kasuistik ist in Wirklichkeit die Verweigerung einer kasuistischen Antwort.
11 Joannis Gersonii Opera omnia, ed. L. E. Du Pin, t. 2, Antwerpen 1706, Sp. 485–504. Der Traktat ist ursprünglich in französischer Sprache verfaßt, wurde aber schon bald in lateinischer Übersetzung verbreitet. – Über Gerson: TRE XII, 532–538.
12 A. a. O., Sp. 489 (consid. I).

Geld- oder Gefängnisstrafen.[13] Hinter Gersons Aussagen steht ein voluntaristisches Gottesbild.

Ein typisches Beispiel für die spätmittelalterliche Behandlung des Sündenproblems ist ein kleiner Traktat, den wir als Anhang dieses Aufsatzes veröffentlichen wollen. Der anonyme Verfasser erörtert den Unterschied von *peccatum mortale* und *peccatum veniale* zunächst in einer grundsätzlichen theologischen Einleitung, anschließend behandelt er die sieben Hauptsünden. Wir entnehmen den Text einer Handschrift des Kölner Kreuzherrenklosters, die um 1500 entstanden ist.[14] Zur Berichtigung von Textfehlern ziehen wir eine zweite Handschrift heran, die in Darmstadt liegt.[15] Die Darmstädter Handschrift überliefert den Traktat in etwas abweichender Fassung; die Einleitung fehlt, die Hauptsünden werden in anderer Reihenfolge abgehandelt. Eine dritte Handschrift – sie stammt aus der Bibliothek der Kölner Kartause – enthält einen vor 1400 aufgezeichneten Text, der mit dem anonymen Traktat verwandt ist.[16] Obwohl der Text der Kartäuserhandschrift erheblich kürzer ist und auch inhaltlich von dem anonymen Traktat abweicht, kann er für die Berichtigung von Überlieferungsfehlern herangezogen werden; das gilt vor allem für die theologische Einleitung.

Die Einleitung, die der Anonymus an den Anfang seines Traktates stellt, hat beachtliches theologisches Niveau. Die Aussagen über das Wesen der Sünde erinnern an die *regulae* des Heinrich von Langenstein. Aber die verschiedenen Aspekte der Sünde, die bei Heinrich additiv aneinandergereiht sind, werden hier zu einem Gesamtbild verwoben; die einzelnen Aussagen sind systematisch integriert. Todsünde ist zunächst und vor allem Abwendung von Gott und zugleich eine gottwidrige Hinwendung zu endlichen Gütern (dem entspricht *regula 1*). Die Abwendung von Gott vollzieht sich konkret in der Übertretung eines göttlichen Verbotes (dem entspricht *regula 3*). Eine solche Übertretung ist jedoch nur dann eine Todsünde, wenn sie von der überlegten und freien Willensentscheidung des Handelnden getragen ist (das erinnert an *regula 5*). Mit großem Nachdruck betont der Anonymus die subjektive Grundlage der Sünde: den verkehrten Willen des Sünders.

Das Niveau der Einleitung wird im Hauptteil des Traktates nicht durchgehalten. Die Ausführungen über die Hauptsünden sind stellenweise sehr kompliziert, manchmal unsystematisch, oft auch unvollständig. Als Beispiel wollen wir den Abschnitt über die *avaritia* betrachten. Habgier tritt in zwei Gestalten auf: als unrechter Erwerb und als ungerechtfertigtes Festhalten des

---

13 Quemadmodum videtis, quod Rex aliqua praecipit sub poena mortis, aut capitis, et aliqua sub poena temporali, utpote argenti, vel carceris ad tempus (a. a. O., Sp. 489).

14 HAStK, GB 4º 182, 169ʳ–170ᵛ. Über die Handschrift: Vennebusch (wie Anm. 4), Teil 2, 1980, S. 203–205.

15 LuHSB Darmstadt, Hs 434, 1ʳ–3ᵛ mit LXXIᵛ; Provenienz: Benediktinerabtei St. Jakob, Lüttich. Für Mitteilungen über die Handschrift haben wir Dr. Kurt Hans Staub zu danken.

16 HAStK, W 122, 160ᵛ–161ᵛ; vgl. Vennebusch (wie Anm. 4), Teil 4, 1986, S. 35–39.

Besitzes. Unrechter Erwerb ist läßliche Sünde, wenn es um eine »kleine Sache« geht (abgesehen von drei besonderen Fällen); er ist Todsünde, wenn es um eine »große Sache« oder eine Sache von mittlerem Wert (res magna vel mediocris) geht (z. B. beträchtlicher Diebstahl, Raub, Zinsnahme, falsche Maße und Gewichte, falsche Rechnungen). Bei ungerechtfertigtem Festhalten am Besitz ist noch einmal zu unterscheiden zwischen fremdem Gut und rechtmäßigem Eigentum. Das Festhalten fremden Gutes ist genau so zu beurteilen wie der unrechte Erwerb, d. h. es ist zwischen kleinen und großen Sachen zu unterscheiden. Ungerechtfertigtes Festhalten am rechtmäßigen Eigentum liegt vor, wenn jemand den Armen die gebotene Unterstützung vorenthält. Hier ist zu unterscheiden zwischen den Armen, die zu verhungern drohen, und solchen, die nicht zu verhungern drohen. Wer einem vom Tod Bedrohten nicht hilft, begeht eine Todsünde. Im anderen Fall sind drei Verhaltensweisen zu unterscheiden: Wer die Armen überhaupt nicht beachtet und nie Almosen gibt, begeht eine Todsünde; auch der, welcher einen Armen ab und zu aufsucht, ihm aber nie etwas gibt, begeht eine Todsünde; wer einen Armen oft aufsucht und ihm manchmal, aber nicht immer etwas gibt, begeht allenfalls eine läßliche Sünde.

Offenbar hält unser Anonymus die scholastische Distinktion für ein fruchtbares Mittel der Problemlösung. Mit mehrfach geschachtelten Unterscheidungen bereitet er den Boden für seine differenzierten Antworten. Der Abschnitt über die Habgier zeigt deutlich, daß er die Grenze zwischen peccatum mortale und peccatum veniale hauptsächlich aus dem Objekt des Handelns ableitet: die »Sache« ist entscheidend. Dabei vermeidet er eine allzu weitgehende kasuistische Konkretion. Auf die Frage, wo denn die Grenze liegt zwischen einer res parva und einer res mediocris, verweigert er die Auskunft. Andererseits gibt er im Blick auf das Verhalten gegenüber den Armen recht präzise Antworten.

Die Ausführungen über die übrigen Hauptsünden bekräftigen auf je verschiedene Weise den Eindruck, den der Abschnitt über die Habgier vermittelt. Distinktionen, die teils scharfsichtig, teils spitzfindig sind, spielen eine beherrschende methodische Rolle. Oft leitet der Verfasser den Unterschied zwischen peccatum mortale und peccatum veniale aus dem Handlungsobjekt ab. Allerdings wird in einigen Abschnitten der Anteil des handelnden Subjektes (deliberatio, consensus) in stärkerem Maße zur Beurteilung herangezogen, vor allem dort, wo innere Sünden besprochen werden (luxuria, invidia, ira).

Heinrich von Langenstein und der Anonymus antworten in zeitbedingten Denkformen auf zeitbedingte Fragen. Damals belastete die Furcht vor Todsünden das Leben vieler Christen; man war der Meinung, daß Todsünden sehr häufig vorkommen, auch im Leben gutwilliger Menschen. Obwohl die Theologen des Spätmittelalters diesen Standpunkt teilten, ist in ihren Schriften doch das vorsichtige Bemühen spürbar, den Lesern zu zeigen, daß es neben den Todsünden ein weites Feld läßlicher Sünden gibt. Die Versuche einer konkreten Grenzziehung zwischen *peccatum mortale* und *peccatum veniale* wirken allerdings durchweg sehr hilflos und wenig überzeugend. Wir beobachten eine merkwürdige Diskrepanz zwischen recht soliden theologischen Prinzipien und unbefriedigenden konkreten Urteilen. Der Blick in das spätmittelalterliche Schrifttum bestätigt die Berechtigung einer Frage, die in unserem Jahrhundert von vielen gestellt wird: Ist es uns Menschen überhaupt möglich, in konkreten Fällen zwischen *peccatum mortale* und *peccatum veniale* zu unterscheiden? Viele neigen dazu, diese Frage zu verneinen, und zwar deshalb, weil sie den Unterschied zwischen Todsünde und läßlicher Sünde nicht so sehr im Objekt der Handlung *(materia gravis / levis)*, also nicht in objektiv feststellbaren Tatbeständen begründet sehen, sondern letztendlich im handelnden Subjekt, dessen subjektiv-personale Handlungsbedingungen, vor allem das jeweilige Maß an Einsicht und der jeweilige Grad der Freiheit, sich menschlichem Urteil prinzipiell entziehen. Helmut Weber hat in seinem Lehrbuch der Moraltheologie das Problem der Unterscheidbarkeit von Todsünde und läßlicher Sünde nachdenklich erörtert und der Diskussion neue Anstöße gegeben.[17] Sein Vorschlag, zwischen einer subjektiven und einer objektiven Dimension der Sünde und entsprechend zwischen »Todsünden« und »schweren Sünden« *(peccata gravia)* zu unterscheiden, ist bedenkenswert und kann vielleicht den Weg ebnen zu einer von vermeidbaren Lasten befreiten Beichtpraxis und einer lebendigeren und freudigeren Annahme des christlichen Bußsakramentes.

Anhang

[De differentia peccatorum mortalium et venialium][18]

Ad cognoscendum in quo casu aliquod peccatum sit vel mortale vel veniale, notandum primo, quod secundum Augustinum[19] peccatum mortale est spreto incommutabili bono rebus commutabilibus adherere. In omni ergo peccato mortali duo requiruntur, scilicet conversio ad bonum commutabile et aversio a bono incommutabili, idest a deo. Quandocumque igitur aliquis[a] convertatur ad bonum commutabile, si per hoc non avertitur a deo, numquam peccat mortaliter. Ad hoc autem ut aliquis avertatur a deo, requiritur quod appetat aliquid a deo prohibitum. Unde idem Augustinus[20] definit peccatum sic: Peccatum est dictum vel factum vel concupitum contra legem dei. Requiritur etiam ad hoc quod aliquid sit peccatum mortale, quod illud prohibitum

---

17 H. Weber, Allgemeine Moraltheologie, Graz 1991, S. 286–300.
18 Satzzeichen und Großbuchstaben sind ohne Rücksicht auf den handschriftlichen Befund so gesetzt, daß sie das Verständnis des Textes erleichtern.
19 De libero arbitrio II, 19; CCSL 29, 272.
20 Contra Faustum XXII, 27; CSEL 25, 621.

appetat per consensum deliberativum; quia secundum eundem Augustinum[21] peccatum est adeo voluntarium quod, si non est voluntarium, non est peccatum. Sola enim voluntas est qua peccatur et recte vivitur. Unde peccator racione proprie voluntatis dicitur se velle parificare deo, quia solius dei est habere propriam[b] voluntatem. Sed racione prepositionis[c] super divinam voluntatem dicitur esse maior deo. Unde Anselmus[d] de casu diaboli[22] dicit, quod diabolus voluit esse maior deo in hoc quod suam voluntatem preposuit divine voluntati. Numquam ergo est peccatum mortale nisi homo aliquid inordinate concupiscat et suam voluntatem divine voluntati preponat. Ut ergo hec cognoscantur de singulis peccatis, sequentia diligenter et caute considera.

Superbia nihil aliud est quam perversus celsitudinis appetitus, ut vult Augustinus XIV[e] de civitate dei.[23] Superbus ergo est, qui appetit celsitudinem inordinate. Celsitudo autem inordinate appetitur dupliciter: aut infra deum, aut supra deum. Si infra deum, ut[f] cum quis gloriam appetit de pulchritudine, de sapientia, de prudentia et huiusmodi, non tamen[g] tamquam a se habitis vel tamquam a deo meritis propriis sibi datis vel tamquam ceteris despectis[h], sed simpliciter inaniter gloriatur, sic est veniale. Aut appetitur ipsa celsitudo inordinate supra deum, ut cum[i] quis gloriatur de donis dei, videlicet de sapientia scientia fortitudine etc., tamquam a se habitis vel tamquam suis meritis sibi datis, vel tamquam a deo sibi datis sed ceteros despicit, vel cum quis iactat se habere quod non habet; hec omnia, si fiant[j] cum deliberatione, mortalia sunt; si sine deliberatione, venialia sunt. Et hec sub brevitate de superbia dicta sufficiant.

Avaritia est amor inordinatus boni temporalis. Unde hoc vicium avaritie consistit vel in acquirendo vel in retinendo. Si in acquirendo, aut appetitur vel[k] acquiritur contra deum res modica sive parva, aut magna vel[l] mediocris. Si appetitur vel acquiritur contra deum res modica, tunc est veniale, nisi in tribus casibus[m]: primo si hoc sepius contingat; secundo si per hoc charitas fraterna extinguatur; tertio si ad restituendum non sit omni tempore paratus. Si vero res magna vel mediocris contra deum appetatur vel acquiritur, ut solet fieri in furtis notabilibus, in rapinis, in usuris, in falsis mensuris vel ponderibus et falsis computationibus vel consimilibus[n], et sic est mortale, si cum deliberatione hec fiant. Si vero committatur hoc vicium in retinendo, aut retinet quis alienum aut proprium. Si alienum, distinguendum est, ut supra inter parvum et magnum distinctum est cum conditionibus ibi appositis[o]. Si retinet proprium, videlicet pauperibus non erogando, sic distinguendum est, puta: Aut instat dandi oportunitas, ut cum pauper satis indiget, non tamen mori presumitur; et tunc aut pauper omnino et toto tempore negligitur, et sic est mortale; aut raro visitatur et numquam sibi aliquid datur, et sic adhuc est mortale,

---

21 De vera religione 14; CCSL 32, 204.
22 Anselm von Canterbury, De casu diaboli 4; PL 158, 333.
23 De civitate dei XIV, 13; CCSL 48/2, 434.

maxime habenti bona; aut sepe visitatur pauper et quandoque aliquid et quandoque nihil sibi datur, et sic est veniale vel nullum. Aut instat dandi necessitas, ut cum pauper mori fame presumitur; et sic est mortale. Et tantum de avaritia.

Luxuria est illicitus ardor libidinis. De quo vicio puto sic distinguendum: Aut quis committit opus luxuriosum extrinsece; et sic est mortale. Aut habet motum cordis et carnis et quandoque non carnis sed cordis tantum ad opus mecharium[p] perpetrandum; et si hoc deliberative fiat, mortale est, etiam si opus mecharium[q] extrinsece numquam committatur, sicut satis patet ex sententia salvatoris: Si quis viderit mulierem ad etc.[24] Aut solum est motus primus ipsius cordis vel stimulus carnis subito veniens; et si hic motus displicet omnino, ita quod nec consentit homo nec delectatur, immo quantum potest resistit, nullum est peccatum. Aut diu manet talis motus sive cordis sive carnis. Et tunc[r] aut talis iterum non consentit in opus carnis nec in delectationem, sed pro posse renititur; et sic nullum est peccatum, immo multum meretur, et tanto plus quanto pugna est gravior et prolixior. Nisi forte ex notabili gulositate vel ex turpi cogitatione et morosa, citra aliquem tamen consensum, talis motus[s] evenerit; quia sic esset veniale. Aut aliquo modo in opus carnis consentit, si facultas adesset; et sic est mortale. Aut non consentit in opus, sed in delectationem carnis; et tunc aut consentit directe et vere, et sic est mortale; aut indirecte et sic interpretative. Et tunc aut habet motum ex cogitatione coitus; et sic dicunt quidam et probabiliter, quod sit mortale. Ille enim dicitur consensus interpretativus[t] in delectationem, quam etiam aliqui nominant morosam delectationem, quando si mens[u] tantum illi delectationi immoratur quod ab ea absorbetur[v], quod quilibet sapiens interpretari habet quod consentiat, quamvis expressum consensum non habeat. Alii tamen dicunt, quod consensus interpretativus dicitur, quando aliquis nec plene vult nec plene non vult, sicut ille qui posset se bene eximere per orationem vel per urinam vel surrectionem de lecto[w] et tamen pigrescit hoc facere. Aut habet interpretativum consensum delectationis sive in delectationem non ex cogitatione coitus, sed ex pulchritudine mulieris tantum; sic est veniale, sed grossum. – Et sciendum quod stimulus carnis tripliciter solet evenire: scilicet vel ex calore complexionis, contra quem est abstinentia; vel ex turpi cogitatione, contra quem est cordis firma custodia et velox[x] resistentia; vel ex singulari tentatione diaboli, contra quem est divina invocatio, que etiam ad omnia adversa valet. Et hec de luxuria.

Invidia est dolor de prosperitate et bono alterius et gaudium de defectu et adversitate alterius. Aut ergo talis dolor cito repellitur; et sic est veniale, et tunc dicitur invidia passio. Aut diu talis dolor tenetur. Et tunc aut displicet, sed propter gravitatem complexionis a se subito removere non potest; et sic est veniale. Aut diu manet talis dolor[y] et placet. Et tunc aut est de bono

---

24 Mt 5, 28.

temporali proximi; et^z sic dicitur invidia, et est mortale. Aut talis dolor diu est manens, sed non placens, de bono spirituali proximi^z, et sic speratur veniale; aut placet quia scilicet cum deliberatione fit, et sic est mortale, immo peccatum in spiritu sancto. Et pari modo distinguendum est de gaudio super defectu et adversitate proximi. – Et sciendum quod hoc peccatum in spiritu sancto quinque modis committitur: Primo per invidentiam fraterne gratie, sicut iam tactum est supra, sicut quando homo habet invidiam de gratia proximo suo divinitus collata; hoc peccatum habuit Chayn contra fratrem suum Abel et Pharisei contra Christum. Secundo per impugnationem agnite veritatis; unde hoc peccatum committitur, quando homo agnoscit veritatem et ipsam impugnat, sicut faciebant Iudei qui cognoscentes vera miracula salvatoris ipsa impugnabant. Tertio per desperationem de misericordia dei, sicut fecerunt^{aa} Chain et Iudas. Quarto per presumptionem, quando si homo tantum presumit de immensa misericordia dei, quod audacter committit peccata et facit mala et sperat habere bona; sed hoc non est spes, sed presumptio mala. Quinto per obstinationem mentis, quando si homo non potest neque vult convertere voluntatem suam ad bonum, sicut est impenitentia finalis^{bb}, quando scilicet quis vitam suam finit in peccatis.

Gula est immoderata cibi vel potus sumptio. Hanc sic distinguendum puto: Aut sumit quis cibum vel potum de bonis licite acquisitis, aut^{cc} de bonis illicite acquisitis. Si de illicite acquisitis, aut sibi hoc constat, aut non constat. Si non constat sibi, sed bona fide sumit cum moderamine que vel habet vel ab aliis sibi ea apponuntur; et sic non peccat, dummodo hoc tempore congruo faciat. Si vero constat sibi quod bona illa male vel iniuste sunt acquisita, hoc iterum est distinguendum: Aut est tempore necessitatis, scilicet quod fame periret; et sic poterit cum moderamine sumere nutrimentum de talibus iniuste acquisitis, nec peccat. Aut necessitas hoc non cogit, sed ex voluntate sola et malitia iniustis bonis scienter vescitur; et sic est mortale. Si sumit cibum vel potum de bonis licite acquisitis, sic distinguitur: Aut quis immoderate sumit ex deliberatione et consuetudine, ut illi qui student se inebriare vel usque ad nauseam vorare; et sic est mortale. Aut sumit quis immoderate cibum vel potum sine deliberatione et raro; et sic est veniale. Et hec de gula.

Iracundia vel ira est indignantis animi turbulenta commotio. De hoc vicio sic distinguendum estimo: Aut huiusmodi animi commotio subito venit et cito recedit; et sic est veniale et leve peccatum, et vocatur passio quedam. Aut diu retinetur huiusmodi ira propter gravitatem complexionis, sed nullam vindictam petit^{dd} sic iratus, sed tantum animi perturbationem patitur; et sic iterum est veniale peccatum. Aut talis iratus ipsa scilicet ira diu durante appetit vindictam; et sic levem vel gravem vindictam. Si levem vindictam desiderat, tunc est veniale, nisi charitas fraterna per hanc perimatur^{ee}. Si petit gravem vindictam, tunc est mortale, si fiat cum deliberatione et consensu; nam tunc est odium et fraterna charitas exstinguitur. Hec^{ff} omnia de commotione cordis intelligi debent. Si vero de cordis iracundia procedit ad vindictam oris vel operis, hoc iterum est distinguendum: Nam si loquamur de iracundia oris vel ut plenius(?) loquar, tunc respice sermonem qui incipit »Os iusti etc.«, quem fecit venerabilis pater Henricus de Coesvelt[25] ordinis Cartusiensis. Aut loquemur de peccatis operis; et tunc respice decem precepta decalogi et expositionem eorundem quam fecit quidam[26] super illo verbo »Audi Israhel etc.«[ff]

Accidia est pigricia per quam vel propter quam negligitur vel negligenter agitur quod agendum[gg] est. De hoc vicio sic distinguendum est: Aut negligimus facere opus, aut negligenter facimus. Si negligimus facere opus: Aut est opus necessitatis, ut in eo qui tenetur dicere horas canonicas; et sic est mortale, si fit cum[hh] deliberatione et sine necessitate inevitabili. Aut negligimus opus supererogationis, quando si non dico vel non facio quod dicere vel facere soleo ex devotione; et sic est veniale. Si vero negligenter opus facimus, hoc iterum distinguitur: Aut opus necessitatis facimus, quia non statuto tempore[ii] vel loco debito vel sine cerimoniis[jj] debitis vel aliqua ignoranter transiliendo vel pigre et somnolenter deo serviendo vel sine cura advertente debita persolvendo vel cursorie sine necessitate legendo; his et similibus casibus venialiter peccamus. Nisi hoc forte assueti fuerimus; quia illam malam consuetudinem sic sepe sine necessitate vel rationabili causa iteratam non auderem veniale tantum iudicare, quia de illis scribitur: Maledictus homo qui facit opus[kk] etc.[27] Aut opus supererogationis negligenter facimus; et sic est veniale vel nullum. – Et sic est finis.

Textkritischer Apparat

K = HAStK, GB 4° 182, 169ʳ–170ᵛ; D = LuHSB Darmstadt, Hs 434, 1ʳ–3ᵛ mit LXXIᵛ; Kö = HAStK, W 122, 160ᵛ–161ᵛ. Die Lesarten von K werden vollständig verzeichnet, die Varianten von D und Kö in Auswahl.

a: aliquis Kö; aliquid K. – b: propriam Kö; *om.* K. – c: preposicionis Kö; proponderationis K. – d Anselmus: Augustinus K. – e XIV: nono K; IX D. – f: ut D; aut K. – g: tamen D; *om.* K. – h: despectis D; despectus K. – i: cum D; dum K. – j: fiant Kö; stant K D. – k: vel D; aut K. – l: vel D; aut K. – m: in tribus casibus D; tribus de causis K. – n: consimilibus D; cum similibus K. – o: ibi appositis D; in oppositis K. – p: mecharium K; nepharium D. – q: mecharium K; nepharium D. – r: tunc D; *om.* K. – s: motus D; *om.* K. – t: consensus *add. supra lineam* K. – u: mens D; habens K. – v: absorbetur D; absolvetur K. – w: lecto D; loco K. – x: velox D; felix K. – y: manet *add.* K. –

25 Henricus de Coesfeldia († 1410); vgl. DHGE XXIII, 1111. Die Verweisungen auf Henricus de Coesfeldia und Henricus de Frimaria fehlen in D; sie sind eine spätere Interpolation.
26 Henricus de Frimaria, Tractatus de decem praeceptis. Ausgaben verzeichnet A. Zumkeller, Manuskripte von Werken der Autoren des Augustiner-Eremitenordens, Würzburg 1966, S. 144 (Nr. 325).
27 Jer 48, 10.

z: et sic ... proximi D; *om.* K. – aa fecerunt: fuerunt K; fecit D. – bb: impenitencia finalis D; in penitentia finali K. – cc: aut D; vel K. – dd: petit D; *om.* K. – ee: perimatur D; privatur K. – ff: Hec omnia ... Israhel etc. *om.* D. – gg: agendum D; colligendum K. – hh: si fit cum Kö; si sit cum D; et sine K. – ii: tempore D; temporis K. – jj: serimoniis K. – kk: dei negligenter *add.* D.

III.

SYSTEMATISCHE ENTFALTUNG

HANS-GERD. ANGEL

Sonntagsarbeit – Tradition und Moderne

Der Mensch ist ein leib-geistiges Wesen. Diese Tatsache, die allenfalls von positivistischen Reduktionisten oder völlig weltfremden Asketen bestritten wird, läßt ihn als eine Existenz erscheinen, die prinzipiell diesen beiden Co-prinzipien Rechnung tragen muß, will er sich nicht aus der Mitte seines Daseins entfernen. Das alleinige und permanente Pflegen der leiblichen Komponente wird zurecht als Oberflächlichkeit abgetan. Hier erreicht der Mensch bei weitem nicht die Fülle und die Tiefe seiner Möglichkeiten, ihm fehlen Selbstreflektion, Einsicht in die Sinnhaftigkeit seines Daseins und nicht zuletzt Transzendenzbezug.

In einer gemeinsamen Erklärung haben sich der Rat der Evangelischen Kirche in Deutschland und die Deutsche Bischofskonferenz im September 1993 an die Öffentlichkeit gewandt und davor gewarnt, »den Schutz des Sonntags aufzuweichen und Ausnahmen vom Verbot der Sonntagsarbeit auch aus wirtschaftlichen (!) Gründen zuzulassen«.[1] Anlaß des Protestes war der Entwurf der Bundesregierung für ein 'Gesetz zur Vereinheitlichung und Flexibilisierung des Arbeitsrechts' (Arbeitszeitrechtsgesetz), wonach Sonntagsarbeit auch dann zulässig sein soll, »wenn nachweisbar die Konkurrenzfähigkeit gegenüber dem Ausland wegen längerer Betriebszeiten oder anderer Arbeitsbedingungen im Ausland unzumutbar beeinträchtigt ist und durch die Genehmigung von Sonn- und Feiertagsarbeit die Beschäftigung gesichert werden kann«[2]. Als Begründung ihrer Ablehnung dieses Entwurfes verweisen die Kirchen darauf, mit dieser Formulierung sei einer generellen Möglichkeit der Sonntagsarbeit Tür und Tor geöffnet, die Bedeutung des Sonntags für die Sozialkultur, die gemeinsame Zeit für die Familien, Nachbarn und Freunde seien damit in Gefahr. In seinem Stellenwert sei das Sabbatgebot, welches für die Christen in ein Sonntagsgebot übergegangen ist[3], ein göttliches Gebot.

In Zeiten der Rezession werden immer wieder einmal Stimmen auf seiten der Arbeitgeber laut, die etwa eine bessere Ausnutzung der Maschinenlaufzeiten fordern oder aber sich, wie im Falle von Geschäftsinhabern, durch Ladenöffnungszeiten auch am Sonntag eine Erhöhung des Umsatzes versprechen. Zugespitzt betrachtet stehen sich also die zwei folgenden Positionen

---

1 Pressemitteilung der Deutschen Bischofskonferenz vom 29. September 1993 'Arbeitszeitrechtsgesetz und Sonntagsschutz', 1. Der Erklärung waren eine Reihe von Äußerungen kirchlicher Vertreter zu dieser Problematik vorausgegangen. Vgl. etwa verschiedene Äußerungen von seiten des Kommissariats der Deutschen Bischöfe.
2 § 13, Abs. 5 ArbZRG.
3 Vgl. dazu E. HAAG, Vom Sabbat zum Sonntag. Trier 1991.

193

gegenüber: Auf der einen Seite die Vertreter der Kirchen und ihnen nahestehenden Verbände, Organisationen usf. – hier übrigens durchaus auch von seiten der Arbeitgeber[4] –, auf der anderen die Vertreter eines mehr oder minder stark ausgeprägten Wirtschaftsliberalismus oder wenigstens doch die Befürworter einer größeren Rentabilität der Betriebe.

Über die religiöse und soziale Bedeutung des Sonntages ist bereits viel geschrieben worden.[5] Die Anfrage, die hier gestellt werden soll, ist nicht die nach dem Sinn der Sonntagsruhe, der nicht in Frage gestellt werden soll. Bei diesen Überlegungen soll es um die Suche nach einem Argument gehen, welches es aus individual- und sozialethischer Sicht gestattet, klar zwischen – im ethischen Sinn – erlaubter und unerlaubter Sonntagsarbeit zu trennen. Existiert eine solche klare Trennlinie überhaupt oder ist dem Mißbrauch bereits jetzt schon Tor und Tür geöffnet? Sind die herkömmlichen Lösungen des Problems, die in ihrem Kern aus jahrhundertealter moraltheologischer Tradition stammen, heute noch hilfreich?

I. Ein Blick zurück

1. Die Klassifizierung der Arbeit

Das in der Tradition der Moraltheologie gängigerweise vorgebrachte Argument zur Qualifizierung verbotener Sonntagsarbeit war das Verbot 'knechtlicher Arbeit' (opera servilia). Kanon 1248 des Kodex von 1917 faßte es folgendermaßen:»Festis de praecepto diebus missa audienda est; et abstinendum ab operibus servilibus, actibus forensibus, itemque, nisi aliud ferant legitimae consuetudines aut peculiaria indulta, publico mercatu, nundinis, aliisque publicis emptionibus et venditionibus.«[6]

---

4 Vgl. die Stellungnahme des BKU 'Sonntag muß wieder Sonntag werden' (Diskussionsbeiträge des BKU, Nr. 9). Bonn [4]1988.

5 Vgl. etwa die Ausführungen in den einschlägigen theologischen Lexika, den moraltheologischen und kanonistischen Lehrbüchern, darüber hinaus auch die verschiedenen Äußerungen von Verbänden und Gruppierungen sowie exponierten Persönlichkeiten aus dem Bereich des kirchlichen Lebens. Etwa: Gemeinsame Erklärung der Deutschen Bischofskonferenz und des Rates der Evangelischen Kirche in Deutschland 'Unsere Verantwortung für den Sonntag' vom 25. Januar 1988.

6 Vgl. dazu F. A. GÖPFERT, Moraltheologie I. Paderborn [4]1903, 413–424, J. MAUSBACH – G. ERMECKE, Katholische Moraltheologie Bd. II, 1. Teil: Der religiöse Pflichtenkreis. Münster [10]1954, 236–246, H. JONE, Katholische Moraltheologie. Unter besonderer Berücksichtigung des Codex Iuris Canonici sowie des deutschen, österreichischen und schweizerischen Rechtes. Paderborn [15]1953, Nr. 192–194, J. NEDBAL, Art. 'Sonntag', in: K. Hörmann (Hg.), Lexikon der christlichen Moral. Wien [2]1976, Sp. 1447–1461, und H. HALTER, Art. 'Sonntag', in: H. Rotter – G. Virt (Hg.), Neues Lexikon der christlichen Moral. Innsbruck-Wien 1990, 689–694. In der Fassung des 'grünen' Katechismus von 1955 (Trier 1956) lautet es:»An Sonn- und Feiertagen sind gröbere körperliche Arbeiten verboten,

Unter den opera servilia verstand man »*alle Arbeiten, die mit körperlichen Kräften und zu materiellen Zwecken* verrichtet werden«.[7] Folgende Arbeiten subsummierte man näherhin darunter: »Pflügen, Säen, Ernten usw., Nähen, Schustern, Schneidern, Mauern, Drucken usw., ferner die Arbeiten in Bergwerken, Fabriken usw.«[8]

Den opera servilia gegenüber standen die opera liberalia, »die *wesentlich mit geistigen Kräften und zu idealen Zwecken* verrichteten Arbeiten.«[9], wie »Studieren, Lehren, Musizieren, Zeichnen, Entwerfen von Bauplänen, Schreiben (auch mit der Schreibmaschine), Malen, Ausführen feinerer Bildhauerarbeiten, Anfertigen feinerer Stickereien, Photographieren«[10]. Im Gegensatz zu den opera servilia waren die opera liberalia am Sonntag erlaubt und zwar auch dann, »wenn man dafür bezahlt wird«[11].

Daneben gab es noch die opera forensia, d.h. die Gerichts- und auch die öffentlichen Handelsgeschäfte, die durchweg als am Sonntag verboten betrachtet wurden, sowie die opera media, Jagen, Fischen, Reiten usf., welche als erlaubt angesehen wurden.[12]

Es waren im wesentlichen zwei wichtige Gründe, die für ein Verbot bestimmter Arten von Sonntagsarbeit ins Feld geführt wurden: Der erstgenannte Grund war religiöser Natur und zielte auf die Verehrung Gottes, welche schon das Naturgesetz verlange. Der zweite war ein Konglomerat von Argumenten, das unter dem Stichwort sittliche und soziale Bedeutung der Sonntagsruhe firmierte. Dahinter verbargen sich etwa folgende Begründungen: Schutz der leiblichen Gesundheit und Arbeitskraft, Unterstützung der Arbeitsfreude, positive Beeinflussung des Familienlebens, Ordnung der Gesellschaft bis hin zur Vermeidung von Überproduktion.

Obwohl die Kirche nie authentisch definiert hat, was unter opera servilia zu verstehen ist[13], war dieses traditionelle Kriterium der Qualifizierung der Arbeit offenbar noch bis weit in unser Jahrhundert hinein als Kennzeichen ausreichend, das Verbot der Sonntagsarbeit zu begründen, wie die Handbücher aus den 50er Jahren zu belegen vermögen. Bei näherem Hinschauen auf das Kriterium zeigt sich, daß es viel komplizierter konstruiert war, als dies der erste Blick vermuten läßt. Es erlangte seine Bedeutungsschärfe erst durch

soweit sie nicht dringend notwendig sind.« Katholischer Katechismus der Bistümer Deutschlands. Trier 1956, 212. Vgl. auch H. HUBER, Geist und Buchstabe der Sonntagsruhe. Eine historisch-kritische Untersuchung. Salzburg 1958.

7 J. MAUSBACH – G. ERMECKE, a.a.O. 239 f.
8 H. JONE, Katholische Moraltheologie Nr. 192.
9 J. MAUSBACH – G. ERMECKE, Katholische Moraltheologie II, 240.
10 H. JONE, Katholische Moraltheologie Nr. 192.
11 A.a.O.
12 Vgl. F. A. GÖPFERT, Moraltheologie I, 418–424, und J. MAUSBACH – G. ERMECKE, Katholische Moraltheologie II, 239–243.
13 Vgl. J. NEDBAL a.a.O. 1458, und J. MAUSBACH – G. ERMECKE, Katholische Moraltheologie II, 236–239.

zahlreiche erlaubende oder verbietende Zusatzbestimmungen bzw. durch definitorische Bereichsdeterminationen:[14]

Es handelte sich um eine apriorische Einteilung nach der »Natur der Arbeit«[15], die nicht durch Akzidentalien in ihrer Verbotenheit verändert werden konnte. So konnte etwa die Mühelosigkeit einzelner knechtlicher Arbeiten diese nicht erlaubt werden lassen. Sie waren somit knechtliche Arbeiten ihrem Wesen nach. Ebenso bestand das Verbot unabhängig von der Intention des Arbeitenden oder von der Dauer der Arbeit. Allenfalls auf die Schwere der Sünde hatte die Dauer der Arbeit einen Einfluß, wie H. JONE bzgl. der knechtlichen Arbeit herausstreicht: »Eine *Todsünde* liegt aber erst bei zweieinhalb- oder dreistündiger Arbeit vor, je nach der Schwere der Arbeit.«[16] Auch die materielle Komponente war nicht ausschlaggebend. Opera liberalia durften auch um des Verdienstes willen getan werden. Zudem kam es auch vor, daß Arbeiten, die eigentlich zu den knechtlichen hätten gezählt werden müssen, durch einen Kunstgriff zu den opera liberalia gerechnet wurden, wie etwa die des Druckers: »Das Setzen des Druckes wird von vielen ausgenommen, weil es ein Lesen und Schreiben sei«[17]. Schließlich konnten Arbeiten, die per se zu den knechtlichen zählten, per accidens erlaubt sein und umgekehrt.[18]

Nicht nur diese definitorischen Eingrenzungen des Kriteriums der Qualifizierung der Arbeit verkomplizierte die Angelegenheit, es gab auch noch zahlreiche Ausnahmen vom Verbot der Sonntagsarbeit:

2. Ausnahmen von der Regel

Während das Verbot der knechtlichen Arbeit auch im wesentlichen naturrechtlich begründet wurde, galt es nur 'ut in plurimis'. So präzise Erlaubtheit und Verbot auch geregelt sein mochten, völlig weltfremd waren diese Kategorien nicht konstruiert. Generelle Ausnahmeregelungen gab es immer schon, als da waren:[19] 1. Gewohnheitsrecht, 2. Arbeiten, die unmittelbar zum Gottesdienst in Beziehung standen, 3. caritative Tätigkeit, 4. Arbeiten, die einem Notstand vorbeugen oder einem bereits bestehenden abhelfen sowie 5. Arbeit von außerordentlichem Nutzen. Darüber hinaus bestand die Möglichkeit, daß der Bischof bzw. der Pfarrer in Einzelfällen Dispens von dem Verbot der Sonntagsarbeit erteilte.

---

14 Zu den Bestimmungen im einzelnen vgl. die vorherige Anmerkung.
15 F. A. GÖPFERT, Moraltheologie I, 418.
16 Katholische Moraltheologie Nr. 192.
17 F. A. GÖPFERT, Moraltheologie I, 419.
18 Vgl. J. MAUSBACH – G. ERMECKE, Katholische Moraltheologie II, 242.
19 Vgl. J. MAUSBACH – G. ERMECKE, Katholische Moraltheologie II, 242 f.

Wie leicht zu erkennen ist, waren einige dieser Kategorien so weit gefaßt, daß sich, wenn man es nur wollte, nahezu jede Arbeit darunter subsummieren ließ. So heißt es etwa bzgl. des Gewohnheitsrechtes bei F. A. GÖPFERT: Es »kommt hier sehr inbetracht die Gewohnheit und die Anschauung der Menschen, indem an gewissen Orten Arbeiten, die ihrer Natur nach knechtliche sind, gewohnheitsmäßig als erlaubt geübt werden, während sie an anderen Orten als verboten angesehen werden.«[20] Die Ausnahmekategorien, vor allem die des Gewohnheitsrechtes und die der Notsituationen, garantierten bei aller Kasuistik ein großes Maß an Flexibilität bei der Auslegung des Sonntagsgebotes. Aus dem Dilemma, daß der eine arbeiten muß, um dem anderen die Sonntagsruhe erst zu ermöglichen, wäre man ansonsten auch nicht herausgekommen.

II. Brauchbarkeit für heute?

1. Das Kriterium der Qualifizierung der Arbeit

In einer Gesellschaft, die ihren Lebensunterhalt überwiegend mit dieser 'knechtlicher Arbeit' verdient hat, mit Handwerksarbeit, mit Arbeit in der Landwirtschaft, später im Montanwesen, in der produzierenden Industrie usf., hat diese Unterscheidung eine auf den ersten Blick recht klare Trennlinie markiert. Es war die Unterscheidung zwischen zwei grundverschiedenen Klassen von Tun: zwischen jenem mit vorwiegend körperlichem und jenem mit vorwiegend geistigem Einsatz.

Doch reicht das Kriterium der Qualifizierung resp. Klassifizierung der Arbeit auch heute noch aus, um klar zu sagen, welche Form von Arbeit an Sonntagen verboten und welche erlaubt sein sollte? Wohl kaum. In unseren Tagen haben sich die Formen der Arbeit – zumindest in unserem Kulturkreis – z. T. wesentlich geändert. Zwar lassen sich immer noch solche Arbeiten benennen, die früher opera servilia hießen, doch läßt sich heute längst

---

20 Moraltheologie I, 418. Vgl. auch H. JONE, Katholische Moraltheologie Nr. 194. Der Autor führt ebd., wie in den damaligen Handbüchern üblich, noch eine Reihe weiterer Beispiele an: »Armen, die ohne Sonntagsarbeit ihre Familie nicht unterhalten können, ist es gestattet zu arbeiten. Hat man werktags keine Zeit und Gelegenheit, so darf man Sonntags seine Kleider oder die Kleider seiner Angehörigen flicken. Aus demselben Grunde dürfen Arbeiter Sonntags ihr Gärtchen bestellen. Bei drohendem Gewitter darf man Getreide, Heu einfahren, Früchte pflücken usw. – Erlaubt sind die Arbeiten bei einem Brande, einer Überschwemmung usw. – Handwerker dürfen die Gerätschaften ausbessern, welche die Landleute oder Arbeiter am folgenden Tage nötig haben. Ebenso dürfen Schneider und Schneiderinnen bei einem Todesfall Trauerkleider machen, wenn sie ohne Sonntagsarbeit nicht fertig werden können. – Wahrscheinlich sind auch leichte Handarbeiten zu mildtätigen Zwecken oder zur Vermeidung peinlicher Langeweile erlaubt.«

keine so klare Trennlinie mehr ziehen. Dadurch daß die Automatisierung breiten Einzug in diese Felder körperlich schwer zu verrichtender Arbeit gehalten hat, ist die leibliche Mühe geringer geworden. So ist es etwa nicht mehr nötig, daß der Bergmann kniend im Stoß mit dem Pickel arbeitet, daß der Bauer mit dem Ochsengespann den Pflug über die Felder bewegt oder daß der Waldarbeiter den mit der Hand geschlagenen Baum mit derselben zersägt. Freilich gibt es immer noch Berufe, die von harter körperlicher Arbeit begleitet sind, wie etwa den des Möbelpackers, aber ihre Häufigkeit ist doch stark zurückgegangen. Auf der anderen Seite sind viele Berufssparten, die früher eher zu den opera liberalia gezählt hätten, aufgrund des allgemein gestiegenen Leistungsdrucks auch mit körperlicher Ermüdung aufgrund psychischer Belastung verbunden. Zu denken ist hierbei etwa an die lehrenden und lernenden Professionen. Nicht zuletzt sind schließlich neue Berufsfelder entstanden oder haben sich von früher nur geringer Ausdehnung zu einer beachtlichen Größe erweitert. Hier sind vor allem die Dienstleistungsbereiche zu nennen, bei denen die Anzahl der Beschäftigten die der herstellenden Bereiche wohl bereits übertroffen hat. Es ist nicht zu leugnen, daß in der modernen Leistungsgesellschaft trotz permanent gestiegener arbeitsfreier Zeit die psychische Belastung ebenso stetig zugenommen hat. Allein der Druck, den die Gefahr des Verlustes des Arbeitsplatzes angesichts der derzeit drei bis vier Millionen Arbeitslosen in vielen Sparten erzeugt, bedarf des Ausgleiches durch Erholung in einer von Arbeit freien Zeit. Dabei ist es gewiß nicht nötig, daß die Arbeit selbst zuvor zu starker körperlicher Ermüdung geführt haben muß.

Alles in allem bleibt hier zu sagen, daß das traditionelle Unterscheidungskriterium, welches sich offenbar stark an der mit der betreffenden Arbeit verbundenen körperlichen Ermüdung orientierte[21], mehr und mehr verwischt ist, so daß heute nicht mehr so klar zwischen Berufen, die körperlich ermüden und solchen, die nicht ermüden, unterschieden werden kann.

Ein weiteres wichtiges Faktum darf nicht übersehen werden. Die Unterscheidung, so wie sie herkömmlich unternommen wurde, war nur unter Inkaufnahme einer Diskriminierung der Bereiche der opera servilia möglich. Schon die Bezeichnung gibt darüber Aufschluß. Höchstwahrscheinlich wurde es von weiten Teilen der mit opera servilia Beschäftigten nicht so empfunden, weil eben die weitaus größte Anzahl der Menschen damals auf diese Weise arbeitete. So konnte F. A. GÖPFERT in seinem Handbuch der Moraltheologie noch unbekümmert darauf verweisen, daß die knechtlichen Arbeiten deshalb so genannt werden, »weil sie in der Regel von der dienenden Klasse besorgt werden«[22]. Schon bedeutend vorsichtiger formulieren J. MAUSBACH – G. ERMECKE, wobei offensichtlich diese latente Diskri-

---

21 Vgl. J. MAUSBACH – G. ERMECKE, Katholische Moraltheologie II, 242.
22 A.a.O. 418.

minierung bereits gespürt wurde, wenn es heißt: »Der Grund [für das Verbot der knechtlichen Arbeit am Sonntag] liegt nicht in einer sittlichen Geringschätzung der körperlichen Arbeit ...; er liegt vielmehr in der berechtigten Fürsorge für das Wohl der körperlich Arbeitenden, die meist in abhängiger Stellung sind und ohne jeden Schutz der wahren sozialen und religiösen Ruhe entbehren müßten.«[23] Die Vorstellung, die mit dem Begriff 'knechtlich' und auf der anderen Seite mit 'frei' verbunden war, wird heute in unserer Gesellschaft nicht mehr geteilt. Zwar gibt es weiterhin angesehene und weniger angesehene Berufe, doch die Trennlinie verläuft nicht mehr so scharf zwischen körperlichen und geistigen Tätigkeiten und zudem ist man heute nicht mehr von vorneherein durch Geburt auf einen sozialen Status festgelegt.

Darüber hinaus hat sich – nicht zuletzt im Zuge der Diskussion um die Menschenrechte – die Auffassung herausgebildet, daß Arbeit im Zusammenhang mit der Menschenwürde zu sehen ist. Nachdrücklich hat dies Papst Johannes Paul II. 1981 in seiner Enzyklika 'Laborem exercens' herausgestrichen. Für ihn ist Arbeit ein »der Würde des Menschen entsprechendes Gut, ein Gut, das diese Würde zum Ausdruck bringt und sie vermehrt«. Und weiter sagt er: »Die Arbeit ist eine Wohltat für den Menschen – für sein Menschsein –, weil er durch die Arbeit nicht nur die Natur umwandelt und seinen Bedürfnissen anpaßt, sondern auch sich selbst als Mensch verwirklicht, ja gewissermaßen 'mehr Mensch wird'.«[24] Dabei verkennt der Papst nicht, daß Arbeit vielfach nur unter großen Mühen vollzogen werden kann.[25] Dennoch liegt es Laborem exercens daran, die angesprochene Würde auf alle Formen der Arbeit angewandt zu wissen. Keineswegs werden nur die traditionell mit opera liberalia bezeichneten Arbeiten darunter verstanden, sondern alle Formen der Arbeit in ihrer Beziehung zur menschlichen Selbstverwirklichung.

Unter Berücksichtigung dieser Aussagen von Laborem exercens ist es kaum noch möglich, bestimmte Gruppen von Arbeiten als 'knechtliche' und somit als am Sonntag unerlaubt von den am Sonntag erlaubten höherwertigen Arbeiten zu unterscheiden. Die Enzyklika wertet alle Formen von Arbeiten, – in der Landwirtschaft, in der Wissenschaft, in der Familie, den Dienst am Kranken usf. – als auf die menschliche Würde bezogen gleichwertig. Sie trifft sich in dieser Auffassung mit dem allgemein gewandeltem Verständnis, das bestimmte Arbeiten als 'knechtlich' zu bezeichnen nicht mehr nachvollziehen kann. Auch der Kodex von 1983 hat diesem Wandel Rechnung getragen und verwendet den Terminus opera servilia nicht mehr, sondern es heißt vielmehr: »Am Sonntag und an den anderen gebotenen Feiertagen sind die Gläubigen zur Teilnahme an der Meßfeier verpflichtet; sie haben sich darüber hinaus

---

23 A.a.O. 240.
24 Nr. 9, 3.
25 Vgl. Nr. 9, 2.

jener Werke und Tätigkeiten zu enthalten, die den Gottesdienst, die dem Sonntag eigene Freude oder die Geist und Körper geschuldete Erholung hindern.«[26]

Wenn das Kriterium der Qualifizierung der Arbeit kein brauchbares Unterscheidungsmerkmal zur Trennung von erlaubter und verbotener Sonntagsarbeit mehr darstellt, so ist es vielleicht das Kriterium der Notwendigkeit?

2. Das Kriterium der Notwendigkeit[27]

Die Frage nach der 'Notwendigkeit' kann als Kriterium nahezu für alle ethische Fragestellungen und Problemlösungsprüfungen herangezogen werden. Notwendigkeit markiert neben vielen weiteren Kriterien, wie etwa das der Frage nach der Verhältnismäßigkeit der Mittel, ein Prüffeld für ethisches Handeln. Auf eine sehr einfache Struktur gebracht, könnte man sagen: Ist ein Handeln, das unerwünschte Folgen mit sich bringt, nicht notwendig, sollte es gelassen werden. Doch bei der Frage, was notwendig ist oder nicht, gehen die Meinungen in der Regel weit auseinander. Problematisch ist das Kriterium daher hinsichtlich seiner Subjektivität resp. seiner mangelnden Verobjektivierbarkeit. Was der eine als notwendig erachtet, vermag der andere überhaupt nicht einzusehen. Es gibt viele Bereiche, bei denen der einzelne für sich entscheiden kann, auf ein bestimmtes Handeln zu verzichten, ohne daß es – vielleicht bloß bisher – dazu gekommen wäre, ein strukturelles Verbot anzustreben: die Frage des Tragens von Pelzmänteln etwa, oder des Essens von Fleisch. Ein Eingreifen auf struktureller Ebene muß sich bei einem demokratischen und pluralistischen Staat an dem Gemeinwohlprinzip orientieren, was bedeuten kann, daß gesetzliche Regelungen hinter individualethischen Vorstellungen einzelner zurückbleiben. Schließlich kann jemand Vegetarier aus Respekt vor der leidenden Kreatur sein, ohne daß es eine Verpflichtung für den Staat wäre, den Genuß von Fleisch aus diesem Grund zu verbieten. Sozialethisch ist die Frage der Notwendigkeit nur sehr schwer zu entscheiden, da sich in Strukturen einer pluralistischen und nicht diktatorisch regierten Gesellschaft immer eine Addition von Einzelmeinungen niederschlägt. Es ist ja geradezu ein Aushängeschild der Regierungsform 'Demokratie', daß die Lösungen ihrer Probleme im Sinne eines Niederschlages in Gesetzen und Verordnungen nicht von einer willkürlich agierenden Einzel-

---

26 C. 1247
27 Notwendigkeit wurde traditionell als einer von mehreren Punkten bei den Fragen der Ausnahmen vom Sonntagsarbeitsverbot behandelt. Was etwa den daneben dazugehörigen Punkt des Gewohnheitsrechtes angeht, so bedürfte er einer umfassenden Untersuchung der Einzelfälle. Generell etwas zu bejahen oder zu verneinen, weil es immer schon galt, wird sich irgendwann mit einer geänderten Zeitauffassung nicht mehr decken.

person oder Aristokratie, sondern durch Kompromisse unter Berücksichtigung möglichst aller meinungsbildenden Gruppen[28] gefunden werden.

Auf das Problem der Sonntagsarbeit angewandt zeigen sich dann Schwierigkeiten, wenn versucht wird, das Kriterium der Notwendigkeit als alleiniges Kriterium zur Trennung von Erlaubtheit und Verbot heranzuziehen: Ist es notwendig, daß am Sonntag alle Tankstellen geöffnet haben dürfen, alle Restaurants, daß alle Züge fahren und Flieger fliegen, wo doch damit immer auch eine Zahl von Arbeitnehmerverhältnissen verbunden ist? Sicher nicht im Sinne einer absoluten Notwendigkeit. Rein theoretisch läßt sich die Anzahl der Restaurantbetriebe beliebig steigern und damit die Zahl der am Sonntag erlaubterweise arbeitenden Menschen ebenso beliebig erhöhen. Forderungen, wie sie etwa die Präsidentin des Zentralkomitees der Deutschen Katholiken, Rita Waschbüsch, erhebt, wenn sie sagt, »die Sonntagsarbeit müsse auf wenige notwendige Tätigkeiten beschränkt bleiben«[29], sind nicht falsch, aber unter dem genannten Gesichtspunkt zumindest unscharf.

3. Das Kriterium der Arbeit für den Sonntag

Ein Kriterium, welches als richtungsweisendes Unterscheidungsmerkmal geeignet zu sein scheint, wird schon in der Tradition angedeutet: »Als allgemeine Regel läßt sich sagen, daß die Arbeiten an Sonn- und Feiertagen verboten sind, welche ihrer Natur nach … geeignet sind, die liturgisch-kultische Gottesverehrung, den Gottesdienst und die persönliche Einkehr und Ruhe in Gott bei dem Arbeitenden, bei seiner Umgebung und in seiner sozialen Gemeinschaft unmöglich zu machen oder aber schwer zu behindern, sofern nicht … Entschuldigungsgründe vorliegen, welche um der pflichtgemäßen Verwirklichung höherer Werte willen von der Pflicht zur Wahrung der Sonntagsruhe entbinden.«[30] In neuerer Zeit wurde es von *R. Spaemann* wieder aufgegriffen, der in diesem Zusammenhang die 'Arbeit *am* Sonntag' von der 'Arbeit *für* den Sonntag' abhebt.[31] Dem Kriterium liegt die Auffassung zugrunde, daß mit der Sonntagsruhe ein eigener und eigentümlicher Charakter verbunden ist, nämlich der eines spürbaren Innehaltens von der routinemäßigen Werktagsarbeit, des sich Hinwendens zu körperlicher und geistiger Erholung. Dieser Eigenheit des Sonntags muß das individuelle Verhalten eingepaßt werden, soll der Sonntag für den einzelnen nicht zu

---

28 Hier findet sich allerdings ein schwerwiegendes Problem: Es gibt auch in einer Demokratie marginalisierte Gruppen, die sich nicht oder nur ungenügend in die Meinungsbildungs- und damit Gesetzgebungsprozeß einbringen können.
29 Kurzer Artikel in der Frankfurter Rundschau vom 18.1.1994.
30 J. MAUSBACH – G. ERMECKE, Katholische Moraltheologie II, 241.
31 Vgl. Jenseits der alltäglichen Sachzwänge. Warum der Sonntag geschützt bleiben muß, in: HerKorr (42)1988, 431–434, hier 434. Vgl. auch den Wechsel in den Formulierungen des entsprechenden Kanons im Kodex von 1917 und 1983.

einem weiteren 'Werktag' werden. Das Kriterium dient dem einzelnen als Prüfprinzip, sein Verhalten als dem Sonntag gemäß oder nicht einzustufen. Es sollte dabei keine Rolle spielen, ob es sich unter der Woche um eine mehr körperliche oder geistige Arbeit handelt. Gerade auch die geistige Arbeit bedarf des Abschaltens; die psychischen Belastungen am Arbeitsplatz sind mit der modernen Leistungsgesellschaft wie erwähnt zweifelsohne gestiegen.

Das Verhalten der einzelnen ist von staatlicher Seite betrachtet nach diesem Kriterium nur insofern von Bedeutung, daß es zur Störung dieses Festtagscharakters beitragen kann und dann geregelt werden müßte. Der einzelne ist ansonsten allein durch den Versuch, ihm die Sinnhaftigkeit der Arbeitsruhe und der Offenheit für geistige und kulturelle Werte einsichtig zu machen, zu erreichen. Hier sind die Kirchen gefordert, auch weiter Bewußtseinsbildungsarbeit zu betreiben.

Was den Sonntag als institutionalisierte Form der Arbeitsruhe betrifft, so bietet das Kriterium der 'Arbeit für den Sonntag', das sich von seiner Formulierung her ja eher als objektive denn als subjektive Meßlatte versteht, eine durchaus brauchbare, wenngleich ebenfalls offene Größe. Es kann dem Gesetzgeber als Prüfkriterium dienen, bestimmte Formen von Arbeiten als dem Sonntag gemäß zu identifizieren. Unter der Voraussetzung, daß im Zweifel für den Erhalt der Arbeitsruhe optiert wird, hat der Gesetzgeber bei einem negativem Ergebnis der Prüfung diese Arbeiten zu verbieten oder aber die Zulassung bedarf einer eigenen Legitimation, wie etwa im Falle der Arbeit an Hochöfen. Generell gebietet das Kriterium, tendenziell tutioristisch zugunsten einer Arbeitsruhe am Sonntag zu votieren. Es erfaßt in erster Linie Gruppen von Arbeiten, die als solche, ohne eine metaphysische Wesensspekulation bemühen zu müssen, dem Feier- und Ruhecharakter widersprechen.

Gewisse Unschärfen bleiben freilich auch bei diesem Kriterium. Es läßt nur zu, bestimmte Tätigkeitsgruppen als dem sonntäglichen Charakter entgegenstehend zu erkennen. Über die absolute Zahl der in diesen Gruppen beschäftigten Personen kann es ebenfalls keine Aussagen machen.

III. Ergebnis

Das traditionelle Kriterium der Qualifizierung der Arbeit taugt m. E. in der Frage der Verbotenheit von Sonntagsarbeit nicht mehr. Es entspricht nicht mehr heutigem Empfinden. Zudem war es ein ohnehin nach allen Seiten offenes Kriterium, wie die vielfältigen – oft sinnvollen, weil lebensnahen – Ausnahmen und definitorischen Abgrenzungen zu zeigen vermögen.

Auch die anderen angesprochenen Kriterien sind offene Kriterien. Sie erlauben es nicht, durch Rückgriff auf einen dieser Prüfsteine klar zwischen verbotener und erlaubter Sonntagsarbeit zu trennen. Das sich in sozialethischer Hinsicht als am brauchbarsten zu erweisende Kriterium scheint das Kriterium der Forderung 'Arbeit *für* den Sonntag' zu sein. Es kann als heuristisches Prinzip dienen, bestimmte Arbeiten als am Sonntag verboten zu qualifizieren. Unschärfen bleiben auch hier, vor allem was die Anzahl der in den prinzipiell erlaubten Bereichen Beschäftigten angeht. Hier kann nur gefordert werden, sich nach der Vorgabe der Verhältnismäßigkeit an ein vernünftiges Maß zu halten.

Gefahr für die Arbeitsruhe am Sonntag droht generell vor allem von zwei Bereichen:

Es ist einmal die drohende, völlige Ökonomisierung des Denkens. Sei es, daß der Verlust des Standortvorteils beschworen wird, sei es, daß man durch mangelnde Erlaubnis zur Sonntagsarbeit auf andere Weise ins Hintertreffen zu geraten meint. Ein Akzeptieren rein ökonomischer Gründe ist dazu geeignet, das als zu schützen erkannte Gut 'Arbeitsruhe am Sonntag' ernsthaft zu gefährden.

Eine zweite Gefahr ist bei all jenen Berufen gegeben, die dem Ruhecharakter des Sonntags nicht aus sozialethischer, sondern nur aus individualethischer Sicht widersprechen: lehrende und lernende Professionen etwa, bestimmte Dienstleistungen eher geistiger Art, Konferenzen u. ä. Da diese Tätigkeiten weder lärmend noch in aller Öffentlichkeit vollzogen werden, stehen sie dem öffentlichen Ruhecharakter des Sonntags nicht entgegen und sind im Bewußtsein noch nicht so recht als 'normale' Arbeit realisiert. Doch für die beteiligten Menschen sind diese Tätigkeiten am Sonntag genau das, was sie während der Woche auch tun und widersprechen somit aus individualethischer Sicht dem Gebot der geistigen und körperlichen Erholung am Sonntag. Dieser Gefahr erliegen auch die Kirchen als größte Protagonisten der Sonntagsruhe durch Tagungen, Sitzungen, Veranstaltungen, Dienstreisen, die nicht immer dem spezifisch sonntäglichen Charakter dienen.

Das Gut der Arbeitsruhe am Sonntag ist nur dann und nur in merkbarem Umfang zu erhalten, wenn immer wieder aktiv an der Erhaltung gearbeitet wird. Dabei sollte der Grundsatz gelten: 'Im Zweifel für den Sonntag'. Das Dilemma, daß für viele Menschen der Sonntag erst dann zum Sonntag wird, wenn wenige andere arbeiten, ist nicht aufzulösen. Ihnen muß jedoch als Ersatz zumindest in der Woche ein entsprechender Freizeitausgleich gewährt werden.

VOLKER EID

Todeswissen und Gottesfrage

Zur theologischen Annäherung an die Frage: Wie kann ich »wissen«, was der Tod ist?

1. »Understatement«?

»So geht nun das schaudererregendste Übel, der Tod,
uns nicht das mindeste an,
da, wenn wir sind, der Tod noch nicht da ist,
wenn aber der Tod da ist, dann wir nicht mehr da sind.«
[Epikureische Lehre; nach Diogenes Laertius (3. Jh.n.Chr.),
Philosophiegeschichte X 125, ed. O. Apelt 1921]

»Woody Allen sagt, er habe gar keine Angst zu sterben,
er möchte nur nicht dabeisein, wenn es passiert.«
[nach Südd. Zeitung v. 11.4.1994, Streiflicht]

»Wenn ich dieses Leben überstünde, ohne zu sterben,
wäre ich sehr überrascht.«
[Nasreddin Hodscha zugeschrieben, um 1400 oder früher.
Zitat nach Idries Shah, Die verblüffenden Weisheiten und Späße des unübertrefflichen
Mullah Nasreddin, Reinbek 1973, 11]

»Das Leben ist ein zeitweiliger Sieg über die Ursachen,
die zum Tode führen.«
[Der amerikanische Epidemiologe Sylvester Graham.
Zitat nach Südd. Zeitung v. 11.4.1994, Streiflicht]

»Wenn ich wüßte, daß es nach dem Tod weitergeht,
würde ich erst gar nicht sterben.«
[Der Kabarettist Matthias Beltz. Zitat nach einem SPIEGEL-Interview: 21.3.1994, 228]

Es geht mir um eine Annäherung (!) an die Frage, wie christlicher Glaube redlicher- und realistischerweise als **eine** mögliche Lebensüberzeugung angesichts der unausweichlichen Zeitlichkeit und Endlichkeit menschlicher Existenz verstanden und gelebt werden könne.[1] Sie zielt im Kern auf die Erörte-

---

1 Ich weiß mich in all diesen Fragen schon seit langem den entsprechenden Brieftexten D. Bonhoeffers verbunden. Vgl. hier bes. seinen Tegeler Brief vom 8.6.1944 in: (ed. E. Bethge) Widerstand und Ergebung. Briefe und Aufzeichnungen aus der Haft, München 1970, 355 ff.

rung der Möglichkeit, sich durch eine tragende Überzeugung der Endlichkeit, dem Sterben, dem Tod zu stellen: mitten im Leben und um des Lebens und Sterbens willen. Wenn es bei den mittelalterlichen Bemühungen um eine Ars moriendi[2] um eine Lehre vom Sterben-»Können« ging, so gilt heutige Bemühung einer Ars vivendi, die die realistische Selbst-»Einstellung« auf das Sterben mit-umfaßt.

2. Todes-Wissen: der existentielle Widerspruch

So erscheint es als notwendig, gerade auch im Blick auf den christlichen Glauben die Last der Endlichkeit und des Todeswissens so schonungslos wie möglich wahrzunehmen. Das Evolutionsgeschenk der Bewußtheit, der Gestaltungs- und Selbstbestimmungsfähigkeit hat uns Menschen neben anderen Lasten nämlich auch die des Todeswissens auferlegt. Eigenartigerweise sind wir aber nicht auf den Tod und das Sterben »eingestellt«. Daher gilt: »Der Tod ist ein Problem der Lebenden. Tote Menschen haben keine Probleme. Unter den vielen Geschöpfen auf dieser Erde, die sterben, sind es allein die Menschen, für die Sterben ein Problem ist. Sie teilen Geburt, Jugend, Geschlechtsreife, Krankheit, Altern und Tod mit den Tieren. Aber sie allein unter allen Lebewesen **wissen**, daß sie sterben werden; sie allein können ihr eigenes Ende voraussehen, sind sich dessen bewußt, daß es jederzeit kommen kann, und treffen besondere Maßnahmen – als Einzelne und als Gruppen –, um sich vor der Gefahr der Vernichtung zu schützen.« – »Nicht eigentlich der Tod, sondern das Wissen vom Tod ist es, das für Menschen Probleme schafft.«[3]

Sehr wahrscheinlich besitzen Tiere, auch höher entwickelte Tiere ein solches Todeswissen nicht. Instinktiv in gegebener Situation tödliche Bedrohung zu spüren und auf sie zu reagieren bzw. am Lebensende genauso »selbstverständlich« zu ver-enden wie bis dahin gelebt zu haben, ist die »Chance« der Tiere. »Aber ein ganzes Leben lang mit dem Schicksal des Todes zu existieren, das die Kreatur bis in die Träume hinein und selbst bis in die sonnigsten Tage hinein verfolgt, das ist etwas anderes.«[4]

---

2 Vgl. hierzu die Beiträge in: H. Wagner u. T. Kruse (Hg.), Ars moriendi. Erwägungen zur Kunst des Sterbens, Freiburg/Basel/Wien 1989.
3 N. Elias, Über die Einsamkeit der Sterbenden in unseren Tagen, Frankfurt/M. 1982, 11f. Ich merke ausdrücklich an, daß ich im folgenden direkt oder indirekt viele Anregungen aufgreife aus: G. Condrau, Der Mensch und sein Tod – certa moriendi conditio, Zürich/Einsiedeln 1984.
4 E. Becker, Dynamik des Todes. Die Überwindung der Todesfurcht – Ursprung der Kultur, Olten/Freiburg i.B. 1978, 54.

Wir Menschen erfahren unsere Endlichkeit nicht nur dadurch, daß wir den Tod anderer schmerzlich wahrnehmen[5], ihn zugleich als Erweis des eigenen »Seins zum Tode« (Martin Heidegger) wahrnehmen; wir spüren die Endlichkeit auch am Fortschreiten unserer Lebensgeschichte, an ihrer Entfaltung und ihrer zunehmenden Begrenzung. Wir erleben, wie unmöglich es ist, Glück wirklich fest-zu-machen (»Verweile doch, du bist so schön!«); wir erleben Grenzen unseres Könnens, Verluste, irreversible Schranken auch, die sich im Fortgang unseres Lebens einstellen, weil »alles seine Stunde hat«.[6]

Gewiß: »Wenn wirklich das Empfinden, daß das Leben sinnvoll ist, eine Bejahung des zweifellos Unvermeidlichen in ihm bedeutet, so ist die Bejahung des Lebens zugleich eine Bejahung des Todes«.[7] Doch deutet dieser Satz lediglich eine logisch-postulative, keinesfalls eine existentielle Lösung unseres Problems an. Dies ist anders gar nicht möglich. Denn uns eignet kein »naturales«, kein gewissermaßen genetisch angelegtes und vererbtes Einverständnis mit unserer Endlichkeit. Die biologisch-physische Lebenskurve ist zwar im Blick auf unser Wissen von den Gesetzen der Anfänglichkeit und der Endlichkeit aller Organismen logisch selbstverständlich; mit ihr stimmt aber die auf Dauer angelegte »innere« Lebenskurve nicht überein.[8] Im Gegenteil, die »Logik« des biologischen Ablaufs wird als zerstörerisch und irrational empfunden. Die jüdisch-christliche Deutungs-Tradition von der Genesis bis zum Römerbrief des Paulus versteht den Tod daher völlig »unbiologisch« als schreckliche Folge der Sünde[9], d.h. zerstörerischer und irrationaler Lebensverfehlung. Dabei ist die Frage, wie solche zerstörerische Dynamik in die Welt

5 Diese Formulierung ist zu schwach, weil zu konventionell, um den nihilistischen Schmerz der Trennung adäquat ausdrücken zu können. Ich verweise auf den bei seinem Erscheinen viel beachteten »Essay« von J.A. Caruso: Die Trennung der Liebenden. Eine Phänomenologie des Todes, Bern/Stuttgart 1968. In gleichem Sinne verweise ich auf die Bestimmung des Todes als Verhältnislosigkeit in E. Jüngel, Tod, Stuttgart 1971.

6 Kohelet 3,1.

7 L. Kolakowski, Der Mensch ohne Alternative, München 1976, 216.

8 D. Rössler formuliert im Lexikon Medizin Ethik Recht (Freiburg/Basel/Wien 1989, 1174 f) vollkommen sachlich: »Jeder Organismus unterliegt einem Alterungsprozeß, der durch den Tod abgeschlossen wird. Der neueren biologischen Theorie zufolge beruht dieser Alterungsprozeß nicht auf »Abnutzung« oder »Verschleiß« des organischen Materials, er ist vielmehr genetisch vorgeprägt und programmiert. Der Tod ist dem einzelnen Organismus mit seiner Entstehung bereits vorbestimmt. – Für die Evolution hat der Tod deshalb wesentliche Bedeutung. Erst das Absterben der Individuen ermöglicht Entwicklungen und angepaßte Ausbreitungen der einzelnen Art. Vor allem aber ist der Tod der Individuen aller Arten Bedingung der Evolution selbst: Erst in der Abfolge von Generationen vermag sich das Selektionsprinzip zur Geltung zu bringen, und zwar sowohl innerhalb von Arten und Populationen wie im Bereich des Lebendigen überhaupt. Es ist die Funktion des Todes, der weiteren Entwicklung und neuen Lebensformen Raum zu geben. Deshalb gehört der Tod in bestimmter Weise – insofern er nämlich im Prinzip der Selbstreproduktivität enthalten ist – zu den Bedingungen des Lebens und der Evolution hinzu.«

9 Vgl. hierzu die kurzen Ausführungen von F.-J. Nocke in: Wörterbuch des Christentums (ed. V. Drehsen u. a.), Gütersloh/Zürich 1988, 1263 (»Tod-Systematisch«).

gekommen sei und worin sie denn letztendlich bestehe, auch von der jüdisch-christlichen Glaubensüberlieferung her nicht zu klären.

Junge Menschen haben oft die Vorstellung, »ältere« oder »alte« Menschen wüchsen wohl »irgendwie« auf die Todesnähe zu: in einem gewissen Alter stehe man doch zeitlich dem Ende »nahe«, und daher ergebe sich wohl eine solche gefühlsmäßige und natural-selbstverständliche Annäherung an den Tod, daß dieser nicht mehr als besonders schrecklich erscheinen müsse[10]. Oft sagen ältere Menschen tatsächlich, sie warteten jetzt nur noch auf den Tod; doch ist dies kein Beweis für die Richtigkeit der Annahme der »jungen«. Denn die zunehmenden Schwächen, Gesundheitseinbußen und der Kräfteschwund, welche zu zeitweiligen Depressionen und zu situativer Resignation führen, sind ja selbst Symptome des aufgenötigten Absinkens der biologischen Lebenskurve. Noch am Grab vieler in hohem Alter verstorbener Menschen hört man, sie hätten noch so viele Pläne geschmiedet und sie seien trotz hohen Alters zu früh verstorben, ihr Tod bedeute einen herben Verlust. – Und wenn ein Mensch sich im Sterben letztlich mit seinem Tod versöhnt, setzt dies allemal das Durchleiden schwerer Krise voraus.[11]

Die Sehnsucht nach der Gnade eines »lebenssatten« Sterbens, wie sie in den Patriarchengeschichten des Alten Testamentes bekundet wird, ist quantitativ nicht einlösbar[12]. Der Tod kommt immer zu früh, auch wenn uns heute im allgemeinen eine höhere Lebenserwartung als früher, eine »sicherer« gewordene Lebenszeit gegeben sind.[13]

---

10 Seneca zitiert im 22. Brief an Lucilius (Ausgabe F. Meiner, Neudruck: Hamburg 1993, 3. Bd., 81 f) Epikur: »Es gibt niemanden, der nicht so aus dem Leben schied, als wäre er eben erst in dasselbe eingetreten«. Seneca fährt dann fort: »Nimm den ersten besten her, sei es Jüngling, Greis oder Mann. Alle wirst du gleich erfüllt finden von Todesfurcht wie von Ur-Kunde [Worttrennung v. Verf.] des Lebens. Keiner hat etwas wirklich schon hinter sich, denn wir haben immer alles, was uns not tut, auf die Zukunft verschoben. Und was mir an diesem Wort am meisten gefällt ist dies, daß den Greisen Kindheit vorgeworfen wird. »Niemand«, heißt es da, »geht anders aus dem Leben als wie er geboren ward.«« Dem widerspricht Seneca, weil wir im Leben die anfängliche »Natürlichkeit« verlieren und durch unsere Ängste, Sorgen, Begierden, unsere Unredlichkeit, unseren »Aberglauben« »schlechter« werden. Fazit: »Jeder [hat es] in seiner Hand vernunftgemäß zu leben, keiner aber, lange zu leben«.

11 Vgl. hierzu entsprechend die Darstellung der phasenartigen Verläufe des Sterbevorgangs nach E. Kübler-Ross, E.M. Pattison und A.D. Weisman bei J. Wittkowski, Psychologie des Todes, Darmstadt 1990, 122–133. Ich verweise zugleich nachdrücklich auf A. Kruse's Darstellung: Wie erleben ältere Menschen den herannahenden Tod?, wobei er sehr deutlich auf das Phasen-Schema verzichtet, in: M. Fuchs (Hg.), Sterben und Sterbebegleitung. Ein interdisziplinäres Gespräch, Stuttgart u. a. 1994, 139–162. Schriftenreihe des (deutschen) Bundesministeriums für Familie und Senioren 28.

12 Genesis 25,7–8:»Das ist die Zahl der Lebensjahre Abrahams: Hundertfünfundsiebzig Jahre wurde er alt, dann verschied er. Er starb in hohem Alter, betagt und lebenssatt, und wurde mit seinen Vorfahren vereint.« Ähnlich fällt die »Formel« zum Tod Isaaks (Gen. 35, 28–29) aus. Während er hundertachtzig Jahre alt geworden sein soll, brachte es Jakob noch auf hundertsiebenundvierzig (Gen 47,27), Josef aber auf »nur« hundertzehn (Gen 50,22) Jahre.

13 Vgl. H. Braun, Alter als gesellschaftliche Herausforderung, Regensburg 1992, 9–19; A.E. Imhof, Die Lebenszeit. Vom aufgeschobenen Tod und von der Kunst des Lebens, München 1988, 61; ders., Von der unsicheren zur sicheren Lebenszeit. Fünf historisch-demographische Studien, Darmstadt 1988.

Die Sehnsucht, von der Gefangenschaft im Todeswissen freizusein, den Tod »hinter uns« zu haben und frei ins offene Leben ausschreiten zu können, hat Rainer Maria Rilke vielfach artikuliert, am bezwingendsten wohl in der achten Duineser Elegie. Das Besondere dabei: Jene Todes-Befindlichkeit, die, wie im Römerbrief des Paulus, als Lebenslast erfahren wird, ist nicht zu vermeiden. Wir können in den »Bewußtseins-Status« der Tiere nicht zurückkehren, selbst wenn wir es um den Preis der Aufgabe des »Selbst-Bewußtseins« wollten.

»Mit allen Augen sieht die Kreatur
das Offene. Nur unsre Augen sind
wie umgekehrt und ganz um sie gestellt
als Fallen, rings um ihren freien Ausgang.
Was draußen **ist**, wir wissens aus des Tiers
Antlitz allein; denn schon das frühe Kind
wenden wir um und zwingens, daß es rückwärts
Gestaltung sehe, nicht das Offene, das
im Tiergesicht so tief ist. Frei von Tod.
Ihn sehen wir allein; das freie Tier
hat seinen Untergang stets hinter sich
und vor sich Gott, und wenn es geht, so gehts
in Ewigkeit, so wie die Brunnen gehen.
...«

Seit der Antike gibt es viele Konzepte dafür, einschließlich der Euthanasia etwa im Sinne Senecas[14], wie man »stoisch«-unaufgeregt, selbstbestimmt, weil selbstbewußt, oder auch in bewußter Ergebenheit Sterben und Tod auf sich nehmen könne. Das Mittelalter kannte viele Versuche einer Ars moriendi. Die heute oft zu hörende Erklärung, man habe nicht so sehr Angst vor dem Tode, wohl aber vor dem Sterben, verweist gewiß richtig auf viele nicht vorhersehbare, schon gar nicht vorweg zu regelnde Belastungen des Sterbens, nicht **nur** auf die möglicherweise großen Schmerzen. Sie verweist auch darauf, daß wir im Sterben, das womöglich lange dauert, hilflos werden, zu auswegloser Passivität verurteilt. Dagegen hilft auch die epikureische Beschwichtigung nichts: Solange ich lebe, ist der Tod nicht da und macht keine Pein; bin ich aber tot, welche Probleme sollte es dann noch geben? – Oder auch die stoische »These« Epiktets (Enchiridion 5): »Nicht die Dinge selbst, sondern die Meinungen über die Dinge beunruhigen die Menschen. – So ist der Tod nichts Schreckliches – sonst wäre er auch dem Sokrates so erschienen –, sondern schrecklich ist nur die Meinung über den Tod, daß er etwas Schreckliches sei.«

---

14 Ad Lucilium epistulae morales, Brief 58 a. a. O. 10.

Wir sollten uns auch in anderer Hinsicht nicht täuschen: Damit, daß wir historisch/sozialgeschichtlich beschreiben können, wie beispielsweise in mittelalterlich-christlicher Lebenswelt der Tod gedeutet und »existentiell« als Tor zum Leben in Gottes Seligkeit verstanden wurde, haben wir keinerlei Beweis dafür, daß man damals »leichter« starb[15]. Dasselbe gilt für entsprechende Darstellungen uns fremder (fremder noch als etwa der Islam) religiöskultureller Lebenswelten, etwa des Buddhismus oder des Hinduismus. Zum einen stützen nämlich solche zweifelhaften Konsequenzen aus historischer oder religionsvergleichender Untersuchung nur unsere für uns selbst prekäre Unterstellung, andere hätten noch so etwas wie Gewißheit und Trost gehabt, oder hätten diese noch, wir aber könnten sie gar nicht haben.

Zum andern: Man wird redlicherweise alle die ungeheuer eindrucksvollen religiösen (und theologischen), lebensweisheitlichen (und philosophischen) Überzeugungen (und Lehren), alle die Kulte, Mysterienfeiern, Riten, alle die existentiell durchgehaltenen Hoffnungen, zu denen Menschen sich entschließen, **auch** als immer neue Versuche verstehen dürfen, der Endlichkeit und der Vernichtungsangst zu begegnen.

Denn die Bewußtseins-Falle besteht darin, daß ich mich als verlangendes, liebendes, leidendes, glückliches, handelndes und beziehungshaftes Wesen erfahre, zugleich aber meine Nicht-Notwendigkeit (Kontingenz) zugeben muß. Mitten im Leben mein Nichtsein als Auflösung in Staub denken zu müssen[16], und zwar keinesfalls hypothetisch, ist eine Last, die mit »schmerzlich« keineswegs hinreichend zu kennzeichnen ist, zumal für den geliebten anderen Menschen dasselbe mit derselben ausweglosen Radikalität zu denken ist.

---

15 Vgl. hierzu die prägnanten Bemerkungen von A. Patschowsky in seinem Beitrag »Tod im Mittelalter. Eine Einführung«, in: A. Borst u. a. (Hg.), Tod im Mittelalter, Konstanz 1993, 9–24, hier: 9 f. Ich teile in diesem Punkt auch sehr entschieden die Kritik an Ph. Ariès, die ja auch von anderen vorgetragen wird.

16 Die Vernichtungsangst spielt in dem im AT und NT öfter benannten Bild des Zweiten Todes eine große Rolle. Die Pastoralkonstitution »Gaudium et spes« des II. Vatikanischen Konzils sagt im Artikel 18: »Angesichts des Todes wird das Rätsel des menschlichen Daseins am größten. Der Mensch erfährt nicht nur den Schmerz und den fortschreitenden Abbau des Leibes, sondern auch, ja noch mehr, die Furcht vor immerwährendem Verlöschen.« Zum Thema »Grundangst« vor dem Sturz ins Nichts vgl. die informativen Ausführungen von G. Condrau a. a. O. 85 ff sowie von J. Wittkowski a. a. O. 76 ff. Nur hinweisen (aber sehr intensiv) kann ich hier auf die existenzialphilosophischen und existenzialtheologischen Überlegungen von E. Drewermann in: Strukturen des Bösen. Die jahwistische Urgeschichte in exegetischer, psychoanalytischer und philosophischer Sicht, Teil III: Die jahwistische Urgeschichte in philosophischer Sicht, München/Paderborn/Wien 1978.

3. Christlicher Glaube:
ein (möglicher) Versuch, dem Tod zu »begegnen«?

a) »System-Glaube«: Trostlosigkeit

Unter der Bedingung einheitlicher, verbindender und verbindlicher Lebenswelt kommt aus der sozialen Plausibilität der selbstverständlichen Wahrheit(en) individuelle Sicherheit[17]. Eine große, dem subjektiven Bewußtsein ebenso logisch wie überzeitlich und zutiefst wahr = plausibel erscheinende Ordnung (»nomos«) durchdringt den ganzen Kosmos politischer, kultureller, ökonomischer und religiöser Lebensdeutung und -entfaltung. Das sog. christliche Mittelalter beispielsweise bot eine Welt- und Lebensdeutung an, die Kraft, Beheimatung und sichere Hoffnung signalisierte. Der religiösen Sinndeutung entstammte die Deutung des Jahreskreises, der obrigkeitlichen staatlichen und kirchlichen, der familiären Ordnung, nicht zuletzt auch die Sinndeutung von Glück und Unglück, von Leben und Sterben. Man »wußte«, zu welchen Heiligen man in welcher Not seine Zuflucht nehmen konnte; es gab in diesem Sinn »Objektivationen« sicherer Sinndeutung und Heils-Hoffnung[18]. – Und doch: Unser »Rückblick« kann leicht zur täuschenden Verklärung verleiten, wie gesagt. Denn auch damals konnten Sterben und Tod niemandem »schmecken«, und die Verheißung des »eigentlichen«, »wahren« und »ewigen« Lebens nach dem Tode in Gottes unerschöpflich beseligendem Anblick bedeutete – oft und zynisch genug – vor allem für die vielen Erniedrigten und Beleidigten, die ohne jede Aussicht auf Heil in diesem Leben elend Lebenden so etwas wie Trost. Jedenfalls konnte die scharf widersprüchliche Ambivalenz von geglaubter Ordnungs-Wahrheit bzw. tragendem lebensweltlichem Wissen um sie und realem Elend des Sterbens tatsächlich nur zugedeckt, nicht aber überwunden werden.

Aber vom »Unsinn des Todes«[19] oder dem »lebensfeindlichen Charakter des Todes«[20] zu sprechen, wie dies heutige Theologie kann, hätte eine Anklage wegen staats- und kirchengefährdender atheistischer Ketzerei heraufbeschwören müssen. Denn die Plazierung des einzelnen Menschen in einer metaphysisch begründeten, einheitlichen politisch-sozialen Lebensord-

---

17 Vgl. P.L. Berger, Zur Dialektik von Religion und Gesellschaft. Elemente einer soziologischen Theorie, Frankfurt/M. 1973.
18 Sehr eindrücklich stellt H. Rolfes den spätmittelalterlichen Umbruch dar: Ars moriendi. Eine Sterbekunst aus der Sorge um das ewige Heil, in: H. Wagner u. T. Kruse (Hg.), Ars moriendi (s. Anm. 2), 15–44. – Im übrigen stellt Novalis' »Die Christenheit oder Europa« das fast schon klassische Beispiel eines emphatisch hochgetriebenen romantischen »Einheits«-Textes dar.
19 O.H. Pesch, Freisein aus Gnade. Theologische Anthropologie, Freiburg/Basel/Wien 1983, 71.
20 W. Pannenberg, Anthropologie in theologischer Perspektive, Göttingen 1983, 136.

nung erforderte die vorbehaltlose, »systemsichernde« Zustimmung zu dieser[21].

Die »Wahrheit« des Welt-, Lebens- und Todeswissens war »selbstreferentiell« an das sog. christlich-mittelalterliche Lebenswelt-System gebunden[22]. Als dieses immer mehr fraglich wurde, endete und schließlich einer offenen, stark ausdifferenzierten und pluralen Lebenswelt wich, war die tradierte lebensweltliche »Wahrheit« nicht mehr plausibel-selbstverständlich.

Zugleich verdient, nicht zuletzt angesichts des Themas Sterben und Tod, die Tatsache Beachtung, daß es sehr wohl ein weitverbreitetes religiöses Bedürfnis gibt, das zwar keineswegs zur Bestimmtheit christlichen Glaubens (oder anderer Bestimmtheit) durchdringt, aber dem Bedürfnis nach irgendeiner Sinn-Sicherheit folgt sowie dem Bedürfnis, den Lebensbrüchen, der Endlichkeit und dem Sterben begegnen zu können. So gut wie alle entsprechenden Umfragen belegen das, so wie auch die alltäglich bestärkte Wahrnehmung. Da ist von einem »höheren Wesen« die Rede, das es »irgendwie« geben »müsse«[23]. Die Frage nach dem Weiterleben nach dem Tod wird je nach Situation und Disposition im Sinne von »Alles ist aus« oder aber im Sinne der Seelenwanderung bzw. der Wiedergeburt beantwortet. In der Tat: stößt man in seinem Leben auf die Tatsache letztlicher Fragwürdigkeit und drohender Sinnleere, so fordert das zum Versuch der Bewältigung der Vernichtungsangst heraus. »Bei vielen gilt das Sterben und der Tod als letzte von einer säkularisierten Welt noch nicht gänzlich eingenommenen Bastion. Kirchliches Handeln ist hier immer noch willkommen. Könnte die [heutige] Forderung nach [der Wiederbelebung einer christlich-mittelalterlichen] Ars moriendi nicht auch so begriffen werden, daß diejenigen, die ihre Sinnreserven für die Gestaltung des menschlichen Lebens weitgehend erschöpft haben, nun versuchen, vom Tod her, der in dieser Situation so etwas wie eine letzte Trumpfkarte darstellt, doch noch Einfluß auf das Leben zu gewinnen?«[24]

---

21 P.L. Berger (a. a. O. 54): »Jeder Nomos wird immer wieder neu errichtet, der drohenden Zerstörung durch die der conditio humana eingeborenen anomischen Mächte zum Trotz. Auf religiösem Gebiet heißt das: die heilige Ordnung wird immer wieder neu gesichert angesichts des Chaos … Das gesellschaftliche Handeln muß so institutionalisiert sein, daß es trotz des Einbrechens anomischer (oder, wenn man will, entnomisierender) Phänomene des Leidens, des Bösen und vor allem des Todes in individuelle und kollektive Erfahrungsbereiche fortgesetzt werden kann.«

22 Eine abstrakte An-sich-Wahrheit ist uns nicht zugänglich. Eine Theologie, die systemische Selbstreferentialität genauso wie Geschichtlichkeit faktisch leugnet und auf »Überzeitlichkeit« und abstrakter Kulturunabhängigkeit besteht, ist dem Ideologie-Verdacht auszusetzen. Vgl. N. Luhmann, Funktion der Religion, Frankfurt/M. 1977; F.-X. Kaufmann, Religion und Modernität, Tübingen 1989. Zum Problem der Partikularität von Ganzheitsentwürfen: W. Welsch, Unsere postmoderne Moderne, Weinheim ³1991, 172 f; ebenso J. Valentin, Dekonstruktion. Theologie. Eine Anstiftung, in: W. Lesch u. G. Schwind (Hrsg.), Das Ende der alten Gewißheiten, Mainz 1993, 13–26.

23 Vgl. W. Harenberg, Nur noch jeder vierte ein Christ, in: Der Spiegel 1992/Nr. 25, 36–57.

24 H. Rolfes a. a. O. 37. D. Bonhoeffer (Tegeler Brief vom 29.5.1944: a. a. O. 341 f): »Es ist heute so, daß es auch für diese Fragen (scil. Tod, Leiden und Schuld – Verf.) menschliche

Kein Zweifel, daß Religion, Philosophie als praktisch gelebte »Weisheit«, daß aber auch ein Wunderglaube Veranstaltungen gegen die Last des Todeswissens darstellen. »Offenbar gibt es keine Vorstellung, wie seltsam sie auch sein mag, an die Menschen nicht mit inniger Liebe zu glauben bereit sind, wenn sie ihnen nur Erleichterung von dem Wissen verschafft, daß sie eines Tages nicht mehr existieren werden, wenn sie ihnen nur Hoffnung auf eine Form der Ewigkeit ihrer Existenz gibt.«[25]

Das Problem: Je »inniger« solcher »Glaube« ist, desto subtiler fallen häufig auch der latente Zweifel, genauso auch hartnäckige Rechtgläubigkeit aus. So spitzt sich lebenspraktisch die Frage nach Gewißheit bzw. »Sicherheit« auf die so keineswegs beantwortbaren Fragen zu, ob es denn das »höhere Wesen« gebe, ob es zu beweisen sei, daß es Gott gibt; ob füglich das Fortleben nach dem Tod sicher zu beweisen sei. War die (gewissermaßen »ontologisch-quantitativ« verstandene) Existenz Gottes als »Tiefendimension« der Wirklichkeit im sozialen und individuellen Lebenswissen des christlichen Mittelalters »sicher«, so auch das Wissen vom Fortleben. Diese Bewußtseins-Sicherheit ist uns nicht gegeben. Daß es nicht gelingen kann, sie mit einem enormen theologischen Aufwand wiederherzustellen[26], der beispielsweise auf »Transzendenz in der Immanenz« setzt, hat auch eine durchaus tragische Konsequenz: Menschen suchen nach einem Anhaltspunkt für befreiende Hoffnung, sie wollen wenigstens Gewißheit. Doch gelangen sie entweder zu einem krampfhaften Wunderglauben oder zur verunsichernden Erkenntnis, daß das von einem kirchlichen Lehramt verkündete »alte Wahre« nicht (mehr) trägt.

Der letzte Satz im Ambrosianischen »Tedeum« lautet: »In te, Domine, speravi et non confundar in aeternum.« »Confundi« meint hier ja doch »untergehen«, »verenden« oder, drastischer noch: »kaputtgehen«. Wäre mit der Möglichkeit der Vernichtung nicht real zu rechnen, so wäre es sinnlos, ihr mit der Hoffnung auf Gott zu begegnen. Es ist im Sinne christlichen Glaubens nicht geboten, den Tod in banaler Weise als »Tor zum eigentlichen Leben« zu deuten und ihn gar zu verklären. Die Glaubensüberzeugung, daß Jesus Christus den Tod überwunden hat und daß alle Menschen der Erlösung von der Last des Todes durch Gottes Zuwendung gewiß sein dürfen, kann und soll die Sterbens- und Vernichtungsangst nicht überspielen. Solcher Glaube

---

Antworten gibt, die von Gott ganz absehen können. Menschen werden faktisch – und so war es zu allen Zeiten – auch ohne Gott mit diesen Fragen fertig und es ist einfach nicht wahr, daß nur das Christentum eine Lösung für sie hätte. Was den Begriff der «Lösung» angeht, so sind vielmehr die christlichen Antworten ebenso wenig – (oder ebenso gut) – zwingend wie andere mögliche Lösungen. Gott ist auch hier kein Lückenbüßer; nicht erst an den Grenzen unserer Möglichkeiten, sondern mitten im Leben muß Gott erkannt werden; im Leben und nicht erst im Sterben…«

25 N. Elias a. a. O. 13.
26 Obwohl dies H. Küng überhaupt nicht im Sinn hat, trifft die »rationalistische« Kritik von H. Albert genau den Sachverhalt: Das Elend der Theologie. Kritische Auseinandersetzung mit Hans Küng, Hamburg 1979, 57 ff.

kann aber »für uns heute« nur dann glaubwürdig sein, wenn er zur **begründeten** Überzeugung geworden ist, wenn existentiell verstanden werden kann, **daß und warum** er der Vernichtungsangst standhält und die Perspektive auf Heil hin öffnet. Christlicher Glaube setzt keineswegs die »Sicherheit« des überwundenen Todes voraus, er ist eine »Veranstaltung« angesichts der Drohung der Vernichtung. Es geht um den christlichen Glauben als eine mögliche Lebensdeutung und Sterbens-Bewältigung angesichts des »Unsinns des Todes«, angesichts des »lebensfeindlichen Charakters des Todes«: Den Tod »tun« als entschlossenes Erleiden, im Blick auf das Leben und Tun Jesu im Angesicht »Gottes«[27].

b) Christlicher Glaube als eine mögliche Sinn-Hilfe

»J'aurai l'air d'être mort et ce ne sera pas vrai...
Es wird aussehen, als wäre ich tot, und das wird nicht wahr sein...«[28]
Was aber bedeutet das? Es ist zutiefst ergreifend zu beobachten und zu erleben, wie die absurd-schmerzliche Trennung durch den nahen Tod des »Kleinen Prinzen« zu einem Dialog versuchter Tröstung gerät, wie dabei sanfte Nähe und unerbittliche Trennung zusammentreffen. Was werde ich sein, was werde ich für Dich sein, was wirst Du einmal für andere sein – nach dem Tod?[29]
Es wird niemals gelingen können, den scharfen Widerspruch zwischen Leben und Nicht-(mehr-)Leben in irgendeiner Weise aufzuheben. Jede trösten-wollende oder -sollende Erklärung hat die bittere Grundangst vor dem Nicht-Sein in sich und damit den fundamentalen Zweifel an der Gewißheit zukünftiger Heilung (»Erlösung«), zukünftigen Heils.
Die elementaren Kant'schen Fragen, woher wir kommen, wohin wir gehen und was wir hier sollen, sind durch keine theologische und/oder philosophische Antwort befriedigend zu beantworten.[30] Aber wir kommen nicht umhin, sie uns zu stellen; unser Selbst-Bewußtsein und unsere Selbst-Zuständigkeit zwingen uns dazu. Weil wir unsere Endlichkeit (und Anfänglichkeit!) wissen, **müssen** wir fragen, was wir »hier« sollen. Doch wer gibt Antwort, und wenn: welche Antwort. Eine tragfähige überzeugende? Woran aber lassen sich Tragfähigkeit und Überzeugungskraft messen?
Triviale »religiöse« Kriterien wie »tatsächlich« erlebte Wunder offenbaren genauso wie fatalistische »Mit dem Tod ist alles aus«-Formeln oder Wiedergeburts-Phantasien die geradezu atavistische Tragik menschlicher Existenz,

---

27 Vgl. nochmals F.-J. Nocke a. a. O.; ebenso T.R. Peters, Tod/ewiges Leben, in: Neues Hdb. theol. Grundbegriffe (ed. P. Eicher), Bd. 5, München 1991, 159–168.
28 A. de Saint-Exupéry: Der Kleine Prinz, kurz vor dem Schlangenbiß.
29 Vgl. J.A. Caruso a. a. O. 247 ff.
30 Vgl. nochmals D. Bonhoeffer: Anm. 24.

214

die in die absurde Befindlichkeit des Todeswissens geworfen ist, bar aller Fakten, aller »Anhaltspunkte«, die der Beantwortung der Existenz- und Hoffnungs-Fragen dienen könnten[31].

So gesehen, kann auch Martin Heidegger nicht mehr tun als den »inversiven« Charakter des Endlichkeits-Faktums festzustellen und gegenüber einer vertröstenden und daher schlechten Ideologie nach-tödlichen »eigentlichen« Lebens auf die Bedeutung des Todes als Ruf zum eigensten Selbstsein zu verweisen: »Das Sein zum Tode ist Vorlaufen in ein Seinkönnen **des** Seienden, dessen Seinsart das Vorlaufen selbst ist. Im vorlaufenden Enthüllen dieses Seinkönnens erschließt sich das Dasein ihm selbst hinsichtlich seiner äußersten Möglichkeit. Auf eigenstes Seinkönnen sich entwerfen aber besagt: sich selbst verstehen können im Sein des so enthüllten Seienden: existieren... Der Tod ist **eigenste** Möglichkeit des Daseins.«[32]

So kann auch Karl Rahner (unter dem Einfluß existenzialphilosophischen Denkens) nicht ausdrücklich, aber faktisch das Paradigma der »Inversion« mitvollziehen und dann gewissermaßen theologisch weiten: Indem er nämlich die Frage nach dem Warum und Wozu der Endlichkeit als Suche nach »Ganzheit« versteht, als Suche nach so etwas wie Vollendung der Identität, im Sinne des berühmten Dictums des Augustinus: »Inquietum cor nostrum donec requiescat in Te«. Rahner: »Die Frage kann also nur lauten, was uns der Tod, der uns ständig anblickt, über uns sagt, was es eigentlich ist mit dieser Existenz in den Tod hinein.« »Ewigkeit ist nicht eine unübersehbar dauernde Weise der puren Zeit, sondern eine Weise der in der Zeit vollbrachten Geistigkeit und Freiheit und deswegen nur von deren rechtem Verständnis her zu ergreifen. Eine Zeit, die nicht gleichsam als Anlauf von Geist und Freiheit währt, gebiert auch keine Ewigkeit. Weil wir aber die die Zeit überwindende Endgültigkeit des in Geist und Freiheit getanen Daseins des Menschen der Zeit entnehmen müssen und sie doch zu ihrer Vorstellung fast unwillkürlich als endloses Fortdauern denken, geraten wir in Verlegenheit. Wir müssen ähnlich wie in der modernen Physik unanschaulich und in diesem Sinne entmythologisierend denken lernen und sagen: durch den Tod geschieht die getane Endgültigkeit des frei gezeitigten Daseins des Menschen.«[33] Indem die Suche nach dem, das (oder der/die?) endgültig ganz = heil macht, auf das Angebot christlichen Glaubens trifft, kann »Gott« im Sinne der jüdischen Glaubenstradition und des Lebens-»Programms« Jesu von Nazaret als der Heilende begriffen und »geglaubt« werden. »Auferstehung meint von

---

31 Ich verstehe P.L. Bergers »Auf den Spuren der Engel. Die moderne Gesellschaft und die Wiederentdeckung der Transzendenz« (Freiburg i.B. 1991) genau in diesem Sinne, also nicht als Versuch der Identifikation »sicherer« Anhaltspunkte.

32 Sein und Zeit, Tübingen [15]1979, 262 f. Vgl. die eindrücklichen Darlegungen von H. Ebeling: Philosophische Thanatologie seit Heidegger, in: Ders. (Hg.), Der Tod in der Moderne, Frankfurt/M. 1984, 11–31.

33 K. Rahner, Grundkurs des Glaubens. Einführung in den Begriff des Christentums, Freiburg/Basel/Wien [7]1976, 265 ff.

vornherein nicht eine heilsneutrale Bleibendheit der menschlichen Existenz, sondern ihr Angenommensein und ihr Gerettetsein durch Gott.«[34]

Mir geht es hier, wie angekündigt, keineswegs darum, gewissermaßen die »Faktenwahrheit« christlichen Glaubens zu erweisen. Daher unterlasse ich hier auch die Analyse der jüdischen und christlichen Glaubens-Dokumente. Es geht mir darum, daß jede Art, Sterben und Tod zu deuten, nicht mehr, aber auch nicht weniger ist als ein Versuch zu begreifen, als eine »Deutung«. Deutungen sind beispielsweise Antwort-Versuche auf die oben benannten Fragen hin, die ohne »sichere Anhaltspunkte« bleiben. Es sei denn, Menschen seien sich in ihren Bindungen, ihrer Liebe, ihrem Vertrauen, ihrer Treue, ihrer Zuwendung selbst und gegenseitig »Anhaltspunkte«, die sie ermutigen, Deutungen zu wagen, sie sich »vorlaufend« (im Sinne Heideggers) selbst vorzustellen. Da hierfür aber nicht (mehr) die tragende Plazierung der Individuen in einem verobjektivierten sozialen Sinnsystem zur Verfügung steht, das alle Lebensbereiche so durchdringt, daß die soziale Plausibilität zur Absicherung gegen Zweifel dienlich ist; da wir in einer sinn-pluralen Welt leben, belastet von vielen Verlusten an sozialer Nähe, überfordert auch durch große Hilflosigkeit und Einsamkeit in unverständlichen Zusammenhängen, bedürfen wir solcher existentieller Überzeugungen, die Stand geben und befreien, soweit es nur möglich ist.

Die Option für ein Leben angesichts des Todes bedarf (»Es gibt ein Leben **vor** dem Tod!«) einer bewußten Stellungnahme und des deutend-gestalterischen Zugriffs. Wegen der Endlichkeit, des gewissen Todes ist zu ergründen, worin die »Chance« bzw. die »Wertigkeit« von Leben und Zusammenleben, von Kommunikation, Vertrauen, Solidarität, Nähe, aber auch Streit, Kritik und Widerstand liegt. Dies ist, nochmals, Aufgabe der suchenden und bewußten Wahrnehmung, der Deutung, der selbstbestimmten Überzeugung und vor allem auch der Realisierung. Christlicher Glaube ist **ein** Angebot verläßlicher Basis solcher Wahrnehmung, Kommunikation, Deutung, Solidarität und Überzeugung. Entscheidende Bedingung dabei: Als persönliche und sozial gelebte Überzeugung erträgt er keinen systemisch-ontologischen Imperativ als »die« allein verbindliche Welt- und Lebenswahrheit. Er bedarf der Weitergabe, kritischer Sichtung und Auslegung, gewiß, aber vor allem: er verlangt nach dem **Prozeß** der persönlichen Aneignung und gemeinsamer Praxis: Ich bin, wenn es um das zentrale Lebens-»Wissen« geht, darauf angewiesen, eine Überzeugung selbst erarbeitet zu haben, sie aber auch mit anderen zusammen zu leben. Sonst gerät christlicher Glaube zu einem »tapferen« oder aber auch krampfhaften Für-wahr-halten von höchst unwahrscheinlichen Dingen.

Wenn aber christlicher Glaube als existentielle Überzeugung gelebt wird, dann kann der »Gott« Jesu, nämlich Jahwe, der Vater, ins »Sprachspiel«

---

34 K. Rahner a. a. O., 262.

unserer Lebenswirklichkeit kommen[35], kann er in unserer Situation »an- und ausgedeutet«, kann er »angesprochen« werden, kann er unsere Suche nach Lebendigkeit durch »seine« Gerechtigkeit, »seinen« Trost bestimmen, kann er wirksam sein als unsere äußerste Möglichkeit, Ganzheit zu entwerfen und entsprechend zu leben und zu handeln. Ohne sklavisch der Frage unterworfen zu sein, ob »er« sich beweisen lasse! Dieser Gott Jesu Christi kann für Menschen zu einem Daseins-Vorentwurf werden. Nicht mehr, aber gewiß auch nicht weniger.

Angesichts des menschlichen Todeswissens, angesichts aber auch der tastenden Ungewißheit darüber, was wir mit »Gott« meinen können, versagen letztlich alle theologischen und philosophischen Gewißheiten. Gerade deswegen **kann** es trostvoll sein, angesichts der Endlichkeit und im Sterben miteinander von Gott zu reden und sich gegenseitig die Hand zu halten, jedenfalls Verbindung zu suchen und sich aufeinander los-zulassen[36].

»J'aurai l'air d'être mort et ce ne sera pas vrai...«

---

35 Dieser kommunikations-theoretische Ansatz kann hier unmöglich auch nur ansatzweise begründet und dargestellt werden. Vgl. (mit Bezug auf W. Peukert) H.-J. Höhn, Vernunft-Glaube-Politik. Reflexionsstufen einer Christlichen Sozialethik, Paderborn u. a. 1990, 176.
36 Vgl. meine parallelen Überlegungen: Solidarische Hilfe beim Sterben, in: T. Kruse u. H. Wagner (Hrsg.), Sterbende brauchen Solidarität, München 1986, 52–69; Solidarität angesichts der Grenze. Erörterung der Hilfe beim Sterben als Vorüberlegung für eine Ethik des Helfens, in: H. Wagner (Hrsg.), Grenzen des Lebens. Wider die Verwilderung von Sterben, Tod und Trauer, Frankfurt/M. 1991, 125–146.

JOSEF FUCHS S. J.

Gott, Physik und die Moral

Die ersten Worte der Bibel bergen eine unvorstellbare Fülle von Problemen in sich. »Im Anfang erschuf Gott Himmel und Erde«, oder, um einen anderen Übersetzungsvorschlag (E. Zenger) zu benutzen, »Als den Anfang erschuf Gott Himmel und Erde«. Der Moraltheologe fragt: Was hat das mit Moral zu tun?

1. Schöpfung

Wer Schöpfung sagt, darf sinnvollerweise nicht einmal fragen, was denn »vorher« gewesen sei; denn vor dem Anfang kann es ja kein »vorher« gegeben haben weder Zeit noch Raum, weder Materie noch geistige Kraft, weder Bewegung noch Ruhe: nichts. Mit dem Anfang ist allerdings auch alles grundgelegt und erschaffen, was sich in der Kraft dieses Anfangs in unausdenkbarer Selbstentfaltung und in unvorstellbaren Zeiträumen – wohl in vielen Milliarden von Jahren und immer noch weiter – entwickeln sollte. Alles das wird allerdings transzendiert von dem, der von all dem Geschaffenen nichts ist, weder die Zeit noch ihr Geist, der aber all das ins Dasein rief, oder vielleicht besser: ins Dasein ruft, und immer noch ruft.

Warum das? Wozu diese Schöpfung? Diese Frage muß die Moral, die die Schöpfung zu »leben« hat, notwendig stellen. Was soll die Schöpfung, was wollte Gott damit eigentlich in seinem zeit-losen und darum moment-losen Dasein, das doch irgendein »Jetzt« einer »göttlichen Zeit«[1] für einen solchen »Entschluß« auszuschließen scheint, also nur ein »ewiges Jetzt« ohne unterscheidbare Momente verstehen läßt? Aber was wissen wir schon von der Wirklichkeit Gottes? Könnte man nicht auch denken, eine ewige Schöpfung würde der momentlosen ewigen Daseinsweise Gottes mehr entsprechen als eine (nicht ewige) Schöpfung eines Anfangs von Zeit und Raum, von Materie und Geist – ohne ein »vorher«, also Schöpfung in einem Nicht-Moment von Ewigkeit? Hatte nicht Aristoteles an die Möglichkeit einer ewigen Schöpfung gedacht, und manche Interpreten meinen sogar, der hl. Thomas von Aquin habe als Philosoph sich anfänglich nicht unbedingt von Aristoteles zum Widerspruch herausfordern lassen.[2] Allerdings belehrte die Bibel ihn eines anderen. Wie nun auch die heutige Naturwissenschaft uns eines anderen belehren zu müssen meint.

---

1   Vgl. U. Lüke, »Im Anfang schuf Gott«, in Stimmen der Zeit 119 (1994) 477–488.
2   S. th. I 46, I.

Die moderne Physik hat sich, ebenso wie die Astronomie, mit großer Hingabe dem Studium der Wirklichkeit und der Herkunft der Erde und des Universums gewidmet. Weitgehend neigt die heutige Naturwissenschaft der Auffassung zu, daß das Universum samt der Erde und dem Menschen nicht ewig sind, sondern sich – vermutlich – einem vor vielen Milliarden Jahren erfolgten immensen »Urknall« verdanken, einem Urknall allerdings, der zwar nicht in einem bestimmten irgendwo und irgendwann erfolgte, aber als solcher doch ein wo und ein wann begründete. Dieser Urknall wäre der Beginn der nun schon viele Milliarden von Jahren hindurch sich hinziehenden, Evolution und Geschichte des heutigen, uns aber kaum schon bekannten Universums (oder – wie einige Physiker hypothesieren vielleicht sogar mehrerer Universa), darin eingeschlossen (vor wieviel Milliarden Jahren?) auch das Werden unserer Erde und auf dieser Erde irgendwann auch das Werden des personalen Menschen, jenes Wesens also, das vom Vaticanum II als »in Leib und Seele einer«[3] verstanden wird.

Der Versuch einer Erklärung der angenommenen Wirklichkeit des Urknalls pflegt im allgemeinen auf rein naturwissenschaftlichem Wege zu geschehen. Dabei wird die Frage, ob der Urknall mit dem »Im Anfang erschuf Gott den Himmel und die Erde« der Bibel zu identifizieren sei, nur gelegentlich bedacht. Tiefer dringt die andere Frage, woher der eventuelle Urknall selbst stammen könne. Und woher nicht nur die aus ihm hervorgehenden naturhaften Notwendigkeiten in der erfolgenden Selbstentwicklung kommen, sondern auch die – wie man weitgehend annimmt – innerhalb dieser naturhaften Notwendigkeiten immerhin auch möglichen vielfachen nicht naturhaft festgelegten, also eher nicht vorausberechenbaren zufälligen Entwicklungen.

Man kennt zwar das Problem, daß aus nichts nichts wird; man behauptet dennoch, daß der Urknall »nichts kostet«, d. h. weder eine Wirklichkeit nach der Art der im Urknall vorhandenen Gegebenheiten nach einen äußeren Planer als »Ursache« voraussetzt – außer sich selbst, also völlig sich selbst als Materie und Geist in Raum und Zeit plant und entfaltet. Es ist klar, daß der Anfang (der Bibel) ebenso wie der Urknall (der Physik) keine »Ursache« ihrer selbst als deren »Wirkung« zulassen kann.

Und doch bedarf all dies einer Erklärung. Die Bibel verweist auf eine erklärende Wirklichkeit, die alle unserer Erfahrung und Wissenschaft unmittelbar zugängliche Wirklichkeit transzendiert: Gott. Nach Teilhard de Chardin ist die Schöpfung ein der Dauer der Welt koextensiver Akt Gottes.[4] Immerhin gibt es einzelne Naturwissenschaftler, die sich dieser Problematik vorsichtig zu stellen versuchen; und dies nicht nur im Sinne der Annahme einer Art von »Glauben«, wie er (so wird immerhin vielfach zugestanden)

---

3   GS 12.
4   Zit.v. H. de Lubac, Il pensiero religioso di Teilhard de Chardin (Brescia 1965) 12.

selbstverständlich aller menschlichen Reflexion, der philosophischen sowohl wie der naturwissenschaftlichen, spontan irgendwie zugrunde liegt.

2. Anthropozentrik

Die Frage nach dem Warum oder Wozu einer göttlichen Schöpfung, wie immer man sie auch verstehen mag, bleibt jedenfalls bestehen. Das gilt nicht nur für die Schöpfung als Anfang, sondern auch für die als eigenständige Evolution weitergehende Schöpfung, die stets – auch heute – von Gottes bleibend gegenwärtigem und wirksamen Wollen getragen ist. Das erste vatikanische Konzil hat diesem Problem eine Antwort zu geben versucht, wenn es auch die der heutigen Wissenschaft zu verdankende Kenntnis der geschöpflichen Wirklichkeit (Zeit, Raum, Materie, Leben usw.) und die Weise ihrer autonomen Evolution noch kaum besaß. Die grundlegende Antwort besagt, daß Gott geschaffen hat, um seine göttliche Vollkommenheit durch die Güter, die er den Geschöpfen mitteilt, kundzutun[5]: Schöpfung ist demnach – so pflegt man zu sagen – Werk seiner Liebe, einer Liebe, die vor allem dem Menschen gilt, da dieser auf unserer Erde der Beobachter der göttlichen Schöpfung ist und auf den alle Schöpfungswirklichkeit als Mitte und Ziel ausgerichtet erscheint. Dieses anthropozentrische Verständnis der geschaffenen Wirklichkeit ist Gemeingut des christlichen Schöpfungsverständnisses. So ausdrücklich das zweite vatikanische Konzil: »Es ist fast einmütige Auffassung der Gläubigen und der Nichtgläubigen, daß alles auf Erden auf den Menschen als seinen Mittel- und Höhepunkt hinzuordnen ist.«[6] Diese Konzilsaussage bezieht sich allerdings ausschließlich auf die Anthropozentrik unserer Erde. Heutige Wissenschaftler denken aber eher an eine Anthropozentrik des gesamten Universums.[7]

Vor einigen Jahren las ich in Washington D. C. den eben erschienenen ersten Band von »Theology and Christian Ethics« des bekannten amerikanischen protestantischen Ethikers James M. Gustafson.[8] Bei der Lektüre stellte ich, zunächst etwas verwundert, fest, daß Gustafson – immerhin ein christlicher Theologe – offenbar hinsichtlich dieser Anthropozentrik angesichts des immensen Universums Schwierigkeiten hatte. Das ist irgendwie verständlich. Man darf und muß ja fragen dürfen, wem und in welchem Sinn die im

---

5   Vaticanum I, Dei Filius 1.
6   GS 14.
7   Vgl. P. Davies, Gott u. d. moderne Physik (München 51986); H. v. Ditfurth, Wir sind nicht nur von dieser Welt. Naturwiss., Religion u. d. Zukunft d. Menschen (Hamburg 1981). Als Einf. in d. wiss. Konzeption dieser Werke W. Hawking, Eine kurze Gesch. d. Zeit. Die Suche nach der Urkraft d. Universums (Reinbek 1988); ders., Einsteins Traum. Expedition an d. Grenzen d. Raumzeit (ebd. 1994).
8   Philadelphia 1974.

Vatikanum I ausgesagte liebevolle Offenbarung der in den Geschöpfen sich manifestierenden Vollkommenheit Gottes in den Milliarden Jahren vor der Existenz der Erde und somit auch des Menschen verstanden werden kann. Aber auch wie diese Anthropozentrik zu verstehen ist, wenn einmal das Ende des endlichen Menschen oder gar auch der endlichen Erde in einem möglicherweise noch nicht zu seinem Ende gekommenen endlichen Universum sich ereignen sollte, bleibt ein Problem. Denn die endliche Zeit kann dann ja ebenso weitergehen, wie sie in den Milliarden von Jahren vor dem Werden der Erde und des Menschen war und damals die Entwicklung vorantrieb. Die Idee, daß Gott selbst der einzige Observator sein könne, wird zwar im oben zitierten Buch von P. Davies aufgegriffen, aber doch nicht sehr ernst genommen. Vom Vatikanum I ist sie implizit verworfen, insofern die Idee einer Schöpfung zwecks Mehrung der eigenen Glückseligkeit des Schöpfers ausdrücklich ausgeschlossen wird.

3. »und die Moral«

Die vorausgehenden Überlegungen über Gott und Physik in Hinsicht auf Schöpfung und geschöpfliche Anthropozentrik sollten der Einsicht in einige moraltheologische Probleme dienen.

Die erste und grundlegende Reaktion des Menschen und seiner Moral auf die Schöpfung kann nur die Bejahung und Annahme des göttlichen Schöpfungswillens selbst sein müssen: »es sei!« Und in dem Grade, in dem die Schöpfung selbst in die Hand des Menschen als Teil ihrer selbst gelegt ist, hat sie auch nur sich selbst als <Anweisung> für das »Handeln« des Menschen gegeben, d. h. ohne eine zusätzliche Angabe über die Weise, wie der Mensch sie be-»handeln« soll, m. a. W. wie er sein »es sei« in konkretes Verhalten und Handeln umzusetzen hat. Daß er sie also in dem, was in ihr angelegt ist, nicht hindere, sondern sie darin fördere, also nicht nur ihr Schützer und Bewahrer, sondern auch ihr »Mit-verantwortlicher«, ihr »Mitschöpfer« sei. Dazu muß er allerdings sich selbst und die Schöpfung, die ihm unterstellt ist, zu begreifen versuchen.

Der Mensch konnte, seit er auf dieser Erde erschienen ist, gar nicht anders, als in sehr langsamer Erfahrung und schließlich auch in reflektierter Erfahrung herauszufinden versuchen, wer er selbst als Teil der Schöpfung ist, was darum in seinem Verhalten und Tun vernünftigerweise »geht« und was nicht; und was die Wirklichkeit um ihn herum, die rein materielle und die lebende, d. h. seine »Selbstextension« über sich selbst hinaus, für ihn bedeutet. Den Beginn von menschlicher Kultur wie auch eine entfaltete Kultur wird er so über viele Einsichten und auch über viel Irrtum gewinnen. Das Ergebnis des primitiven und auch des fortgeschrittenen Suchens wird im gemeinsamen Bemühen mit anderen »Mitverantwortlichen« sich einstellen, wird aber auch aufgrund verschiedenartiger Erfahrungen und Entscheidungen zu von einander sich unterscheidenden Kulturen führen.

Eine andere Frage ist, ob oder ab wann der Mensch in seiner langen Geschichte begonnen hat, seine kulturellen Erkenntnisse auch als sittliche, also ihn als personalen Menschen fordernde und unbedingt verpflichtende Einsichten zu verstehen. Eine noch tiefer greifende Frage ist die, ob und ob er immer seine kulturell-sittlichen Erkenntnisse auch als in Beziehung zu einem personalen und absoluten Schöpfergott irgendwie zu verstehen imstande gewesen ist. Interessant ist, daß der Verfasser von Genesis 4, 26 in sein Werk eintragen zu sollen glaubte, daß man zur Zeit des Enos, des Sohnes des Seth (eines Sohnes Adams) »anfing, den Namen des Herrn anzurufen«, daß er es also nicht immer schon getan hatte, sondern es von da an tat, nun allerdings auch als gemeinsamen und öffentlichen Kult.

Eine ausgeführte inhaltliche Moral liefert die Schöpfung also nicht: keine Einzelforderungen und -gebote bzw. Verbote, – wobei der Mensch sich selbst als »in Leib und Seele einer« als das entscheidende Element in der Schöpfung versteht und gefordert weiß. Über ihn kann dann allerdings auch die gesamte Schöpfung irgendwie zum »sittlichen« Sprechen kommen. Der Mensch als »in Leib und Seele einer« (also als personaler) und die nichtpersonale Schöpfung ermöglichen es demnach, – gleichsam in einem Dialog, wenn auch in je verschiedenen Funktionen – gemeinsam eine Moral des Menschen inmitten der Gesamtschöpfung zu entwerfen und zu erkennen. Die Schöpfung spricht die ihr entsprechende Moral durch den personalen Menschen, der sie zu interpretieren und zu verstehen versucht, aus. Der personale Mensch findet in der Schöpfung seine Moral, indem er aufgrund seiner Anlage als der Geist des »in Leib und Seele einer« die Schöpfung, die ja ihrerseits sich selbst offen hält und verstehen läßt, und sich selbst als ihre Mitte begreifend, irgendwie vertretbar sittlich zu beurteilen vermag. So sucht der Mensch den Schöpferwillen Gottes zu ergründen; es ist das, was man, wenn richtig ergründet, gemeinhin als sittliches Naturgesetz zu bezeichnen pflegt und es daher oft auch als »Gottes Gebot« ausgibt.

Offensichtlich soll der Mensch der Schöpfung ihre Geheimnisse entreißen, um sie so mehr und mehr bewundern und ihren Schöpfer durch einen vertretbaren Umgang mit ihr ehren zu können.

So will es das anthropozentrische Verständnis der Schöpfung: denn diese ist dem Menschen anvertraut, ihm übergeben – als Möglichkeit und als Aufgabe; also nicht als sakrale und unberührbare »göttliche« Wirklichkeit, sondern als vom Schöpfer in seine Hände gegebene »menschliche« Wirklichkeit. Letztlich eine Wirklichkeit, die dem Menschen etwas über den Schöpfer sowohl wie über sein eigenes Verhältnis zu ihm in der geschöpflichen Welt zu manifestieren vermag.

Inhalt der geschaffenen menschlichen Möglichkeit und Aufgabe ist zweifellos zunächst die Kenntnisnahme von der geschaffenen Wirklichkeit und dies sowohl im menschlichen Alltag wie auch in der fortschreitend möglich werdenden wissenschaftlichen Erforschung. Dazu gehört zweifellos die philosophische und theologische Reflexion zum Zweck des Selbstverständnisses und zum Verständnis von Sittlichkeit und Religion. Im wissenschaftlichen Bereich gehört das ernstliche Forschen und die ernstliche Diskussion verschiedener Konzeptionen zur berechtigten und geforderten Aufgabe der geschöpflichen Menschheit, – ohne Angst vor der immer schon bewußten Gefahr des Irrtums und vor der praktischen Unmöglichkeit, einen umfassenden Pluralismus in Theorie und Praxis und die dadurch bedingten Unsicherheiten und gegensätzlichen Verständnisweisen von einzelnen, von Gruppen und von ganzen Gesellschaften vermeiden zu können. Die so angedeuteten Schwierigkeiten sind im Wesen der göttlichen Schöpfung, die wir tatsächlich sind, grundgelegt.

Daß die Menschheit der von ihr bewohnten Erde und dem Universum ihre Geheimnisse entreiße, ist nicht nur menschliche Kuriosität, es ist das Ernstnehmen der Stellung des Menschen in der Schöpfung. Es kostet ihn viel Mühe, die Geheimnisse des Lebens, der Biologie, der Genetik, die Geheimnisse der Evolution sowohl seiner selbst wie auch der Erde mit all ihrer Vielfalt und des unermeßlichen Universums zu entziffern. Er wird dabei manches Risiko für sich, für andere Menschen und für die Zukunft der Menschheit eingehen, das Risiko des eigenen Lebens, das Risiko der gleichsam »verschwenderischen« Veräusgabung von Gütern und Reichtum, die ja auch unmittelbarer zur Behebung naheliegender menschlicher Nöte Verwendung finden könnten, das Risiko versuchsweise kalkulierter Verursachung möglichen und doch nicht mit Sicherheit voraussehbaren Schadens usw. Ohne ein verantwortlich kalkuliertes und damit vertretbares Risiko einzugehen, ist die Aufgabe, sich mit-verantwortlich und mitschöpferisch der Schöpfung anzunehmen, nicht lösbar.

Ein anderes ethisches Problem, das mit dem Problem des Kalküls zusammenhängen mag, hat die Menschheit nicht selten bedrängt: in welchem Grade ist der Mensch überhaupt zuständig für sein forschendes und versuchendes Eingreifen in die Schöpfung? Ich erinnere mich einer Erfahrung: Vor nicht vielen Jahren bezogen einige bekannte Moraltheologen dezidiert Stellung gegen die Transplantation eines Doppelorgans von einem lebenden menschlichen Organismus auf den eines anderen Menschen. Grund: das betreffende Organ gehöre in unserer Schöpfung zu diesem und nicht zu einem anderen Organismus. Man erinnert sich auch, daß man zur Zeit der ersten Versuche einer Überwindung unserer Schnelligkeitsbegrenzung von einem unberechtigten Eingriff des Menschen in die Naturgesetze der Schöpfung protestieren zu müssen glaubte. Was sollte man daraufhin heute sagen zum Versuch, sich einen Weg zum Mond zu bahnen, sich zu Forschungs- und Versuchszwecken in den Weltenraum zu wagen, sich der Erforschung der Welt der Gene zu widmen? Offensichtlich ergeben sich die erwähnten Probleme auf dem irrigen Hintergrund der Idee einer festgefügten Schöpfungsordnung, an die der Mensch sich nicht heranwagen dürfe. Das anthropozentrische Verständnis der Schöpfung fordert dagegen ausschließlich, daß die Menschheit sich nur in ein Wagnis hineinstürze, daß er in vernünftiger Weise kalkulieren und meistern zu können endsprechend wichtige Gründe hat; niemand leugnet, daß das allerdings in nicht wenigen Fällen äußerst schwer sein kann.

Die möglich gewordene Erforschung der Wirklichkeit des Menschen, der Erde und des Universums führen den Menschen selbstverständlich zum Versuch, sie in der Wirklichkeit nutzbar zu machen. Grundsätzlich steht solcher Verwirklichung nichts entgegen. Jedoch gilt auch das warnende Wort, daß nicht alles, was geht, auch menschlich vertretbar und demnach sittlich berechtigt ist. Die daraus entstehende Schwierigkeit ist die, daß die Gegebenheit der Schöpfung selbst keine Verbotstafeln aufstellt. Der mit-schöpferische und mit-verantwortliche Mensch muß für sich selbst Verbotstafeln »herausfinden« und aufstellen. Er hat die Schöpfung forschend zu befragen, was sie sei, wie sie wirke, was aufgrund bestimmter Handlungsweisen sich ergeben werde. Sein daraufhin ordnender und vernünftig wertender Geist wird zu ergründen versuchen, welche menschlichen Eingriffe und Verhaltensweisen demnach menschlich vertretbar sind, welche nicht. Ein bekanntes Schulbeispiel, das auch heute immer wieder herangezogen wird, ist das der Falschaussage, irrtümlich auch ohne Unterscheidung Lüge genannt. Der verantwortlich wertende und urteilende Mensch wird von der geschöpflichen Gegebenheit her lernen, daß eine die kommunikativ zusammenlebende Gesellschaft störende Falschaussage menschlich offensichtlich ein Unwert ist (sie – und nur sie – wird Lüge genannt); daß dagegen eine ein wichtiges Geheimnis wahrende Falschaussage u. U. eine höchst positive Funktion in der Gesellschaft ausübt, also durchaus vertretbar und berechtigt sein kann und darum eigentlich nicht mit dem sittlich negativ wertenden Wort Lüge belegt sein sollte. Ein anderes Beispiel: Man glaubt der Schöpfung entnehmen zu können, daß der eheliche Akt gleichzeitig ein liebender und ein zeugender Gestus sein sollte. Das ist zweifellos seine ideale Weise. Aber die Schöpfung ist nicht in allem ideal, sondern gelegentlich auch defizient realisiert. Im alltäglichen Leben weiß man, daß man da, wo die gegebene geschöpfliche Wirklichkeit eine ideale Verwirklichung nicht erreichbar macht, durch ein nicht-ideales, aber immerhin bestmögliches Verhalten die – gelegentlich auch defiziente – Schöpfung verwirklichen darf und u. U. muß. Wenn aufgrund eines vorhandenen Defektes der liebende und zeugende Gestus des ehelichen Aktes nicht zu seiner Fülle und zur vollen Auswirkung seiner Aussagekraft kommen kann, das aber durch eine ärztliche, den Defekt überwindende Intervention in zweifellos nicht idealer Weise, aber doch auf bestmöglichem Weg, ermöglicht werden kann, dann scheint mir die Schöpfung Gottes einen solchen Dialog zwischen ihrer defizienten Gegebenheit und dem mitschöpferischen Menschen nur gutheißen zu können. Die Beispiele notwendig werdenden nur bestmöglichen Vorgehens ließen sich beliebig vermehren – im Bereich der Politik, der Wirtschaft, der Technik, der Medizin, der Gynäkologie, der Physik, des Bereichs der Gene usw. Sittliche, rechtliche, soziale usw. Ordnungen sind Werke des menschlichen Geistes (Thomas von Aquin: »ordo rationis«) in seinem Dialog mit der tatsächlich gegebenen Wirklichkeit.

Nicht selten kommen verschiedene Menschen oder auch ganze Gesellschaften zu widersprüchlichen kulturellen Beurteilungen, ohne an der sittlichen Richtigkeit der jeweiligen Beurteilung zweifeln zu können. Man kann sicherlich nicht eine bestimmte, für richtig erachtete Kultur zum zwingenden Maß für andere geschichtlich gewordene und wertend angenommene Kulturen machen. Jedoch können die in bestimmten Lebensbereichen – z. B. in der Medizin – Tätigen zu gemeinsamen und allgemein als verbindlich erachteten »Ordnungen« finden und diese auch kodifizieren. Die Sorge für geschuldeten Respekt vor der Menschenwürde, vor den Menschenrechten, vor dem Umgang mit Menschenleben in bestimmten Situationen, vor dem verantwortlichen Umgang mit heute möglich werdendem Verhalten im Bereich menschlicher Gene usw. können menschliche Gesellschaften und sogar die Staaten veranlassen, gesetzgeberisch für vertretbar erachtetes »mit-schöpferisches« menschliches Handeln tätig zu werden.

Der Mensch unserer Schöpfung hat die Möglichkeit, an eine ihm innerhalb der bestehenden Schöpfung gewordene göttliche Offenbarung zu glauben – z. B. an die christliche. Die Offenbarung enthält Aussagen über Gott und den Menschen in seiner geschöpflichen und überdies erlösten Welt. Der Gläubige vermag von der Offenbarung her zu einem vertieften Verständnis seiner Situation als (auch defiziente) Schöpfung und als (auch sündiger) Mensch zu kommen. Das kann ihm helfen, sein Selbstverständnis und seine Wertungen (z. B. Menschenwürde und Menschenrechte, Menschenleben und menschliche Vergesellschaftungen) vertiefend zu nuancieren[9] und dabei gleichzeitig zu größerer Sicherheit in seinen sittlichen Urteilen zu gelangen.[10]

---

9 Während ich dies schreibe, kommt mir der Beitr. v. M. Rhonheimer, Über die Existenz einer spezifisch chr. Moral d. Humanum. In: IKaZ 23 (1994) 360–372, zu Gesicht. Da sich Rhonheimer offensichtlich primär auf mich bezieht, sollte ich hier ein Wort dazu sagen. Vermutlich will meine oben gebrauchte Formulierung »nuancieren« die Idee Rhonheimers irgendwie zum Ausdruck bringen. Die Vernunft des Glaubenden und des Nichtglaubenden sind die gleiche Vernunft, aber »in verschiedenen kognitiven Kontexten« (368). Bedeutet das eine »verschiedene Einsicht in das Humanum« (367)? Wenn nach Rhonheimer Fragen der Sexual- oder Geschäftsmoral keine »Sachprobleme« sind, für die nun Ethiker oder Moraltheol. »Lösungen« erarbeiten müssen, daß vielmehr »Tugenden gefordert« sind (371), dann wird verständlich, daß die sog. »Glaubensethik« bislang noch nicht imstande gewesen ist, eine chr. materiale Ethik vorzulegen.

10 Der der These Rhonheimers irgendwie nahestehnde Beitr. v. H.-G. Gruber, Autonome Moral oder Moral d. Autonomie. Zur Diskussion um d. Proprium einer theol. Ethik. In: Stimmen der Zeit 211 (1993) 691–699, hat mich zunächst beeindruckt, scheint mir aber

Insofern der Offenbarungsglaube innerhalb der menschlichen Gesellschaft von vielen partizipiert wird, gibt es auch den religiösen Zusammenschluß Kirche. Als kirchliche Glaubensgemeinschaft und gleichzeitig als hierarchische Struktur wird sie zum Verständnis der Schöpfung und deren ihr entsprechenden Verwirklichung im Bereich ihrer Kompetenz einen ihr eigenen Einfluß ausüben. Es läßt sich nicht übersehen – und die Geschichte beweist es, daß die Gefahr und auch die (vermutlich weitgehend aus – wenigstens vermeintlichem – Verantwortungsbewußtsein stammende) Neigung besteht, die durch die Offenbarung garantierte, aber begrenzte Kompetenz (zum »Heil« der Menschen[11]) nicht immer als so begrenzte zu beachten. Außerhalb dieser Grenzen ist ihr der Beistand des Heiligen Geistes nicht zugesagt, innerhalb ihrer Kompetenz ist er aber der ganzen Kirche, wenn auch ihrer Leitung in bevorzugter Weise, garantiert. Innerhalb dieser Grenzen muß der Mensch (also der Christ) als »Mitverwalter« und »Mitschöpfer« der Schöpfung verantwortungsbewußt (und nicht bloß als gleichsam nichtverantwortlicher Mitläufer) seinen Weg suchen und finden. Es läßt sich keineswegs ausschließen, daß der ihm verliehene Gottesgeist ihn auch zu einer erleuchteten Erkenntnis führen kann, die der richtigen Interpretation und Wertung geschöpflicher Wirklichkeiten und entprechender Verhaltensweisen besser zu entsprechen scheint als eine offiziell ergangene Erklärung. Wenn Jesus selbst »die alttestamentliche Gottesoffenbarung vielfach abändern, ergänzen und entscheidend korrigieren« konnte, so scheint mir, muß das nicht notwendig als autoritativer Eingriff Jesu als des uns gesandten Überbringers »Gottes letzter Weisung« verstanden werden.[12] Könnte es sich nicht auch um eine zur Zeit Jesu sachlich begründete bessere Interpretation der schon vorliegenden alttestamentlichen Beurteilung der gegebenen Wirklichkeit handeln? Wenn Christen in der Kirche ähnlich wie Jesus gelegentlich eine »abändernde, ergänzende und entscheidend korrigierende« Aussage hinsichtlich einzelner offizieller sittlich bedeutsamer Interpretationen der geschöpflichen Wirklichkeit einbringen, würden sie damit nicht u. U. helfen, ein der Schöpfung gemäßes Ethos und eine entsprechende Schöpfungsethik zu erkennen bzw. zu entwerfen? Soweit es dabei offensichtlich auch um den Bereich der heute sogenannten Tugend der Epikie geht, ist zu beachten, daß es dieser Tugend

---

dennoch die gegenteilige Stellungnahme des Schweizer Antipoden H. Hirschi, Moralbegründung u. chr. Sinnhorizont. Eine Auseinandersetzung mit A. Auers moraltheol. Konzept (Freiburg 1991) kaum zu entkräften. Dem gleichen Problem steht auch nahe die kürzlich erschienene, an der Philos. Hochschule SJ München unter d. Leitung v. W. Kerber erstellte Diss. v. J. Sun Hsiao-Chi, Heiligt die gute Absicht ein schlechtes Mittel? Die Kontroverse über Theologie u. Deontologie in d. Moralbegründung unter bes. Berücksichtigung v. J. Fuchs u. R. Spaemann.

11 DV 11.
12 Zitate in: Worte d. Herrn. Jesu Botschaft v. Königtum Gottes. Auf Grund d. synopt. Überl. zus. gest. v. H. Schürmann (Leipzig [5]1994). Die von mir angedeutete evtl. Möglichkeit einer Textinterpretation, die sich von der Schürmanns unterscheidet, dürfte auch damit zusammenhängen, daß Schürmann rein als Exeget arbeitet, ich aber als Moraltheologe.

ja nicht primär um die Verneinung schon bestehender Ordnungen oder um eine »gekonnte« Herausfindung von möglichen Ausnahmen hinsichtlich vorliegender Ordnungen geht, sondern um die Findung einer der geschöpflichen Wirklichkeit heute besser und wahrheitsgemäßer entsprechenden Nuancierung von sittlichen Anweisungen.

KARL GOLSER

Der Moraltheologe und die Gehorsamspflicht gegenüber dem Lehramt der Katholischen Kirche

Das Thema dieses Beitrags müßte man genauerhin folgendermaßen umschreiben:»Der Dienst des Moraltheologen in der Spannung zwischen dem persönlichem Streben nach Erkenntnis und der Gehorsamspflicht gegenüber dem Lehramt der Katholischen Kirche.« Es sollen also hier einige Überlegungen dargeboten werden zu einer existentiellen Spannung, in der jeder katholische Theologe steht, und erst recht in neuester Zeit der katholische Moraltheologe. Sehr viele der Moraltheologen können nämlich heute die Erfahrung machen, daß sie beinahe bedauert werden, wenn sie informierten Kreisen mitteilen, welches ihr genaues Fachgebiet ist. Während in früheren Jahrzehnten vor allem die Bibelwissenschaftler es schwer hatten, so wird dies heute den Moraltheologen nachgesagt.

1. Der Dienst des Moraltheologen laut »Veritatis Splendor«

In einem ersten Schritt möchte ich deshalb untersuchen, wie die jüngste Moralenzyklika»Veritatis splendor« (abgekürzt: VS) den Dienst des Moraltheologen beschreibt. Sie tut dies in ihrem vierten Kapitel, und zwar in den Nummern 109–113[1]. Im ersten Teil dieses Abschnitts folgt die Enzyklika im großen und ganzen den Ausführungen der Instruktion »Donum veritatis« (abgekürzt: DnVe) der Glaubenskongregation über die kirchliche Berufung des Theologen von 1990 und teilt somit auch deren Problematik[2], die in einer Spannung zwischen den allgemeinen Ausführungen über die Berufung des Theologen (Teil I–II) und der Verhältnisbestimmung zwischen Lehramt und Theologie besteht (Teil III und IV)[3], einer Spannung, die wohl letztlich auf

---

1 Vgl. hierzu Wilhelm ERNST, Der Dienst der Moraltheologen, in: L'Osservatore Romano, Wochenausgabe in deutscher Sprache vom 28.1.1994, S.10 (ursprünglich in italienischer Sprache erschienen in der Tageszeitung L'Osservatore Romano vom 29.12.1993; Jean-Louis BRUGUES, Il teologo moralista, in: L'Osservatore Romano vom 5.1.1994; Louis VEREECKE, Magistère e morale selon Veritatis Splendor, in: Studia Moralia 31 (1993) 391–401. Nicht mehr eingesehen werden konnte Dietman MIETH (Hg.), Moraltheologie im Abseits? Freiburg 1994.
2 Vgl. hierzu u.a. Peter HÜNERMANN und Dietmar MIETH (Hg.), Streitgespräch um Theologie und Lehramt. Die Instruktion über kirchliche Berufung des Theologen in der Diskussion, J. Knecht V. Frankfurt 1991.

das zweite Vatikanische Konzil selbst zurückzuführen ist, dessen Texte, um konsensfähig zu sein, Kompromißtexte zwischen unterschiedlichen Positionen sowohl im Traditions- wie im Kirchenverständnis sind[4].

Die Enzyklika geht in der Nr.109, wie die Instruktion der Glaubenskongregation, zuerst einmal aus vom »munus propheticum« und vom »übernatürlichen Glaubenssinn« (vgl. DnVe 4), an dem das ganze Volk Gottes durch das Geschenk des Geistes Christi teilhat. Um ihre prophetische Sendung auszuüben, muß die Kirche durch immer tiefere Reflexion sich mit dem Inhalt des Glaubens auseinandersetzen. »Im Dienst dieser 'gläubigen Erforschung des Glaubensverständnisses' steht in besonderer Weise die 'Berufung' des Theologen in der Kirche« (VS 109). Hier zitiert VS ausführlich die Nr.6 von DnVe.

Die Nummern 7–12 der Instruktion bestimmen sodann weitere Elemente des Forschungsauftrags eines jeden Theologen. Die Arbeit des Theologen entspricht einer Dynamik, die aus dem Glauben an Gott und aus der Liebe zu ihm entspringt und die deshalb das Forschen immer auch mit dem Gebet vereint. Die Theologie ist »nach und nach zu einem wirklichen wissenschaftlichen Wissen geworden«, sie muß deshalb »auf die rationale Kontrolle eines jeden Schrittes ihrer Forschung achten« (DnVe 9). Ebenso steht ihr die »Freiheit der Forschung« zu, »an der die Gemeinschaft der Wissenschaftler mit Recht als einem ihrer kostbarsten Güter festhält« (DnVe 12), sie »bedeutet die Bereitschaft, die Wahrheit so anzunehmen, wie sie sich am Ende einer Forschungsarbeit darbietet, bei der kein Element Einfluß gewinnt, das den Erfordernissen einer dem studierten Objekt entsprechenden Methode fremd ist« (DnVe 12).

Die Enzyklika hat die Passagen über die Freiheit des Theologen überschlagen. Dafür betont sie noch in der Nr.109 als äußerst wichtiges Element für

---

3 Vgl. Dietmar MIETH, Ein Dokument voller Widersprüche, in: P. Hünermann, D. Mieth (Hg.), Streitgespräch um Theologie und Lehramt (a.a.O. Anm.2) 118–137, S.118: »Manchmal hat man daher den Eindruck, hier seien *zwei* Texte ineinandergeschoben worden: ein eher offener theologischer Text auf der Linie des Konzils und ein eher engstirniger Text einer schmalspurigen Theologie auf der Linie der Disziplinierung.«

4 Vgl. hierzu Hermann Josef POTTMEYER, Die Suche nach der verbindlichen Tradition und die traditionalistische Versuchung der Kirche, in: Dietrich WIEDERKEHR (Hg.), Wie geschieht Tradition? Überlieferung im Lebensprozeß der Kirche, Quaestiones Disputatae Nr.133, Herder V. Freiburg 1991, 89–110. Pottmeyer charakterisiert die Position, »die gegenwärtig den offiziellen Kurs der Kirche zu bestimmen scheint«, folgendermaßen: »Sie möchte in Treue zum 2. Vatikanum auf dessen Kompromißlösung verharren. Für diese Position spricht, daß sie nicht nachträglich das Konzil überstimmen, sondern den dort gefundenen Kompromiß, so wie er steht, ausführen will. Dennoch verkennt sie, daß der gefundene Kompromiß nur eine Übergangslösung sein kann, die das damals Erreichbare darstellt, aber auf Dauer keine lebbare Grundlage bietet. Sowohl im Traditions- wie im Kirchenverständnis verbindet der Kompromiß unterschiedliche Optionen. Deshalb ist er die Ursache für die nachkonziliaren Konflikte und für den zwiespältigen Eindruck, den die nachkonziliaren Reformen vermitteln. Besteht die größere Treue zum Konzil nicht darin, jene auf eine dynamische Entfaltung drängenden Neuansätze zu verfolgen, hinter denen die Mehrheit der Konzilsväter stand?« a.a.O. S.96/97.

die »Identitätsbestimmung der Theologie« ihre Kirchlichkeit. Sie greift dabei eine Ansprache des Papstes an die Professoren und Studenten der Päpstlichen Universität Gregoriana von 1979 auf: »Die Theologie ist kirchliche Wissenschaft, weil sie in der Kirche wächst und über die Kirche handelt… Sie steht im Dienst der Kirche und muß sich daher dynamisch einbezogen fühlen in die Sendung der Kirche, besonders in ihre prophetische Funktion.« Ähnlich betont es auch die Instruktion in der Nr.11: »Die der theologischen Forschung eigene Freiheit gilt innerhalb des Glaubens der Kirche«. Es braucht deshalb die »Geduld des Reifenlassens«. »Die neuen Vorschläge zum Verständnis des Glaubens« – und hier wird die Papstansprache an die deutschen Theologieprofessoren vom 18.11.1980 in Altötting aufgegriffen[5] – »sind nur ein Angebot für die ganze Kirche. Vieles muß im brüderlichen Gespräch korrigiert und erweitert werden, bis die ganze Kirche es annehmen kann. Theologie ist zutiefst ein sehr selbstloser Dienst an der Gemeinschaft der Gläubigen. Darum gehören die sachliche Disputation, das brüderliche Gespräch, Offenheit und Bereitschaft zur Veränderung der eigenen Meinungen wesentlich zu ihr.«

Nach den allgemeinen Aussagen über die Berufung eines jeden Theologen geht die Enzyklika sodann in der Nr.110 auf die Moraltheologie ein, die sie auf ihr Objekt bezogen bestimmt als »wissenschaftliche Reflexion über das *Evangelium als Geschenk und Gebot neuen Lebens«*. Schon in der Nr. 29 hatte die Enzyklika die entsprechende Konzilsbestimmung aus »Optatam totius« Nr.16 zitiert, welche Anlaß war für eine fruchtbare Erneuerung der moraltheologischen Disziplin in der Nachkonzilszeit[6], wie es übrigens die Enzyklika selbst bestätigt, indem sie von den Früchten dieses Bemühens spricht und die Theologen zum Weiterarbeiten in diesem Sinne ermutigt.

Im Kommentar zu dieser Nr. 29 der Enzyklika spricht Jean-Louis Bruguès[7] von einer »neuen Aufgabe« (»missione inedita«), welche hier den Moraltheologen anvertraut wird: sie sollen in ihrem Dialog mit der modernen Kultur – denn immer mehr werden sie zu einem Dialog über ethische Fragen eingeladen – sich dafür einsetzen, daß diese Kultur sich zum einen der »memoria« öffnet, daß also der Moraltheologe an das im Laufe der Geschichte angewach-

---

5 Die Instruktion zitiert sie nach AAS 73 (1981) 100–105, hier 104; vgl. auch die Nr.25A (3.veränderte Aufl.) in der vom Sekretariat der Deutschen Bischofskonferenz herausgegebenen Reihe »Verlautbarungen des Apostolischen Stuhls« S.169–174, hier S. 173. Die »Stellungnahme der Arbeitsgemeinschaft der deutschsprachigen Dogmatiker und Fundamentaltheologen zur 'Instruktion über die kirchliche Berufung des Theologen' der Kongregation für die Glaubenslehre (24.Mai 1990)«, abgedruckt in dem in der Anm.4 zitierten Band »Wie geschieht Tradition? S.173–176, bezieht sich auch auf diese Papstansprache, spricht aber dann die Befürchtung aus, daß die Instruktion in ihrem weiteren Text die notwendige Freiheit der Forschung und das Recht der innertheologischen und interdisziplinären Diskussion einschränkt, ja sogar den traditionellen Platz der Theologie im Haus der Wissenschaft gefährdet.

6 Wilhelm ERNST geht in seinem in der Anm.1 zitierten Beitrag gerade von OT 16 aus.

7 A.a.O., vgl. Anm.1.

sene patrimonium der sittlichen Einsicht erinnert, zum anderen daß diese Kultur sich aber auch der Transzendenz öffnet, denn der Mensch ist ohne Transzendenzbezug sich selbst ein Rätsel. Der Moraltheologe wird deshalb auch »die ganze Wahrheit über den Menschen« (VS 112) einbringen, auf die »volle Entfaltung der *imago Dei*, des Gottesbildes, das im Menschen ist« (VS 111) hinweisen bzw. dem Menschen den Weg der Rückkehr zum »Anfang« (VS 112) aufzeigen; in diesem Sinne hat die Moraltheologie auch eine »geistliche Dimension«, steht sie im Dienste der »Neuevangelisierung« (VS 106–108).

Nach dieser Begriffs- und Aufgabenbestimmung der Moraltheologie wechselt die Enzyklika immer noch in der Nr. 110 über auf die Aufgabe des Lehramts – dies entspricht jetzt dem Kapitel III der Instruktion (Nr.13–20). Dabei kann die Enzyklika zuerst einmal voraussetzen was die Instruktion ausführt über die Aufgabe des Lehramts für die christliche Wahrheit im allgemeinen (Nr.13–14) und über den besonderen Beistand des Heiligen Geistes für diese Aufgabe (Nr.15). Sie kann vielmehr gleich inbezug auf die Morallehre aus der Nr.16 zitieren, daß das Lehramt die Aufgabe hat, »durch das Gewissen der Gläubigen bindende Urteile jene Handlungen zu bezeichnen, die in sich selber mit den Forderungen des Glaubens übereinstimmen und seine Anwendung im Leben fördern, aber auch jene Handlungen, die aufgrund ihres inneren Schlechtseins mit diesen Forderungen unvereinbar sind«. Hier wird also die Emphase des zweiten Kapitels der Enzyklika auf die in sich schlechten Handlungen (actus intrinsece mali) aufgegriffen und es wird nochmals betont, daß das Lehramt die Gläubigen »auch konkrete Einzelgebote« lehrt und von ihnen verlangt, »sie gewissenhaft als sittlich verpflichtend zu betrachten«.

Die Instruktion hatte in der Nr. 16 die Zuständigkeit des Lehramts auch für Fragen der Moral, näherhin »auch für den Bereich des Naturgesetzes«, eigens hervorgehoben, als Beleg dafür »Humanae vitae« angeführt und als Begründung auf das »Band zwischen der Schöpfungs- und Erlösungsordnung« hingewiesen. Ein zwei Jahre nach Erscheinen der Instruktion veröffentlichter, offensichtlich offiziöser abschließender Kommentar[8] wird dazu sich folgendermaßen äußern: »Wenn es ein tiefes Band gibt zwischen der Erlösung und der Schöpfung…, sodaß die erste die zweite nicht annimmt, um ihr Gewalt anzutun, und auch nicht, um ihre Dichte zu verneinen, sondern um sie darüber hinaus zu vervollständigen, so ist klar, daß das Lehramt, das 'von oben her', vom Auferstandenen, kommt[9], ein Wort zu sagen hat über die

---

8   Vgl. »Über die kirchliche Berufung des Theologen. 'Donum veritatis', ein Dokument, das zu denken gibt«, in: L'Osservatore Romano, Wochenausgabe in deutscher Sprache vom 30.07.1993, 7–10, hier S.10.

9   Vorher bei der Beschreibung der Berufung des Theologen hatte der Kommentar einer »Theologie von unten« her, welche vor allem die Einbindung des Theologen in die Gemeinschaft der Gläubigen und deren »sensus fidei«betont und die vor allem das »humanum«sieht,

Gesetze, die die Natur oder die Schöpfung lenken. Dem Lehramt diese Zuständigkeit abzustreiten hieße letztendlich, den Bund Gottes mit den Menschen, der auf ewig im fleischgewordenen Wort geschlossen wurde, das zur Rechten des Vaters sitzt, in Frage zu stellen.«

Im letzten Abschnitt der Nr.16 bezieht sich die Instruktion sodann auf einen Abschnitt der Konstitution »Dei Filius« des I. Vatikanums, wonach die Offenbarung auch Dinge enthält, die an und für sich der natürlichen Vernunfterkenntnis zugänglich sind (DS 3005), um daraus zu folgern: »Es ist Glaubenslehre, daß diese moralischen Normen vom Lehramt unfehlbar gelehrt werden können«. Dabei ist im Konzilstext aber weder die Rede von »moralischen Normen« noch vom unfehlbaren Lehramt der Kirche, auf das ja die andere dogmatische Konstitution »Pastor aeternus« (DS 3065–3075) eingeht[10].

Die Nr.110 der Enzyklika fährt sodann fort, indem sie eingeht auf »die besondere Aufgabe all derer, die im Auftrag der zuständigen Bischöfe in den Priesterseminaren und an den Theologischen Fakultäten Moraltheologie lehren«. Deren Aufgabe wird folgendermaßen beschrieben: »Sie haben die schwere Pflicht, die Gläubigen – besonders die künftigen Seelsorger – über alle Gebote und über die praktischen Normen zu unterweisen, die die Kirche mit Autorität verkündet«. In diesem Zusammenhang wird bezeichnenderweise der Forschungsauftrag der Moraltheologen bzw. ihr Bemühen um vertiefte und auch neue Erkenntnis in sittlichen Fragen nicht erwähnt, auch nicht, daß es doch ebenfalls Aufgabe der an einer Hochschule Lehrenden ist, die Studierenden in das wissenschaftliche Arbeiten und Forschen einzuführen.

Wohl ist man sich im selben Paragraphen dessen bewußt, daß der Moraltheologe auch kritische Anfragen an vorgelegte Beweisführungen stellen muß, aber seine Aufgabe wird so eingegrenzt, daß er die schon vom Lehramt festgelegte Lehre nur noch argumentativ zu vertiefen hat. »Die Moraltheologen sind aufgerufen, unbeschadet der möglichen Grenzen menschlicher, vom Lehramt vorgelegter Beweisführungen die Argumentation seiner Verlautba-

---

die Sicht »von oben« her entgegengestellt, welche auf die Erlösung und das von Christus eingesetzte Lehramt Bezug nimmt. Mit einer solch holzschnittartigen Gegenüberstellung fühlt man sich aber nicht wohl, vor allem wird hier unterschlagen, daß auch der »sensus fidei« auf dem vom Auferstanden geschenkten Geist beruht; vgl. hierzu die ausführlichen Studien in Dietrich WIEDERKEHR (Hg.), Der Glaubenssinn des Gottesvolkes – Konkurrent oder Partner des Lehramts? Quaestio Disputata Nr.151, Herder V. Freiburg 1994; vgl. auch die Kritik an dieser, namentlich von Carlo Caffarra vertretenen Position, die Heilswahrheit und sittliche Wahrheit gleichsetzt, bei Bernhard FRALING, Hypertrophie lehramtlicher Autorität in Dingen der Moral? Zur Frage der Zuständigkeit des Lehramtes aus moraltheologischer Sicht, in: Peter HÜNERMANN (Hg.), Lehramt und Sexualmoral, Schriften der Katholischen Akademie in Bayern, Bd. 137, Patmos V. Düsseldorf 1990, 95–129, hier bes. 97–99 und 121–129.

10 Vgl. hierzu nochmals Dietmar MIETH, Ein Dokument voller Widersprüche (a.a.O. Anm.3) S. 127.

rungen zu vertiefen, die Berechtigung seiner Vorschriften und ihren verpflichtenden Charakter zu erläutern, indem sie deren gegenseitigen Zusammenhang und ihre Beziehung zum Endziel des Menschen aufzeigen.«

Abschließend wird noch einmal betont: »Den Moraltheologen fällt die
Aufgabe zu, die Lehre der Kirche darzulegen und bei der Ausübung ihres
Amtes das Beispiel einer loyalen, inneren und äußeren Zustimmung zur Lehre
des Lehramtes sowohl auf dem Gebiet des Dogmas wie auf dem der Moraltheologie zu geben«. Es wird in der Anmerkung hier wiederum die Enzyklika
»Humanae vitae« zitiert, welche in der Nr.28 an die Adresse der Priester
gerichtet einen »inneren und äußeren loyalen Gehorsam« verlangt und ihn so
begründet: »Dieser Gehorsam verpflichtet, wie ihr wohl wißt, nicht nur
wegen der angeführten Beweise und Gründe, sondern vielmehr wegen der
Erleuchtung des Heiligen Geistes, mit der in besonderer Weise die Hirten der
Kirche zur klaren Auslegung der Wahrheit begnadet sind.«

In den Nrn. 111–113 geht die Enzyklika sodann auf den heutigen gesell-
schaftlich-kulturellen Kontext ein, der den Gefahren des Relativismus, des
Pragmatismus und des Positivismus ausgesetzt ist. Wenn die Moraltheologie
sich auch der Humanwissenschaften bedienen muß, so darf sie das Phänomen
der Sittlichkeit doch nicht als bloß historisches oder soziales Faktum ansehen
oder ein bloß empirisches und statistisches Konzept von »Normalität« des
menschlichen Verhaltens entfalten. Ebenso wird vor der Versuchung gewarnt, die Spielregeln, die für die Entscheidungsfindung in einer repräsenta-
tiven Demokratie gelten, auf ethische und sittliche Fragen anzuwenden.
Bruguès weist in seinem Kommentar[11] darauf hin, daß der Hintergrund für
diese Warnung die sogenannte »prozedurale Ethik« (»etica procedurale«)
bildet, welche sich im angelsächsischen Raum seit einigen Dezennien entwickelt hat. Dagegen hält die Enzyklika fest: »Die Sittenlehre…wird überhaupt nicht durch die Befolgung von Regeln und Entscheidungsverfahren
demokratischer Art bestimmt.« In diesem Kontext wird sodann auch vor dem
Dissens[12] gewarnt: »Der von kalkuliertem Protest und Polemik bestimmte,
durch die Kommunikationsmittel herbeigeführte *Dissens steht im Widerspruch zur kirchlichen Gemeinschaft und zum richtigen Verständnis der
hierarchischen Verfassung des Volkes Gottes*« (VS 113).

Wenn man jetzt nochmals auf diese Beschreibung des Dienstes des Moraltheologen in der Enzyklika zurückblickt, so kann man wohl als hervorste-
chendes Element die mehr passive, vermittelnde Rolle des Moraltheologen
hervorheben. Er hat vor allem die vom Lehramt der Kirche festgelegte
Sittenlehre den Gläubigen zu vermitteln. Die Bischöfe, an welche die Enzyklika adressiert ist, müssen garantieren, »daß das *Recht der Gläubigen*, die
katholische Lehre rein und unverkürzt zu empfangen, immer geachtet wird«

---

11 Siehe Anm. 1.
12 In diesem Beitrag wird später noch eigens darauf eingegangen werden.

(VS 113). Vom Moraltheologen wird deshalb ein loyaler, innerer und äußerer Gehorsam verlangt. Die eigenständige Rolle des Moraltheologen, der auch einen Forschungsauftrag hat, der durch sein Bemühen um vertiefte sittliche Erkenntnis, auch um neue sittliche Einsichten, der Kirche als ganzer einen unersetzlichen Dienst leistet, wird zu wenig beleuchtet. Für die möglichen Spannungen und Konflikte, die sich aus diesem Forschungsauftrag und dem jeweiligen Stand der Lehre der Kirche ergeben, wird als Lösungsmöglichkeit bloß der Gehorsam angegeben.

In einem zweiten Schritt meiner Überlegung möchte ich deshalb untersuchen, ob dies die einzige Konfliktlösungsmöglichkeit ist bzw. wie im Laufe der Geschichte die Gehorsamsforderung gegenüber dem Lehramt der Kirche immer stärker betont worden ist.

2. Die Gehorsamsforderung als Konfliktlösungsmodell in der Geschichte der Theologie

Will man nun für das anvisierte Problem auf die Hl. Schrift sehen, dann muß man sich zuerst vor Augen halten, daß Strukturen von Autorität und Amt in den ersten christlichen Gemeinden sich erst allmählich und auch nicht immer einheitlich herausgebildet haben. Es kann hier nicht diese Entwicklung nachgezeichnet werden. Allerdings sehen wir z.B. beim Hl. Paulus, daß er seinen Gemeinden gegenüber durchaus Autorität in Anspruch genommen, ja sogar Exkommunikationen ausgesprochen hat (vgl. 1 Kor 5,1–5) und daß er sich in verschiedener Weise um die Schlichtung innerkirchlicher Konflikte einsetzen mußte[13]. Aufschlußreich für unsere Fragestellung ist vor allem sein Konflikt mit Petrus in Antiochia (Gal 2,11–14). Paulus war ja vorher in der Angelegenheit der Heidenmission in Jerusalem gewesen und hatte mit den »Säulen« der Kirche Jakobus, Kephas und Johannes eine entsprechende Lösung vereinbart. Nach Antiochia zurückgekehrt muß er aber dem Kephas entgegentreten und ihm sein widersprüchliches und damit Unrecht bewirkendes Verhalten öffentlich vorwerfen. Paulus unterwirft sich hier nicht der Autorität, sondern tritt ihr im Namen der »Wahrheit des Evangeliums« mutig entgegen.

Interessant ist, daß die nachfolgenden Jahrhunderte mit diesem offenen Konflikt zwischen zwei Aposteln nicht zurechtkamen. Schon Lukas hatte in der Apostelgeschichte versucht, im Namen eines idealen Bildes der Urkirche die Konflikte herunterzuspielen[14]. Erst recht versuchten dies die Kirchenvä-

---

13 Vgl. hierzu Jacob KREMER, Konflikte und Konfliktlösungen in der Urkirche und frühen Christenheit, in: Johannes GRÜNDEL u.a., Zwischen Loyalität und Widerspruch. Christsein in der Kirche, Pustet V. Regensburg 1993, 9–34.

ter, indem sie entweder in Kephas eine andere Person als Petrus annahmen (Klemens v. Alexandrien) oder der Meinung waren, Paulus und Petrus hätten den Konflikt nur vorgetäuscht (Origenes, Hieronymus), oder wiederum Petrus als Beispiel der Demut hinstellten (Hieronymus, Cyprian)[15].

Beachtenswert ist vor allem der Kommentar, den Thomas von Aquin zu dieser Stelle geschrieben hat: »Ein Beispiel der Demut für die Vorgesetzten (praelati), daß sie es nicht unter ihrer Würde halten, von Geringeren und Untergebenen korrigiert zu werden; ein Beispiel des Eifers und der Freiheit für die Untergebenen, daß sie sich nicht scheuen, die Prälaten zu korrigieren, besonders wenn das Vergehen öffentlich ist und sich für die Menge gefährlich auswirkt«[16].

Thomas hat auch an anderer Stelle, und zwar in der Summa Theologiae (II II[ae] 33,4) im Kontext der correctio fraterna sich ähnlich geäußert: »Brüderliche Zurechtweisung, die ein Akt der Liebe ist, steht jedem zu hinsichtlich jeder Person, die er zu lieben hat, wenn in ihr etwas Fehlerhaftes gefunden wird…Weil aber einem Tugendakt das Maß der nötigen Umstände eignen muß, soll die Zurechtweisung von Prälaten in schicklicher Weise erfolgen…Wo jedoch dem Glauben Gefahr drohte, müßten Prälaten auch öffentlich von Untergebenen angeschuldigt werden…Sich für schlechthin besser zu halten als seinen Prälaten, scheint anmaßender Hochmut zu sein; sich aber in Bezug auf etwas Einzelnes für besser zu halten, ist keine Anmaßung; denn keiner ist in diesem Leben, der nicht irgendeinen Mangel hätte; auch ist zu bedenken, daß wenn einer den Vorgesetzten in Liebe mahnt, er sich deswegen nicht als höher einschätzt; sondern er leistet Hilfe dem, der an je höherer Stelle in um so größerer Gefahr wandelt.«[17]

Man vergleiche bei Thomas auch, was er in der Quaestio 104 der Secunda Secundae ganz allgemein zum Gehorsam ausführt, wie er zum Beispiel dort im Artikel 5 auch Einschränkungen für den Gehorsam macht, den man einem Oberen schuldet.

Man müßte hier selbstverständlich ganz allgemein auf die Entwicklung der Autorität in der Kirche und auf die Lehre über die Tugend des Gehorsams eingehen[18], ebenso auf die Entwicklung des Lehramtsverständnisses. Es war zum Beispiel im Mittelalter durchaus üblich, zwei Arten des »magisterium«

---

14 Vgl. die Belege bei J. Kremer a.a.O. (Anm.13) S.13–15.
15 Siehe hierzu wiederum J. KREMER a.a.O. S.15.
16 Das Zitat steht wiederum bei J. Kremer a.a.O. S.15, wobei als Fundstelle bloß angegeben wird »zu Gal 395A«.
17 zitiert nach Alois MÜLLER, Das Problem von Befehl und Gehorsam im Leben der Kirche, Benziger V. Einsiedeln 1964, S.279.
18 Vgl. dazu das immer noch maßgebliche Buch von Alois MÜLLER (Anm.17), ebenso Karl HÖRMANN (Hg.), Verantwortung und Gehorsam, Aspekte der heutigen Autoritäts- und Gehorsamsproblematik, Tyrolia V. Innsbruck 1978; Heribert SCHLÖGEL, Art. Gehorsam in: H.ROTTER, G.VIRT (Hg.), Neues Lexikon der christlichen Moral, Tyrolia V. Innsbruck 1990, 227–233.

zu unterscheiden: das »magisterium cathedrae pastoralis« des Papstes und der Bischöfe, das seine Autorität »ex officio praelationis« herleitet, und das »magisterium cathedrae magisterialis« der Theologen, die ihre Autorität aus dem theologischen Wissen beziehen[19]. Lange Zeit haben ja auch die Theologischen Fakultäten eine große Rolle in der Klärung von Lehrfragen gespielt, wobei das Päpstliche Lehramt nur die letzte Apellationsinstanz war.

Nach Pottmeyer[20] beginnt man eigentlich erst in der Gegenreformation, die Gehorsamspflicht gegenüber dem hierarchischen Lehramt immer nachdrücklicher zu fordern. So ist im Glaubensbekenntnis des Konzils von Trient ein ausdrückliches Gelöbnis von »vera oboedientia« dem Papst gegenüber aufgenommen (DS 1868). Dabei wird noch nicht unterschieden zwischen ordentlichem und außerordentlichem Lehramt. Die Rede vom ordentlichen päpstlichen Lehramt findet sich zum ersten Mal im Jahre 1740 in einer Bulle Papst Benedikts XIV. Erst ab dem 19. Jahrhundert wird zunehmend auch der Gehorsam gegenüber dem ordentlichen, nicht unfehlbaren Lehramt der Hirten, besonders des Papstes gefordert. Mit der Enzyklika »Mirari vos« Papst Gregors XVI. von 1832 beginnt die Reihe der modernen päpstlichen Enzykliken. Die früheste Fundstelle für eine explizite Gehorsamsforderung gegenüber dem ordentlichen Lehramt des Papstes und der römischen Kongregationen findet sich 1863 in einem Brief Papst Pius' IX. an den Erzbischof von München-Freising inbezug auf Äußerungen Ignaz von Döllingers (DS 2879–2880).

Es kommt sodann das I. Vatikanische Konzil mit seiner Erklärung von der Unfehlbarkeit des Papstes, wenn er ex cathedra spricht, und zwar inbezug auf eine »doctrina de fide vel moribus«. Der Linzer Moraltheologe Alfons Riedl führt dazu in seiner Dissertation[21] aus, daß mit »mores« vor allem und vordergründig die Moral angesprochen ist, daß aber auch Dinge des praktischen kirchlichen Lebens mit eingeschlossen sein können. Die Art und Grenze dieser »res morum« ist aber durch den Offenbarungsbezug gegeben. »Wie weit dieser Bezug reicht, was er einschließt und nicht mehr einschließt, wie sich Unfehlbarkeit und zeitbedingter Normenwandel verhalten, welche unfehlbare Moraldefinitionen (durch den Papst oder die Kirche) bereits erlassen wurden, alle diese Fragen erörtert das Vatikanum nicht«[22].

---

19 Vgl. hierzu z.B. Francis A. SULLIVAN, Il Magistero nella Chiesa Cattolica, Assisi 1986, S. 34.
20 Vgl. Hermann Josef Pottmeyer, Rezeption und Gehorsam – Aktuelle Aspekte der wiederentdeckten Realität »Rezeption«, in: W. Beinert (Hg.), Glaube als Zustimmung. Zur Interpretation kirchlicher Rezeptionsvorgänge, QD 131, Herder V. Freiburg 1991, 51–91.
21 Vgl. Alfons RIEDL, Die kirchliche Lehrautorität in Fragen der Moral nach den Aussagen des Ersten Vatikanischen Konzils, Herder Freiburg 1979; vgl. auch Josef SCHUSTER, Ethos und kirchliches Lehramt. Zur Kompetenz des Lehramts in Fragen der natürlichen Sittlichkeit, Knecht V. Frankfurt 1984.
22 Vgl. Alfons RIEDL, a.a.O. S. 365.

In den Jahrzehnten nach dem I. Vatikanum bricht zu Beginn unseres Jahrhunderts der erste große Konflikt zwischen Theologen, die auf die (relative) Autonomie ihrer Wissenschaft pochen, und dem ordentlichen Lehramt in der sogenannten Modernismuskrise aus. Es wird dabei versucht, die theologischen Streitfragen auf dem Disziplinierungswege zu lösen, unter anderem auch durch die Einführung des Antimodernisteneides (DS 3537–3550), der bis zum 2. Vatikanischen Konzil vorgeschrieben bleibt.

Zu einem weiteren Konflikt mit der sogenannten »Nouvelle théologie« kommt es unter Papst Pius XII.. In diesem Zusammenhang wird in der Enzyklika »Humani generis« von 1950 folgendes Prinzip formuliert: »Wenn aber Päpste in ihren amtlichen Kundgebungen zu einer bisher strittigen Frage mit Absicht Stellung nehmen, so ist allen klar, daß diese Sache nach Meinung und Wille eben dieser Päpste nicht mehr als Gegenstand freier Meinungsäußerung unter den Theologen betrachtet werden kann « (DS 3885).

Das II. Vatikanische Konzil schließlich, das sich um einen neuen fruchtbaren Dialog zwischen Theologie und Lehramt bemüht, bringt eine Unterscheidung zwischen verschiedenen Arten des Gehorsams.

a) In der Konstitution über die göttliche Offenbarung »Dei Verbum« ist in der Nr.5 die Rede davon, daß dem sich offenbarenden Gott der *»Gehorsam des Glaubens«* zu leisten ist, indem der Mensch sich Gott »mit Verstand und Willen voll unterwirft«. Letztere Formulierung verweist auf das I. Vatikanum, wo auch die Rede davon ist, daß wir gehalten sind, »den vollen Gehorsam des Verstandes und Willens dem sich offenbarenden Gott entgegenzubringen« (»intellectus et voluntatis obsequium fide praestare«) (DS 3008).

b) Von diesem Glaubensgehorsam wird nun unterschieden in LG 25 der *»religiöse Gehorsam des Willens und des Verstandes«* (»religiosum voluntatis et intellectus obsequium«), der dem authentischen Lehramt der Bischöfe und insbesondere dem Lehramt des Bischofs von Rom entgegenzubringen ist. Wir haben hier fast dasselbe Vokabular. Nur wird hier nicht vom Glauben gesprochen. Der Ausdruck »religiöser Gehorsam des Verstandes und des Willens« gegenüber dem ordentlichen Lehramt findet sich das erste Mal in dem von der Vorbereitungskommission des Konzils erstellten Schema über die Kirche; dort wird auch der vorhin zitierte Abschnitt aus »Humani Generis« angeführt. Wohl weil einige Konzilsväter die Beunruhigung äußerten, dadurch würde der Freiheitsraum der Theologie ungebührlich eingeschränkt[23], fehlt im endgültigen Text von LG 25 dieses Zitat. Dafür wird in der nachfolgenden Erklärung eine Differenzierung in den Verbindlichkeitsgraden der verschiedenen authentischen Lehräußerungen angedeutet, wenn es heißt, die dem Lehramt gezollte Anhänglichkeit sei zu leisten »entsprechend der von ihm

---

23 Vgl. Hermann-Josef POTTMEYER, a.a.O. (Anm.20) S.60 mit Verweis auf G. ALBERIGO / F. MAGISTRETTI (Hg.), Constitutionis Dogmaticae Lumen Gentium Synopsis Historica, Bologna 1975, S. 296 f.

kundgetanen Auffassung und Absicht. Diese läßt sich vornehmlich erkennen aus der Art der Dokumente, der Häufigkeit der Vorlage ein und derselben Lehre, und der Sprechweise«. Es ist deshalb eindeutig ein Unterschied, ob es sich um eine über Jahre vorbereitete Enzyklika handelt, die zu einer bestimmten Frage definitiv Stellung beziehen will, oder um eine Gelegenheitsansprache des Papstes.

Bevor weiter auf die unterschiedlichen Verbindlichkeitsgrade eingegangen wird, ist vielleicht noch zu klären, was der Ausdruck »*religiöser* Gehorsam des Verstandes und des Willens« besagt. Karl Rahner schreibt in seinem Konzilskommentar im LTHK (S. 235), religiös meine soviel wie »von der christlichen Glaubensüberzeugung als ganzer getragen«. Gerhard Stanke erklärt dies so[24], damit werde bejaht, daß es ein Lehramt gibt, das auf Jesus Christus zurückgeht, und daß jene, die es ausüben, einen besonderen Beistand des Heiligen Geistes für die Ausübung ihres Amtes haben, daß also folglich ein gewisser Vorsprung des Lehramts gegenüber der theologischen Wissenschaft gegeben ist und im Zweifelsfall so die Präsumtion der Wahrheit für das Lehramt gilt.

In der nachkonziliaren Zeit nimmt der Kodex des Kirchenrechts von 1983 im Canon 752 die Unterscheidung zwischen der Glaubenszustimmung gegenüber dem sich offenbarenden Gott und dem religiösen Verstandes- und Willensgehorsam gegenüber dem authentischen Lehramt der Kirche auf. Der im Konzilstext stehende Hinweis auf unterschiedliche Verbindlichkeitsgrade bzw. auf unterschiedliche Formen der geschuldeten Anhänglichkeit fällt aus; statt dessen heißt es, dieser nämliche Gehorsam sei aufzubringen, auch wenn das authentische Lehramt eine Lehre »nicht definitiv als verpflichtend zu verkündigen« beabsichtigt.

In dieser Ausdrucksweise des Kodex liegt wohl auch der Grund, weshalb im Jahre 1989 die Kongregation für die Glaubenslehre in der nun vorgeschriebenen »professio fidei« *drei Stufen des Gehorsams* unterscheidet: den Glaubensgehorsam gegenüber den geoffenbarten und als solche vom Lehramt vorgelegten Glaubenslehren, den festen Gehorsam (»firmiter amplector ac retineo«) gegenüber Glaubens- und Sittenlehren, die von der Kirche als definitiv vorgelegt werden, und den religiösen Verstandes- und Willensgehorsam gegenüber den auch nicht in einem definitiven Akt vom authentischen Lehramt vorgelegten Lehren. Wobei zwischen dem festen Gehorsam und dem religiösen Verstandes- und Willensgehorsam im Zustimmungsakt wohl kein Unterschied auszumachen ist, der Unterschied bezieht sich somit nur auf den je verschiedenen Status der Lehre.

---

24 Vgl. Gerhard STANKE, Freiheit und religiöser Gehorsam des Willens und des Verstandes. Zum Verhältnis von Gewissen und kirchlichem Lehramt, Knecht V. (Fuldaer Hochschulschriften, 19) Frankfurt 1993, S. 14.

Schließlich veröffentlicht die Glaubenskongregation im Jahre 1990 die im ersten Teil dieses Beitrags schon besprochene »Instruktion über die kirchliche Berufung des Theologen«. Hier werden in der Nr. 23 nochmals die oben genannten Unterscheidungen aufgegriffen, wobei einige Präzisierungen angebracht werden. So wird zum Beispiel bei den »definitiven« Wahrheiten über Glauben und Sitten gesagt, diese seien, wenn auch nicht von Gott geoffenbart, jedoch eng und zuinnerst mit der Offenbarung verbunden. Die nicht definitiv vorgelegten Lehren, für die die religiöse Zustimmung des Willens und Verstandes gefordert ist, werden charakterisiert als solche, bei denen das Lehramt zu einem tieferen Verständnis der Offenbarung beitragen oder ihren Inhalt verdeutlichen oder die Übereinstimmung einer Lehre mit den Glaubenswahrheiten betonen will oder wenn es vor mit diesen Wahrheiten unvereinbaren Auffassungen warnen will. Auch diese religiöse Zustimmung, so wird betont, »darf nicht äußerlich und disziplinär bleiben, sondern muß sich in die Logik des Glaubensgehorsams einfügen und von ihm bestimmen lassen«. Interessant ist, daß die Glaubenskongregation zu diesen drei Arten von Lehräußerungen noch eine vierte anfügt, die man als *Klugheitsentscheidungen* bezeichnen könnte. Hier würde das Lehramt aus pastoralen Erwägungen mitten in eine Diskussion eingreifen, wobei »neben sicheren Prinzipien auch Vermutungen und zufällige Dinge im Spiele« sind. Diese Äußerungen werden als »nicht irreformabel« und als »nicht frei von Mängeln« bezeichnet, sodaß oft erst mit der Zeit eine Abklärung erfolgen kann. In der Regel verlangen auch solche Sprüche des Lehramtes die Zustimmung.

Als letztes müßte man noch die schon oben besprochene Enzyklika »Veritatis splendor« mit ihrer allgemeinen Gehorsamsforderung an die Moraltheologen anführen.

Wenn man sich diese Entwicklung aber nun vor Augen hält, kann man sich nur schwer des Eindrucks erwehren, daß man hier in eine Sackgasse geraten ist. Wenn auf der einen Seite immer wieder auf dem Gehorsam insistiert wird, wenn dieser Gehorsam auch durch religiöse (Eid) und administrative Maßnahmen urgiert wird, wenn auf der anderen Seite beim Theologen seine ureigenen Aufgabe des Suchens nach adäquaterer Einsicht zu wenig gesehen und zu wenig ein entsprechender Rahmen garantiert wird, in dem er diese Erkenntnisse diskutieren und für die Gesamtkirche fruchtbar machen könnte, dann werden die Konflikte nicht gelöst, sondern nur noch mehr verschärft, dann werden Christen und Theologen in die innere Emigration getrieben, sehr zum Schaden der Gemeinschaft in der Kirche selbst. Ein Wort von Josef Ratzinger aufgreifend könnte man dies einen »sekundären, selbstgemachten und so schuldhaften Skandal«[25] bezeichnen. Die Lösung der anstehenden

---

25 Vgl. den entsprechenden Text von Josef RATZINGER aus »Das neue Volk Gottes, Entwürfe zur Ekklesiologie« (Düsseldorf 1969, S.317 f.) abgedruckt bei Richard HEINZMANN, Widerspruch als Loyalität. Gegen die Resignation in der Kirche, in: Johannes GRÜNDEL u.a., Zwischen Loyalität und Widerspruch, a.a.O. (Anm.13) S.98/99.

Konflikte kann nur durch Einbeziehung neuer und weiterer Perspektiven fundamentaltheologischer, dogmatischer und auch moraltheologischer Art erfolgen. Einige davon sollen im abschließenden Teil dieses Beitrags aufgezeigt werden.

3. Perspektiven einer Konfliktlösung im Rahmen der Communio-Ekklesiologie[26]:

3.1. Zurückhaltung bei der Lehrgesetzgebung und verstärkte Ausübung der Zeugenautorität

Beginnen möchte ich beim einen Konfliktpartner, nämlich beim **Lehramt**, denn es scheint, daß in seinem Verständnis und in seinen Aufgaben im Laufe der Geschichte, abhängig von allgemein gesellschaftlichen Entwicklungen, sich eine folgenschwere Verschiebung durchgesetzt hat. Das Lehramt ist ja zuerst einmal eine **Zeugenautorität**. Der Zeuge tritt hinter dem Bezeugten zurück, er soll von sich aus wegweisen auf denjenigen, den er präsent machen will[27]. So lobt z.b. im 1. Thessalonicherbrief Paulus die Christen, weil sie »das Wort Gottes ... nicht als Menschenwort, sondern – was in Wahrheit ist – als Gottes Wort angenommen« haben (1 Thess 2,13). Und in der Konstitution über die göttliche Offenbarung heißt es: »Das Lehramt ist nicht über dem Wort Gottes, sondern dient ihm, indem es nichts lehrt, als was überliefert ist, weil es das Wort Gottes aus göttlichem Auftrag hört, heilig bewahrt und treu auslegt und weil alles, was es als von Gott geoffenbart zu glauben vorlegt, aus diesem Schatz des Glaubens schöpft« (DV 10). Um so Zeuge des Wortes Gottes zu sein, muß das Lehramt auch selbst Rezipient des Wortes Gottes sein, wie es in der Kirche überliefert wird. Insofern ist diese Lehrautorität eine **inhaltliche.**

Bernhard Fraling[28] bezeichnet diese Aufgabe als »prophetischer Natur, sie muß im Hier und Jetzt des jeweiligen geschichtlichen Kairos... die Botschaft

---

26 Den Rahmen für diesen dritten Teil bildet die »Communio«-Ekklesiologie, die aber hier nicht entfaltet werden kann. Ich verweise hierfür bloß auf Medard KEHL, Die Kirche. Eine katholische Ekklesiologie, Echter V. Würzburg 1992, der die Kirche als »Sakrament der Communio des dreifaltigen Gottes« darstellt.

27 Bernhard Fraling verwendet dafür auch das Bild des Boten. »Er steht nicht zwischen der Wahrheit und dem Wahrheitsempfänger, sondern er steht gewissermaßen neben diesem und führt ihn dazu, selbst in ein unmittelbares Verhältnis des Glaubens und Liebens einzutreten und auch in eine persönliche Einsicht der sittlichen Werte, um deren Verwirklichung es da und dort geht.« vgl. B. FRALING, Das kirchliche Lehramt aus der Sicht der katholischen Moraltheologie, in: Una Sancta 44 (1989) 72–90, hier S. 84 (zitiert bei G. Stanke, a.a.O. Anm.24, S.24/25).

28 Vgl. Bernhard FRALING, »Hyperthrophie lehramtlicher Autorität in Dingen der Moral?« a.a.O. (Anm.9) 106.

241

ausrichten. Für das vollkommene Gelingen dieser Aufgabe gibt es keine irgendwie geartete Garantie. Die Annahme der Botschaft hängt nie allein vom Boten ab, sondern immer auch von seinen Adressaten; der Bote selbst wird aber auch von sich nie behaupten können, daß seine Vermittlung nicht hätte noch überzeugender sein können. In diesem Sinn ist beständige Erneuerung angesagt.«

Auf der anderen Seite haben die Hirten der Kirche auch die Verantwortung, die Herde Christi hinsichtlich der Bewahrung des Wortes zu weiden, d.h. darüber zu wachen, daß dieses Wort Gottes unverfälscht weitergegeben wird, indem also Abgrenzungen von dem, was nicht mehr dem Glauben entspricht, vorgenommen werden müssen. In Gal 1,8 f. wird so das erste »Anathema« der Kirchengeschichte ausgesprochen. Hier kommt also dem Lehramt zu seiner Zeugenautorität eine **Entscheidungs- und Bestimmungsautorität**, wir könnten sagen: eine **Jurisdiktionsautorität** hinzu, die folglich von den Gläubigen Gehorsam verlangen kann. Diese Lehrautorität ist eine formale Autorität, die den Gehorsam verlangen kann aufgrund des besonderen Beistands des Heiligen Geistes, wobei dieser Gehorsam, wie oben ausgeführt wurde, je nach der in Frage stehenden Lehre, wiederum abgestuft ist. Hierzu schreibt Fraling[29]: »Weil es hier um die Identität der Botschaft mit sich selbst geht und damit auch um die Identität der Kirche mit sich selbst, der ein Bleiben bis ans Ende der Zeiten verheißen wurde (Mt 16,18), gibt es hier garantierende Zusagen (Mt 16,19 und 18,18). Die Theologie spricht später von einer assistentia negativa des Heiligen Geistes, durch die verhindert wird, daß die Kirche als Ganze jemals vom ursprünglichen Glauben abfällt«.

Die inhaltliche und die formale Lehrautorität dürfen nicht auseinandergerissen werden, aber sie stehen doch in einer Spannung zueinander. Nach Pottmeyer[30] ist es nun ein Merkmal der Ekklesiologie des 19. Jahrhunderts, daß die spezifische Aufgabe der inhaltlichen Lehrautorität, die im Bezeugen und Verkündigen besteht, immer stärker in der jurisdiktionellen Lehrautorität aufgeht, sodaß also die Lehrautorität vorwiegend als **Lehrgesetzgebung** verstanden wird. Dies liegt, wie schon angedeutet, in der Linie der gesellschaftlichen Entwicklung der Neuzeit, in der eine Verschiebung von den inhaltlichen zu den formalen Legitimationskriterien der Autorität stattfindet. Thomas Hobbes hat diese Entwicklung auf die Formel gebracht: »Auctoritas, non veritas facit legem«.

Auf die Kirche bezogen verlagert sich das Gewicht von der gemeinsamen Wahrheitsfindung und Entscheidungsvorbereitung auf die Entscheidungsbefugnis der Autorität und infolgedessen auch auf die von seiten der Autorität durchgeführte Kontrolle, daß die einmal gesetzten Entscheidungen auch durchgeführt werden. Gerade durch den vermehrten Informationsfluß von

---

29 A.a.O.
30 A.a.O. (Anm.20) 63 ff.

der Peripherie zur Zentrale verstärkt sich aufseiten der Zentrale die Tendenz, durch entsprechende administrative Maßnahmen die Lage unter Kontrolle zu halten und effizient durch entsprechenden Druck und durch Personalentscheidungen dort gegenzusteuern, wo Abweichungen von den getroffenen Entscheidungen festgestellt werden. Es entwickelt sich so eine gewisse Eigendynamik, welche die Verantwortlichen auch dazu verleitet, die bestehenden Unsicherheiten in der Wahrheitsfindung möglichst rasch durch entsprechende Entscheidungen zu beenden und manchmal zu viel zu normieren.

Joseph Ratzinger hat in seinem Buch »Das neue Volk Gottes« aus dem Jahre 1969 dazu folgende Frage gestellt:

»Aber muß man ihr (der Kirche) nicht vorwerfen, daß sie in einem Zuviel an Sorge mitunter zuviel verlautbart, zuviel normiert, daß so manche Normen wohl eher dazu beigetragen haben, das Jahrhundert dem Unglauben zu überlassen, als es davor zu retten, daß sie mit anderen Worten mitunter zu wenig Vertrauen in die sieghafte Kraft der Wahrheit setzt, die im Glauben lebt; daß sie sich hinter äußeren Sicherheiten verschanzt, anstatt der Wahrheit zu vertrauen, die in der Freiheit lebt und solche Behütungen gar nicht nötig hat?«[31].

Interessant ist, daß Ratzinger schon 1969 hier anmerkt, diese Formulierung sei am Vorabend des Konzils niedergeschrieben, treffe aber die gegenwärtige Situation unmittelbar nach dem Konzil nur noch zum Teil. Ich habe den Eindruck, daß sie für unsere Situation wieder zutrifft[32], und zwar – ich sage dies nicht abwertend – bedingt durch eine soziale Eigengesetzlichkeit, die bei den Trägern des Lehramtes zu einem »Lehramtspositivismus« führt, der eben darin besteht, daß man früher getroffene Entscheidungen immer wieder neu zu bekräftigen und fortzuschreiben versucht.

Dies kann aber dann dazu führen, daß sich die Schere zwischen den vom Lehramt vorgelegten theoretischen Vorgaben und den von den Gläubigen auch rezipierten Lehren immer mehr auftut, im Falle der Moral – um mit Karl Rahner zu sprechen – zwischen der vom Lehramt verkündeten theoretischen Moral und der realen Moral Einzelner und kollektiver Gruppen[33]. Daß dies auf die Dauer zu pastoralen, ja sogar zu ekklesiologischen Zerreißproben führt, liegt auf der Hand.

---

31 Vgl. Joseph RATZINGER, Das neue Volk Gottes. Entwürfe zur Ekklesiologie, Düsseldorf 1969, S. 265.

32 Kardinal Ratzinger bestätigt dies auch in einem der italienischen Zeitschrift »Il Regno« gewährtem Interview vom 11.01.1994: »Mi sembra tuttora innegabile che oggi si dia un'inflazione di parole, una produzione eccessiva di documenti. Se la situazione della chiesa dipendesse dalla quantità di parole avremmo oggi una fioritura mai vista... Sarebbe invece necessario darsi più tempo di silenzio, di meditazione e di incontro con il reale, per maturare un linguaggio più fresco, nato da un'esperienza profonda e viva, più capace dunque di toccare il cuore degli altri«, in: Il Regno attualità n.721, 39 (15/2/1994) 65–70, hier S. 66.

33 Vgl. Karl RAHNER, Theoretische und reale Moral in ihrer Differenz, in: F.X.Arnold, K. Rahner, V. Schurr, L.M. Weber Hrsg., Handbuch der Pastoraltheologie, Bd. II/1, Freiburg 1966, 152–163.

3.2. Kommunikativer Begriff von Freiheit und Gehorsam

In einem zweiten Schritt möchte ich mich jetzt gleichsam auf die andere Seite begeben, auf die Seite der Hörer des Wortes Gottes, also der Gläubigen, denen die auf der Offenbarung Gottes beruhende »doctrina de fide vel moribus« verkündet wird. Hier können wir uns stützen auf die unbestrittene Lehre, daß der Glaube nur frei angenommen, daß Wahrheit nicht aufgezwungen, sondern nur eingesehen werden kann, daß sittliche Normen nur insofern für den Einzelnen verpflichtend sind, als er sie in seinem eigenen Gewissen sich zu eigen gemacht hat. Sicherlich wäre hier eine vertiefende Überlegung zum Verhältnis von Freiheit und Wahrheit und zum christlichen Verständnis des Gewissens nötig, wofür ja auch die Enzyklika »Veritatis splendor« in ihrem Hauptteil (Kap.II) den Anstoß ergibt. Das kann in diesem Rahmen nicht geleistet werden. Aber eine Präzisierung zum Verhältnis von Freiheit und Gehorsam kann eine weitere Perspektive auftun.

In unserer Gesellschaft herrscht bei der Freiheit das Verständnis der Wahlfreiheit vor, daß der Mensch also die Möglichkeit hat, Beliebiges zu tun und zu lassen. Jeder Mensch möchte seinen Freiheitsspielraum erweitern mit der Gefahr, dann aber den Freiheitsraum des anderen zu beschneiden. Die Menschenrechte, die Freiheitsrechte sind, wollen deshalb die Freiheit des einzelnen vor Übergriffen anderer, einzelner, gesellschaftlicher Gruppen oder des Staates schützen. Ein solches Verständnis ist aber nicht das biblische Verständnis der Freiheit. Die Bibel geht vielmehr davon aus, daß Gott den Menschen als Volk und als einzelnen befreit hat, im AT durch die Befreiung aus dem Sklavenhaus Ägyptens, im NT durch Jesus Christus aus der Sünde. »Amen, Amen, das sage ich euch«, heißt es bei Johannes 8,34–36, »wer die Sünde tut, ist Sklave der Sünde. Der Sklave aber bleibt nicht immer im Haus; nur der Sohn bleibt für immer im Haus. Wenn euch also der Sohn befreit, dann seid ihr wirklich frei«. »Freiheit ist mit Sohnschaft identisch«, schreibt Ratzinger bezugnehmend auf Gal 4,5[34]. Im Gegensatz zur Sklavenexistenz meint Freiheit die vollberechtigte Zugehörigkeit zu einem Sozialgebilde, sei es zur Familie sei es zum Staat. Freiheit besagt so Zugehörigkeit, das Recht des Bleibens und Besitzens, das Recht des Erben. Wenn Christus die Wahrheit ist, so hat er uns auch zur Wahrheit befreit, dazu, Früchte des Geistes zu bringen, in der Liebe zu bleiben usw. Dies ist ein **kommunikativer Begriff von Freiheit**, der Hineinführen in eine Gemeinschaft bedeutet, in eine Gemeinschaft, in der die anderen in ihrer Freiheit bejaht werden. Die Kirche sollte so als Ort des Freiheit erfahren werden.

In diesem Verständnis ist auch **Gehorsam nicht ein Gegensatz zur Freiheit**. Es gibt zwar den Gehorsam, der unreife Abhängigkeit bedeutet, es gibt

---

34 Vgl. Joseph RATZINGER, Freiheit und Bindung in der Kirche, in: ders., Kirche, Ökumene und Politik, Einsiedeln 1987, 165–182, hier S. 176.

aber auch ein anderes Verständnis von Gehorsam, der ein Weg zur Freiheit sein kann, und zwar dann, wenn man bedenkt, daß Gehorsam vom Hören kommt – der Glaube kommt vom Hören (Röm 10) –, daß also bei diesem Verständnis des Gehorsams vor allem das Empfangen betont wird. Und das, was wir im Glauben empfangen, ist ja gerade die Botschaft unserer Befreiung. Unsere christliche Freiheit ist ein Geschenk, ist ein Hineingenommenwerden in einen Raum der Freiheit, in dem gerade die Tugend des Freimuts, der Parrhäsia, gilt, das Recht, als Freier in der Gemeinschaft öffentlich alles zu sagen. Die Kirche muß von ihrem Wesen her ein solcher Raum der Freiheit und des Freimuts sein, sie ist in ihrem Wesen kommunikativ, sie ist »Communio«.

3.3. Gewissen und Rezeption der Normen im Rahmen einer gemeinsamen Wahrheitsfindung in der Kirche

Diese Bestimmungen sollen jetzt auf den Umgang mit sittlichen Normen in der Kirche angewendet werden. Wie schon gesagt, kann eine Norm den Einzelnen in seinem Gewissen nur binden, wenn diese Norm von dem Gewissen eingesehen und angenommen wird. Dabei besteht selbstverständlich die Pflicht, daß jeder sich bemüht, sein Gewissen zu bilden. Aber dennoch ist es allgemeine Lehre, daß auch ein unüberwindlich irrendes Gewissen verpflichtet. Es gibt keinen anderen Zugang zur Wahrheit als den über die persönliche Einsicht und über das persönliche Gewissen. Der Einzelne muß die entsprechende Norm für sich persönlich rezipieren.

Wie ist aber nun das Phänomen der Nicht-Rezeption einer Norm zu erklären, wie es ja augenscheinlich bei der vom Lehramt mit solcher Insistenz vorgelegten Norm von Humanae vitae der Fall ist? Wie kann denn hier die Insistenz des Lehramts auf seine formale Autorität gerechtfertigt werden? Der Grund dafür kann sicherlich nicht darin liegen, daß das Lehramt selbst an der Norm zweifelte, daß es durch seine Autorität inhaltliche Mängel oder Mängel in der Begründung und der Darstellung der Norm überspielen wollte. Das wäre unmoralisch. Der einzige Grund kann nur darin liegen, daß das Lehramt von der Gültigkeit und Wichtigkeit der Norm überzeugt ist und daß es die Nicht-Rezeption der Norm darin begründet sieht, daß eine große Zahl der Gläubigen vom Zeitgeist verblendet ist. Schon Karl Rahner hatte von der Möglichkeit von epochalen Wertblindheiten und gesellschaftsbedingten sittlichen Schwächen gesprochen, angesichts derer das Lehramt die Aufgabe hat, eine Wahrheit hochzuhalten, sei es gelegen oder ungelegen, für eine bestimmte Zeit sich so als Prophet gegen den Strom zu stemmen. Aber es muß doch zu denken geben, wenn gerade sonst überzeugte und vorbildlich lebende katholische Laien und viele Moraltheologen hier anderer Meinung sind.

Es geht hier um die Frage einer **gemeinsamen Wahrheitsfindung innerhalb der Kirche**. Die Glaubenskongregation ist darauf in ihrer Instruktion über die kirchliche Berufung des Theologen eingegangen und bespricht darin den Fall, daß sich ein Theologe »aus ihm fundiert erscheinenden Gründen mit einer reformablen Äußerung des Lehramts in ernsthaften Schwierigkeiten befindet« (Nr. 28). Wenn bei der grundsätzlichen Bereitschaft des Theologen, die Weisungen des Lehramts sonst loyal anzunehmen und wenn trotz seines ehrlichen Bemühens, das Problem weiter zu vertiefen, seine eigenen Ansichten zu überdenken und auch die Einwände von Kollegen zu prüfen, die Schwierigkeiten dennoch bestehen bleiben, so weist die Glaubenskongregation den Theologen an, seine Probleme direkt den Lehrautoritäten vorzutragen, auf keinen Fall dürfe er auf die Massenmedien zurückgreifen.

Karl Lehmann meint in einem sehr instruktiven Kommentar zur Instruktion[35]: »Es ist schade, daß der innertheologische Meinungsbildungsprozeß in diesem Zusammenhang nur sehr knapp angesprochen wird ... Denn die Diskussion auf der theologischen Fachebene, die eine zwar begrenzte, aber unvermeidbare Öffentlichkeit einschließt, ist zweifellos zunächst das geeignete Medium, um die in Frage stehenden Probleme zu klären«.

Leider haben die päpstlichen Lehrautoritäten zur Zeit, so sehe ich es wenigstens, ein gespaltenes Verhältnis zur Öffentlichkeit[36]. Sie sehen in einer öffentlichen Diskussion allzusehr nur eine Diskussion in den Massenmedien, die dafür ungeeignet ist, wie die Kongregation selbst im Anschluß sagt, »denn durch das Ausüben von Druck auf die öffentliche Meinung kann man nicht zur Klärung von lehrhaften Problemen beitragen und der Wahrheit dienen«[37].

---

35 Vgl. Karl LEHMANN, Dissensus. Überlegungen zu einem neueren dogmenhermeneutischen Grundbegriff, in: E. Schockenhoff, P. Walter (Hg.), Dogma und Glaube, FS Bischof W. Kasper, Mainz 1993, 69–87, hier S. 74.

36 »Öffentlichkeit« hat aber auch mit den Menschenrechten zu tun. Es ist kein Zufall, daß dieser Begriff gerade im 18. Jahrhundert entstanden ist. Dies sei nur als Problemanzeige erwähnt, denn es wäre zu vertiefen, wieweit die Konzeption der modernen Menschenrechte in der Kirche zu verwirklichen ist und welche Entwicklungen andererseits das Prinzip Öffentlichkeit in der massenmedialen Gesellschaft erfahren hat. Vgl. hierzu u.a. Adrian HOLDEREGGER (Hg.), Ethik in der Medienkommunikation. Grundlagen, Universitätsverlag Freiburg i.Ue. 1992.

37 Die Internationale Theologenkommission, die der Glaubenskongregation ja zugeordnet ist, hat sich schon im Jahre 1975 in ihren »Thesen über das Verhältnis von kirchlichem Lehramt und Theologen zueinander« mit dieser Problematik befaßt, die den Dialog zwischen Lehramt und Theologen gefährdet. So heißt es in der These 11: »Besonders folgende Verhaltensweisen engen die Möglichkeit des Dialogs ein: sobald der Dialog zum 'Instrument' wird, mit dem man einen bestimmten Zweck 'politisch', das heißt unter Anwendung von Pressionen und letztlich von der Wahrheit absehend erreichen will, wird er Schiffbruch leiden; wer das Feld des Dialogs 'einseitig' beansprucht, verletzt die Regeln des Gesprächs; der Dialog zwischen Lehramt und Theologen wird vor allem verletzt, wenn die Ebene der Argumentation des Gesprächs vorschnell verlassen wird und gleich Mittel des Zwanges, der Drohung und der Sanktion angewendet werden; dasselbe gilt, wenn die Diskussion zwischen Theologen und Lehramt, sei es innerhalb oder außerhalb der Kirche, in einer Öffentlichkeit ausgeübt wird, die nicht genügend Sachkenntnis hat, und dadurch 'Pressionen' von außen großen Einfluß gewinnen (Massenmedien).« Text abgedruckt in der vom Sekretariat der

Zwischen der Diskussion in den Massenmedien und dem internen Gespräch zwischen Theologen und dem Lehramt muß es aber doch möglich sein, das Forum der theologischen Diskussion in den Fachzeitschriften und Büchern zu benutzen, so wie früher im Mittelalter es das Forum der Diskussion (»disputationes«) auf und zwischen den Universitäten gab. Die theologische Abklärung hat in früheren Zeiten oft Jahrhunderte gebraucht – man denke zum Beispiel an den Streit um das rechte Verständnis von Gnade und Freiheit. Bei dem rascheren Kommunikationsfluß unserer Zeit kann es zu einer Abklärung in sicherlich kürzeren Zeiten kommen[38].

Es kommt hier wirklich auf ein entsprechendes **innerkirchliches Klima des Vertrauens** und der gegenseitigen Zusammenarbeit zwischen Lehramt und Theologen darauf an. Dann dürfte das, was die Kongregation als Lösung angibt, wenn der innere Dialog des Theologen mit den lehramtlichen Stellen nichts fruchtet, wirklich nur die »extrema ratio« sein, daß dann der Theologe zu »schweigendem und betenden Leiden« aufgefordert wird, »in der Gewißheit, daß, wenn es wirklich um die Wahrheit geht, diese sich notwendig am Ende durchsetzt« (Nr. 31).

Die Kongregation geht in ihrer Instruktion sodann sehr ausführlich auf das **Problem des Dissenses** ein. Bischof Lehmann hat in seinem schon erwähnten Artikel darauf hingewiesen[39], daß man dafür den US-amerikanischen Kontext berücksichtigen muß, in dem das »Recht auf Dissens« (right to dissent) gleichsam »zum politischen Selbstverständnis auch des modernen Amerikaners gehört« und eine öffentlich organisierte Oppositionshaltung meint, wo also Unterschriften gesammelt werden, wo Gegenerklärungen zu päpstlichen Stellungnahmen in Pressekonferenzen vorgestellt werden usw.

Eine solche Haltung weist die Kongregation als unkirchlich zurück und sieht darin die Gefahr eines »parallelen Lehramts« der Theologen. Zum Recht für einen solchen Dissens könne man sich auch nicht auf das eigene Gewissen

---

Deutschen Bischofskonferenz herausgegeben Reihe »Arbeitshilfen« Nr. 86: Theologie und Kirche. Dokumentation, 31.März 1991, Bonn 1991, S. 48.

38 Es wäre hier eine vertiefte Reflexion erforderlich auf die heutige gesellschaftliche Situation, auf die Art und Weise, wie heute Glaubensvermittlung (Traditio) geschehen kann, auf das neuzeitliche Wahrheitsverständnis usw. Ich verweise hier nur auf die Studie von Peter HÜNERMANN, Tradition – Einspruch und Neugewinn. Versuch eines Problemaufrisses, in: Dietrich WIEDERKEHR (Hg.), Wie geschieht Tradition? (a.a.O. Anm.4), 45–68. Daraus ein Zitat aus S.62/3: »Zum öffentlichen Amtsgebrauch des Magisteriums und zur definitiven Proklamation von Glaubenssätzen gehört deswegen die öffentliche 'Methode', welche ein Sich-Aussprechen des sensus fidelium ebenso voraussetzt wie die entsprechende Einbindung einer theologischen Aufarbeitung der in Frage stehenden Sachverhalte und eine Erschließung der Tradition der Kirche, von der Exegese angefangen über die Patristik und die weiteren großen Epochen der kirchlichen Glaubensgeschichte bis hin zur Gegenwart. Ebenso gehört die Erhebung des Konsensus der Amtsträger dazu. Diese verschiedenen Momente und ihr Zusammenspiel bedürfen einer institutionellen Regelung. Dies ist für die Öffentlichkeit der 'Methode' unabdingbar. Ohne eine solche institutionalisierte 'Methode' werden grundlegende lehramtliche Entscheidungen nicht glaubwürdig in der Öffentlichkeit.«

39 A.a.O. (Anm. 35) S. 79–87.

berufen. Das wäre nämlich eine Verkennung der kirchlichen Lehre vom Gewissen, wie der Papst schon in einer berühmten Ansprache von 1988 vor einem Moraltheologenkongreß ausführte[40] und wie es jetzt im Text der Instruktion heißt: »Dem Lehramt der Kirche ein oberstes Lehramt des Gewissens entgegenstellen heißt, den Grundsatz der freien Prüfung vertreten, was aber mit der Entfaltung der Offenbarung und ihrer Weitergabe in der Kirche sowie auch mit einer korrekten Auffassung der Theologie und der Funktion des Theologen unvereinbar ist« (Nr. 38).

Das Gewissen muß nämlich ein strikt personale Instanz bleiben, in der dem Einzelnen das hier und jetzt Gesollte bewußt wird. Jeder hat das Recht und die Pflicht, seiner eigenen Gewissenseinsicht zu folgen. Man kann aber nicht die Konklusionen dieses persönlichen Gewissensspruchs, besonders wenn dieser im Widerspruch zu der vom Lehramt vorgelegten Lehre ist, als auch für andere geltend präsentieren und so gleichsam eine parallele dem Lehramt widersprechende Norm aufstellen.

Moraltheologisch gesehen muß man wirklich darauf achten, die beiden Ebenen, die subjektive Ebene des persönlichen Gewissens und die objektive Ebene der Normen, auseinanderzuhalten. Zwar geschieht die Wahrheitsfindung im Hinblick auf die Erstellung objektiver Normen auch über verallgemeinerte Gewissenseinsichten, die diskutiert und geprüft werden müssen, aber man darf vom Recht und von der Pflicht, seinem persönlichen Gewissensspruch zu folgen, keine falschen Schlüsse ziehen, wie es nach der Königsteiner Erklärung zum Teil pastoral geschehen ist. Auch wenn festgestellt wird, daß sehr viele in ihrem Gewissen der Norm von Humanae vitae nicht folgen können, darf man doch nicht die Folgerungen dieser Gewissenseinsichten, die immer strikt personal sind, als allgemeine Norm hinstellen[41]. Das wäre eine Vermischung der Ebenen und dem Gewissen würde eine normschaffende, eine kreative Funktion zugewiesen. Eine solche Auffassung lehnt die Enzyklika »Veritatis splendor« in der Nr. 56 ab und den Versuch, »auf dieser Grundlage...die Zulässigkeit sogenannter 'pastoraler' Lösungen zu begründen, die im Gegensatz zur Lehre des Lehramts stehen«.

Man muß hier sehr vorsichtig sein und darf m.E. daraus nicht eine Verurteilung jener Pastoral verstehen, die auf die persönliche Gewissenseinsicht der einzelnen eingeht und den daraus sich ergebenden Spielraum ausschöpft, die also im Sinne des Gesetzes der Gradualität eine Begleitung der Gewissen

---

40 »Da das Lehramt der Kirche von Christus dem Herrn eingesetzt worden ist, um das Gewissen zu erleuchten, bedeutet die Berufung auf dieses Gewissen, gerade um eine vom Lehramt verkündete Lehre zu bestreiten, eine Ablehnung der katholischen Auffassung sowohl vom Lehramt als auch vom sittlichen Gewissen«. Text abgedruckt in: Herderkorrespondenz 43 (1989) 125–127.
41 Vgl. hierzu Karl GOLSER, Das Gewissen als »verborgenste Mitte im Menschen«, in: Wilhelm ERNST (Hg.), Grundlagen und Probleme der heutigen Moraltheologie, St.Benno Verlag Leipzig, Echter Verlag Würzburg 1989, 113–137, bes. S. 124–128.

versucht bzw. auch die Möglichkeiten der Epikie oder den Rückgriff auf das Prinzip der Oikonomia der Ostkirche in Erwägung zieht[42]. Die Enzyklika will nur zu einer moraltheologischen Korrektheit anmahnen und vor einer schleichenden Aushöhlung lehramtlicher Vorgaben warnen. Die Enzyklika schließt ja auch den Abschnitt über das Gewissen, auch hier ähnliche Formulierungen von Kardinal Ratzinger aufgreifend[43], mit der feierlichen Aussage: »Die Kirche stellt sich immer nur in den *Dienst des Gewissens*, indem sie ihm hilft, nicht hin- und hergetrieben zu werden von jedem Windstoß der Lehrmeinungen, dem Betrug der Menschen ausgeliefert (vgl. Eph 4,14), und nicht von der Wahrheit über das Gute des Menschen abzukommen, sondern, besonders in den schwierigeren Fragen, mit Sicherheit die Wahrheit zu erlangen und in ihr zu bleiben« (VS 64).

In diesem Dienst des auf sittliche Einsicht ausgerichteten Gewissens und auch der Kirche mit ihrem Lehramt steht nun der Moraltheologe. Er wird versuchen, seinen Dienst in wissenschaftlicher Redlichkeit und mit kirchlicher Gesinnung zu verrichten. Dabei wird er sich der verschiedenen Dimensionen und Perspektiven bewußt sein, in dem sich sein Dienst verwirklicht. Er weiß, daß sein Dienst nur kommunikativ und in der Communio der Kirche möglich ist. Er wird so gegen jede Form von Resignation ankämpfen, vielmehr auf seine Weise und an seinem Platz sich für eine »Kirche als Dialoggemeinschaft«[44] einsetzen und dabei sich auch von einer Glaubenszuversicht tragen lassen, die weiß, daß sowohl Wahrheit als auch Communio letztlich das Geschenk des dreifaltigen Gottes an seine Kirche sind.

---

42 Solche Hilfen für die Pastoral finden sich zum Beispiel im Brief der oberrheinischen deutschen Bischöfe unter der Überschrift »Respekt vor der Gewissensentscheidung«, der im Herbst 1993 veröffentlicht wurde, vgl. Herder Korrespondenz 47 (1993,9) 460–467. Ich bin mir zwar auch der Schwierigkeiten bewußt, die zu diesem Hirtenschreiben geltend gemacht wurden, und die zum bekannten Schreiben der Glaubenskongregation von 1994 geführt haben.

43 Vgl. Joseph RATZINGER, Freiheit und Bindung, a.a.O. (Anm. 34) 181f.: »Die kirchliche Autorität hat letztlich keinen anderen Auftrag, als dem wachen Vernehmen des göttlichen Willens im Gewissen zu dienen: das Gewissen hörfähig, rein und frei zu machen und so den Menschen zu sich selbst zu führen, indem sie ihn zu Gott bringt. Wo kirchliche Autorität ganz in ihrem Auftrag steht und Gewissen rein wird, löst sich die Antinomie von Freiheit und Bindung.«

44 Vgl. Klaus DEMMER, Gottes Anspruch denken. Die Gottesfrage in der Moraltheologie, Universitätsverlag Freiburg i.Ue. 1993, 170–173.

KLAUS KREMER

Wie geht das Viele aus dem Einen hervor?

Plotins quaestio vexata im Spiegel der Schrift V 3,11 (49)[1]

I

Wer sich ein wenig in die Schriften Plotins vertieft, stößt wiederholt auf die Fragestellung, *wie* aus dem gänzlich Einen und Einfachen, welches für Plotin zugleich das Gute und der Gott ist, das Viele hervorgehen könne. So heißt es etwa in V 3,15,1–7, nachdem unmittelbar vorher[2] festgestellt worden ist, daß das Eine zwar Logos und Nus und Sinneswahrnehmung gewähre, diese selbst aber nicht sei: »Wie kann Er[3] sie aber dargeben? Entweder indem Er sie hat, oder indem Er sie nicht hat. Indes, was Er nicht hat, wie kann Er das dargeben? Und hat Er sie, so ist Er nicht einfach; hat Er sie nicht, wie kann dann aus Ihm die Vielheit kommen? Denn daß ein Eines aus sich ein Einfaches hervorbrächte, könnte man vielleicht noch zugeben – gleichwohl würde man auch hier fragen, wie dies aus dem schlechthin Einen möglich sein sollte; aber dennoch kann man sagen: wie aus dem Licht der Glanz aus ihm –, wieso aber brächte Es Vieles hervor?« So oft und eindringlich[4] Plotin nun diese Frage auch formuliert, so darf man daraus nicht den Schluß ziehen, daß Plotins Philosophie ihren Ausgangspunkt von dem Einen und Guten genommen hätte. Plotin hat nicht der Vorstellung geschmeichelt, gleichsam auf der Höhe Gottes zu

---

1 Maßgeblicher Text für Plotins Schriften: Plotini opera. Edd. P. Henry et H.-R. Schwyzer. Tomus I, Porphyrii vita Plotini, Enneaes I–III (Oxford 1964), Tomus II, Enneades IV–V (Oxford 1977), Tomus III, Enneads VI (Oxford 1982). Diese sogen. editio minor wird zitiert als H–S², im Unterschied zur editio maior von 1951–1973 = H–S¹. Textverbesserungen finden sich im Anhang von Bd. III der editio maior (= H-S³), in Bd. III der editio minor (= H-S⁴) und in: H.-R. Schwyzer, Corrigenda ad Plotini textum, in: Museum Helveticum 44 (1987) 191–210 = Schw. Ferner wurden herangezogen: Plotins Schriften. Übers. v. R. Harder. Neubearbeitung mit griech. Lesetext u. Anmerkungen, fortgeführt v. R. Beutler u. W. Theiler, Bd. Va: Text u. Übers., Bd. Vb: Anmerkungen (Hamburg 1960) = Harder²; W. Beierwaltes, Selbsterkenntnis und Erfahrung der Einheit. Plotins Enneade V 3. Text, Übers., Interpretation, Erläuterungen (Ffm. 1991) = Beierwaltes; Plotinus, Greek Text with an English Translation by A. H. Armstrong, vol. V, Enneads V 1–9 (London 1984) = Armstrong; H. Oosthout, Modes of Knowledge and the Transcendental. An Introduction to Plotinus Ennead V 3 [49] (Amsterdam 1991) = Oosthout.

2 V 3,14, 18f.

3 Plotin bringt den mit dem Guten und Einen identischen Gott bald in der Form des Neutrum, bald in der Form des Maskulinum, und zwar häufig im selben Satzzusammenhang. Das ist wohl ein Hinweis auf den personalen Charakter seines Gottesbegriffes.

4 Außer der gerade zitierten Stelle seien genannt: III 8,10,14–17; V 1,6,1–12; V 1,7,5f.; V 2,1,3–13; V 3,15,29; V 3,16,16–19; V 3,17,4; V 4,1 u. 2.

stehen, um von hier aus miterleben zu können, wie aus dem absolut Einen das weniger Eine in Form des »Einen-Vielen« (= der Nus) und aus diesem wiederum das noch weniger Eine in Form des »Einen und Vielen« (= die Seele) und aus diesem wiederum das Viele der Sinnenwelt hervorgehe. Das wäre der ableitende, der deduktive, von oben nach unten führende Weg. Plotin hätte dann vom absoluten Standpunkt Gottes aus philosophiert. In Wirklichkeit ist Plotin den Weg von unten nach oben, von der Vielheit zur Einheit, vom Sinnenhaften zum Nichtsinnenhaften, von der Selbsterkenntnis zur Gotteserkenntnis gegangen. Daher steht auch seine vielfach überbewertete Mystik nicht schon am Anfang, sondern erst am Ende seines Philosophierens.

Plotins Weg von der Vielheit zur Einheit, vom gänzlich Vielen zum gänzlich Einen, basiert auf dem Grundsatz, den die ausgehende Antike bis hin zum ausgehenden Mittelalter rezipierte: »Vor dem Vielen muß es das Eine geben, von dem auch das Viele erst herstammt«[5] bzw.: »Denn nicht aus Vielem entsteht Vieles, sondern unser Vieles hier entsteht aus Nichtvielem; denn wäre auch Jenes selber Vieles, so wäre Es nicht der Urgrund, sondern es müßte ein anderes Prinzip vor Ihm geben.«[6]

An vielen Stellen in seinen Schriften hat Plotin uns die Anwendung dieses Grundsatzes vor Augen geführt. In der frühen Schrift VI 9,1–3 zeigt er sehr eindrucksvoll, daß kein Seiendes, nicht einmal ein Haus, Heer oder Reigen oder eine Herde zu sein vermag, ohne *eines* zu sein. Da die sinnenhaften Dinge nicht das Eine selbst sind, sondern bloß daran teilhaben, stellt sich die Frage nach dem Ursprung ihrer Einheit. Dafür scheint zunächst die Seele in Frage zu kommen, die aber ihrerseits aufgrund ihrer vielheitlichen Kräfte nicht das schlechthin Eine sein kann. Kann dies etwa der Geist (Nus) sein, forscht Plotin weiter? Aber auch dieser ist aufgrund seiner Denkstruktur nicht ohne Vielheit, so daß Plotin sich genötigt sieht, noch über den Geist hinauszugehen, um erst jenseits des Geistes das gänzlich Eine als Urgrund aller vielheitlichen Einheiten entdecken zu können. »Denn jegliches Nicht-Eine wird durch das Eine erhalten und ist, was es ist, durch dieses.«[7] Daher schreibt er in V 5, 4,1–6: »Daß man also den Aufstieg (anagoge) durchführen muß auf ein Eines, und zwar wahrhaft Eines, welches nicht wie die anderen Dinge eines ist, die Vielheit sind und nur durch Teilhabe an dem [an sich] Einen eines – man muß das Eine erfassen, das nicht durch Teilhabe Eines ist und nicht ebensosehr Vielheit wie Einheit –, und daß der geistige Kosmos und der [mit ihm identische] Nus gewiß mehr eines sind als die anderen Dinge und nichts näher dem Einen ist als er, er jedoch nicht das reine Eine ist: das haben wir dargelegt.«[8]

5   V 3,12,9f. Vgl. z. B. Cusanus, De pace fidei 4: h VII, N. 11; S. 11, Z. 21; 5: N. 15; S. 14, Z. 18f.; 6: N. 17; S. 16, Z. 20; 7: N. 21; S. 20, Z. 16 – S. 21, Z. 1.

6   V 3,16,12–14.

7   V 3,15,11f. 15–18.

8   Vgl. auch III 8,8,1–10; 10,20–23; V 1,6,8; V 3,12,9–13; 16,8–16; V 4,1,1–8; VI 9,1–3.

Für diesen Aufstieg von unten nach oben, vom Vielen zum gänzlich Einen, der für Plotin aber in Wirklichkeit eine *Hin- bzw. Rückwendung* (epistrophe) *der Seele in ihr Inneres ist*, weil dort das wahrhaft Eine anwesend ist,[9] sprechen ebenfalls die verschiedenen Angaben Plotins, nach welchen die sinnenhafte Welt einen Hinweis auf die geistige, diese ihrerseits einen Hinweis auf das gänzlich Eine gibt. Die sinnenhafte Welt, nicht erst in der Schrift »Gegen die Gnostiker«[10], sondern schon in der frühen Schrift IV 8 als das herrlichste Abbild des mundus intelligibilis bezeichnet, ist »eine Offenbarung des vollendeten Guten im geistigen Bereich, seiner Kraft und seiner Güte; verbunden ist auf ewig die gesamte Wirklichkeit, das geistig und sinnlich Seiende.«[11]

Ist dies der Fall, so kann man die Erhabenheit der geistigen Welt, wie es heißt,»mitsehen an den [sinnenhaften] Dingen, die nach ihr und durch sie sind.«[12] Oder wie in derselben Schrift zu lesen ist: »Wie aber der, der zum Himmel aufblickt und den Glanz der Gestirne leuchten sieht, ihres Schöpfers gedenkt und nach ihm fragt, so muß auch der, der die intelligible Welt erschaut und betrachtet und bewundert, nach dessen Schöpfer fragen, wer es ist, der ein so Herrliches ins Dasein brachte, und wie Er es machte, der einen so herrlichen Sohn wie den Nus zeugte.«[13] Mehrfach hat Plotin ausdrücklich klargestellt, daß wir nur aus dem der Natur nach Späteren, zu dem in erster Linie die Vielheit der Sinnendinge gehört, zur Erkenntnis des der Natur nach Früheren und Ersten, des Einen, gelangen können.[14] Dieser Ansatz eines Erkenntnisweges »von unten« hat nichts mit Empirismus zu tun, weil die Seele ihre Inhalte von dem ihr unmittelbar übergeordneten Geist empfängt[15] und wir »durch das in uns«, das dem Einen »ähnlich« ist,[16] das Eine zu erfassen vermögen. Bei dem Aufstieg »von unten nach oben« führt uns daher bereits ein irgendwie vorgängig gegebenes Wissen um das Eine.

II 1

Die Betonung des plotinischen Erkenntnisweges »von unten nach oben« darf nun nicht dazu führen, Plotins Frage nach dem Wie[17] des Hervorgangs des

---

9   Vgl. V 1,10,5f.; V 1,11,6f.; VI 7,34,9. 12f.; VI 9,3,18–21.
10 II 9,4,22–32; 8,8–26.
11 IV 8,6,23–26.
12 III 8,10,34f.
13 III 8,11,33–38; vgl. auch 11,19–23.
14 V 3,14,1–8; VI 8,11,7f.; VI 9,5,33f. Vgl. auch III 8,10,34f.; 11,16–21; V 3,14,8–14; V 5,6,17–21.
15 V 3,4,17f.; 6,21f.; VI 9,5,5–7.
16 III 8,9,22f.
17 Für die Frage nach dem *Warum* des Hervorgangs des Vielen aus dem Einen, christlich gesprochen für die Frage nach dem Schöpfungsmotiv, verweise ich auf meinen Aufsatz: Bonum est diffusivum sui. Ein Beitrag zum Verhältnis von Neuplatonismus und Christen-

Vielen aus dem Einen, die der Franzose Émile Bréhier zu Recht als Plotins quaestio vexata bezeichnet hat, abzumildern oder gar zu unterschlagen. Nachdem Plotin das Eine als Voraussetzung des Vielen gefunden hat, stellt sich ihm in aller Schärfe das Problem, wie aus dem gänzlich Einen und Einfachen ein Vieles hervorgehen könne.[18] In immer neuen Anläufen sucht er eine Antwort auf das ihn regelrecht bedrängende Problem zu finden. Er gibt zwar in der hier zu behandelnden Spätschrift V 3 im Kapitel 15 die m. E. tiefsinnigste, wenngleich der Form nach einfach aussehende Antwort: Das aus dem Einen Hervorgehende kann mit diesem nicht identisch sein. Es kann aber auch nicht besser als das Eine sein. Also bleibt nur die Möglichkeit, daß es geringer (cheiron) sei.[19] Das Geringere ist nun gerade das Nicht-mehr-Eine, das Viele also. Aber Kapitel 11 dieser Schrift, das die Frage grundlegend und umfassend angeht, läßt gleichzeitig die Grenzen ihrer Beantwortung erkennen. Daher sei zunächst eine deutsche Übersetzung dieses ganzen Kapitels gebracht. Die Übersetzung lehnt sich stark an die Übersetzungen von Harder[2] und Beierwaltes an.[20] Andere Stellen, die dieselbe Fragestellung anschneiden (vgl. oben Anm. 4), werde ich aus Raumgründen nur tangieren.

»Wenn daher dieser vielfältige Geist das Jenseitige denken möchte, dann möchte er Jenes zwar als Eines denken, aber im Bestreben, [auf dem Einen] als einem Einfachen aufzublühen (epithállein),[21] endet er damit, daß er immer wieder etwas anderes erhält, das in ihm zur Vielfalt wird. So brach er zwar zu diesem hin auf [noch] nicht als Geist (Nus), sondern wie eine Sehkraft, die noch nicht zum Sehen gelangt ist, doch brachte sie beim Abschied etwas mit sich, welches sie selber zur Vielheit gemacht hatte; so begehrte sie zwar ein anderes, von dem sie in sich nur eine unbestimmte Vorstellung hatte, ging aber hinaus, indem sie ein anderes erfaßte und es in sich selbst zur Vielheit gemacht hatte. Sie [die nichtsehende Sehkraft] besitzt auch eine Prägung (typos) des Gesehenen; anderenfalls hätte sie es nicht zugelassen, daß die Prägung in ihr entstände; diese Prägung[22] wurde aus Einem vielfältig, und so erkennend sah die Prägung[23] das Gesehene und wurde damit zu einer sehenden Sehkraft. Sobald sie dies aber nun hat, ist sie

tum, in: Aufstieg und Niedergang der römischen Welt. Teil II, Bd. 36,2, hg. v. W. Haase (Berlin 1987) 994–1032. Dazu die Rezension von W. Beierwaltes, in: Philosoph. Jahrbuch 100/2 (1993) 406–414, bes. 410f. Unterschied und Zusammenhang der beiden Fragen nach dem Wie und Warum des Hervorgangs z. B. in V 3,15,1–7. 37–44.

18 Vgl. den Ausgangstext im Abschnitt I oben u. die Stellenangaben in Anm. 4.
19 V 3,15,8–10.
20 S. Anm. 1.
21 Vgl. hierzu Schw. 201; Oosthout 144; bei epibállein bleiben Harder[2], V a 148, Armstrong 108 u. Beierwaltes 47 u. 212–215.
22 houtos in V 3,11,9 beziehe ich mit H-S[1], H-S[2], Harder[2], Armstrong 109 u. Oosthout 146 auf typos von Z. 8; Beierwaltes 47 u. 215 versteht darunter schon den Nus.
23 gnous in Z. 10 beziehe ich wieder mit H-S[1], H-S[2] u. Oosthout 146 auf typos von Z. 8; Harder[2] bezieht es auf die Sehkraft, Beierwaltes 47 u. Armstrong 109 auf den Nus.

schon Geist, und sie besitzt es als Geist, während sie zuvor nur Drang war und ungeprägtes Sehen (Z. 1–12 nach H-S[2]).

Dieser Geist also nahm das Jenseitige in den Blick,[24] und indem er [Es] erfaßte, wurde er Geist, immer freilich des Einen bedürfend,[25] und so wurde er Geist und Wesenheit (bzw. Sein) und Denken, sobald er dachte; denn vorher war er nicht Denken (noesis), da er kein Gedachtes (noeton) hatte, und nicht Geist (nous), da er noch nicht dachte (Z. 12–16).

Das aber, was vor diesen [dem Geist und dem Denken] ist, ist deren Ursprung, nicht als ein ihnen innewohnender; dasjenige nämlich, von dem her etwas ist, wohnt [den aus ihm stammenden Seienden] nicht inne, sondern [dasjenige ist innewohnend], aus dem etwas besteht.[26] Dasjenige aber, von dem her das Einzelne ist, ist selbst kein Einzelnes, sondern das von allem Unterschiedene. Es ist daher kein Etwas-Eines (hen ti) von allem, sondern vor allem, mithin auch vor dem Geist. Denn auch im Geist ist alles vorhanden, so daß Jenes auch unter diesem Gesichtspunkt vor dem Geist ist. Wenn ferner das, was nach Ihm[27] ist, den Rang 'alle Dinge' hat, so ist Er auch auf diesem Wege vor allem. Er darf keinesfalls eines von dem sein, vor dem Er ist. Du darfst Ihn auch nicht 'Geist' nennen, also auch nicht 'das Gute' – wenn 'das Gute' Etwas-Eines von allem bedeutet, dann ist Es auch nicht das Gute; wenn Es allerdings das vor Allem Seiende bezeichnen soll, dann mag Es so genannt werden (Z. 16–25).

Wenn der Geist nun Geist ist, sofern er vielfältig ist, und eben das Denken, obschon aus ihm [= Geist] stammend, sich gleichsam eindrängt und ihn [= Geist] zur Vielheit bringt,[28] dann muß das schlechthin Einfache und Erste von allem jenseits des Geistes sein. Es würde ja, wenn Es dächte, nicht jenseits des Geistes, sondern selber Geist sein; aber wenn Es Geist wäre, dann müßte Es selbst Vielheit sein« (Z. 25–30).

---

24 Wörtlich: warf sich auf das Jenseitige (epéballe).
25 Mit Schw., Armstrong 111 und Beierwaltes 47 akzeptiere ich die Konjektur Igals: endeómenos. Anders lesen Harder[2], Va 150 u. Vb 382 u. Oosthout 148 die verderbte Stelle.
26 Übersetzung Harder[2] ist nicht in Ordnung. Zum Verständnis vgl. z. B. Aristoteles, Met. XII 4; 1070 b 22–30: Eidos und Hyle und sogar die Steresis können sowohl als Elemente (Stoicheia) wie als Archai eines zusammengesetzten Seienden bezeichnet werden, wogegen der unbewegte Beweger zwar Arché von allem, aber niemals Stoicheion eines Seienden ist. Jedes Stoicheion kann daher nach Aristoteles als Arche, aber nicht umgekehrt jede Arché als Stoicheion bezeichnet werden.
27 Vgl. Anm. 3.
28 So Harder[2], Va 153 u. Vb 382, Armstrong 111 u. Oosthout 151; so wohl auch H-S[1] u. H-S[2] zu verstehen; vgl. Hinweis zu Z. 26 im Apparat von H-S[1]. Beierwaltes 49 u. 217f. läßt das Denken in das Eine »einfallen« und aus Ihm stammen: »Wenn also der Geist dies ist, weil er in sich vielfältig ist, und wenn das Denken, gleichsam in Es einfallend, obwohl es ja aus Ihm ist, Es zu Vielem macht,...«

Was an dieser Darstellung zunächst auffällt, ist die Tatsache, daß Plotin seine Grundfrage, wie das Viele aus dem Einen hervorgehe, damit beantwortet, daß er das aus dem Einen *bereits hervorgegangene* Prinzip, den Nus, versuchen läßt, das Eine als Eines zu denken. Weder die *Tatsache* noch das *Wie* des Hervorgangs werden beschrieben. Das hervorgegangene Prinzip ist einfach da und möchte nun auf dem Einen als einem Einfachen aufblühen. Der erste Schritt, nämlich der Hervorgang selbst, wird überhaupt nicht verzeichnet. Begonnen wird sogleich mit dem zweiten Schritt, der Hinwendung des hervorgegangenen Prinzips zum Einen. Vielleicht kommt diese Erklärungslücke in der Entstehung des Nus aus dem Einen noch deutlicher in V 1,7,1–6 zum Ausdruck. Der Nus wird als Abbild des Einen dargestellt. Denn das Gewordene muß irgendwie Jenes sein, vieles von Ihm bewahren und Ähnlichkeit mit Ihm haben, wie sie das Licht mit der Sonne hat. »Jenes ist aber nicht Nus. Wie erzeugt Es nun den Nus? Indem dieser durch seine Rückwendung auf Jenes schaut, und dies Sehen ist der Geist.«[29]

Die an beiden Stellen (V 1,7 u. V 3,11) zu verzeichnende Lücke in der Darstellung des Entstehungsprozesses des Nus darf nun nicht zu einem Tadel an Plotin führen. Denn die Frage nach dem Wie des Hervorgangs ist tatsächlich unbeantwortbar.[30] Plotin kann hier höchstens Grenzpfähle einschlagen: Das hervorgebrachte Prinzipiat muß sich natürlich von seinem hervorbringenden Prinzip unterscheiden und kann daher nicht mehr so Eines sein wie dieses selber; also ist es ein Eines-Vieles. Das hervorbringende Prinzip muß auch einen Grund für seine Hervorbringung haben, der von Plotin in der »Überfülle«, in der »absoluten Vollkommenheit«, in der »übergroßen Kraft«, in der »Güte« und »Neidlosigkeit« des Einen gesehen wird. Bonum est diffusivum sui heißt das daraus später entstandene Axiom.[31] Auch die Worte vom »gleichsamen Überfließen«, vom »Machen«, »Zeugen« und »Ins-Da-

---

29 Ich kann hier nicht auf die lange und breite Diskussionsgeschichte, auch nicht auf den Wandel von H-S¹ zu H-S² usw. eingehen, ob man V 1,7,6f. nicht eher lesen und dann übersetzen müsse: »Nun, in der Hinwendung auf sich selbst erblickte Es [das Eine] sich selbst, und dies Erblicken ist der Geist.« Eine solche Lesart beinhaltet eine grundlegende philosophische Schwierigkeit. Schreibt man dem Einen ein Erblicken seiner selbst zu, dann muß dieses Erblicken mit dem Einen selbst identisch sein, da es sonst um seine absolute Einfachheit geschehen wäre. Wie kann dieses Erblicken seiner selbst dann aber der Nus selber sein, der vom Einen zu unterscheiden ist, wie es die Zeilen 1–5 belegen? Das Wesen des Nus dagegen ist Sehen, Erblicken (hórasis): V 1,6,1f. 41f.; V 2,1,10–13; V 3,8,15–18; 10,8–12, ja gerade hórasis des Einen: V 3,10,11f. Das Eine dagegen bedarf der hórasis gerade nicht: V 3,10,6. Eine Übersicht der unterschiedlichen Meinungen zu V 1,7,6f. findet sich in H-S³, III 397 u. bei M. Atkinson, Plotinus: Ennead V 1. On the three principal Hypostases (Oxford 1983, reprinted with corrections 1985) 156–160.
30 Vgl. auch Th. Szlezák, Platon und Aristoteles in der Nuslehre Plotins (Basel/Stuttgart 1979) 109.
31 Vgl. dazu meinen in Anm. 17 zitierten Aufsatz.

sein-Bringen« des Einen schreiben diesem zwar Kausalität zu, aber das Wie des Hervorgangs lassen auch sie letztlich im Dunkel. Schon die Frühschrift VI 9 mahnt uns: »Denn wenn wir das Eine als Ursächliches bezeichnen, so bedeutet das nicht, ein Akzidentelles von Ihm aussagen, sondern von uns, daß wir nämlich etwas von Ihm her haben, während Jenes in sich selbst verharrt.«[32] Die hier behandelte Spätschrift V 3, die 49. in der chronologischen Reihenfolge der von Plotin verfaßten 54 Schriften, versucht den Beweis zu erbringen, daß der Nus aus dem Einen entstand, indem dieses gerade nicht wirkte,[33] sondern »bei sich selbst ganz und gar Ruhe hielt.«[34] Denn der Nus sei die erste Wirksamkeit,[35] nicht das Eine, wie Plotin es noch ganz wenige Jahre zuvor in der 39. Schrift (VI 8) betont vorgetragen hatte.[36] In der Frage nach dem Wie des Hervorgangs kommt menschlicher Geist offenbar nicht über die genannten Markierungspunkte hinaus.

Besonders interessant an unserem Text V 3,11 ist weiter, daß Plotin hier offenbar verschiedene Phasen in der Genealogie des Nus unterscheidet, die allerdings nicht als durch zeitliche Intervalle voneinander getrennt gedacht werden dürfen. Denn der Nus lebt in der Dimension der Ewigkeit (aeternitas), nicht in der der Zeit. Daher ereignen sich alle hier zu nennenden Phasen gleichzeitig, in Simultaneität. Die Darstellung ist allerdings gezwungen, sie im Nacheinander vorzutragen. Welches sind die einzelnen Phasen?

a) Zunächst ist der Hervorgang des Nus aus dem Einen zu nennen, die Prohodos, was aber an unserer Textstelle, wie gerade ausgeführt, mit keiner Silbe erwähnt wird. Da der Nus sich sogar als Noch-nicht-Nus zum Einen zurückwendet, ist er erst recht als Noch-nicht-Nus entstanden, aus dem Einen hervorgegangen. In diesem status des Noch-nicht-Nus wird er beschrieben als »nichtsehende Sehkraft« (Z. 5), als »eine unbestimmte Vorstellung« von dem Einen in sich besitzend (Z. 6f.), als »bloßer Drang« (Z. 12) und als »ungeprägtes Sehen« (Z. 12).

b) Als bloßer Drang, gesteuert gewissermaßen von der innewohnenden unbestimmten Vorstellung des Einen, bricht er auf zum Einen, um Es zu erfassen. Damit setzt die Phase der Rückkehr, der Epistrophe, zum Einen ein. Denn »ein jegliches strebt nach seinem Erzeuger zurück und liebt ihn«, lehrt uns Plotin.[37] Der Nus ist nun bestrebt, auf dem Einen als einem ganz Einfachen »aufzublühen« oder nach anderer Lesart: Der Nus will sich auf das Eine als ein ganz Einfaches »werfen«. Der sachliche Unterschied in beiden Lesarten ist unerheblich. In dem Bemühen, das Eine, von dem der Nus auf unbestimmte Weise schon eine Vorstellung hat, als ein Einfaches

---

32 VI 9,3,49–51.
33 V 3,12,26f.
34 V 3,12,35f.
35 V 3,12,27f.
36 VI 8,20,9–15.
37 V 1,6,50.

zu erfassen, kommt er nur so weit, daß das Erfaßte in ihm zur Vielheit wird. Etwas anderes ist es daher, was er erfassen will – das Eine als ein absolut Einfaches –, etwas anderes, was er de facto bekommt. Das aufgrund des bloßen Dranges und ungeprägten Sehens Erfaßte ist in ihm (unversehens) zur Vielheit geworden, was bedeutet: Der Nus selber ist zur Vielheit geworden. Das wird expressis verbis viermal gesagt (Z. 3f. 5.7f. 9). Der Nus hat eine Prägung (Eindruck) des Gesehenen erhalten, welche Prägung vielheitlicher Natur ist. Schärfer gesagt: Die im Nus durch sein nichtsehendes Sehen des Einen verursachte Prägung ist derart beschaffen, daß sie wesensnotwendig durch Vielheit strukturiert ist. Eine Prägung, die das Eine so darstellte oder enthielte, wie dieses in sich ist, ist unmöglich. Auf diesen zentralen Punkt hebt Plotin bei Behandlung seiner quaestio vexata immer wieder ab. Das aus dem Einen Hervorgegangene und sich zu Ihm Zurückwendende kann mit dem Einen weder identisch noch besser als Es sein. Nicht identisch, weil Identität für das Verhältnis von Ursächlichem und Verursachtem nicht zutrifft[38] und das Eine als Grund von allem gerade nichts von allem ist.[39] Nicht besser (béltion), weil das Eine das schlechthin Gute und damit das überhaupt denkbare Beste ist. Also kann das Hervorgebrachte nur geringer (cheiron) als das Eine sein. Geringer als das Eine ist aber nur das Nicht-Eine, das Viele also. Plotin hat damit Leibnizens Begriff vom malum metaphysicum vorweggenommen. Dieser Begriff besagt nämlich, daß es »in der Kreatur eine ursprüngliche Unvollkommenheit vor aller Sünde« gibt, »weil Begrenzung zum Wesen der Kreatur gehört.«[40] »Das beste System der Dinge enthält also durchaus keine Götter; es wird stets ein System aus Körpern... und diese Körper vorstellenden und apperzipierenden Seelen sein.«[41]

c) Indem der Nus (bzw. die nichtsehende Sehkraft bzw. die Prägung[42]) das Eine erkennt und sieht, wird er im selben Augenblick »sehende Sehkraft« und dadurch sich selbst erkennender Geist. War der Nus in Beziehung zum Einen zunächst nur »nichtsehendes Sehen«, so ist er durch die Prägung, die er bei dem nichtsehenden Sehen des Einen erhielt, zu einem sehenden Sehen und dadurch zugleich zum Nus geworden, der sich nunmehr selber erkennt. Das sehende Sehen des Einen ist die unmittelbare Bedingung für die Geistwerdung des Nus. Aufgrund seines Schauens zum Einen konstituiert sich der Nus *als* Nus. Und er bedarf immer des Schauens auf das Eine, um sein und um Nus sein zu können.[43] Plotin faßt zusammen: »Dieser Geist

---

38   VI 9,6,54f.
39   VI 9,3,39f.; VI 9,6,55; vgl. auch V 2,1,1f.; III 8,9,39–42; VI 7,32,12–14.
40   Die Theodizee, Übers. v. A. Buchenau (Hamburg 1952), ergänzte Auflage v. M. Stockhammer (²1968) § 20 (S. 110). Philos. Bibliothek, Bd. 71.
41   Ebd. § 200 (S. 256).
42   S. oben Anm. 22.
43   Vgl. z. B. V 1,6,41f. 47f.; V 6,5,17f.: »Indem das Denkende auf das Gute blickt, denkt es sich selber«; VI 7,15,16f.; VI 7,16,10–22.

also warf seinen Blick auf Jenes, Es erfassend aber wurde er Geist, immer freilich [des Einen] bedürfend...; zuvor aber war er nicht Denken, da er noch kein Gedachtes hatte, und nicht Geist, da er noch nicht dachte.«[44]

In V 3,11 liegt die detaillierteste Darstellung[45] der Genealogie des Geistes vor. Völlig kongruent damit geht die Beschreibung in der frühen Schrift V 2,1,7–13, wenn sie auch weniger ausführlich ist. Sie sieht folgendermaßen aus: »Da Jenes vollkommen ist, weil Es nichts sucht, nichts hat und nichts bedarf, so ist Es gleichsam übergeflossen und seine Überfülle hat ein Anderes hervorgebracht. Das so Entstandene aber wendete sich zu Jenem zurück und wurde von Ihm erfüllt, und indem es entstand, blickte es auf Jenes hin; und das ist der Geist. Und zwar brachte sein Hinstehen zu Jenem das Seiende hervor, sein Schauen zu Jenem den Geist. Da er nun zu Jenem hinstand, um Es zu schauen, wird er Geist und Seiendes ineins.« Auch hier haben wir die beiden Grundphasen in der Entstehung des Nus: sein hier ausdrücklich thematisierter Hervorgang aus dem Einen, der in V 3,11 fehlt, und seine Hinwendung bzw. Rückkehr zum Einen, die in V 3,11 so nuancenreich geschildert wird. – Auf den zweiten Teil der Schrift (die Zeilen 16–30) gehe ich hier nicht weiter ein, da er für die behandelte Thematik nicht mehr von Bedeutung ist. Er enthält folgende, auch sonst bei Plotin gegebene Grundgedanken: Das Eine als Grund von allem ist weder Bestandteil des einzelnen noch selbst ein einzelnes, auch nicht bloß ein Etwas-Eines, sondern das Eine an sich (V 3,12,50–52). Darum ist Es auch jenseits des Geistes zu denken, der aufgrund seiner Vielheitsstruktur nicht aus dem Kreis der bloß »Etwas-Einen« herauskommt. Denken kann dem Einen daher nicht zukommen, und seine Bezeichnung als »Gutes« bedarf einer überlegten Differenzierung.

II 3

Die Schrift V 3,11 läßt zwei modi des Lebens im Nus erkennen:
a) den pronoetischen modus des Nus, da er noch nicht als sich selbst erkennender Geist tätig ist, sondern sich in der Phase des Dranges und der nichtsehenden Sehkraft zum Einen hinwendet;
b) den noetischen modus, da der Nus sich *als* Nus verhält, d. h. sich selbst erkennt. Damit taucht die Frage auf, ob die pronoetische Lebensweise des Nus identisch ist mit jener Lebensweise des »liebenden Geistes«, die allein

---

44 V 3,11,12–15.
45 Zur Interpretation von V 3,11 vgl. auch Beierwaltes, a. a. O. (Anm. 1); ders., Identität und Differenz (Ffm.1980) 28ff. u. 67; A. C. Lloyd, Plotinus on the genesis of thought and existence, in: Oxford Studies in Ancient Philosophy 5 (1987) 155–186; J. Bussanich, The One and its relation to Intellect in Plotinus, in: Philosophia Antiqua 49 (1988) 219–236.

das Eine in seinem Ansich zu erfassen und sich mit Ihm zu einen vermag. Denn Plotin verlangt für die mystische Einung mit dem Einen die Preisgabe des Wissens.[46] Der Geist darf nicht mehr ganz Geist sein, wenn er Jenes erblicken will.[47] Nur »der reine Geist« bzw. »das Erste des Geistes«[48] oder auch »der Nichtgeist im Geist«[49] vermag das Eine zu erfassen und mit Ihm eins zu werden. In V 3,10,40–44, dem V 3,11 unmittelbar vorausgehenden Kapitel, wird zunächst gesagt, daß das Denkende nur ein in sich bereits Unterschiedenes erfassen kann. »Anderenfalls ist von ihm ein Denken nicht möglich, sondern nur Berührung und gleichsam ein Erfassen ohne Wort und Begriff, ein vorgängiges Denken, ehe es das Denken noch gibt und ohne daß das Berührende dabei denkt.« In aller Form wird dann der Unterschied zwischen verständigem (Nus emphron) und liebendem Geist (Nus eron) in VI 7,35,19–24 entwickelt.»So kommt denn auch dem Geist eine doppelte Kraft zu, die eine zum Denken (noein), und mit ihr schaut er das, was in ihm ist; und die andere, durch die er das jenseits von ihm Liegende mit einem intuitiven Akt der Aufnahme sich zu eigen macht, vermöge derer er auch früher schon nur geschaut hatte und, indem er schaute, hernach Vernunft bekam und so zu Einem wurde. Und zwar ist die eine Kraft das Sehen des verständigen Geistes, die andere aber der liebende Geist.« Auch hier wird betont, daß beide Tätigkeiten des Nus sich nicht in zeitlich unterschiedenen Intervallen vollziehen:»Er aber hat das Denken immerdar, hat aber auch zugleich das, was nicht Denken ist, sondern ein andersartiges Erschauen von Jenem.«[50]

Mögen auch einige Begriffe, wie die von der Berührung, vom Erfassen ohne Wort und Begriff in V 3,10, und die Bemerkung VI 7,35, 22f., daß der liebende Intellekt jene Kraft ist, mit welcher der Nus auch früher schon nur schaute und dann Vernunft bekam, auf eine Identifizierung von pronoetischem und hypernoetischem status des Nus hindeuten, so ist doch mit J. Bussanich[51] gegen P. Hadot, J. Trouillard und G. J. P. O'Daly an der Unterscheidung von pronoetischem und hypernoetischem status des Nus festzuhalten. Jener bezeichnet den anfänglichen, dieser den vollendeten Zustand des Geistes. Jener läßt noch eine, wenn auch unbestimmte Vorstellung vom Einen in sich zu,[52] dieser verlangt die Aufhebung jedweder Vorstellung und jedweden Wissensinhaltes.[53] Jener ist noch durch eine gewisse Blindheit gekennzeichnet, in

---

46 VI 7,34,3f.; VI 9,7,18–20.
47 III 8,9,29–32.
48 VI 9,3,26f.
49 V 5,8,22f.
50 VI 7,35,29f. Vgl. meinen Aufsatz: Mystische Erfahrung und Denken bei Plotin, in: Trierer Theologische Zeitschrift 100/3 (1991) 163–186.
51 A. a. O. (Anm. 45) bes. 234–236.
52 V 3,11,6f.
53 VI 9,7,5–20.

bezug auf sich wie auf das Eine, dieser durch das Erblicken von sich als mit dem Einen eins geworden und dadurch zu sich selbst gelangend.[54] Jener ist durch bloßes Streben und ungeprägtes, nichtsehendes Sehen charakterisiert, dieser weniger durch Sehen als vielmehr durch Einung.[55] Jener macht deutlich, daß der Nus gerade nicht wie Jenes werden kann, dieser läßt das Eine für den Nus in seinem Ansich erfaßbar werden. Die Erfassungskraft im Nus ist daher zweifacher Natur, aber der Kraft des liebenden Geistes kommt sowohl die pronoetische wie die hypernoetische Stufe zu. Diese beiden Phasen im Leben des Nus dürfen nicht miteinander konfundiert werden, wie sie auch von der dritten Phase oder dem dritten modus, nämlich der Selbsterkenntnis des Nus, zu unterscheiden sind.

II 4: Die Ergebnisse

1. Ausgangspunkt des plotinischen Philosophierens ist nicht das Eine selbst, sondern die in der Sinnenwelt zu beobachtende Vielheit, die aber ohne eine gewisse Einheit nicht zu sein vermag.
2. Daraus ergibt sich der zentrale Grundsatz: »Vor dem Vielen muß es das Eine geben, von dem auch das Viele erst herstammt.«
3. Der Weg von der Vielheit zur Einheit versteht sich als Hin- bzw. Rückwendung der Seele in ihr Inneres.
4. Was auch immer aus dem Einen hervorgehen könnte, es kann niemals präzise das werden, was das Eine ist. Die von Platon gemachte Entdeckung, daß das Ideat zwar sein will wie die Idee, aber immer dahinter zurückbleiben muß,[56] bewahrheitet sich auch für den Nus im Hinblick auf das Eine. Leibniz hat diesen Sachverhalt später das malum metaphysicum geheißen.
5. Trotz der wiederholt gestellten Frage, wie das Viele aus dem ganz Einfachen hervorgehen könne, beansprucht Plotin nicht, diese Frage ganz oder gar adäquat beantworten zu können. Seine von mir als Genealogie des Geistes bezeichnete Darstellung der Entstehung des Geistes versucht, einerseits zwar die Grenzen des Nus gegenüber dem Einen aufzuzeigen, zugleich aber auch die innere Struktur des Geistes in seiner Vielheit zu erhellen.
6. Die innere Struktur des Geistes läßt ein dreifaches Leben im Geist erkennen, das natürlich nicht als real voneinander unterschieden und nicht in einem zeitlichen Nacheinander gedacht werden darf:

---

54 VI 7,34,13f.; VI 9,10,9–17; 11,31f. 38–40.
55 VI 9,11,4–6.
56 Phaidon 75 a11–b2.7f.

a) Das Leben in der Weise der nichtsehenden bzw. ungeprägten Sehkraft und des bloßen Dranges.

b) Das sehende Sehen des Einen, das einmal die Voraussetzung für die Konstituierung des Nus als Nus ist und zum anderen die Dimension darstellt, in welcher sich die Einung des Nus mit dem Einen vollzieht.

c) Schließlich die Selbsterkenntnis des Nus, die diesen im vollen Sinne des Wortes zum Nus macht: Sein Denkgegenstand ist er selber, und er selber denkt diesen Denkgegenstand, wobei Denkobjekt und Denksubjekt mit dem Denkakt (noesis) in eins fallen.[57]

---

57 V 3,5,43–48.

WOLFGANG LENTZEN-DEIS

»Hilfe zur Menschwerdung«

Zur Rolle der Theologie im ethischen und pädagogischen Bereich

Einleitung

Die beiden theologischen Disziplinen, Moraltheologie und Religionspädagogik, sind in ähnlicher Weise auf Humanwissenschaften angewiesen. Die neuere theologische Ethik, insbesondere das Konzept von Alfons Auer, hat bedeutenden Einfluß auf die wissenschaftstheoretische Diskussion der Religionspädagogik ausgeübt. Helmut Weber, dem dieser Beitrag gewidmet ist, nimmt Ergänzungen, um nicht zu sagen Korrekturen, am Entwurf der »autonomen Moral« vor.[1] Das veranlaßt zu der Frage, ob darin nicht auch eine Anregung für die religionspädagogische Diskussion liegen könnte.

Der Problemstellung entsprechend gliedert sich der vorliegende Artikel in drei Teile. Der erste Abschnitt skizziert in aller Kürze das Selbstverständnis der Theologie. Der Zweite umreißt die Rolle der Theologie im ethischen Bereich gemäß dem Konzept der autonomen Moral und der ergänzenden Position von Weber. Der abschließende dritte Teil fragt nach dem Beitrag der Theologie für das Gespräch mit der Pädagogik.

1. Zum Selbstverständnis der Theologie

Theologische Erkenntnis hat zum Ziel, »die Objektivationen der kirchlichen Überlieferung auf das in ihnen repräsentierte heilschaffende Wort Gottes hin abzuhören«[2]. Dem Wort Gottes begegnet der Theologe in der biblischen Botschaft, dem ursprünglichen Zeugnis des Glaubens, aber auch in deren geschichtlichen Auslegungen und Konkretionen sowie in der Verkündigung und Lehre der heutigen Kirche. Immer begegnet es geschichtlich, in zeitbedingten Redeweisen und Formen als Antwort auf geschichtlich bedingte Fragen. Man kann sagen, daß es die Aufgabe der Theologie ist, die Offenbarung im Glauben und in der Gemeinschaft der Kirche als ein geschichtliches

---

1 Vgl. Helmut Weber, Allgemeine Moraltheologie. Ruf und Antwort, Graz u. a. 1991, 22–26.
2 Otto Hermann Pesch, Das Wort Gottes als objektives Prinzip der theologischen Erkenntnis, in: Handbuch der Fundamentaltheologie 4, Freiburg 1988, 47.

Geschehen aus dem Verstehenshorizont der Gegenwart heraus zu interpretieren und damit die Identität kirchlichen Redens und Handelns in der jeweiligen Zeit deutlich zu machen.

Der Theologie eignet aber nicht nur grundsätzlich ein Bezug zur Gegenwartssituation, sondern ebenso eine radikale Handlungsdimension. Gottes Selbstmitteilung ist Heilsbotschaft und auf Lebenspraxis ausgerichtet. Sie bewegt und befähigt zu Umkehr, Glaube, Hoffnung, Liebe, Dankbarkeit, Vergebung, Gebet und Bekenntnis. Somit ist auch die Theologie in allen ihren Disziplinen auf Heilspraxis bezogen. Ihr eigentlicher Gegenstand sind nicht Begriffe, logische Inhalte, Formeln und Theorien, nicht frei schwebende, objektive Gegenständlichkeiten, sondern elementare, die Existenz betreffende Wahrheiten, die das Heil des Menschen bewirken in Jesus Christus, in der Gemeinschaft des Gottesvolkes.

Besonders greifbar wird das in der Moraltheologie, jenem »Bereich der Theologie, in dem über Fragen der menschlichen Ethik gehandelt wird«[3]. Einen direkten Bezug zur Gegenwartssituation und zum Leben hat auch die Religionspädagogik, deren theologischem Bemühen die glaubensmittlerische und erzieherische Praxis aufgegeben ist. Mit der Moraltheologie teilt die Religionspädagogik eine enge Verwiesenheit auf humanwissenschaftliche Disziplinen, die früher unter der Dominanz der Theologie standen, sich in der Neuzeit emanzipiert haben und in der säkularisierten Gesellschaft zu »autonomen« Wissenschaften geworden sind. Wie verhält sich die Theologie zu diesen Bereichen? Mit dieser Frage haben sich Moraltheologen in den letzten Jahrzehnten intensiv befaßt. Einige ihrer Erkenntnisse sollen im nächsten Abschnitt in aller Kürze zusammengefaßt werden.

2. Theologie und Ethik

Die Moraltheologie sieht sich wie kaum eine andere theologische Diszipin von der säkularen, autonomistischen These herausgefordert: Der Mensch ist sich selbst Gesetz; er darf sich die sittlichen Normen nicht heteronom von außen auferlegen lassen, sondern kann und muß sie selbstdenkerisch hervorbringen.

Nach dem II. Vatikanischen Konzil hat die neuere katholisch-theologische Ethik auf die sich autonom setzende weltliche Ethik durch die Konzeption der »autonomen Moral im christlichen Kontext« reagiert.[4] Sie faßt das Ethische als eine menschlich-innerweltliche Größe auf, deren vernunftgemäße Sachgesetzlichkeit nach der Methode hermeneutischer Argumentation auf-

---

3   Helmut Weber, ebd. 17.
4   Vgl. ebd. 22 f.

zuweisen ist. Dabei ist eine enge Kooperation mit den Human- und Sozialwissenschaften vonnöten, die sich mit den Bedingungen menschlichen Handelns und mit den philosophisch- anthropologischen Deutungen des menschlichen Daseinssinnes befassen. Wie schon die biblische, jüdisch-christliche Ethik vorhandene Weltethik aufgegriffen und verarbeitet habe, so gelte grundsätzlich, daß die christliche Botschaft keine konkreten, material-ethischen Weisungen für das menschliche Weltverhalten verkünde, sondern dies der gesellschaftlich-geschichtlichen Vernunft des Menschen überlasse. Nach diesem Verständnis ist es Aufgabe der Theologie, dem Glaubenden einen »neuen Sinnhorizont« zu eröffnen, ein neues Gesamtverständnis, »in dem die durch Jesus Christus gegebene fundamentale Neubestimmung der menschlichen und welthaften Wirklichkeit ausgelegt wird«[5].

Demnach ergeben sich für die Moraltheologie vor allem zwei Funktionen. Sie liefert erstens dem konkreten sittlichen Handeln spezifische Grundhaltungen und Motivationen und hat zweitens im Hinblick auf den Prozeß der sittlichen Normenfindung »einen integrierenden, kritisierenden und stimulierenden Effekt«[6].

Der »autonomen Moral« widerspricht jene Position, die dem modernen Autonomieanspruch die Forderung einer radikalen »Glaubensethik« entgegensetzt. Sie möchte die konkreten, ethischen Normen aus der christlichen Botschaft ableiten, explizieren und auf das Leben anwenden. Dem liegt die Auffassung zugrunde, daß der Mensch unfähig sei, sittliche Wahrheiten beständig und zuverlässig zu erkennen.[7].

Helmut Weber sieht traditionelle Ansatzpunkte der »automen Moral« in der Lehre vom sittlichen Naturgesetz und erkennt ihre erheblichen Vorzüge an: Sie erleichtere das Gespräch mit Nicht-Glaubenden, fördere den Dialog mit den nicht-theologischen Wissenschaften, entspreche besser der neueren Exegese und biete eine einheitliche Methode für den gesamten (biblischen und nicht unmittelbar biblischen) Inhalt der Moraltheologie.[8] Weber nimmt aber auch ein fundamentales Anliegen der Kritik auf, wenn er den Beitrag von Offenbarung und Glaube höher veranschlagt sehen und einen verstärkten Akzent auf die »spezifische und unverrückbare Bedeutung der ethischen Aussagen der Bibel« legen möchte. Auch wenn das Finden und Formulieren ethischer Normen eine Aufgabe der menschlichen Vernunft sei, mißt Weber »dem konkreten biblischen Ethos in seiner geschichtlichen Einmaligkeit und Wirkungsgeschichte« ein besonderes Gewicht von eigenem Wert bei.[9] Er erläutert darum im ersten Kapitel seiner »Allgemeinen Moraltheologie« zu-

5   Alfons Auer, Autonome Moral und christlicher Glaube, Düsseldorf ²1984, 212.
6   Ebd. 213.
7   Vgl. ebd. 206; weitere Literatur zur Kritik an der autonomen Moral vgl. bei H. Weber, ebd. 24 f.
8   Vgl. ebd. 23 f.
9   Vgl. ebd. 25 f.

nächst »das biblische Fundament« und rekurriert bei der Behandlung der grundlegenden Themen jeweils auf »das biblische Verständnis«. Von diesem Ansatz her ist das durchgängige, theologische und an die in der Glaubensgemeinschaft der katholischen Kirche überlieferten ethischen Traditionen und Überzeugungen gebundene Interesse seines Entwurfs zu verstehen, das schon der Untertitel seines Werks: »Gottes Anruf – Antwort des Menschen« hervorhebt.[10] Im folgenden soll die Bedeutung des Ansatzes der »autonomen Moral« für die Religionspädagogik noch einmal ins Licht gehoben, aber auch der von Weber vorgenommenen Akzentverschiebung Aufmerksamkeit geschenkt werden.

3. Theologie und Pädagogik

a) »Katholische Pädagogik«

Das Verhältnis der Theologie zu den Erziehungswissenschaften, wie es sich im Werdegang der Religionspädagogik manifestiert, hat eine ähnliche Entwicklung genommen wie die Moraltheologie in ihrer Beziehung zur autonomen Weltethik.

Im Mittelalter war das gesamte Schul- und Universitätswesen bis in die Bildungsinhalte von religiösen und kirchlichen Vorgaben bestimmt. Eine Fortsetzung findet diese Grundeinstellung in der bis heute in der Kirche wirksamen Tendenz, die Pädagogik aus der Theologie abzuleiten. Man geht von unverrückbaren, obersten christlichen Glaubens-, Denk- und Verhaltensnormen aus und will diese in der Erziehungs- und Unterrichtspraxis durchsetzen mit entsprechenden Folgerungen für den institutionellen Erziehungsrahmen sowie die Erziehungsziele, -inhalte und -methoden.[11]

Solche »katholische Pädagogik« stößt auf die Kritik der Erziehungswissenschaften, die sich in den letzten zweihundert Jahren von dem kirchlich-theologischen Selbstverständnis befreit haben. Ein normativ-deduktiver Ansatz widerspricht den Prinzipien der Hermeneutik, weil er auf die geschichtlich und gesellschaftlich sich wandelnden Bedingungen des Verstehens keine Rücksicht nimmt.[12] Abgesehen von der wissenschaftstheoretischen Problematik und von der Tatsache, daß bei einem solchen Ansatz das Gespräch mit der säkularisierten Erziehungswissenschaft von vornherein blockiert wäre,

---

10 Vgl. die Bemerkungen in der Einleitung, ebd. 18.
11 Beispiele auf katholischer Seite sind etwa Hubert Henz, Lehrbuch der systematischen Pädagogik, Freiburg 1964; Fritz März, Einführung in die Pädagogik, München 1965. Auch der material-kerygmatischen Konzeption der Katechese liegt ein solches pädagogisches Verständnis zugrunde.
12 Vgl. H. Blankertz, Theorien und Modelle der Didaktik, München 1969, 18 ff.

sind auch die theologischen Voraussetzungen verhängnisvoll für eine Religionspädagogik, die dem Menschen zu seiner Entfaltung helfen will.[13]

b) Säkulare Pädagogik?

Als Konsequenz der gesellschaftlichen Modernisierung könnte eine Pädagogik als folgerichtig erscheinen, in der die Theologie keinerlei Einfluß mehr auf pädagogisches Denken und erzieherische Praxis hat. Für eine Position, in der Moral nur noch die »Funktion der Gesellschaft« ist, kommt der Erziehung die Aufgabe zu, diese Funktion unter säkularen Bedingungen sicherzustellen.[14] Nun kann man aber infragestellen, ob es eine Pädagogik ohne metapysisch-theologische Bezüge geben könne.[15] Die Säkularisierung der Gesellschaft ist faktisch nicht durch Theorien erfolgt, sondern durch die Praxis. Traditionelle Sozialmilieus haben sich aufgelöst, und eine Konsumkultur hat die subjektive Wirklichkeit in ständigen Wandel versetzt und läßt stabile Werte nicht in den Blick treten. Angesichts der Dynamik des individuellen und gesellschaftlichen Lebens hat der Mensch zunehmend die Möglichkeit, »Subjektivität ohne pädagogische Zensur entwickeln zu können«.[16] Gegenüber einer unübersehbar gewordenen Zukunft bleibt der pädagogischen Kommunikation nur die »Mobilisierung von Hoffnung«. Ihre säkularen geschichtsphilosophischen Entwürfe arbeiten mit konkreten Utopien, die im Grunde die christliche Erlösungshoffnung säkularisieren wie etwa Ernst Blochs »Prinzip Hoffnung«, das Oelkers treffend »ein Theologoumenon in materialistischer Verkleidung«[17] nennt. Den tiefsten Grund dafür sieht er darin, daß die moderne Gesellschaft – wie Durkheim es ausgedrückt habe – keine »wirkliche Metamorphose« des Heiligen und des Profanen hervorgebracht hat. Die religiösen Muster verlagern sich aus ihrem religiösen Kontext heraus, verschwinden aber keineswegs. Wenn die Pädagogik sich auf die tatsächlichen Risiken modernen gesellschaftlichen Lebens ausrichten würde, müßte sie von der Wahrscheinlichkeit des Scheiterns und nicht von der Möglichkeit des Gelingens ausgehen. Das aber widerspricht ihrem Wesen. Da ihr auch »der Prospekt zu einem künftigen besseren Menschengeschlechte«[18], den Kant noch vor Augen hatte, verwehrt ist, bleibt ihr nichts anderes als die Setzung quasi-religiöser Utopien. Erziehung ist dann aber – so schließt

---

13 Vgl. zur Kritik an dieser traditionellen katholischen Pädagogik schon H. Schilling, Grundlagen der Religionspädagogik. Zum Verhältnis von Theologie und Erziehungswissenschaft, Düsseldorf 1970.
14 Vgl. E. Durkheim, Erziehung, Moral und Gesellschaft. Vorlesungen an der Sorbonne 1902–03, Neuwied/Darmstadt 1973 (frz. Orig. 1922) 58 ff.
15 Vgl. zum folgenden J. Oelkers, Ist säkulare Pädagogik möglich?, in: Ev. Erz. 42 (1990), 23–31.
16 Ebd. 25.
17 Ebd. 26.
18 Kant, Werke in sechs Bänden, Bd. VI, Darmstadt 1966, 700.

Oelkers zurecht – »keine *Funktion* der Gesellschaft, sondern ein *Existential*, das im Modus religiöser Erwartungen beschrieben wird«.[19]

Solche Thesen sind im Zusammenhang unseres Themas bedenkenswert. Wenn die sogenannte säkulare Pädagogik ohne die Verwendung religiöser Deutungsmuster nicht auskommt, ist sie nicht so säkular, wie sie vorgibt. Sie mag dennoch dem Gespräch mit Kirche und Theologie verschlossen gegenüberstehen, nicht zuletzt deshalb, weil sie aus dem Protest entstanden ist.

c) Ein mögliches Gespräch zwischen Pädagogik und Theologie?

Neben der Pädagogik, die jeden Bezug zur Theologie ablehnt, läßt sich eine Erziehungswissenschaft vorstellen, die zwar nicht unter dem Diktat der Theologie steht, sondern ihre wissenschaftlichen Erkenntnisse auf keinem anderen Weg gewinnt als durch den reinen Gebrauch des Verstandes, die aber offen ist für Anregungen und Fragestellungen der Theologie.[20] Der oben angedeutete Weg der Verselbständigung der neuzeitlichen Erziehungswissenschaft zeigt, wie diese als Kind der Aufklärung die Geister, die sie rief, nicht mehr losgeworden ist. Weder die »unverfälschte Natur des Kindes«, noch »letzte Werte«, noch die hegelianische »Selbstgewißheit des Geistes«, noch »evidente Gewissenserfahrungen« vermochten es, sich als nicht hinterfragbare Norm der Erziehung zu bewähren. So scheint es heute eine Angelegenheit der gesellschaftlichen Macht geworden zu sein, welche Interpretation des Menschen, der Welt und der Geschichte und welche ethischen Regeln für gesellschaftlich verbindlich erklärt werden. Die moderne Erziehungswissenschaft hat aufgehört, eine umfassende Theorie darbieten zu können. Sie erschöpft sich weithin darin, durch konkurrierende Theoriekonstruktionen und divergierende Konzepte einzelne Funktionszusammenhänge zu erfassen und zu deuten. Hier kann die Unterscheidung Martin Bubers weiterhelfen zwischen dem verobjektivierenden »Es-Bezug«, den der Mensch in den Blick nimmt, wenn er analysierend und planend über die Welt zu verfügen sucht, und dem »Du-Bezug«, ohne den Erziehung sich in ihr Gegenteil verkehrt und das Kind schädigt, statt ihm beizustehen, weil bloße empirisch-wissenschaftliche Erkenntnis das lebendige, einmalige »Du« verfehlt. Haben nicht beide Bezüge ihren Sinn innerhalb der Erziehungswissenschaft, so daß sie in eine fruchtbare Wechselbeziehung zu bringen sind? Einerseits ist pädagogische Arbeit angewiesen auf hermeneutische und humanwissenschaftliche Forschung. Andererseits setzt das Ethos des »Du-Bezugs« dieser empirischen Forschung dort Grenzen, wo das »Du« des Kindes verletzt würde. Es fordert

---

19 J. Oelkers, ebd.
20 Vgl. zum folgenden U. Cillien, Chancen und Grenzen der Erziehung. Zum Dialog zwischen Pädagogik und Theologie im Zeitalter der Spätaufklärung, in: Ev. Erz. 43 (1991), 592–606.

Liebe, Vertrauen und unbedingte Anerkenntnis auch da, wo die Schwächen des Kindes das Gegenteil nahelegen.[21] Aber – auch die Pädagogik des »pädagogischen Bezugs« wird durch unausweichliche, schmerzhafte, negative Erfahrungen wiederum fraglich: »Jeder 'Du'-Bezug trägt doch den Keim seines Endes in sich. Sind nicht die Kräfte von uns Menschen immer begrenzt, und kennen wir nicht alle die bedrückende Erfahrung, daß wir den Anforderungen, die ein 'Du'-Bezug an uns stellt, gerade dann stellt, wenn der andere unser wirklich bedarf, nicht gewachsen sind? Und kommt nicht schließlich mit dem Tode der endgültige Abbruch der Beziehung?«[22] Hier sieht Ursula Cillien den Punkt gekommen, an dem die Pädagogik, die als Handlungswissenschaft ihre Verantwortung für das Schicksal des einzelnen und der Gesellschaft nicht loswerden kann, gedrängt wird, das Gespräch mit der Theologie zu suchen. Weder durch empirische Forschung noch durch philosophische Reflexion könne die Fraglichkeit des »Du«-Bezugs aufgelöst werden. Die Auskunft der Theologie hingegen spreche von einem Bezug, »in dem Verwundbarkeit, Zweideutigkeit und Endlichkeit im vollen Sinn 'aufgehoben' sind«. Die »spezifische Inhaltlichkeit ... des Dialoges Gottes mit den Menschen, die Ambivalenz ausschließt« sei »eindeutig« und dieser Bezug werde auch nicht durch die Endlichkeit des Menschen begrenzt; denn »– in der Auferstehung Jesu ist die Endlichkeit überwunden«.[23] Die Theologie gibt somit für Cillien der Pädagogik die letztgültige »Antwort auf die Problematik der Zeit«.[24] Die Gedankenführung ist einleuchtend bis zu der Umschreibung der theologischen Antwort auf das pädagogische Dilemma. Wird deutlich genug, daß das »eindeutige« Wort Gottes sich in menschlich-geschichtlichen Ausdrucksformen äußert und selbst wieder der Auslegung bedarf? Festzuhalten bleibt jedenfalls, daß es einen Weg wissenschaftlicher Erziehungslehre gibt, den der Christ mitgehen kann. Es bleibt aber auch die Frage, ob die Rolle der Theologie erst dann beginnt, wenn die Erziehungswissenschaft nicht mehr weiter weiß? Oder müßte der Dialog nicht schon früher, bei der Zielbestimmung und bei der Suche nach der Normenfindung beginnen?

d) Konvergenz von Pädagogik und Theologie

Pädagogik und Theologie beziehen sich beide auf den Menschen und haben insofern keine völlig verschiedenen Erkenntnisobjekte und Forschungsperspektiven. Innerhalb der Theologie und besonders in der theologischen Anthropologie werden deshalb Aussagen gemacht, die mit erziehungswissenschaftlichen Positionen in Konkurrenz treten, ihnen aber auch entsprechen

---

21 Vgl. ebd. 600.
22 Ebd. 602.
23 Ebd. 603.
24 Ebd. 606.

können. Evangelische und katholische Religionspädagogen begreifen Theologie und Pädagogik heute zunehmend als »Verbundswissenschaften«. Dies wird besonders deutlich in dem vor allem von Karl Ernst Nipkow herausgearbeiteten »Konvergenzmodell«, das durch eine »Dialektik von konvergierenden und divergierenden Elementen«[25] gekennzeichnet ist. Auch die katholische Religionspädagogik hat einen ähnlichen Ansatz übernommen. Konvergenztheoretisches Denken hat bekanntlich Eingang in den Beschluß der Synode der katholischen Bistümer Deutschlands »Der Religionsunterricht in der Schule« (1974) gefunden. Die Synode definiert ihre Position mit dem Satz: »Der hier konzipierte Religionsunterricht liegt in der Schnittlinie von pädagogischen und theologischen Begründungen.«[26] Sie geht in ihrer Argumentation von den pädagogischen Zielen der Schule aus und stellt die Notwendigkeit des Religionsunterrichts für die Bereiche Weltverstehen und -deutung, Sinn- und Identitätsfindung sowie Kritikfähigkeit und Eigenverantwortlichkeit heraus. In einem zweiten Begründungsschritt werden die gleichen Ziele als theologisch bedeutsam qualifiziert. Der katholische Religionsunterricht wird demnach einerseits durch schulpädagogische Ziele bestimmt, die andererseits zugleich einer theologisch-kirchlichen Aufgabenstellung entsprechen.

Konvergenz von Pädagogik und Theologie – das ist aus kirchlicher Sicht gültiges Prinzip nicht nur für den Religionsunterricht in der modernen Schule, sondern für den Bereich von religiöser Bildung und Erziehung überhaupt, einschließlich der Katechese. So hat sich die eben zitierte Gemeinsame Synode in ihrem Beschluß »Schwerpunkte kirchlicher Verantwortung im Bildungsbereich« von der theologisierenden Pädagogik distanziert. An die Stelle oberster theologischer Prämissen, aus denen die »Katholische Pädagogik« das ganze kirchliche Erziehungssystem abzuleiten versuchte, treten *Fragen*, mit denen die Christen die pädagogischen Vorgaben prüfen sollen. Als wichtigste Kriterien werden die Prinzipien der Individualität, der Gemeinschaft, des Vertrauens und der menschlichen Entfaltung genannt.[27] Auch der Arbeitsbericht über »das katechetische Wirken der Kirche«[28] geht von einer Entsprechung zwischen den Zielen allgemeiner Erziehung und religiöskatechetischer Bildung aus; denn er sieht »das oberste Ziel des katechetischen Wirkens« darin, »dem Menschen zu helfen, daß sein Leben gelingt, indem er« (das ist das spezifische Ziel der Katechese!) »auf den Zuspruch und den Anspruch Gottes eingeht.«[29]

25 K. E. Nipkow, Grundfragen der Religionspädagogik, Bd. 1, Gütersloh ³1984, 177.
26 Gemeinsame Synode der Bistümer in der Bundesrepublik Deutschland. Offizielle Gesamtausgabe I, Freiburg u. a. 1976, 131.
27 Ebd 520 f.
28 Gemeinsame Synode der Bistümer in der Bundesrepublik Deutschland. Offizielle Gesamtausgabe II, Freiburg u. a. 1977, 37–97.
29 Ebd. 41.

Daraus folgt, daß religiöse Erziehung kein anderes Ziel hat als Erziehung überhaupt. Deshalb ist allen falschen Dichotomien zwischen Leben und Glauben, zwischen religiösen und nicht-religiösen Bereichen entgegenzuwirken. Zum Gegenstandsbereich der Religionspädagogik gehört zwar die ausdrückliche »praxis pietatis« (spezielle Frömmigkeitsformen wie Gottesdienst, Gebet, Meditation); aber diese religiösen Ausdrucksformen dürfen nicht vom übrigen Leben getrennt werden. Der beste Weg, einzelne Praktiken vor Fehlentwicklungen zu bewahren, ist es, sie im großen Bezugsrahmen, in Beziehung auf das Gesamtziel der Erziehung, zu betrachten.

Im folgenden soll am fundamentalen Beispiel der Mitwirkung der Religionspädagogik an dieser Zielbestimmung deutlich werden, was Konvergenz von Pädagogik und Theologie bedeutet und worin die Rolle der Theologie im pädagogischen Bereich bestehen kann.

e) »Hilfe zur Menschwerdung« als Ziel von Pädagogik und Theologie

– Gegen den Funktionalismus des Bildungssystems

Der verstorbene Religionspädagoge Adolf Exeler hat das Gesamtziel der religiösen Erziehung wie jeder Erziehung als »Hilfe zur Menschwerdung« bezeichnet.[30] So allgemein formuliert entspricht diese Bestimmung dem von Kant programmierten Ethos der emanzipierten Pädagogik: »Es ist entzückend sich vorzustellen, daß die menschliche Natur immer besser durch Erziehung werde entwickelt werden und daß man diese in eine Form bringen kann, die der Menschheit angemessen ist. Dies eröffnet uns den Prospekt zu einem künftigen besseren Menschengeschlechte.«[31]

Freilich stellt sich die zentrale Frage, was denn die wahre Natur des Menschen und welche Form der Menschheit angemessen sei? Aber ehe über den spezifischen Beitrag der Theologie zu diesem umstrittenen Problem zu handeln ist, sei betont, daß es in der gegenwärtigen gesellschaftlichen Situation die allererste Aufgabe der Religionspädagogik zu sein scheint, alle Erziehung überhaupt auf diese gemeinsame Grundfrage hinzuweisen. In unserer heutigen, vielfach menschenfeindlichen Welt lassen viele Einflüsse befürchten, daß der Mensch eher verkümmert als daß er durch das herrschende Bildungssystem gefördert wird. Ein starkes funktionalistisches Denken übergeht die letzte Zielfrage oder klammert sie aus. In unseren Schulen dominiert immer noch die Vorbereitung auf die Übernahme »leistungs- und statusorientierter Berufsrollen, Konsumrollem, Rollen des politisch verantwortungsbereiten, loyalen Bürgers«, wie Karl Ernst Nipkow schon vor Jahren festgestellt hat[32].

---

30 Vgl. A. Exeler, Religiöse Erziehung als Hilfe zur Menschwerdung, München 1982.
31 Kant, ebd.
32 K. E. Nipkow, ebd. (s. Anm. 25) 99.

Diese Rollen machen aber keineswegs den Menschen aus. Sie betreffen ihn nicht in seiner Ganzheit, sondern nur partikulär. Die pädagogische Forschung betrifft vor allem Fragen der Effizienz von Unterricht, die sich im Hinblick auf sehr unterschiedliche Ziele erreichen läßt. In diesem Zusammenhang könnte es sich anthropologisch als sehr wichtig erweisen, daß die Religionspädagogik Anstöße zu einem Lernen gibt, das aus dem Funktionalismus befreit und das den Menschen zum Menschen macht.[33]

– Umfassende Weltschau

Dazu bedarf es einer Weltschau, die dem jungen Menschen seine Stellung und Berufung im Ganzen des lebendigen Universums ahnen läßt und dem Erwachsenen die Möglichkeit gibt, dieses Bewußtsein immer wieder neu zu vertiefen. Zu einer solchen Weltschau könnte wiederum die Theologie anregen.

Im Licht des christlichen Schöpfungsglaubens ist der Mensch gleichsam die Speerspitze der Entwicklung des Universums. Von der leblosen Materie über das vegetative und tierische Leben wird die Sinnhaftigkeit größer und intensiver, um im Durchbruch der menschlichen Freiheit ihren Gipfel zu erreichen.

Wir sind zwar von Geburt an Menschen. Aber der Mensch unterscheidet sich vom vegetativen und tierischen Leben dadurch, daß sich sein Wesen nicht schon aufgrund der ihm innewohnenden Gesetzlichkeit entwickelt. Er muß vielmehr sein Leben als Gabe und Aufgabe in die Hand nehmen. Ob er dies tut, daran entscheidet sich der Erfolg der Erziehung, die den Menschen fördern muß, den Gebrauch seiner Freiheit in Verantwortung zu entfalten.

– Schwierigkeiten beim Prozeß der Menschwerdung

Eine pädagogische Anthropologie kann nicht vom Versagen des Menschen, von seiner Schuld, von der ständigen Notwendigkeit der Vergebung absehen. Auf solche Erfahrungen weist die Theologie hin und deutet sie. Im Prozeß der Menschwerdung kann der Mensch immer wieder anhalten und sich in existentieller Trägheit dem Aufbruch zum Empfangen der Gabe und Aufgabe seines Lebens verweigern. Ein blinder Optimismus, eine Anthropologie, die nur das natürliche Gutsein des Menschen betont, wird das Kind ohne helfende und klärende Weise sich selbst überlassen. Dann wächst es mit der falschen Vorstellung von der Welt und vom Menschen auf, alles stünde ihm zur Verfügung und es könne alles genießen. Eine solche Erwartung bedeutet egozentrische Rückwendung. Sie muß enttäuscht werden und führt notwendigerweise zu Frustrationen.

---

33 Die folgenden Gedanken verdanke ich einem unveröffentlichten Manuskript A. Exelers zu »Grundfragen der Religionspädagogik«.

– Berufung zur Liebe

Wer nur unter dem Aspekt des egozentrischen Genießens aufwächst, verkümmert existentiell, weil er nicht lernt, sich zu verschenken. Der Mensch ist seinem Wesen nach Person, die sich in personalen Beziehungen verwirklicht. Der Personbegriff ist eine der genuinen philosophischen Leistungen, welche die christliche Theologie in die Geistesgeschichte eingebracht hat. Der Mensch als Person ist die Mitte der Geschichte. Die Entwicklung ist nicht ein neutraler, kosmischer Drift, sondern ein Prozeß, der mit Entscheidung und Verantwortung der Menschen zu tun hat. Solche Zusammenhänge sind die Basis für die Aussage von der Würde des Menschen. Nur von hier aus kann man behaupten, daß jeder einzelne Mensch wichtiger sei als alle Sachen zusammen.

– Die christologische Perspektive

Die Personalisierung des Kosmos in der Evolution und damit das Ziel der Erziehung erhalten erst ihren eigentlichen Grund und Sinn in der christlichen Überzeugung, daß in einem konkreten Menschen, Jesus Christus, die Mitte der Geschichte und des Ganzen Wirklichkeit geworden ist. Am Ende steht nicht die Vollendung einer Idee, sondern die Vollendung des Menschen. Am Ende steht nicht ein Prinzip, sondern ein Antlitz. Das »Omega der Welt« (Teilhard de Chardin) ist ein Du, eine Person. In dem Maß, in dem die Pädagogik eine solche Sicht der Gesellschaft und der Geschichte aufnimmt, geht ihr Bemühen darauf hin, sich in diesen Prozeß der christifizierenden Evolution hineinzubegeben. Dann aber erscheint die Erziehung zur Menschwerdung in einer weiterreichenden Dimension. Erziehungsziel ist dann nicht nur die Befähigung zur Humanität und einer allgemeinen Freiheit, sondern dem Kind, dem Jugendlichen, dem Erwachsenen zu helfen, im Entdecken seiner Christus-Beziehung und in der Beziehung zum Christusthema seine Freiheit zur Entfaltung kommen zu lassen: im aktiven Teilnehmen an dem evolutiven Christifikationsprozeß des einzelnen, der menschlichen Gemeinschaft, der konkreten Kirche und der Geschichte. Unter ihrem religiösen Aspekt hat Erziehung somit die Grundaufgabe, dem Menschen zu helfen, daß er in Verbindung mit Jesus Christus seine Freiheit so zur Entfaltung bringt, daß er seiner persönlichen Berufung durch Gott im Bezug zur Gemeinschaft der Menschen entspricht.

Schluß

Schon diese knappe Darstellung des Ziels der Erziehung als »Hilfe zur Menschwerdung« mag zeigen, daß eine von der Bibel und der kirchlichen Tradition gespeiste Theologie einen grundlegenden und zielbestimmenden

Einfluß im ethischen und pädagogischen Bereich haben kann. Das unter dem Stichwort der »autonomen Moral« vorgelegte Grundmuster verliert seine Bedeutung nicht. Aufgabe der Theologie wird es immer sein, die »autonom« gewonnenen Erkenntnisse in eine vom Glauben her vertretbare Gesamtkonzeption zu integrieren. Theologie muß das kritisieren, was aufgrund theologischer Perspektiven dem Menschen nicht »frommt«. Theologie kann die Humanwissenschaften stimulieren, indem sie weitere Perspektiven des Denkens erschließt, die sich motivierend auswirken. Beispielsweise wird in der Erziehungswissenschaft der Gegenwart generell der Erziehung zur Freiheit ein hoher Stellenwert eingeräumt. Die kritisierende Rolle der Theologie könnte darin bestehen, auf Mißverständnisse und Verengungen hinzuweisen: Freiheit auf Kosten anderer ist rücksichtslos und unmenschlich. Schrankenlosigkeit verdirbt den Menschen. Freiheit, Verantwortung und Engagement für andere gehören zusammen. Die stimulierende Wirkung der Theologie kann bei diesem Thema darin bestehen, daß aufgezeigt wird, wie sehr in der Bibel Gott als »Liebhaber der Freiheit« und Jesus als »Erlöser« erscheint. Das Thema Freiheit wird hier beseelt und inspiriert von tragenden Aussagen des Glaubens her. Die integrierende Wirkung kann darin bestehen, daß die umfassende Bedeutung von Befreiung aufgezeigt wird: ihre transzendente Perspektive, ihr weltweiter Charakter.

Im Sinne der Ergänzung, die Helmut Weber an dem Konzept der »autonomen Moral« angebracht hat, gilt darüber hinaus aber auch ähnlich für die Religionspädagogik: Sie findet Erziehung in der ihr zugeordneten Erziehungswissenschaft nicht einfach immer schon vor. Der Christ und Theologe kann nicht von beliebigen Voraussetzungen aus über Erziehung reflektieren, sondern wird sich bei der Suche nach der obersten Zielsetzung und nach den fundamentalen Inhalten von der Bibel und der Theologie leiten lassen. Das Normenproblem in der Pädagogik wird weder durch die vom hermeneutischen Ansatz geforderte Auslegung der Erziehungswirklichkeit noch durch empirische Analysen aufgehoben. Zwar sind weder die hermeneutischen Auslegungsverfahren noch die empirischen Methoden der Bedingungsanalyse aus der religionspädagogischen Arbeit wegzudenken; aber sie liefern aus sich heraus nicht die letzte Zielsetzung und die Kriterien menschengerechter Erziehung. Die Religionspädagogik empfängt ihr Ethos von der Bibel und vom christlichen Glauben. Freilich bedeutet das nicht, aus biblischen und dogmatischen Sätzen könne ein pädagogisches Handlungskonzept ungeschichtlich abgeleitet werden. Die Impulse zu wahrer Menschwerdung in der Nachfolge Christi erwachsen aus einem Prozeß der Rezeption und Auseinandersetzung der jeweiligen persönlichen und gesellschaftlichen Lebenserfahrungen mit den Weisungen der christlichen Überlieferungsgeschichte und den heutigen Glaubenserfahrungen.

HANS ROTTER

Bemerkungen zu einer personalen Sicht der Sünde

Es hat in der kirchlichen Tradition über lange Zeiten einen übermäßigen Sündenpessimismus gegeben. Besonders das sechste Gebot lieferte dafür genug Beispiele. Das war pastoral gesehen sehr schädlich. Denn wenn man z. B. in geringfügigen Vergehen bereits eine Todsünde sieht, wenn der Zustand der Todsünde geradezu als der Normalzustand auch eines guten Christen erscheint, dann wird eine solche Moralauffassung unglaubwürdig oder sie führt zu einer inflationären Verharmlosung dessen, was unter Sünde bzw. Todsünde zu verstehen ist. Hier liegt eine Wurzel dessen, was man heute als Sündenvergessenheit bezeichnet[1].

Denn sicher ist auch heute das Gewissen in der Lage, Gut und Böse voneinander zu unterscheiden, und es gibt durchaus auch Bereiche, wo junge Menschen heute sensibler reagieren als früher. Man denke nur an die Friedens- und die Umweltethik, an die Frauenfrage und überhaupt an viele Probleme der Sozialethik. Eine ausschließliche Tendenz zur Aufweichung der Moral ist deshalb gegenwärtig sicher nicht gegeben.

Der traditionelle Sündenpessimismus hatte verschiedene Gründe. Einer liegt in irrtümlichen Anschauungen über die menschliche Natur. So führte die Unkenntnis von der weiblichen Eizelle und die Überzeugung, im männlichen Sperma sei der Anlage nach ein ganzer Mensch enthalten, zu der Auffassung, daß Masturbation eine Frühform von Abtreibung sei und deshalb als schwere Sünde betrachtet werden müsse. Diese Bewertung wurde noch verstärkt durch die damals verbreitete, dem Manichäismus nahestehende Meinung des hl. Augustinus und anderer Kirchenväter, daß erotische Lust außerhalb der Ehe grundsätzlich sündhaft sei.

Ähnliche Mißverständnisse der menschlichen Natur gab es etwa bei der Bewertung der Homosexualität, die man oft einfach als Folge eigener freier Entscheidung betrachtete. Oder man denke an die These, daß die Zeugung neuen Lebens der »finis primarius« der Ehe sei und daß deshalb im ehelichen Leben ein unbegrenzter Wille zum Kind zu fordern sei. Man beachtete dabei nicht, daß jedes Lebewesen, auch der Mensch, einen Lebensraum braucht, und daß dieser nicht unbeschränkt zur Verfügung steht. Deshalb erweist sich

---

1 H. Weber, Allgemeine Moraltheologie. Ruf und Antwort, Graz-Wien-Köln 1991, 256 schreibt: »Mit der Frage zu Schuld und Sünde steht ein Thema an, bei dem sich zur Zeit ein geradezu epochaler Wandel zu vollziehen scheint. Aus einem Spitzenthema droht ein Nicht-Thema zu werden. Die Vorstellung, daß Menschen schuldig werden, verdunstet offenbar immer mehr.«

eine unbegrenzte Vermehrung letztlich als zerstörerisch und lebensfeindlich. Auch beim Menschen muß das Ja zum Leben gleichzeitig ein Ja zur Beschränkung des Lebens sein.

Noch problematischer als einzelne Mißverständnisse der menschlichen Natur war aber offenbar der theoretische Ansatz moraltheologischen Denkens mit seinem Ausgehen von den objektiven Sachverhalten anstelle der menschlichen Freiheit und der Person. Dadurch entfernte man sich deutlich vom biblischen Verständnis und geriet in die Gefahr, auf »Werkgerechtigkeit« zu setzen, statt das Liebesgebot als das entscheidende und umfassende Gebot des christlichen Ethos anzuerkennen. Ein Phänomen wie die Sünde kann in ihrem eigentlichen Wesen ebensowenig ausreichend mit objektiven, vorpersonalen Gegebenheiten umschrieben werden, wie z. B. Gnade oder Heil.

In einem ausgezeichneten Abschnitt seiner »Allgemeinen Moraltheologie«[2] referiert H. Weber die neuere moraltheologische Diskussion zur Thematik der Sünde und bezieht dazu seinerseits Stellung. Im folgenden seien einige Aspekte dieser Thematik noch einmal aufgegriffen und besonders unter dem Aspekt einer personalen Anthropologie diskutiert.

H. Jone[3] unterscheidet eine »formelle Sünde«, zu der die Übertretung eines – wenigstens vermeintlichen – Gesetzes, Erkenntnis der Übertretung und freie Einwilligung gehören, von einer »materiellen Sünde«, d. h. einer »Übertretung eines Gesetzes ohne Wissen und Willen; letztere Übertretung wird von Gott niemals als Schuld angerechnet«[4]. Hier wird also von einer Sünde gesprochen, die nicht angerechnet wird, weil die Bedingungen von Wissen und Willen fehlen. Inwiefern kann man dann aber den Begriff »Sünde« verwenden? Sollte man da nicht besser einfach von einem Übel sprechen? In der weiteren Behandlung dieses Begriffs wird aber vorausgesetzt, daß Bewußtsein und Freiheit in der Regel gegeben sind und daß es deshalb genügt, in der theoretischen Behandlung den objektiven Sachverhalt darzustellen. In welchem Sinn dann die betreffende Tat die Beziehung zu Gott belastet oder zerstört, bzw. als »Beleidigung Gottes« zu verstehen ist, wird kaum reflektiert. Es geht hier um ein Verständnis objektiv-juristischer Art, für das personale Aspekte sekundär, fast nebensächlich erscheinen.

Die analytische Ethik ist sprachlich genauer, wenn sie das sittlich Gute vom sittlich Richtigen und entsprechend das sittlich Böse vom sittlich Falschen unterscheidet. Wenn sie sich allerdings dann vorwiegend auf die Behandlung des sittlich Richtigen bzw. Falschen beschränkt, dann achtet sie eben auch nur auf das Objektive und Materiale der Sittlichkeit und nicht auf das Subjektive

---

2 Ebd. 256–304.
3 H. Jone, Katholische Moraltheologie auf das Leben angewandt unter kurzer Andeutung ihrer Grundlagen und unter Berücksichtigung des CIC sowie der deutschen, österreichischen und schweizerischen Rechtes. [18]1961, Nr.96.
4 Ebd.

und Personale. Allerdings stellt sich hier die Frage, was unter dem sittlich Richtigen genauer zu verstehen ist. Kann man von »sittlich« sprechen, wenn man dabei vom Subjektiven, von Intention und freiem Wollen abstrahiert? Umgekehrt kommt dann in einer solchen Perspektive bei der Behandlung des negativen Handelns das Übel, nicht aber eigentlich die Sünde als Verneinung der Beziehung zu Gott in den Blick.

Es gibt Fälle, wo für sittliches Versagen der äußere Sachverhalt einer Handlung deutlich in den Hintergrund tritt. Man denke etwa an das Annehmen seines Schicksals. Jeder Mensch hat Grenzen und Schwächen, die ihm von Natur her aufgegeben sind. Es ist eine wichtige ethische Frage, wie man damit umgeht. Denn das Jasagen oder Neinsagen zu sich selbst, ist entscheidend für die Liebesfähigkeit eines Menschen. Wer sich selbst nicht annimmt, der kann auch andere nicht lieben. Die eigentliche sittliche Entscheidung fällt bei dieser grundlegenden Aufgabe und nicht erst dort, wo eine ganz konkrete Norm zu befolgen ist. Das Maß eines sittlichen Versagens in der Annahme seiner selbst ist aber offensichtlich nicht an äußeren, objektiven Sachverhalten abzulesen.

Ein ähnliches Problem ist die Bewältigung der Vergangenheit. Es geht hier darum, früheres Tun nicht zu verleugnen oder zu verdrängen, sondern sich dazu zu bekennen und die Folgen auf sich zu nehmen. Diese Aufgabe der Wahrhaftigkeit und des Stehens zur Wirklichkeit ist viel grundlegender und ethisch folgenreicher, als etwa die Verpflichtung, in einem Gespräch über frühere Geschehnisse nicht zu lügen. Eine solche existentielle Perspektive verweist auf eine Betrachtungsweise der Sünde, wie wir sie besonders in den verschiedenen Richtungen der Tiefenpsychologie finden.[5]

Von solchen grundlegenden Fragen der personalen Reifung und der Grundhaltungen einer Persönlichkeit hängt es u. a. auch ab, wieweit sich jemand, wenn er Böses tut, mit voller innerer Zustimmung in einem unrechten Sachverhalt engagiert oder mit welchem inneren Widerstreben er dabei zu Werke geht. Es kann für eine ethische Betrachtung nicht genügen nur festzustellen, ob etwas mit voller Absicht geschehen ist. Es ist auch von Belang, wie die innere Einstellung gewachsen ist und wie sie dann auch überwunden werden kann.

Wenn die Moraltheologie einseitig bei objektiven Sachverhalten ansetzt, wenn sie nur fragt, inwiefern eine objektive Norm verletzt wurde, entgeht ihr von vornherein diese tiefere Ebene mit ihrer weitreichenden Bedeutung. Man versteht dann oft nicht die Tragik, die in einem sittlich falschen Tun liegen kann, und findet somit auch nicht die rechten Worte, um nicht zusätzlich zu verletzen. Man denke z. B. an das Reden über Suizid oder auch über Abtreibung. Es geht hier darum, nicht einfach nur zu verurteilen, sondern

---

5 Vgl. die Ausführungen über S. Freud, A. Adler und C.G. Jung in: H. Weber, Allgemeine Moraltheologie 264–274.

auch die oft sehr konflikthafte Situation ins Wort zu bringen. Die Unterscheidung zwischen einer eindeutigen objektiven Bewertung und der subjetiven Situation mit ihren Entschuldigungsgründen ist oft nicht befriedigend und kann auch als eine Doppelmoral, bzw. ein Auseinanderklaffen zwischen Moraltheologie und pastoraler Sicht gesehen werden, eine Spaltung, bei der dann oft die Moraltheologie gesetzhaft und unmenschlich erscheint. Dabei ist gerade die Sprache der Moraltheologie oft sehr verräterisch und läßt sehr wohl auf die innere Einstellung zu einer Handlung und ihrer Bewertung schließen.

Es ist festzuhalten, daß der primäre Ort des Sittlichen dort liegt, wo Freiheit entspringt, also im Zentrum der Person, und nicht in einem äußeren, objektiven Sachverhalt als solchem. Dieses Zentrum wird bei S. Freud als personale Triebsituation gesehen, bei A. Adler als ichhafte Leitlinie, bei C.G. Jung als Individuation[6]. In der Tiefe des eigenen Ich entscheidet sich die ethische Haltung der Person. Theologisch ist hier der Ansatz der Freiheit entscheidend. Dort, wo der Mensch sich in Freiheit mehr dem Guten oder mehr dem Bösen, der Liebe oder der Lieblosigkeit zuwendet, wo er also gutwillig oder böswillig ist, ist er Subjekt des Ethos.

Das Verhältnis des sittlichen Subjekts zur Objektivität

Die weitere Frage, die sich nun stellt, betrifft die genauere Klärung der Verhältnisses des sittlichen Subjekts zu den objektiven Gegebenheiten. Offenbar bestimmen letztere nicht schon für sich das sittlich Richtige oder Falsche, geschweige denn das sittlich Gute oder Böse. Sonst gäbe es nicht die kulturbedingte Vielfalt ethischer Modelle, die wir in den verschiedenen Großreligionen[7], aber auch in den wichtigsten Konfessionen und kleineren kulturellen Gebilden[8] feststellen.

Die konkreten sittlichen Normen sind zunächst von Sachnotwendigkeiten bestimmt. So könnte z. B. ein Gemeinwesen nicht existieren, wenn die Menschen sich beliebig umbringen oder belügen würden. Darüber hinaus wirken Wertvorstellungen, die in einer Gesellschaft gelten, auf die Normgestaltung ein. So wird z. B. die Frage, wieweit das Tötungsverbot gilt und wo es Ausnahmen zuläßt, davon abhängen, welchen Wert menschliches Leben

---

6   Vgl. Weber, 272.
7   Vgl. B. Gladigow (Hg.), Religion und Moral. Düsseldorf 1976. R. Italiaander (Hg.), Moral wozu? München 1972. C.H. Ratschow (Hg.), Ethik der Religionen. Ein Handbuch. Stuttgart 1980. Die verschiedenen theologischen und weltanschaulichen Ansätze begründen ein unterschiedliches Wertsystem und entsprechende Vorzugsregeln.
8   Vergleiche z.B. E. Fuchs, Soziologische und theologische Unterschiede der »katholischen« und der »protestantischen« Moral. Die Erfahrung ihrer Konfrontation in einem konfessionell gemischten Land: hier Schweiz. In: Concilium 17 (1981) 781–786.

hat, und inwiefern dieser Wert anderen Werten, etwa dem der persönlichen Ehre, der Verteidigung des Vaterlandes, der Freiheit, des Glaubens usw. untergeordnet und im Konfliktsfall preiszugeben ist. Die genauere Bestimmung der Werte in den einzelnen Kulturen geschieht nicht beliebig. Hier können sich z. B. geschichtliche Erfahrungen oder auch weltanschaulich bedingte Grundauffassungen (z. B. die Wiedergeburtslehre des Hinduismus) auswirken.

Die Werthaltung drückt sich dann in einem konkreten äußeren Tun aus. Sie teilt sich den Mitmenschen mit. Das kann selbstverständlich nicht auf eine beliebige Weise geschehen. Wie man sich in der verbalen Sprache an den Sinn vorgegebener Worte halten muß, um verstanden zu werden und wahrhaftig zu sein, so auch im sittlichen Verhalten. Man kann den andern nicht glaubhaft seines Wohlwollens versichern und sich gleichzeitig in einer Weise zu ihm verhalten, die ihm schadet, die ihn verletzt oder die er als Ablehnung verstehen muß. Würde man das ohne triftigen Grund tun, dann würde man gerade dadurch beweisen, daß es mit dem Wohlwollen nicht ernst gemeint sein kann.[9] Ein derartiges Fehlverhalten müßte dann auch auf die Einstellung zurückwirken. Denn zwischen der inneren Haltung und der äußeren Konkretisierung besteht ein Wechselverhältnis.

In dem Bestreben, seinen guten Willen auf angemessene Art objektiv darzustellen, sind verschiedene Kriterien zu beachten: Ein erstes ist, ob und inwiefern man dem Willen des andern entspricht. Ich kann dem andern nicht helfen, wenn er meine Hilfe ablehnt. Dabei sind auch Lebenserfahrungen und Traditionen zu berücksichtigen, die das Verständnis und die Verhaltensweise des Partners und meiner selbst bestimmen. Weiters ist die Struktur einer guten zwischenmenschlichen Beziehung zu beachten: Ich muß manchmal den Wünschen des andern widerstehen, wenn er mich nur ausnützen will, mich als Person nicht respektiert, wenn ich ihn durch meine Willfährigkeit nur zum Egoismus anleiten würde. Ich muß Normen und Regeln respektieren, auf die sich eine Gemeinschaft geeinigt hat, oder die die legale Autorität verkündet hat. Und schließlich muß ich die Folgen berücksichtigen, die sich voraussichtlich aus meinem Handeln aufgrund der Natur der Sache und anderer Faktoren ergeben werden.

Der spezifische Charakter der Sünde und überhaupt einer sittlichen Handlung ergibt sich nicht primär aus dem Sachverhalt, ob eine Handlung ein Übel

---

9 Deshalb scheint mir auch die Sorge kaum gerechtfertigt, die »Veritatis Splendor« Nr. 68 bezüglich der Theorie der Grundoption äußert: »Gemäß der oben skizzierten Positionen könnte der Mensch kraft einer Grundoption Gott treu bleiben, unabhängig davon, ob einige seiner Wahlentscheidungen und seiner konkreten Handlungen mit den spezifischen darauf bezogenen sittlichen Normen oder Regeln übereinstimmen oder nicht...« – Wenn die Grundoption ernst gemeint ist, und nur so kann man von einer guten Grundoption sprechen, wird es einem nicht gleichgültig sein, ob man mit seinem Handeln gegen eine Norm verstößt. Man wird dann auch nach bestem Wissen und Gewissen seiner inneren Einstellung Ausdruck verleihen.

bewirkt oder nicht, sondern aus der personalen Intention, die sich in der entsprechenden Handlung ausdrückt. Nur in dem Maße, wie eine Person lieblos, böswillig, verantwortungslos, leichtfertig, rücksichtslos usw. ist, kann von Sünde die Rede sein.

Nicht der äußere Schaden einer Handlung macht die Sünde aus, sondern die innere, böse Einstellung. Hier gilt das Wort Jesu, das zunächst von der Reinheit handelt: »Begreift ihr nicht, daß alles, was durch den Mund (in den Menschen) hineinkommt, in den Magen gelangt und dann wieder ausgeschieden wird? Was aber aus dem Mund herauskommt, das kommt aus dem Herzen, und das macht den Menschen unrein. Denn aus dem Herzen kommen böse Gedanken, Mord, Ehebruch, Unzucht, Diebstahl, falsche Zeugenaussagen und Verleumdungen.« (Mt 15, 17–19)

Die objektiven Aspekte menschlichen Handelns unterliegen nicht selten zufälligen Einflüssen. So kann es sein, daß ein leichtsinniger Autofahrer einen schweren Unfall verursacht, für den er tatsächlich verantwortlich ist, auch wenn er ihn natürlich nicht beabsichtigt hat. Es kann aber genausogut sein, daß er mit der gleichen leichtfertigen Fahrweise ohne Schaden davonkommt. Ethisch gesehen ist es möglich, daß seine Schuld in beiden Fällen gleich groß ist. Der Unterschied in der Auswirkung wurde ja nicht durch seine Absicht bewirkt, sondern durch zufällige äußere Gegebenheiten.

Umgekehrt kann es sein, daß die gleiche äußere Handlung ethisch ein sehr unterschiedliches Gewicht hat, je nachdem, ob sie z. B. guten Wissens und Gewissens oder aus böser Absicht geschieht. Man denke etwa an den Fall, wo jemand die Schuld eines andern bekannt gibt, weil er meint, um der Sache willen das tun zu müssen, oder weil er im andern Fall dem betreffenden einen Schaden zufügen will. Der objektive Sachverhalt ist in seiner sittlichen Bedeutung immer ambivalent und bekommt seine sittliche Eindeutigkeit erst durch die Intention. Man kann z. B. sein Auto bei einer roten Ampel anhalten aus Angst vor einer Kollision, vor einem Schutzmann, der in der Nähe ist, aus Gewohnheit, aus Verantwortungsbewußtsein, um beim Beifahrer den Eindruck eines gewissenhaften Fahrers zu erwecken usw. Je nachdem, welche Intention vorwiegt, wird die Handlung mehr oder weniger sittlichen Wert haben.

Es geht hier nicht nur darum, daß eine Handlung, die in sich in ihrem ethischen Wert eindeutig bestimmt ist, durch verschiedene Umstände modifiziert wird, wie das die traditionelle Lehre von den Umständen behandelt hat. Vielmehr ist schon bei der ursprünglichen theoretischen Bewertung der Handlung eine bestimmte Intention vorausgesetzt, die aber dann im konkreten Einzelfall oft nicht in diesem Sinn gegeben ist, sondern komplexer aussieht oder aus bestimmten Gründen variiert.

Um Mißverständnisse zu vermeiden, sei darauf hingewiesen, daß die einzelne Person in ihrem Handeln immer in einen sozialen Kontext hineingebunden ist. Deshalb kann sie dem konkreten Tun nicht eine beliebige Bedeutung geben, sondern hat sich immer auch vor der Umgebung zu verantworten.

Eine besonders wichtige Thematik einer personalen Sicht der Sünde und des sittlichen Handelns überhaupt ist die Frage der Grundentscheidung (»optio fundamentalis«)[10]. Denn menschliche Freiheit ereignet sich immer als Prozeß, als ein lebensgeschichtlicher Ablauf. Das Gut- oder Bösesein eines Menschen läßt sich weder aus den sachlichen Gegebenheiten einer bestimmten Situation, noch aus einer isoliert betrachteten Augenblicksentscheidung erschließen. Eine sittliche Bewertung muß deshalb immer den lebensgeschichtlichen Kontext einbeziehen. Ob jemand z. B. ein gütiger Mensch ist, läßt sich nicht aus einem isolierten Augenblicksverhalten ablesen. Dieses ist immer mehrdeutig, weil es aus sehr verschiedenen Motiven entspringen kann. Erst eine größere Zusammenschau der Lebensgeschichte macht eine eindeutigere Beurteilung einer Person und auch ihrer konkreten Handlungen möglich. Eine solche Bewertung ist allerdings immer nur in Annäherung möglich. Auch in der Grundentscheidung legt sich die menschliche Freiheit nicht völlig fest. Es bleibt immer die Möglichkeit einer Revision, etwa einer Bekehrung.

Es ist aber deutlich, daß man, wenn man Sünde grundsätzlich als böse Entscheidung, bzw. böse Haltung der menschlichen Grundentscheidung versteht, davon beim einzelnen Menschen nur in der Einzahl sprechen kann. Eine Person kann zur gleichen Zeit nicht mehrere sündhafte Grundentscheidungen treffen oder aufweisen. Wohl aber kann sich eine negative Grundentscheidung in mehreren objektiven Unrechtstaten äußern. Das ist sowohl nacheinander möglich, etwa wenn man jemanden wiederholt beleidigt, als auch gleichzeitig, wenn man mehreren Arbeitern den gerechten Lohn vorbehält. Die Grundhaltung kann in all diesen Fällen identisch sein.

Man kann in einer solchen Sicht auch von unvermeidlichen Sünden sprechen. Denn wenn man von einer Grundentscheidung ausgeht, ist klar, daß menschliches Verhalten durch vorausgehende Entscheidungen und die ihnen zugrundeliegende Haltung immer mitbestimmt ist. So kann z. B. jemand nicht in einem Augenblick sittlich vollkommen werden, auch wenn er das noch so gerne möchte und sich noch so entschieden dafür entscheidet. Seine bisherige Grundhaltung schränkt auch für die Gegenwart die Entscheidungsfreiheit ein. Weil er aber seine Grundentscheidung nicht beliebig (radikal) ändern kann, wird er oft auch nicht in der Lage sein, bestimmte Handlungen zu setzen, die ihm zwar geboten erscheinen, die aber ein Maß an sittlicher Vollkommenheit verlangen, zu dem er im Augenblick nicht fähig ist. Es kann dann sein, daß er insofern schuldig ist, als er für seine Grundhaltung verant-

---

10 H.E. Hengstenberg, Christliche Askese. Von den Ursprüngen der sittlich-religiösen Entfaltung. Heidelberg ³1948 (¹1936) 23–104; H. Reiners, Grundintention und sittliches Tun. Freiburg i.Br. 1966; K. Demmer, Die Lebensentscheidung. Ihre moraltheologischen Grundlagen. Paderborn 1974; H. Kramer, Unwiderrufliche Entscheidungen im Leben des Christen. Ihre moralanthropologischen und moraltheologischen Voraussetzungen. Paderborn 1974; F. Furger, Sittliche Praxis. Vorentscheidung – Vorsatz – Wollen. Augsburg 1973; vgl. dazu den wertvollen Überblick bei A. Regan, Grappling with the fundamental Option. In: StMor 27 (1989) 103–140 (Lit.!); sowie H. Weber, ebd. 234–244.

wortlich ist, daß er aber im Augenblick böses Tun nicht vermeiden kann, obwohl er das möchte. Hier läßt sich die nachwirkende Schuld der Vergangenheit und der gegenwärtigt gute Wille nicht präzise voneinander trennen.

Theologische Aspekte

Zum Begriff der Sünde gehört wesentlich auch eine theologische Perspektive. Inwiefern bezieht sich der Mensch in der Sünde auf Gott? Offensichtlich kann es sich dabei nicht primär um eine rationale Beziehung handeln, in der also der Mensch ausdrücklich an Gott denken würde.[11] Denn sonst könnte man eine Sünde einfach dadurch vermeiden, daß man diesen Gedanken unterläßt. Auch die Heilige Schrift versteht das nicht so. Man erinnere sich an die verschiedensten Strafandrohungen oder auch an Mt 25,45: »Was ihr für einen dieser Geringsten nicht getan habt, das habt ihr auch mir nicht getan.« Hier wird vorausgesetzt, daß sich der Mensch im Dienst am Mitmenschen oder in der Unterlassung dieses Dienstes auch auf Gott bezieht, ohne ausdrücklich an ihn zu denken.

Damit ist offenbar auch eine Interpretation ausgeschlossen, nach der es bei der Nächstenliebe darauf ankäme, den Nächsten im Sinne der Gottesliebe zu instrumentalisieren, ihn also nicht in sich, sondern nur »um Gottes willen« zu lieben. Es geht vielmehr um echte, wirkliche Liebe, die sich auf die Person des andern in sich bezieht. Aber so, wie die Nächstenliebe auch die beste Selbstliebe ist, weil sie auch den Liebenden durch die interpersonale Beziehung beglückt und bereichert, ist sie gleichzeitig auch ein transzendenter Akt, der ein Ja zum Guten überhaupt, d. h. zu Gott miteinschließt. Allerdings ist dieses Ja nicht in der konkreten äußeren Handlung greifbar. Es ist eine Stellungnahme des Herzens, die sich in dieser transzendenten Dimension auch einer eindeutigen Reflexion entzieht, obwohl sie nicht außerhalb des Bereiches des Bewußtseins bleibt.

Wegen der verschiedenen Aspekte des personales Vollzuges ist die Unterscheidung von schwerer Sünde und Todsünde von großer Wichtigkeit, und ich möchte mich hier dem Vorschlag von H. Weber[12] anschließen: Unter Todsünde wird hier die Sünde verstanden, insofern sie den Verlust der heiligmachenden Gnade, den Tod des Lebens in der Gnade besagt. Damit wäre eine definitive Abwendung von Gott gemeint, die man auch als völligen Unglauben, gänzliche Verneinung der Liebe, der Hoffnung, der Gerechtigkeit, als Verabsolutierung geschaffener Wirklichkeiten, besonders des eigenen Ichs usw. bezeichnen könnte.[13] Eine solche Sünde würde dann im Falle des

---

11 Mit Recht lehnt auch »Veritatis splendor« Nr. 70 eine solche Engführung ab.
12 Allgemeine Moraltheologie 297f.

Versterbens der betreffenden Person in dieser Verfassung die endgültige Trennung von Gott, die ewige Verdammnis nach sich ziehen.

Die schwere Sünde – H. Weber spricht hier auch von »Sünde als objektivem Verstoß«[14] – würde sich hingegen mehr auf das Phänomen des Handelns beziehen, wie es sich äußerlich darstellt und wie es auch geistig erfaßbar und reflektierbar ist. Hier gibt es natürlich viele Abstufungen und Schweregrade im Übergang von schwerer und leichter Sünde. Ein Wesensunterschied ist in diesem Aspekt nicht gegeben.

Todsünde ist also eine völlige Abwendung von Gott, die auch die Verfehlung des ewigen Heiles mit sich brächte. Wann eine solche Todsünde geschieht, liegt außerhalb der Möglichkeit menschlichen Erkennens.[15] Der Mensch kann nicht mit Sicherheit und Eindeutigkeit wissen, ob er sich in der heiligmachenden Gnade befindet. Er kann das hoffen und darauf vertrauen. Aber ein Urteil darüber muß Gott überlassen bleiben.

Wenn es berechtigt ist zu zweifeln, ob je ein Mensch der ewigen Verdammnis verfallen ist oder verfallen wird, dann kann man wegen des inneren Zusammenhanges von Verdammnis und Todsünde mit dem gleichen Recht zweifeln, ob sich je ein Mensch durch eine Todsünde im Sinne des völligen Verlustes der heiligmachenden Gnade radikal von Gott abgewendet hat. Jedenfalls entzieht sich eine sichere Aussage darüber dem menschlichen Urteilen und Wissen. Weil man es nicht mit Sicherheit weiß, kann und wird man also hoffen, daß vielleicht eine solche Sünde nie geschehen ist.

Anders verhält es sich mit der »schweren Sünde«. Sie besagt ein sich objektiv darstellendes, vom Menschen beurteilbares schweres sittliches Unrecht. Dabei wird aber von einer endgültigen theologischen Bewertung des »Gnadenstandes« abgesehen. Es wird nur festgestellt, daß man sich in einer wichtigen Angelegenheit mit Wissen und Willen gegen eine sittliche Verpflichtung verfehlt hat.

Die Unterscheidung zwischen Todsünde und schwerer Sünde scheint mir notwendig zu sein, weil sie verschiedene Aspekte der Wirklichkeit meint, die nicht gleichgesetzt oder vermengt werden dürfen. Todsünde betrifft den Vollzug bzw. die Verneinung eines zentralen Aspektes der menschlichen Person, nämlich ihrer Beziehung zur transzendenten Wirklichkeit Gottes. Der Begriff der schweren Sünde läßt es offen, ob man sich mit ganzem Herzen gegen das Gute entschieden hat, hält aber die nach außen deutliche Schwere des Vergehens fest.[16] Setzt man diese Begriffe der Todsünde und der schweren

---

13 Vgl. Veritatis splendor ebd.
14 Ebd. 298.
15 Weber, ebd.298: »Ob bei einem konkreten Handeln die Entscheidung gegen das Gute einen solchen Grad an Bosheit erreicht oder die Absage an Gott oder das Gute eine solche Tiefe, daß es darüber zum Verlust der gnadenhaften Verbindung mit Gott kommt, ist weder direkt zu erkennen noch ohne jede Gefahr der Täuschung aus dem Handeln abzulesen. Ob Todsünde oder nicht, bleibt in der Tat für den Menschen unaufhebbar verhüllt und verborgen.«

Sünde gleich, dann besteht immer die Gefahr, daß man jedes äußerlich gesehen schwere Vergehen als Todsünde bewertet und damit auch ein Urteil über den Gnadenstand des Täters abgibt, das Gott allein zusteht.

Es ist durchaus sinnvoll, von mehreren schweren Sünden zu reden, die man begangen hat, es ist aber kaum zutreffend, davon zu sprechen, daß man innerhalb kurzer Zeit mehrere Todsünden begangen hat, weil ja das Gnadenleben im Menschen kaum mehrmals sterben kann, es sei denn, man habe sich inzwischen wieder mit Gott versöhnt.

Es mag sein, daß manchem solche Überlegungen innerhalb einer katholischen Moraltheologie ungewohnt erscheinen, wenngleich zu den einzelnen Aspekten eine beträchtliche Zahl angesehener Autoren angeführt werden können. Die Absicht solcher Reflexionen liegt nicht darin, die Ausführungen der Tradition geringzuschätzen, sondern darin, Einsichten der Philosophie, der Bibeltheologie, der Dogmatik usw. aufzugreifen und Aspekte, die man wohl immer empfunden hat, sprachlich genauer auszudrücken. Darüberhinaus können solche Überlegungen auch pastoral hilfreich sein. Es geht hier nicht darum, den Begriff der Sünde zu relativieren, vielleicht nicht mehr so ernst zu nehmen wie in früheren Zeiten. Vielmehr ist es notwendig, Aussagen über die Sünde besser nachvollziehbar zu machen. Das ist auch im Interesse eines biblischen Gottesbegriffes notwendig. Denn ein Gott, der einen gutwilligen Christen, der einmal am Sonntag den Gottesdienst ohne Notwendigkeit versäumt hat und dann zufällig ums Leben gekommen ist, zur ewigen Verdammnis verurteilt, ist heute für viele Christen nicht mehr verständlich, speziell nicht mehr als ein Gott des Erbarmens.

---

16 Vgl. dazu H. Weber, Allgemeine Moraltheologie 296–299 mit der dort angegebenen Literatur.

EBERHARD SCHOCKENHOFF

Das Glück der Liebe

Zum theologisch-ethischen Verständnis der Gottesliebe

Das Doppelgebot der Gottes- und Nächstenliebe gilt als die innerste Mitte des biblischen Ethos. Es wird von den drei Synoptikern nahezu gleichlautend überliefert; bei Matthäus und Lukas finden sich nur geringfügige Auslassungen und Umstellungen gegenüber der Markus-Fassung: »Höre, Israel, der Herr, unser Gott, ist der einzige Herr, darum sollst du den Herrn, deinen Gott, lieben mit ganzem Herzen und ganzer Seele, mit all deinen Gedanken und all deiner Kraft. Als zweites kommt hinzu: Du sollst deinen Nächsten lieben wie dich selbst. Kein anderes Gebot ist größer als diese beiden« (Mk 12,32). Bei Markus und Matthäus ist es Jesus, der auf die Frage eines Schriftgelehrten, der ihn auf die Probe stellen will, eingeht und selbst antwortet. Lukas dagegen gestaltet den Dialog zu einem Wechselspiel von Frage und Gegenfrage um, so daß nun der Gesetzeslehrer in der Rolle des Gefragten die Antwort selbst geben muß. In seiner Erwiderung »Du hast richtig geantwortet. Handle danach und du wirst leben« (Lk 10,28) bestätigt Jesus die Antwort des Schriftgelehrten, indem er die Segensverheißung aufgreift, die im Alten Testament den Weisungen der Tora in ihrer Gesamtheit gilt. Die Aufforderung, Gott und den Nächsten mit ganzer Kraft zu lieben, bezeichnet also nicht nur zwei einzelne Gebote, die wegen ihrer sittlichen Höhe unter der Vielzahl der alttestamentlichen Gesetzesvorschriften wie einsame Gipfel herausragen. Vielmehr meint ihr Vorzug vor den Einzelvorschriften der Tora die einschlußweise Erfüllung, die das ganze Gesetz in ihnen findet (vgl. Mk 12, 31). Das Doppelgebot der Gottes- und Nächstenliebe kann deshalb zugleich als eine inhaltliche Kurzformel und als hermeneutischer Schlüssel zum Verständnis des Gesetzes begriffen werden: »An diesen beiden Geboten hängt das ganze Gesetz samt den Propheten« (Mk 22, 40).

Das Doppelgebot zeichnet der Liebe drei Pole vor, die den äußersten Horizont umkreisen, der alle inhaltlichen Einzelforderungen umschließt: Gott, den Nächsten und das eigene Selbst. Dem entspricht der inklusive Bedeutungsgehalt des biblischen Terminus agape, der auf dem Boden des biblischen Sprachgebrauchs als eigenständige Wortschöpfung entsteht und an die Stelle der griechischen Termini eros und philia tritt. In ihrem biblischen Verständnis ist die Liebe ein dreidimensionaler Begriff, der die schöpferisch-erwählende Liebe Gottes zu seinem Volk, die erwidernde Liebe des Menschen zu Gott und, darin eingeschlossen, die Liebe der Menschen untereinander umfaßt. Diese semantische Vielschichtigkeit, die in unseren modernen Sprachen verloren ging, ist auch in dem Äquivalent der lateinischen Tradition noch enthalten. Sie prägt die Bedeutung, die der Begriff *caritas* sowohl in der scholastischen Theologie als auch in der mystischen Literatur des Mittelalters behält[1]. So kommt etwa Thomas von Aquin in seinem Tugendkanon auf eine Liste von 44 Einzeltugenden, weil er die Gottes- und Nächstenliebe trotz seiner Vorliebe für subtile Distinktionen als ein und dieselbe Tugend zählt.

Die Aufspaltung der einzelnen Bedeutungsschichten von agape/*caritas* führt in der Folgezeit auch zu einem Prozess der sachlichen Ausdifferenzierung, an dessen Ende die Frage steht, wie sich die distinkten Einzelakte der Gottesliebe, Nächstenliebe und Selbstliebe zueinander verhalten. Nicht mehr die Unterscheidung ihrer dreifachen Grundstruktur, sondern das Verständnis ihrer realen Einheit bezeichnet nun das eigentliche theologische Problem im Verständnis der Liebe. Entsprechend dem epochalen Gewicht, das die Kategorie der Mitmenschlichkeit im ethischen Bewußtsein der Gegenwart gewonnen hat, steht in der Theologie unseres Jahrhunderts auf protestantischer wie katholischer Seite die Frage im Mittelpunkt, wie Gottes- und Nächstenliebe sich zueinander verhalten. Sie gewinnt geradezu zentrale Bedeutung für das Selbstverständnis des Christentums im Gegenüber zu den unterschiedlichen Humanitätsvorstellungen der neuzeitlichen Ethik. Im Kontext einer theologisch-ethischen Grundlagenreflexion geht es dabei darum, ob und wie die Sache der Theologie gegenüber der Eigenevidenz des Ethischen noch angemessen zur Sprache kommen kann[2].

Gemessen an der Relevanz dieser Fragestellung für die denkerische Selbstvergewisserung des christlichen Glaubens nimmt das Thema dieses Beitrages einen bescheidenen Platz ein. Es beleuchtet die andere, in den gegenwärtigen Diskussionen um die Einheit von Gottes- und Nächstenliebe oft ausgeblendete Seite des biblischen Liebesgedankens und fragt danach, in welchem Verhältnis die Gottesliebe zur Selbstliebe des Menschen steht. Da das Selbst und die Person des Liebenden in dem biblischen Doppelgebot nicht als eigener Pol oder als Subjekt der Liebe aufgeführt, sondern nur *in obliquo* genannt werden (»Du sollst den Nächsten lieben *wie dich selbst*«), tritt die Frage nach der theologischen Relevanz der Selbstliebe in der Tradition der christlichen Ethik meist in den Hintergrund. Die theologiegeschichtlichen Überlegungen zur Stellung von Gottesliebe und Selbstliebe zueinander können jedoch an einigen historischen Konstellationen anknüpfen, unter denen der Streit um ihr rechtes theologisches Verständnis mit gleicher Leidenschaft als ein Streit um die Sache des Glaubens geführt wurde, wie dies in unserem

---

1   Vgl. *H. Kuhn*, Artikel »Liebe II. Bibel, Patristik und Mittelalter«, in: HWPh V, 296–303, hier: 296.
2   Vgl. dazu die kritische Aufarbeitung der Diskussion bei *A. Tafferner*, Gottes- und Nächstenliebe in der deutschsprachigen Theologie des 20. Jahrhunderts, Innsbruck 1992 und die Zusammenfassung bei *H. Weber*, Allgemeine Moraltheologie. Ruf und Antwort, Graz 1991, 66 f.

Jahrhundert für die Auseinandersetzung um den Rang der Nächstenliebe der Fall ist. An den beiden hier gewählten Beispielen – Bernhard von Clairvaux und Fénelon – wird sich zeigen, daß die Diskussion um die »reine« Gottesliebe nicht nur im Innenraum der Theologie geführt wird, sondern von erheblicher Relevanz für ein philosophisches Verständnis des christlichen Ethos ist. Falsche oder unzureichende Antworten auf die Frage nach der Stellung der Selbstliebe in der Gottesliebe können das Bild des Christentums ebenso verzeichnen wie die Reduktion der Nächstenliebe auf eine bloße Vorstufe oder einen Ausgangspunkt der Gottesliebe, der ihr den Absprung in ihr eigentliches Ziel ermöglicht.

I. Die Stufen der Gottesliebe nach Bernhard von Clairvaux

Eine frühe theologische Reflexion auf das Verhältnis von Gottes- und Selbstliebe, die in der Geschichte der christlichen Spiritualität große Bedeutung erlangte, findet sich in dem Traktat De diligendo Deum des Bernhard von Clairvaux. Der Stufenweg der Liebe, der darin analysiert wird, beschreibt zwar in seinem unmittelbaren Kontext eine spezifisch monastische Erfahrung, doch schließt die primäre Bezugnahme auf das Leben in einer Klostergemeinschaft nicht von vornherein aus, daß die dabei gewonnenen Einsichten von allgemeiner Bedeutung für das Verständnis der Liebe sind. Ulrich Köpf hat in seiner Monographie »Religiöse Erfahrung in der Theologie Bernhards von Clairvaux« gezeigt, daß die von Bernhard beschriebenen geistlichen Erfahrungen grundsätzlich allen Christen möglich sind, auch wenn dazu bestimmte individuelle Voraussetzungen erfüllt sein müssen. Aufgrund dieses Lebensbezuges, der ein durchgängiges Charakteristikum von Bernhards Theologie ist, bietet sich seine Schrift über die Gottesliebe einer theologisch-ethischen Untersuchung also durchaus an, zumal die Bedeutung des in der allgemeinen Lebensführung Erfahrbaren für Bernhard auch im höchsten geistlichen Erleben nicht ausgeblendet werden darf[3]. Dementsprechend richtet sich seine Abhandlung auch nicht vorrangig an Mitglieder seiner eigenen Ordensgemeinschaft oder an auswärtige Mönche. Sie dient vielmehr der Beantwortung einer Liste von Fragen, die Bernhard von Kardinal Haimerich, dem Kanzler der römischen Kurie, erhalten hat. Der Zeitpunkt ihrer Abfassung muß also innerhalb der Eckdaten von dessen Amtszeit (1126–1141) liegen, wobei aufgrund stilistischer Kriterien wahrscheinlich eher die zweite Hälfte dieses Zeitraumes anzunehmen ist[4]. In seiner Antwort geht Bernhard

---

3 Vgl. U. Köpf, Religiöse Erfahrung in der Theologie Bernhards von Clairvaux, Tübingen 1980, 24 ff; 39; 110.

4 Vgl. dazu D. Farkasfalvy, Einleitung zu De diligendo Deum, in: Bernhard von Clairvaux, Sämtliche Werke lateinisch/deutsch I (hg. von G.B. Winkler), Innsbruck 1990, 58.

nicht auf alle ihm übersandten Fragen ein, er konzentriert sich vielmehr auf das Thema der Gottesliebe, weil dieses mit besonderem Nutzen behandelt werde. Daß es für den Menschen vorteilhaft und nutzbringend ist, Gott zu lieben, steht dabei von Anfang an fest; es gibt nichts außer Gott, so heißt es im Prolog, das mit größerem Recht oder mit größerem Nutzen geliebt werden könnte[5].

Entsprechend dieses doppelten Grundes menschlicher Gottesliebe sucht Bernhard zunächst nach einer Antwort auf die erste Frage, warum wir Gott lieben sollen, oder genauer: aufgrund welchen Verdienstes (*quo suo merito*) Gott unserer Liebe würdig ist. Zur Beantwortung dieser für uns ungewöhnlich klingenden Frage entfaltet Bernhard eine weit ausgreifende Phänomenologie der religiösen Erfahrung, die bei der Dankbarkeit jedes Menschen, also auch des ungläubigen Heiden, für die natürlichen Gaben seiner leiblichen und geistigen Existenz einsetzt. »Die Vernunft und das natürliche Gerechtigkeitsgefühl drängen den Menschen, sich dem ganz hinzugeben, von dem er sich ganz empfangen hat, und er fühlt sich verpflichtet, ihn mit seinem ganzen Sein zu lieben«[6]. Mit dem geschuldeten Dank für sein natürliches Dasein empfindet der Mensch aber auch eine tiefe Beunruhigung, weil die Sehnsucht seines Herzens über alle endlichen Güter hinausgreift und jede erreichte Erfüllung zum Anlaß einer neuen, größeren Sehnsucht wird. Bernhards Analyse dieser endlosen Anstrengung des Menschen, der ständig mehr haben und mehr sein möchte, gehört ganz in die augustinische Tradition des *cor inquietum* und gewinnt doch aufgrund ihres Gespürs für die existentielle Dramatik dieser menschlichen Ursehnsucht einen durchaus eigenständigen Rang in der geistlichen Literatur. Scharf arbeitet Bernhard die unentrinnbare Paradoxie des natürlichen Menschen heraus, der durch sein eigenes Wesen zur grenzenlosen Ausweitung seines Verlangens gezwungen ist und dadurch nur Schritt um Schritt in größere Angst und Unsicherheit getrieben wird. Jedes eroberte Gut weckt nämlich nicht nur das Verlangen nach dem nächsten und übernächsten Gut, es steigert auch die tiefsitzende Angst um seinen Verlust. So endet die Jagd des Menschen nach Glück in einer immer tieferen Besorgtheit um sich selbst, die alles Streben nach Besitzerwerb und Lebenssteigerung ins Leere laufen läßt: »So geschieht es, daß der in den bunten und trügerischen Freuden der Welt umherschweifende Sinn in fruchtloser Mühe umherirrt und ermüdet, aber nicht gesättigt wird. Das, was er heißhungrig verschlingt, scheint ihm wenig im Vergleich zu dem, was er noch nicht verschlingen konnte. Und stets begehrt er ängstlicher, was noch fehlt, als er das fröhlich besitzt, was ihm zur Verfügung steht«[7]. Alle Dinge dieser Welt tragen ein Versprechen an sich,

---

5   De diligendo Deum I, 1 (hg. von *G.B. Winkler* I, 76): »sive quia nihil iustius, sive quia nil diligi fructuosius potest«. Vgl. auch De diligendo DeumVI, 16.
6   De diligendo Deum V, 14 (I, 98): »Illum ratio urget et iustitia naturalis totum se tradere illi, a quo se totum habet, et ex se toto debere diligere«.
7   De diligendo Deum VII, 18 (I, 106).

das sie am Ende nicht erfüllen können. »Wer nämlich kann alles erlangen? Gleichwohl besitzt jeder das Geringe, das er mit Mühe erlangt hat, nur in Angst, da er ja nicht sicher sein kann, wann er es unter Schmerzen wieder verliert. Nur dessen muß er sich sicher sein, daß er es irgendwann einmal verlieren wird«[8].

Die sinnlose Jagd nach dem stets von neuem enttäuschenden irdischen Glück zeigt sich so als eine Kette absurder Eroberungen. Sie ist prinzipiell unabschließbar und bleibt dennoch stets vergebens, solange im Menschen das Gesetz der Begierde steckt, »nach dem er mehr das zu begehren pflegt, was er nicht hat, als das, was er hat, und er mehr Überdruß empfindet an dem, was er besitzt, als wegen dem, was ihm fehlt«[9]. Aus der heillosen Verstrickung seines Hingezogenseins zu den endlichen Gütern zeigt sich dem Menschen nur ein Ausweg: daß er an den geschaffenen Dingen vorbeigeht und sich der unendlichen Quelle selbst zuwendet, aus der sein Verlangen entspringt. So beginnt er, das Spiel der ständigen Enttäuschungen zu durchschauen und sich den unvergänglichen geistigen Gütern zuzuwenden, als deren Inbegriff er nun Gott zu lieben beginnt. Die Dankbarkeit des natürlichen Menschen für die Wohltaten seiner körperlichen Existenz wandelt sich bereits anfanghaft zu einer neuen Form der Liebe, die Gott nicht nur als Grund, sondern auch als Ziel entdeckt. Der Mensch liebt Gott nicht nur dafür, was er für ihn getan hat, sondern er liebt ihn als sein Ziel, in dem er seine äußerste Erfüllung findet.

Die Liebe aufgrund der empfangenen Wohltaten, die auch der gottlose Mensch seinem Schöpfer schuldet, ist so einerseits noch ichbezogene, fleischliche Liebe, doch steht sie andererseits bereits unter dem Gesetz der Gnade. Nachdem der Mensch die ersten Schritte der Rückkehr zu Gott zurückgelegt und sich ihm im Glauben geöffnet hat, erkennt er, um wieviel mehr er Gott noch lieben müßte. Der zum Glauben gekommene Mensch schuldet Gott die Liebe in weitaus höherem Maß als der noch nicht Glaubende, da er weiß, was der menschgewordene und gekreuzigte Gottesohn für ihn getan hat. Im ersten Werk der Schöpfung empfängt der Mensch das eigene Sein von Gott, im zweiten Werk der göttlichen Liebe empfängt er dagegen Gott selbst in seinem göttlichen Sein. In der Menschwerdung bietet Gott sich selbst dem Menschen dar, und in diesem Geschenk der göttlichen Liebe wird der Mensch sich ein zweites Mal gegeben, denn »da Gott sich gab, gab er mich mir zurück«[10]. Doppelt groß ist nun die Schuld des Menschen, der in sich nichts findet, das er Gott zurückerstatten könnte und angesichts seiner eigenen Geringfügigkeit verzweifelt fragt: »Wie kann ich dem Herrn all das vergelten, was er mir Gutes getan hat« (Ps 115,12)?

8 Ebd.
9 Ebd.
10 De diligendo Deum V, 15 (I, 100): »In primo opere me mihi dedit, in secundo se; et ubi se dedit, me mihi reddidit«.

Aus diesem Bedenken der eigenen Nichtigkeit führt nur ein Weg hinaus, auf dem der Mensch Gott eine adäquate Antwort geben kann: indem er sich einer grenzenlose Liebe überläßt, die ihn über die Grenzen seines eigenen Ichs hinausträgt. Das Übermaß der Liebe, mit der Gott den Menschen geliebt hat und noch immer liebt, gibt der menschlichen Liebe ihr einzig mögliches Maß, durch das sie sich Gott angleichen kann. *Modus diligendi, sine modo diligere*[11]. [Mit dieser paradoxen Einsicht in das maßlose Maß der Liebe hat Bernhard eine negative Formel gefunden, die mit dem Wortsinn der biblischen Aufforderung übereinstimmt, der Mensch solle Gott mit seinem] *ganzen* Herzen, mit *all* seinen Gedanken und seiner *ganzen* Kraft lieben. Diese grenzenlose Liebe wird von Bernhard hier jedoch zunächst nicht weiter beschrieben, das erreichte Zwischenergebnis dient ihm nur dazu, seinen Gedankengang weiterzuführen. Nachdem er nämlich die Frage nach Grund und Art der Gottesliebe beantwortet hat, die beiden ersten Punkte der theologischen Anfrage Haimerichs, kann er nun zur dritten und letzten überleiten: der Frage nach dem Ort des Lohnes in der Liebe. Gemäß dem lateinischen Doppelsinn des Wortes *modus* meint die Liebe ohne Maß ja nicht nur eine grenzenlose Liebe in *quantitativer* Richtung, sondern auch eine Liebe von *qualitativ* besonderer Art. Gott ohne Maß zu lieben, wie Bernhard das biblische Liebesgebot versteht, heißt in erster Linie, ihn ohne die Erwartung seiner Gegenliebe und ohne Voraussicht eines wie auch immer gearteten Lohnes zu lieben. »Wahre Liebe ist mit sich selbst zufrieden. Sie hat ihren Lohn: eben das, was sie liebt«[12]. Dennoch ist eine solche Liebe, die nur auf die Sache des Geliebten, nicht auf den Vorteil des Liebenden schaut, auch für diesen selbst erfüllende und beglückende Liebe. Bernhard ist damit zum Kern der Fragestellung vorgedrungen, die er zu beantworten hatte: Wie kann die grenzenlose Liebe des Menschen zu Gott noch uneigennützig und selbstlos sein, wenn er eben darin sein höchstes Glück und seine äußerste Erfüllung findet?

Die Lösung die Bernhard sucht, kann nicht darin liegen, daß er den Lohn aus der Liebe verbannt. Eine Liebe, die nicht mehr die Vollendung des Liebenden wäre, könnte weder vom Menschen aus noch von Gott her als Liebe gedacht werden. Der Mensch, der sich Gott in grenzenloser Liebe als dem höchsten Ziel seines Verlangens überläßt, findet in diesem Ziel nicht seine Vernichtung, sondern seine letzte Erfüllung[13]. Wahre Liebe kann deshalb nicht ohne Lohn sein, aber es geht ihr dennoch nicht um ihren Lohn; sie wird eben dadurch, daß sie von sich selber absieht, frei zum Empfang des Lohnes, der ihr verheißen ist. Die Stellung des Lohnes in der Liebe zeigt sich dement-

---

11 De diligendo Deum VI, 16 (I, 100): »Hic primum vide, quo modo, immo quam sine modo a nobis Deus amari meruerit … modum esse diligendi Deum, sine modo diligere.« Vgl. auch I, 1 (I, 74): »Causa diligendi Deum, Deus est; modus sine modo diligere«.

12 De diligendo Deum VII, 18 (I, 104): »Verus amor seipso contentus est. Habet praemium, sed id quod amatur«.

13 De diligendo Deum VII, 19 (I, 106): »fini dico, non consumptioni, sed consummationi.«

sprechend als eine andere, je nachdem, ob auf einer ontologischen oder einer psychologischen Ebene nach ihm gefragt wird. In der ersten Weise gehört der Lohn zur immanenten Struktur der Liebe, die ihrem eigenen Wesen nach auf die Erfüllung des Liebenden aus ist, auf der psychologischen Ebene dagegen würde jede Erwartung eines Lohnes den Rückfall der Gottesliebe auf die Stufe einer selbstbezogenen Ich-Liebe bedeuten. Dies ist der Sinn der kurzen Formel, mit der Bernhard *in nuce* seine ganze theologische Antwort auf das Problem der Gottesliebe zusammenfaßt: »Gott wird nämlich nicht ohne Lohn geliebt, obwohl er ohne den Blick auf einen Lohn geliebt werden soll«[14].

Mit dieser das ganze Mittelalter hindurch weitertradierten Sentenz nimmt Bernhard der Sache nach eine Einsicht vorweg, die später Kant in seiner berühmten Formulierung zum Ausdruck bringt, der Mensch solle nicht nach dem Glück streben, sondern darum besorgt sein, sich des Glückes würdig zu erweisen. Im theologischen Kontext der Gottesliebe ist die Forderung eines uneigennützigen ethischen Standpunktes allerdings noch problemlos mit der ontologischen Aussage verbunden, daß der Liebende selbst im absichtslosen Wegsehen von allem Lohn der Liebe die Erfüllung seines eigenen Wesens findet: »Wahre Liebe sucht keinen Lohn, aber sie verdient ihn«[15]. Dieser Lohn ist nun aber, anders als im Fall des *amor mercenarius*, durch den der Mensch wie ein Lohnarbeiter allein um seiner Entlohnung willen tätig ist, keine der Liebe äußerliche Prämie, sondern ihr inneres Ins-Ziel-Gelangen, in dem der Liebende sich selbst zurückgegeben wird. Die Liebe erhält keinen fremden, sondern ihren eigenen Lohn, nämlich die Gemeinschaft mit ihrem Ziel, dem unendlichen Gott, der sich selbst dem Menschen schenkt. Er ist es, der die Liebe des Menschen erweckt, er ist es, der den Menschen auf dem Weg der Liebe weiterführt, er ist es schließlich auch, der seine Liebe erfüllt. Nichts Besseres kann Gott ihr geben, als die Gabe, die er selber ist: »Sich selbst schenkt er als Belohnung, sich selbst hält er bereit als Lohn«[16]. So wird der Liebe ihre Erfüllung gerade dadurch zuteil, daß sie von sich selber absieht und das Werk dessen vollbringt, dem sie zugewandt ist.

Bernhard unterstreicht diese Deutung auch dort, wo er auf das dionysische Aufstiegsschema zurückgreift und den Weg der Liebe in vier Stufen beschreibt. Auf der ersten Stufe liebt der Mensch sich selbst mit einer naturhaften Eigenliebe, die zusammen mit der ebenso naturgemäßen Nächstenliebe und einer anfanghaften Gottesliebe den notwendigen Ausgangspunkt jeder Bewegung der Liebe bildet. Bernhard sieht in dieser ersten Grundform der Liebe eine ursprüngliche Gegebenheit der menschlichen Natur; sie ist keineswegs mit der sündhaften Ich-Liebe zu verwechseln, die sich von ihrer eigenen

14 De diligendo Deum VII, 17 (1, 102): »Non enim sine praemio diligitur Deus, etsi absque praemii sit intuitu diligendus«.
15 De diligendo Deum VII, 17 (I, 104): »Verus amor praemium non requirit, sed meretur«.
16 De diligendo Deum VII, 22 (I, 110): »Dives est omnibus qui invocant eum, nec tamen habet quidquam seipso melius. Se dedit in meritum, se servat in praemium«.

Dynamik auf den Nächsten hin abkapselt und in sich selbst verschließt. Er gibt sogar einen Grund dafür an, warum die Grundgestalt der Selbstliebe in dem biblischen Doppelgebot der Gottes- und Nächstenliebe wohl vorausgesetzt, aber nicht eigens genannt wird: Sie ist so sehr in das Webmuster unserer Natur hineinverstrickt, daß sie keines besonderen Gebotes bedarf. Da Bernhard andererseits aber auch die Liebe zum Nächsten und die ersten Schritte der Gottesliebe, für die es ja ein ausdrückliches Gebot gibt, in einer naturhaften Tendenz des Menschen verankert sieht, muß man ihn wohl so verstehen, daß die Selbstliebe, die dem Menschen von innen vertraute Grundform jeder Liebe ist, die sich zu einer anfanghaften Gottesliebe erweitert und darin die Liebe zum Nächsten einschließt[17].

Im Bannkreis dieser Selbstliebe bleibt die Gottesliebe auch auf ihrer zweiten Stufe noch gefangen, auf der sie Gott um des eigenen Vorteils willen liebt. Der Mensch »liebt also bereits Gott, aber vorerst nicht Gottes wegen, sondern seiner selbst wegen«[18]. Erst auf der dritten Stufe gelingt es ihm, den Kreis der Selbstliebe zu durchbrechen, um Gott uneigennützig zu lieben. Diese Form der Liebe, die Gott um seiner selbst willen liebt, nennt Bernhard eine reine, absichtslose Liebe. Sie liebt Gott nicht, weil er Gutes *tut*, sondern weil er in sich gut *ist*. Aber das Hauptaugenmerk seiner theologischen Analyse der Gottesliebe ruht nicht auf dem psychologischen Motiv der Uneigennützigkeit, sondern darauf, daß die Liebe nun selbst das Werk des Geliebten vollbringt. Sie sucht nicht mehr den eigenen Vorteil, sondern sie betreibt die Sache Jesu, die nun auch ihre eigene geworden ist. Der Mensch, der diese Stufe erreicht, liebt Gott in der gleichen Weise, wie er selbst von ihm geliebt wird und gewinnt so Anteil an der schöpferischen Dynamik der göttlichen Liebe, die überall, wohin sie fällt, Neues hervorbringt und Gutes wirkt[19]. Obgleich es ihr nicht um ihren Vorteil zu tun ist, besteht die Uneigennützigkeit einer solchen Liebe also nicht im bewußten psychologischen Absehen von ihrem eigenen Nutzen, sondern in der tätigen Hingabe an ihre Sache. Der Gegenbegriff zu dieser vollkommenen und reinen Liebe ist nicht ein ich-befangenes, absichtsgeleitetes Streben, sondern eine ineffiziente, schwärmerische und rein verbal erfolgte Beteuerung der Liebe. »Sie ist rein, da sie nicht durch Wort und Zunge erwiesen wird, sondern in Tat und Wahrheit«[20].

Erst recht meint die Absichtslosigkeit der Liebe auf dieser Stufe nicht die Vernichtung oder die Seinsberaubung des Liebenden. Eine solche ekstatische

---

17 Vgl. De diligendo Deum VII, 23–24 (I, 112 f) und dazu K. *Ruh*, Geschichte der abendländischen Mystik I. Die Grundlegung durch die Kirchenväter und die Mönchstheologie des 12. Jahrhunderts, München 1990, 230 f.

18 De diligendo Deum IX, 26 (I, 116): »Amat ergo iam Deum, sed propter se interim, adhuc non propter ipsum«.

19 De diligendo Deum IX, 26 (I, 118): Qui enim sic amat, haud secus profecto quam amatus est, amat, quaerens et ipse vicissim non quae sua sunt, sed quae Jesu Christi...«.

20 Ebd.: »Amor iste merito gratus, quia gratuitus. Castus est, quia non impenditur verbo neque lingua, sed opere et veritate«.

Selbstenteignung bleibt vielmehr der vierten Stufe vorbehalten, in der der Mensch sich *allein* um Gottes willen liebt. Auf dieser höchsten Stufe, von der Bernhard an dieser Stelle anders als in seinem übrigen Werk so spricht, als könne sie prinzipiell, wenn auch unter äußersten Schwierigkeiten, von jedem erreicht werden, lieben wir uns nicht mehr als selbständige Einzelwesen, die über ein distinktes, eigenverantwortliches Handlungszentrum verfügen. Diese Form der vollkommenen Liebe, die noch über der reinen Gottesliebe steht, ist vielmehr nur dort möglich, wo der Mensch ganz von der Erfahrung der eigenen Nichtigkeit durchdrungen ist und in dieser Selbstentäußerung zugleich erfährt, daß seine Liebeswürdigkeit nicht ihm selbst gehört, sondern ihm in einem beständigen Lebensaustausch von Gott her zuströmt[21]. In der Beschreibung dieser letzten Stufe mag Bernhards Abhängigkeit von der mystischen Tradition des Pseudo-Dionysios deutlicher durchschimmern als sonst[22]. Er verwendet an dieser Stelle in der Tat Begriffe wie »vernichten« (*annullari*), »entäußern« (*exinaniri*), »plötzlich weggerissen werden« (*raptim, ad momentum*), die in der mystischen Tradition für die völlige Selbstvergessenheit des in die Gottesschau entrückten Mystikers stehen[23]. Das eigentlich Bemerkenswerte ist jedoch nicht, daß Bernhard hier auf eine mystische Terminologie zurückgreift, die er zur Beschreibung des *amor filialis* auf der dritten Stufe noch vermeidet. Auffällig ist vielmehr, wie zurückhaltend er noch immer von der letzten Stufe der Gottesliebe spricht, auf der das Ich des Liebenden wie ein zerschlagenes Gefäß zurückgelassen wird, damit die Liebe sich in völliger Selbstauslöschung ganz in Gott hineinversenken kann.

In einem zu einem früheren Zeitpunkt verfaßten Brief an die Kartäuserbrüder, den er wegen der inhaltlichen Nähe seines Themas der Schrift »De diligendo Deum« beifügt, äußert sich Bernhard sogar ausgesprochen skeptisch über diese äußerste Möglichkeit der menschlichen Gottessuche. Darin unterscheidet er (wie auch in seinem Hohelied-Kommentar) nicht mehr vier, sondern nur drei Stufen der Gottesliebe, die er entsprechend den für sie exemplarischen biblischen Leitfiguren als die Liebe des Sklaven, des Lohnarbeiters oder des Sohnes bezeichnet. Während der Sklave seinen Herrn um dessen Macht willen fürchtet, dient ihm der Lohnarbeiter, weil er seinen eigenen Vorteil begehrt. Nur der Sohn liebt den Vater aus dem einfachen Grund, weil er der unendlich Gute ist, ohne einen eigenen Nutzen aus dieser Liebe ziehen zu wollen[24]. Diese dritte Stufe scheint Bernhard hier die höchste

---

21 Vgl. De diligendo Deum X, 27 (I, 120) und dazu *U. Köpf*, Religiöse Erfahrung, 59 f.
22 *K. Ruh*, Geschichte der abendländischen Mystik, 232 verweist mit *E. Gilson* auf die mögliche Vermittlung dionysischen Gedankengutes durch Maximus Confessor, der dem Mittelalter durch eine Übersetzung des Scotus Eriugena zugänglich war.
23 Vgl. De diligendo Deum X, 27 (I, 120).
24 Vgl. De diligendo Deum XII, 34 (I, 133): Vgl. dazu Hohelied Kommentar 50,2, wo Bernhard zwischen Anfängern, Fortschreitenden und in der Liebe Vollendeten unterscheidet, aber nur die beiden ersten Stufen für in diesem Leben erreichbar hält (vgl. *U. Köpf*, Religiöse Erfahrung, 30).

auf Erden erreichbare Vollendung der Gottesliebe zu sein; jedenfalls geht er davon aus, daß auch der vollkommen Liebende lange auf ihr stehen bleibt. Er bezweifelt darüber hinaus ausdrücklich, ob ein Mensch je die vierte Stufe der völligen Auslöschung seiner Eigenliebe erreichen kann, auf der er alles, also auch sich selbst, einzig und allein um Gottes willen liebt[25]. Die dem irdischen Menschen mögliche Vollkommenheit bleibt die Form der Liebe, die auf der dritten Stufe erreicht ist, wenn die Furcht von der Hingabe gemildert und das eigensüchtige Verlangen durch die Liebe geordnet ist[26]. Möglicherweise reflektiert Bernhard mit dieser nüchternen Einstellung gegenüber dem Phänomen der selbstvergessenen mystischen Gottesschau zugleich seine persönliche Erfahrung, die durch den Zwang zur Rückkehr zu den drängenden Aufgaben des Tages gekennzeichnet ist. Für das theologische Verständnis der Gottesliebe bedeutsamer als dieser biographische Kontext ist aber, daß Bernhards Theorie der reinen Liebe bewußt den Normalfall des Christseins vor Augen hat. Als Beschreibung eines allen Getauften offenstehenden Weges zur vollkommenen Liebe muß sie deshalb zur Auslegungsgeschichte des biblischen Doppelgebotes gerechnet werden, bevor sie unter die mystische Theologie im engeren Sinne fällt. Der Gedanke einer seinsmäßigen Annihilation des Liebenden oder seiner bewußt vollzogenen psychologischen Selbstentäußerung, wie er später in der spanischen Mystik und bei Fénelon entsteht, ist Bernhard dagegen noch fremd. An den wenigen Stellen, an denen er solche im engeren Sinn mystische Kategorien gebraucht, benennen sie weder einen habituellen Zustand noch überhaupt eine echte Möglichkeit des Menschen, sondern allenfalls eine punktuelle, zeitweilige Durchbrechung seiner irdischen Existenzweise, die für diese gerade nicht typisch ist.

II. Fénelons Theorie der reinen Liebe

Weil in ihr wichtige Themen der späteren philosophischen Ethik bereits anklingen, bietet sich als neuzeitliches Paradigma für den Zusammenhang der Gottes- und Selbstliebe vor allem die Lehre *Fénelons* (1651–1715) vom *amour pur* an. Aus dem Streit um die mystische Theorie der Gottesliebe, der im 17. Jahrhundert noch einmal die gesamte gebildete Welt Europas beschäftigte, ging Fénelon im Urteil vieler Zeitgenossen und der philosophischen Nachwelt als der eindeutige moralische Gewinner hervor, auch wenn sein erbitterter Gegenspieler *Bossuet* (1627–1704) die kirchenpolitische Auseinanderset-

---

25 De diligendo Deum XV, 39 (I, 142): »Sane in hoc gradu diu statur, et nescio si a quoquam hominum quartus in hac vita perfecte apprehenditur, ut se scilicet homo diligat tantum propter Deum«.
26 De diligendo Deum XIV, 38 (I, 140): »Implet ergo caritas legem servi, cum infundit devotionem; implet et mercenarii, cum ordinat cupiditatem«.

zung zunächst zu seinen Gunsten entscheiden konnte. Seit *H. Brémonds* »Apologie pour Fénelon« (1910) hat auch die kirchengeschichtliche Forschung ihr negatives Urteil über den Erzbischof von Cambrai revidiert[27]. Insbesondere wertet sie seine Abhängigkeit von der schon damals vielen Verdächtigungen ausgesetzten Mystikerin Madame Gouyon heute nüchterner, seinen Rang als geistlicher Begleiter vieler ratsuchender Menschen dagegen höher, als es dem klischeehaften Fénelonbild einer bossuetfreundlichen Geschichtsschreibung lange Zeit entsprach. In der philosophischen Literatur wird die Eigenständigkeit Fénelons allgemein anerkannt, seit *R. Spaemann* zeigen konnte, daß er nach der Entzweiung von Ontologie und Psychologie im neuzeitlichen Denken eine Antwort auf die bürgerliche Ethik der Selbsterhaltung formulierte, die dem denkerischen Anspruch des christlichen Glaubens besser gerecht wurde als es Bossuets individualisiertes Heilsinteresse in den psychologischen Denkkategorien seiner Zeit noch konnte[28]. Dem Ziel einer philosophischen Rehabilitierung Fénelons dient auch die mit großer Akribie gearbeitete jüngste Monographie von *H. Gouhier*, der die einzelnen Entwicklungsstadien im philosophischen und theologischen Denken Fénelons anhand seiner zentralen Themen (Schöpfung und Prädestination, Freiheit und Gnade, reine Gottesliebe, die apologetische Gotteslehre usw.) analysiert. Er brachte dabei nicht nur neues Licht in die Frühgeschichte der freundschaftlichen Beziehung zwischen Bossuet und Fénelon sowie die wahrscheinlichen Anlässe ihrer Entzweiung. Er konnte auch den Nachweis liefern, daß die entscheidenden Denkmotive, die hinter der Logik des *desinteressement* stehen, bei Fénelon bereits *vor* der Begegnung mit Madame Gouyon, nämlich in der (wahrscheinlich auf Anregung Bossuets verfaßten) »Réfutation du Systeme du P. Malebranche« sowie in den »Lettres au P. Lami« bereitliegen[29].

Die Darstellung von Fénelons Lehre über die reine Gottesliebe folgt hier nicht den »Lettres spirituelles«, in denen seine langjährige Praxis der geistlichen Begleitung ihren Niederschlag findet, sondern seinen beiden wichtigen theologischen Verteidigungsschriften, in denen er sich in systematischer Weise gegen die erhobenen Vorwürfe zur Wehr setzte. Die dem widerstrebenden Papst vom König schließlich abgerungenen Zensuren Fénelons waren nämlich so milde ausgefallen, daß sie nach heutigen Maßstäben eher als kirchenpolitisches Notopfer denn als inhaltliche Verurteilung seiner Lehre gelten können. Fénelon verlor zwar seinen Einfluß bei Hof und auf die Erziehung

---

27 Vgl. den ausgezeichneten Forschungsüberblick von *P. Manns*, Ergebnisse französischer und deutscher Fénelonforschung, in: *J. Kraus/J. Calvet (Hg.)*, Fénelon. Persönlichkeit und Werk, Baden-Baden 1953, 331–404 und die jüngste Darstellung der Kontroverse mit Bossuet bei *A. Richardt*, Fénelon, Paris 1993, 153–210.

28 Vgl. *R. Spaemann*, Reflexion und Spontaneität. Studien über Fénelon, Stuttgart ²1990.

29 Vgl. *H. Gouhier*, Fénelon Philosophe, Paris 1977, 71 f. Vgl. auch *K. Heitmann*, Artikel »Fénelon«, in: TRE XI, 81–83.

des Dauphin, nicht aber sein erzbischöfliches Amt in der Kirche. Vor allem betraf die päpstliche Zensur nur das aus der Begegnung mit Madame Gouyon hervorgegangene Werk »Maximes des Saints sur la vie interieur«, während ihm die Möglichkeit zur weiteren literarischen Wirksamkeit nicht genommen wurde. Die Bevorzugung der beiden wichtigsten Verteidigungsschriften – der an den Papst selbst gerichteten »Dissertatio de amore puro« und der für seinen Diözesanklerus geschriebenen »Instruction Pastorale« über das zensierte Werk – berücksichtigt aber nicht nur die biographische Situation Fénelons. Sie legt sich auch deshalb nahe, weil seine Lehre so in einem systematischen, von ihm selbst gewählten Zusammenhang erfaßt werden kann und weniger durch die Brille seiner theologischen Gegner verzerrt wird.

Es ist nicht einfach, in dem Verwirrspiel von Vorwürfen, Unterstellungen und apologetischen Argumentationslinien den genauen *theologischen* Kontroverspunkt zu erfassen, an dem sich der Streit zwischen Bossuet und Fénelon entzündet. Auch wenn die theologischen Sachdifferenzen nicht der primäre Anlaß zu der ganzen Auseinandersetzung waren, sondern vordergründigere kirchenpolitische Strategien und pastorale Zielsetzungen legitimieren sollten, standen dabei durchaus Fragestellungen von grundsätzlicher Tragweite für das theologische Verständnis der Liebe auf dem Spiel. Im letzten ging es darum, wie das Christentum seine eigene Identität unter den gewandelten Bedingungen einer neuzeitlichen Denkkonstellation bewahren kann, und zwar sowohl hinsichtlich seiner dogmatischen Glaubensgestalt als auch im Blick auf eine ihr entsprechende geistliche Lebenspraxis.

Um sich die theoretische Ausgangssituation in diesem Streit zu vergegenwärtigen, geht man am besten auf ihren gemeinsamen Gewährsmann Thomas von Aquin zurück, auf dessen zentrale Texte zur Theologie der Liebe sich beide Seiten glauben berufen zu können. Thomas dachte sich das Verhältnis von Gottes- und Selbstliebe noch ganz auf der von Augustinus und Bernhard vorgezeichneten Bahn. Der Mensch soll danach Gott über alles lieben, wie der Teil eines Ganzen sich selbst nur *in* diesem Ganzen und *um* dieses Ganzen *willen* liebt, so daß die Selbstliebe von der Gottesliebe umgriffen und in diese eingeschlossen ist[30]. In seiner dem aristotelischen Freundschaftsbegriff verpflichteten Deutung der Liebe als Gottesfreundschaft kommt Thomas zu einer ähnlichen Lösung, insofern die Freundschaft zwischen Gott und Mensch in der von Gott mitgeteilten und nun gemeinsam besessenen Glückseligkeit ein Fundament hat, in dem die beiden durch einen unendlichen Abstand getrennten Partner einander gleichgeworden sind. Wirkliche Freundschaft ist nämlich nach aristotelischem Verständnis nur unter Gleichen möglich; als reale Beziehung zwischen Gott und Mensch setzt sie deshalb eine

---

30 Vgl. dazu Sth II–II 26,3. Zur kontroversen Auslegung dieses Satzes, die Thomas für eine »ekstatische« oder »psychische« Liebestheorie in Anspruch nehmen möchte, vgl. *E. Schockenhoff*, Bonum hominis. Die anthropologischen und theologischen Grundlagen der Tugendethik des Thomas von Aquin, Mainz 1987, 531 ff.

ontologische Erfüllung des Menschen durch die göttliche Selbstmitteilung voraus. Für die Beziehung des Menschen zu Gott folgt daraus, wie Thomas in einer bis heute kontrovers interpretierten Stelle ausdrücklich sagt, daß Gott nur als das erfüllende Gut des Menschen der innere Bestimmungsgrund seiner Liebe sein kann; wäre Gott in seiner unendlichen Gutheit nicht auch ein Gut *für* den Menschen, wäre er nicht der Grund seiner Liebe[31].

Bossuet hatte nun bei Thomas diese hypothetische Überlegung nicht nur aus ihrem ursprünglichen Zusammenhang gelöst, wie Fénelon zurecht bemerkt[32], sondern sie als eine Aussage über die reflektierte Motivation zur Gottesliebe gelesen und diese Interpretation in den Mittelpunkt seiner *caritas*-Lehre gestellt. Daß Gott nur als das erfüllende Gut des Menschen der Grund seiner Liebe sein kann, wird für Bossuet so unter der Hand von einer ontologischen Notwendigkeit zu einem psychologischen Axiom. Es enthält nicht weniger als die Behauptung, daß der Mensch Gott *nur* um des Glückes willen lieben kann, das er sich von der Gemeinschaft mit ihm erhofft. Die verheißene Glückseligkeit wird so nicht nur zum ontologischen Fundament, sondern zum subjektiven Motiv, das der Liebe in *jedem* ihrer Akte auch selbst bewußt ist[33]. Das Glückseligkeitsverlangen ist demnach nicht nur das stärkste Motiv und die letzte Triebfeder des menschlichen Handelns, es ist als unerläßliche Ingredienz gewissermaßen jeder einzelnen Handlung beigegeben, so daß der Mensch in allem, was er tut, um der Erreichung seines ewigen Glücks willen tätig wird. Den gleichen Sinn kann Bossuet auch dem augustinischen Begriff des *frui Deo* beilegen. Dieser meint in seiner Interpretation nicht, daß Gott um seiner selbst willen geliebt wird, weil er dem Menschen dazu eine natürliche Sehnsucht ins Herz gelegt hat. Vielmehr bezieht der Mensch alles, was er tut, umgekehrt auf seine Sehnsucht nach Glück, was zur Folge hat, daß er nichts außerhalb dieses Glücksverlangens erstreben kann und jeder einzelne Inhalt seines Wollens den jederzeit bewußten Blick auf dieses erstgewollte Glück voraussetzt[34].

In seiner Antwort geht auch Fénelon von der thomanischen Definition der *caritas* als Gottesfreundschaft aus, aber er gelangt in seiner Analyse zu einem von Bossuet radikal verschiedenen Ergebnis. Die Kommunikation in der gemeinsam besessenen Glückseligkeit, die als ontologische Voraussetzung der Gottesliebe des Menschen unbestreitbar bleibt, darf für Fénelon niemals zum *Motiv* der Freundschaft werden, denn auch die Gottesliebe kann, will sie ihrem Namen gerecht werden und echte Liebe bleiben, allein darauf aus

31 Sth II–II 26, 13 ad 3: »dato enim, per impossibile quod Deus non esset hominis bonum, non esset ei ratio diligendi«. Vgl. dazu Dissertatio de amore puro I, 3 (Oeuvres complètes III, Paris 1848, 433) und *R. Spaemann*, Reflexion und Spontaneität, 90 f.
32 Dissertatio I, 3 (III, 432 f).
33 Dissertatio I, 3 (III, 429).
34 Vgl. *Bossuet*, Réponse à quatre lèttres, Nr. 9 (Oeuvres complètes IX, Paris 1845, 444); vgl. dazu Dissertatio I, 5 (III, 440).

sein, dem Geliebten Gutes zu wollen. Eine Verwechslung von ontologischem Fundament und psychologischem Motiv der Liebe erscheint Fénelon höchst absurd, denn sie hält den Liebenden in der Reflexion gefangen und hindert ihn daran, sich rückhaltlos der Spontaneität seiner Liebe zu überlassen[35]. Deshalb geht Bossuets psychologische Interpretation trotz ihrer vorgründigen Texttreue an dem Sinn der zitierten Thomasstelle vorbei. Diese ist vielmehr nur im Zusammenhang mit der grundlegenden Aussage richtig zu verstehen, daß die Liebe den Menschen Gott um seiner selbst willen lieben läßt, weil Lieben nichts anderes bedeutet, als einem anderen Gutes zu wünschen[36].

Die Verwechslung von Fundament und Motiv der Gottesliebe führt auch hinsichtlich anderer zentraler Begriffe zu folgenschweren Mißverständnissen. So wirft Fénelon seinem ihm an theologiegeschichtlichem Wissen und begrifflicher Ausdrucksstärke unterlegenen Gegenspieler vor, in seiner Thomas-Lektüre durchgängig die beiden Aspekte der Glückseligkeit durcheinander zu werfen, die in der Schultradition als *beatitudo obiectiva* (Gott selbst in seinem beseligendem Wesen) und als *beatitudo formalis* (der Empfang der göttlichen Selbstmitteilung durch den Menschen) bezeichnet werden[37]. Dies wiederum führt zu einer Zweideutigkeit im Verständnis des menschlichen Heilsinteresses, dessen theologische Rechtfertigung Bossuet als vordringliches pastorales Anliegen erscheint. Fénelon gesteht seinem bischöflichen Amtsbruder zu, daß die Sorge des gläubigen Volkes, durch ein Leben nach den Geboten Gottes und den Vorschriften der Kirche schlicht und einfach das eigene Heil zu wirken, von der Theologie nicht diskreditiert werden darf, soll doch das Streben nach einer desinteressierten Gottesliebe keineswegs zur Gleichgültigkeit gegenüber dem Heil verleiten[38]. Aber er besteht auf einer klaren Begrifflichkeit auch der religiösen Alltagssprache, die jedes affektive Besorgtsein um das eigene Heil aus dem Motiv der Gottesliebe fernhält. Sein ganzes »System« beruht darauf, so erklärt Fénelon in der Pastoralinstruktion an seinen Diözesanklerus, die Begriffe »Interesse« und »Motiv« richtig zu

---

35 Dissertatio I, 1 (III, 421): »Porro fundamentum cum motivo amicitiae non nisi absurdissime confundi potest.« Vgl. dazu und zum Folgenden vor allem *R. Spaemann*, Reflexion und Spontaneität, 38; 39–41.

36 Dissertatio I, 1 (III, 424): Fénelon interpretiert das Thomaswort: »amare *nihil* aliud sit quam velle bonum alicui« im Sinne einer bewußten Absichtslosigkeit der Liebe: »...significare charitatem ex se nullum bonum expetere nisi Deum in se perfectum, ut in eo simplicissime sistat, necque concupiscere beatitudinem formalem quae ex eo fluit.« Im weiteren Zusammenhang bezieht sich Fénelon auf Sth II–II 27,5, wo es heißt: »caritas facit hominem inhaerere Deo propter seipsum.«

37 Vgl. Dissertatio I, 2 (III, 426); I, 6 (III, 448).

38 Vgl. Instruction Pastorale sur le Livre »Explications des Maximes des Saints«, Nr. 10 (in: Oeuvres Complètes II, Paris 1848, 295). Eine solche Art der Indifferenz wäre auch für Fénelon »un renversement de l'ordre de la charité, qui nous doit toujours rendre chers à nous même pour Dieu; ce seroit une exstinction impie de toute vie intérieure, un désespoir brutal et monstrueux« (ebd.).

verstehen und ihren gefährlichen Nebenklang aus der Theorie der Gottesliebe auszuschließen.

Wo diese Begriffe in der theologischen Schulsprache für die Wirklichkeit Gottes in ihrem objektiven Gegenüber zur menschlichen Liebe stehen, *können* sie so gebraucht werden, keinesfalls aber sind sie mit dem subjektiven Willensziel der natürlichen Selbstliebe zu verwechseln[39]. Deshalb zieht Fénelon es vor, an dem Sprachgebrauch festzuhalten, den auch die Heiligen und Kirchenlehrer aller Zeiten bevorzugten, wenn sie von einer »reinen« oder »desinteressierten« Gottesliebe sprachen. Sie meinten damit keine besonders vergeistigte oder in den Höhen der Kontemplation anzutreffende Liebe, sondern die schlichte Haltung einer Hingabe, die in kindlicher Naivität um die Sache Gottes besorgt ist und darüber die reflektierte Sorge um das eigene Ich vergißt. Es kommt bei der Liebe nämlich allein darauf an, so faßt Fénelon sein spirituelles Anliegen zusammen, daß »wir sie üben, ohne besorgte Überlegungen über den Nutzen anzustellen, der uns aus ihr zukommt«[40]. Daß der Mensch in der Liebe sein eigenes Heil wirkt und so ihren Lohn empfängt, wie die Kirche immer gelehrt hat, steht auch für Fénelon außer Frage. Aber dieser Lohn wird der Liebe zuteil, indem sie den Zirkel der Selbstbezogenheit durchbricht und sich in unbefangenem Vertrauen Gott hingibt, um für seine Sache in der Welt tätig zu sein. Die Reflexion auf die eigene Zuständlichkeit hält dagegen das Ich in sich selbst gefangen und hindert den Liebenden daran, sich der Spontaneität seiner Liebe zu überlassen. Nicht das Tätigwerden der Liebe im Dienst an ihrer Sache bleibt aus dem *état passif* der Seele ausgeschlossen, wenn diese die vollkommene Indifferenz erreicht, sondern die bewußte Sorge um das eigene Heil, die sich in unablässigen Gedanken, in andauernder Unruhe und in einer alles absorbierenden Beschäftigung mit sich selbst äußert[41].

Nur weil man dieses zentrale Motiv von Fénelons Spritualität übersah, konnte man ihm den Vorwurf des Quietismus machen, sofern damit überhaupt eine theologische Sachaussage und nicht nur ein kirchenpolitisches Etikett gemeint war. Eine vorurteilsfreie Lektüre seiner geistlichen Texte, die ihn sagen läßt, was er von sich aus sagen möchte, kann seine Lehre in solchen

---

39 Vgl. Instruction Pastorale, Nr. 3 (II, 289) und Nr. 72 (II, 326).

40 Instruction Pastorale, Nr. 5 (II, 290): »...qu'on les pratique sans faire des réflexions intéressées sur l'utilité qui nous en revient.«

41 Vgl. Instruction Pastorale, Nr. 17 (VI, 298): Der *état passif* der Seele schließt das Tätigwerden der Liebe und die Mitwirkung des Menschen an der Gnade nicht aus; die in der vollkommenen Liebe überwundene Aktivität der Seele meint vielmehr »l'inquiétude et l'empressement qui sont attachés à l'affection mercenaire ou amour naturel de nous-mêmes. ... Le terme de *passiveté* est donc opposé à celui d'*activité* seulement, et on ne pourroit l' opposer à celui d'*action* ou d' *actes*, sans jeter les armes dans une oisiveté intérieure qui seroit l'extinction de toute vie chrétienne.« Vgl. auch Nr. 73 (II, 325) und die Schlußsätze seines Hirtenbriefes: »Ce que nous vous racommandons de tout notre coeur, mes très-chèrs frères, c'est d'avoir horreur de tous les vaines raffinements de perfection qui vont à laisser les âmes dans l'oisiveté intérieure.«

Schablonen dagegen kaum wiedererkennen. Fénelons Theorie vom *amour pur*, vom *état passif* und vom *desinteressement* der Liebe gehört weder in die Geschichte eines kirchlichen Ressentiments gegen die Sinnlichkeit noch in die angebliche Tradition einer christlichen Weltverleugnung. Es geht ihr auch nicht um eine besonders sublime Theorie der Gottesliebe, sondern allein darum, die Liebe aus allen Engführungen einer individualistischen Heilssehnsucht zu befreien. Selbst die Theorie von der reflektierten Einwilligung in die eigene Verdammnis verliert viel von ihrer befremdlichen Schroffheit, wenn man sich bewußt bleibt, welche Funktion sie innerhalb Fénelons Lehre von der reinen Gottesliebe hat. Sie ist darin eine hypothetische Grenzaussage, die keinesfalls die Verdammung auch nur einer einzigen Seele als von der Liebe hinzunehmendes Faktum behauptet.

Wo Fénelon die barocken Bilder der patristischen und mittelalterlichen Höllenpredigt aufgreift und ihre Spuren über die Geschichte der rheinischen und niederländischen Mystik bis hin zu Franz von Sales verfolgt, da macht er zugleich den »als ob« – Charakter ihrer hypothetischen Vergleiche deutlich. In Wirklichkeit ist kein Mensch je vor die Wahl gestellt, sich in dem sicheren Wissen gegen die himmlische Glückseligkeit und für die Hölle der eigenen Verdammnis entscheiden zu müssen, daß dies dem Willen Gottes mehr entspricht[42]. Auf der Ebene theologischer Sachaussagen ergeben die Formeln einer solchen hyperbolischen Rhetorik sowieso keinen Sinn, denn der Gedanke an ein Paradies ohne Gott erweist sich hier schlicht als Unding. Eine Promenade im Garten Eden mag als Bild sinnlicher Wonnen vorstellbar sein, ohne die Gemeinschaft mit Gott erfüllt sie jedoch keineswegs den theologischen Begriff des »Himmels«, während umgekehrt ein Zustand, in dem sich der sündige Mensch mit einem letzten Funken der göttlichen Liebe verbunden weiß, nicht »Hölle« genannt werden kann. Zudem muß auch für die Interpretation dieser symbolischen Bildersprache der allgemeine hermeneutische Grundsatz gelten, daß Metaphern und Hyperbeln von den sie tragenden theologischen Sachaussagen her zu interpretieren sind und nicht umgekehrt.

Fénelon verteidigt sich gegen den Vorwurf, das Vertrauen des gläubigen Volkes in die Heilsmittel der Kirche zu gefährden, mit dem Hinweis, daß er niemals dazu aufgefordert habe, der eigenen Verdammung zuzustimmen oder sie auch nur einen Augenblick für möglich zu halten. Man soll der göttlichen Verheißungen gleichsam absichtslos vertrauen und hoffen als erhoffe man nichts (*désirer les promesses par un désir désinteressé*), aber niemals darf man

---

42 In den »Maximes des Saints« hatte Fénelon seinen Gegenspieler Bossuet immer wieder die Stelle aus dem »Traité de L'Amour de Dieu« des *Franz von Sales* vorgehalten: Die vollkommen indifferent gewordene Seele »aimerait mieux l'enfer avec la volonté de Dieu que le Paradis sans la volonté de Dieu … en sorte que si, par imagination de chose impossible, il savait que sa damnation fût un peu plus agréable à Dieu que sa salvation, il quitterait sa salvation et courrait à sa damnation« (Buch IX, 4: Ed. Oeuvres [Gallimard] Paris 1969, 770).

glauben, von Gott verlassen zu sein[43]. Eine reale Trennung von Liebe und Seligkeit hat Fénelon nie gelehrt, auch leugnet er nicht, daß zur Liebe der Wunsch nach Glück und der Lohn der Erfüllung gehört. Worauf er jedoch mit leidenschaftlicher Schärfe besteht, ist allein, daß dieser Wunsch nach dem Glück nicht das formale Motiv der Liebe sein darf, ohne das ein Mensch weder seinen Nächsten noch Gott noch irgend ein anderes Objekt seines Begehrens jemals lieben könne[44]. Fénelon weiß sehr wohl, daß echte Liebe auch Freude am Guten hervorruft, aber es ist eines, die spontane Freude der Liebe zu empfinden (*in amando delectari*) und ein anderes, um dieser Freude willen zu lieben (*amare delectationis motivo*)[45]. Eine solche Liebe verdiente in den Augen Fénelons ihren Namen schon auf der zwischenmenschlichen Ebene nicht; sie könnte den Liebenden nicht aus dem Zirkel seiner Selbstbefangenheit befreien und zu einer wirklichen Begegnung mit dem anderen führen. Erst recht gilt sein Kampf der Übertragung eines ich-bezogenen Konzepts auf die Gottesliebe. Denn dies würde den Menschen nur ewig um sich selber kreisen lassen und ihn noch im höchsten Akt der Liebe auf das selbstbezogene Besorgtsein um die Verewigung seiner endlichen Existenz zurückwerfen[46].

Trotz ihrer gegenüber der zeitgenössischen Schulterminologie ungewohnten Sprache steht Fénelons Lehre vom *amour pur* deshalb fester in der theologischen Tradition als die Gegenposition des einflußreichen Bossuet. Auch sieht Fénelon schärfer als dieser, wie sehr die augustinische Formel von der in die Gottesliebe eingeschlossenen Selbstliebe des Menschen nach der Entzweiung von Ontologie und Psychologie die Gefahr einer Funktionalisierung Gottes für das Heilsinteresse des Menschen heraufbeschwören muß. Was er Bossuet vorwirft, ist ja gerade, daß dieser das Band einer ontologischen Kontinuität, das die Gottesliebe in der augustinischen Tradition mit der Selbstliebe verbindet[47], unbemerkt auf eine psychologische Ebene transpo-

---

43 Vgl. Instruction Pastorale, Nr. 3 (II, 288) und Nr. 10 (II, 293 f).
44 Vgl. Dissertatio I, 7 (III, 452 f): »Non enim disputatur inter nos, an charitas possit beatitudinis desiderium emittere, sed tantum an hoc desiderium sit charitati essentiale, ita ut nunquam in ullo actu, nisi beatitudinem desiderando, Deum amare posset.« Vgl. auch I, 7 (III, 461): »Illa igitur *separatio*, quam Meldensis mihi tam acerbe exprobat, est tantummodo *abstractio*, qua in suis actibus charitas ipsa Deo bene velle, aut in Deo summe perfecto sibi gratis complacere potest; etiamsi in eo praeciso actu, beatitudo comparanda non sit formalis et praecisa amandi ratio.«
45 Dissertatio I, 3 (III, 436).
46 Dissertatio I, 7 (III, 452): »Quod si haec doctrina de Deo in se inamabili, quae *serpit*, ut cancer, diuitius toleretur, sensim omnibus persuasum erit, hanc esse *naturam hominis* et *amoris essentiam*, ut homo a se incipiat, et finiat in seipso: primitus se amabit benevolo illo amore, quem Deo denegandum credit … postea vero ipsam Dei gloriam ex beatitudinis motivo seu fine appetet. Ita homo erit sibi ipsi, etiam in colendo Deum, *Alpha* et *Omega*.«
47 In Instruction Pastorale Nr. 32 (II, 305) spricht Fénelon im Blick auf das augustinische Wort vom *pondus amoris* von einer »tendance continuelle à sa béatitude« im Menschen, die als ontologische Notwendigkeit jedoch keiner bewußten Reflexion auf das eigene Heil entspricht (»Mais cette tendance n'est selon lui (Augustinus- E.S.) qu'un poids invincible, qu'une indication nécessaire et indélibérée, que l'Ecole nomme *appetitus innatus* et dont on ne doit jamais disconvenir.«)

niert und so das Ich des Liebenden in der unendlichen Reflexion seiner selbst gefangen hält. Der Preis, den Fénelon seinerseits für die Abwehr dieses Mißverständnisses bezahlen muß, ist freilich hoch genug. Er muß nun dieses Band, ohne es im mindesten leugnen zu wollen, zunächst auch selbst zerschneiden, um es in anderer Weise neu knüpfen zu können. Für diese Aufgabe hat Fénelon allerdings keine zufriedenstellende Lösung gefunden, was angesichts der Vorherrschaft einer cartesianischen Seelenlehre und der in ihrem Umfeld fast unvermeidlichen Konzentration auf die dem Ich bewußten Seelenzustände und Affekte kaum verwunderlich ist. Fénelon kann die Verbindung von Selbstliebe und Gottesliebe, die Augustinus auf die ontologische Schwerkraft des menschlichen Herzens zurückführte, nun auch seinerseits nur noch durch eine chimärenhafte psychologische Konstruktion herstellen. Sie läuft darauf hinaus, daß der Mensch, der im *état habituel de l'amour pur* jeden Eigenwillen aufgegeben hat, sich selbst mit einer neuen, von Gott befohlenen Liebe bejaht und in einem Akt der von dieser Liebe geleiteten übernatürlichen Hoffnung die eigene Seligkeit erhofft[48]. Diese theologische Hilfsbrücke gleicht jedoch, wie Fénelon selbst bemerkt, einer Quadratur des Kreises, denn es ist uns unmöglich, das eigene Heil so zu erstreben, als handle es sich dabei nicht um *unser* Heil. Jedenfalls ist es psychologisch kaum nachvollziehbar, die eigene Erfüllung nur deshalb zu wollen, weil es Gottes Willen entspricht, daß wir sie auf sein Geheiß hin erstreben[49]. In dieser um der radikalen Antinomie zwischen Gottesliebe und natürlicher Selbstliebe willen in Kauf genommenen Notlösung liegt die eigentliche Schwachstelle im theologischen System Fénelons. Auch wenn er ihr im letzten selbst verhaftet blieb, hat er die Gefährdung jedoch ungleich schärfer als Bossuet erfaßt, die der Theorie der Liebe erwächst, wenn ihre Grundannahmen aus einem ontologischen Denkhorizont herausgelöst und in die Reflexionskategorien der neuzeitlichen Bewußtseinspsychologie übersetzt werden.

III. Die dreipolige Struktur der Liebe

Die beiden geschichtlichen Beispiele, die den theologischen Zusammenhang von Gottesliebe und Selbstliebe deuten sollten, kommen sich in vielen Punkten, vor allem in der Stufenkonzeption der Liebe und im Ausschluß einer selbstbezogenen Motivation sehr nahe. Dennoch sind sie durch einen historischen Bruch des philosophischen Bewußtseins getrennt, dessen Auswirkungen sich bis in die Grundlagen des christlichen Ethos und die Theorie der Gottesliebe hinein verfolgen lassen. Für Bernhard stellt sich die Frage nach

---

48 Vgl. Instruction Pastorale, Nr. 6 (II, 291) und dazu *H. Gouhier*, Fénelon Philosophe 89 f.
49 Vgl. Instruction Pastorale, Nr. 3 (II, 289).

dem Motiv oder Interesse der Liebe, die seit der frühen Neuzeit bis hinauf zu Kant das zentrale Problem der Ethik geworden ist, noch nicht in der Schärfe, wie sie zum ersten Mal zwischen Bossuet und Fénelon entschieden wird. Aufgrund des teleologischen Wirklichkeitsverständnisses der mittelalterlichen Ontologie kann er noch davon ausgehen, daß der Mensch wie jedes Seiende seine eigene Vollendung nur in dem Ziel seiner Tätigkeit findet, also in einem Hinausgehen über sich selbst. Übertragen auf das Verhältnis von Gottes- und Selbstliebe führt dieses Axiom zu einer doppelten Konsequenz: es besagt vom Menschen her, daß die Liebe keinen fremden, ihrer eigenen Bewegung äußerlichen Lohn erwartet und von Gott her, daß er in seiner Selbstmitteilung an den Menschen in strikter Identität zugleich der Lohn seiner Liebe ist.

Beide Aussagen verlieren jedoch nach dem Ende einer teleologischen Anthropologie und der Entzweiung von Ontologie und Psychologie ihre Plausibilität.[50] Für das neuzeitliche Seinsverständnis der Selbsterhaltung, nach dem jedes Seiende darauf aus ist, seine bereits in sich selbst verwirklichte Vollkommenheit zu bewahren, wird es undenkbar, daß der Mensch in Gott, also außerhalb seiner selbst, die Vollendung findet. Der Gedanke, Gott über alles zu lieben, enthält auf diesem Hintergrund mehr als die Aufforderung zu einer psychologisch uneigennützigen Liebe. Er wird von dem Programm der Selbsterhaltung nahezu zwangsläufig in dem Sinne mißverstanden, als solle vom Menschen der Verzicht auf die Erfüllung seines endlichen Wesens verlangt werden, was durch das teleologische Naturverständnis als ontologische Unmöglichkeit gerade ausgeschlossen war. Aber auch die zweite Prämisse, daß Gott selbst als das höchste Gut des Menschen der Inhalt seines unverlierbaren Glücks wird, läßt sich nun nicht mehr aufrechterhalten. Wird das höchste Glück des Menschen in der Zusammenfassung aller irdischen Güter gesucht, die im Dienste seiner Selbsterhaltung stehen[51], so treten Glücksbegriff und Gottesgedanke weit auseinander. Gott kann dann nicht mehr als der *Inhalt* menschlichen Glücks, sondern allenfalls noch als der *Garant* seiner realen Erreichbarkeit gelten. Der Mensch erlangt sein letztes Glück dann zwar nur mit Gottes Hilfe, aber dieses besteht nicht mehr in der unverlierbaren Gemeinschaft des Menschen mit Gott. Deshalb kann der Mensch für Bossuet Gott nur lieben, sofern diese Liebe ihm zum Heil dient, deshalb zollt selbst Fénelon in der hypothetischen Trennung von Glücksverlangen und Gottesliebe, in der die Liebe auf ihren ewigen Lohn verzichtet, der ontologischen Entleerung des Glücksbegriffes seinen Tribut.

---

50 In seiner Instruction Pastorale Nr. 42 (II, 308) weist Fénelon selbst auf die innere Verwandtschaft seiner Lehre mit der Bernhards hin; näherhin präzisiert er, daß sein *état habituel* der vollkommenen Liebe Bernhards dritter Stufe des *amor purus* entspricht, da die vierte den Seligen im Himmel vorbehalten bleibt.
51 Vgl. dazu R. *Spaemann*, Reflexion und Spontaneität, 60–62.

Der philosophische Bedeutungsverlust, der die Vorstellung vom menschlichen Glück auf eine Schwundstufe ihres früheren Gehaltes reduziert, hat über die Theorie der Gottesliebe und die Deutung ihres Zusammenhangs mit der menschlichen Selbstliebe hinaus weitreichende Konsequenzen. Gleich einem System kommunizierender Röhren bereitet die Depotenzierung des Glücksbegriffs einer Funktionalisierung des Gottesgedankens den Weg, wie er in der Postulatenlehre Kants begegnen wird, in der Gott nicht mehr als das höchste Gut des Menschen, sondern nur noch als der oberste Diener des sittlichen Weltzweckes erscheint, der die Sinnhaftigkeit moralischen Handelns von seinem Ende her verbürgen soll. Die Entleerung unserer Vorstellung vom Glück hat aber auch Rückwirkungen auf das Verständnis der Liebe, die das Zueinander ihrer drei Pole – Gott, der Nächste und das Selbst des Liebenden – wieder aufs Spiel setzt. Die Hinordnung des moralischen Handelns auf die Idee eines endgültigen Gelingens und einer wesensgemäßen Vollendung des menschlichen Lebens wird nun geradezu als Ausdruck einer egoistischen Lohnerwartung diskreditiert, die den Gedanken des moralischen Sollens verfehlt und die Reinheit der sittlichen Motivation untergräbt. Das philosophische Ressentiment gegenüber dem Glück, das Fénelons Theorie der reinen Gottesliebe mit Kants Begriff eines reinen guten Willens verbindet, kann überhaupt erst entstehen, wenn dem theologischen und philosophischen Bewußtsein die wesentlichen Einsichten eines teleologischen Menschenbildes abhanden gekommen sind. Die *beatitudo* als formaler Bestimmungsgrund der menschlichen Liebe meint in der philosophischen Ethik des Mittelalters und in der theologischen Theorie der Gottesliebe noch etwas ganz anderes als später bei Bossuet und Fénelon oder bei Descartes und Kant. Die Glückseligkeit ist als innere Vollendung der Liebe weder die Summe aller körperlichen und seelischen Güter noch der harmonische Zustand eines Sinnenwesens, dem alles nach Lust und Laune gelingt[52], sondern die wesensgemäße Erfüllung des Menschen in seinem irdischen Dasein. Sowohl das endgültige Glück, wie es dem Menschen in der ewigen Gemeinschaft mit Gott verheißen ist, als auch das anfanghafte Glück, das ihm schon jetzt auf dem Weg der Liebe zuteil wird, ist für die mittelalterliche Theologie und Spiritualität der Gottesliebe nur als eine Qualität der menschlichen Person und somit als eine immanente Vollendung des Liebenden selbst denkbar.

Der Weg des moralischen Handelns in der Erfüllung der Gebote, auf dem der Mensch unter dem Anruf der Liebe seine wesensgemäße Vollendung

---

52 Dieses reduzierte Verständnis menschlichen Glücks wird etwa in *Descartes'* Brief vom 20. November 1647 greifbar, den *W. Röd*, Descartes. Die innere Genesis des cartesianischen Systems, München 1964, 203 zitiert: »Mir scheint, daß das höchste Glück aller Menschen insgesamt die Summe oder Zusammenfassung aller Güter sowohl der Seele als auch des Körpers, als auch der durch das Schicksal gegebenen Verhältnisse ist, die ein Mensch haben kann.« Auch der »feste Wille, recht zu tun« kann zu diesem Glück beitragen, allerdings vor allem »in der Befriedigung, die er erzeugt.«

erwirkt, ist demnach kein Mittel zu einem fremden Zweck, sondern ein integraler Bestandteil des ewigen Glücks[53]. Das Verhältnis von moralischem Handeln und ewiger Vollendung, um das es in der Zuordnung von Gottes- und Selbstliebe geht, ist deshalb nicht als eine instrumentelle Relation, sondern als inchoative Hinordnung auf ein Ganzes zu denken, das die menschliche Natur über sich hinausführt und im anderen ihrer selbst vollendet. So zeigt sich das moralische Handeln des irdischen Menschen auf dem Weg der Liebe als ein wesentlicher Aspekt seines Unterwegsseins zu Gott, unter dem er schon jetzt sein letztes Ziel verfolgt. Der Weg einer vernunftgemäßen Existenz, auf dem sich der Mensch von der Freude am Guten und der Spontaneität der Liebe leiten läßt und die Gebote des Gesetzes in einer nicht-gesetzlichen Weise befolgt, ist nach dieser inklusiven Bestimmung ein notwendiger Bestandteil und eine unerläßliche Voraussetzung für die Erfüllung des Menschen bei Gott. Noch besser wäre es zu sagen: das Handeln der Liebe ist selbst ein Weg und eine Weise des zerbrechlichen Glücks, das sich der Mensch in seinem irdischen Dasein in kleinen und oft auch mühsamen Schritten erwirken kann.

Dabei kommt jedoch alles darauf an, das dialektische Ineinander von Lebensverlust und Lebensgewinn, das nach der paradoxen Logik des Evangeliums den Weg der Liebe bestimmt, nach keiner Seite hin vorschnell aufzulösen. Wo die Selbstliebe (wie bei Bossuet) zum reflektierten Motiv der Gottesliebe wird, geht die ekstatische Struktur der Liebe verloren, aufgrund derer der Liebende sich nur im Hinausgehen über sich selbst wiedergeschenkt wird und seine eigene Erfüllung im spontanen, selbstvergessenen Einsatz für die Sache Gottes findet. Aber auch eine radikale Antinomie zwischen Selbstliebe und Gottesliebe, wie sie Fénelon um der Reinheit der Liebe und ihrer spontanen Hingabe willen annimmt, gefährdet die innere Balance des dreipoligen biblischen Liebesgedankens.

Das Doppelgebot der Gottes- und Nächstenliebe, in dem das christliche Ethos seine inhaltliche Konzentration und sachliche Mitte findet, kann in seiner biblischen Formulierung als die knappste Zusammenfassung dessen gelten, worauf es dem Christentum im Letzten ankommt. Dennoch stellen das theologische Verständnis des biblischen Doppelgebotes der Liebe und die begriffliche Zuordnung ihrer drei Pole eine Gratwanderung dar, auf der die theologische Ethik das Selbstverständnis des christlichen Glaubens nur allzu oft verzeichnet hat. Die Balance, die das rechte Verständnis des christlichen Ethos im Lot hält, wird zerstört, wo die Begriffe Opfer, Verzicht und Selbstverleugnung vom Hintergrund des Evangeliums als einer frohen Botschaft abgelöst werden und allein ins Zentrum rücken. Sie verdrängen dann das Wissen darum, daß der Weg der Liebe unter der Verheißung eines

---

53 Vgl. *Immanuel Kant*, KpV A 224; Theorie. Werkausgabe VII, 255 und dazu *M. Forschner*, Über das Glück des Menschen, Darmstadt 1993, 118–127.

dauerhaften und anspruchsvollen Glücks steht und daß jede christliche Ethik, die ihren biblischen Wurzeln treu bleiben möchte, im Grunde nichts anderes sein kann als eine Anleitung dafür, wie der Mensch sein wirkliches Glück findet, das am Ende hält, was es verspricht. Andererseits lehrt die Bibel und lehrt das Christentum, um es mit den Worten des zu ehrenden Jubilars zu sagen, auch nicht einfach eine »Ethik des Iniduums oder der Persönlichkeit, in der es primär um Selbstfindung und Selbstentfaltung geht«[54]. Der Interpretationsschlüssel zur theologischen Auslegung des biblischen Doppelgebotes kann deshalb nicht in einem vorausgesetzten philosophischen Konzept liegen, mag es sich dabei um das platonische Aufstiegsschema wie zur Zeit Bernhards, um den Gedanken der Selbsterhaltung des Individuums wie bei Bossuet und Fénelon oder um die Idee der Selbstverwirklichung des einzelnen handeln, die nunmehr seit bald zweihundert Jahren das ethische Denken beherrscht. Sucht man nach einem biblischen Schlüsselgedanken, der einer theologischen Analyse der Liebe den Weg weisen kann, wird man ihn am ehesten in dem Wort Jesu finden »wer sein Leben verliert, wird es gewinnen« (Mk 8, 35). Die Lehre von der reinen Gottesliebe und die aus unserer heutigen Sicht oft befremdliche Spekulation über ihr Verhältnis zur Selbstliebe des Menschen verliert viel von ihrer historischen Fremdheit, wenn sie als ein theologischer Versuch gesehen wird, dieses Wort Jesu zu verstehen.

---

54 H. *Weber*, Allgemeine Moraltheologie 64.

REINHOLD WEIER

Das theologische Frageinteresse der Schöpfungslehre

Es ist nicht so offenkundig, worin das theologische Interesse am Thema der Schöpfung begründet ist, wie man vielleicht meinen könnte. Ein Hinweis für die mögliche Verdecktheit des Interessanten und theologisch Wichtigen des Themas der Schöpfung liegt darin, daß zeitweise dieses Thema in der theologischen Literatur recht stiefmütterlich behandelt worden ist[1]. Zu Unrecht könnte auch als völlig klar erscheinen, worin die Hauptteile des Themas bestehen. Man könnte meinen, die beiden Hauptteile seien erstens die Erschaffung der Welt durch Gott und zweitens die Welt selber, also entsprechend der scholastischen Unterscheidung von creatio activa und passiva: die Schöpfungstat Gottes, und die Schöpfung im Sinn des Geschaffenen, im Sinn der Welt – als Geschaffener.

Natürlich ist die Unterscheidung zwischen creatio activa und passiva[2] eine wichtige und grundlegende Unterscheidung, aber sie deckt noch nicht, oder jedenfalls nicht genügend das Frageinteresse auf.

Am leichtesten erkennbar ist das Unzureichende der gleichwohl grundlegenden Unterscheidung zwischen Schöpfungstat und geschaffener Welt, wenn man das Interesse des Fragens nach der Welt etwas genauer ins Auge faßt.

Was ist denn das für eine Welt, an der wir Interesse haben und auch theologisch Interesse haben? Sobald die Frage so gestellt wird, kann man nicht mehr übersehen, daß Welt gar kein eindeutig bestimmter Begriff ist. Mit Welt kann man Verschiedenes bezeichnen. »Welt«, das ist unsere Welt, die heutige Welt, oder die Welt als das absolut Umgreifende, als Kosmos, als geschaffene Welt, vielleicht auch noch anderes.

Wir Menschen leben in der Welt und können nur in ihr leben: in unserer Welt. Sie ist die Situation unseres Lebens im weitesten Sinn. In ihr entfaltet sich unser Lebensweg. In ihr gehen wir den Weg des Heiles oder des Unheiles. Mit anderen Worten: das Interesse an der Welt entzündet sich an unserer Welt, an der heutigen Welt. Wieso wir dann überdies Interesse an der Welt im Ganzen haben, das ist zunächst nicht durchschaubar.

---

1 J. Auer, Die Welt – Gottes Schöpfung: Kleine Katholische Dogmatik, Bd. 3, Regensburg 1975, 23.
2 Thomas v. A., S.th., I, 45,3, ad 1 u. 2. – Fr. Diekamp, Katholische Dogmatik nach den Grundsätzen des heiligen Thomas, Bd. 2, Münster 71936. 3.

Das Thema »die geschaffene Welt« verbirgt sich zunächst hinter dem Thema »die heutige Welt«. Das heißt: das vitale Frageinteresse des heutigen Menschen geht auf die heutige Welt – zunächst!

Fangen wir nun sozusagen noch einmal von vorne an, aber vom anderen großen Hauptthema, ja sogar dem eigentlichen dogmatischen Hauptthema der Schöpfungslehre her: Gott hat die Welt erschaffen. Wir können auch mit den Worten des Apostolischen Glaubensbekenntnisses formulieren: »Ich glaube an Gott, den Vater, den Allmächtigen, den Schöpfer des Himmels und der Erde.« Zunächst könnte als überflüssig erscheinen, auch die entsprechende Formulierung im Großen Glaubensbekenntnis zu beachten. Dort heißt es: »Wir glauben an den einen Gott, den Vater, den Allmächtigen, der alles geschaffen hat, Himmel und Erde, die sichtbare und die unsichtbare Welt.« Nun schauen wir darauf, was der Glaube uns lehrt über das göttliche Tun am Anfang der Zeit.

Natürlich ist uns wichtig, Gott als den Schöpfer des Himmels und der Erde zu bekennen. Und doch kann solches Bekennen entsetzlich abflachen zu einer fast inhaltslosen abstrakt metaphysischen Aussage über den Anfang der Welt. Das abschreckende Beispiel für solche Entleerung des Glaubens ist die Position des Deismus, der Gottes Wirken überhaupt nur noch als metaphysisch unverbindliche Begründung dafür ansieht, daß die Welt existiert. Sie geht dann ihren eigenen Gang – im Grunde ohne Gott[3]. Mit der »heutigen Welt« hat solche Aussage von der Welterschaffung fast nichts mehr zu tun.

Wie bei der Frage nach der »Welt« erweist sich auch hier als notwendig, das Frageinteresse deutlicher zu beschreiben. Das ist gut möglich, wenn wir, wie das Große Glaubensbekenntnis es tut, zunächst den Einen Gott bekennen. Das kann uns nämlich darauf führen, wie die allererste Christenheit ihr Bekenntnis zum Schöpfergott gemeint hat.

Das Bekenntnis zum Einen Gott ist das, was Christen und Juden von allem Anfang an verbunden und auch gegeneinander gestellt hat. Die Christen wollten sich zum Einen Gott bekennen, wie es das Volk Israel getan hat. Sie wollten sich zu dem Einen Gott bekennen, der das Volk aus Ägypten befreit und ihm die Zehn Gebote gegeben hat. Der Eine Gott ist der rettende und helfende Gott. Im Gegensatz zu den Juden bekannten sie zugleich: Christus ist Gottes Sohn. Der immer größer werdenden Zahl der Christen, die aus dem Heidentum kamen und sich dann auch mit den Heiden auseinandersetzen mußten, lag freilich näher, Gottes helfende Fürsorge in der ganzen Welt zu betrachten[4], nicht nur in der Geschichte Israels.

---

3   J. Pohle, Lehrbuch der Dogmatik, Bd. 1, Paderborn ²1905, 406.
4   Justin d. Märtyrer († um 165), Dialog mit dem Juden Tryphon, 11,1: PG VI, 498A. – Vgl. G. Bourgeault S.J., Décalogue et moral chrétienne, Paris-Montreal 1971, 194f.

Gott ist der Vater. Wir Christen verstehen dieses Wort natürlich vor allem im Blick auf Jesus Christus, den wahren Sohn Gottes. Im Glaubensbekenntnis ist aber auch gemeint, daß Gott väterlich für seine Schöpfung sorgt[5]. Die Frage nach der Welt, so haben wir bereits gesehen, erschließt sich zuerst als Frage nach der heutigen Welt. Nun haben wir den theologisch grundlegenderen Zugang zur Frage nach der Welt gefunden: die Betrachtung der Schöpfermacht Gottes selbst.

Gegenüber dem Allmächtigen erscheint alle irdische Macht als nichtig, ja die Welt selbst hat das Nichts an sich. Sie ist aus nichts erschaffen. So bekennen es die makkabäischen Brüder im Angesicht des Tyrannen, dem sie ausgeliefert sind[6]. Zugleich begründet Gottes schöpferisches Tun die Herrlichkeit der Welt. Gott hat seine Güte und Vollkommenheit offenbaren wollen[7]. Er gibt der Schöpfung Anteil an seiner Herrlichkeit. Der Mensch ist zu seinem Ebenbild erschaffen. Die Welt ist beides zugleich: widerspiegelnd göttliche Herrlichkeit und nichtig.

Nun sind wir zum Thema der creatio passiva zurückgekehrt. Noch schließen sich die beiden Teilthemen nicht voll zusammen: das göttliche schöpferische Tun einerseits, die Welt anderseits: Denn »Welt«, das ist für unser Fragen vor allem doch heutige Welt, umgreifende Situation unseres Lebens, noch nicht das »Ganze alles Geschaffenen«.

Es erweist sich nun als fruchtbar, den Begriff der Situation, der im Zusammenhang mit der Betrachtung der heutigen Welt auftaucht, etwas näher auf den Zusammenhang mit dem Schöpfungsgeheimnis hin zu beleuchten. Das Besondere dieses Ansatzes gegenüber den beiden bisher betrachteten liegt darin, daß sich nun der Blick zentral auf den Menschen richtet. Denn Situation ist das, was den Menschen umgibt. Faßt man den Zusammenhang zwischen Situation und Mensch tiefer, so kann man sogar sagen, daß Situation und Freiheit korrelative Begriffe sind. Die Existenzphilosophie hat auf diese Weise den Situationsbegriff bereichert[8]. Situation ist das, was unsere Freiheit herausfordert[9]. Unsere Freiheit ist immer auf Situation hin ausgerichtet. Ja, unsere Freiheit schafft mit an der Situation.

Situation kann etwas Alltägliches sein, es kann auch eine sogenannte Grenzsituation sein, das wäre dann existentielle Situation im engeren Sinn. Situation kann aber auch etwas sein, was unser Dasein begleitet, so wie ein

5   J.N.D. Kelly, Altchristliche Glaubensbekenntnisse. Geschichte und Theologie, Göttingen 1972, 137.
6   2 Makk 7,28.
7   Vaticanum I, Constitutio de fide catholica, c.1 (DH 3002): ad manifestandam perfectionem suam.
8   J.-P. Sartre, Das Sein und das Nichts. Versuch einer phänomenologischen Ontologie, Hamburg 1970, 610ff.
9   Fr. Rotter, Die Gabe unseres Daseins. Das Problem der Existenzphilosophie im Blickfeld der immerwährenden Philosophie, Mainz 1962, 59ff.

Grundton, der immer mitklingt, vielleicht einmal verhallt, aber nie ganz fehlt. Solche Grundsituation sind Anfang und Ende unseres Daseins: Geburt und Tod. Die Existenzphilosophie hat den Anfang unseres Daseins besonders kraß beschrieben. Wir seien ins Dasein geworfen[10].

Was ist nun von solcher Geworfenheit ins Dasein zu halten? Erstens, daß es menschlich ernste Gründe gibt, über diesen Anfang nachzudenken[11]. Zweitens. Unser Glaube lehrt uns – über das hinaus, was auch schon die Philosophie sagen kann[12] –, daß dieser Anfang Gabe von Gott ist. Gott hat uns das Dasein gegeben, wir sind von ihm erschaffen. In lehrhafter dogmatischer Ausformung ist das nichts anderes als das, was man Kreatianismus nennt[13]. Die Paradieserzählung in Gen 2 schildert uns dasselbe mit der wichtigen Ergänzung, daß uns das Dasein geschenkt ist als Sein in einem herrlichen Garten, im Paradies. Auch das Sein in der Welt ist von Gott als Gabe gewollt.

Die Erbsündenlehre betrachtet dann, wie die Gabe unseres Daseins schicksalhaft verdüstert ist durch die Sünde und den Zorn Gottes, mit dem Gott den Sünder straft[14].

Halten wir nun inne und betrachten wir zunächst rückschauend, wie weit sich bis jetzt die innere Dynamik des Fragens nach der Schöpfung eschlossen hat.

1) Der erste Artikel des Glaubensbekenntnisses ist durchpulst vom Bekenntnis zu dem Einen rettenden und helfenden Gott, der uns seine Anordnungen gegeben hat. Diese Wahrheit wirft Licht auf die dialektische Eigenart der Geschöpfe, die zugleich göttliche Herrlichkeit wenigstens spurenweise offenbaren, anderseits aber in sich etwas von Nichtigkeit haben.

2) Das Geworfensein ins Dasein, von dem die Existenzphilosophie spricht, ist in Wahrheit Gabe des Daseins und Gabe des Seins in der Welt. Freilich ist der Mensch mit dieser Gabe nicht gut umgegangen. Die Sünde ist zum Schicksal des Menschen und der Welt geworden.

3) Der Schöpfungstat Gottes entspricht die erschaffene Welt. Was uns interessiert, ist aber – zum mindesten auf den ersten Blick – nicht die Welt im Ganzen, der Kosmos, sondern die heutige Welt, unsere Welt. So ist die Welt unsere Situation im umgreifendsten Sinn.

Die Dogmatik hat die Mehrdeutigkeit des Weltbegriffes lange Zeit nicht oder nur wenig beachtet[15]. Die Folge ist, daß dann ihre Aussagen über die Welt

---

10 M. Heidegger, Sein und Zeit, Tübingen 121972, 181.
11 Rotter, Die Gabe unseres Daseins, 113ff.
12 A.a.O., 143.
13 J. Auer, Die Welt – Gottes Schöpfung, 287.
14 Tridentinum, Decretum de peccato originali, n.2 u. 5 (DH 1512 u. 1515); Decretum de iustification, c.1 (DH 1521).
15 Zu wenig Aufmerksamkeit widmet dem Unterschied zwischen heutiger Welt und Welt als creatio passiva zum Beispiel J. Auer, Die Welt – Gottes Schöpfung, 152ff.

abstrakt bleiben müssen. Das Zweite Vatikanum hat hier ganz ausdrücklich einen Durchbruch vollzogen. In seiner Pastoralkonstitution verbindet es grundlegende Aussagen über die Schöpfung mit einer eindringenden Betrachtung der heutigen Welt.

In Artikel zwei wird von der Schöpfung gesagt: sie ist durch die Liebe des Schöpfers begründet und wird von ihr erhalten; sie ist unter die Knechtschaft der Sünde geraten; durch die Erlösungstat Christi aber von der Herrschaft des Bösen befreit. Sie ist nach Gottes Heilsratschluß dazu bestimmt, zur Vollendung zu kommen. Das ist ganz dogmatisch grundsätzlich gesagt. Dann aber folgt die ausführliche Darlegung über »Die Situation des Menschen in der heutigen Welt« (Nr. 4–10). Nebenbei gesagt: hier wird sofort der Begriff der heutigen Welt auf Situation bezogen. Heutige Welt ist im Grunde unsere Situation – nämlich im ganz umgreifenden Sinn.

Für unseren Zusammenhang genügt eine skizzenhafte Darlegung dieses Abschnittes von Gaudium et spes. Diese wird sich als hilfreich erweisen, den Zusammenhang zwischen heutiger Welt und Welt im Ganzen so zu sehen, daß auch unser Frageinteresse dabei erkennbar wird.

Der Abschnitt beginnt mit einer Darlegung über das schwankende Grundgefühl des Menschen der heutigen Zeit: Hoffnung und Angst (Nr. 4). Dieses Schwanken gründet in etwas sehr Gegensätzlichem. Der Mensch dehnt seine Macht ungeheuer aus, weiß aber nicht, welche Ausrichtung er seinem Leben geben soll[16].

Diese Aussage, die hier, das heißt am Anfang der Ausführungen gemacht wird, ist von außerordentlicher Bedeutung, nicht zuletzt auch für unsere Frage.

Nr. 5: Der tiefgreifende Wandel der Situation drängt zu methodischer Planung der Zukunft (planificatio). Die Ordnung der Dinge erscheint weniger als statisch, mehr als evolutiv. Das Schicksal der Menschen wird Eines. – Nr. 6: Wandlungen in der Gesellschaft. – Nr. 7: Psychologische, sittliche und religiöse Wandlungen. – Nr. 8: Störungen des Gleichgewichts in der heutigen Welt. – Nr. 9: Es ist die Aufgabe entstanden, eine bessere Weltordnung zu schaffen.

Das entscheidende Urteil über die Situation der Welt heute lautet: die moderne Welt kann den besten und den schlimmsten Weg gehen: zur Freiheit – zur Knechtschaft, zu Fortschritt und zu Rückschritt, zu Brüderlichkeit oder zu Haß. Und dann noch einmal eine Bemerkung über die Ausrichtung des menschlichen Lebens: die Kräfte, die der Mensch geweckt hat, können ihn zermalmen oder ihm dienen. Sie müssen richtig gelenkt werden.

---

16 Vaticanum II, Gaudium et spes, n. 4(3): de directione ei (sc. vitae sociali) imprimenda anceps haeret.

Nr. 10: Materialistische Lebensführung und Luxus, aber auch großes Elend können verhindern, die tieferen Fragen zu sehen, die sich aus der heutigen Weltsituation ergeben.

Die Konstitution enthält zwei Hauptteile. Der erste ist theologisch grundlegend. Er handelt von der Berufung des Menschen. Diese wird als integral beschrieben, das heißt, den Bereich sowohl des Natürlichen als des Übernatürlichen umgreifend. Der zweite Hauptteil nimmt Stellung zu wesentlichen Sonderfragen.

Die Konzilsväter haben erkannt, wie sehr die heutige Menschheit trotz all ihrer Fortschritte keine klare und sichere Ausrichtung ihres Strebens und Mühens gefunden hat. Solche Ausrichtung ist aber zweifellos von wesentlicher Bedeutung für die Zukunft. Man kann sich das klar machen an der thomasischen Lehre von den Kardinaltugenden. In seinen Darlegungen über die wahre Klugheit zeigt der Aquinate, wie grundlegend wichtig es ist, das Ganze des Lebens (und nicht nur einen Teilabschnitt) ins Auge zu fassen und daraufhin zu denken[17]. Nun ist aber unser Leben Leben in der (heutigen) Welt. Daher bedeutet wahre Klugheit auch, über das Ziel der (heutigen) Welt nachzudenken.

Beeindruckend hat Teilhard de Chardin über diese Zusammenhänge sich geäußert. Ihm ist klar geworden, wie wichtig es für die Menschheit sei, ein Ziel vor Augen zu haben. Ohne ein solches Ziel verliere das menschliche Streben seinen inneren Schwung[18]. Er glaubt nun ferner zeigen zu können, daß die heutige Zeit und Welt einen markanten Zeit- und Sinnabschnitt in der evolutiven Gesamtbewegung der Welt darstelle. Umgekehrt könne man aber auch sagen, daß die heutige Zeit sich erst vom Gesamtduktus dieser Bewegung her verstehen lasse[19]:

»Bei dem Zustand des Umsturzes und der Gärung, in dem sich die Welt gegenwärtig befindet, ist es sehr schwierig geworden . . ., die Bedeutung dessen, was heute auf der Erde geschieht, zu beurteilen. So viele verschiedene Bewegungen der Ideen, der Leidenschaften, der Institutionen und der Völker überschneiden sich und stoßen ringsum aufeinander, daß jeder denkende Mensch meinen könnte, das menschliche Schiff segle aufs Geradewohl dahin. Fahren wir voran? Oder treiben wir zurück? Oder werden wir ganz einfach an Ort und Stelle geschaukelt? Wir können es unmöglich entscheiden, solange wir auf der Höhe der Wasserfläche bleiben. Die Wogen verbergen uns den Horizont . . .

Um aus einer Ungewißheit herauszukommen, die unser Tun zu lähmen droht, gibt es für mich nur eine einzige Möglichkeit: Höhe gewinnen und

---

17 Thomas v. A., S.th., II–II, 47,13.
18 S.M. Daecke, Teilhard de Chardin und die evangelische Theologie. Die Weltlichkeit Gottes und die Weltlichkeit der Welt, Göttingen 1967, 377f.
19 P. Teilhard de Chardin, Ein großes Ereignis zeichnet sich ab. Die menschliche Planetisation: Werke, Bd. 5, 168f.

genügend hoch emporsteigen, damit hinter der Oberflächenunordnung der Einzelheiten die bedeutungsvolle Regelmäßigkeit irgendeines großen Phänomens sichtbar wird: Emergieren, um klar zu sehen.«

In diesem Zitat spricht Teilhard von dem Verwirrenden der gegenwärtigen geschichtlichen Stunde, aber auch davon, wie es möglich sei, zu einem Urteil zu kommen: »genügend hoch emporsteigen«, »emergieren«; das heißt, den Blick über das Nächstliegende hinaus in die Weite und besonders auch auf die Zukunft hin richten. Es ist dies eine Umschreibung und Konkretisierung dessen, was die wahre Klugheit verlangt.

Nun müssen wir achtgeben, daß wir den roten Faden unserer Überlegungen nicht verlieren. Wir haben gesehen, wie das Interesse an den Fragen der Schöpfungslehre verschiedene theologische Wurzeln hat. Die Schöpfungslehre ist gut beraten, wenn sie sich darüber Rechenschaft gibt, welche Einzelprobleme von den verschiedenen Wurzeln aus in den Blick kommen und also je von einem dezidierten Interesse getragen werden. Drei Teilbereiche sind uns zunächst erkennbar geworden. Erstens jener Bereich, der wurzelt im Bemühen, die Erschaffung der Welt durch Gott in seinen Teilproblemen zu beleuchten. Zu dem, was bereits gesagt worden ist, wäre noch hinzuzufügen, daß vor allem hier auch die Lehre von den Engeln ihren theologischen Platz hat. Gott hat Himmel und Erde erschaffen. »Himmel« bezeichnet nicht nur das sichtbare Firmament, sondern auch die unsichtbare, geistige Schöpfung der Engel.

Zweitens die ganz und gar existentielle Verwurzelung der Schöpfungsfrage in der Betrachtung der Gabe unseres Daseins. Drittens, die erschaffene Welt.

Über diesen dritten Punkt ist noch einiges zu sagen. Wir gehen aus von der Betrachtung der heutigen Welt. Die geistige Herausforderung der heutigen Zeit, sie zu verstehen, ist besonders groß wegen ihres dramatischen Gärens: ihrer Möglichkeiten und ihrer Bedrohungen. So müssen wir also versuchen, »Höhe zu gewinnen«, die Linien der Entwicklung in möglichst weitem Ausmaße zu erkennen, um die Ausrichtung der vorandrängenden Weltbewegung einigermaßen zu erahnen. Der Blick richtet sich schließlich auf das Ziel der Bewegung. Und hier schließt sich die Betrachtung der heutigen Welt mit der Betrachtung der Welt im Ganzen zusammen. Aber nicht nur das. Teilhard hat gezeigt, daß dabei ganz bestimmte geistige Haltungen wichtig werden: der »Glaube« an die Evolution, die Sympathie für sie[20]. Aber auch der christliche Glaube wird hierbei wesentlich. Er soll den »Glauben an die Welt« absichern und tragen.

Wichtige weitere Punkte werden genannt. Die Welt dränge auf Einheit hin. Nun komme alles darauf an, daß der gesellschaftlichen, wirtschaftlichen und

---

20 Teilhard de Chardin, Der Kern des Problems: Werke, Bd. 5, 351f.; ders., Die Zukunft des Menschen: Werke, Bd. 5, 283.

politischen Vereinheitlichung auch eine Reifung der Menschen in ihrem Personsein folge, daß die Liebe der Menschen untereinander wachse. Letztlich müsse sie in Christus ihr Ziel und ihre Kraft finden[21]. Gleichsam eine göttliche Atmosphäre, milieu divin[22], solle sich bilden, hindeutend auf die Wiederkunft Christi.

Die Väter des Zweiten Vatikanischen Konzils haben sich, so kann man mit Sicherheit sagen[23], von der Vision Teilhard's anregen lassen. Auch sie betonen, wie wichtig die Arbeit am irdischen Fortschritt sei, wie sie der Vorbereitung des Reiches Gottes dienen könne. Sie sprechen von einer »integralen Berufung« des Menschen[24]. Sie betonen auch, daß die Vereinigung der Menschheit in einer »personalizatio« ihre Vollendung finden müsse. Wie Teilhard erkennen sie, daß solche Einsichten ihre Kraft finden im Blick auf das letzte Ziel, wie es uns geoffenbart ist: im Blick auf den erhöhten Christus, in dem alle Entwicklung ihre Vollendung finden wird. Ganz anders als Teilhard ist ihnen freilich bewußt, daß solche Betrachtung Mühen um Weisheit ist. Sie betonen nicht nur allgemein die Bedeutung der Weisheit. Vielmehr erklären sie, daß unserer Zeit die Weisheit wichtiger sei als sie je gewesen ist. Die wahre Klugheit kommt ohne die contemplatio nicht aus[25]. –

Mit unserem Fragen sind wir hier nicht am Ende. Es wird vielmehr noch einmal weitergetrieben, und dies nach drei Richtungen, die gerade auch für die Moraltheologie wichtig sind.

1) In der Sicht Teilhard's sind auf eindringliche, ja geradezu inbrünstige und begeisterte Weise die Darlegungen über die Situation und die Entwicklung der Welt verschmolzen mit der Betrachtung jener geistigen Haltungen, Entschiedenheiten, Sympathien, Leidenschaften, um in dieser Entwicklung auch selbst mitzuwirken. Das Zweite Vatikanum spricht in Gaudium et spes ebenfalls von solchen Grundeinstellungen und dem Bemühen der Menschen[26].

Aber auch die anderen Frage-Ansätze der Schöpfungslehre drängen uns, Grundeinstellungen zu bilden. So verlangt die von Gott geschenkte Herrlichkeit der Schöpfung, daß wir Menschen ehrfürchtig und rücksichtsvoll mit ihr umgehen. Die Betrachtung unserer Nichtigkeit schützt uns davor, menschliche Macht[27] oder auch unsere eigene Freiheit absolut zu setzen. Die in

---

21 Ders., Christentum und Evolution: Werke, Bd. 10, 211ff.

22 Ders., Le milieu divin: Oeuvres, Bd. 4 = ders., Der göttliche Bereich: Werke, Bd. 2.

23 W. Klein, Teilhard de Chardin und das Zweite Vatikanische Konzil. Ein Vergleich der Pastoralkonstitution über die Kirche in der Welt von heute mit Aspekten der Weltschau Pierre Teilhards de Chardin: Abhandlungen zur Sozialethik, Bd. 8, Paderborn 1975, 111ff.

24 Gaudium et spes, n.11; 91.

25 Gaudium et spes, n. 15; 56.

26 Zusammen mit der Weisheit betont das Konzil die Notwendigkeit der Hochherzigketi: Gaudium et spes, n.31. –Die Tradition war immer überzeugt, daß echte christliche Weisheit ihre Kraft aus der Gottesliebe hat. Vgl. Thomas v. A., S.th., II–II, 45,2.

27 2 Makk, 7,28.

gewisser Weise uferlose schöpferische menschliche Freiheit ist umfangen davon, daß auch sie selbst Gabe ist. Das Sein in der Welt, das notwendig zur Freiheit gehört, ist uns anvertraut, aber auch nur anvertraut worden. Eine absolute Autokratie der Freiheit wäre »ein konkreter Selbstwiderspruch«[28]. Die Frage nach dem »schöpferischen«, »kreativen« Menschen erscheint heute manchen geradezu als das beherrschende Thema der Schöpfungslehre[29]. Die Betrachtung der Gabe unseres Daseins zeigt uns, was Paulus im ersten Kapitel des Römerbriefes so eindringlich herausstellt: daß unsere Haltung gegenüber Gott vor allem von der Dankbarkeit geprägt sein muß (vgl. Röm 1,21). Die Sündenverfallenheit der Menschheit stellt uns vor Augen, wie wir auf Gnade von Gott angewiesen sind.

2) Teilhard hat die Betrachtung der heutigen Zeit ausgeweitet zu einer Betrachtung der Entwicklung der gesamten Geschichte der Menschheit, ja sogar der gesamten Evolution. Diese seine Ausweitung hat er noch einmal transzendiert durch den Blick auf das Letzte Ziel, über das ihn der christliche Glaube belehrt hat. In Christus kommt die Weltentwicklung zur Vollendung. Die Systematik der Schöpfungslehre läßt nun leicht durchschauen, daß dieser Blick auf das Letzte Ziel nicht nur ein zweiter Schritt einer die enge Gegenwart transzendierenden Betrachtung ist, sondern alles: Zukunft, Gegenwart, Vergangenheit hier nun anders gesehen wird. Es geht gar nicht nur um Weltdynamik. Entscheidend ist das göttliche Tun: die Erschaffung der Welt durch Gott, ihre Lenkung und ihre Hinführung zum Letzten Ziel. Die Dramatik der Welt gründet sozusagen in der von Gott gewirkten Dramatik. Hans Urs von Balthasar ist von dieser Sicht tief durchdrungen und hat sie zum Thema seines letzten großen Werkes gemacht. Es ist »Theo-Dramatik«[30]. Die apokalyptischen Texte des Neuen Testamentes und näherhin besonders die Offenbarung des Johannes sprechen davon. Während die Welt ihren Gang geht und sich ganz säkular vorkommt, spielt sich der Kampf ab zwischen Gott und den Mächten der Finsternis, den teuflichen Mächten. Die Offenbarung des Johannes spricht davon, wie die geheimnisvolle Tiefe des irdischen Geschehens gewollt oder ungewollt unser Handeln mitbestimmt. Die Auseinandersetzung mit dem modernen Säkularismus hat sicher dieses »Geheimnis« der Welt zu beachten[31].

3) Die heutige Welt läßt sich betrachten als unsere Situation und als die umfassende Herausforderung unserer Freiheit. In ihr liegt ethisches Sollen

---

28 Rotter, Die Gabe unseres Daseins, 25. – Vgl. Gaudium et spes, n.20f.; A. Ganoczy, Der schöpferische Mensch und die Schöpfung Gottes, Mainz 1976, 121ff.

29 Ganoczy, a.a.O., 9.

30 H. U. v. Balthasar, Theodramatik, Bd. 1–4, Einsiedeln 1973ff. In diesem Werk zeigt v. Balthasar, wie Theodramatik sich entfaltet von der Dreifaltigkeit Gottes her. Das alte Thema des Verhältnisses der Schöpfung zum dreifaltigen Gott gewinnt bei ihm neue Eindringlichkeit: A.a.O., Bd. 4 (1983), 171ff.; 223ff.

31 Fr. Gogarten, Der Mensch zwischen Gott und Welt, Stuttgart 41967, 371ff.

begründet[32]. Wie verhält es sich dann überhaupt mit den Ordnungen der Welt, wie sie für unser Handeln maßgeblich sein sollen?

Wenn wir von der heutigen Situation ausgehen und betrachten, wie sehr in vielen Punkten die heutige Zeit anders ist als frühere Zeiten und Kulturen gewesen sind, so liegt die Versuchung nahe, nicht nur die Relativität heutiger Ordnungsvorstellungen herauszuheben, sondern anstelle der bleibenden Werte allein zu betonen. Schon Teilhard's Forderung, auf die Gesamtentwicklung zu achten, lenkt den Blick auf bleibende Regeln der evolutiven Dynamik selbst. Wichtiger aber ist, daß die Schöpfungslehre zeigt, daß alle innere Dynamik der Welt noch nicht ihr Ziel und daher auch nicht ihre Ordnung klarstellen können. Entscheidend ist letztlich das Wollen Gottes selbst, das Geheimnis seines göttlichen Ratschlusses, den er mit der Schöpfung der Welt begonnen hat zu verwirklichen.

Betrachten wir das am Beispiel der Ehe. Sie ist Schöpfungsordnung. Sie ist aber auch Ordnung, die in der heutigen Welt für uns konkret wird.

Wenn wir ihre Eigenart verstehen wollen, müssen wir »emergieren«, ganz entsprechend dem Verständnis der heutigen Welt. Wie die Welt im Ganzen innerlich auf »personalizatio«[33], das heißt auf Liebe hintendiert, so soll dies auch die Ehe und sie in einer ganz ausgezeichneten Weise. Aber die Welt im Ganzen hat auch die äußerliche, der biologischen Evolution entsprechende Seite[34]. Nur beides zusammen ist die dynamisch reale Bewegung. So nimmt auch die Ehe teil am biologischen Geschehen, sie hat den Auftrag, den Fortbestand der Menschheit zu sichern durch Zeugung von Nachkommenschaft. Das Innere und das Äußere dürfen nicht getrennt werden. Eines ohne das andere ist Abirren vom Ziel.

Die Welt ist erschaffen, um die göttliche Vollkommenheit zu offenbaren. Das ist schon ihr natürliches Ziel. Gott wollte aber von Anfang an auch, daß die Welt seinen Sohn aufnimmt, daß er in ihr Mensch wird und daß die Welt in ihm zur Vollendung gelangt. So ist sie hingeordnet auf das Übernatürliche. Die Ehe ist natürliche Gemeinschaft. Sie ist aber von Anfang an hingeordnet auf das hin, was sie in Christus geworden ist: Abbild der Verbindung zwischen Christus und der Kirche.

32 Rotter, Die Gabe, 86ff.
33 Klein, Teilhard de Chardin und das Zweite Vatikanische Konzil, 245f.; Gaudium et spes, n. 6.
34 Teilhard de Ch., Notizen über die biologische Struktur der Menschheit: Werke, Bd. 9, 268f.

IV.

PRAKTISCHE DURCHFÜHRUNG

ALFONS AUER

Ermutigung zum Altern

Theologisch-ethische Überlegungen zur letzten Lebensphase

Alte Menschen hat es immer gegeben. Neu ist, daß sie heute in größerer Zahl ein höheres Alter als je zuvor erreichen. In soziologischen Untersuchungen wird ein »Zeitalter der Hochbetagten« prognostiziert. Was muß geschehen, damit sich diese Entwicklung auf Dauer »diesseits von Freiheit und Würde« vollziehen wird? Jedenfalls kommt auf die Menschheit eine der größten Herausforderungen ihrer Geschichte zu. Man kann heute schon sagen, daß diese Herausforderung mit technologischen und sozialstrukturellen Innovationen allein nicht zu bestehen ist. Es wird einer entschiedenen Mobilisierung aller mobilisierbaren moralischen Potenzen bedürfen, damit die Gesellschaft ihrer Alten nicht schon nach wenigen Jahrzehnten in bedrohlichem Ausmaß überdrüssig wird. – In der uns zur Verfügung gestellten »Bedenkzeit« beschränken wir uns auf zwei Fragen von grundlegender Bedeutung, auf die Frage nach dem Sinn des Alterns und auf die Frage nach der möglichen Einlösung dieses Sinnes. Viele alte Menschen sind aus gesundheitlichen Gründen leider nicht mehr imstande, diese Fragen zu verstehen. Andere verstehen sie zwar, aber sie sind zu der Meinung gekommen, in ihrem Leben sei alles endgültig gelaufen; darum sollten die Moralisten sie mit ihren »spiritualistischen Albernheiten« in Ruhe lassen; es gebe nun einmal im Alter keinen »pädagogischen Neubeginn« mehr: Die Würfel seien endgültig gefallen. – Wie steht es damit?

Unsere erste Frage: Was bedeutet Altern im Ganzen unserer lebensgeschichtlichen Entwicklung? Man hat zu allen Zeiten den einzelnen Lebensphasen spezifische Sinnwerte zugesprochen. Das Kind übt im freien Spiel den Umgang mit der Wirklichkeit ein. Der junge Mensch erfährt sein Leben als Angebot und Herausforderung und sucht den Ort in der Welt, an dem er sich optimal verwirklichen kann. Die Erwachsenen sind bestrebt, Ordnung in ihre Gefühle zu bringen und das ihnen zufallende Stück Welt in ihre Verantwortung zu nehmen. Diese Lebensphasen haben in sich ihren spezifischen Sinn, bereiten den Menschen aber zugleich auf die je folgende Phase vor. Der alternde Mensch aber stößt an die unerbittliche Grenze des Sterbens: Der Ring der Verfügtheiten schließt sich. Der Mensch wurde nicht gefragt, ob er geboren werden will: er wird auch nicht gefragt, ob er sterben will. Und er muß erfahren, daß das Sterben seinem Leben nicht einfach angehängt ist wie das Amen der Predigt. Es ist ihm von Anfang an zuinnerst gegenwärtig und durchzieht seine ganze Erstreckung. »Geburt ist Sterbens Anfang«, sagt Werner Bergengruen, dann kann das Leben nur ein in die Länge gezogener Tod sein. Der Philosoph Martin Heidegger faßt das alles zusammen, wenn er das Leben insgesamt als *Sein zum Tode* betrachtet. Daß diese Formel im Hinblick auf das Altern ihr besonderes Gewicht erhält, meint der Kirchenvater Gregor der Große, wenn er den Sinn des Alterns in der »prolixitas mortis« sieht, d. h. in der zunehmenden Häufung von Sterbenselementen. Die vielen das Leben durchziehenden Hinweise auf den Tod (Enttäuschungen, Krankheiten, Abschiede) verdichten sich allmählich zur unausweichlichen Grunderfahrung, sie enthüllen sich als »Vorläufer des Todes«; als »praeambulationes mortis«, wie der Arzt Paracelsus sagte.

Zu allen Zeiten mußten die Menschen – glaubende wie nicht-glaubende – mit ihrem Altern zurechtkommen. Vielen ist es gelungen. Von den anderen hat vor 150 Jahren der große badische Sozialpolitiker Franz Joseph von Buß in einem Artikel über Versorgungsanstalten für Greise geschrieben: »Die meisten dieser Greise erscheinen gleichsam in einen lethargischen Schlaf gesunken, von Langweile und Traurigkeit gedrückt, gierig nach den wenigen noch verbliebenen erregenden sinnlichen Genüssen greifend. Die einen leben dem Trunk, die anderen alten Gewohnheitslastern; die meisten gegenseitig im Zank. Selbstsucht und Apathie streiten um die Reste eines verfallenen Daseyns ... Man glaubt auf dem Giebelfeld dieser Anstalten Dante's Inschrift auf dem Höllentor zu lesen: Ihr, die ihr eintretet, lasset jede Hoffnung«[1].

Aber das war vor 150 Jahren. *Ist heute nicht alles anders?* Die äußere Situation der alten Menschen läßt gewiß noch immer zu wünschen übrig, aber sie ist besser als je zuvor in der Geschichte. Damals war die durchschnittliche Lebenserwartung noch so niedrig, daß Altern vielfach als bloßes Warten auf den Tod verstanden wurde. Während der letzten 300 Jahre ist die durchschnittliche Lebenserwartung von 27 auf 75 Jahre angestiegen. Viele erreichen dieses oder ein noch höheres Alter in einem früher nicht vorstellbaren Zustand leiblichseelischen Wohlbefindens, viele auch eines gewissen materiellen Wohlstandes. Wir müssen dankbar sein für die enormen Leistungen der Sozialpolitik vom staatlichen Wohnungsbau bis zur kürzlich beschlossenen Pflegeversicherung. Medizinische Forschung und Therapie kommen alten Menschen viel mehr entgegen als früher; auch die seelischen Faktoren der Alterskrankheiten werden in ihrer Bedeutung sehr ernst genommen. Und welchen Aufwand treibt unsere Gesellschaft mit den verschiedenen Einrichtungen auf dem Gebiet der Unterhaltung und der Bildung bis hin zur Seniorenakademie und zur »Universität für alle«. Schließlich gibt es bei uns gottseidank noch eine Menge von Menschen, die sich der Altenpflege widmen und die auch dort noch ausharren, wo der alte Mensch senil verkümmert, wo

---

1 In: Die öffentliche Armenpflege. Band 1–3, Stuttgart 1842–1848. Hier Bd. 3, 430–441: Von den Versorgungsanstalten für die Greise und die Preßhaften.

sein Leben in belastender Eintönigkeit verläuft, seine Gefühle vertrocknen und seine Neigung, sich gehen zu lassen, ständig zunimmt. Man läßt sich in der Sorge für alte Menschen immer Besseres einfallen. So empfiehlt der Heidelberger Medizinhistoriker Heinrich Schipperges »eine neuartige Konstruktion von Großfamilien, die den alternden Menschen ihren natürlichen Ort bis zuletzt böten, ob man dies nun in Kommunen aufzieht oder als moderne Form von Wahlverwandtschaften oder wie immer man das nennen will«[2].

Doch man täusche sich nicht! *Der Tod ist nicht abgeschafft, er ist nur aufgeschoben.* Er kommt heute später als in früheren Zeiten, aber er wird in der Regel nicht durch rasch wirkende Infektionskrankheiten herbeigeführt, sondern durch chronische und degenerative Gesundheitseinbußen – und dies oft erst nach langer Krankheit und vielfachen demütigenden Abhängigkeiten. Auch die *Erfahrung der Endlichkeit* wird dem alternden Menschen nicht abgenommen. Er mag sie eine Weile verdrängen; aber er kann ihr nicht entgehen, sie gehört zum elementaren Bestand der letzten Lebensphase. Sie kommt auf ihn zu in Vorgängen der Alterung und Rückbildung, die sich im biologischen, im psychischen und im sozialen Bereich nach und nach einstellen. Innerhalb dieser normalen Verläufe ereignen sich einzelne Zuspitzungen, die bereits als partielles Sterben gedeutet werden können: Ein Zahn fällt aus; bei Diabetesnekrose stirbt ein Finger ab; bestimmte Funktionen im Bereich der Herztätigkeit, der Atmung, des Gehirns können nicht mehr reaktiviert werden. Wenn solche partiellen Sterbevorgänge ins Bewußtsein eingelassen werden, beginnt die tragende Gestimmtheit der menschlichen Existenz sich spürbar zu verändern. Bisherige Selbstverständlichkeiten zerbröckeln, eingebildete Sicherheiten werden enttäuscht. Die Rede von Endlichkeit und Vergänglichkeit oder von dem «Pilger, der hier keine bleibende Stätte hat», ist zwar von der Sonntagspredigt her als pastoral-melodramatische »Leerformel« durchaus vertraut, wurde aber allenfalls gelegentlich wie ein peinliches Nebengeräusch wahrgenommen. Nun füllt sie sich mit immer schwerer zu verdrängenden Inhalten. Leiden und Krankheiten nehmen plötzlich bedrohlichen Charakter an. Dazu kommen Erfahrungen von außen her. Der Alternde beobachtet bei anderen den Zerfall körperlicher Funktionen sowie geistiger und seelischer Strukturen. Die Todesnachrichten aus dem engeren Lebensbereich vermehren sich; die Einschläge kommen näher. Zwischen der Beobachtung solcher Vorgänge bei anderen und bei sich selbst werden »erlebnismäßige Paralellen« bemerkt. Bei sich selbst mag der Alternde noch die Gewähr von Aufschub erhoffen, aber die Rede von der Begrenztheit verliert zusehends den Charakter der Leerformel; sie läßt sich immer deutlicher durchbuchstabieren als Bezeichnung für konkrete Einschränkungen, die ihn

---

2   Vgl. H. Schipperges, Altern als Provokation – das befristete Leben als Problem, in: Arzt und Christ 20(1974) 186–204, hier 199 f.

in seinem persönlichen Lebensvollzug unerbittlich schmälern. Teilhard de Chardin handelt von ihnen unter dem Stichwort »Das Erleiden der Minderung«: »Die einen (dieser Leiden) lauerten uns auf und packten uns schon beim ersten Erwachen: angeborene Fehler, körperliche, geistige oder moralische Mängel, wodurch das Feld unserer Tätigkeit, unseres Genießens und unseres geistigen Horizonts von Geburt an und für das ganze Leben unbarmherzig begrenzt wurde. Andere Minderungen erwarteten uns später, grob wie ein Unfall oder tückisch wie eine Krankheit. Uns allen kam eines Tages zum Bewußtsein oder wird eines Tages zum Bewußtsein kommen, daß irgendeiner jener zerstörenden Vorgänge sich mitten im Mark unseres Lebens eingenistet hat. Einmal sind es die Zellen unseres Leibes, die sich auflehnen oder zerfallen. Ein andermal sind es die Elemente unserer eigenen Persönlichkeit, die ihre Harmonie verlieren oder sich selbständig zu machen scheinen. Machtlos erleben wir dann Zusammenbrüche, Aufstände, innere Gewaltherrschaften in einem Bezirk, wo kein freundlich gesinnter Einfluß uns zu Hilfe kommen kann. Selbst wenn wir das Glück haben, mehr oder weniger allen gefährlichen Arten des Ansturms zu entrinnen ..., so wartet doch eine schleichende aber wesentliche Veränderung auf uns, der wir nicht entgehen können: die Jahre, das Alter, die uns von Augenblick zu Augenblick uns selbst entreißen, um uns dem Ende entgegenzutreiben ... Im Tode fließen die plötzlichen oder allmählichen Arten des Schwindens wie in einem Meer zusammen«[3].

Vielleicht können wir nun eine Antwort wagen auf die Frage, welche Bedeutung dem Altern im Ganzen der menschlichen Lebensgeschichte zukommt. Im Alter erscheint uns in mannigfachen Erfahrungen die Endlichkeit unseres Daseins. Seine Befristung ist nicht bis zum definitiven Ende ausgesetzt; sie bleibt nicht bis zum Tod aufgehoben, sie wird vielmehr »in Raten« konkret eingeleitet. Und es bleibt uns nicht verborgen, daß sich diese Befristung in unserer Erfahrung zusehends verdichtet. Nun sagt die Ethik: Das Sittliche ist der Anspruch, den die Wirklichkeit an die menschliche Person richtet. Wir müssen also herausfinden, welche ethische Implikation mit dieser Wirklichkeit eines befristeten Daseins gesetzt ist. Es geht hier um eine allgemein menschliche Verantwortung. Der christlich Glaubende sagt zwar, seine Lebenszeit sei ihm vom Schöpfer zugewiesen. Aber diese göttliche Zuweisung erfolgt auf innerweltliche Weise. Unser Dasein ist uns durch das Medium natürlicher oder künstlicher Zeugung durch Menschen gewährt worden. Auch der Entzug unserer Lebenszeit erfolgt nicht durch unmittelbares göttliches Einwirken, sondern durch innerweltliche Vermittlungen: durch die Automatik biologischer Zerfallsprozesse oder durch menschliche Freiheitsentscheidungen. Auf jeden Fall ist die Zeitgestalt für das menschliche Dasein konstitutiv, und sie ist auf keinen Fall nur ein biologisch-chronologischer Sachverhalt, sondern eine Wirklichkeit, die einen Anspruch enthält. Der

---

3   Der göttliche Bereich, Olten-Freiburg 1962, 79–81.

Mensch muß diesen Anspruch erkennen und einlösen. Worin besteht dieser Anspruch? Die biologisch-chronologische Lebenszeit ist der Raum, und zwar der einzige Raum der menschlichen Freiheitsgeschichte. Nun ist uns Heutigen gegenüber unseren Vorfahren das Mehrfache an Lebenszeit eingeräumt. Darin liegt eine zusätzliche Verpflichtung, unsere Verantwortung für uns selbst und unsere Welt wahrzunehmen. So können wir sagen: Der Sinn des Alterns im Ganzen unserer lebensgeschichtlichen Entwicklung liegt darin, daß wir mit wachsender Entschiedenheit unserer durch den Schöpfer verfügten Einstiftung in ein begrenztes Dasein zustimmen. Für das menschliche Leben insgesamt gilt also, was Peter Handke in seinem kostbaren Prosatext »Versuch über den geglückten Tag« geschrieben hat: »Man muß ein Einverständnis mit seiner Sterblichkeit erreichen, dann vermag der Tod keinem Tag mehr das Spiel zu verderben«.

Damit haben wir schon den Umkreis der zweiten Frage betreten: »Was können und müssen wir tun, damit der Sinn des Alterns eingelöst werden kann? Eine mögliche Antwort auf diese Frage kann sich in drei Schritten vollziehen. *Erstens: Das Altern ist der letzte Aufruf zur Vollendung der persönlichen Freiheitsgeschichte.* Dieser Aufruf wird nur gehört, wenn die Zustimmung zur Endlichkeit grundsätzlich gegeben ist. Zehn bis zwanzig Jahre bleiben wir heute durchschnittlich über die berufliche Arbeitszeit hinaus am Leben. Diese uns zugefallene Zeit darf nicht ziellos vertan werden. Das Problem liegt nun darin, daß diese Zeit nicht mehr durch unsere beruflichen Verbindlichkeiten strukturiert ist. Es geschieht in ihr nur noch, was wir uns aus freier Spontanität selbst auferlegen. Der Züricher Philosoph Hermann Lübbe sagt es so: »Die Herausforderung lautet, aus der Freiheit, als die uns der Gewinn an (verfügbarer) Lebenszeit zufällt, Lebenssinn zu generieren, nämlich durch Selbstbestimmung zu sinnvollem Tun«[4].

Hier wird es auch theologisch ernst; denn der Schöpfer »hat am Anfang den Menschen erschaffen und ihn der Macht seiner eigenen Entscheidung überlassen ... Der Mensch hat Leben und Tod vor sich; was er begehrt, wird ihm zuteil« (Sir 15,14 und 17). So ist es in der Tat: Altern ist nicht nur Zerfall menschlicher Zeitgestalt; es ist nicht nur passives Erwarten des Endes – sei es mit lethargisch verschränkten Armen oder in fortgesetzter panischer Aufgeregtheit und Umtriebigkeit. Altern kann und soll vielmehr gelassen-souveräne Einlösung der noch verbliebenen und immer neu gewährten Lebensmöglichkeiten werden. Es ist die Zeit der unter dem Ernst des »Endens« mit höchster Dringlichkeit aufgerufenen »Macht der eigenen Entscheidung«, der Möglichkeit endgültiger »Selbstbestimmung zu sinnvollem Tun«.

Zweitens: Wenn Altern der letzte Aufruf Vollendung der persönlichen Freiheitsgeschichte ist, *muß unausweichlich zwischen Verweigerung oder Annahme entschieden* werden. Gewiß, kein Mensch kann sicher sein, ob nicht

---

4 Im Zug der Zeit. Verkürzter Aufenthalt in der Gegenwart, Berlin-Heidelberg 1992, 21.

leibliche Schmerzen oder seelische Verwirrtheiten und Depressionen ihm jeden Akt der Freiheit unmöglich machen. Wir tun gut daran, diese abgründige Möglichkeit noch in gesunden Tagen zu bedenken und sie in unsere Annahme des Alterns miteinzubeziehen – immer freilich hoffend, daß wir vor solchem Elend bewahrt bleiben. Wirklich schlimm aber ist es, wenn der Mensch sich der Vollendung seiner Freiheitsgeschichte fahrlässig oder gar bewußt *verweigert*, wenn er resigniert, wenn er nach einem lebbaren Sinn überhaupt nicht mehr ausschaut, sondern in panischer Angst nur noch alles zusammenrafft, was ihm an Angeboten des Selbstgenusses noch verbleibt – unentwegtes Reisen, alkoholische Ausschweifungen, erotische Wichtigtuereien, Tyrannisierung der Umwelt. Simone de Beauvoir hat in ihrem großen Werk »Das Alter«[5] nicht endenwollende Kataloge von Formen solcher Sinnverfehlung zusammengeschrieben. Sie sind kein Weg ins Freie; da warten am Ende nur Verzweiflung, Depression oder gar Neigungen zur Selbstvernichtung. Der Weg ins Freie öffnet sich nur in der *Annahme des Alterns als letzter Möglichkeit zur Vollendung der eigenen Freiheitsgeschichte.* Wo die innere Distanz zur beherrschenden Grundeinstellung des Lebens wird, findet der alte Mensch zu neuer Identität mit sich selbst und, wenn er will und ihm die Kraft dazu verblieben ist, auch zu neuem Engagement in Familie und Gesellschaft. Es ist Sache der Ethik, konkrete Programme glückenden Alterns als Orientierungshilfe anzubieten. Damit der alte Mensch seine *Identität mit sich selbst* findet und immer mehr sein ganz persönliches Leben führt, muß er, erstens, zu seinem wachsenden Einverständnis mit der zeitlichen Befristung seines Lebens kommen. Dies muß sozusagen die ethische Dominante seines Alterns werden. – Auf dieser Basis sollte er, zweitens, ein ganzheitliches Konzept seines Lebens entwerfen. Alles muß darin seinen Platz finden: Veranlagung und Herkunft, weil sie die Grundlage des Ganzen sind, die Vergangenheit, weil sie auf die Zielgestalt hin aufgearbeitet, die Zukunft, weil sie darauf hin geplant, und die Gegenwart, weil in ihr allein das Ziel angestrebt werden kann. Der alte Mensch, der mit sich selbst ins Reine kommen will, braucht einen Halt, einen Rahmen, in dem er sein immer noch von Zerstreuung und Auseinanderfall bedrohtes Leben im Maße des Möglichen zusammenfügen kann. Nur so kann er ein letztes, vor seinem Gewissen und vor seinem Gott gültiges Wort zu seinem Leben sprechen und dieses Wort auch über die immer noch gewährte Zeit hin einlösen. So hat etwa der Philosoph und Mathematiker Ewald Wasmuth als Widmung in sein Buch »Johannes oder der Mensch im Kosmos« die Worte hineingeschrieben: »Ich glaube an das Geheimnis des Stillen und des Schwachen. Ich glaube an die Kiesel aus der Schleuder Davids. Ich glaube an die Wurzeln des Steinbrech, die so zart sie sind den Felsen sprengen. Ich glaube an das Unausrechenbare der nur dem Guten dienenden und nichts außer ihm suchenden Handlung.« – Der alte

---

5   Reinbek 1972.

Mensch bedarf, drittens, einer ihn fördernden gemeinschaftlichen Einbindung. Nur wenige stehen so sicher in sich selbst, daß sie dessen nicht bedürfen. Die anderen sollten es sich zutrauen, dem aus mannigfachen Gründen ausgedörrten engsten Lebenskreis durch beherztes Zugehen auf Menschen, die vielleicht schon der bisherige Umgang dafür besonders empfiehlt, neue Erquickung zuzuführen. Vielen alten Menschen, die zuhause in Einsamkeit und Langeweile veröden, könnte eine Öffnung auf freundschaftliche Beziehungen verschiedener Nähe und Intensität neue menschliche und kulturelle Bereicherung bringen. Als viertes Element erfüllten persönlichen Lebens muß eine individuell geprägte Kultur der äußeren Selbstdarstellung des alten Menschen kommen. Dies ist ein weites Feld; es reicht von der Bemühung um Reinlichkeit und Gesundheit des Leibes bis zur kultivierten Selbstdarstellung des alten Menschen in Kleidung und Wohnung sowie seines ganzen Lebensstils.

Nun fördert die allmählich gewonnene Souveränität des alten Menschen nicht nur seinen Konsens mit sich selbst, sondern auch seine Lust zu engagierter *Kommunikation* mit anderen Menschen. Wer mit sich selbst übereinstimmt, vermag sich seiner Lebenswirklichkeit in neuer Freiheit zuzuwenden. Auch alte und gebrechliche Menschen können in ihrem engeren oder weiteren Umkreis eine Menge vielleicht bescheidener, aber wichtiger Dienste tun. Sie vermögen je nach Eignung und Neigung schmerzliche Lücken in der heutigen Gesellschaft zu füllen. Wenn sie festen Stand in einem tragenden Sinn haben, werden sie mit ihrer Gelassenheit zumindest viel heiße Luft der Hektik aus dem familiären und gesellschaftlichen Zusammenleben herausnehmen. Sie können – allein oder in einem »Netzwerk« von Freunden – hilfreich sein im Dienst am Nächsten, in der Betreuung von Kranken und in der Begleitung von Sterbenden. Die Katechismen sprechen von leiblichen und geistigen oder geistlichen Werken der Barmherzigkeit. Albert Schweitzer empfiehlt, jeder soll sich ein »Nebenamt« schaffen, in dem sich »eine Anlage für sein Menschentum« findet: »Schafft euch ein Nebenamt, ein unscheinbares, womöglich ein geheimes Nebenamt. Tut die Augen auf und sucht, wo ein Mensch ein bißchen Zeit, ein bißchen Teilnahme, ein bißchen Gesellschaft braucht. Vielleicht ist es ein Verbitterter, ein Kranker, ein Ungeschickter, dem du etwas sein kannst. Wer kann die Verwendungen aufzählen, die das kostbare Betriebskapital, Menschsein genannt, haben kann. ... Laß dich nicht abschrecken, wenn du warten oder experimentieren mußt. Auch auf Enttäuschungen sei gefaßt. Aber laß Dir ein Nebenamt, in dem du dich als Mensch an Menschen ausgibst, nicht entgehen. Es ist dir eines bestimmt, wenn du nur willst«[6]. Theologische Ethik und christliche Pädagogik zeigen im einzelnen, wie man sich menschlich und christlich in solche Dienste einüben kann und darin auch eine persönliche Bereicherung findet. Und es muß gar nicht unbedingt sein, daß solches Handeln ständig in ausdrücklicher ethischer

6   Zitiert bei H. J. Schultz, Die neuen Alten. Stuttgart (4. Aufl.) 1988, 7.

Reflexion und im ausdrücklichen geistlichen Vollzug thematisiert wird. Es gibt eine Beziehung zum menschlichen Leben, in der Ethos und Spiritualität so selbstverständlich verinnerlicht sind, daß sie auf weite Strecken ohne angestrengte Ausdrücklichkeit auskommen.

Immerhin meinen wir unseren beiden ersten Antworten auf die Frage, was wir tun können, damit unser Altern glückt, noch eine *dritte* anfügen zu müssen: *Dem ständigen Randdruck vom Ende her hält am ehesten stand, wer seine Hoffnung darauf setzt, daß ihm nach Beendigung der letzten Phase seiner Freiheitsgeschichte ewiges Leben zugesagt ist.* Wir haben hohen Respekt vor alten Menschen, die ohne eine solche Hoffnung – allein sich stützend auf den inneren Wert ihrer Menschenwürde – mit aufrechtem Gang durch ihre letzte Lebensphase hindurchgehen. Was hier noch zu sagen ist, kommt nicht aus christlicher Überheblichkeit, sondern aus der Dankbarkeit für die geglaubte Zusage des Heils. Jeder Mensch weiß, daß ihm nur eine befristete Zeit zugestanden ist, aber jeder ist in seinem Herzen auf ein Überleben in Ewigkeit angelegt. Simone de Beauvoir, eine erklärte Atheistin und gewiß eine Frau von ungewöhnlichem Rang, hat in ihren Memoiren ein erschütterndes Bekenntnis der Hoffnungslosigkeit hinterlassen. Sie habe manchmal, wenn sie am Abend ein Gläschen Wein zuviel getrunken habe, »Ströme von Tränen« vergossen, weil ihre »alte Sehnsucht nach dem Absoluten« über sie gekommen sei. Die Trunkenheit beseitige gelegentlich die Abwehr- und Kontrollmechanismen, die man in sich aufgebaut habe. Die damals etwa 70jährige Schreiberin ihrer Erinnerungen beginnt sich vor der Zukunft zu fürchten. Obwohl Zukunft weder Form noch Inhalt habe, fühle sie sich von ihr belastet mit einem Gewicht, das ihr schier den Atem nehme. Und sie nennt genau den eigentlichen Grund ihrer Furcht, wenn sie schreibt: »Voller Melancholie denke ich an all die Bücher, die ich gelesen, an all die Orte, die ich besucht, an das Wissen, das sich aufgehäuft hat und das nicht mehr sein wird. Die ganze Musik, die ganze Malerei, die ganze Kultur, so viele Bindungen: plötzlich bleibt nichts mehr, ... nichts wird stattgefunden haben. Ich sehe die Haselstrauchhecke vor mir, durch die der Wind fuhr, und höre die Versprechungen, mit denen ich mein Herz berauschte, als ich ... das Leben betrachtete, das vor mir lag. Sie wurden erfüllt. Aber wenn ich jetzt einen ungläubigen Blick auf dieses leichtlebige Mädchen (von damals) werfe, entdecke ich voller Bestürzung, wie sehr ich geprellt worden bin«[7].

Der christliche Glaube macht ein Angebot. Es lautet: Nichts wird vergehen. Alles wird bleiben. Alles wird gesammelt und verwahrt und beim Hinaustreten aus der geschichtlichen Lebenszeit – von allem Makel gereinigt und in allen Möglichkeiten erfüllt – den Menschen neu und endgültig zugesprochen. Kaum etwas wird in der christlichen Verkündigung so kümmerlich ausgelegt wie der Satz aus dem Credo: »Ich glaube an die Auferstehung des Fleisches.«

---

7   Der Lauf der Dinge, Reinbek 1970, 622 f.

Natürlich betrifft das Wort von der Auferstehung auch unsere konkrete Leiblichkeit, deren Zerfall gerade den alten Menschen oft zur Verzweiflung treibt. Aber das hebräische Wort für Leib »basar« meint eben viel mehr; es meint das, was in dieser Leiblichkeit aus uns geworden ist – unser ganz persönliches Sein, unsere Verbundenheit mit anderen Menschen und all die Weltlichkeit, die wir durch unsere Lebensgeschichte hindurch uns »einverleibt« haben. Auferstehung des Leibes heißt also: Im Tod tritt nicht eine unsterbliche Seele vor Gott hin, sondern der ganze Mensch mit seiner persönlichen Daseinswirklichkeit und mit der ganzen unverwechselbaren Geschichte seines Lebens. Der Bonner Theologe Wilhelm Breuning spricht, was hier gemeint ist, in ein paar Sätzen aus, die jeder verstehen kann: »Gott liebt mehr als die Moleküle, die sich im Augenblick des Todes im Leib befinden. Er liebt einen Leib, der gezeichnet ist von der ganzen Mühsal, aber auch von der rastlosen Sehnsucht einer Pilgerschaft, der im Lauf dieser Pilgerschaft viele Spuren in seiner Welt hinterlassen hat, die durch diese Spuren menschlicher geworden ist; einen Leib, der sich mit der Fülle dieser Welt vollgesogen hat, damit der Mensch nicht kraftlos und spurlos in dieser Welt bliebe; einen Leib, der sich an der mangelnden Schmiegsamkeit dieser Welt wundgestoßen und viele Narben davon zurückbehalten hat und der sich doch immer wieder zärtlichkeitsbedürftig dieser Welt engegengestreckt hat. Auferweckung des Leibes heißt, daß von alldem Gott nichts verlorengegangen ist, weil er die Menschen liebt. Alle Tränen hat er gesammelt, und kein Lächeln ist ihm weggehuscht. Auferweckung des Leibes heißt, daß der Mensch bei Gott nicht nur seinen letzten Augenblick wiederfindet, sondern seine ganze Lebensgeschichte wiederfindet«[8].

Natürlich können wir uns solches nicht vorstellen. Aber ein Gott, der nur im Schilde führt, was unser menschliches Gehirn zu fassen vermag, interessiert uns nicht. Er würde nicht nur unsere, sondern auch seine eigene Würde nicht wahren können, und es lohnte nicht, sich auch nur nach ihm umzudrehen. Aber wer glauben kann, was die Botschaft von der Auferstehung verheißt, dem wird auch glücken, was die Fülle des Alterns ausmacht: die Chancen nutzen, die Zumutungen annehmen und die auch ihm noch gelegentlich gewährten Erfüllungen dankbar auskosten.

---

8 Tod und Auferstehung in der Verkündigung, in: Concilium 4(1989) 77–85, hier 81.

HEINZ FEILZER

Pastorale Begleitung bei Sterben und Tod

Anregungen für eine christliche Sterbekultur

Einführung:
Bemerkungen zur Situation und zum Ziel
seelsorgerlichen Handelns

Die wachsende Euthanasie-Bewegung in der westlichen Welt stellt eine große Provokation dar. Sie ist ein nicht zu übersehendes Signal für die Angst vieler Menschen, im Sterben allein gelassen zu werden. Insofern ist diese unheilvolle Bewegung nicht nur eine Anfrage an die Moraltheologie, sondern auch an die Pastoraltheologie. Eine christlich-humane Kultivierung von Sterben und Tod ist vielleicht das wirksamste Mittel gegenüber der wachsenden Neigung zur Euthanasie. Daher sind die hier in pastoraler Absicht entwickelten Anregungen auch von ethischer Relevanz.

Die folgende Szene berichtet uns der bekannte französische Kulturhistoriker Philippe Ariès über das Sterben eines Freundes[1]

»An einem Wochenende ließ ihn ein Internist, als er sah, daß sein Zustand sich verschlimmerte, in die Intensivstation eines anderen Krankenhauses verlegen. Als ich ihn zum letzten Mal durch die Glasscheiben eines aseptischen Zimmers sah und mich ihm nur mit Hilfe einer Sprechanlage verständlich machen konnte, lag er auf einem Rollbett mit zwei Inhalationsschläuchen in den Nasenlöchern, mit einem Atmungsschlauch im Perfusions-, den anderen an einer Transfusionsverbindung angeschlossen und am Bein den Anschluß für die künstliche Niere ... Da sah ich, daß Pater de Dainville die festgeschnürten Arme befreite und sich die Atemmaske abriß. Er sagte mir, und das waren, glaube ich, seine letzten Worte, bevor er im Koma versank: 'Ich werde um meinen Tod betrogen.'«

Diese eindrucksvolle Begebenheit ist in gewisser Weise typisch und sagt mehr über das Sterben in der modernen Gesellschaft aus als manche wortreiche Abhandlung.

Früher vollzog sich Sterben zumeist in Gemeinschaft mit bekannten Menschen und im Schutze vertrauter Sitten.

Heute geschieht es vielfach einsam und ungeschützt, oft fühlen sich Betroffene ausgeliefert an seelenlose Apparaturen.

---

1 Vgl. P. Neysters / K. H. Schmidt, Denn sie werden getröstet werden, München 1993, 173.

Ziel heutiger Sterbepastoral muß es daher sein: »Menschen nicht um ihren Tod zu betrügen«, sondern ihnen durch personale und solidarische Begleitung zu helfen, »würdig und authentisch« zu sterben (Hospizbewegung).

Seelsorge im Umkreis von Sterben und Tod ist sehr anspruchsvoll, sie muß ganzheitlich vollzogen werden, damit sie heutigen Herausforderungen gerecht werden kann. Drei Aspekte sollen daher unter dem Motiv des Weges bedacht und zusammengeführt werden: Der Weg des Sterbenden, der des Begleiters und die »Liturgien« als heilende Zeichen auf dem Weg.

Damit sind die drei Schritte genannt, an denen sich die folgenden Ausführungen orientierten werden.

I. Weg des sterbenden Menschen

1. Den sterbenden Menschen »in die Mitte« rücken

Sterbende geraten heute leicht an den Rand, denn »Sterben bedeutet Verlust von Vitalität bei gleichzeitiger Erfahrung von Hilflosigkeit, Ohnmacht und Abhängigkeit. Das alles steht in krassem Widerspruch zum vorherrschenden Lebensgefühl. So gerät die letzte Phase im menschlichen Leben zunehmend in den Verdacht der Nutz- und Sinnlosigkeit. Der unheilbare Kranke wird zum 'hoffnungslosen Fall'«.[2] Sterben wird aus den alltäglichen Lebensorten herausgenommen und in dafür ausgewiesene Sonder- und Randmilieus verlagert.

Sterbende geraten unter dem Druck solcher gesellschaftlichen Einflüsse oft auch an den Rand kirchlicher Aufmerksamkeit. Das Auswandern von Erfahrungen im Umgang mit Sterben und Tod aus unseren Gemeinden führt leicht zu einem empfindlichen Substanzverlust in der Seelsorge. Die Aufforderung Jesu »Komm stell dich in die Mitte« (Mk 3,4), wird daher zu einer maßgebenden Geste für kirchliche Praxis. Sterbeseelsorge (als Ernstfall aller Seelsorge) muß im Zentrum pastoralen Handelns stehen, und der Sterbende als unverwechselbares Geschöpf Gottes hat ein Recht auf »seinen« Tod und ein begleitetes Sterben in Solidarität. Der fachkundige Bernhard Welte meinte einmal: Würde die Kirche nichts anderes tun als den Gedanken an den Tod in der Gesellschaft wachhalten und durch ihre Seelsorge begleitend an der Seite von Menschen bei Sterben und Tod stehen, es bedürfte keines weiteren Nachweises für ihre Existenzberechtigung.

---

2 Ebd. 174.

2. Stadien des Weges, die der Sterbende zurücklegt

Sterben ist oft ein langer und mühsamer Weg, wie das Leben verläuft er ganz individuell. Auf diesem Weg legen Sterbende verschiedene Stadien zurück. Die Sterbeforscherin Elisabeth Kübler-Ross hat aufgrund eingehender Beobachtungen und Gespräche fünf idealtypische Phasen des Sterbevorgangs beschrieben, die hier im Überblick in Erinnerung gebracht werden[3]:

- *Verneinung der Todeswahrheit*
  (Die Situation wird verleugnet, der Tod verneint; diese Negation erweist sich vorübergehend als gnädige Hilfe)
- *Emotionales Auflehnen*
  (Protest, Ärger, Aggression, Hader mit »Gott und der Welt«; sie gipfeln oft in der Frage: warum gerade ich?)
- *Verhandeln mit dem Schicksal*
  (Hadern und zugleich Verhandeln mit dem Schicksal, um wenigstens eine »Gnadenfrist« zu erreichen)
- *Depression und Mutlosigkeit*
  (Stille, mitunter aber auch trostlose Trennungstrauer angesichts des endgültigen Verlustes des Lebens)
- *Annahme oder Bejahung des Todes*
  (Ergebung in das Schicksal bis hin zur Aussöhnung mit Gott, dem eigenen Leben und der Welt)

Nicht jeder Sterbevorgang verläuft genau nach den beschriebenen Stadien. Nicht jeder Sterbende durchlebt sie in dieser Reihenfolge, und nicht alle erreichen wahrnehmbar die letzte Phase. Der Verlauf kann sich auch ins Negative umkehren, dann endet er in Depression, Resignation oder gar in Verzweiflung. Zumeist bleibt es ein polarer, spannungsreicher Weg zwischen Krankheit und Heilung, Angst und Hoffnung, Auflehnung und Annahme, Tod und Leben. In diesem durch Höhen und Tiefen bestimmten Weg ereignen sich unterschiedliche (auch situations- und lebensgeschichtlich bedingte) Reifungsprozesse. Um die dargestellten psychischen Phänomene und Reaktionen zu wissen und damit einfühlsam umgehen zu lernen, ist bedeutsam für das Gelingen ganzheitlich-gedeihlicher Seelsorge.

---

3   Vgl. E. Kübler-Ross, Interviews mit Sterbenden, Stuttgart [11]1983.

II. Wegbegleiter sein

1. Sterbende Menschen bedürfen der Begleitung

Ganzheitliche Begleitung ist über lange Zeit durch Verabsolutierung des medizinisch-technischen Betriebs im Umfeld von Sterben und Tod immer mehr erschwert worden. Der Umgang mit dem »Patienten« reduzierte sich weitgehend auf rein funktionale Abläufe.[4] Seelsorge wurde oft erst im Terminalstadium in Anspruch genommen, wenn die funktionalen Möglichkeiten der Medizin sich erschöpft hatten. Der Seelsorger wurde dann oft zum Todesboten und sein Ritus zur »letzten Ölung« oder »Todesweihe«. Heute vollzieht sich ein Wandel in dieser einseitigen und verengten Sichtweise.[5] Man wird in neuer Weise sensibel für die »wahre« Situation des Menschen und das, was ihm gut tut.

Es wird wieder mehr bewußt, daß der sterbende Mensch wie Jesus im Angesicht des Todes die Sehnsucht nach personaler Begleitung teilt (Mt 26,36–46).[6] Sterbende sind von vielerlei Ängsten (bedingt durch körperliche, seelische und spirituelle Leiden) umfangen. Sie sind in hohem Maße menschlicher Nähe und Zuwendung bedürftig, damit sich Wachstum und Reifung auch auf der letzten und entscheidenden Wegstrecke des Lebens vollziehen können.

Auch in der Sehnsucht Jesu wird »das Miteinander zum Sakrament des Sterbestandes«, so hat es jemand einmal ins Wort gebracht.

Bei unserem Evangelienbericht heißt es von ihm: »Da ergriff ihn Angst und Traurigkeit, und er sagte zu ihnen: 'Meine Seele ist zu Tode betrübt'« (V 37f.); Jesus, der seinen nahenden Tod erahnte, wird von »Angst und Traurigkeit« überfallen; ebenso ist der Sterbende vielen bedrohlichen Empfindungen ausgesetzt: Ängste vor körperlichen, aber auch vor seelischen Leiden, denen er allein nur schwer gewachsen ist. Auch die Angst vor spirituellen Anfechtungen darf nicht unerwähnt bleiben, die Angst um die Tragfähigkeit des eigenen Glaubens und seiner Verheißungen. Die Sinnfrage stellt sich in solcher Bedrängnis oft besonders radikal. Wie eine Anklage und ein Hilferuf muten die Worte Jesu an: »Konntet ihr nicht einmal eine Stunde mit mir wachen?« (V 40).

Die Jünger Christi waren unaufmerksam und haben sich dem Schlaf hingegeben, sie haben ihm in seiner äußeren und inneren Not nicht beigestanden. Hier spiegelt sich etwas von der Vereinsamung und Verlassenheit wider, denen Sterbende auf ihrer letzten Wegstrecke ausgesetzt sind und vor denen

---

4   J. Mayer-Scheu / R. Kautzky, Vom »Behandeln« zum »Heilen«, Göttingen ²1982, 79.
5   Ebd., 86–90.
6   Anregungen hierzu verdankt der Verfasser der Diplomarbeit von E. Jörg, Die Integration des Hospizgedankens in die Gemeindestruktur ... (maschgeschr. Trier 1993), hier: 23 ff.

sie sich so sehr fürchten. Die isolierende Einsamkeit im Prozeß des Sterbens hat auch eine soziale Ursache, die darin besteht, »keine Bedeutung mehr für andere zu haben«; insofern geht das schrittweise soziale Sterben dem physischen Sterben voraus. Man spricht daher auch vom »sozialen Tod«.

Jesus hat in dieser schweren Stunde einen eindringlichen Wunsch an seine Freunde: »Bleibt hier und wacht mit mir!« (V 38b) Er bittet seine Jünger darum, ihm in seiner Angst und Verzweiflung beizustehen. Er bedarf des Rückhaltes und der Stützung derer, die ihm nahestehen, um der Bedrängnis im Angesicht des Todes standzuhalten.

So bedürfen auch Sterbende der Nähe einfühlsamer Menschen, die bereit sind, an ihrer Seite zu bleiben, sie zu stützen und mitzutragen. Sie brauchen Wegbegleiter, um aus mitmenschlicher und spiritueller Verbundenheit Kraft und Mut zu schöpfen, um den »eigenen« Tod in Würde vollenden zu können.

2. Der mitgehende Gott ist das Urbild pastoraler Begleitung – Jesus als der »verwundete Arzt« ihr Leitbild

Pastorale Begleitung – besonders in solch existentiell bedeutsamer Situation – hat sein Urbild in Gott selbst und in seinem Heilshandeln. Exemplarisch dafür ist nach dem Aufweis des Alten Testament der mitgehende »Jahwe-Gott« beim Zug durch die Wüste.[7]

Nach dem Bericht im Buche Exodus (3,14) enthüllt er Mose seinen Namen, Gott legt vor einem Menschen und für uns Menschen sein inneres Wesen frei, indem er spricht: »Ich bin (da), der ich (da) bin«, das will nach der Auslegung von Alfons Deissler besagen: »Ich bin da und werde dasein als dein helfender und heilvoller Gott, was auch geschehe.«[8] Dieses verläßliche Mitsein Gottes als Begleiter auf dem Weg hat schließlich seinen tiefsten Ausdruck in der klassischen Treueformel gefunden: »Ich bin euer (Wege)-Gott, ihr seid mein Volk« (Ex 6,5–7; Lev 26,22). Diese Zusage bewährte sich auf vielen gefahrvollen und bedrohlichen Wegen, besonders bei der Wanderung durch die Wüste.

Es ist der mitgehend-begleitende Gott, der sagt: »Ich kenne ihre Leiden« (Ex 3,7); er ist es, der die Tränen des Volkes wie in einem Krug sammelt (Ps 56,9); er ist ihnen Schild und Schutz, bei Tag und bei Nacht (Ps 91); er stillt ihren Durst mit Wasser aus dem Felsen (Ex 17,1–7); und sein Wort wird nie (mehr) verklingen: »Ich bin der Herr, euer Gott. Ihr seid mein Volk, die Herde meiner Weide« (Ez 34,31). Er macht sein innerstes Wesen, »das Mitsein«,

---

7 Vgl. H. Feilzer, Kirche auf dem Weg ins Jahr 2000 – Krise als Chance zum Aufbruch, in: TThZ 98 (1989), 242–261, hier: 251 f.

8 Vgl. A. Deissler, Die Grundbotschaft des Alten Testamentes. Ein theologischer Duchblick, Freiburg 1972, 50 f. (inzwischen in 12. Auflage erschienen).

erfahrbar in seinem Handeln. Jegliches »pastorale Mitsein« findet darin sein letztes und authentisches Maß.

Der mitgehende Gott hat seine geschichtliche Verleiblichung im mitgehenden Jesus gefunden. Dieses kommt besonders überzeugend zum Ausdruck bei der Emmauserzählung (Lk 24,13–35)[9]:

Zwei Menschen sind voller Verzweiflung auf einem »Fluchtweg« (V 13); Jesus kam hinzu und ging mit Ihnen (V 15); sie aber waren mit Blindheit geschlagen und blieben traurig stehen, Jesus ließ all dieses geschehen und gab ihm Raum (V 16 u. 17); sie erzählten ihre Geschichte und er hörte aufmerksam zu (V 21); er deutete ihre Erfahrungen und brachte sie mit dem Geheimnis Gottes in Berührung (V 26 u. 27); er brach das Brot und gab es ihnen, und es gingen ihnen die Augen auf (V 30f.); und schließlich setzte er sie frei in die eigene Verantwortung (V 33–35).

In einer Kurzfassung leuchten bei dieser Wegerzählung all die Elemente auf, die seelsorgerliche Begleitung zum Ereignis werden lassen.

In der pastoralen Praxis Jesu wird noch etwas anderes deutlich. Wer sich mit leidenden Menschen auf den Weg begibt, setzt sich Verwundungen aus. Bei Jesus hat dies zu einem eigenen »messianischen Typus« geführt: dem »verwundeten Arzt.«[10]

Es verbirgt sich dahinter ein Bild, das mythologischen Ursprungs ist, aber seinen theologischen Sitz in der Mitte alttestamentlicher Tradition hat (Ex 15,26).[11] R. Zerfaß meint dazu: »Geläutert durch die Schrecken der Exilserfahrung, erwartet Israel den Messias nicht mehr unmittelbar aus dem Himmel, sondern aus dem kleinsten der Stämme Juda, von der Tochter Zions in mühsamer Schwangerschaft ausgetragen (Mi 5,2–4), als ein Mann der Schmerzen, mit der Krankheit vertraut (Jes 53,3).«[12]

Die so verheißene »Messiasgestalt« ist in der Person und im Werk Jesu Wirklichkeit und anschaubar geworden. Dieses in Jesus Christus verleiblichte Messiasbild vom Arzt, dem Wunden zugefügt werden, ist zutiefst rückgebunden an das Alte Testament, aber zugleich eingebettet in die neutestamentliche Reich-Gottes-Vision und das Erlösungsgeschehen am Kreuz.

Das messianische Bild vom »verwundeten Arzt« verweist uns im Schicksal der Person Jesu auf die innige Verbindung von Leid und Liebe, von Sterben und Hoffnung, von Tod und Auferstehung. Ganz gewiß stimmt es, daß in diesem Bild Raum für alles heile und Zuflucht für jegliches kranke Leben ist. Im Bedenken dieses Bildes haben wir aber auch damit zu rechnen, daß unsere

---

9 Vgl. I. Baumgartner, Pastoralpsychologie, Düsseldorf 1990, 91 ff.
10 Vgl. H. Feilzer, Krankheitszeichen heute und die Suche nach dem heilenden Gott, in: H. Feilzer, A. Heinz, W. Lentzen-Deis (Hg.), Der menschenfreundliche Gott, Trier 1990, 126–144, hier: 136 ff.
11 Vgl. H. Nouwen, Geheilt durch seine Wunden. Wege zu einer menschlichen Seelsorge, Freiburg 1987.
12 Vgl. R. Zerfaß, Menschliche Seelsorge, Freiburg 1985, 100 f.

oft vordergründigen Vorstellungen vom Heilsein in ein Spannungsverhältnis zu den verborgenen »Heilswegen« Gottes geraten.[13]

Vor dieses Spannungsverhältnis gerät jeder, der sich nach dem Vorbild Jesu Christi auf pastorale Wegbegleitung einläßt – besonders im Umfeld von Sterben und Tod.

Vernarbte Wunden können dann (nach einer alten mystagogischen Weisheit) beim Begleiter wie Augen sein, mit denen er die Not des anderen besser sieht und dessen Wunden er auf die Wundmale Jesu hin transparent zu machen sucht.

3. Von exemplarischen Modellen christlicher Sterbebegleitung lernen: die »Ars moriendi« und die Hospizbewegung

Ein bemerkenswertes Modell aus der Tradition, das vor dem Hintergrund unserer heutigen Situation bedacht werden soll, ist die »Ars moriendi«[14]. Sie entstand zu Beginn des 15. Jahrhunderts im Umfeld tiefgehender politischer, sozialer und kultureller Umwälzungen, die ein Gefühl der Bedrohung und Unsicherheit aufkommen ließen. Dieses verstärkte sich durch die sich ausbreitenden Pestepidemien.

Die Ars moriendi gilt als Sammelbegriff für eine vielschichtige literarische Gattung. Sie umfaßt sowohl asketische als auch pastorale Schriften. Aus der Meditation über die Endlichkeit menschlichen Lebens ergeben sich Impulse für ein heilsames Sterben und umgekehrt.[15]

Es ist ein Anliegen dieser Literatur, schon im Leben auf »die Bedeutung des Todes aufmerksam zu machen, d.h., sie wollte die Kunst des richtigen Lebens lehren«.[16] Die Wechselwirkung zwischen »ars moriendi« und der »ars vivendi«, die heute nicht nur von einer spirituellen Theologie, sondern auch von Seiten der Humanwissenschaften neu entdeckt wird, war ihr vertraut. Weiterhin machte sie die Erfahrungen des Sterbens selbst zum Thema und

---

13 Vgl. H. Feilzer (siehe Anm. 10), 138.
14 Mit zu den bekanntesten Primärschriften gehören »De arte moriendi« des Reformpriesters Johannes Gerson [1363 – 1429], sowohl in französischer als auch in lateinischer Sprache erschienen; das 1482 von dem Straßburger Prediger Johannes Geiler von Kaysersberg (1445 – 1510) verfaßte Buch mit dem Titel: »Wie man sich halten soll bei einem sterbenden Menschen« sowie die »Hymelstraß« des Stephan von Landskron (1412 – 1477).
An Sekundärliteratur seien auswahlweise genannt: P. Neher, Ars moriendi – Sterbebeistand durch Laien. Eine historisch-pastoraltheologische Analyse, St. Ottilien 1989; H. Rolfes, Ars moriendi – Praxis der Nachfolge, in: E. Schillebeeckx (Hg.), Mystik und Politik. Theologie im Ringen um Geschichte und Gesellschaft, Mainz 1988, 225–244; H. Wagner / T. Kruse (Hg.), Ars moriendi. Erwägungen zur Kunst des Lebens, Freiburg 1989.
15 Anregungen auch hier sowie beim Stichwort Hospizbewegung durch E. Jörg (siehe Anm. 6), 32 ff.
16 Vgl. J. Manser, Wer mich zum Freund hat, dem kann nichts fehlen …, in: H. Wagner / T. Kruse (siehe Anm. 14), 67–98, hier: 70.

wollte dem Menschen auf seiner letzten Wegstrecke Beistand und Geleit geben.[17] Insofern ist die »Ars moriendi« mehr als nur eine interessante Literaturgattung, vielmehr stellt sie auch eine zutiefst spirituelle und diakonische Bewegung dar. Sie muß darüber hinaus auch als »Laienbewegung« angesehen werden, die von engagierten Priestern inspiriert und begleitet wurde.

Einen auch für uns heute bemerkenswerten »Begleiter-Typus« brachte die »Ars moriendi« hervor: den »Amicus«. Er versteht sich als Weggefährte in menschlicher und in geistlicher Hinsicht. Nach Gerson ist er die ganzheitliche Vertrauensperson des Sterbenden[18]; er soll »treu, gut und fromm«[19] sein und Einfühlungsvermögen für den Sterbenden mitbringen. Er soll sich also durch Verläßlichkeit auszeichnen und eine eigene »durchlebte« Spiritualität entwickeln; nicht ein »Amt« legitimiert ihn dazu, sondern seine reife Menschlichkeit und sein Glaube. Nach modernem Sprachgebrauch könnte man ihn als »mystagogischen Begleiter« bezeichnen, als einen also, der selbst etwas erfahren hat und andere durch leidvolle Erfahrungen hindurch ins Geheimnis ihres Lebens einzuführen vermag.

Üblich war es auch, daß dem Sterbenden der Begleiter nicht zugewiesen wurde, sondern er hatte die Freiheit der Wahl; er konnte entscheiden, wer sein Begleiter sein soll.[20]

Im Typus des »Amicus« scheinen Züge auf, die für die Prägung des heutigen pastoralen Begleiters Sterbender von hoher Bedeutung sind.

Ein zweites Modell, dem wir uns zuwenden wollen, stellt die Hospizbewegung dar. Diese Bewegung reicht in ihren Anfängen ebenfalls weit in die Geschichte zurück.[21] Eines der ersten Hospize wurde von einer Schülerin des Hl. Hieronymus namens Fabiola in Rom errichtet. Es diente hauptsächlich der Pflege zurückkehrender Pilger aus Afrika.[22]

Das frühe Mittelalter kann als erste Blütezeit der Hospizbewegung bezeichnet werden. Man findet ihre Herbergen überall entlang den Großen Pilgerwegen.[23] Sie verstanden sich als »Hôtel du bon Dieu« (als Herberge des guten Gottes) und übten Gastfreundschaft für Pilger, Reisende, Fremde und Kranke.

Die Anfänge der heute wiederbelebten Hospizbewegungen gehen auf die »Irischen Schwestern der Barmherzigkeit« zurück. Ihre ersten Hospize entstanden zu Beginn des Jahrhunderts in Dublin und London. In letzterem

---

17 Ebd., 71.
18 Vgl. P. Neher (siehe Anm. 14), 319.
19 Ebd., 318.
20 Ebd., 340.
21 Vgl. S. Stoddart, Leben bis zuletzt. Die Hospizbewegung, München 1989.
22 Ebd., 18.
23 Ebd., 60.

arbeitete nach dem zweiten Weltkrieg die Ärztin Dr. Cicely Sounders. Sie wurde zur »Mutter« der neueren Hospizbewegung.[24] Sie gründete 1967 das »St. Christopher's Hospice« in London; es ist gegenwärtig wohl die bekannteste Einrichtung dieser Art. Von dort empfing die Bewegung entscheidende Impulse. Auch in Deutschland hat sie sich verbreitet, steht aber insgesamt noch eher in den Anfängen. Immerhin sind innerhalb der letzten 10 Jahre über 20 stationäre Hospize und Palliativstationen entstanden und außerdem über 200 örtliche Hospizinitiativen. Immer mehr Menschen engagieren sich und setzen sich mit der eigenen Sterblichkeit und dem Sterben anderer auseinander. Es geht bei dieser Bewegung um eine Erneuerung der Sterbekultur. Sie verfolgt dabei folgende Zielsetzungen:

»–den Tod als Teil des Lebens anzunehmen und stärker ins Bewußtsein der Menschen zu heben;

– die Sterbebegleitung als allgemein menschliche Aufgabe wiederzuentdecken und Formen gemeinschaftlicher Problembewältigung zu entwickeln;

– einer in ihrem Bemühen um Gesundheit gelegentlich einseitig technisch und kämpferisch eingestellten Medizin die im Angesicht des Todes wichtige Haltung der Annahme und Begleitung wieder stärker zu vermitteln;

– durch Schmerzlinderung, gute Pflege und menschliche Zuwendung der Versuchung zur aktiven Sterbehilfe zu begegnen.«[25]

Es gibt Hospize, die bewußt gemeindeorientiert und -integriert arbeiten und von daher zu einer pastoral besonders bedeutsamen Form der Sterbebegleitung inspirieren.

Ein herausragendes Beispiel dieser Art stellt das »Franziskus Hospiz Hochdahl« dar[26], das von einer katholischen und evangelischen Gemeinde gemeinsam getragen wird. Für seine Arbeit hat es sich folgende Leitorientierungen gegeben:

»–Der schwerkranke Mensch wird (möglichst) in seinem familiären Beziehungsfeld angesprochen;

– Angehörigen und Kranken wird die gleiche Aufmerksamkeit geschenkt;

– Freiheit und Selbstbestimmung des Kranken und seiner Angehörigen bleiben erhalten;

– Schmerz- und Symptomtherapie des behandelnden Arztes wird unterstützt;

– Für den Kranken ist zu jeder Zeit eine ihm vertraute Person erreichbar;

---

24 Vgl. C. Saunders, Hospiz und Begleitung im Schmerz, Freiburg 1993.
25 Vgl. Vereinigte Evangelisch-Lutherische Kirche Deutschlands (Hg.), Stellungnahme der VELKD zur Hospizbewegung am 15.03.1990 in Malente (Manuskriptdruck des Lutherischen Kirchenamtes Hannover).
26 Vgl. R. Allert, Modellprojekt »Franziskus-Hospiz-Hochdahl«, in: Das Krankenhaus 9 (1992), 453–456; Franziskus-Hospiz Hochdahl (Hg.), Konzept des Franziskus-Hospizes Hochdahl, Erkrath-Hochdahl 1991.

- Hinterbliebene werden auf Wunsch weiter begleitet.«[27]
- Ehrenamtliche Helfer/innen werden zur Begleitung befähigt.

Hier scheint eine umfassende Konzeption von Sterbegleitung auf. Die entscheidenden Stichworte heißen: Verhäuslichung, Schmerzlinderung, Personbezogenheit, kommunikative Einbettung, ganzheitliche Begleitung.

Es muß gemeindlicher Sterbebegleitung dringend empfohlen werden, von den Erfahrungen und theoretischen Erkenntnissen solch gelungener Beispiele innerhalb der Hospizbewegung zu lernen. Sterbebegleitung muß sich als »Lebenshilfe« neu qualifizieren.

III. Liturgien und Zeichen auf dem Weg

Zur seelsorgerlichen Begleitung gehören die Zeichen. Jeder weiß aus eigener Erfahrung, wie wichtig alltägliche Gesten im Umgang mit Kranken sein können, etwa die Begrüßung durch Handschlag, das Anreden mit dem Namen u. a.

Werfen wir einen Blick auf die Begleitpraxis Jesu, so zeigt sich, daß er menschlich äußerst aufmerksam und einfühlsam war. Jesus hat keine »Behandlungsmethoden« entwickelt, ging aber sehr »handgreiflich und gestenreich« mit Kranken um: er berührte die Wunden der Aussätzigen, die Augen der Blinden, den Mund des Taubstummen, die Ohren des Tauben; seine »hautnahe« Zeichensprache ist beeindruckend. Er sucht den unmittelbaren Kontakt mit den kranken Menschen und die Berührung mit den wunden Stellen ihrer Leiden. Er sucht die zeichenhafte Nähe zu Kranken auch da, wo dies ausdrücklich verboten war und unter Strafe stand.

Im Tun Jesu wird in einfacher und zugleich überzeugender Weise anschaubar, was uns die Pastoralpsychologie im wissenschaftlichen Verfahren bestätigt und entfaltet: daß krisenhaft erlebte Ur-Situationen des Menschen ganzheitlich nur in der Gottesbeziehung zu »heilen« sind und es der Kontaktzeichen und der liturgischen Feier bedarf, um sich des mitgehenden Gottes zu vergewissern.[28]

Ernsthafte (Pastoral)-Psychologen machen ferner auch auf die Kehrseite aufmerksam, daß alle, die in solch krisenhaften Situationen keinen Zugang zu lebendigen religiösen Symbolen finden, in der Gefahr stehen, sich in neurotisierende Ersatzsymbole zu flüchten.

Entsprechend der Vielfalt und »Unübersichtlichkeit« im Umkreis von Sterben und Tod muß die Pastoral den ganzen Reichtum kirchlicher Zeichen und Liturgien entdecken, um menschen- und situations-gerecht begleiten zu

---

27 Ebd., 11.
28 Vgl. D. Funke, Im Glauben erwachsen werden, München 1986.

können. Der folgende Katalog kann uns eine erste Übersicht und Strukturierung in der Vielfalt der Möglichkeiten geben.[29]

- Elementarzeichen aus der kulturellen und kirchlichen Tradition:
  (Segen, Hand, Wasser, Brot, Öl, Honig, Licht u.a.)
- Symbole »ritueller Diakonie«
  (Liturgien »für Abständige, Kirchenferne oder gar Gottlose?«)
- Sprache von Zeichen in der Stunde des Abschieds
  (Sterberiten und rituelle Gestaltung der Verabschiedung)
- Wiederentdeckte gottesdienstliche Formen
  (Heilungs- und Segnungsgottesdienste)
- Sakramente und Gottesdienste der Kirche für Kranke und Sterbende
  (Salbungsgottesdienste und Krankensalbung; Krankengottesdienste, Krankenkommunion und Viaticum)

An dieser Stelle muß darauf verzichtet werden, die Fülle der aufgezeigten Möglichkeiten im einzelnen zu entfalten, exemplarisch sollen aber einige Stichworte herausgegriffen und erläutert werden:

(1) Es gibt Elementarzeichen, die tief in der jüdisch-christlichen Kultur verwurzelt sind, auswahlweise seien einige nochmals genannt: Das Wasser, die Hand(auflegung), das Öl und Segen.

- Wasser, und zwar klares Wasser ohne irgendeinen Zusatz, kann für Sterbenskranke äußerst wichtige existentielle und symbolische Bedeutung erlangen. Der Zusammenhang von Durst und Wasser und Durst nach Leben ist evident, gerade auch vor dem Hintergrund biblischer Erfahrung. (Vgl. Ps 23, Jo 4,1–26).
- Die gleiche tiefe Bedeutung haben für Kranke und Sterbende die Hände: sich in die Hände anderer begeben, das wird für den Sterbenden zum Schicksal. Die Erfahrung der guten und verläßlichen Hände von Begleitern stärkt das Vertrauen auf die bergende Hand Gottes, in die der Kranke sein Schicksal legen kann. Ferner ist mit der Handauflegung ein wirksames Zeichen des Schutzes, der Versöhnung und Hoffnung gegeben. Die Handauflegung ist eine Kontaktgeste, die mehr vermitteln will als nur die beistehende Nähe der Menschen, sie will im menschlichen Zeichen heilende Kraft von Gott schenken.
- Ein weiteres Zeichen ist das Öl. Es gilt ursprünglich als besonders beliebtes und verbreitetes Mittel der Stärkung und der Heilung, vor allem der

---

29 Dieser Katalog wurde entworfen bei der Deutsch-Österreichisch-Schweizerischen Fachtagung für Krankenseelsorge vom 24.–29.04.1994 in Salzburg mit dem Thema »Aktuelle Riten, Bräuche und Liturgien im Umfeld des Sterbens«, bei der der Verfasser als pastoraltheologischer Fachbegleiter tätig war.
Vgl. Dokumentation (Manuskriptdruck), hg. v. Krankenreferat / Arbeitsgemeinschaft der Pastoralämter Österreichs; (1010 Wien, Stephansplatz 6/6/44), hier: F, 1.

medizinischen Heilung. Es wird in einen neuen Handlungszusammenhang einbezogen und soll im Ritus der Salbung der Begegnung zwischen dem nach Heilung verlangenden Menschen und dem heilbringenden Gott dienen.

– Und schließlich sei auf den Segen hingewiesen. »Segen ist – von Gott geschenkte Lebenskraft.«[30] Segnende Menschen, die den empfangenen Segen weiterreichen an diejenigen, die schwach und krank sind, erfüllen einen wichtigen Dienst der Heilung. Segen bedeutet den Kranken mit den Lebens-, Versöhnungs- und Friedenskräften Gottes in Berührung bringen. Nach dem geistlichen Lehrer E. Schick kann der ganze Mensch zum Segen für andere werden (sein Blick, seine Hände und sein Tun). Umgekehrt können aber auch die Sterbenden zu einem Segen werden. Sie können im wahrsten Sinne »das Zeitliche segnen«. Darüber hat Ambrosius in seiner geistlichen Schrift »Vom Segen des Todes« tiefe Gedanken entwickelt.

(2) Zu einer besonderen Herausforderung wird schließlich unter dem Stichwort »Rituelle Diakonie« der symbolorientierte Umgang mit »Kirchenfernen« oder gar »Ungläubigen«.[31] Es ist ein hoher Prozentsatz von Menschen, die im Umkreis von Sterben und Tod den rituellen Dienst erwarten, ohne daß sie persönlich und existentiell im Glauben der Kirche sozialisiert sind. Soll oder darf die Seelsorge solche Menschen auf einer mehr therapeutischen Ebene rituell begleiten?

Ist es legitim, Rituale zu begehen aus diakonalen Gründen? Eine Frage, die theologisch nicht so leicht zu entscheiden ist. Dennoch scheint es angebracht, daß die Kirche sich diesem Dienst verantwortlich stellt. Seelsorger in Brennpunkten der Sterbepastoral verfügen diesbezüglich über einschlägige Erfahrungen. Es sind gerade die eben dargelegten Elementarzeichen, die im Blick auf diese Herausforderung auch einen »vorchristlichen« Symbolgehalt entfalten können.

(3) Zeichen sind aber auch für die Angehörigen von Bedeutung. Die Möglichkeiten von Verabschiedungsriten sollten in ihrer Dringlichkeit bedacht und erprobt werden.[32] Bei der Salzburger Fachtagung von 1994 (siehe Anm. 29) nahmen sie einen breiten Raum ein. Es scheint auf der einen Seite eine große Hilflosigkeit bei Angehörigen bezüglich der Verabschiedung von einem nahestehenden Verstorbenen vorhanden zu sein, auf der anderen Seite aber auch ein ebenso großes Bedürfnis danach. Hier sind die kundigen Begleiter gefordert. Riten sind in solcher Situation ein wichtiger Bestandteil menschlich und christlich geformten Abschiednehmens. Sie machen den Verlust endgültig,

---

30 Vgl. A. Ebert / P. Godzik (Hg.), Verlaß mich nicht, wenn ich schwach werde. Handbuch zur Begleitung Schwerkranker und Sterbender, Hamburg 1993; 272 ff.
31 Vgl. P. M. Zulehner, Die gesellschaftliche Realität heutigen Sterbens, in: Dokumentation (siehe Anm. 29), A, 1–12, hier A, 9 f.
32 Vgl. Workshop: Sterberiten / Verabschiedung, in: Dokumentation (siehe Anm. 29), G, 5–8.

fördern die Aussöhnung mit dem Toten und begünstigen den Prozeß des Trauerns und des Loslassens als Bedingung für das Wachsen einer neuen Beziehung zum Heimgegangenen.

(4) Heilungs- und Segnungsgottesdienste werden mancherorts wieder entdeckt und mit Erfolg praktiziert, Heiliger Geist und Heilung in ihrer gegenseitigen Verwiesenheit neu erfahren.[33] Durch die reichhaltigen Erfahrungen aus der Ostkirche und spiritueller Bewegungen in der Westkirche wird die Pneumatologie zu einer neuen Anfrage an die lateinische Kirche. Mehr »Begeisterung« würde unserer Kirche und ihrem Gottesdienst gewiß gut tun – zumal im Umgang mit Kranken. Partiell vorliegende Erfahrungen sind ermutigend, bedürfen zugleich auch immer der »Unterscheidung der Geister«, um einer »magischen Heilungserwartung« zu wehren. Gottesdienst kann im wahrsten Sinne »heilsam« sein und zum Segen gereichen.

(5) In der Tradition der Kirche sind sakramentale Zeichen tief verwurzelt und stellen die Hochform ihres rituellen Handelns dar. Besonders sind zu nennen: Krankenkommunion, Krankensalbung und Viaticum – nach Möglichkeit in Verbindung mit der Feier der Eucharistie. Durch die neubearbeitete Ausgabe des nach dem Zweiten Vatikanischen Konzil eingeführten Krankenrituales »Die Feier der Krankensakramente« sind neue Impulse für die Seelsorge zu erwarten.[34] Höhepunkt sakramentalen Handelns stellt die Feier der Eucharistie dar. Die anderen sakramentalen Zeichen sollen gleichsam aus ihr erwachsen. Im Blick auf die Sterbesakramente heißt es in der pastoralen Einführung zum überarbeiteten Rituale:

»Das Sakrament für die Sterbenden ist die Eucharistie, die als Wegzehrung bezeichnet wird ...

Die Wegzehrung sollte nach Möglichkeit im Rahmen einer Eucharistiefeier empfangen werden ...

Gerade die Wegzehrung erinnert daran, daß das Abendmahl Jesu letztes Mahl vor seinem Tod war ...

... Wer das Herrenmahl mitfeiert und darin mit Christus ein Leib wird (1 Kor 10,17), der gerät mit ihm in den Umkreis der Auferstehung. Irenäus kann deshalb erklären: 'Wenn unsere Körper die Eucharistie empfangen, gehören sie nicht mehr der Verweslichkeit an, sondern haben Hoffnung auf Auferstehung'. Die Eucharistie ist somit 'Arznei für die Unsterblichkeit', wie es in einem anderen Text der Vätertheologie heißt.«[35]

---

33 Vgl. Workshop: Heilungs- und Segnungsgottesdienst, in: Dokumentation (siehe Anm. 29), G, 1–2.

34 Vgl. A. Heinz, Die verbesserte Neuausgabe der »Feier der Krankensakramente«, in: Dokumentation (siehe Anm. 29), D, 1–12.

35 Vgl. den inzwischen von den Bischöfen des deutschen Sprachgebiets approbierten und von Rom konfirmierten Kommissionsentwurf »Die Feier der Krankensakramente«. Pastorale Einführung, 1–12, hier: 11.

Zusammenfassend sei gesagt: Zeichen und Riten am Sterbe- und Totenbett sollen eingebettet bleiben in eine Konzeption ganzheitlicher Begleitung. Sie dürfen nicht »aufgesetzt« werden. Sie bedürfen lebens- und glaubenserfahrener Spender, die um die Dramatik des Lebens wissen und durch Deute- und Hoffnungszeichen »heilend« einwirken können. Als Zukunftsorientierung soll gelten: der traditionelle und oft verborgene Zeichenreichtum der Kirche ist wertvoll und muß noch umsichtiger auf unser Heute hin erhoben, bedacht und erprobt werden. Darüber hinaus aber ist eine entgrenzende Suchbewegung auf »Reich-Gottes-Zeichen« hin situativ angezeigt.

Ein Zeugnis zum Abschluß

Damit pastorale Begleitung bei Sterben und Tod ganzheitlich und überzeugend gelingen kann, ist es notwendig, daß wir in neuer Weise im Sinne der »Ars moriendi« in der Kirche abschiedlich und versöhnlich leben lernen. Das gilt besonders für die verantwortlichen Theologen und Seelsorger. Als eindrucksvolles Zeugnis, das uns die Richtung weist, soll das Bekenntnis des Moraltheologen Franz Böckle angeführt werden. Die folgenden Worte hat er anläßlich seiner Ehrenpromotion wenige Wochen vor seinem Tod im Juli 1991 gesprochen:

»Und nun, meine lieben Freunde, heißt es Abschied nehmen. Keineswegs in Resignation; aber auch ohne Illusion, was den Prozeß meiner Krankheit betrifft. Die Wochen und Tage sind gezählt. Dieses Wissen öffnet eine ganz neue Dimension der Erfahrung. Was ich bisher theoretisch über Krankheit und Tod nachdachte, ist existentielle Wirklichkeit geworden. Es gibt keinen Grund, vor Gott und der Welt zu klagen. Nach 70 erfüllten Lebensjahren füge ich mich denn der Endlichkeit alles Irdischen. Und es trägt mich das gläubige Bewußtsein, daß mein Schöpfer, der mich einst beim Namen gerufen hat, mir auch über den Tod hinaus seine Treue bewahrt.«[36]

---

36 Vgl. P. Neysters / K. H. Schmitt (siehe Anm. 1), 333.

FRANZ FURGER

Moraltheologie im Wandel

Ein besinnlicher Rückblick in prospektiver Absicht

1. Die lebensgeschichtliche Perspektive

Als die Generation der heute an der Schwelle der Emeritierung stehenden Dozenten der theologischen Ethik ihre »Moral« studierten, hatten sich die meisten für den Examensstoff an die kasuistischen Manualien zu halten. Auch wer sich nicht mit dem »Arregui« oder gar nur mit dem »Jone« begnügte[1], ja wer sogar auf B. Härings »Gesetz Christi«[2] auszugreifen wagte, blieb – auch da gilt »nomen est omen« – im Horizont einer Moral der Gesetze bzw. von deren kasuistischen Anwendungen. Zwar griff Häring auf die wesentlich älteren Ansätze weiterführende (Namen wie I.B. Hirscher oder F.X. Linsenmann müßten schon aus dem 19. Jh. angeführt werden) sogenannte »deutsche Handbuch-Tradition« zurück, wo die »Katholische Moraltheologie« von J. Mausbach in den 1920er Jahren, aber auch das fünfbändige von F. Tillmann in den 1930er Jahren herausgegebene »Handbuch der katholischen Sittenlehre«[3] neue Wege gewiesen hatten und nach dem Krieg zum Teil überarbeitet[4] neu aufgelegt worden waren. Das wachsende Unbehagen über den Standard der Moraltheologie vermochten aber diese Ansätze selbst im deutschen Sprachraum noch nicht zu überwinden.

Erst der Löwener Moralphilosoph J. Leclercq brachte es mit seinem in viele Sprachen übersetzten und – wenigstens in der französischen Ausgabe – auf römischen Druck hin aus dem Handel gezogenen Buch »L'enseignement de la morale chrétienne«[5] deutlich zum Ausdruck, während die Verantwortlichen für die katholische Jugendbewegung in Frankreich sich 1952 an Papst Pius XII. wandten, mit der Bitte um eine Revision der Moraltheologie, weil man sonst Gefahr laufe, daß die Normen der christlichen Moral schlechthin über Bord geworfen würden. Obwohl auch diese Anfragen deutlich zurückgewiesen wurden[6], begann sich daraufhin einiges zu bewegen: Rahners Ge-

---

1 Vgl. A.M. Arregui, Summarium theologiae moralis, Bilbao 1918 und zahlreiche weitere Auflagen; H. Jone, Katholische Moraltheologie, Paderborn 1929 und zahlreiche weitere Auflagen.
2 Vgl. die zunächst einbändige Ausgabe, Freiburg 1954 (so bis zur 5. Auflage).
3 Münster 1918 bis 1922 (3 Bände) bzw. Düsseldorf 1933 ff.
4 So J. Mausbach/G. Ermecke, Katholische Moraltheologie, Münster 1953.
5 Paris 1950; deutsch: Christliche Moral in der Krise der Zeit, Einsiedeln 1954.
6 Vgl. die Ansprache des Papstes vom 23.03.1952, AAS 44 (1952) 270–278 bzw. vom 14.04.1952, ebd. 413–419.

danken zu »Prinzipien und Imperative« im Anschluß an die ignatianischen Exerzitien führten zu dem, was er dann als »Existenzialethik« bezeichnete[7]; der Exeget C. Spicq[8] stellte das neutestamentliche Liebesgebot als Grundprinzip der Moral dar und der an der Römischen Gregoriana-Universität lehrende J. Fuchs, ließ Doktoranden über solche Versuche arbeiten, so auch den mit dieser Festschrift zu ehrenden Helmut Weber, der sich, wie ich mich von unseren ersten Begegnungen her erinnere, mit Spicq befaßte, nicht ahnend, daß ich selber wenige Jahre später unter dem Stichwort »Klugheit« vom gleichen Lehrer unter etwas anderem Aspekt ebenfalls mit der Thematik des beginnenden Aufbruchs befaßt sein würde[9].

»Tempi passati« wird mancher dazu sagen und er hätte damit nicht einmal ganz unrecht. Denn wer auf diese Zeit zurückgreift oder gar die zeitlos hilfreichen Lehrstücke der alten Kasuistik als Denkhilfe neu aufnimmt, der stößt bei seinen Studenten weitgehend nicht einmal mehr auf Ablehnung, sondern schlicht auf großes Unverständnis. Der Verweis auf die moraltheologische Übersicht von Helmut Weber zur »Allgemeinen Moraltheologie«[10], wirkt dann oft klärend und führt nicht selten zu echten Aha-Erlebnissen. Gerade dies aber zeigt, daß eine Rückbesinnung auf diese letzten bald 50 Jahre Entwicklung in der katholisch-theologischen Ethik doch mehr sein könnte als bloße Nostalgie von nunmehr älter werdenden Professoren. Die Frage, was sich in dieser, in relativ kurzer Zeitspanne vollzogenen Entwicklung eigentlich zugetragen hat, ist zudem umso eher berechtigt, als es Anzeichen für neue Verfestigungen gibt, die scheinbar Sicherheit versprechen, in Tat und Wahrheit aber als Binnenmoral den theologischen Verkündigungsauftrag in einer pluralistischen Zeit gerade verfehlen. Daß solche Verfestigungen dann letztlich wohl eher Zeichen von Kleinglauben sind, macht die Frage nur noch dringender. Daher sei hier der Versuch einer Antwort aus eigener reflektierter Erfahrung als ein Denkanstoß bzw. als eine geisteswissenschaftliche Hypothese gewagt.

2. Erstarrte Moraltheologie - der Ausgangspunkt

Zwar entwickelte sich im Hochmittelalter im Zug der Aristotelesrezeption bei Theologen wie Albert dem Großen, Thomas von Aquin, Bonaventura u.a. eine sehr differenzierte und dynamische Moraltheologie, sowohl hinsichtlich der Tugendlehre wie in einer naturrechtlichen Normfindungstheorie, die in

---

7 Vgl.: Über die Frage einer formalen Existenzialethik, Schriften zur Theologie II, Einsiedeln 1954, 227–246; sowie: Das dynamische in der Kirche, Freiburg 1958.
8 Vgl. dazu: Agapé dans le nouveau testament, Paris 1958/59 (2 Bände).
9 Vgl. F. Furger, Gewissen und Klugheit, Luzern 1965.
10 Graz 1991.

der Folge zumindest scheinbar zum Leitmodell katholischer Moraltheologie wurde. Der Thomas von Aquin allgemein zuerkannte Titel eines »doctor communis« ist dafür ein eindrücklicher Beleg. Dennoch war dieser Sicht schon zu jener Zeit und noch mehr in den folgenden Jahrhunderten bekanntlich alles andere als unbestritten. Obwohl heute thematisch wenig mehr präsent, wirken die damaligen Kontroversen im Guten wie im Fragwürdigen jedoch stärker weiter, als man im allgemeinen anzunehmen geneigt ist.

Positiv zu vermerken ist bei diesem hochscholastischen Denkansatz einmal die Tatsache, daß der moraltheologische Teil der Theologie damals in einer Einheit mit dem gesamten theologischen Konzept gedacht wurde, nämlich als praktische Konsequenz im Lebensvollzug aus der Tatsache der dem Menschen von Gott zugewendeten Gnade und Liebe. Die gute Schöpfungsordnung gibt so als solche dem Menschen den Rahmen für sein Handeln und Entscheiden. Christliche Ethik ist also keinesfalls bloß ein normatives göttliches Regelwerk, das dem Menschen auf Gedeih und Verderb von außen auferlegt wurde und von ihm nun einzuhalten ist. Die »Summa theologiae« des Thomas bedenkt entsprechend die ethischen Fragen im Anschluß an die Lehre von Schöpfung und Erlösung: sittliches Verhalten ist Antwort des Geschöpfes auf Gottes trotz aller Sündigkeit sich den Menschen gnädig zuwendenden Liebe. Sie bedenkt daher zunächst die Lebenseinstellungen des Menschen, d.h. die Tugend als den dem Menschen geschenkten wie von ihm weiterzupflegenden Ermöglichungsgrund für das gute Handeln, der freilich für die konkrete Verwirklichung im Alltag der aus reflektierter Erfahrung gewachsenen direktiven Norm bedarf.

Normen sind eben deshalb nicht von außen auferlegte, sondern aus Einsicht und Erfahrung gewonnene, von der »ratio« also begreifbare Weisungen für das Handeln und Entscheiden in der von Gott dem Schöpfer gewollten Ordnung oder Wesensstruktur der Schöpfung bzw. der »natura«. Dabei gelten in dieser normativen Systematik eine »lex naturae« jedoch nur die die konstitutiven Abhängigkeiten des Menschen von Gott und Mitmensch thematisierenden, sogenannten primären Forderungen von Gottesachtung, Elternehrung und Gerechtigkeit ausnahmslos und allgemein (universaliter), da ihre Mißachtung wenigstens langfristig den Menschen als solchen zerstören würde. Bei allen anderen, sogenannten »sekundären« naturrechtlichen Forderungen ist jedoch, wenn auch sicher selten, mit Ausnahmen zu rechnen. Diese sind dann folglich nicht mehr allgemein, sondern nur noch »im allgemeinen« (ut in pluribus) gültig.

In einem solchen Ansatz herrschte folglich kein starres Gesetzesdenken. Vielmehr war ein »kluger« Gebrauch der Weisung als Entscheidungshilfe in einer freilich weltanschaulich und sozial noch sehr geschlossenen Gesellschaft gefordert. Im Rahmen der faktisch allerdings relativ engen Möglichkeiten wurden damit fast selbstverständlich Persönlichkeitsbildung in körperlicher, intellektueller wie spiritueller Hinsicht ebenso einbezogen wie die zwischenmenschlichen Verpflichtungen und die Politik als Gestaltung des Gemeinwesens[11]. Wie – so wird daher aus heutiger Sicht kritisch zu fragen sein – konnte die Moraltheologie dann zu dem erstarren, was die kasuistischen Manualien bis in die 1950er Jahre vermittelten? Wie konnte sie diese differenziert dynamischen Ansätze ihres Ursprungs im Mittelalter verlieren?

Gründe dafür gibt es ohne Zweifel viele. Die folgenden dürften aber doch ausschlaggebend gewesen sein: Einmal wurde die differenzierte, wohl am besten transzendental ontologisch zu nennende Naturrechts-Lehre der Hochscholastik von konservativ, eher platonisierend denkenden Zeitgenossen (nicht viel anders als später in der Neuscholastik des 19. und 20 Jh.) ontisch mißverstanden. D.h. bestehende, anscheinend befriedigend funktionierende Regelungen wurden unbesehen (also eigentlich über sogenannte »naturalistische Trugschlüsse«) als unbedingt, bzw. »natürlich« vorgegebene und daher ausnahmslos gültige angesehen. Dies war umso leichter möglich, als beim damaligen Wissensstand biologische Abläufe weitgehend der menschlichen Einflußnahme entzogen waren und so fälschlicherweise als, weil biologisch-natürlich vorgegeben, auch als wesentlich-natürlich angesehen werden konnten[12]. Neben diesen zeitbedingt einigermaßen verständlichen Fehlbeurteilungen gab es aber auch oft genug interessenbedingte Festschreibungen von wenigstens scheinbar gut eingeschliffenen und funktionierenden Verhaltensformen. So ließen sich auch gewisse Privilegien von Adel und Klerus als »natürlich« gegebene und so sittlich geforderte ausweisen wie es faktisch für Fragen um den Kirchenbesitz oder um die Klerikalprivilegien offenbar besonders deutlich zutraf.

Genau an dieser Stelle setzte dann auch die Kritik an dieser letztlich dekadenten Form des Naturrechts-Argumentes vor allem seitens der Armutsbewegungen des Spätmittelalters ein. Statt aber wie die großen Theologen aus den Orden der Bettelmönche, also die Dominikaner Albert und Thomas oder der Franziskaner Bonaventura in einem differenzierten, bis heute oft genug wenig genutzten, aber auf die alte Stoa und Aristoteles zurückgehenden Naturrechts-Verständnis solche Kurzsichtigkeiten aufzuarbeiten, griff man eher auf die letztlich ratio-skeptische Denkfigur des Nominalismus zurück, nach welcher die Erkenntnis des Menschen ohnehin nicht die wahre Wirklichkeit erreiche, sondern im Bereich der »Nomina«, also der Begriffe verbleibe. Für die Ethik bedeutete dies, daß man auf Gebot und

---

11 Vgl. dazu: F. Furger/M. Heimbach-Steins, Christliche Existenz im Spannungsfeld von Mystik und Politik, Herzogenrath 1991, sowie allg. F. Furger, Einführung in die Moraltheologie, Darmstadt 1988.

12 Bei der Gefahr, welche Eingriffe in die biologischen Abläufe unter den Bedingungen rudimentärer medizinischer Kenntnisse darstellten, war deren generelle Ablehnung damals praktisch ohne Zweifel sinnvoll. Fragwürdig wird aber die Übertragung solcher Maximen auf heutige Problemstellungen – man denke etwa an die ganze Diskussion über die Ovulationshemmer in den vergangenen Jahren.

Gesetz verwiesen blieb, die als begriffliche Norm nur Kraft Autorität und nicht dank Einsicht Gültigkeit beanspruchen können. Daß damit den in der Bibel als dem Wort Gottes festgehaltenen Geboten und Weisungen dann ein ganz eigenes Gewicht zukam, versteht sich von selbst, auch wenn zunächst vor allem die neutestamentliche Reichtumskritik und damit in anbetracht der kirchlichen Besitztümer die evangelischen Armutsforderungen im Vordergrund standen. Das »sola scriptura« Martin Luthers, dessen Lehrer alle (und zwar selbst jene die später seine Reformation ablehnten) zur nominalistischen Schule gehörten, beginnt sich da schon abzuzeichnen. Das herausragende Moment im Gottesbild verschiebt sich so vom ordnenden Schöpfer auf Gott als Gesetzgeber und Richter und zwar so sehr, daß der sündige Mensch diesem Anspruch auch als erlöster nie zu entsprechen vermag und nur noch im Glauben auf die Begnadigung durch den göttlichen Richter (sola gratia) hoffen darf. Alles andere wäre selbstüberhebliche Werkgerechtigkeit. Sofern unter diesen Vorzeichen noch nach Ethik gefragt wird, betrifft diese dann nur noch die weltlichen Belange im sogenannten »Zweiten Reich«, dessen Ordnung man den christlichen Fürsten überläßt, während dem einfachen Gläubigen der bürgerliche Gehorsam dieser Ordnung gegenüber abgefordert wird. Als theologische Dimension verschwindet die Ethik damit zunehmend aus der reformatorischen, vor allem lutherischen Theologie.

Damit entfällt mit der Kirchenspaltung aber nicht nur die zuvor immerhin unter Theologen trotz aller Übertreibungen kritisch fruchtbare Kontroverse. Zudem klammert sich bald auch die katholische Theologie, obwohl sie den Schritt zum lutherischen »sola« nicht mitmachen will, für die Regelung des menschlichen Verhaltens nicht weniger an die gesetzlich gefaßte Weisung kirchlicher und staatlicher Ordnung. Wo diese Weisung zudem nach dem Muster der frühmittelalterlichen Bußbücher kasuistisch aufgeschlüsselt wird, erlaubt dieses Vorgehen zugleich, in der für die dringend nötige Kirchenreform eingesetzten nachtridentinischen Beichtpastoral, dem Seelsorger ein einheitliches Beurteilungsschema für die vom Pönitenten bekannten Sünden zur Verfügung zu stellen. Dabei fand allerdings die juristische Lösung von Einzelfällen bei weitem mehr Interesse als die Normbegründung, die außer bei den bedeutenden spanischen Völkerrechtstheologen im 16. Jh.[13] sich mit den zu kurzen »ontischen« Argumenten begnügte, wovon die oben genannten Manualien der Neuzeit bis hin zum II. Vatikanischen Konzil Zeugnis geben.

Was situativ als minimalistische Engführung gegen ideologischen Mißbrauch des Naturrechts im Nominalismus des 14. Jh. und dann als pastorale Notlösung zur Beichtvater-Schulung in der katholischen Reform

---

13 Vgl. dazu: J. Höffner, Kolonialismus und Evangelium, spanische Kolonialethik im Goldenen Zeitalter, Trier 1972³ (1. Auflage 1947 unter dem Titel: Christentum und Menschenwürde).

noch verstanden werden kann, wurde so zum Typ der Moraltheologie, die sich im übrigen für die politisch gesellschaftsethischen Fragen in den relativ ruhigen gesellschaftlichen Entwicklungen der damaligen Zeit darauf beschränken konnte, die zwischenmenschlichen Alltäglichkeiten einigermaßen zu ordnen. Politische Gestaltungsfragen wurden dagegen auf die Führungskräfte konzentriert: Auf der kirchlichen Ebene auf die geistliche Schulung des höheren Klerus (Bischöfe, Professoren, Fürstenerzieher) auf der staatlich politischen dagegen auf die Ausbildung der Prinzen. Da diese Belange jedoch nicht allgemein, sondern bestenfalls im sogenannten »cursus major« der theologischen Studiengänge unterrichtet wurden, war auch von dieser Seite her die Moraltheologie auf die zwischenmenschlichen Alltäglichkeiten eingeschränkt.

Da zudem die Kirchenspaltung auch die katholische Kirche nach dem Prinzip »cuius regio eius religio« in die Abhängigkeit der politischen Macht, d.h. des Adels getrieben hatte, mußte in der Folge auch jede absolutismuskritische Aufklärung auf kirchliche Ablehnung stoßen. Die Moraltheologie, die bis im 16. Jh. wenigstens bei den spanischen Völkerrechtlern noch gesellschaftspolitisch als kritisches Moment relevant war, verlor so den Kontakt zum Puls der Zeit und wurde damit erst recht zu einem retardierenden Moment, daß auch die im 19. Jh. beginnende Rückbesinnung auf die alte Tradition in der sogenannten Neuscholastik nicht aufzubrechen vermochte, dies nicht zuletzt, weil diese – wohl entgegen dem Willen ihres Initiators, des Papstes Leos XIII.[14] – nicht auf das ursprüngliche Erbe bei Thomas, sondern bloß auf die spätscholastischen, letzlich rationalistisch geprägten, also eine direkte Wesenseinsicht postulierenden Naturrechts-Manualien zurückzugreifen vermochten.

Da aber diese geschichtlichen Zusammenhänge schon damals längst nicht mehr präsent waren und die spätmittelalterliche, letzlich philosophisch erkenntniskritische Auseinandersetzung in ihrer Bedeutung für die konfessionelle Spaltung im 16. Jh. bis heute kaum je reflektiert wird und so die ökumenisch nach wie vor belastenden Auswirkungen in der sozialethischen Bewältigung gesellschaftlich struktureller Probleme als rein konfessioneller statt epistemologisch erkenntniskritischer Faktor gilt[15], wird die Infragestellung der die Glaubwürdigkeit christlicher Moralverkündigung in der modernen Gesellschaft zunehmend belastenden Erstarrung trotzdem noch immer leicht als Angriff auf die Substanz der christlich sittlichen Werte empfunden. Die Forderung nach einem Wandel in der Moraltheologie, nicht in der Substanz, sondern in der methodologischen Kritik im Argument, gilt entsprechend rasch trotzdem als Abkehr vom Wesentlichen zugunsten pluralistisch

---

14 Vgl. L. de Raeymaeker, Le cardinal Mercier et l'institut supérieur de philosophie de Louvain, Louvain 1952.
15 Vgl. F. Furger, Christliche Sozialethik in ökumenischer Herausforderung, ICSW 32 (1991), 91–109.

bequemerer Beliebigkeiten. Wenn daher in den letzten rund 40 Jahren zahlreiche historische Arbeiten zur leider oft genug engführenden Entwicklung in der Moraltheologie seit den tridentinischen Reformen diesbezüglich klärend gewirkt haben und die Forderung nach einem Wandel vom Verdacht der Willkür zu entlasten begannen, so war dies ein erster Schritt in Richtung einer glaubwürdigen Verkündigung von christlichen Werten in einer zunehmend pluralistisch säkularen Gesellschaft.

3. Schwerpunkte des Wandels

Freilich konnte die Feststellung der ihrem ursprünglichen Denkmodell nicht angemessenen, obwohl historisch situativ in manchem verständlichen, Erstarrung zur Überwindung des Unbehagens in der Moraltheologie allein nicht genügen. Konstruktive Erneuerung muß dazu kommen und hat denn auch bald an verschiedenen Schwerpunkten angesetzt. Sie neu in Erinnerung zu rufen[16], scheint derzeit auch deshalb wichtig, weil die Versuchung, den komplexen epochalen Herausforderungen erneut mit einfachen, also undifferenzierten, aber autoritär absolut vertretenen normativ-Strukturen zu begegnen, in fundamentalistischen Strömungen aller Art erneut zu wachsen scheint. Obwohl die Geschichte der Moraltheologie seit dem hohen Mittelalter das Scheitern solcher Ansätze eigentlich deutlich genug belegen sollte, verführen epochale, aber letztlich immer irgendwie kleingläubige Verunsicherungen dennoch stets neu zu solchen Engführungen.

3.1 Gewissensentscheid statt bloße Kasuistik

Ein erster Schwerpunkt für eine solche konstruktive Erneuerung ergab sich aus dem Ernstnehmen der eben genannten, letztlich stets irgendwie situationsethisch geprägten Einwände gegen die kasuistische Manualien-Moral, wie sie seit den 1950er Jahren in der Kritik an der neuscholastischen Naturrechtslehre, aber auch in der historisch exakten Vertiefung eines päpstlichen Hinweises auf die altscholastische Klugheitslehre zur Bewältigung der situationsethischen Anliegen und der damit verbundenen, aber aufgrund der Aufklä-

---

16 Vgl. dazu die Überblicke: Franz Furger, Zur Begründung eines sittlichen Ethos, Forschungstendenzen in der katholischen Moraltheologie: Theologische Berichte IV, Zürich 1974, 11–87; sowie ders., Von der Moraltheologie zur christlichen Ethik, Theologie der Gegenwart 22 (1979) 147–159 und: Von Spezialfragen zum moraltheologischen Handbuch, ebd. 203–214; die in diesen beiden Veröffentlichungen festgehaltenen Entwicklungstendenzen wurden seither fortgesetzt in regelmäßigen Übersichten zu den Neuerscheinungen aus der theologischen Ethik in der »Schweizerischen Kirchenzeitung«, Luzern 1979–1994 (147–162).

rungsentwicklung differenzierteren Reflexion über die Bedeutung des persönlichen Gewissens als Kern der sittlichen Entscheidung Platz griff[17]. Daß die nach dem klassischen Muster bis ins einzelne vorbereitete Vorlage zur Moraltheologie im II. Vatikanischen Konzil gar nicht erst auf die Tagesordnung kam, sondern eben diese neueren Überlegungen mehrere Erlasse dieser Versammlung prägten (so vor allem die Erlasse zur Gewissensfreiheit (Dignitatis Humanae), die Pastoralkonstitution (Gaudium et Spes) und das Dekret über die Priesterausbildung (Optatam Totius)), zeigt, wie weit sich diesbezüglich der Wandel auch theologisch und damit kirchenprägend voranzubringen vermocht hatte[18].

Indem die Kasuistik die Bedeutung des Gewissens weitgehend auf die Alternative: Ja/Nein, also auf die Gehorsamsfrage gegenüber vorgegebenen Normen oder gegenüber einer gesetzten Autorität reduziert hatte, setzte sie im Grund voraus, daß einmal gefundene bzw. erlassene Normen unabhängig von allen geschichtlichen Veränderungen zeitübergreifende Gültigkeit beanspruchen können. Gerade darin aber hatte sich die klassische, auf die zwischenmenschliche Belange beschränkte und oft genug kleinlich auf sexualethische Einzelfragen eingeengte Kasuistik angesichts der neuen politischen Herausforderungen von Nationalsozialismus und Faschismus, aber auch hinsichtlich eines christlichen Verhaltens während den Belastungen des Zweiten Weltkrieges als kaum hilfreich erwiesen. Was in ruhigeren Zeiten als Direktive noch einigermaßen gereicht haben mochte, erwies sich da als weitgehend bedeutungslos, wenn nicht sogar lächerlich (man lese dazu den beißenden Spott von Heinrich Böll in seiner Novelle »Wanderer kommst Du nach Spa...«) oder aber als bis an die Grenze des Zynismus politisch naiv.

Außerdem hatte die Auflösung der alten Kolonialreiche in Anbetracht christlicher Komplizenschaft mit deren Politik bei engagierten Christen ehemaliger Kolonialmächte, wie etwa in Belgien und Frankreich das Bewußtsein dafür geschärft, wie allgemein eine Revision des klassischen Normenkanons zur Bewältigung der anstehenden Probleme aufdrängte. Die Versuchung, allgemein gültige Normen überhaupt abzulehnen und sich allein auf das persönliche Gewissen in der je konkreten Einzelsituation zu berufen, lag als sogenannte Situationsethik damit in der Luft. Bei J.P. Sartre's Existenzialismus wie bei der genannten christlichen Jugendorganisation in Frankreich wurde sie ausdrücklich artikuliert und kirchliche Appelle zur Rückkehr zur Disziplin mochten zwar äußerlich, wie etwa im Fall der französischen Arbeiterpriester, einiges scheinbar aufzufangen; letztlich blieben sie jedoch, wie verantwortungsbewußte Moraltheologen bald merkten, wirkungslos, ja für

---

17 Vgl. dazu als Ausgangspunkt den Hinweis in der Instructio des Sanctum Officium zur Situationsethik von 1956 (AAS 48 (1956) 144 f.) sowie den entsprechenden Kommentar dazu von F. Hürth in: Periodica RMCL 45 (1956) 140–204; sowie F. Furger, Gewissen und Klugheit, a.a.O.
18 Vgl. dazu im Einzelnen: K. Golser, Gewissen und objektive Sittenordnung, Wien 1975.

den Glauben zerstörerisch. Hier konnte folglich nur durch eine bewußte Abkehr von den bisherigen Denkschemata Hilfe erwartet werden.

Dennoch war der so keineswegs willkürliche, sondern durch die konkreten gesellschaftlichen Umstände (durch die »Zeichen der Zeit« wie man bald im Umfeld des Zweiten Vatikanums sagen sollte) erzwungene Wandel in der Moraltheologie der 1950er Jahre alles andere als ein abrupter Aufbruch zu neuen Ufern. Vielmehr war er eher eine Rückwende auf bewährte (und daher innerkirchlich vor dem disziplinierenden kirchlichen Lehramt das zunächst ungewohnte Vorgehen auch legitimierende) Traditionen. So wurde das rationalistische, undifferenziert als zeitlos – absolut geltende, neuscholastische Naturrecht wieder in seinen konstitutiv wesentlichen und damit allgemein gültigen »primären« Prinzipien von den dem geschichtlichen Wandel wie unter Umständen den situativen Ausnahmen unterworfenen »sekundären« (oder »mittleren«) Normen abgehoben[19]. Zur Bewältigung der einzelnen Situation wurde darüberhinaus auf die Tugend der »Diskretio«, d. h. das vernünftige, von Gottes Geist erleuchtete Unterscheidungsvermögen appeliert, so wie es der klassische Traktat über die »gleichzeitig menschlich erworbene wie göttlich eingegossene« Tugend der Klugheit in der scholastischen Klassik entwickelt hatte[20], oder wie es Ignatius von Loyola mit der Unterscheidung der Geister in den Wahlbetrachtungen der Exerzitien vor allem im Blick auf die Berufung im Glauben spirituell thematisiert hatte bzw. wie es von Karl Rahner erneut unter dem Stichwort »Prinzipien und Imperative« aufgegriffen wurde[21].

3.2 Kritische Normbegründung

Das Bewußtsein, daß die durch die sprunghaften Entwicklungen in der Technologie, den internationalen Vernetzungen in Verkehr und Wirtschaft usw. entstandenen Herausforderungen, aber auch die Gefährdungen durch die Hochrüstung in Massenvernichtungswaffen wie durch die infolge der Industrialisierung zunehmenden Umweltbelastungen mit dem Instrumentar der klassischen Kasuistik keinesfalls mehr zu bewältigen sein würden, begann zudem fast zeitgleich unter dem Stichwort der Normbegründungsproblematik eine zweite Stoßrichtung der Erneuerung in Gang zu setzen. Sie forderte dazu heraus, in diesem ethischen Neuland nach Normen als Entscheidungs-

---

19 Vgl. dazu vor allem: F. Böckle (Hg.), Das Naturrecht im Disput, Düsseldorf 1966 sowie J. David, Das Naturrecht in Krise und Läuterung, Köln 1967; und zum ganzen: H.D. Schelauske, Naturrechtsdiskussion in Deutschland, Ein Überblick über zwei Jahrzehnte 1945–65, Köln 1968.
20 Vgl. dazu: J. Fuchs, Morale théologique et morale de situation, NRTh 76 (1954) 1073–1085 sowie J. Kraus, Situationsethik als pastoral- und moraltheologisches Problem, Mainz 1956.
21 Vgl. dazu: Karl Rahner, Das dynamische in der Kirche, a.a.O.

hilfen zu suchen. Da dabei ein Rekurs auf traditionelle Autoritäten mangels Kenntnis der Problemlage bestenfalls in Ausnahmefällen als Hilfe in Frage kommen konnte, mußte unter Beizug von hohem fachlichen Sachverstand und dennoch meist mit nur über Ermessensurteile abschätzbarer Kenntnis künftiger Folgewirkungen und Risiken nach sinnvollen Verhaltensrichtlinien gesucht werden. Vernunft und Erfahrung waren so zunehmend gefragt und zwar in eigener fachlicher (meist nur interdisziplinär leistbarer) Kompetenz, die sich nicht mehr auf etablierte Autoritäten auch menschlich respektabler Art allein verlassen durfte.

Nicht Selbstüberheblichkeit, sondern bewußter Mut zu eigener Verantwortlichkeit für das Wohlergehen und Überleben von Menschheit und Umwelt lag also der dazu stipulierten Autonomie der sittlichen Vernunft bei der Normfindung zugrunde[22]. Mochte dies aufgrund aufgeklärter Übertreibungen zumindest von der Wortwahl her in kirchlichen Kreisen auch einiges Mißtrauen wecken[23], was hier gemeint war, war keine grenzenlose, sondern stets eine theonome Autonomie, die sich erneut auf die gute thomasische Tradition der Lehre von der »Ratio recta« berufen konnte[24].

In Anbetracht des häufigen Ungenügens bzw. der naturalistischen Trugschlüsse in so manchem ethischen Argument der neuscholastischen Handbücher erstaunt es wenig, daß in diesem Zusammenhang die Forderung nach solchem autonom vernünftigen Vorgehen auch die Argumentationsfiguren selber der logischen Analyse unterwerfen ließ, zumal in der vor allem im angelsächsischen Raum gepflegten sprachanalytischen Philosophie und der in diesem Rahmen gepflegten sogenannten metaethischen Untersuchung dazu ein Instrumentar bereitgestellt war, dessen Vernachlässigung gerade auch im interdisziplinären Gespräch das an sich durchaus anerkannte Argument theologischer Ethik der Unglaubwürdigkeit ausgesetzt hätte[25]. Dagegen vermag gerade der klare Ausweis der eigenen, hier im christlichen Glaubensverständnis gründenden Wertoption mit ihren je eigenen Plausibilitäten zumeist Kongruenzen zu rein humanistischen oder mit in anderen religiösen Bekenntnissen gründenden Folgerungen nachzuweisen und gerade dadurch die normative Einsicht zu stärken.

---

22 Vgl. dazu vor allem: A. Auer, Autonome Moral und christlicher Glaube, Düsseldorf 1971; 2. erweiterte Auflage 1984.
23 Vgl. dazu die Aufsatzsammlung: W. Kerber (Hg.), Sittliche Normen, Düsseldorf 1982.
24 Vgl. dazu im Einzelnen: K.W. Merks, Theologische Grundlegung der sittlichen Autonomie, Düsseldorf 1978.– Die gegenteiligen, auch innermoraltheologisch geäußerten Kritiken einer sogenannten »Glaubensethik« (Vgl. dazu W. Stöckle, Handeln aus dem Glauben, Freiburg 1977 oder K. Hilbert, Ethik und Rationalität, Düsseldorf 1980 wie vor allem aus dogmatischer und exegetischer Sicht: J. Ratzinger (Hg.), Prinzipien christlicher Moral, Einsiedeln 1975) verkannten dabei zumeist die eingentliche Fragestellung.
25 Vgl. dazu die wegleitende Studie von B. Schüller, Die Begründung sittlicher Urteile, Düsseldorf 1973, überarbeitete 2. Auflage 1980 bzw. 1988.

3.3 Das »spezifisch Christliche«

Freilich rief dann gerade diese letztgenannte Erfahrung nach der Frage, was denn unter der Voraussetzung auch einer bewußt theonom verstandenen Autonomie noch als spezifisch christlicher Beitrag in der Ethik nachgewiesen werden könne. Obwohl schon Paulus (vgl. Römer 2,14) vom Gesetz in den Herzen der Heiden gesprochen hatte und die katholische Soziallehre wie das II. Vatikanische Konzil längst von der eigenständigen Sachkompetenz in den weltlichen Belangen redeten, wie dann auch die Päpste in ihren der christlichen Ethik Verkündigung gewidmeten Rundschreiben sich zunehmend »an alle Menschen guten Willens« richteten, war es doch dieses Moment des freilich auch hier unvermeidlichen Wandels, nämlich die scheinbar von Zweifel und Indifferenz geprägte Frage nach dem »specificum christianum« in der Moraltheologie, die im theologischen Umfeld wohl am meisten schockierte und sogar bei den sonst dem rationalen Argument offenen Bibelwissenschaften Anstoß erregte[26].

Da die über weite Strecken philosophisch rational argumentierende katholische Soziallehre die damit verbundene theologische Problematik bisher leider wenig problematisiert hatte, ja als politisch-pragmatisch-praktische Disziplin meist den Pastoralfächern zugeordnet wurde und so theologisch (leider und zum Teil auch aus eigener Schuld) wenig Beachtung fand, mögen diese Reaktionen trotz der langen »autonomen« Tradition im ursprünglichen Konzept von Natur-Recht einiges Verständnis beanspruchen können. Eine bedauerlich ungenügende Einsicht in die schöpfungstheologischen Zusammenhänge verrät es dennoch: Denn wenn Normen nicht bloß als Binnenmoral einer Gruppe, hier also einer kirchlichen Gemeinschaft Gültigkeit beanspruchen sollen – und eben dies ist als sogenannte Universalisierbarkeitsforderung für echt ethische Normen unerläßlich und für weltweit relevante Problemstellungen wie etwa in den Menschenrechten, beim Umweltschutz usw. auch leicht einsichtig –, dann kann der von der Norm geforderte Inhalt keine spezifisch christliche Eigenart aufweisen. Er muß vielmehr vernünftig einsichtig gemacht werden können, während die für den Grad einer Verpflichtung wie für die Konsequenz bei deren Einhaltung auch unter belastenden Umständen ausschlaggebenden Beweggründe, also für die alles bewegende Motivation das Glaubensengagement ebenso eine Rolle spielt, wie es für die Feinfühligkeit in der Wahrnehmung mitmenschlicher Bedürfnisse – etwa in der sogenannten »Option für die Armen« von ausschlaggebender Bedeutung ist[27].

---

26 Vgl. dazu: K. Kertelge (Hg.), Ethik im neuen Testament, Freiburg 1984 sowie in einer bemerkenswerten Aufarbeitung der moraltheologischen Fragestellung durch den Exegeten: R. Schnackenburg, Die sittliche Botschaft des neuen Testaments, Band 1, Freiburg 1986[2] (da in der Einführung zu dieser überarbeiteten Neuausgabe).

27 Vgl. dazu im Überblick: F. Furger »Kenosis« und das Christliche einer christlichen Ethik:

Wer den Begriff »Motivation« in diesem Zusammenhang wirklich beim Wort nimmt, also das »movens« darin festhält, wird auch von der heiligen Schrift her keine Schwierigkeit haben, eben darin das eigentlich und spezifisch Christliche festzumachen. Die Fragestellung mag sich in einem vormals christlichen Abendland als solche ungewohnt ausnehmen. Völlig neuartig ist aber auch sie nicht: Die Nähe zur stoischen Ethik in so manchen neutestamentlichen ethischen Aussagen dürfte dafür ausreichender Hinweis sein. Für die Verkündigung eines christlich geprägten Ethos in einer pluralistischen säkularen Gesellschaft dagegen muß sie unbedingt gestellt und geklärt werden: Nicht die normativen und als solche allgemein einsichtigen Inhalte, wohl aber die sie tragende dynamische Motivation aus dem Glauben sind das spezifisch Christliche der christlichen Ethik.

Drei Schwerpunkte in dem, was in den letzten fast 50 Jahren der Erneuerung der katholischen Moraltheologie von vielen als grundlegender Wandel empfunden wurde, können so im Rückblick festgemacht werden: Die über die größere Beachtung des Gewissensmoments in individual-ethischer und damit auch spiritueller Hinsicht erneut relevanten Momente der Persönlichkeitsbildung wie auch die durch die neue ökologie-, friedens- und wirtschafts-ethischen Probleme eingebrachte strukturpolitische Dimension erneut ins Bewußtsein gehobene existenzielle Breite der theologisch ethischen Fragestellungen könnte, obwohl weniger als Mangel empfunden, als weiterer zunehmend sich abzeichnender Schwerpunkt genannt werden, obwohl er eher eine Folge der Erneuerung der Moraltheologie darstellt und deren innere Einheit wieder spürbar werden läßt. Zeichen dafür dürfte sein, daß die Enzyklika »Solicitudo rei socialis« von Johannes Paul II. aus dem Jahre 1987 die Sozialethik der Kirche spontan als Teil der Moraltheologie bezeichnet (Nr. 41).

In allem aber geht es, auch dies macht ein Rückblick auf diese Jahre deutlich, nicht eigentlich um einen Wandel, sondern eher um die Befreiung von an sich nicht mutwilligen, aber langfristig eben doch die Glaubwürdigkeit beeinträchtigenden Engführungen, eine Befreiung, die im übrigen dem besten der eigenen Tradition entspricht. Wenn sich dies aber als Ergebnis der moraltheologischen Arbeit der letzten Jahrzehnte und damit der Generation von Moraltheologen bzw. von theologischen Ethikern, die nun dabei ist, ins zweite Glied zurückzutreten, aufdrängt, dann fragt sich, was sich daraus allenfalls auf Zukunft hin ablesen ließe.

K. Demmer/B. Schüller (Hg.), Christlich Glauben und Handeln (FS: Josef Fuchs) Düsseldorf 1977, 96–111.

4. Perspektiven nach vorn

Auch wenn eine geistesgeschichtliche Übersicht zur Entfaltung der christlichen Ethik seit ihren Anfängen trotz gewisser Ansätze[28] bislang noch weitgehend fehlt und diese so ein dringendes Desiderat für die kommenden Jahre bleibt, so zeigen doch die vielen Einzelforschungen zu Personen wie Strömungen in der Moraltheologie, die in den letzten Jahren vor allem als Dissertationen erschienen sind, daß dank dieser geistesgeschichtlichen Erkenntnisse ein erhebliches ideologiekritisches Potential schon bereitgestellt ist und Engführungen in ihrer Entstehung so erklärbar macht, daß eine Früherkennung wesentlich erleichtert werden sollte. Daß dabei exakte Arbeit in rückhaltloser Ehrlichkeit auch gegenüber eigenen lieben Positionen ohne konfessionelle Rücksichten (man denke etwa an das oben genannte Nominalismusproblem) unerläßlich ist, versteht sich und wird von Ausnahmen abgesehen – sie sind selten und brauchen hier nicht eigens aufgeführt zu werden – auch beachtet. Obwohl als Promotionsarbeiten auch deshalb beliebt, weil so Nachwuchswissenschaftler von heiklen und später allenfalls belastenden Themen unbehelligt arbeiten können, wird gerade dadurch kritische Vergangenheitsbewältigung geleistet, die nicht mehr vergessen werden darf und eben deshalb durch die Synthese der bisherigen Ergebnisse besser erschlossen zu werden verdiente, und zwar in durchaus auch systematischem Interesse.

Bedeutsam scheint ferner, daß Ethik in neuester Zeit wie angedeutet wieder zurück zur vollen Breite ihres Gegenstandes gefunden hat. Daß die katholische Soziallehre dabei sogar lehramtsoffiziell zur Moraltheologie gezählt wird, und damit offenbar auch auf eine ethisch saubere Methodik verpflichtet wird, dürfte weittragende Folgen auch für die Einordnung in den theologischen Fächerkanon und die entsprechenden Studienordnungen haben. Eben dadurch können dann auch die genannten Überlegungen aus dem Bereich der Fundamentalmoral für alle Sparten, für die individual-ethischen wie für die zwischenmenschlich und sozial-ethischen fruchtbar gemacht werden. Daß dies dann auch für die dort bedachten Momente von Spiritualität und Glaubenserfahrung Geltung hat, scheint im Sinne des Leitwortes »Mystik und Politik«[29] sich anzukünden. Christliche Ethik, die ohne Fideismus, also im vollen Wortsinn der theonom-autonomen Vernunft verpflichtet und gerade so nicht weniger sondern mehr und voller theologisch verantwortet ist, wird in einer sinnsuchenden pluralistischen Gesellschaft aller Voraussicht nach wohl zunehmend dringender gebraucht, was dann für eine theologische (also

---

28 Vgl. dazu: S. Pfürtner (Hg.), Ethik in der europäischen Geschichte, Stuttgart 1988, 2 Bände sowie K.H. Kleber, Einführung in die Geschichte der Moraltheologie, Passau 1985 (dies verstanden als Ansatz zu einem weiterführenden Forschungsprojekt), vgl. ders., Prolegomena zu einer Geschichte der Moraltheologie, Passau 1994.

29 So der Titel der Festschrift für J.B. Metz: E. Schillebeeckx (Hg.), Mainz 1988 sowie in theologisch systematischer Aufarbeitung: M. Heimbach-Steins, ... Münster 1994.

der Verkündigung des Evangeliums dienende) christliche Ethik ebenso Chance wie Verpflichtung zu sein hat.

Dabei wird gerade christliche Ethik von ihrem Verständnis des Menschen als dem in seiner Würde unbedingt zu achtenden Ebenbild Gottes her sich stets (und mehr als auch schon) bewußt zu bleiben haben, daß sie den Menschen nicht vereinnahmen darf – auch nicht auf dessen der eigenen Bequemlichkeit schmeichelndes Drängen hin. Sie hat klärende Hilfe zur eigenen verantwortlichen Entscheidung zu bieten, einmal durch Bereitstellung von Normen, welche zielbezogene Erfahrung, die Abschätzung von Folgen und Risiken, aber auch die überlegende Einsicht bündeln, aber nicht weniger auch durch den Aufbau von Einstellung und Tugend wie durch den geistlichen Rat im Sinne der Unterscheidung der Geister. Die persönliche Entscheidung jedoch erfolgt stets aus freier Entscheidung danach. Sie vorausgehend erzwingen zu wollen, würde die Ethik gerade in ihrem spezifischen Eigenwert, nämlich Hilfe zur Entscheidung aus Glauben zu sein, zerstören. Insofern leistet Ethik als theologische Disziplin einen wesentlichen Beitrag zur Heranbildung der auch in der mitmenschlichen Gemeinschaft und Gesellschaft vollmenschlichen Persönlichkeit von mündigen Christen (vgl. Eph. 4,13), von denen in einer Epoche globaler gesellschaftlicher Umbrüche, in der so manche traditionell durchaus erfolgreiche Verhaltensweise und -strategie nicht mehr tragfähig ist, ja wie bei manchen Formen des technologischen Fortschritts oder dem demographischen Wachstum in ihr eigenes Gegenteil zu kippen droht, das Überleben der Menschheit abhängen könnte.

Nicht Sittlichkeit als Wohlverhalten, sondern im Sinn von Weltverantwortung zu pflegen und aufzubauen, wird dann primär die christliche Ethik der Zukunft zu beschäftigen haben. Daß sie dies nicht allein, sondern nur mehr im interdisziplinären Dialog zu leisten fähig sein wird, liegt auf der Hand. Die besserwisserische Kontrolle sozusagen aus höherer Warte war echter Ethik zwar nie dienlich; sie dürfte in Zukunft aber völlig obsolet werden. Die als Wandel erlebte Entwicklung der Moraltheologie in den letzten Jahrzehnten des zweiten Jahrtausends der Christenheit dürfte für das Dritte diesbezüglich einiges bereitgestellt haben. Die weiter zu führen, dürfte entsprechend die Aufgabe der Zukunft bleiben.

KONRAD HILPERT

Familie als Zelle der Gesellschaft

Bedeutung und Funktion eines Topos der Katholischen Soziallehre

I. Vorkommen und Herkunft

Eine der häufigsten Redensarten, wenn Dokumente der kirchlichen Sozial-verkündigung und theologische Abhandlungen über die Familie sprechen, ist die von der Familie als »Zelle der Gesellschaft«. So nannte beispielsweise Leo XIII. in seiner Enzyklika über die Pflichten des christlichen Staatsbürgers die Familie »die Keimzelle des Staatswesens«[1] und Pius XII. in seinem ersten Rundschreiben vom Oktober 1939 »die erste und wesenhafte Keimzelle der Gesellschaft«[2]. Bei anderen Gelegenheiten wurde sie von demselben Papst die »unersetzliche Zelle des Volkskörpers«[3], »Urzelle der menschlichen Gemein-schaft«[4] und »Mutterzelle der Gesellschaft«[5] genannt. Auch Johannes XXIII. betonte in »Pacem in terris«, daß die Familie »als die erste und natürliche Keimzelle der menschlichen Gesellschaft angesehen werden müsse«[6]. In den Dokumenten des II. Vaticanums findet sich der Topos zwar nicht dort, wo man ihn am ehesten erwartet, nämlich im Abschnitt über die Familie in der Pastoralkonstitution[7]. Doch kehrt er dafür an einer anderen wichtigen Stelle wieder, nämlich im Dekret über den Laienapostolat: »Die Familie selbst empfing von Gott die Sendung, Grund- und Lebenszelle der Gesellschaft (prima et vitalis cellula societatis) zu sein.«[8] Diese Formulierung wird dann wieder in »Familiaris consortio« von 1981 zitiert und zum Ausgangspunkt weiterer Überlegungen gemacht.[9] Und jüngstens definiert der zum Jahr der

---

1 *Leo XIII.*, Sapientiae christianae (deutsch zitiert nach *A.-F. Utz/B. v. Galen (Hrsg.)*, Die katholische Sozialdoktrin in ihrer geschichtlichen Entfaltung. Eine Sammlung päpstlicher Dokumente vom 15. Jahrhundert bis in die Gegenwart, 4 Bde., Aachen 1976 (im folgenden abgekürzt als Utz mit Kapitel- und Abschnitt), XXIII/78).
2 *Pius XII.*, Summi Pontificatus (deutsch zitiert nach: *A.-F. Utz/J.-F. Groner (Hrsg.)*, Aufbau und Entfaltung des gesellschaftlichen Lebens. Soziale Summe Pius XII., 3 Bde., Freiburg i. Ue. 1954–1961 (im folgenden abgekürzt als UG mit Randnummer), 48).
3 UG 253.
4 UG 1253.
5 UG 3318.
6 Pacem in terris nr. 16 (deutsch in: Texte zur katholischen Soziallehre. Die sozialen Rund-schreiben der Päpste und andere kirchliche Dokumente, hrsg. von der KAB, Kevelaer ⁷1989 (im folgenden zitiert als: Texte zur kath. Soziallehre mit Seitenzahl), 285).
7 Gaudium et spes nr. 52.
8 Apostolicam actuositatem nr. 11 (deutsch nach: LThK. E II, 641).

357

Familie erschienene Brief Johannes Pauls II. an die Familien die Familie als »die kleinste soziale Zelle und als solche eine für das Leben jeder Gemeinschaft fundamentale *Institution*«[10]; wobei hier der Horizont einer durch Kultur, staatliche Organisation oder gemeinsame Herkunft bezogenen Gesellschaft überschritten wird und das Bild von der Familie als Lebens-Zelle einer großen Gemeinschaft wohl zum erstenmal auf die Menschheit als ganze bezogen wird.[11]

Der Gedanke von der Familie als dem Grundelement und dem Anfang der Gesellschaft, der hier mit Hilfe der Metapher Zelle beschrieben wird, hat eine lange Tradition, die über den Einflußbereich christlichen Denkens hinausreicht. Besonders deutlich zu greifen ist die Übereinstimmung in der Sache im ersten Buch der »Politik« des Aristoteles. Dort werden die »Häuser« samt den in ihnen typischerweise vorkommenden Freundschaften und Gesellschaften als Teile der Polis oder des »Staates« charakterisiert[12] und damit das Postulat verknüpft, die Tugend des Teils im Hinblick auf die Tüchtigkeit des Ganzen zu bestimmen. Obschon die Verschiedenheit zwischen Staat und familiärem Lebensraum nicht aufgehoben, sondern im Gegenteil vorausgesetzt und (gegen Plato) festgehalten wird, dient der Hinweis auf die Zusammengehörigkeit zwischen Teilen und Ganzem nicht nur der Deskription des Sachverhalts, daß die kleine Welt, in der man lebt, sich mit den kleinen Welten der Mitbürger zu einem Größeren summiert, sondern auch der Einforderung struktureller Gleichheiten: »So ist es notwendig, die Kinder und die Frauen im Hinblick auf die Staatsverfassung zu erziehen, sofern es für die Tüchtigkeit des Staates etwas ausmacht, daß auch die Kinder und die Frauen tüchtig seien. Es muß in der Tat etwas ausmachen. Denn die Frauen sind die Hälfte der Freien, und die Kinder sind die künftigen Teilhaber an der Staatsverwaltung.«[13] Die Teilgemeinschaften, konkret also die Familien im antiken Sinn und die in ihnen bestehenden sozialen Konstellationen, sind hingeordnet und hinzuordnen auf das Ganze, die alles umfassende Polis. Inwieweit zwischen den häuslichen Beziehungen von Männern und Frauen, Vätern und Kindern usf. sowie den einzelnen Staats- bzw. Regierungsformen Entsprechungen bestehen, führt Aristoteles in der »Nikomachischen Ethik« nach beiden Richtungen hin aus.[14]

Freilich konnte Aristoteles zur Beschreibung der Bezüge zwischen den Teilen und dem Ganzen noch nicht auf das Bildfeld von Einzelzelle und

---

9 Familiaris consortio nrn. 42 u. 46.
10 Brief Papst Johannes Pauls II. an die Familien nr. 17 (deutsch nach: Verlautbarungen des Apostolischen Stuhls 112).
11 Ebd. nr. 4.
12 *Aristoteles*, Pol. I 13, 1260 b 9–15.
13 Ebd. 1260 b 15–19.
14 *Aristoteles*, Eth. Nic. VIII 12 f., 1160 a 31 – 1161 b 10. Dazu ausführlich: *G. Bien*, Die Grundlegung der politischen Philosophie bei Aristoteles, Freiburg/München ³1985, 295–303.

lebendigem Gesamtorganismus zurückgreifen. Denn »Zelle« hebt in der Redeweise von der Familie als Zelle der Gesellschaft kaum auf die cella in der ursprünglichen lateinischen Bedeutung von abgeschlossenem Raum, Vorratskammer, Versteck oder Gefängnis ab[15], sondern ist dem Gebrauch in der Biologie entlehnt[16]. Dort meint »Zelle« bekanntlich den elementarsten Baustein des Lebendigen und damit jedes Organismus – ein Sachverhalt, der aber erst seit dem 17. Jahrhundert allmählich erkannt wurde. Als Bild auf die Familie übertragen wird diese also zunächst einmal als kleinste Einheit der gesellschaftlichen Organisation mit grundlegender Bedeutung und unbestreitbarer Existenzberechtigung vorgestellt. Auf welche spezielleren Momente von Familie hin einzelne Merkmale der biologischen Realität »Zelle« durch Analogisierung ausgeschöpft werden sollen, liegt damit aber noch keineswegs fest. Denkbar ist eine Aussage über die bleibende Eigenständigkeit der Familie im Verhältnis zur größeren Gesellschaft. Denkbar ist aber genauso eine Aussage über die Art des Zusammenhangs zwischen Gesellschaft und Familie. Schließlich könnte auch eine Aussage über die Vorbildlichkeit der inneren Ordnung *in* der Familie für die Verfassung des Gesellschaftslebens intendiert sein.

Im Blick auf die theologische Verwendung des Topos Familie als Zelle der Gesellschaft wird man feststellen können, daß im Laufe der Zeit alle diese Möglichkeiten vorgekommen sind. In den Texten aus jüngerer Zeit dominiert die zweite Perspektive, deren Aufmerksamkeit auf die Bestimmung der Art des Zusammenhangs zwischen Familie und Gesellschaft gerichtet ist. Zelle-Sein heißt hier zunächst einmal, Grundbaustein der großen und umfassenden Sozietät zu sein. Zugleich wird hier Zelle-Sein so ausgedeutet, daß Familie als im Austausch mit der Gesellschaft stehend erfaßt wird: Durch die Weitergabe von Leben und durch Schulung von sozialen Tugenden gibt sie der Gesellschaft die Kräfte, die das Leben und die Weiterentwicklung der Gesellschaft tragen und gestalten. Umgekehrt ist aber auch die Familie auf die Hilfe und Förderung durch die Gesellschaft angewiesen. Aus dieser organischen Verbundenheit der Familie mit der Gesellschaft zieht »Familiaris consortio« für das Verständnis der Familie die normative Folgerung, »daß sie sich auf keinen Fall in sich selbst verschließen darf, sondern sich vielmehr auf die anderen Familien und die Gesellschaft hin öffnen und so ihre gesellschaftliche Aufgabe wahrnehmen muß«[17]. Was mit dieser »gesellschaftlichen Aufgabe« der Familie näherhin gemeint ist, soll weiter unten entfaltet werden. Zunächst ist

---

15 Näheres zur Etymologie bei *P. Wilpert*, Die natürliche Elementarstruktur der Zelle und ihr Analogiewert für die Erkenntnis sozialphilosophischer Zusammenhänge, in: *A. Spitaler (Hrsg.)*, Die Zelle in Kirche und Welt, Graz/Wien/Köln 1960, 15–30, bes. 15–27.
16 Für die sozialwissenschaftliche Rezeption s. *H. Winkmann*, Die Zelle als soziologische Kategorie und ihre Kriterien gesellschaftlicher Funktionsfähigkeit, in: *Spitaler (Hrsg.)*, Die Zelle (Anm. 15), 27–30.
17 Familiaris consortio nr. 42 (deutsch nach: Verlautbarungen des Apostolischen Stuhls 33).

festzuhalten, daß der traditionelle Topos von der Familie als Zelle hier so ausgelegt wird, daß die Familie nicht in sich und um sich selbst kreist, sondern sich in die Gesellschaft hinein zu öffnen hat. Das bedeutet auf jeden Fall, daß die verschiedenen Subjekte innerhalb der Familie nie bloß in einer bestimmten Funktion für andere Familienmitglieder zu sehen sind (also etwa die Kinder als Objekt elterlicher Fürsorge bzw. die Eltern als bloße Erzieher und »Eigentümer« der Kinder), sondern daß Familie immer *auch* als Ort zu gelten hat, wo Gesellschaftlichkeit konstituiert und gestaltet wird.

II. Mögliche Bedeutungen der Zellmetapher für das Verständnis von Gesellschaft

Fragt man, welche Konsequenzen und Implikationen es für die Auffassung von Gesellschaft hat, wenn die Familie als deren grundlegende Zelle verstanden wird, so ergeben sich wenigstens vier Möglichkeiten. Für alle vier lassen sich in den Dokumenten Katholischer Soziallehre Beispiele finden.

Die erste, von der biologischen Analogie und der Präzisierung der Zelle als Keimzelle nächstliegende Deutung ist die im Sinne eines *zeitlichen Vorausliegens.* Familie als Zelle von Gesellschaft hieße dann, daß die Familie als Institution älter ist als jede andere Gemeinschaftsform, daß sie schon bestanden hat, bevor der Staat und andere überfamiliäre Gesellungsformen sich herausgebildet haben. Dabei sind die Übergänge zwischen der Einordnung in die Menschheits- und Kulturgeschichte, der Behauptung der Anfänglichkeit und dem Begreifen als primärer Ausdruck der sozialen Natur des Menschen, wie sie ihm konstitutionell eigen ist, fließend. Während der Brief des Papstes an die Familien aus dem Jahr 1994 die Naturalität betont[18], verweist »Rerum novarum« (1891) auf die Gründung der Familie im Anfang der Schöpfung durch göttliches Wort selbst und leitet daraus für die Familie den Besitz innewohnender, vom Staat und der konkreten wirtschaftlichen Ordnung unabhängiger Rechte und Pflichten her.[19] Bei den Rechten handelt es sich vor allem um jenes, »daß der Familienvater den Kindern den Lebensunterhalt und alles Nötige verschaffe, und ... auch für die Zukunft die Kinder versorge, sie gegenüber den irdischen Wechselfällen instand setze, sich selber vor Elend zu schützen«.[20]

Nur schwer von dieser Deutung der Zellmetapher als zeitliches Früher der Familie zu trennen ist ihre Deutung im Sinne eines *generativen Ursprungsverhältnisses.* Die Familie wäre demnach das gesellschaftliche Urgebilde für

18 Brief an die Familien nr. 7.
19 Rerum novarum nr. 9.
20 Rerum novarum nr. 10.

die Gesellschaft im gleichen Sinne, wie die Wurzel es für den großem Baum ist, die Quelle für den Strom, die Keimzelle für den ausdifferenzierten Organismus – all dies Metaphern übrigens, die parallel zur Zellmetapher, wenn auch nicht mit der gleichen Stetigkeit, gebraucht werden. Familie wird hier als Anfang und bleibender Erneuerungsgrund der voll entwickelten Gesellschaft dargestellt, als deren Endpunkt das politisch verfaßte Gemeinwesen angesehen wird. Als Beispiel für diese Verwendung sei ein Abschnitt aus einer Ansprache wiedergegeben, die Pius XII., der diese Sichtweise besonders bevorzugt hat, 1940 an »Frischverheiratete« hielt: »Die Familie ist der Ursprung der Gesellschaft. Wie der menschliche Leib aus lebendigen Zellen zusammengesetzt ist, die nicht bloß nebeneinander stehen, sondern durch ihre inneren und beständigen Beziehungen zueinander ein organisches Ganzes bilden, so wird auch die Gesellschaft nicht durch ein Aneinanderhäufen von Individuen gebildet, von verstreuten Einzelwesen, die einen Augenblick auftauchen, um dann wieder zu verschwinden, sondern durch die wirtschaftliche Gemeinsamkeit und die sittliche Zusammengehörigkeit der Familien, welche die kostbare Erbschaft ein und desselben Ideals, derselben Kultur, desselben religiösen Glaubens von Geschlecht zu Geschlecht weiterreichen und so den Zusammenhang und die Fortdauer der gesellschaftlichen Bande sichern.«[21]

Eine dritte Version, wie die Benennung der Familie als Zelle der Gesellschaft gemeint sein kann, ist ihre Deutung im Sinne einer *biographisch-existentiellen Entwicklungsfolge*. In der Reihe der Gemeinwesen, die der Mensch im Lauf seiner Lebensgeschichte erlebt, ist Familie das erste und zugleich elementarste. Das elementarste deshalb, weil hier überhaupt zum ersten Mal und schicksalhaft erfahren wird, was Gesellschaft ist; ohne diese Erfahrung müßte die Entfaltung der Person selbst ausbleiben oder mißlingen. Dasselbe, was »Familiaris consortio« als eine »erste, unersetzliche Schule für gemeinschaftliches Verhalten« und als ein »Beispiel und Ansporn für weiterreichende zwischenmenschliche Beziehungen im Zeichen von Achtung, Gerechtigkeit, Dialog und Liebe«[22] umschreibt, brachte schon ein im Auftrag des Papstes verfaßter Brief des damaligen Prostaatssekretärs Montini zur 27. Sozialen Woche der Katholiken Italiens aus dem Jahr 1954 mit Hilfe der Zellmetapher auf die nüchterne Formel: »die Familie, die von Gott selbst als Zelle der Gesellschaft und als erstes Gemeinwesen für die Entfaltung der menschlichen Person begründet wurde«[23]. Dasselbe Dokument sah hierin den entscheidenden Grund für den hohen Rang der Familie bei der Sorge der Kirche für die gesellschaftliche Ordnung und das Leben der Kirche.[24]

---

21 UG 1147.
22 Familiaris consortio nr. 43.
23 UG 4736.
24 Ebd.

Eine vierte Möglichkeit, die Metapher von der Familie als Zelle der Gesellschaft zu verstehen, ist ihre Deutung im Sinne des *Grundtypus sozialer Zusammengehörigkeit*. Familie wird hier als das Grundmodell aller menschlichen Vergesellung präsentiert, wenn schon nicht in faktischer, so doch in normativer Hinsicht. Jedes gesellschaftliche Gebilde, also auch die Belegschaft eines Betriebs oder die Bevölkerung einer Großregion, erscheint in dieser Perspektive als Erweiterung und Nachbildung von Familie. Dabei hat diese Sicht sowohl den generativen Zusammenhang der Erneuerung und Vermehrung als auch den sozialen des Zusammengehörens und der Anerkennung des übersubjektiven Charakters der Familiengemeinschaft, der sich in einer Reihe von genau fixierten Pflichten konkretisiert, im Blick.

Nach dem Zweiten Weltkrieg wurde diese vierte Sicht innerhalb der deutschen katholischen Sozialethik vor allem durch Gustav Ermecke ausformuliert und unter dem Stichwort »Familiarismus« in die wissenschaftliche und gesellschaftspolitische Diskussion eingebracht.[25] Ermecke sah in der »Familienhaftigkeit des Menschen« nicht bloß eine anthropologische Grundbedingung, sondern wollte sie auch als *das* soziale Grundprinzip, das jeder gesellschaftlichen Organisation gleich welcher Art vorausgehe, in eine Reihe gestellt wissen mit den Grundprinzipien der Katholischen Soziallehre, also mit Personalität, Gemeinwohl, Solidarität und Subsidiarität.[26] Das Grundprinzip der Familienhaftigkeit beinhalte »das Erlebnis paternaler Autorität, maternaler Umsorgtheit, familialer Geborgenheit in mitbrüderlicher und -schwesterlicher Verbundenheit und Verantwortung für- und miteinander, ... die dienende Einordnung in das Familienganze, das man gar nicht verlassen kann ...«[27]. Widerspruch kam von seiten der Familiensoziologen.[28] Aber auch die Fachkollegen folgten Ermecke nicht oder widersprachen ausdrücklich.[29] Dabei gab es durchaus Argumente, die für die Position Ermeckes sprachen: So konnte er theologisch auf jene zahlreichen Stellen hinweisen, in denen kirchliche Dokumente z. B. von der Menschheit als Familie oder von der Kirche als Familie Gottes gesprochen hatten – eine Sprechweise, die es ja auch heute noch gibt. Zu wenig berücksichtigt hatte Ermecke freilich, daß in der Redeweise von der Menschheit bzw. der Kirche als Familie »Familie« ihrerseits nur Metapher ist, und vor allem daß sich der Prozeß der gesellschaftlichen

25 G. *Ermecke*, Der Familiarismus als Ordnungsidee und Ordnungsideal des sozialen Lebens. Ein Beitrag zur Erforschung der Seinsgrundlagen der christlichen Sozialethik und zum Neubau des menschlichen Gemeinschaftslebens heute, Paderborn 1947.
26 Ebd. 19–33.
27 *Ermecke*, Die Familienhaftigkeit des Menschen als Prinzip des sozialen Denkens und Handelns in Welt und Kirche, in: Naturordnung in Gesellschaft, Staat, Wirtschaft. Festschrift f. J. Messner, Innsbruck/Wien/München 1961, 265–281, hier: 277.
28 Z. B. *R. König*, Materialien zur Soziologie der Familie, Köln ²1974, 28 f. 59–61.
29 Z. B. *J. Höffner*, Ehe und Familie. Wesen und Wandel in der industriellen Gesellschaft, Münster 1959, 102f. Vgl. bereits die Kritik *H. Pesch*s an der unmittelbaren Übernahme biologischer Metaphern in der älteren Soziologie (Lehrbuch der Nationalökonomie, Bd. I, Freiburg ³1924, 85–92).

Differenzierung und Segmentierung, wie er seit der Industriellen Revolution stattgefunden hat und gerade bestimmte Funktionen wie Unterricht und Organisation der Arbeit von der Familie wegverlagert hat zu übergeordneten Sozialgebilden, auch angesichts des Zusammenbruchs von 1945 und der Notwendigkeit einer gesellschaftlichen Neuordnung nicht mehr rückgängig machen ließ.

In der Welt feudaler Treuebindungen und geburtsständischer Zugehörigkeiten freilich hatte sich dies in der Tat noch anders verhalten. Hier hatte es nämlich – sowohl im allgemeinen Bewußtsein wie in der Staatsideologie als auch im Recht und in der Gesellschaftstheorie – eine strukturelle Nähe zwischen der Familie einerseits und den größeren Sozialformen andererseits gegeben, die wir heute nicht als primär familiale ansehen. Zumindest das feudale System war ja durch und durch eine Organisation von Häusern und Familien (Dynastien). In sprachlichen Relikten hat sich diese – ursprünglich selbstverständlich keineswegs aufs Terminologische beschränkte – Ausrichtung wichtiger sozialer Organisationsformen am Muster der Familie bis in unsere Gegenwart erhalten: Die immer noch gängige Redeweise von »Landeskindern« und dem »Landesvater«[30], die auch juristisch als terminus technicus festgehaltene Benennung der Erfüllung staatlicher Gesetze als »Gehorsam«, der schon in den mittelalterlichen Gilden und Zünften übliche Gebrauch von »Brüderschaft«, »Schwesterschaft« und »Verbrüderung« bei manchen Verbänden und gesellschaftlichen Gruppen, schließlich auch die Vater-, Mutter-, Bruder- und Schwester-Bezeichnungen in den klösterlichen Bezeichnungen sowie die Selbstbezeichnung der Kirche als »Mutter«, an deren Spitze wiederum der als »Heiliger Vater« bezeichnete Inhaber des Petrusamtes steht, sind nur einige Beispiele für derartige Entsprechungen. Auch das Unternehmertum versuchte bis ins 20. Jahrhundert hinein sowohl im Verständnis der Belegschaft als auch in der Umschreibung der eigenen Kompetenzen, aber auch der Fürsorge gegenüber den Arbeitern an dieses familiale Modell anzuknüpfen.[31] – Insofern wird man sagen dürfen, daß die Vorstellung von der Familie als Grundtypus menschlicher Vergesellung, die sogar in der jenseitigen Welt eine Entsprechung hat, historisch gesehen zweifellos eine Berechtigung hat.[32]

Spätestens aber mit der Abschaffung des Feudalsystems war nicht mehr der Haushalt bzw. die Familie die grundlegende politische Größe, sondern der Bürger bzw. später dann das einzelne Subjekt. Es ist bezeichnend, daß sich

---

30 S. dazu die Studie von *P. Münch*, »Vater Staat«: Staatsmänner als Vaterfiguren?, in: *W. Faulstich/G. E. Grimm (Hrsg.)*, Sturz der Götter? Vaterbilder im 20. Jahrhundert, Frankfurt 1989, 67–97.

31 S. dazu *H. Jaeger*, Der Unternehmer als Vater und Patriarch, in: *Faulstich/Grimm (Hrsg.)*, Sturz der Götter? (Anm. 30), 98–120.

32 In diesem Sinn auch: *M. Mitterauer*, Die Familie als historische Sozialform, in: *ders./R. Sieder*, Vom Patriarchat zur Partnerschaft. Zum Strukturwandel der Familie, München ³1984, 13–37, hier: 17.

die Aktivitäten der französischen Revolutionäre von 1789 auch energisch darauf richteten, die etablierte Metaphorik der Macht zu demontieren, indem sie insbesondere die durch die Hierarchie von Oben und Unten geprägte Vater-Kinder-Analogie durch das Ideal der Brüderlichkeit zu verdrängen suchten oder auf den politischen Symbolen die Gestalt des als Vater präsentierten Königs (dessen Königtum in der Herrschaftsideologie wieder als Repräsentation von Gottvater zurückgeführt wurde) durch weibliche Allegorisierungen (Vernunft, Athene, Republik, Gallia u. a.) ersetzten.[33]

III. Ein wechselseitiges Dienstverhältnis

Gleich, welche Bedeutung man dem Bild von der Familie als Zelle der Gesellschaft zumißt, steht fest: Die viel verwendete Metapher besagt für die Vorstellung von Familie selbst, daß Familie nicht als eine schlechthin abgekapselte Einheit begriffen werden darf, aus deren vielfacher Summierung sich das Ganze der Gesellschaft und des Staates zusammensetzt. »Zelle der Gesellschaft« heißt deshalb auch nicht, daß Familie einfach bloß die strukturgleiche Miniaturausgabe der Gesellschaft sei. Vielmehr besteht zwischen der einzelnen Familie, den anderen Familien und der Gesellschaft als Ganzer ein Verhältnis des Austauschs. Was aus der Familie tatsächlich wird und was aus der Gesellschaft, hängt infolgedessen von den Möglichkeiten und Leistungen ab, die beide einander einräumen bzw. füreinander übernehmen.

Worin besteht nun diese Wechselseitigkeit? Ein Teil der Antwort auf diese Frage muß zweifellos lauten: Familie und Gesellschaft sind de facto aufeinander angewiesen. »Die Erfahrung von Gemeinschaft und Anteilnahme, die das tägliche Leben in der Familie prägen soll,« ist unentbehrlich auch für die weiterreichenden zwischenmenschlichen Beziehungen und für die Gesellschaft insgesamt[34]; Familie ist insofern »der ursprüngliche Ort und das wirksamste Mittel zur Humanisierung« und Personalisierung der Gesellschaft«[35]. Ihre Leistung für die Gesellschaft besteht also nicht einfach bloß in der Rekrutierung neuer Mitglieder, sondern vieles von dem, worauf eine Gesellschaft außer dem Recht beruht, wird in der Familie gelernt und kultiviert, wie etwa die Fähigkeit, sich in andere einfühlen zu können, die Bereitschaft, für andere zu sorgen, Gemeinsinn, Verzicht, Hingabe, Kompromißbereitschaft u. a. m. – Umgekehrt ist aber auch die Familie bzw. sind die Familien auf die Gesellschaft und ihre Hilfe angewiesen: Sie brauchen Hilfen sowohl auf

---

33 Zum letzteren s. Genaueres bei *L. Hunt*, Symbole der Macht – Macht der Symbole. Die Französische Revolution und der Entwurf einer politischen Kultur (orig.: Politics, Culture and Class in the French Revolution, Berkeley and Los Angeles 1984), Frankfurt 1989, 110 f.
34 Familiaris consortio nr. 43.
35 Ebd.

wirtschaftlichem, als auch auf sozialem, auf erzieherischem, auf politischem und kulturellem Gebiet, »um … ihrer … Verantwortung nachkommen zu können«[36]. In älteren Sozialdokumenten wird diese Angewiesenheit der Familie auf die Gesellschaft durch deren Charakterisierung als »unvollkommene Gesellschaft« (societas imperfecta) zum Ausdruck gebracht. Die Unterscheidung zwischen societas perfecta und societas imperfecta geht über Suarez und Thomas von Aquin ebenfalls auf Aristoteles zurück und beinhaltet, daß das in der Natur des Menschen angelegte Hauptziel, ein glückseliges, im Sinne eines der Tugend gemäßen Lebens in einer Gemeinschaft vollständig bzw. eben bloß teilweise ermöglicht wird.[37] Nach scholastischer Auffassung vermag das erstere für den Bereich des Irdischen allein das politische Gemeinwesen, für den Bereich des Geistlichen die Kirche. Die Familie hingegen gilt zwar einhellig als erste und natürlichste, auch als die grundlegendste aller Gemeinschaften, aber sie kann weder sämtliche Dienstleistungen, Techniken und Kenntnisse, die zum Leben notwendig sind, umfassen noch die Erhaltung des Friedens und die Durchsetzung des Rechts gewährleisten. Insofern gilt sie trotz ihrer Natürlichkeit und trotz ihrer Selbständigkeit im Ökonomischen als nicht autark und infolgedessen als angewiesen auf die Einbindung in den als Lebensform gemeinten Staat. Die Familie – so führt etwa Pius XI. in seiner Enzyklika »Divini illius magistri« (1929) ganz in diesem Sinne aus – sei »eine unvollkommene Gesellschaft, weil sie nicht mit allen Mitteln zur eigenen Vervollkommnung ausgerüstet ist, während der Staat eine in allen Dingen eigenständige und vollkommene Gesellschaft ist. Denn er besitzt alle Mittel, die zur Erreichung des ihm eigenen Zweckes, nämlich des diesseitigen Gemeinwohls, notwendig sind. In dieser Hinsicht hat er den Vorzug vor der häuslichen Gemeinschaft, die eben nur in der bürgerlichen Gemeinschaft ihren Zweck sicher und ausreichend erfüllen kann.«[38]

Die Feststellung dieser wechselseitigen Angewiesenheit von Familie und Gesellschaft ist aber nur die eine, *deskriptive* Seite, der eine zweite, *normative* entspricht. Diese beinhaltet zunächst, daß auch das Verhältnis der Familie gegenüber der Gesellschaft offen sein muß »auf die anderen Familien und die Gesellschaft hin«[39]. Bei der Überlegung, was diese soziale Öffnung konkreter bedeuten könnte, wird etwa folgendes genannt:
– »Dienst an den Armen und allgemein an jenen Personen und Lebenssituationen, welche die öffentliche Organisation der Vorsorge und Fürsorge nicht zu erreichen vermag«[40],

---

36 Familiaris consortio nr. 45.
37 Näheres zur Lehre von der societas perfecta bei *H. Rommen*, Die Staatslehre des Franz Suarez S. J., Mönchengladbach 1926, 96–115.
38 Utz IX/44.
39 Familiaris consortio nr. 42.
40 Familiaris consortio nr. 44.

- »Gastfreundschaft in all ihren Formen«[41], worunter auch das Sorgen dafür, daß jede Familie ein eigenes Heim hat, gezählt wird,
- politisches Engagement und Sicheinsetzen dafür, »daß die Gesetze und Einrichtungen des Staates die Rechte und Pflichten der Familie nicht nur nicht beeinträchtigen, sondern positiv stützen und verteidigen«[42].

In der umgekehrten Richtung, also was das Verhältnis der Gesellschaft gegenüber den Familien betrifft, werden die Verpflichtungen zusammenfassend mit Achtung und Förderung der Familie in jeder Hinsicht umschrieben. Dabei tauchen noch zwei weitere Bezugsgrößen auf, aus denen sich im konkreten Fall genauer ergibt, was Achtung und Förderung heißt, nämlich das Subsidiaritätsprinzip und die Familienrechte. Während die Familienrechte einerseits Grenzen der Eingriffsmöglichkeiten von Gesellschaft und Staat festlegen und andererseits Verpflichtungen der Gesamtheit definieren, entsprechende Rahmenbedingungen zur Förderung und zum Schutz der Familie zu schaffen, möchte die Heranziehung des Subsidiaritätsprinzips garantieren, daß die Solidarität der Gesellschaft die konkreten Familien lebensfähig macht und stärkt, anstatt sie zu substituieren.[43] In den älteren Dokumenten wird dasselbe Anliegen auch dadurch zum Ausdruck gebracht, daß auf den natürlichen und darum auch rechtlichen Vorrang der Familie gegenüber allen anderen Gemeinschaften hingewiesen wird[44]; im Anschluß an derartige Hinweise ist dann ebenfalls bereits von »unveräußerlichen« und »unantastbaren« Rechten und Privilegien die Rede[45].

Zusammenfassend stellt sich die Wechselbeziehung zwischen Familie und Gesellschaft in deskriptiver und in normativer Sicht wie folgt dar:

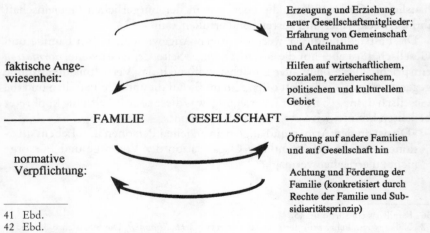

faktische Angewiesenheit:

Erzeugung und Erziehung neuer Gesellschaftsmitglieder; Erfahrung von Gemeinschaft und Anteilnahme

Hilfen auf wirtschaftlichem, sozialem, erzieherischem, politischem und kulturellem Gebiet

———— FAMILIE   GESELLSCHAFT ————

normative Verpflichtung:

Öffnung auf andere Familien und auf Gesellschaft hin

Achtung und Förderung der Familie (konkretisiert durch Rechte der Familie und Subsidiaritätsprinzip)

---

41 Ebd.
42 Ebd.
43 S. Familiaris consortio nr. 45.
44 Vgl. z. B. *Leo XIII.*, Rerum novarum nr. 9; *Pius XI.*, Divini illius Magistri (Utz IX/44 u. 60–71).
45 So z. B. UG 1253.

IV. Leistungen und Grenzen der Metapher

Wenn kirchliche Dokumente von der Familie als Zelle der Gesellschaft sprechen, geht es ihnen nicht so sehr darum, beobachtete Sachverhalte zu beschreiben, sondern um ein Verständnis und eine Idee von Familie, die über die gesamte gesellschaftliche Faktizität der familiären Wirklichkeit hinausgehen und zugleich einen Entwurf skizzieren, den sie als verpflichtend hinstellen.

Prüft man unter dieser Maßgabe, was die Metapher von der Familie als Zelle der Gesellschaft auch heute noch leisten kann, so ist das Resultat durchaus respektabel. Sie macht nämlich *erstens* deutlich, daß sowohl Familie als auch Gesellschaft keine statischen Größen sind, sondern lebendige und veränderbare Beziehungsgefüge. *Zweitens* bringt sie unüberhörbar zu Bewußtsein, daß Familie nicht als in sich selbst ruhende Einheit zu verstehen ist, die in der Konzentration auf sich selbst und in strikter Abgrenzung nach außen überleben könnte, sondern daß sie auf weiterreichende Beziehungsgeflechte und einen größeren sozialen Lebensraum angewiesen ist. *Drittens* stellt sie von vornherein klar, daß eine Gesellschaft nicht aus einzelnen Individuen besteht, deren Miteinander es in einer Art Sozialtechnik zu organisieren gilt, sondern sich aus Gruppen, Beziehungen, Netzen zusammensetzt, die Individuen miteinander verbinden und in soziale Zusammenhänge einfügen. Eine nach wie vor besonders wichtige und auch für andere Gruppierungen vielfach entscheidende Art der sozialen Verbundenheit aber ist die Familie. Die Metapher erinnert daran, daß diese (früher weitgehend selbstverständliche) Seite des sozialen Lebens in der Gestaltung der Gesellschaftspolitik nicht übersehen werden darf. Endlich scheint die Zellmetapher *viertens* auch hinsichtlich der Tatsache aussagekräftig zu sein, daß die Fähigkeit des einzelnen, die Vielfalt möglicher Sozialbeziehungen zu realisieren, begrenzt ist, und daß es daher qualitative Abstufungen innerhalb der Sozialbeziehungen braucht. Die familialen erweisen sich als gesellschaftlich und politisch besonderer Aufmerksamkeit und Sorge wert, weil die Familie der überschaubare und nächstliegende Lebensraum für zwischenmenschliche Beziehungen ist und weil sie in dem Maße, als sie sich nicht völlig in sich verkapselt, zugleich auch die elementaren Voraussetzungen für alle anderen Sozialbeziehungen schafft und zu ihnen hinführt.

Im Zusammenhang metaphorischen Sprechens besteht freilich immer auch die Möglichkeit, daß eine Metapher sich mit zeitbedingten oder mit fragwürdigen Bedeutungselementen so eng und fest verbindet, daß sie unter veränderten geschichtlichen Bedingungen hemmend und ideologisch verbrämend wirken können. In diesem Sinn hat Martin Greiffenhagen in seiner Studie über den Konservativismus[46] die Metapher von der Familie als Keimzelle des Staats

---

46 *M. Greiffenhagen*, Das Dilemma des Konservativismus in Deutschland, Frankfurt ³1986.

im Sinne einer Deutung des Staats als einer Art Großfamilie einer scharfen Kritik unterzogen. Mit Verweis auf eine stattliche Reihe von Textbeispielen aus der älteren politischen Theorie zeigte er auf, daß über diese Metapher besonders auch der *Gedanke der Ein- und Unterordnung* unter die Ziele des Staats transportiert wurde, bis hin zum Konzept des totalitären Staats.[47] Zwar bestätigt auch Greiffenhagen die gegenläufige Erfahrung, daß der Staat, wo er sich im Wege der Analogie jenen Selbstwert zuspricht, den nur Familie haben kann, zum erbitterten Gegner und Zerstörer der Familie wird. Zu kritisieren bleibt aber auch dann, daß die Vorstellung vom Staat als Familie dieser Entwicklung in den Anfängen eher noch Vorschub leistet.[48]

Man darf vermuten, daß die Zellmetapher noch in einem anderen Punkt die Vorstellung von Familie, möglicherweise aber darüber hinaus auch von Gesellschaft insgesamt, nach einer bestimmten Richtung hin einseitig prägt; nämlich nach der Richtung, daß sie ein reibungslos funktionierendes und allenfalls im Fall von Schicksalschlägen (Krankheit, vorzeitiger Tod, Arbeitsunfähigkeit, Unfall, Trennung durch Krieg) bedrohtes Zusammenspiel und Harmonieren der Mitglieder sei. Zu diesem *harmonistischen Bild* in Spannung steht nicht bloß die konfliktreiche Realität in Familie und Gesellschaft und auch in Staat und Kirche, sondern auch das Ethos einer partnerschaftlichen Entscheidungsfindung, der Annahme von Konflikten in der Suche nach einer für alle direkt Betroffenen akzeptablen Lösung in der Familie bzw. zum Ethos einer demokratischen Willensbildung in Staat und Gesellschaft. Dazu kommt noch der Umstand, daß der vorausgesetzte Familienbegriff auf eine starke Minderheit von Familien gar nicht mehr zutrifft, z.B. auf Ein-Eltern-Familien. Gleich wie man diese Entwicklung und ihre Ursachen bewerten mag, kann diesen weder pauschal das Bemühen, gute Familien sein zu wollen, abgesprochen werden noch Gesellschaft und Kirche aus der Verpflichtung entlassen werden, ihnen bei der Optimierung der Bedingungen hierfür zu helfen. Daß Familie, wie sie bisher als Norm gedacht war, nicht mehr selbstverständlich ist, reicht heute über die faktischen Verhältnisse hinaus und erstreckt sich in wachsendem Ausmaß auch auf die Fragen des Zugangs und der Voraussetzungen der Familienentstehung. – All die genannten Erscheinungen und Entwicklungen stellen wichtige Herausforderungen und Aufgaben für eine zeitgemäße Entfaltung des Themas Familie durch die Katholische Soziallehre dar. Es könnte sein, daß das Wissen um diese Problematik für die Theologen, die an der Abfassung des Textes der Pastoralkonstitution »Gaudium et spes« beteiligt waren, einer der Gründe war, den traditionellen Topos im Familienkapitel zu vermeiden und durch fundamentum societatis zu ersetzen.[49]

---

47 Ebd. 208–210.
48 Im übrigen hat die Metapher Zelle (freilich nicht auf Familie angewandt) auch eine beachtliche subversive Tradition: s. *Winkmann*, Die Zelle als soziologische Kategorie (Anm. 16), 33–68.
49 Gaudium et spes nr. 52. Der Kommentar von *B. Häring* macht dazu keine Angabe.

Eine dritte Gefahr, die mit den beiden eben geschilderten eng zusammenhängt und sie gleichzeitig spezifisch akzentuiert, liegt darin, daß die Metapher von der Zelle die Vorstellung einer vorgegebenen Baugesetzlichkeit induziert, was dann in der Tradition stets auf das Verhältnis zwischen Mann und Frau und zwischen Eltern und Kindern hin expliziert wurde. Auch wenn die Familie an und für sich auch die Analogie für symmetrische Beziehungen abgeben könnte (vgl. »Partnerschaft« und »Brüderlichkeit«) und die vertikale Struktur von heutiger Warte aus als bloß zeitbedingtes Organisationsmodell relativiert werden mag, ist es eine historische Tatsache, daß die sozialethische Ausdeutung der innerfamilialen Ordnung in der Gesellschaft so gut wie ausschließlich an den durch Natur und Sitte gerechtfertigten Über- und Unterordnungen interessiert war. Die Mahnung an die Fürsten, nach dem Vorbild Gottes ihr Volk in Gerechtigkeit und Treue zu regieren, »indem sie mit der notwendigen Strenge väterliche Liebe verbinden«[50] und die ihr korrespondierende Aufforderung an die Bürger, ihren Fürsten Gehorsam und Treue entgegenzubringen »zugleich mit einer Pietät, wie sie Kindern ihren Eltern gegenüber zukommt«[51], gehört noch bei Leo XIII. zum Standardrepertoire höchstamtlicher Lehrparänese. Dies war möglich, weil die Familie selbstverständlich als eigenständige Einheit galt, die vom Vater regiert wurde.[52] – Zumindest hat die Metapher Familie als Zelle der Gesellschaft weder zur Kritik oder gar zur Erschütterung der innerfamilialen Gewaltverhältnisse (potestas dominativa) gezwungen, noch wurde sie zum fermentierenden Element der Demokratisierung. Insofern hat sie faktisch-historisch eine *patriarchalisch-autoritäre Schlagseite*.

---

50 Diuturnum illud (1881): Utz XXI/13; vgl. Immortale dei (1885): Utz XXI/25 u. Libertas praestantissimum (1888): Utz II/58.
51 Immortale dei: Utz XXI/25.
52 Ethisch verpflichtend gemacht wird diese Sicht klassisch in der Eheenzyklika Leos XIII., Arcanum divinae sapientiae (1880), wo zu den Pflichten der Familienmitglieder u. a. ausgeführt wird: »Der Mann ist Vorgesetzter der Familie und das Haupt der Frau, die jedoch, da sie Fleisch von seinem Fleisch und Bein von seinem Bein ist, ihm nicht wie eine Sklavin, sondern als Gefährtin unterwürfig und gehorsam sein soll, so daß der Gehorsam, den sie leistet, ehrbar und würdig sei. … Die Kinder müssen den Eltern gehorchend untertan sein und ihnen aus Gewissenspflicht Ehrerbietung zeigen; andererseits müssen Sorgen und Gedanken der Eltern dem Schutz und besonders der sittlichen Erziehung ihrer Kinder gelten. …« (Utz VII/8; vgl. VII/14). Diese Aufforderung wurde in der Eheenzyklika Pius' XI., Casti connubii (1930), insofern abgemildert, als zwar auch hier von der »Überordnung des Mannes über Frau und Kinder und [der] willfährigen Unterordnung, dem bereitwilligen Gehorsam von seiten der Frau« die Rede ist (Utz VII/70), aber gleichzeitig auch von ihrer Menschenwürde, von den Grenzen ihrer Gehorsamspflicht, von der Nichtgleichheit mit Minderjährigen, vom Vorrang in der Liebe und von der Aufgabe, die Familienleitung zu übernehmen, falls der Mann seine Pflicht nicht tut (Utz VII/71 f.). Die obige Stelle aus »Arcanum« wird ausführlich zitiert (Utz VII/73), aber gerade unter Auslassung der angeführten Sätze!

V. Zur Rolle der Metaphern in der Sozialethik

Wie bei jeder anderen Metapher auch wird bei der hier zur Rede stehenden eine allgemein vertraute Sache, nämlich Zelle, aus ihrem ursprünglichen und gewohnten Verwendungszusammenhang – dem Bereich des organischen Lebens und des Wissens darüber – herausgenommen und auf einen anders gearteten Sachverhalt, hier auf die Gesellschaft, übertragen.[53] Das ist in der Alltagssprache wie auch in der Dichtung ein selbstverständliches Stilelement. Auch in der politischen Rede[54] und erst recht in der religiösen Sprache ist der Gebrauch von Metaphern gang und gäbe, so sehr, daß manche Metaphern dort sogar ihre Bildhaftigkeit eingebüßt haben und zu technischen Termini geworden sind wie etwa Markt, Bund, Organisation, Korporation, Produkt, Herrschaft, Struktur usw. Es ist ganz offensichtlich, daß viele dieser Metaphern nur der Veranschaulichung eines abstrakten Gedankens oder der Chiffrierung eines komplexeren Vorgangs oder auch der Hervorhebung eines bestimmten Merkmals dienen. Ihre Verwendung läßt sich dann als rhetorisch charakterisieren, und sie können zwar nicht in ihrer Wirkung, aber in ihrem Gehalt ausgetauscht werden gegen Begriffe oder eine theoretische Erklärung.

Freilich ist die Funktion des Gebrauchs von Metaphern in der Theorie von Gesellschaft und Staat mit Illustration, Appell und Akzentuierung kaum erschöpfend bestimmt. Eine Metapher kann nämlich auch dynamisierend, kritisch, Fragen aufwerfend und innovativ wirken. Sie kann neue Erkenntnisse erzeugen, indem sie durch Übertragung von Zügen des ursprünglichen Erfahrungsbereichs, zu dem der als Bild verwendete Vorgang gehört, auf andersartige Zusammenhänge zu denken geben; und sie kann den Verständnishorizont weiten, indem sie verhindert, daß Spannungen vorschnell dem Bedürfnis nach begrifflicher Stimmigkeit geopfert werden. Sie ist dann gerade das, was sich nicht durch ein weniger bildhaftes Synonym substituieren bzw. abschließend in eine Definition bringen läßt. Es macht dann nicht nur einen stilistischen und rhetorischen Unterschied, daß ein Sachverhalt bzw. eine normative Forderung mit Hilfe einer Metapher und nicht mittels begrifflicher Sprache umschrieben wird, sondern auch einen inhaltlichen und sachlichen.[55]

---

53 Zur Definition von Metapher s. *Aristoteles*, Poet. 1457 a 31. Vgl. 1457 b 1 – 1458 b 14.
54 Vgl. dazu die bedeutenden Untersuchungen von *A. Demandt* (Metaphern für Geschichte. Sprachbilder und Gleichnisse im historisch-politischen Denken, München 1978), *G. Dohrn-van Rossum* (Politischer Körper, Organismus, Organisation. Zur Geschichte naturaler Metaphorik und Begrifflichkeit in der politischen Sprache, Diss. phil., Bielefeld 1977) und *F. Rigotti* (Die Macht und ihre Metaphern. Über die sprachlichen Bilder der Politik, Frankfurt/New York 1994) mit reichlichen Lit.-angaben).
55 Zum Überschießen der Metapher über das in begrifflicher Sprache Sagbare s. u. a. *H. Blumenberg*, Paradigmen zu einer Metaphorologie, Bonn 1960 (= Archiv für Begriffsgeschichte 6); *P. Ricoeur*, La métaphore vive, Paris 1975; *ders.*, Die Metapher und das Hauptproblem der Hermeneutik, u. a. in: *A. Haverkamp (Hrsg.)*, Theorie der Metapher, Darmstadt 1983 (= Wege der Forschung 389), 356–375; *H. Zirker*, Ekklesiologie, Düsseldorf 1984 (= Leitfaden Theologie 12), 18–23; *J. Werbick*, Bilder sind Wege. Eine Gotteslehre, München 1992.

Freilich deuten Metaphern auch dann immer nur eine Richtung an, zeichnen vor, aber liefern – und darin liegt ihre sozialethische Begrenztheit – kein expliziertes Normensystem.

Metaphern dieser zweiten Sorte sind immer dann besonders fruchtbar, wenn eine neue Fragedimension, für die noch keine fertige Theorie vorliegt, erschlossen werden soll oder wenn es umgekehrt zu verhindern gilt, daß Bewährtes im Sog einer neuen Sichtweise allzu unbedacht verabschiedet wird. Zwei Beispiele aus jüngerer Zeit sind die sozialethischen Metaphern vom Raumschiff Erde, das zur theoretischen Gewinnung der ökologischen Global-Problematik viel beigetragen hat, und vom Haus Europa, mit dem nicht bloß die Notwendigkeit einer Integration Europas beschworen, sondern auch konstruktive Arbeit an blockübergreifenden Vereinbarungen und Regelwerken für Sicherheit, Wirtschaft, Handel und Naturschutz politisch auf den Weg gebracht wurde.

Zu dieser Sorte von sozialethischen Metaphern, die durch ihre Interpretationsbedürftigkeit und durch ihre Vagheit dazu nötigen, Dinge zu erschließen, die der üblichen Sicht noch nicht präsent sind oder aber im Zuge der Dynamik bestimmter sozialer Entwicklungen verloren zu gehen drohen, gehört neben anderen (z. B. »Entwicklung«, »Familie«, »Stadt«, »Geschwisterlichkeit«) auch »Zelle«. Seit ihrer Entstehung bis heute will sie u. a. die Wichtigkeit der gewachsenen Bindungen gegenüber den neu veranstalteten oder durch rechtliche bzw. ökonomische Organisation konstituierten Vergesellschaftung sowie die Unverzichtbarkeit der Beheimatung der Menschen in überschaubaren wertgebundenen Gemeinschaften gegenüber dem auf der Gleichheit der Rechte fußenden Staat, wie es sich vom Vertragsgedanken der neuzeitlichen politischen Theorien her nahelegt, zur Geltung bringen.

Allerdings behalten Metaphern solche Erschließungskraft nur, wenn ihr Inhalt nicht auf den früheren Kontext, in dem die Metapher einmal entstanden war, festgeschrieben wird. Zwischen der damaligen und der heutigen Verwendung der Metapher Familie als Zelle der Gesellschaft etwa hat eine unübersehbare Verschiebung des metaphorischen Feldes zu Lasten der Unterordnungsstrukturen in den Verhältnissen zwischen den Mitgliedern der Familie stattgefunden. Wenn die theologische Sozialethik und die kirchliche Sozialverkündigung den Topos weiterverwenden, dürfen sie also als Bildseite nicht mehr zugrunde legen, was früher einmal bezüglich Rollenverständnis, Aufteilung der Arbeiten und Tätigkeiten, Erziehungszielen, Autoritätsausübung, Einstellungen zur Fortpflanzung, Umgang mit Personal und Inanspruchnahme von Dienstleistungen üblich war, heute jedoch problematisiert oder mehrheitlich als überwindungsbedürftig erachtet wird, sondern müssen sich auf die Realität von Familie, wie sie derzeit ist, beziehen. Nur dann kann es gelingen, über die Metapher von der Familie als Zelle der Gesellschaft auch normative Gehalte wie Gerechtigkeit, Kooperation, solidarische Anteilnahme, Achtung der Andersheit, Sorge füreinander, Gleichberechtigung, Engagement für das Ganze, Freimut in der Kritik an wahrgenommenen Defiziten, Verläßlichkeit auch dort, wo nicht unmittelbar Sanktionen drohen, zu transportieren und mit der Plausibilität der Erfahrung einzufordern.

DIETMAR MIETH

Die Familie – hochgelobt und überfordert

Es gibt ein schönes Bild für den Typus Familie, den wir meistens vor Augen haben, wenn wir unter dem Weihnachtsbaum von Familie sprechen. Eine Familienidylle vor 150 Jahren im Bild zeigt das Zusammensein, wie es im Gedicht besungen wird: »Urahne, Großmutter, Mutter und Kind in trauter Stube beisammen sind;« die Männer werden nicht erwähnt, aber sie bilden auch nicht die Achse der Familie. Diese Familie schart sich in der Mitte um ein Kreuz, sie stellt so etwas dar wie eine erste gemeindliche Versammlung, auch das Gesinde lugt über eine Balustrade mitten in dieses häusliche Glück hinein.

Dieses Bild führt mich zu der Frage: Wenn das die Familie sein soll, finden wir sie eigentlich heute? Die Antwort darauf wird zunächst einmal schlicht 'nein' lauten. Wenn aber in den Kirchen über Hirtenschreiben, sei es aus Rom, sei es von einzelnen Teilkirchen, entweder über Ehe und Familie oder, was für die Kirchenführer thematisch dasselbe ist, über die Weitergabe des Glaubens geschrieben wird, sehe ich, daß diese Texte offensichtlich jenes alte Familienbild noch vor sich haben. In der Wirklichkeit existiert Familie doch eher zu einem Drittel bis zur Hälfte in sog. Teilfamilien; der durchschnittliche Haushalt in der BRD umfaßt 1,5 Personen; die sog. »Kernfamilie« repräsentiert in keiner Weise dieses Bild, das vielleicht schon zu seiner Zeit, vor 150 Jahren, eine Idylle gewesen ist. Soziologen versichern, daß es die Großfamilie, auf die man sich oft bezieht, als Durchschnittsfamilie überhaupt nie gegeben hat. Die statistisch vorherrschende Arbeiterfamilie des ausgehenden 19. Jahrhunderts war eine *Kern*familie, die aus den Eltern und den Kindern bestand. Großfamilien gab es im ländlichen Bezirk auf den Bauernhöfen und in den großen Bürgerhäusern der relativ privilegierten bürgerlichen Familien, in denen es rein baulich möglich war, die Großfamilie zu integrieren. Die Bürgerhäuser, die um die Jahrhundertwende gebaut worden sind, unterscheiden sich doch sehr von Arbeiterreihensiedlungen, wie sie z.B. in der Nähe der Kohlebergwerke bestanden. Vielleicht sollten wir uns dazu von Anfang an klar machen, daß es sowohl historisch wie aktuell ganz unterschiedliche Modelle von Familie gibt, die nacheinander und miteinander existieren, und daß wir deswegen auch unterschiedliche Begriffe von Familie vor uns haben.

Die Familie stellte ursprünglich eine Art Clan dar. Wie die Familie als Clan existiert, sehen wir heute noch an einem Phänomen, das manchmal ein Randphänomen, manchmal auch ein gefährliches Zentralphänomen ist, nämlich an der Mafia. Das Gegenstück zu einem solchen Clan, der heute nur noch als reaktionäres Gegenmuster zu einem sozialen Rechtsstaat und einer modernen demokratischen Gesellschaft gedacht werden kann, nämlich als »Mafia«, ist in der Tradition des Christentums eine Familie, die auf Vertrautheit und Nähe, auf Leben von Angesicht zu Angesicht, ohne genealogische oder produktive Zweckbestimmung, beruht, die Ordensfamilie. Die Geschichte der letzten 2000 Jahre ist von diesem Familienmodell mit geprägt worden.

Der Familienbegriff, der bei der Ordensfamilie gebraucht wird, ist ein übertragener Begriff. Er ist eine Metapher, weil die Nähe und Vertrautheit und das Miteinanderleben von Angesicht zu Angesicht damit zum Ausdruck gebracht wird. Das neue Modell beruht auf bestimmten Unterscheidungen, die Jesus von Nazaret an die Familie herangetragen hat. Denn Jesus von Nazaret kann nicht als Freund der Clan-Familie bezeichnet werden. Seine Worte zur Familie sind Übertragungen einer ursprünglichen Vertrautheit des Zusammenlebens zwischen Eltern und Kindern, zwischen Männern und Frauen, in eine größere Vergemeinschaftung von Gemeinden, deren Zusammenhang eben gerade nicht durch Geschlecht oder durch Generation, durch Fruchtbarkeit und durch Sexualität bestimmt ist. Das bedeutete zu seiner Zeit und aus seinem Munde keinerlei Verurteilung von Fruchtbarkeit und Sexualität, oder den Verweis von Sexualität und Fruchtbarkeit in die Zweitrangigkeit des menschlichen Daseins, es ging vielmehr darum, das Clan-Modell der Familie, das in der jüdischen Gesellschaft vorherrschend war, von seinen Unterdrückungs- und Herrschaftsinstrumenten zu befreien. Denn dieses Clan-Modell ging von dem patriarchalischen Zusammenhang aus, daß jeweils der älteste Mann dieser Familie das Sagen hatte, bzw. das Haupt der Gemeinschaft war. Wir finden bei Jesus von Nazaret solche Vorstellungen nicht, im Gegenzug dazu eher, etwa in Mt 19, die Überlegung, daß Männer und Frauen einander völlig gleichrangig zu behandeln haben. Die Reaktion der männlichen Jünger darauf lautet: Wenn das so ist, wer möchte dann noch verheiratet sein? Mit der Zerstörung eines patriarchalischen Clan-Zusammenhangs verliert offenbar der Mann seine spezifische Identität in dieser Gesellschaft, er muß eine neue Identität suchen.

Später wurde diese zentrale Wende der jesuanischen Botschaft vergessen. Die Notwendigkeit von Gemeindeordnungen ergab sich im frühen Christentum bald. Irgendwann stellte man fest, es geht nicht allein mit dem neuen charismatischen Aufbruch, man braucht eine gewisse Ordnung. Dazu gehört dann die Restitution der alten Familienordnung, wenn auch nur zum Teil. Denn wenn diese Familienordnung auch als kleine Form der Gemeinde eine neue Würde trug, so war sie doch immer schon relativiert, zum Teil gesprengt durch die neue Möglichkeit des Zusammenlebens von Angesicht zu Angesicht, die sich in den urkirchlichen Gemeinden gezeigt hatte.

Es gibt noch einen anderen Bruch mit dem alten Zusammenhang der Familie, in dem sich etwas Neues ankündigt. Dieser Bruch kann mit dem Wort 'Haus' bezeichnet werden. Im Alten Testament stieß ich zu meinem Erstaunen nie auf das Wort »Familie«, sondern auf das Wort »Haus«: »Noah packte sein Haus zusammen und ging auf die Arche.« Oder: »Jakob und sein ganzes Haus zogen nach Ägypten.« Damit haben wir gleichsam einen dritten Begriff von Familie, den man neben die Clan-Familie und die Ordensfamilie zu stellen hat, das ist die »Hausfamilie«. Die Hausfamilie ist nicht genealogisch zusammengesetzt, denn sie umfaßt auch allen Anhang, der in einer Sklavengesellschaft auch aus unfreien Mitarbeitern und Mitarbeiterinnen bestand, zusätzlich aus all denjenigen, die als Fremde und Asylsuchende aufgenommen worden waren. »Spätaussiedler« waren in der spätjüdischen Gemeinschaft oft vorhanden, das waren Heimkehrer aus den Ländern, in die sie nach der Zerstörung Jerusalems weggezogen waren. Ein solches »Haus« stellt eine ganz anders geartete Gemeinschaft dar, deren Kern in der späthellenischen Gesellschaft die partnerschaftliche Beziehung von Mann und Frau ist. Von dieser Hausgemeinschaft geht das Neue Testament aus. Wenn es von der »Kleinen Kirche« spricht, von der »ecclesiola«, oder von der »Hauskirche« bei Paulus, dann ist selbstverständlich eine solche größere Hausgemeinschaft gemeint, wie sie es auch im hellenischen und römischen Raum gegeben hat.

Die Hausfamilie war ein Wirtschaftssubjekt, eine Wirtschaftsgemeinschaft. In einer Agrargesellschaft ist die Wirtschaftsgemeinschaft das Haus (oikos, davon oikonomia) einer größeren, über den genealogischen Zusammenhang hinausgehenden Familie. Heute dürfen wir, und das ist einer der größten Brüche, die man beobachten kann, nicht davon ausgehen, daß die Familie noch ein Wirtschaftssubjekt ist. In einigen ländlichen Bezirken mag das weiterhin gelten, aber das Wirtschaftssubjekt ist im Laufe der letzten 150 Jahre individualisiert worden. Jedes einzelne Individuum, auch und vor allem die Frau ist in diesem Zusammenhang zu beachten, ist heute ein Wirtschaftssubjekt. Die Tatsache, Wirtschaftssubjekt zu sein, ist auf ihre Weise ebenso prägend für einen gesellschaftlichen Zusammenhang wie die Tatsache, in einem demokratischen Sinne Bürger und Bürgerin zu sein.

Von der Familie als Clan haben wir die Familie als Gemeinschaft und die Familie als Haus unterschieden. Es bleibt noch übrig, die »Kernfamilie« vorzustellen. Die »Kernfamilie« ist ein Typus von Familie, der relativ spät entstanden ist, nämlich im Zuge einer Individualisierung, die einerseits dem neuen Wirtschaftssubjekt entsprach und die andererseits über die demokratische Verfassung, d.h. über die Loslösung von patriarchalischen Herrschaftsformen, entstand. Die Männer und Frauen, die eine neue Familie gründen, lösen sich aus dem Autoritätszusammenhang ihrer Clan-Familie, sie versuchen, ihre Eigenständigkeit zu begründen, sie werden durch die Mobilität der Wirtschaftsgesellschaft von ihren Herkunftsfamilien gelöst. Wegen dieser Mobilität wird es fast unmöglich, Kinder zusammen mit der älteren Generation, mit Großeltern, aufzuziehen. Man muß dies alles vor Augen haben, um zu sehen, wie die Kleinfamilie einerseits aus der demokratischen Gesellschaft und andererseits aus der Wirtschaftsform heraus entstanden ist, wobei der

Mobilitätsfaktor in der Wirtschaftsgesellschaft und der Freiheitsfaktor gegenüber patriarchalischer Bevormundung in der demokratischen Gesellschaft jeweils eine gewichtige Rolle spielen.

Die Kirche hat im 19. Jahrhundert das Modell der Kleinfamilie positiv aufgegriffen und ihm ein Modell an die Seite gestellt, das diese Kleinfamilie mit einem gewissen Vorbild- und Ausstrahlungscharakter anleiten sollte. Dieses Modell ist die Heilige Familie. Es gibt Bilder von der Heiligen Familie in der christlichen Kunst auch *vor* dem 19. Jahrhundert, aber diese Bilder haben nicht die gleiche modellhafte Bedeutung wie das neue, fast idyllische, nazarenische Familienbild von Maria, Josef und dem Kind. Daß etwa das Weihnachtsfest als Familienfest im wesentlichen im 19. Jahrhundert mit den Zeichen ausgestattet worden ist, die wir heute für selbstverständlich halten, hat etwas mit dieser Korrespondenz zwischen Kernfamilie einerseits und Heiliger Familie andererseits zu tun. In der Frömmigkeit begann man sich immer mehr auszumalen, wie es denn in der Heiligen Familie gewesen sein müßte. Man weiß darüber bekanntlich nicht sehr viel. Diese eine knappe Geschichte des 12-jährigen Jesus im Tempel, der sich einerseits von seinen Eltern emanzipiert und der andererseits aus freiem Entschluß das tut, was wir alle eben als Familienmitglieder tun sollten, uns nämlich einander unterzuordnen, gibt ja für die Anschauung nicht viel her. Man muß sich etwas dazu ausmalen. In der Tradition der Erbauungsliteratur und der Predigtausschmückungen gibt es eine Fülle von Ausmalungsvorgängen: Wie es denn nun mit Josef wirklich gewesen ist und wie Maria denn nun in der Familie wirklich gelebt hat und welche Aufgaben der junge Jesus übernommen hat. In kirchlichen Texten kann man lesen, daß Josef der Handwerker oder der Arbeiter gewesen sei. Als Modell für eine in den persönlichen frommen Lebensstil zu integrierende Arbeit ist er für die christliche Arbeiterfamilie wichtig geworden. Wir wissen freilich zu wenig über Josef, um uns darüber klar werden zu können, welchen Realitätsgehalt ein solches Modell hat.

II

Wenn wir diese unterschiedlichen Familienformen betrachten, müssen wir zugleich zwei unterschiedliche geschichtliche Prozesse vor Augen haben: zunächst die Geschichte des Auseinanderdriftens zwischen Religion und Familie. Sie gehört zur Geschichte des Christentums. Zum andern gibt es die Geschichte der Entfremdung zwischen Familie und moderner Lebenswelt. Beides ist zu beachten. Es sind zwei relativ unterschiedliche Prozesse. Die Familie als orientalisch-hellenisches Clan-Modell finden wir in der Geschichte des Mittelmeerraumes, von Palästina bis nach Rom, vor. Lassen wir die spezifischen alttestamentlichen Zusammenhänge dabei außer acht. Gemeinsam ist: diese Familie hat einen ganz bestimmten Zweck und eine ganz bestimmte Funktion, nämlich eine Repräsentation der Ordnung in der Gesellschaft zu sein, in der die Antriebskräfte, die diese Ordnung gefährden könnten, gebunden sind. Die Regelung von Lust, Besitz und Nachkommenschaft sowie die Weitergabe von Religion und Disziplin sind die Aufgaben, die die Familie als Ordnungsgestalt übernimmt. Es ist ja bekannt, daß die sexuelle Lust Antriebskräfte freisetzen kann, die nicht ohne weiteres zu ordnen sind. In unserer heutigen, unmittelbaren Erfahrung ist das ebenso selbstverständlich wie in der Antike. Man hat damals dieses Problem aufgespalten, indem man für die offiziell geregelte Lust die Ehe und die Familie geschaffen hat. Der Fruchtbarkeit entsprach die Ordnung des Besitzes, z.B. die Weitergabe des Erbes. Nebenher hat man noch eine Institution für die Männer geschaffen, die damit nicht auskamen, nämlich die Prostitution. Augustinus hat sich mit diesem Phänomen beschäftigen müssen. Da er als jemand bekannt war, der in der sexuellen Lust die böse Begierlichkeit anwesend sah, ist er natürlich auch gefragt worden, ob er nicht auch die Prostitution verbieten wolle. Er hat das mit dem Argument abgelehnt, daß sie nur durch größere Übel zu ersetzen wäre. Denn damit würde Gewalt gegen Frauen in die Ehe übertragen werden oder geachtete andere »Familienfrauen« würden Gegenstand des Begehrens von Männern. Diese Argumentation ergibt sich daraus, daß eine gesellschaftliche Ordnung von vornherein so gesehen und belassen wird, wie sie ist. Über diese Ordnung lagert sich dann, und das macht den partiellen Bruch zwischen Religion und Familie aus, eine höhere Ordnung. Die höhere Ordnung, die sich über die gesellschaftliche Familienordnung lagert, ist die neue Vergemeinschaftung der Orden in der »familiaritas Dei«. In die vertraute Nähe zu Gott berufen zu sein, der Ruf aus der gesellschaftlichen, genealogischen Ordnung heraus in eine andere familiäre Nähe ließ die säkulare Familie hinter sich. So entsteht in der Geschichte des Christentums jene merkwürdige familiäre Zweiheit der Familie: der Familie, die das Reich Gottes eschatologisch vorwegnimmt, und der real existierenden Familie in der säkularen Gesellschaftsordnung, die einfach so, wie sie ist, akzeptiert wird und für die das Christentum bereit ist, eine Ideologie bereitzustellen bzw. an dieser mitzuwirken.

Die Ideologie, an der das Christentum für diese säkulare Familienform mitwirkt, setzt sich aus drei verschiedenen Aspekten zusammen: ich nenne sie die Fruchtbarkeitsideologie, die Zellenideologie und die Verschmelzungsideologie. Diese drei Aspekte existieren heute noch. In der Fruchtbarkeitsideologie dient die familiäre Lebensgemeinschaft vor allen Dingen der Zeugung von Nachkommenschaft, auch als Arbeitskräfte. Der erste Ehezweck ist die Nachkommenschaft. Noch im Jahre 1941 konnte John Ford, ein damals berühmter Moraltheologe und ein Ratgeber von Päpsten, in einem seiner Bücher über Ehe und Familie schreiben, daß ein ehelicher Sexualakt dann sittlich gerechtfertigt sei, wenn er ohne jede Liebe, d.h. sogar mit herabsetzender Gesinnung von den Beteiligten her, geschehe, sofern bei ihm die Fruchtbarkeit gewährleistet sei.

Wie groß der Umbruch gegenüber dieser Fruchtbarkeitsideologie ist, wird einem bewußt, wenn man die ersten Kapitel der Enzyklika »Humanae vitae« (1968) aufschlägt, in denen davon nichts mehr zu spüren ist. Erstmals in einem solch hochrangigen Dokument wird die Beziehung der Eheleute, damit aber auch der Ausdruck dieser Beziehung, nämlich das Kind, auf die Basis des Liebeskonzeptes gestellt, und zwar radikal und ein für allemal. Im allgemeinen liest man nur die zweite Hälfte von »Humanae vitae«, in der ein gewisser Rückfall in die Fruchtbarkeitsideologie zu beobachten ist. In Wirklichkeit ist das Verlassen dieser Ideologie sehr viel revolutionärer, wie es schon im Zweiten Vatikanischen Konzil seinen Ausdruck fand, aber von Paul VI. positiv aufgenommen worden ist.

Die Zellenideologie, zu der das Christentum im Laufe seiner Geschichte beigetragen hat, geht von der Frage aus, was zu einer vollständigen Gesellschaft, zu einer »societas perfecta«, gehöre. Der Ausdruck »perfekt« hat hier nicht den Sinn, eine »vollkommene« Gesellschaft zu bezeichnen, vielmehr eine »vollständige« Gesellschaft. Zu einer vollständigen Gesellschaft gehört die Familienordnung. Wenn Politiker und Kirchenleute von der Familie als »Grundzelle« der Gesellschaft reden, dann beziehen sie sich auf diese Zellenideologie, die vom Bild einer vollständigen Gesellschaft her aufgebaut worden ist. Und in der Tat war dieses Modell der Grundzelle verständlich, plausibel und anschaulich, solange die Familie das wichtigste Wirtschaftssubjekt in der Gesellschaft war. Damit hatte die Familie eine wirklich tragende Funktion in der Gesellschaft, die sie heute so nicht mehr haben kann und die ihr daher auch nicht abverlangt werden darf. Denn an ihre Stelle ist der anonyme Betrieb als Träger der Produktivkräfte getreten, so daß ich behaupten möchte: trotz aller Gleichzeitigkeit des Ungleichzeitigen droht die Familie heute immer mehr ein überfordertes Randphänomen der Gesellschaft zu werden, und es ist ein Gesundbeten, wenn man von der »Zelle« der Gesellschaft redet. Es ist auch zu erkennen, daß die politischen Instanzen, wenn sie von Ehe und Familie reden, immer mehr eine zerbrochene Struktur vor Augen haben, die man vom System her betreuen muß und die dann vielleicht vom Rande her, als günstiges Umfeld, das System zu korrigieren hat. Wenn es anders wäre, müßte gar nicht so viel von Ehe und Familie geredet werden, weil es dann selbstverständlich wäre, daß sie eine zentrale Funktion in der Gesellschaft einnehmen würden.

Ich möchte an einen weiteren Punkt erinnern, wo der Funktionsverlust und der Plausibilitätsverlust der Familie heute ganz deutlich wird. Dies gilt nicht nur vom Verlust der Funktion als Wirtschaftssubjekt, sondern auch vom Verlust der Funktion im Erziehungssystem. Die Familie ist über Jahrtausende hinweg das primäre oder gar das Erziehungssystem schlechthin gewesen. Sie gliederte den einzelnen in die Gesellschaft ein und beherrschte den Sozialisationsprozeß bis zu einer Weitergabe der jungen Leute nach ihrer Geschlechtsreife an andere Instanzen. In der Agrargesellschaft verließen sie die Familie nicht, wohl aber z.B. in der Handwerksgesellschaft, und dort waren es nur die Männer. Diese tragende Rolle der Erziehung, bis etwa zum 14. Lebensjahr, ist mit dem Einführen der allgemeinen Schulpflicht verlorengegangen. Mit der späteren Einführung des Kindergartens reicht die Gesellschaft schon viel früher in die Familie hinein. Die Familie behält ihre Monopolfunktion in der Erziehung nur noch für die ersten Lebensjahre.

In einer verwissenschaftlichten Gesellschaft werden die Interaktionsstile in unseren Beziehungen durch die Wissenschaft objektiviert. Dadurch geraten wir alle als Erziehende, v. a. in den ersten Lebensjahren der Kinder immer mehr unter den Druck sozialer Normen, wie wir das Familienleben denn zu machen hätten. Der Kommunikationsfluß, der heute über die Medien alle erreicht, begünstigt auch in den ersten Lebensjahren Miterzieher, und wenn sie z.B. über die Windelreklame einwirken.

Ich möchte damit darauf aufmerksam machen, daß der Adressat für Lob und Anforderungen, wenn man heute von Ehe und Familie redet, so nicht existiert. Und wenn man dann in diesem Zusammenhang von der Weitergabe des Glaubens redet, dann bewegt man sich auf einer ideologischen Linie. Die ideologische Linie ist überall dort gegeben, wo die Wirklichkeit übersprungen wird, wo die Realität als solche nicht erst analysiert wird, ehe man sie für eine bessere Lebenswelt anfordert. Von der Weitergabe des Glaubens oder der gesellschaftlichen Grundwerte in der Familie zu reden, bedeutet, die Erzieher, die Eltern in der Familie, mit einer Verantwortung zu belasten, die sie ab einem bestimmten Lebensalter nicht mehr allein tragen und ab einem bestimmten Lebensalter gar nicht mehr tragen können, weil der Ablösungsprozeß begonnen hat. Wir können nicht mitten in einem realen Ablösungsprozeß die ideale Elternbindung einsetzen, um die Weitergabe des Glaubens oder der Werte zu bewerkstelligen.

Das geht einfach nicht. Es gibt kein kirchliches Dokument und keine politische Familienfesttagsrede, die darauf Rücksicht nimmt, obwohl das eine selbstverständliche Erfahrung von Vätern und Müttern ist, auch meine persönliche Erfahrung. Das Problem besteht z.B. darin, daß ich als Vater zwar möglicherweise auf dem richtigen Weg sein kann, aber nicht der Richtige bin, auf diesen Weg zu führen. Entscheidend ist die außerfamiliäre Begegnung und die Bildung nicht familienzentrierter, informeller Lebenskreise, in denen die Weitergabe der Werte und des Glaubens praktisch geschieht. Damit tritt für mich ein ungelöstes Problem in den Vordergrund: wo finden z.B. die Jugendlichen an dieser Stelle ihre Ansprechpartner? Personen, die jederzeit ansprechbar sind, wenn Fragen da sind, werden gebraucht. Eigentlich bräuchte man dazu neue Institutionen und Berufsbilder, z.B. eine ökumenische Schulseelsorge der Kirchen.

Über die Zellenideologie bin ich zu der Frage der ideologischen Rede über die Familie vorgedrungen. Eine ideologische Rede liegt dann vor, wenn die Realität als solche nicht wahrgenommen wird. Man muß die Realität erst kennen, bevor man normativ an sie herangeht, oder man muß die Realität erst analysieren, ehe man mit dem Gesundbeten anfängt.

Eine dritte derartige Ideologie ist die Verschmelzungsideologie, die im Bild der Hl. Familie religiös besonders unterfangen wird. Je verschmolzener der Raum der Darstellung der Hl. Familie, um so mehr affiziert er unsere Seelen. Ich konnte das an den Schnitzereien in Oberammergau sehr gut beobachten. Hier wirkt selbstverständlich unser Harmoniebedürfnis mit, und dieses Bedürfnis ist ja nicht negativ. Aber das nostalgische Harmoniebedürfnis stößt diametral auf ein Interesse der Moderne, das ganz und gar gegenläufig ist.

Damit komme ich zu der Entfremdung von Familie und Moderne. Nach der Moderne ist die Familie so viel wert, wie sie das Glück der beteiligten *Einzelnen* bewerkstelligen kann, die in dieser Familie leben. Das *Individuum* ist der Maßstab der Familie. Die Familie steht in der Funktion für individuelle Selbständigkeit, für »Autonomie«, für Selbstbestimmung und für Selbstverwirklichung. Sie ist kein Selbstzweck. Dies ist eine ganz wesentliche Feststellung, wenn man den Konformitätsdruck beobachten will, der von der modernen Lebenswelt auf die Familie einwirkt. Man kann diesem Konformitätsdruck zugunsten individueller Lebensgestaltung, an dem Familien oft auch zerbrechen, nicht mehr ohne weiteres eine Verschmelzungsideologie gegenüberstellen! Denn es ist in der Tat ja eine Balance zu finden zwischen individueller Lebensplanung und einer größeren Einheit, in der ein »Wir« herausgebildet wird, ein Wir, das die besondere Form einer intimen Kommunikation gestattet, wo man in besonderer Weise miteinander lachen und fröhlich sein, aber auch in besonderer Weise miteinander streiten kann. Auf der einen Seite ist dieses Bild des Zueinanders und Miteinanders zutreffend, auf der anderen Seite darf es aber nicht gegen die besondere Entdeckung der Individualität in der Moderne ausgespielt werden.

»Verschmelzung« ist immer dort eine Ideologie, wo sie nicht anerkennt, daß personale Selbstwerdung, eingeschlossen individuelle Selbstverwirklichung, eine zentrale Bedeutung hat. Das gilt auch für das Christentum. Die Nachfolgeworte Jesu von Nazaret richten sich nicht an Familien, sie richten sich an die individuelle Person und an ihre Lebensausrichtung, und sie stellen dieser individuellen Person eine Fülle von Motivationen zur Verfügung.

Im Hintergrund der Selbstverwirklichung steht die Individualisierung des Wirtschaftssubjektes. Dieses individualistische Menschenbild geht über die Aufwertung des einzelnen im Christentum hinaus. Der christliche Personbegriff, wie er sich im Laufe der Geschichte herausgebildet hat, bedeutet die Fähigkeit, in einer Beziehung zu sein und sich selbst als Beziehungssubjekt verstehen zu können. Jeder ist Schnittpunkt von Beziehungen, und indem er die Beziehungen selbst gestaltet, entsteht sein soziales Selbst. Dieser Personbegriff steht dem Begriff Individuum im Sinne der Selbstverwirklichung zwar nicht ausschließend gegenüber, aber er steht doch in einer gewissen Spannung dazu. Die Vorstellungen, daß jeder seines Glückes Schmied ist und daß eine Beziehung gerade so viel wert ist, als sie in der Lage ist, das Glück der beteiligten Einzelnen zu bewerkstelligen, ist nicht mit der Denkform, die das christliche Glaubenszeugnis entwickelt hat, vereinbar. Der Individualismus kehrt sich gegen das soziale Selbst der Person.

Neben Wirtschaftssubjekt und Selbstverwirklichung tritt der Wandel der Ehe zur *Paarbeziehung*. Das ist ein Erbe der Romantik. Wenn wir das der Paar-Beziehung vorausgehende Modell der Familienehe als Regelung von Lust, Besitz und Nachkommenschaft betrachten, dann ist es ganz klar, daß für die »alte« Ehe, aber auch für die »alte« Familie die Liebe eher eine günstige Randbedingung war, die dieses System fördern konnte. Es war schön, wenn sich Mann und Frau, wenn sie einmal verheiratet waren, ineinander verliebt haben. Aber es war nicht Bedingung. Heute ist es genau umgekehrt. Die Ehe ist ein günstiges Randphänomen, ein schöner Rahmen für die Beziehung. Das ist förderlich, aber es ist nicht konstitutiv. Noch mehr gilt das für die Familie. Denn der Beziehungsgedanke als eine zentrale neuzeitliche Errungenschaft ist nicht nur auf das geschlechtliche Paar, Mann und Frau, zu beziehen, sondern gilt auch für Eltern und Kinder, also für das Verhältnis von Mutter und Tochter, oder von Vater und Sohn. Diese Verhältnisse als Beziehungen zu begreifen, und zwar als fragile, problematische Beziehungen, ist neu. »Früher« war das überhaupt kein Problem. Ich habe in einer Biografie Karls d. Großen gelesen, daß er seinen einjährigen Sohn, selbstverständlich mit Gefolge, irgendwo nach Aquitanien geschickt hat mit dem Auftrag: da sei mal schön König. Kein Mensch wäre damals auf die Idee gekommen zu sagen, aber bitte, das kann man doch nicht tun, Vater und Kind so auseinanderzureißen. Die Vorstellung, daß zwischen Vater und Sohn, zwischen Mutter und Tochter eine Beziehung aufgebaut werden muß, eine Beziehung, die dann *auch* ihre Belastungen hat, wenn sie in eine Art von Verschmelzung hineinführt, diese Vorstellung gehört zur bürgerlichen Neuzeit, und sie wäre in einer Feudalgesellschaft ganz ungewöhnlich gewesen. In einer Feudalgesellschaft ist man davon ausgegangen, daß Kinder kleine Erwachsene sind, die auch sittlich mündig und deswegen straffähig sind. Der Beziehungsgedanke, nicht nur horizontal zwischen Mann und Frau, sondern auch vertikal zwischen Mutter und Kind, zwischen Vater und Kind beginnt mit der Romantik zu dominieren, und deswegen wird die Institution der Familie als großes »Wir« in den Hintergrund gedrängt.

Als letzter Aspekt neben Aufklärung, Romantik und individualisierender Wirtschaftsgesellschaft ist die »Emanzipation« zu nennen. Emanzipation ist ein gewichtiger Gesichtspunkt für den Wandel des Familienbildes in der Neuzeit und auch für eine gewisse Dissoziation von Lebenswelt und Familienwelt. Die Frau ist nicht mehr nur ein Familiensubjekt, wie sie das über

Jahrhunderte hinweg gewesen ist. Mit der Moderne ist die Frau ein individuelles Subjekt geworden, kann also auch als Single-Frau existieren. Das galt an der Jahrhundertwende nur für das Modell der Lehrerin und für das Modell der Ärztin. Die sehr frühen emanzipierten Frauen waren meistens Single-Frauen und mußten es auch sein. Wie hätten sie sonst in einer privilegierten Männerwelt, in welcher nur der Mann seine Karriere und sein Familienwesen miteinander vereinbaren konnte, weil er eine Frau hatte, Familie und Beruf miteinander vereinbaren können?

Die Emanzipationsbewegung hat eine doppelte Auswirkung auf Frauen und auf Männer. Männer sind immer mehr bereit, Vaterschaftsurlaub anzutreten, Hausmänner zu spielen, in finanzielle Abhängigkeit zu ihren betuchten oder beim Job besser weggekommenen Ehefrauen zu treten. Es ist ein umgekehrter Emanzipationsweg, den die Männer heute gehen müssen. Wenn die Frauen sich aus der Familie herausemanzipieren müssen, müssen sich die Männer in die Familie hineinemanzipieren. Diese dopppelte Emanzipationsbewegung der neuen Mütter und neuen Väter, wie man sie auch einmal genannt hat, führt letztlich dazu, daß das Bild der Familie als Idylle im Sinne des 19. Jahrhunderts kein Adressat mehr ist.

Deshalb sollten die einzelnen Menschen nicht in dem Sinne angesprochen werden: Du sollst jetzt auch noch das…. Es ginge vielmehr darum, Strukturen zu verändern. Man muß sich darüber Gedanken machen, wie die Strukturen so geschaffen werden können, daß sie nicht *mehr* Leistung auf dem Rücken Einzelner, vor allem auf dem Rücken der Ehefrauen und Mütter, ablagern. Eine Antwort darauf ist die noch viel zu seltene Emanzipation des Mannes *in* die Familie. Sie ist eine Voraussetzung dafür, daß die Emanzipation für die Frau nicht bloß zum Leistungsdruck wird. Es müßte möglich sein, mehr als bisher Teilzeitarbeit auch für Männer zu schaffen und dabei in Kauf zu nehmen, daß das u.U. mehr kostet. Meine Erfahrung ist freilich, daß Teilzeitarbeiten effizienter sind, weil sie im Grunde nicht halbe, sondern Dreiviertel-Jobs sind. Die Kaffeepausen bei Sekretärinnen entfallen beispielsweise, wenn sie Teilzeitarbeit machen. Es ist ganz klar, daß eine andere Art der Stundenvorbereitung gilt, wenn jemand als Lehrer einen Teilzeitjob hat. Man muß versuchen, Emanzipation *aus* der Familie und Emanzipation *in* die Familie auch strukturell zu fassen und sie nicht als zusätzliche Beanspruchung bloß an die Einzelnen abzugeben: jetzt habt ihr die richtige Ideologie, jetzt wird es schon besser gehen. Es muß vielmehr möglich sein, für ein herrschaftsarmes Beziehungsverhältnis, in dem es sowohl dieses neue Wir als auch die Freisetzung des Ich gibt, strukturelle Vorbedingungen zu schaffen. Vom Verfassungsgericht ist eingeklagt worden, daß die Behandlung der Familie nicht verfassungskonform ist, was bestimmte Zuerkennungen oder Anerkennungen von Leistungen und was die Frage der Altersversorgung betrifft. Die Hausmänner- und Hausfrauentätigkeit bzw. die Erziehungstätigkeit haben eine soziale Bedeutung, die sich in Strukturen niederschlagen muß. Wenn sich neue, emanzipierte Lebensformen nicht in den Strukturen befestigen, werden wir durch die Überforderung einfach neue Patienten der Fürsorge haben, statt daß wirklich lebbare Modelle entstehen.

In der Familie gibt es angesichts vielfacher Überforderung drei Arten von Ängsten: erstens Unterdrückungsängste, ich möchte nicht vom andern unterdrückt werden, zweitens Verlassensängste, ich möchte nicht, daß der andere sich mir entzieht oder mich verläßt, drittens Versagensängste, ich möchte nichts falsch machen. Wir führen zu wenig Gespräche darüber, wie diese Ängste zustandekommen und wie Mann und Frau mit diesen Ängsten im einzelnen umgehen können. Dazu ist zunächst einmal wichtig, daß man die Ängste wahrnehmen und daß man sie artikulieren kann. Sonst kann man nur schwer mit ihnen umgehen. Sie müssen ins Gespräch gehoben werden. Wir leben alle mit der Sorge, verlassen zu werden, mit der Sorge zu versagen, mit der Sorge, unterdrückt zu werden. Diese Sorgen und Ängste werden vorrangig auf dem Rücken des Familiensubjektes »Frau« ausgetragen. Aber heute greift die Angst auch schon bei den Männern um sich. Es gibt zumindest Phasen, wo die Ängste auf der Seite des Mannes liegen. Zur Erhöhung der Scheidungsrate über ein Drittel hinaus ist das Faktum hinzuzufügen, daß der typische Suizidant, der häufigste Selbsttöter, ein Mann in mittlerem Alter ist, also zwischen 45 und 55, der von seiner Frau verlassen worden ist und von seinen Kindern, die mit der Frau gegangen sind, und der keine neue Beziehung mehr knüpfen kann, weil er in gewisser Weise auch beziehungsunfähig geworden ist. Daraus wird deutlich, welche Ängste auch auf der männlichen Seite heute hochkommen. Gerade in dem Emanzipationsgeschehen, das bei der Frau oft erst zwischen 30 und 50 nachgeholt wird, weil es vorher nicht stattgefunden hat, sind die Männer oft nicht nur Täter, sondern auch Opfer. Es gilt also, die Familie nicht zu überloben und zu überfordern, sondern sie realistisch mit ihren Problemen zu sehen, die zu unserer Zeit und zu unserer modernen Gesellschaft gehören. Sie selbst kann zur Lösung dieser Probleme nur den kleineren Beitrag leisten, der größere Beitrag ist über alle Mitglieder der Gesellschaft im Sinne eines solidarischen Lastenausgleiches einzufordern.

Literatur:

Volker Eid – Laszlo Vaskovics (Hg.), Wandel der Familie – Zukunft der Familie. Mainz 1982.

Alberto Bondolfi u.a. (Hg.), Ethos des Alltags, Zürich-Köln 1983.

Albert Ziegler u.a., Sexualität und Ehe, Der Christ vor einem Dauerproblem, Zürich 1981 (das Thema Kirche-Familie-Gesellschaft ist eingeschlossen).

Familie im Wandel. Sozialethische Bewertung. Folgerungen für Gesellschaft und Schule. Marchtaler Pädagogische Beiträge 1990, Heft 2. Mein darin enthaltener Beitrag ist auch abgedruckt in: Hauswirtschaftliche Bildung 1991, Heft 3, 108–113.

Dietmar Mieth, Mit dem Unkraut wächst der Weizen, Luzern-Fribourg 1991.

Ders., Das gläserne Glück der Liebe, Freiburg i.Br. 1992.

EDGAR NAWROTH

Gesellschaftliche Verantwortung und fortschrittliche Unternehmenspolitik

Zum Entwurf einer Unternehmensverfassung

Die Arbeit ist unser Lebenselement, das uns Tag für Tag trägt und formt. Für die innere Zufriedenheit und Sinnerfüllung des Arbeitsalltags sind die Arbeitsbedingungen der Betriebswelt und der Leistungsgesellschaft insgesamt von ausschlaggebender Bedeutung. Obwohl die Humanisierung des Wirtschaftsvollzugs durch eine fortschrittliche Arbeits- und Unternehmenspolitik nicht ohne oder gegen die wirtschaftlichen Sachgesetze durchgeführt werden kann, ist sie letzten Endes nur aus Prinzipien zu begründen und praktisch zu bewältigen, die vor und über der Wirtschaft liegen.

Nach christlich-sozialem Verständnis ist die Wesensdeutung und Sinnerfüllung der Marktwirtschaft vom Selbstverständnis des wirtschaftenden Menschen abhängig, für dessen personale Entfaltung sie die materiellen Voraussetzungen zu schaffen hat. Die Wirtschaft vermenschlichen kann daher nur der wirtschaftende Mensch selbst und er kann es nur im Hinblick auf die letztgültige Sinngebung seines Arbeitslebens und in der Verantwortung gegenüber dem Sozialzweck der Wirtschaft.

Für den wirtschaftlichen Problembereich der Bundesrepublik ergibt sich aus diesen wirtschaftsethischen Überlegungen die naheliegende Frage, inwieweit unsere Mitbestimmungsgesetzgebung innerhalb der Marktwirtschaft dem Selbstverständnis und den Bedürfnissen des wirtschaftenden Menschen gerecht wird. Von vornherein ist zuzugeben, dass unsere Mitbestimmungspolitik als Ergebnis der Nachkriegsentwicklung für den betrieblichen Bereich einen humanitären Fortschritt gebracht hat, mit dem wir innerhalb der modernen Industrienationen an der Spitze liegen und den wir im Zuge der europäischen Einigung werden verteidigen müssen.

Ist damit die Sinnerfüllung der produktiven Marktwirtschaft aus der Sicht der betroffenen Menschen bereits erreicht?

Wie soziologische Erhebungen der Gegenwart bestätigt haben, empfindet sich der Arbeitnehmer trotz gesetzlicher Mitbestimmungserfolge in überwiegender Mehrheit nicht als gestaltende Kraft, sondern im Grunde als Objekt und gesteuerter »Faktor« anonymer Wirtschaftsabläufe. Das trifft in erster Linie auf die im grossbetrieblichen Bereich Beschäftigten zu.

Hinzukommen die Erfahrungen des vergangenen Jahrzehnts, das durch die Konjunkturkrise mit zahlreichen Betriebsstillegungen belastet ist. Es hat sich erwiesen, dass die geltende Mitbestimmungspraxis sowohl des Montanmitbestimmungsgesetzes von 1951 , des Betriebsverfassungsgesetzes von 1952 wie auch des »quasi-paritätischen« Mitbestimmungsgesetzes von 1976 allein nicht ausreicht, um vor dem Hintergrund der Massenarbeitslosigkeit das Wohl der am meisten Betroffenen wirksam genug schützen zu können. Man hat erlebt, dass Konzernleitungen bei Betriebsstillegungen manchmal vorschnell mit dem beschwörenden Hinweis auf den angeblich »unausweichlichen Sachzwang marktgesetzlicher Notwendigkeiten« bei der Hand waren, der dennoch im Nachhinein nach intensiven Verhandlungen korrigiert worden ist.

Die damit verbundene Unsicherheit aus der Sicht der betroffenen Belegschaft erklärt sich daraus, dass im Instrumentarium des geltenden Gesellschaftsrechts auf der grossbetrieblichen Ebene für eine gezielte Interessenvertretung zugunsten von Betriebsangehörigen, die nicht Großaktionäre sind, kein Ansatzpunkt gegeben ist.

Dieser folgenschwere Mangel war für verschiedene Ordnungsbestrebungen der Vergangenheit der Anlass, sich aus sozialethischen Rücksichten mit dem Entwurf einer zeitgemässen Unternehmensverfassung zu beschäftigen. Der gemeinsame Ausgangspunkt ist die

I. Problematik des geltenden Gesellschaftsrechts

Diesem Recht, das dem frühkapitalistischen Wirtschaftsdenken des neunzehnten Jahrhunderts entstammt, liegt das Selbstverständnis der Aktiengesellschaft in ihrer Verfassung als Kapitalverein mit Hauptversammlung, Aufsichtsrat und Vorstand zugrunde. Entscheidend hierbei ist, dass sich diese Vereinigung von Aktienbesitzern mit dem gesamten Unternehmen identifiziert, ohne Rücksicht darauf, dass die beteiligten Mitarbeiter im betrieblichen Leistungsverbund in überwiegender Mehrheit keineswegs Anteilseigner sind, mit ihrem Arbeitseinsatz jedoch wesentlich am Produktivitätserfolg des Unternehmens beteiligt sind.

Aus dieser Unternehmensauffassung erklärt sich, warum nach geltendem Unternehmensrecht die Unternehmensleitung in der Hand der erwähnten Organe des Kapitalvereins, also des Vermögensträgers liegt. Es gehen damit die Geschäfte der Unternehmensleitung und die des Aktionärvereins praktisch ineinander über, obwohl es sich hierbei um unterschiedliche Bereiche und Personengruppen handelt, die an sich ebenso verschiedene Funktionsträger mit dementsprechender Legitimation voraussetzen.

Die Gleichsetzung von Aktionärsverein und Unternehmensverbund hat für die betroffenen Unternehmensangehörigen zu einer dreifachen Benachteiligung geführt, die mit dem Selbstverständnis des heutigen Arbeitnehmers nicht vereinbar ist und zudem seine Arbeitssituation belastet. An erster Stelle ist hinzuweisen auf die

1. Festschreibung der Herrschaftsstellung des Kapitals

Sie wird ausserhalb der Montanindustrie schon dadurch abgesichert, dass Legitimation und Kontrolle der Unternehmensleitung mehrheitlich in der Hand der Anteilseigner liegen. In der Montanmitbestimmung gibt demgegenüber der sog. »11. Mann« den Ausschlag. In Sachfragen kann aber auch hier die Hauptversammlung nach § 111 Abs. 4 AktG den Aufsichtsrat bei allen Massnahmen der Geschäftsführung übergehen oder dann, wenn nach der Satzung bestimmte Arten von Geschäften seiner Zustimmung bedürfen, deren Ablehnung auf Antrag der Unternehmensleitung wieder aufheben und abschliessend entscheiden.

Das machtmässige Übergewicht der Anteilseigner wird zudem durch Gesetzes- und Satzungsvorbehalte unterbaut, mit denen sich die Hauptversammlung der Anteilseigner – am mitbestimmten Aufsichtsrat vorbei – sichern kann (§ 119 AktG). Das gilt z. B. für die Gewinnverwendung des Unternehmens, für bestimmte Unternehmensverträge oder auch Entscheide über Zusammenschluss, Trennung und Stillegungen im Konzernbereich.

In diesen Vorbehalten liegt die ordnungspolitische Problematik der qualifizierten Aufsichtsratsmitbestimmung, auf die später noch einzugehen ist. Sie wird durch das Mitbestimmungsgesetz von 1976 verschärft. Dieses räumt dem von Kapitalgeberseite gestellten Aufsichtsratsvorsitzenden in einer Pattsituation den Stichentscheid ein, womit das Übergewicht der Kapitaleigner und ihrer spezifischen Unternehmensinteressen festgeschrieben wird.

Nicht weniger bedeutsam für die Interessenlage der Belegschaft ist die aus dem gesellschaftsrechtlichen Organisationsstatut sich ergebende

2. Ausklammerung der Unternehmenszugehörigkeit des Arbeitnehmers

Massgebend dafür sind arbeitsrechtliche Bestimmungen über die Beziehung der Arbeitnehmer zum Unternehmen, wie sie vom Arbeitsvertrag geregelt werden. Als schuldrechtlicher Einzelvertrag zwischen dem Arbeitgeber und dem Arbeitnehmer hat der Arbeitsvertrag lediglich den Austausch von Leistung und Gegenleistung zwischen den Vertragspartnern des Lohnarbeitsverhältnisses zum Inhalt. Der Arbeitsvertrag ist daher nicht Teil der gesellschaftsrechtlichen Organisation, sondern Vertrag mit einem Dritten. Dazu erklärt das vom Deutschen Bundesrat in Auftrag gegebene Sachverständigen-Gutachten zur Auswertung der bisherigen Erfahrungen mit der »Mitbestimmung im Unternehmen«, die sogenannte Biedenkopf-Kommission:

»Der Arbeitnehmer ist nach geltendem Recht nicht Gesellschafter- und damit Mitglied des gesellschaftsrechtlichen Verbandes. Er ist Gläubiger der Lohnforderung und Schuldner der Arbeitsleistung«[1].

Der Arbeitsvertrag bleibt trotz personenrechtlicher und gemeinschaftsorientierter Fortentwicklung durch das geltende Arbeitsrecht auf dem Wege über das Betriebsverfassungsgesetz und das Tarifvertragssystem ein Einzelvertrag. Das Arbeitsvertragsrecht ist nach wie vor individualrechtlich orientiert.Diese einzelvertragliche Bestimmung der Arbeitnehmerstellung im Unternehmen schliesst eine wichtige ordnungspolitische Schlussfolgerung inbezug auf den Charakter der Arbeitnehmer-Beziehung zum Unternehmen ein: Sie klammert die Zugehörigkeit des Arbeitnehmers zum Unternehmen als sozialem Verband aus.

Sie lässt zudem die wirtschaftliche Bedeutung seiner Leistung, die sich erheblich vom Beitrag anderer Vertragspartner des Unternehmens unterscheidet, völlig ausser acht, insofern der Anteil der Arbeit am Ertrag des Unternehmens vom Unternehmensrecht nicht berücksichtigt wird. Damit bestätigt sich, dass der Arbeitnehmer nach wie vor wie ein unter Vertrag genommener Lieferant draussen steht, während das Kapital im Unternehmensrecht verankert ist. Die Anteilseigner bilden den Kern des Unternehmens. Da das Kapitalinteresse mit dem des Unternehmens gleichgesetzt wird, bestimmt es auch die rechtliche Organisationsstruktur des Unternehmens[2].

Aus diesen gesellschaftsrechtlichen Zusammenhängen, die die Trennung von Arbeitskraft und Kapital zementieren, ergibt sich eine dritte Schlussfolgerung, die die Problematik des geltenden Gesellschaftrechtes aus der Sicht der Belegschaftsangehörigen verdeutlicht, die

3. Gesellschaftsrechtliche Fremdbestimmtheit des »Faktors Arbeit«

Wie das Sachverständigen-Gutachten feststellt, hat die Unterwerfung des »Faktors Arbeit« unter die Planungs-, Organisations- und Leitungskompetenz der arbeitgebenden Unternehmen, deren rechtliche Organisation allein im Gesellschaftsrecht gründet, zu einer zusätzlichen Fremdbestimmtheit des Arbeitnehmers geführt. Die unternehmerische Weisungsbefugnis sei nicht allein durch die Vertragsfreiheit des Arbeitnehmers und seine Unterwerfung im Arbeitsvertrag gerechtfertigt; sie sei nicht Resultat gegenseitiger Übereinstimmung der Vertragsparteien, sondern bestehe unabhängig von dieser, bedingt durch den arbeitsteiligen Produktionsprozess als struktureller Gegebenheit. Daher fehlt es auf Arbeitnehmerseite wegen der wirtschaftlichen

---

1 Bericht der Sachverständigen-Kommission zur Auswertung der bisherigen Erfahrungen bei der Mitbestimmung.Dtsch.Bundestag Drucks. VI/334. Bochum 1970, S.58.
2 A. a. O, S.58 (Nr.6).

Sachzwänge an einer gleichberechtigten Vertragsfreiheit und damit auch an der Verwirklichung des Zustimmungsprinzips (Konsensualprinzips), das für jeden Vertrag kennzeichnend ist[3].

Die Kommission sieht in der fehlenden vertraglichen Zustimmung des Arbeitnehmers zur Verfügungskompetenz des Unternehmens den entscheidenden rechts-und gesellschaftspolitischen Ansatzpunkt für die institutionelle Mitbestimmung der Arbeitnehmer im Unternehmen. Es wird mit Nachdruck betont: Nicht die wirtschaftliche Abhängigkeit als solche, die im Rahmen einer arbeitsteiligen Wirtschaft für die meisten Menschen bestehe, sondern die besondere, aus der Organisation des wirtschaftlichen Zweckverbandes Unternehmen resultierende »Fremdbestimmtheit« der konkreten Arbeitsleistung mache deshalb den spezifischen Charakter des Arbeitsverhältnisses aus[4]. Sie wird durch das gesellschaftsrechtliche Organisationsstatut unterbaut.

Zusammenfassend ist also festzustellen, dass der geltende gesellschaftsrechtliche Unternehmensbegriff im Widerspruch zu seiner liberalen Ursprungsidee aus dem vorigen Jahrhundert eine autoritäre Herrschaftsordnung darstellt, die ihre Herrschaftsmacht einseitig auf dem eingebrachten Unternehmerkapital aufbaut und durch den Arbeitsvertrag formal-juristisch legalisiert. Die Interessenlage der Kapitaleigner setzt sich als Letztentscheidungsnorm des Gesamtunternehmens durch. Der Belegschaftsangehörige ohne Kapitaleigentum steht als unter Vertrag genommener Lieferant seiner Arbeitsleistung ausserhalb des Unternehmensverbundes.

Bemerkenswert ist in diesem Zusammenhang die programmatische Stellungnahme von Rolf Kasteleiner. Als renommierter Vertreter der Arbeitgeberseite weist er mit Nachdruck darauf hin, dass wir heute mehr denn je an diesen durch überkommene vielfältige Gesetzesbestimmungen verfestigten Strukturfehlern zu leiden hätten. Unser herkömmliches, im vorigen Jahrhundert eingeführtes Unternehmensrecht wie auch die Verfassung der Unternehmen seien »kapitaldominierend« und im Prinzip auf einer Trennung von Kapital und Arbeit aufgebaut. Schutz und Anspruch der Arbeit gegenüber dem im Unternehmensrecht verankerten Kapital seien erst durch das Arbeits- und Sozialrecht, die Tarifverträge und Mitbestimmungsgesetze von aussen her als »Antimacht« aufgebaut und der Unternehmensverfassung »quasi als Fremdkörper aufgezwungen worden«. Deshalb sei eine Neuordnung des Unternehmensrechts dringend geboten. Notwendig seien neue, »von der Person her bestimmte gesellschaftsrechtliche Organisationsformen« und eine neue Grundform der Unternehmensbeteiligung, »die Rechte aus Eigentum und Arbeit gleichrangig berücksichtigt«[5].

---

3   A.a.O, S.61 (Nr.15).
4   A.a.O,S.62 (Nr.16).
5   Kasteleiner,Rolf: Humane Arbeitswelt. Schlagwort oder Realität?Düsseldorf 1964,S.242 ff.-
    K. war Vorstandsmitglied der Bundesvereinigung Dtsch.Arbeitgeberverbände (BDA), Vor-

Mit diesem mutigen Bekenntnis ist treffend das ordnungspolitische Grundanliegen und die richtungweisende Leitnorm für die überfällige Unternehmensreform aufgezeigt: die Notwendigkeit neuer, von der Person her bestimmter Organisationsformen bei gleichrangiger Berücksichtigung der Rechte aus Eigentum und Arbeit.

Im Grunde geht es dabei um ein

II. Neues Verständnis des Unternehmens

Die neue Sicht soll bei der Gestaltung der »inneren Ordnung« des Unternehmens dem Selbstverständnis des arbeitenden Menschen von heute im Einflussbereich zunehmender Emanzipationsforderungen wie auch den Gestaltungsgrundsätzen Rechnung tragen, die aus den »grundrechtlichen und politischen Wertentscheidungen« unserer Verfassung abzuleiten sind[6]. An diesem Grundanliegen setzen verschiedene Reformvorschläge der Vergangenheit an, auf die kurz einzugehen ist.

An erster Stelle ist an den Unternehmensverfassungsentwurf zu erinnern, den die beiden Arbeitskreise der »Stiftung Mitbestimmung« des DGB im Auftrag des DGB erarbeitet haben.Prof.O.v.Nell-Breuning berichtet als Mitglied 1968 vom Abschlussergebnis dieser Gemeinschaftsarbeit:Es läge ein fertig ausgearbeiteter Unternehmensverfassungsentwurf mit rund vierhundert Paragraphen vor, dessen Umfang dem Aktiengesetz von 1965 gleichkäme. Dieser Entwurf gehe auf alle technischen Einzelheiten als Antwort auf den Einwand ein, mit einer solchen Idee sei so lange nichts anzufangen, als man nicht die Nagelprobe gemacht habe, dass sie sich gesetzestechnisch ausformulieren lasse.

v.Nell-Breuning bedauerte damals schon, dass dieser Entwurf vom DGB nicht der Öffentlichkeit übergeben worden ist. »Ich hätte die Courage schon lange gehabt«, erklärte er, »aber es gibt Perfektionisten, denen eine Sache nie vollkommen genug ist;es gibt auch ängstliche Leute,die alle ordentlichen Einwände, die vielleicht gemacht werden könnten, schon vorher sich selbst gemacht und gelöst haben wollen, bevor sie sich der öffentlichen Kritik aussetzen. Auf diese Weise kommt man natürlich nicht zum Handeln[7].

Beachtlich ist ferner der Entwurf der Christlich-demokratischen Arbeitnehmerschaft (CDA) von 1969. Er folgt der konstruktiven Idee konsequenter

---

sitzender der Arbeitsgemeinschaft Christlicher Unternehmer (ACU) u. des Bundes Kath. Unternehmer (BKU).

6   Grundsatzkommission, a. a. O,S.62 (Nr.15).

7   Nell-Breuning, O. v.: Die wirtschaftl.Mitwirkung u. Mitbestimmung der Arbeitnehmer als Forderung an die Gesellschaft der Zukunft. in: O. v. Nell-Breuning: Aktuelle Fragen der Gesellschaftspolitik. Köln 197o, S.233.

Partnerschaft zwischen Kapital und Arbeit, die auf dem ordnungspolitischen Zusammenschluss der Kapital-Einsetzer und dem der Arbeits-Einsetzer als gleichberechtigten Trägern der Unternehmensverantwortung aufbaut[8]. Die CDA konnte sich mit ihrer Ordnungsidee auf dem CDU-Parteitag in Hamburg von 1973 nicht durchsetzen.

Zu erwähnen ist ausserdem der aktualisierte Gesetzentwurf über die Mitbestimmung der Arbeitnehmer in Grossunternehmen und Grosskonzernen,« den der Bundesvorstand des DGB 1982 vorgelegt hat[9]. Er beabsichtigt, durch Erweiterung der Aufsichtsratsmitbestimmung die paritätische Mitbestimmung voranzubringen. Von den damit gegebenen Problemen wird noch die Rede sein.

Einen weiteren beachtenswerten Entwurf brachte 1984 die Katholische Arbeitnehmerbewegung (KAB) in die öffentliche Diskussion ein. Er ist das abschliessende Ergebnis der Vorarbeiten, die ihr Wissenschaftlicher Beirat seit Anfang der siebziger Jahre geleistet hat. Im Grunde geht es dieser Gemeinschaftsarbeit um die Kernfrage, ob wir in der gegenwärtigen arbeitsteiligen Leistungsgesellschaft wirklich bereit sind, den Arbeitnehmer als Person und Partner ernst zu nehmen und daraus auch strukturpolitische Schlussfolgerungen abzuleiten.

Damit wird die seit der frühen Industrialisierungsepoche umstrittene Subjektstellung der Arbeit im Wirtschaftsablauf erneut in den Mittelpunkt der Überlegungen gerückt. In unserem Kulturbereich umfasst die Subjektstellung des Arbeitenden:

– gleichberechtigte Teilnahme an der wirtschaftlichen Mitverantwortung und Mitgestaltung;
– persönliche Entfaltung durch die Arbeitsleistung selbst;
– gerechte Teilhabe am gemeinsam erwirtschafteten Ertrag.

Dem Arbeitnehmer so weit wie möglich die ihm gemässe Mitverantwortung, Mitbestimmung und Ertragsteilhabe im grossbetrieblichen Bereich zu sichern, ist das erklärte Ziel dieses Diskussionsbeitrags. Im Grunde greift die KAB damit ein zentrales Anliegen der Katholischen Soziallehre (KSL) auf: die Wahrung der Personwürde im Arbeitsbereich.

Die unantastbare Würde der menschlichen Person wird gemäss dem Weltrundschreiben Mater et Magistra von 1961 (Mm) getragen und geschützt durch den »obersten Grundsatz« der KSL, wonach der Mensch in seinem Personsein zugleich Träger, Schöpfer und Ziel aller gesellschaftlichen Einrichtungen zu sein hat (Mm 129 f), weil der Mensch, wie das Konzil von 1965

8   Duvernell, Helmut: Voraussetzungen u. Gestaltung einer modernen Unternehmensverfassung. in: Die Neue Ordnung (NO) 1969, S 100–113.
9   DGB-Bundesvorstand (Hrsg.): Entwurf eines Gesetzes über die Mitbestimmung der Arbeitnehmer in Grossunternehmen u. Grosskonzernen (Mitbestimmungsgesetz).DGB Schriftenreihe Mitbestimmung. Düsseldorf 1982.

betont, in seiner Einmaligkeit und seinem Eigenwert auf Erden die einzige, von Gott um ihrer selbst willen gewollte Kreatur ist (Gs 24).

Auf die grossbetriebliche Unternehmenswelt bezogen, um die es hier geht, erklärt Joh. XXIII., dass die Arbeiter mit Recht aktive Teilnahme am Leben der sie beschäftigenden Unternehmen fordern. Das Geflecht wechselseitiger Beziehungen aller Beteiligten soll zu einem echten Personenverbund als dem Träger kooperativer Partnerschaft umgestaltet werden. Die weitergehende Verantwortung der Arbeiter entspreche durchaus der menschlichen Natur, liege aber auch im Sinn der geschichtlichen Entwicklung von heute in Gesellschaft, Wirtschaft und Staat (Mm 91 ff).

Diese und andere programmatischen Erklärungen, wie sie durch die Pastoralkonstitution des Konzils von 1965 (Gs 68), ferner durch die Arbeitsenzyklika Laborem exercens von 1981 (Le 13,17) sowie die Gedächtnisenzyklika Centesimus annus von 1991 (Ca 54) unterstrichen worden sind, wertet die KAB als zusätzliche Legitimation ihres ordnungspolitischen Anliegens.

Für den vorgelegten Entwurf spricht zunächst, dass er wesentlich geprägt ist durch die Vorarbeiten, Kommissionserfahrungen und die Sozialethik von Prof. O. v. Nell-Breuning, der auch das Vorwort dazu verfasst hat.Seine kritischen Hinweise, Empfehlungen und Verbesserungsvorschläge wurden in intensiven Austauschgesprächen mit dem juristischen Fachwissen von F. Stricker zu einem in sich geschlossenen ordnungspolitischen Dokument integriert[10]. Dieser Entwurf hat in Fachkreisen, beim Bundesvorstand des DGB[11] und in der Medien-Öffentlichkeit zunehmend Beachtung gefunden.

Beabsichtigt ist, die in der deutschen Mitbestimmungsgesetzgebung zugrunde gelegten Ansätze zu Ende zu denken und in strukturpolitische Grundforderungen überzuleiten, die dem Grossunternehmen ein spezifisches Gepräge, d. h. eine Verfassung geben sollen.

Verfassung wird hier im Unterschied zur Herrschaftsordnung des Gesellschaftsrechts verstanden als eine von allen Beteiligten legalisierte und getragene innere Ordnung mit integrativer Kraft. Sie fasst gemäss der Unternehmenszielsetzung die organisatorischen und funktionalen Voraussetzungen und Regeln des Unternehmens unter dem ethischen Gesichtspunkt von Recht und Pflicht aller Beteiligten normativ zusammen, um so die gegebenen Interessen- und Entscheidungskonflikte im Unternehmensablauf befriedigend zu lösen.

---

10 KAB Westdeutschlands (Hrsg.): Der Arbeitnehmer als Unternehmensmitglied. Diskussionsbeitrag zur Verwirklichung einer Unternehmensverfassung. 3.Fassg. Köln 1984; Stricker, Fritz: Der Arbeitnehmer als Unternehmensmitglied. Das KAB-Modell einer Unternehmensverfassung. in: Die Mitbestimmung,7/1987, S.412 ff; Bildungsreferat der KAB Westdeutschlands (Hrsg.): Ohne Mitverantwortung keine Zukunft.Einführung in das Unternehmensverfassungsmodell der KAB. Köln 1989.
11 KAB u.DGB: Kleine Schritte in Sachen Mitbestimmung. in: KNA-ID Nr.44/1993.

Es geht kurz gesagt um lebensfähige Partnerschaft in der anonymen gross-betrieblichen Wirtschaftswelt, auf deren gesellschaftliche und sozialethische Voraussetzungen sich die folgende Darlegung konzentriert. Massgebend für diesen partnerschaftlichen Entwurf sind im wesentlichen drei Strukturprinzipien, die aus der Personbezogenheit der Arbeitsleistung abgeleitet und auf das Unternehmen als Personenverbund gerichtet sind: Mitgliedschaft, Parität und Gleichberechtigung für den Arbeitnehmer im Unternehmensverbund.

1. Integration des Arbeitnehmers als Unternehmensmitglied

Dieser Forderung der KAB liegt die Feststellung zugrunde, dass die gesell-schaftsrechtlich begründete Fremdbestimmtheit des Arbeitnehmers partner-schaftliche Bestrebungen im Unternehmensbereich unglaubwürdig macht und damit erschwert.der Arbeitnehmer steht, wie dargelegt, rechtlich gese-hen als (nur) Lohnvertragspartner ausserhalb des Unternehmens, während die Gruppe der Kapitaleinsetzer ihre Interessenlage mit der des Unterneh-mens gleichsetzt und daraus Entscheidungsbefugnisse ableitet.Damit ergeben sich aus dem Kapitaleinsatz Herrschaftsansprüche über Menschen, die weder durch den Eigentumsbegriff des Art.14 GG noch durch die relative Vertrags-freiheit des Lohnvertragspartners legitimiert sind Die Objektsituation des Arbeitnehmers wird damit verfestigt.

Wenn zudem der Arbeitsbeitrag für den Unternehmenserfolg gleichwich-tig, gleichwesentlich und gleichunentbehrlich ist wie der Kapitaleinsatz, dann ist die Vernachlässigung der wirtschaftlichen Bedeutung der Arbeitnehmer-leistung für das Unternehmen, von der auch das Biedenkopf-Gutachten spricht, ein soziales Unrecht.

Für die angestrebte Neuordnung des Unternehmensrechts ist daher die Anerkennung und institutionelle Absicherung der Zugehörigkeit des Arbeit-nehmers zum Unternehmen als sozialem Verband, also seine volle Integration in das Unternehmen durch Mitgliedschaft, das zentrale Anliegen, von dem alle übrigen Überlegungen abhängen.

An dieses Ziel führt die zweite Grundforderung heran, die ebenfalls aus dem christlich-sozialen Personverständnis abgeleitet ist:

2. Volle Parität als organisatorische Leitnorm

Die Voraussetzung dafür, dass in Zukunft Kapitaleigner und Arbeitnehmer gemeinsam als Mitglieder das Unternehmen verantworten und tragen, liegt im Entschluss, die traditionelle Gleichsetzung von Gesellschaft und Unter-nehmen endgültig auszuräumen und den rechtlich-gesetzlichen Sprachgebrauch, der beide ineinssetzt, zu entflechten. Andere unternehmensrechtliche Organisationsformen können nur dann eingeführt werden, wenn klar unterschieden wird zwischen der Aktiengesellschaft als Eigentümerverein auf der einen Seite und dem Leistungsverbund des Unternehmens einschliesslich seiner Arbeitgeberfunktion auf der anderen. Die Verschiedenheit dieser beiden Trägergruppen ergibt sich aus ihrer unterschiedlichen Aufgabenstellung und Interessenausrichtung. Das für beide Gruppen Verbindliche liegt in der satzungsgemäss festzulegenden Gleichordnung beider unter einheitlicher Leitung, die gemeinsam bestellt und zugleich kontrolliert wird..

Unternehmensrechtlich gesehen treten diese beiden Gruppen als »Teilkörperschaften« in Aktion, die sowohl die Kapitaleigner wie auch die Arbeitnehmer in ihrer Gesamtheit repräsentieren. Gemeinsam bilden und verantworten sie die »Gesamtkörperschaft Unternehmen«. Die beiden Teilkörperschaften kommen mit den Organen des verfassten Unternehmens in direkte Beziehung und zwar durch ihre Wahlfunktion, ihr allgemeines Initiativrecht und ihr Widerspruchsrecht.

Zu den Unternehmensorganen ist zu sagen, dass die neue Unternehmensverfassung wie die heutige Kapitalgesellschaft eine Aufgliederung in drei Unternehmensorgane vorsieht. Es sind :
– die Unternehmensversammlung, die als Basisorgan von beiden Teilkörperschaften zu bestellen ist;
– der Unternehmensrat, der als Aufsichtsorgan auf Vorschlag der Teilkörperschaften gewählt und gleichfalls paritätisch besetzt wird;
– der Unternehmensvorstand, der als Leitungsorgan vom Unternehmensrat gewählt und beaufsichtigt wird.

Die zugrunde gelegte volle Parität setzt sich demnach als organisatorische Leitnorm für den gesamten Unternehmensaufbau durch. Die damit gegebene ausgewogene Zweipoligkeit für die Wahl, Delegierung und Kontrolle des verantwortlichen Managements an der Spitze bietet im Vergleich zu seiner einseitigen Installierung durch das geltende gesellschaftsrechtliche Wahlverfahren eine gewisse Gewähr für mehr fachliche Eignung, Ausgewogenheit in der Problemsicht und Unabhängigkeit im Urteil auf seiten der in die Entscheidungsbefugnis aufgerückten Delegierten.

Hier, im Mangel an Parität, liegt das Problem der geltenden Aufsichtsratsmitbestimmung innerhalb der Montanunion. Die Unterparität der qualifizierten Mitbestimmung wird durch das Mitbestimmungsgesetz von 1976 bestätigt.

Die satzungsmässigen Vorbehalte der Hauptversammlung sucht neuerdings der Bundesvorstand des DGB durch seinen aktualisierten Gesetzentwurf von 1982 zu unterbinden. Dieser Entwurf enthält grundsätzliche Gemeinsamkeiten mit der Zielsetzung des KAB-Dokumentes, aus der Sicht der KAB jedoch auch schwerwiegende Mängel. Dazu gehören:

- die Tatsache, dass dieser Lösungsversuch keine strukturelle Neuordnung vorsieht und den Arbeitnehmer nach wie vor draussen stehen lässt;
- die erhebliche Ausweitung der Aufsichtsratsmitbestimmung durch Verlagerung bestimmter Zuständigkeitsregelungen von der Hauptversammlung in den Aufsichtsrat. Dadurch wird das duale System des deutschen Aktienrechtes durchbrochen, demgemäss der Aufsichtsrat Kontroll- und nicht Beschlussorgan zu sein hat. Es ist daher mit Widerständen seitens des europäischen Aktienrechtes zu rechnen;
- ein Verbot anderer Rechtsformen als die der Kapitalgesellschaften, das für die davon betroffenen Einzelkaufleute und Personengesellschaften einer Enteignung gleichkommt (weil ihr bisheriges Sacheigentum nur noch als Anteilsrechte an einer anderen, einer juristischen Person weitergeführt werden könnte), die ohne Entschädigung verfassungswidrig ist und so wiederum das Ausweichen mitbestimmter Unternehmen in andere Rechtsformen und damit die Umgehung der Mitbestimmung ermöglicht;
- die im Entwurf enthaltene zusätzliche Überlastung des überforderten elften Mannes;
- der unpersönliche Wahlvorgang, der das Wahlrecht des Arbeitnehmers ausschließlich durch mittelbare Wahl über Betriebsräte oder durch gewerkschaftliche Bestellung beschneidet.

Demgegenüber hält die KAB an der vollen Parität fest. Die paritätische Leitnorm ist die Voraussetzung für die dritte Grundforderung des KAB-Entwurfs:

3. Uneingeschränkte Partnerschaft auf der Grundlage der Gleichberechtigung

Der Wille zur vielzitierten partnerschaftlichen Zusammenarbeit setzt die volle gegenseitige Anerkennung und gerechte Bewertung aller am Produktionsprozess Beteiligten voraus. Die KAB steht mit dieser Forderung in der Tradition der KSL von Rerum novarum (1891) bis zur Gedächtnisenzyklika des gegenwärtigen Papstes Centesimus annus (1991). Diese solidarische Grundeinstellung wird auseinandergefaltet und auf die moderne Unternehmenswelt angewendet.

Die innere Begründung des Partnerschaftsprinzips als eines wesentlichen Faktors freiheitlichen Selbstverständnisses und eigenverantwortlicher Selbstverwirklichung liegt in der Wertung der menschlichen Arbeit in ihrer Personbezogenheit. Alle übrigen Elemente des wirtschaftlichen Leistungsbereichs haben im Vergleich zur menschlichen Arbeit nur instrumentalen Charakter (Mm 106). Die Arbeitsenzyklika Laborem exercens schliesst sich diesem Werturteil an und leitet ebenfalls aus der Personbezogenheit der Arbeit das

Prinzip des Vorrangs der Arbeit vor dem Kapital als sozialethische Forderung ab (Le 13). Zu den unmittelbaren Schlussfolgerungen aus dem weitgefassten, die Unternehmerleistung miteinschliessenden Arbeitsverständnis des Rundschreibens gehört daher die strikte Ablehnung des feindseligen Gegensatzes zwischen Kapital und Arbeit und den dahinterstehenden Menschen (Le 13). Es sei ein Kennzeichen der Arbeit, »dass sie die Menschen vor allem eint; darin besteht ihre soziale Kraft, sie bildet Gemeinschaft« (Le 20).

Partnerschaftlich orientiert ist auch die Leistungsbewertung von Kapital und Arbeit, die jede einseitige klassenkämpferische Schwerpunktverlagerung unterbindet.Die volle Anerkennung der Gleichwichtigkeit und Gleichunentbehrlichkeit beider Produktionsfaktoren, die durch die sozialethische Höherwertigkeit des personalen Arbeitsfaktors nicht berührt wird, trägt sicher zur Entkrampfung des traditionellen Spannungsverhältnisses zwischen Kapital und Arbeit bei.

Zur Begründung dieser wirtschaftspolitisch bedeutsamen Grundeinstellung wird hingewiesen auf:
- die wechselseitige Durchdringung und unauflösliche Verbindung von Arbeit und Kapital als unentbehrlichen Produktionselementen jeglichen sozialen Systems (Le 13; 20);
- das Zustandekommen sämtlicher Produktionsmittel und Produktionsvorgänge durch die Symbiose von Intelligenz, Erfahrung und Aktivität menschlicher Tätigkeit (Le 12).

Es widerspricht jedoch der angestrebten partnerschaftlichen Grundeinstellung, wenn die ausführende Arbeit durch das stimmrechtliche Übergewicht der Anteilseigner in die persönliche Abhängigkeit von Wirtschaftsmacht abgedrängt und benachteiligt wird.Die anvisierte partnerschaftliche Zusammenarbeit von Unternehmensleitung, Kapitaleigner und Arbeitnehmer ist auf die Dauer nur dann lebensfähig, wenn volle Gleichberechtigung und wechselseitige Anerkennung das Verhältnis aller am Unternehmensprozess Beteiligten bestimmen.

Abschliessend drängt sich die Frage auf, warum man seitens der KAB gerade jetzt dieses schwierige,nur langfristig zu lösende Ordnungsproblem aufgreift, wo vordringliche Sozialprobleme im Rahmen der europäischen Einigung unsere ganze Kraft und Zeit beanspruchen. Handelt es sich bei diesem Entwurf etwa nur um das unrealistische Sandkastenspiel eines Wissenschaftlichen Beirats?

Wenn sich die KAB-Führung trotzdem dazu entschlossen hat,im Anschluss an vorausgehende Versuche in die stagnierende Mitbestimmungsdiskussion neue Anregungen einzubringen, dann aus folgenden Überlegungen:

Was wir nach wie vor für unsere Leistungsgesellschaft dringend brauchen, ist eine Unternehmensordnung, die dem Selbstverständnis und der Selbstentfaltung des mündigen Bürgers in der Arbeitswelt entspricht und zudem den freiheitlichen Normen unserer Verfassung gerecht wird. Die geltende gesellschaftsrechtliche Unternehmensordnung widerspricht als kapitalistisch begründete Herrschaftsordnung dem urdemokratischen Prinzip unserer Verfassung, das für alle Gesellschaftsbereiche gilt, wonach die Legitimation derjenigen, die Entscheidungen zu fällen haben, von denen zu kommen hat, die davon betroffen werden.

Dem modernen Sozialprinzip der partnerschaftlichen Gleichberechtigung von Arbeit und Eigentum im Wirtschaftsablauf auch strukturpolitisch zum Durchbruch zu verhelfen, ist unverzichtbare Voraussetzung für die Humanisierung der grossbetrieblichen Arbeitswelt mit nachhaltiger Signalwirkung für alle übrigen Bereiche der Wirtschaftsgesellschaft. Das dahinterstehende Ordnungsanliegen verdient in der gegenwärtigen europa-weiten Ordnungsphase keinen unnötigen Aufschub.

Vorbedingung dafür ist freilich die gedankliche Leistung eines Umdenkungsprozesses, der sich mit dem gesellschaftsrechtlichen Tabu geltender Unternehmensauffassung nicht einfach abfindet. Es wäre nicht das erste Mal, dass aus dem Ideenbereich und Aktionsfeld der christlichen Soziallehre Impulse ausgegangen sind, die der Gerechtigkeit im Wirtschaftsalltag schrittweise zum Durchbruch verholfen haben.

WOLFGANG OCKENFELS

Arbeitswelt im Wertewandel

1. Tendenzen des Wertewandels

Nichts ist beständiger als der Wandel, in dem auch die heiligsten Werte zu zerfließen scheinen. Nicht nur die ewig Progressiven begrüßen den Wandel der Werte und der Verhältnisse, wenn er in ihrem Sinne abläuft und nicht eine konservative Wende nimmt. Auch die Konservativen sind für den Wandel, für einen gemächlichen wohlgemerkt, der noch Kontinuität erkennen läßt; denn schließlich muß sich vieles wandeln, damit es so bleiben kann, wie es ist. So kommt es, daß alle Welt für den Wandel ist und auch vom Wertewandel spricht. Die alten Fronten verschieben sich, wenn Progressive sich als »Wertkonservative« bezeichnen – und wenn Konservative einen nachhaltigen Strukturwandel betreiben.

Die Rede vom Wertewandel wird aber schnell trivial, wenn man die Werte oder Wertvorstellungen, die sich wandeln, nicht mehr definieren – und wenn man den Wandel der Werte nicht mehr bewerten kann. Zunächst zu den Werten. Der Wertbegriff ist so weit gefaßt, daß alles, was den Menschen wertvoll erscheint, was sinnstiftend und handlungsorientierend wirkt, dazugehört. Also personale und institutionelle Werte; materielle und ideelle Werte; ontologische, ethische, ästhetische und religiöse Werte, die in Form von Prinzipien, Normen, Strukturen, Personen, Dingen, Rechten, Pflichten, Tugenden und Bedürfnissen auftreten. Daß sich zu all diesen Werten die Einstellungen der Menschen im Lauf der Geschichte verändert haben, daß sich auch manche dieser Werte selbst gewandelt haben – wie etwa in der Struktur der Familie, des Staates und der Arbeitswelt –, ist allgemein bekannt.

Wer sich nicht mit simplen Tatsachenbeschreibungen zufriedengibt, stellt die Frage nach den Ursachen des Wertewandels – und wie dieser zu bewerten ist. Für uns ist diese Frage besonders bewegend, wenn sie sich auf den Wandel der moralisch bedeutsamen Werte konzentriert, die unser Leben und Arbeiten sinnvoll ausrichten und uns Gutes vom Schlechten unterscheiden lassen.

Sekundärtugenden

Im Zusammenhang unseres Themas geht es zunächst einmal um den Bereich jener sekundären Werte, die den primären Grundwerten und Grundrechten untergeordnet sind. Es handelt sich dabei zunächst um die ethisch relativ harmlose Erosion »bürgerlicher« Sekundärtugenden wie Fleiß, Pünktlichkeit, Sparsamkeit, Sauberkeit und Ordnungsliebe. Diese zweckrationalen Tugenden, die jedem, leider auch dem unmenschlichsten System dienlich sind, wurden schon im vorigen Jahrhundert radikal in Zweifel gezogen, und zwar von Romantikern, die das Lob des Müßiggangs und der kreativen Unordnung sangen. Freilich muß man auch bezweifeln, daß der völlige Verzicht auf diese Tugenden, der einem schlechten System schadet, auch einem guten nützt. Vielmehr kann gerade auch eine freiheitliche Rechtsordnung an einem Mangel an Ordnungssinn und Pflichtbewußtsein zugrunde gehen. Hingegen wird eine totalitäre Unrechtsordnung durch Schlamperei und Disziplinlosigkeit nur leicht gemildert.

Von der Pflicht zur Selbstverwirklichung

Als einen vorherrschenden Trend hat man den Wandel von Pflichtwerten zu Selbstverwirklichungswerten ausgemacht. »Selbstverwirklichung« ist ein schwieriger, mißverständlicher Begriff, der durch den inflationären Gebrauch in Alltagssprüchen zusätzlich entwertet wird. Mit diesem Begriff unterstreicht man normalerweise den eigenen Anspruch auf Glück, auf Selbstentfaltung und Ich-Erfüllung. Man betont die eigene Freiheit und das eigene Wohl, was durchaus legitim ist, wenn die eigene Freiheit wertmäßig gebunden und gesellschaftlich eingeordnet bleibt – und wenn das eigene Wohl in dem Wohl aller integriert ist. Problematisch wird es, wenn dahinter bloß ein Individualismus steckt, der die Möglichkeiten der Selbstentfaltung egoistisch nur für sich in Anspruch nimmt.

»Wir werden nicht dadurch freie Menschen«, sagt *Theodor W. Adorno*, »daß wir uns selbst, nach einer scheußlichen Phrase, als je einzelne verwirklichen, sondern dadurch, daß wir aus uns herausgehen, zu andern in Beziehung treten und in gewissem Sinn an sie uns aufgeben«. Das bedeutet: Aufgaben wahrnehmen und Pflichten erfüllen, gerade darin erweist sich der Sinn einer personalen Freiheit, die sich nicht in der Befriedigung eines höchstpersönlichen Glücks auf Kosten anderer erschöpfen kann.

Nach christlichem Verständnis sehe ich keinen notwendigen Gegensatz zwischen den Pflichtwerten und den Selbstverwirklichungswerten. Denn es gibt durchaus eine Pflicht zur Selbstverwirklichung, zu einer freien, kreativen Entfaltung eigener Möglichkeiten, die aber erst in der Erfüllung innerer Gewissenspflichten und universalisierbarer Regeln gelingen kann. Dazu gehört dann auch die Pflicht, die Rechte der anderen zu respektieren. Wenn aber unter »Selbstverwirklichung« nur egoistische Interessenwahrnehmung und hedonistische Lustmaximierung verstanden wird – und die Pflichten lediglich als von außen aufgezwungene gesellschaftliche Ansprüche empfunden werden, dann muß zwischen beiden ein Konflikt entstehen.

Privates Glück

Seit längerem schon fragen die Demoskopen regelmäßig nach den Sinnorientierungen der Bürger und haben dabei einen Wertewandel ausfindig gemacht, der nach mehr privatem Glück und Lebensgenuß tendiert. Als Motiv für diesen »Rückzug ins Private« wird (nach Allensbach) oft gesagt, die Gesellschaft sei immer weniger überschaubar, technisch immer komplizierter und auch immer »kälter« geworden. Wärme und Intimität finde man nur noch in der Nähe, bei der Familie, den Freunden und der nächsten Nachbarschaft. Als Reaktion auf die zunehmenden Vergesellschaftungsprozesse ist solche Rückwanderung ins Privatleben nicht nur verständlich, sondern könnte auch ethisch gerechtfertigt sein, wenn sie der Familie eine neue Wertschätzung verschaffen würde (was leider nicht der Fall ist) – und unter der Bedingung, daß sich das Private nicht egoistisch verkapselt, sondern sich auch für das gemeinsame Wohl aller einsetzt. Aber gerade der Gemeinsinn scheint im Wertewandel zunehmend auf der Strecke zu bleiben, wovon die Krise fast aller gesellschaftlichen Institutionen zeugt, denen es immer weniger gelingt, private und öffentliche Belange miteinander in Einklang zu bringen.

Subsidiäre Tendenz?

Parallel zu der sich ausweitenden Individualisierung und Pluralisierung verändern sich auch Größe, Funktion und Struktur der Institutionen. Die großen Parteien und Kirchen, Gewerkschaften und Arbeitgeberverbände werden von dieser Tendenz stark mitgenommen, indem sie Mitglieder und Bedeutung verlieren oder an kleinere Einheiten abgeben. Gerade in der Arbeitswelt geht die Tendenz weg von anonym verwalteten globalen Großeinheiten, die starr und kalt über personale und regionale Unterschiede hinweggehen, hin zu kleineren und überschaubaren Einheiten, die den persönlichen Belangen mehr gerecht werden und eine bessere Vertrautheit gewährleisten. Diese Tendenz scheint ganz in der Logik des altehrwürdigen Subsidiaritätsprinzips zu liegen, das (in der Logik der Katholischen Soziallehre) freilich nicht vom Gemeinwohlprinzip getrennt werden kann.

Epochenwandel?

Dieser Wertewandel spielt sich vor dem geistesgeschichtlichen Horizont eines Epochenwandels ab, dessen Ende und Ziel aber noch nicht absehbar sind. Schon zu Beginn der siebziger Jahre konnte man deutliche Anzeichen einer Wende des Zeitgeistes wahrnehmen. Der aufklärerische Fortschrittsglaube an die wissenschaftliche und technische Machbarkeit einer idealen

Welt war an seine naturalen Grenzen gestoßen. Ökologische Katastrophen bahnten sich an und nährten den Zweifel an der technischen Beherrschbarkeit von Natur und Gesellschaft. Apokalyptische Ängste erfassen in Wellen das Land und werden von politischen Bewegungen auch manipuliert und ausgebeutet. Mythen, Mysterien und Gefühle werden kulturell rehabilitiert. Auch das religiöse Interesse scheint zu wachsen, wenn auch nicht in christlicher Orientierung und kirchlicher Bindung. Manchmal flüchtet es sich in eine mystische Einheit mit der Natur, von der man die heile Welt erwartet.

Inzwischen reden Philosophen vom »Ende der Neuzeit« und von der »Postmoderne«, konstatieren Soziologen einen Wertewandel hin zu »postmateriellen« Werten, kreieren Literaten und Architekten einen »postmodernen« Stil, prophezeien Ökonomen die »postindustrielle« Gesellschaft. Solche Diagnosen und Prognosen deuten lediglich die »Zeichen der Zeit« darauf hin, daß wir uns am Ende einer Epoche zu befinden scheinen. Sie können aber noch nicht viel über die Signatur des neuen Zeitalters aussagen.

2. Wertewandel und technisierte Arbeitswelt

Postindustriell und postmateriell

Überhaupt ist es problematisch, die Geschichte fein säuberlich in »Epochen« einzuteilen. Wie auch die Annahme höchst fragwürdig wäre, der Wandel der Werte oder des Wertbewußtseins folgte notwendig einem vorgegebenen Geschichtsgesetz oder werde von unsichtbarer Hand gesteuert. Jenseits aller rein materialistischen und idealistischen Erklärungsmodelle läßt sich aber mit guten Gründen pragmatisch darlegen, daß der Wertewandel stark von der technischen Entwicklung ermöglicht und geprägt wird, die sich ihrerseits besonders nachhaltig in der Arbeitswelt auswirkt. Daß umgekehrt auch die technisierte Arbeitswelt vom Wertewandel geprägt wird, kann kaum bezweifelt werden. Hier scheint also ein gegenseitiges Bedingungsverhältnis zwischen der technischen Form der Arbeit und dem Wertewandel vorzuliegen.

Wenn wir uns infolge des technischen Fortschritts zu einer von *Daniel Bell* so genannten »postindustriellen« Gesellschaft entwickeln, bedeutet das nicht den Abschied von der industriellen Massenproduktion, sondern lediglich die durch Technik ermöglichte und freigesetzte Verlagerung des Schwerpunktes auf den Dienstleistungsbereich. Damit ergeben sich für die Zukunft erhebliche Nachfrageverschiebungen, und mancher Unternehmer wäre froh, wenn er jetzt schon genau wüßte, welche Werte er künftig produzieren und anbieten könnte – oder in welche Werte er jetzt »einsteigen« sollte.

Das gilt auch für die sogenannten »postmateriellen« Werte, die nicht gratis zu haben sind und durchaus ihren materiellen Preis haben, wenn er sich auch nicht immer auf dem freien Markt bildet. Das Bedürfnis nach sauberer Umwelt muß erhebliche materielle Werte aufbringen, um die nicht »unberührte« Natur wieder aufzuzubereiten. Und die gesuchten Freizeitwerte, die vom Arbeitswert abgezogen werden, verursachen zusätzliche Kosten. Davon mag vor allem die Freizeit- und Vergnügungsindustrie profitieren, die erhebliche Zuwachsraten zu erwarten hat.

Ambivalenz der Technik

Wie ambivalent der technische Fortschritt und damit auch der dadurch stimulierte Wertewandel ist, läßt sich an folgenden Beispielen aufzeigen:

1. Durch technische Rationalisierung sind die Arbeitsbedingungen einerseits erheblich verbessert oder auch »humanisiert« worden. Vor allem die körperliche Arbeitslast konnte erleichtert, die Arbeitszeit verkürzt werden. Andererseits kann die Automatisierung auch zur Eintönigkeit, zum Sinnverlust der Arbeit führen. Überdies droht der Verlust von angestammten Arbeitsplätzen. Mit der Vision einer menschenleeren Fabrik kursiert die Angst, daß die Technik menschliche Arbeit überflüssig macht.

2. Mit Hilfe der technisch erzeugten Produktivität der Arbeit konnten einerseits die materiellen Lebensbedingungen massiv verbessert werden. So hat sich das Bruttosozialprodukt der Bundesrepublik nach dem letzten Weltkrieg verdreifacht. Andererseits aber hat dieser gesteigerte Lebensstandard auch eine materialistische Anspruchsgesellschaft begünstigt, die zum verschwenderischen Konsum, zu einer Wegwerfmentalität tendiert.

3. Durch die technisch modernisierte Form der Arbeit konnten die Bodenschätze und Energiequellen im großen Umfang für den Menschen nutzbar gemacht werden. Andererseits ist dadurch die natürliche Umwelt teilweise zerstört, verschmutzt und ausgebeutet worden.

4. Die technische Beherrschung von Raum und Zeit versetzt den Menschen in die Lage, räumliche Entfernungen immer schneller einzuholen – und die Zeit so zu organisieren, daß er immer mehr davon zu seiner freien Verfügung hat. Andererseits jedoch werden Raum und Zeit des Menschen von den Sachzwängen der Technik beherrscht, so daß auch die wachsende Freizeit immer mehr von ihr geprägt wird. Der Mensch ist also nicht nur Herrscher über die Technik und Souverän über Zeit und Raum, sondern läßt sich auch von technischen Prozessen beherrschen.

5. Einerseits hat die Rationalität der Technik zu einer größeren Durchschaubarkeit der einzelnen Dinge und Prozesse geführt. Durch technische Vermittlung wird dieses Wissen auch allen Interessierten verfügbar gemacht. Andererseits aber ist dadurch die Komplexität des Wissens derart gesteigert

worden, daß der einzelne (auch der einzelne Wissenschaftler) kaum mehr in der Lage ist, den Sinnzusammenhang des Ganzen zu überblicken.

Mehr (Frei-)Zeit und Geld

Der technische Fortschritt hat uns vor allem ein Mehr an freier Zeit und verfügbarem Geld beschert, auf wessen Kosten auch immer. Gegenwärtig erleben wir noch – solange man sich das leisten kann – eine Hochkonjunktur für Selbstverwirklichungswerte, die uns ungeahnte Möglichkeiten eröffnen. Diese neue Wertschätzung der Freiheitswerte ist dadurch erklärbar, daß unsere Freiheitsräume und Wahlmöglichkeiten enorm erweitert worden sind, und zwar durch den technischen Produktivitätsfortschritt und durch die höhere Lebenserwartung der Menschen. Dadurch haben wir mehr Zeit und Geld zu unserer eigenen Verfügung gewonnen: Mehr Freizeit und weniger Berufstätigkeit als zwingende Lebensnotwendigkeit; mehr Geld und damit mehr Gestaltungsmöglichkeiten.

Aber dieser zeitliche und materielle Mehrwert, für den wir immer weniger arbeiten müssen, garantiert noch nicht die Erfüllung des ersehnten Glücks. Wir müssen uns verstärkt selbst entscheiden und verantworten können, was wir mit »unserer« Zeit und »unserem« Geld, kurzum mit unseren Freiheitsmöglichkeiten anfangen. Mehr Wahlmöglichkeiten bedeuten noch nicht ein Mehr an Freiheit, sondern oft nur verwirrte Ratlosigkeit angesichts des riesigen Angebots. Wie aber kann die »Selbstverwirklichung« gelingen und die Freiheit sinnvoll gebraucht werden?

Diese Frage darf sich nicht nur auf die »Freizeit« beziehen, als ob sie der eigentliche Ort der Freiheit wäre, während die Arbeitszeit zum Reich der zwingenden Notwendigkeit gehörte, wo die Freiheit aufhört. Das Problem der Integration von Selbstentfaltungswerten in die Arbeitswelt hinein, die immer noch ein wesentlicher Teil unserer Lebenswelt ist, läßt sich nicht durch mancherlei faszinierende Zukunftsvisionen entschärfen, in denen die Erwerbstätigkeit keine Rolle mehr spielt.

3. Zur Zukunft der Arbeitswelt und der Gewerkschaften

Innerhalb einer Arbeitnehmergesellschaft wie der unseren stellt sich angesichts des rapiden technischen Wandels die Frage nach der Zukunft der Arbeitswelt. Die Arbeitswelt stellt nach wie vor einen großen, wenn auch schwindenden Teil unserer Lebenswelt dar – und enthält immer noch den Hauptzündstoff für soziale Fragen. Die »Arbeiterfrage« als Klassenkampf zwischen Arbeit und Kapital konnte in diesem Jahrhundert weitgehend sozial entschärft werden. Nun kommt es darauf an, die durch den technischen Wandel ausgelösten »neuen« sozialen Fragen rechtzeitig zu erkennen und praktisch zu bewältigen.

Meines Erachtens zeichnen sich für die Zukunft vor allem folgende Herausforderungen ab, an denen sich die sozialethische Problemlösungskompetenz der Kirche bewähren muß. Da ist zunächst die Frage der andauernden und wachsenden Arbeitslosigkeit. Ob neue Techniken mehr Arbeitsplätze schaffen oder zerstören, läßt sich kaum abschätzen. Aber schon aus Gründen der Exportabhängigkeit und Konkurrenzfähigkeit der deutschen Wirtschaft läßt sich jetzt schon absehen, daß der einseitige Verzicht auf technische Modernisierung noch mehr Arbeitslosigkeit produziert – und sogar die Gefahr einer neuen Armut heraufbeschwört. Es zeigt sich, daß der Wegfall von veralteten industriellen Arbeitsplätzen wenigstens teilweise kompensiert werden kann, und zwar besonders im Dienstleistungsbereich, so daß Soziologen wie *Daniel Bell* seit längerem eine postindustrielle Dienstleistungsgesellschaft heraufziehen sehen, in der die Arbeiten ganz neu verteilt werden.

Aber auch im Dienstleistungsbereich macht sich der technische Fortschritt dergestalt bemerkbar, daß er gerade jene einfachen und stereotypen Arbeiten entbehrlich macht, die vielfach als unzumutbar gelten, und dabei Raum schafft für anspruchsvollere Tätigkeiten, die aber viele überfordern. Vor allem ältere Menschen werden vom technischen Fortschritt überholt und bleiben als »Fußkranke« zurück. Einmal erworbene Berufskenntnisse sind leicht verderbliche Güter geworden, so daß die Bereitschaft zur ständigen Weiterbildung, zur geistigen und räumlichen Mobilität gefordert ist. Die Hochtechnisierung sämtlicher Arbeitsbereiche ist freilich weder wünschenswert noch möglich, z.B. in den Pflegeberufen, in der Seelsorge und Sozialarbeit. Immer drängender stellt sich aber die Frage, ob es auch für technische Legastheniker und Analphabeten noch genügend sinnvolle und bezahlbare Arbeiten gibt.

Auf dem Hintergrund des Strukturwandels befürchten die Gewerkschaften zurecht einen Verlust an klassischen Funktionen und Mitgliedern. Der durch den technischen Fortschritt bedingte Strukturwandel der Wirtschaft läßt gravierende Folgen vor allem für die Strukturen der Tarifautonomie und der gewerkschaftlichen Organisation erwarten.

Die Gewerkschaften werden durch die strukturelle Arbeitslosigkeit empfindlich getroffen, besonders in den klassischen Industriebereichen Kohle und Stahl, Werften und Textil, die früher als Gewerkschaftsdomänen galten. In diesen Krisenbereichen erweisen sich die Gewerkschaften nicht als aktive Träger, sondern eher als Opfer des Strukturwandels, der allerdings auch als eine unbeabsichtigte Folge gewerkschaftlicher Hochlohnpolitik und des dadurch erzeugten Rationalisierungsdrucks angesehen werden kann. In Zeiten hoher Arbeitslosigkeit stellt sich die Frage nach der Mitschuld von Gewerkschaften, die als Arbeitsmarktkartelle die Löhne oft ins Unbezahlbare getrieben haben, so daß auch der DGB wegen steigender Kosten Personal abbauen muß.

Die Gewerkschaften vertreten bisher vorrangig einen Typ von Industriearbeiter, den man im Ruhrgebiet »Malocher« nennt und von dem es hieß: »Alle Räder stehen still, wenn dein starker Arm es will.« In Zukunft aber kommt es mehr auf die qualifizierten Köpfe als auf die vielen starken Arme an. Die das Arbeitsleben zunehmend beherrschende technische Intelligenz verfügt über ein gewaltiges Leistungspotential und infolgedessen auch über ein derartiges Leistungsverweigerungspotential, daß ein Streik weniger Spezialisten ganze Industriezweige lahmlegen kann, und zwar auf Kosten der übrigen Arbeitnehmer.

In diesem Zusammenhang wird gefragt werden dürfen, ob die gegenwärtig noch geltenden Arbeitskampfformen – Streik und Aussperrung – überhaupt noch sinnvoll und zeitgemäß sind. Diese brutalen und wertezerstörenden Kampfmethoden sind nur als »ultima ratio«, als letzte Möglichkeiten zu rechtfertigen, sozusagen aus Notwehr zur Selbsterhaltung. Aber in einem wohlstandsgesättigten Hochlohnland sollten sich intelligente Tarifpartner andere und humanere Konfliktlösungen einfallen lassen.

Im Zeitalter der technisch bedingten Individualisierung, Differenzierung und Flexibilisierung scheint die Epoche der großen Massenorganisationen und Superstrukturen zuende zu gehen. Dezentralisierung ist das magische Stichwort der Gegenwart, und dies entspricht auch dem christlich-sozialen Prinzip der Subsidiarität, wonach die kleineren Einheiten vor den größeren Vorrang haben, also die Chance erhalten sollten, ihre Belange selbstverantwortlich zu regeln. Das gilt natürlich auch für die Gewerkschaftsstruktur und die Tarifautonomie.

Die sich neu formierenden Arbeitnehmergruppen, auf die es leistungsmäßig ankommt, werden immer anspruchsvoller und lassen sich nicht leicht in die bisherige Gewerkschaftsstruktur integrieren. Ihre Interessenvertretung wird wesentlich differenziertere Formen annehmen, und sie werden sich nicht mehr politisch-ideologisch in der Weise vereinnahmen lassen, wie es der DGB als selbsternannter globaler Interessenwahrer der »Arbeitnehmergesellschaft« lange Zeit beanspruchte. Es können neue Gewerkschaftsformationen entstehen und Bedeutung erlangen, die, wenn auch gering an Mitgliederzahlen, über ein großes Leistungspotential verfügen und streikfähig sind. Von daher wird auch das Prinzip der »Mächtigkeit« einer Gewerkschaft, d.h. ihre Fähigkeit, Arbeitskampf und Arbeitsfrieden zu garantieren, neu zu definieren sein. Die pluralistische Signatur der Gegenwart wird auch die Gewerkschaftsebene erreichen und stärker prägen.

Allerdings kann im Zuge der allgemeinen Individualisierung und Flexibilisierung gewerkschaftliche Solidarität zu einer Mangelware werden, was den Bestand des geltenden Tarifvertragssystems in Frage stellen würde. Es wird wohl so sein, daß Arbeitnehmer, die nicht mehr an starr festgelegte Arbeitsplätze und Arbeitszeiten gebunden sind, weniger leicht zu solidarisieren und zu organisieren sind. Aber Gewerkschaften haben nicht primär die Selbsterhaltungsinteressen ihrer Organisation und ihrer Funktionäre zu vertreten, sondern die wirklichen Interessen ihrer Mitglieder, nur dann können sie an die Solidarität appellieren. Und sie müssen diese Interessen zum Ausgleich bringen mit den Kapitalverwertungsinteressen der Unternehmer und der Rentabilität der Unternehmen, von der wiederum die Sicherheit der Arbeitsplätze abhängt.

Die neuen Techniken machen andere Formen tariflicher Arbeitszeitregelung möglich und erforderlich. Die zunehmende Flexibilisierung und Differenzierung führt zu einer Kompetenzverlagerung tarifvertraglicher Verhandlungsmacht von überbetrieblichen Zentralen auf die Betriebsebene, und zwar zugunsten der Betriebsräte, die ein stärkeres Selbstbewußtsein erlangen. Die großen Gewerkschaftszentralen erleiden einen Funktionsverlust, der sich womöglich auch auf das Aushandeln von Löhnen und Gehältern erstreckt. Die Tarifautonomie kann sich in Richtung auf eine Betriebsautonomie entwickeln, wie es von Horst Ehmann seit längerem gefordert wird. Auch darin könnte man eine subsidiäre Tendenz erblicken. Aber Subsidiarität bedeutet nicht egoistische Abkapselung, sondern bleibt auf Solidarität ausgerichtet. Hier sind die Gewerkschaften herausgefordert, neue Klassenbildungen zu vermeiden und die neuen Leistungseliten durch einen differenzierten Interessenausgleich zu integrieren.

Parallel zum Strukturwandel ist ein Wertewandel im Bewußtsein und im Lebensstil der Bevölkerung eingetreten, der besonders in der Arbeitswelt spürbar wird. Begriffe wie Disziplin, Gehorsam und Fleiß haben an Prägekraft eingebüßt, Eigeninitiative, Kreativität und Selbständigkeit breiten sich aus, verbunden mit hedonistischen Einstellungen. Bevorzugt werden kleinere Lebens- und Arbeitskreise, die Überschaubarkeit und Geborgenheit vermitteln. In allen gesellschaftlichen Bereichen hat aber die Stabilität sozialer Beziehungen abgenommen. Auch ist in der »offenen Gesellschaft« das feste Gefüge weltanschaulicher Blöcke zerbröckelt, was zu einer erheblichen Pluralisierung der Wertvorstellungen und zu einem wachsenden Gruppenpluralismus geführt hat.

In der wachsenden Freizeit, in der sich immer mehr Heimwerkerei und »Schwarzarbeit« abspielt, und in der Zunahme der Sonntagsarbeit liegen zwei noch nicht bewältigte Problemfelder. In diesen beiden Punkten, die hier nur kurz erwähnt werden sollen, wird der Kirche eine besondere religiöse und moralische Kompetenz von der Gesellschaft eingeräumt und zugesprochen. Deshalb stehen die Wirkungschancen für eine kirchliche Neuprägung der religiösen Sonntagskultur und einer »Ethik der Freizeit« nicht schlecht, und gerade die kirchlichen Sozialverbände könnten hier zu neuen Ufern vorstoßen, statt über ihre zurückgehende öffentliche Wirkung zu klagen.

In die Logik des skizzierten Strukturwandels, der freilich auch selber der sozialethischen Legitimation und Kontrolle bedarf, paßt vor allem das Subsidiaritätsprinzip der »Hilfe zur Selbsthilfe«, nach dem sich die Gewerkschaften der Zukunft legitimieren und ausrichten können. Das bedeutet zunächst eine subsidiäre Pluralisierung innerhalb der deutschen Einheitsgewerkschaften – oder aber die Installierung konkurrierender Gewerkschaften, mit denen man im europäischen Markt ohnehin zu rechnen hat.

Kollektive Interessenvertretungen erscheinen nur dann als gerechtfertigt und attraktiv, wenn sie sich mit individuellen Ansprüchen vermitteln lassen. Diese Vermittlung können aber nur Gewerkschaften leisten, die sich ideologisch abgerüstet und politisch abgespeckt haben – und die sich dann pragmatisch auf jeweilige Herausforderungen konzentrieren.

Eine solche Herausforderung sehe ich vor allem im technischen Fortschritt, von dessen Auswirkungen gerade die Arbeitnehmer betroffen sind und der deshalb auch ihrer Zustimmung bedarf. Der technische Fortschritt ist nicht nur eine soziale, sondern auch eine politische Frage geworden, über welche die Bürger demokratisch mitbestimmen können, z.B. in Sachen Energiepolitik. Bei der rasanten technischen Entwicklung, die nicht automatisch auch eine verbesserte humane Lebensgestaltung eröffnet, gibt es aber immer mehr »Zurückgebliebene«, die trotz Aufklärung und Bildung nicht mehr mithalten können. Ständig wächst die Abhängigkeit der Bürger und Politiker vom Sachverstand der Fachleute. Die Akzeptanz wird immer mehr zur Vertrauenssache – und diese hängt wesentlich von der moralischen Integrität und Glaubwürdigkeit der Fachleute ab, die aber durch Spezialisierung immer weiter voneinander abrücken.

Um so dringlicher erscheint es, daß die Gewerkschaften wieder mehr zu einer Bildungsbewegung werden, die eine wichtige Vermittlungsrolle zu spielen hat. Sie müssen dauernd und intensiv in einem Dialog stehen mit denen, die die Weichen des technischen Fortschritts stellen. Zugleich dürfen sie nicht vergessen, die Interessen auch jener zu vertreten, die Gefahr laufen, von der Entwicklung überrollt und auf das soziale Abstellgleis geschoben zu werden.

4. Erwerbstätigkeit und Freizeit.

Aus der Sicht der Katholischen Soziallehre ist der Mensch zur Arbeit wesentlich disponiert und verpflichtet, und zwar zu irgendeiner Form von Arbeit, die man als bewußte, verantwortliche und zielgerichtete Tätigkeit zur Erhaltung und Entfaltung der menschlichen Natur ansprechen kann. Mit dieser allgemeinen ethischen Pflicht korrespondiert ein allgemeines Recht auf Arbeit, das aber noch keinen Rechtsanspruch auf einen bezahlten Arbeitsplatz begründet. Es handelt sich zunächst um ein Freiheitsrecht, unter den gegebenen Arbeitsmöglichkeiten zu wählen, ohne daß der Staat dirigistisch eingreift. Problematisch wird es bei einem Mangel an bezahlten Arbeitsplätzen, unbezahlte Arbeiten bieten sich ja genug an. Dann stellt sich die Frage: Wozu ein Freiheitsrecht, wenn man von der Freiheit keinen Gebrauch machen kann? Was nützt mir die bloße Freiheit vom staatlichen Reglement, wenn mir keiner eine Arbeits- und Verdienstmöglichkeit bietet?

Diese Frage läßt sich nicht so ohne weiteres dadurch entschärfen, daß man auf den erweiterten Arbeitsbegriff verweist und die Aufmerksamkeit auf die Nicht-Erwerbstätigkeit, etwa auf ehrenamtliche Aufgaben lenkt. *Oswald von Nell-Breuning* hatte kurz vor seinem Tod in einem Interview eine Zukunftsvision geäußert: »Wir müssen auf eine Ordnung der Gesellschaft zusteuern, bei der mehr oder weniger alle nur noch einen Teil ihrer Zeit und Kraft für Erwerbstätigkeit einsetzen und mehr und mehr sich den Aufgaben in der Familie, ihren Aufgaben im öffentlichen Leben, aber auch im Geistesleben und künstlerischen Leben usw. widmen. Die Erwerbstätigkeit kann und sollte nach meiner Vorstellung schließlich zu einer Randerscheinung im menschlichen Leben werden.«

Und *Nikolaus Lobkowicz* sah das Problem nicht darin, »daß es Arbeitslose gibt, sondern daß diese ihren Zustand als Schmach empfinden«. Er schlug vor, den Arbeitslosen »sinnvolle Vorschläge« für ein Tun außerhalb der Lohnarbeit zu unterbreiten; dann sollte auch »nicht mehr von Arbeitslosenunterstützung, sondern von einem Dank der Gesellschaft für ihr selbstloses Tun die Rede sein«.

Riskant an solchen faszinierenden Äußerungen ist, daß sie als Trostpflaster mißbraucht werden können zur Beruhigung der Arbeitslosen, die ja ihr Schicksal als Antizipation einer verheißungsvollen Zukunft auffassen können, in der Erwerbstätigkeit sowieso kaum eine Rolle mehr spielen soll. Sind die Arbeitslosen – ohne es zu wissen – in Wirklichkeit sogar die eigentlich Privilegierten, die, von den Zwängen der Erwerbstätigkeit befreit, sich den eigentlich sinnvollen Aufgaben widmen können – und dafür zwar keinen Lohn, aber doch einen Dank der Gesellschaft erhalten? Ist das Problem der Arbeitslosigkeit vielleicht nur ein Scheinproblem, das auf ein falsches Bewußtsein zurückzuführen ist? Und läßt sich dieses Problem durch bloße Bewußtseinsveränderung aus der Welt schaffen?

Dagegen spricht m. E. das tiefverwurzelte und nicht zufällig weitverbreitete Bedürfnis, daß man (erstens) selbstverantwortlich durch Arbeit den Lebensunterhalt für sich und seine Familie verdienen will, daß man (zweitens) sich nützlich machen will in einer Arbeit, die nachgefragt und dann auch gerecht vergütet wird im Verhältnis Leistung und Gegenleistung (jeder Arbeiter ist seines Lohnes wert) – und daß man (drittens) nicht als Kostgänger und

Wohlfahrtsempfänger des Staates gelten und der Allgemeinheit zur Last fallen will.

Zwar ist das »Recht auf Leben und angemessenen Lebensunterhalt« nicht notwendig gekoppelt an ein »Recht auf Arbeit« und kann auch ohne den Nachweis einer Erwerbstätigkeit wahrgenommen werden, jedenfalls in einem florierenden Sozial- und Wohlfahrtsstaat. Aber gerade weil der einzelne (mit seiner Familie) nicht auf Gedeih und Verderb dem Staat ausgeliefert sein will und soll, bleibt er auf eine Erwerbstätigkeit angewiesen, wenn diese auch in Zukunft anders bewertet und aufgeteilt werden mag.

Das christlich-soziale Denken bleibt nun nicht bei einem liberalen Verständnis des Rechts auf Arbeit als eines bloßen Freiheitsrechts stehen, sondern faßt es als ein Recht auf Gelegenheit oder Möglichkeit zur Arbeit auf, die hier auch die Erwerbstätigkeit umfaßt. Dem entspricht die sozialethische Pflicht, solche Möglichkeiten zu schaffen. Ob es sich dabei um freie Berufsexistenzen oder abhängige Arbeitsverhältnisse handelt, ist damit noch nicht ausgesagt, wie auch die Arbeitsbereiche offengelassen werden.

Die mit der Erwerbstätigkeit verbundene Unabhängigkeit muß natürlich erkauft werden durch eine pflichtbewußte Eingliederung in einen geregelten Arbeitsablauf unter den vorgegebenen Bedingungen der wirtschaftlichen und technischen Entwicklung. Das Rentnerideal, wonach die Arbeit zum reinen Hobby wird und auch noch mit einem hohen Einkommen verbunden ist, setzt die verpflichtende und anstrengende Erwerbstätigkeit voraus. Für die absehbare Zukunft brauchen wir nicht nur eine Freizeitethik, die uns an gewisse Pflichten erinnert, sondern auch ein neues Arbeitsethos, das verstärkt zur Selbstverantwortung anleitet.

Im Rhythmus von Arbeit und Freizeit kann die Selbstentfaltung nur dann gelingen, wenn sie eine Synthese von Freiheit und Bindung, von Pflicht und Neigung zustandebringt. Sonst droht – bezeichnenderweise vor allem im Freizeitbereich – die Selbstverwirklichung zur Selbstzerstörung zu werden: Gerade hier zeigen sich besonders bedrohliche Phänomene einer sinnlos vertanen Freiheit: Langeweile, Einsamkeit und Leere, neue Abhängigkeiten und Süchte, wie sie in der Drogenszene, im Alkoholismus und auch im übersteigerten Medienkonsum zum Ausdruck kommen.

5. Arbeitslosigkeit als Übel

Gegenwärtig zeigt sich die paradoxe Situation, daß man einerseits die Arbeitslosigkeit als Not empfindet, andererseits aber sich der Last der Arbeit entziehen möchte. In dieser Situation hat es freilich keinen Sinn, an die arbeitsmoralische Pflicht zu appellieren, die auch nicht Gegenstand dieser Überlegungen sein soll. Vermutlich wird bei anhaltender Arbeitslosigkeit auch jene Arbeit verstärkt als ein knappes und wertvolles Gut erfahren, die bisher als unbefriedigend oder unzumutbar angesehen wurde.

Die sozialen Probleme verschärfen sich bei dauernder erzwungener Freizeit, also in der Arbeitslosigkeit. Anders als in der Dritten Welt führt bei uns die Arbeitslosigkeit nicht zu nacktem Elend, zu Hunger und Not. Arbeitslosigkeit bedeutet auch nicht den Entzug jeder Möglichkeit zur Selbstverwirklichung. Denn erstens vollzieht sich die Selbstentfaltung nicht nur in irgendeiner Arbeit, sondern auch in anderen Formen menschlicher Praxis. Und zweitens bedeutet Arbeitslosigkeit als Verlust eines bestimmten Arbeitsplatzes nicht notwendig gänzliche Untätigkeit und Unproduktivität, wie das Beispiel der Hausfrauen und Rentner zeigt.

Dennoch ist die Arbeitslosigkeit in vielen Fällen ein großes persönliches und soziales Übel, das von den Betroffenen nur teilweise kompensiert werden kann durch Ausweichen auf außerwirtschaftliche Bereiche sowie auf Heimwerkerei und Schwarzarbeit. Ein persönliches Übel ist es, weil Arbeitslose in der Gesellschaft immer noch als unnütz abgestempelt, deklassiert und isoliert werden. Aufgabe der Kirche wäre es hier, wenigstens zu einem Mentalitätswandel und zum Abbau von Vorurteilen beizutragen. Ein soziales Übel ist die Arbeitslosigkeit vor allem wegen der Gefahr neuer Klassenkämpfe und politischer Radikalisierung, die bei Wohlstandsminderung unausweichlich scheinen. Von daher gesehen ist der soziale Friede stark gefährdet. Darum sollten wir uns an die Pflicht erinnern, unsere eigenen Ansprüche an die Arbeit und ihre Erträge so einzurichten, daß sie das Recht der anderen auf Arbeit wenigstens nicht schmälern.

6. Auf dem Weg zur Vollbeschäftigung

Eine weitere, weithin ungeklärte Frage ist, wer denn eigentlich die Pflicht hat, Vollbeschäftigung herbeizuführen. Als Antwort darauf fällt den meisten spontan zunächst der Staat ein, jener mythologische »Vater Staat«, der den Mangel an eigener Initiative zu kompensieren hat. Daß es auch einmal erforderlich sein kann, daß der Staat etwas unterläßt, ist ein, vor allem in Deutschland ziemlich ungewöhnlicher Gedanke, der aber dem Prinzip der Subsidiarität entspricht.

Dieses Prinzip regelt die Zuständigkeit aller sozialen Handlungen in der Weise, daß der Vorrang der Initiative den »betroffenen« einzelnen und Gruppen gebührt, denen, soweit nötig, zur Selbsthilfe geholfen werden soll von der jeweils größeren gesellschaftlichen Einheit – und erst letzten Endes vom Staat.

Nur auf diesem Weg von unten nach oben wird die vielbeschworene »Basis« wirklich ernst- und auch in die Pflicht genommen.

Wenigstens ansatzweise läßt sich in einem Dreierschritt der Versuch skizzieren, die Lösungsproblematik der Arbeitslosigkeit aus dem Blickwinkel der Subsidiarität zu betrachten. Da wären zunächst die Betroffenen selbst, die Arbeitslosen und die von Arbeitslosigkeit Bedrohten, zu befragen. Man wird von ihnen erwarten müssen, daß sie sich den Weg zu einer Anstellung nicht durch mangelnde Mobilität verbauen. Das Problem der geistigen und räumlichen Mobilität liegt oft bei den Betroffenen selbst und kann weitgehend auch von ihnen selbst gelöst werden. Das gilt für das Problem der Zumutbarkeit generell. Die Maßstäbe für das, was als »gerade noch« oder »nicht mehr« zumutbar gilt, müssen in Zeiten des Wirtschaftswachstums mit Vollbeschäftigung andere sein als in Zeiten einer Wirtschaftskrise mit Massenarbeitslosigkeit. Gegenwärtig müssen andere Maßstäbe an die Zumutbarkeit der Arbeit angelegt werden als in früheren Zeiten, da man sich erlaubte, für unangenehme Tätigkeiten Gastarbeiter anzuwerben. Viele Arbeitnehmer würden eher einen geringeren Lohn, eine schwierigere Arbeit, eine flexibilisierte Arbeitszeit und einen weiteren Weg in Kauf nehmen als die Aussicht, arbeitslos zu werden. In das Kapitel der Eigeninitiative der Arbeitsuchenden gehört auch die Frage, wie leicht oder schwer es einem gemacht wird, sich selbständig zu machen. Ferner auch die Frage der gesellschaftsrechtlichen Kooperation von Leuten, die ihre eigenen Arbeitgeber sind. Hier zeigen sich besonders in der alternativen »Szene« einige bemerkenswerte Ansätze, die im Sinne der Subsidiarität liegen.

In der Kompetenzreihenfolge dieses Prinzips sind an zweiter Stelle die Arbeitgeber zu nennen. Von denen erwartete schon die Enzyklika »Quadragesimo anno«(1931), daß sie ihre Gewinne investieren sollen, um dadurch neue Arbeitsplätze zu schaffen, womit dann auch die soziale Verpflichtung des Eigentums zum Ausdruck käme. Dieses Ansinnen setzt jedoch voraus, daß überhaupt ausreichende Gewinne gemacht werden, und daß auch für die Zukunft Gewinne erwartet werden können.

Erst an letzter, aber vielleicht doch entscheidender Stelle sind die sogenannten »indirekten Arbeitgeber« zu nennen, also die Tarifparteien und der Staat. Die Tarifpartner müssen sich nachsagen lassen, daß sie sich als Kartelle inzwischen ähnlich verfestigt haben wie die Zünfte im Mittelalter. Sie denken vornehmlich in Kategorien globaler Großeinheiten und halten an einer Tarifstruktur fest, die über regionale und sektorale Verschiedenheiten oft hinweggeht. Die Verantwortung der Tarifparteien für die Arbeitsplätze wird vor allem am Beispiel der Lohnpolitik deutlich, die den Preis für die Arbeit so in die Höhe getrieben hat, daß er für viele an sich notwendige und gefragte Arbeiten nicht mehr gezahlt werden kann. Hier scheinen sich die großen Verbände im Interesse der Arbeitsplatzbesitzer auf Kosten Dritter, nämlich der Arbeitslosen, zu einigen.

Dem Staat steht nach dem Subsidiaritätsprinzip die autoritative Kompetenz zu, einen Koordinierungsrahmen zu schaffen und günstige Bedingungen herzustellen, die die freie Initiative von einzelnen und Gruppen stimulieren und fördern. Er muß also zunächst all das unterlassen, was die Eigeninitiative lähmt und die Bereitschaft zur Selbsthilfe schwächt. Das betrifft vor allem die Steuerpolitik und die Sozialpolitik, aber auch die Sozialversicherungen, auf die der Staat Einfluß hat. Vielleicht muß in Deutschland – aus der Tradition des Obrigkeitsstaates heraus – die Initiative »von oben«, von den Regierenden kommen, so daß man uns mit sanftem Druck darauf aufmerksam macht, daß wir uns für die eigene Freiheit und Selbstverantwortung mehr strapazieren müssen – und weniger auf eine staatlich garantierte und verordnete Sicherheit vertrauen sollen.

JOHANNES REITER

Verteilungsgerechtigkeit im Gesundheitswesen

Es ist wohl kaum zu bestreiten, daß sich die Gesundheitsversorgung in der Bundesrepublik Deutschland auf einem hohen Niveau befindet. Im internationalen Vergleich nimmt die Bundesrepublik bezüglich der Ärztedichte, der Zahl der Pflegekräfte, des medizinisch-technischen Standards, der Qualität der Arzneimittel und der Anzahl der Krankenhäuser eine Spitzenstellung ein. Insgesamt sind auf dem Gesundheitssektor mehr als zwei Millionen Menschen tätig. Trotz dieser guten Voraussetzungen für Nachfrager und Anbieter medizinisch-pharmazeutischer Leistungen birgt unser Gesundheitswesen aber auch Probleme verschiedener Art, von denen hier nur eines thematisiert sei: Die Knappheit und Endlichkeit der Ressourcen.[1] Wissenschaftliche Diskussionen über Kosten und Grenzen der Medizin werden in der Regel von Ökonomen geführt, Philosophen und Theologen sind daran eher selten beteiligt. Es ist offenbar vielen Zeitgenossen nicht bewußt, wie grundlegend wichtig und dringlich auch die moralische Seite dieses Problems ist.

I. Gesundheit auf dem Prüfstand der Ökonomie

Wie der Hauptgeschäftsführer der Bundesärztekammer *Christoph Fuchs* bemerkt, wird die medizinische Ressourcendebatte in Deutschland vor allem im Hinblick auf *Finanzmittel* geführt, wobei man glaubt, mit einer ausreichenden Bereitstellung von Geldmitteln sei das Problem gelöst.[2] Es geht aber nicht nur um Finanzmittel. Neben der Knappheit an Finanzen besteht auch eine *Knappheit an realen Ressourcen*: Spenderorgane, technische Einrichtungen wie Operationskapazitäten, Intensivpflegemöglichkeiten, hochspezialisiertes

---

1 Vgl. G. Patzig, in: E. Nagel und Ch. Fuchs (Hrsg.), Soziale Gerechtigkeit im Gesundheitswesen. Berlin-Heidelberg 1993, 210.
   Knappheit ist definiert als das Verhältnis zwischen den menschlichen Bedürfnissen und den zur Verfügung stehenden Mitteln. Dabei gilt, daß die Mittel nicht ausreichen, um die menschlichen Bedürfnisse voll zu befriedigen. Dies verlangt nach einer Bewirtschaftung der Mittel. Vgl. Sachverständigenrat für die Konzertierte Aktion im Gesundheitswesen, Gesundheitsversorgung und Krankenversicherung 2000 (Sachstandsbericht 1994). Baden-Baden 1994, Nr. 538.
2 Ch. Fuchs, Kostendämpfung und ärztlicher Standard – Verantwortlichkeit und Prinzipien der Ressourcenverteilung, in: Medizinrecht 11(1993), 323–327, hier 323.

415

Personal, Zeit beim einzelnen Arzt, bestimmte Behandlungskapazitäten usw.[3] An einigen wenigen Beispielen sei dies illustriert[4]: Bei der Nierentransplantation kann der Transplantationsbedarf nur etwa zu einem Drittel befriedigt werden, bei der Lebertransplantation nur zu einem Fünftel. Bei der Knochenmarktransplantation gibt es bislang wegen des Fehlens eines zentralen Knochenmarkregisters in den meisten Fällen keine Möglichkeit zur lebensrettenden Behandlung. Nach einem Bericht der »Hannoverschen Allgemeinen« vom 1. Oktober 1990 schätzt ein Kardiologe der dortigen Medizinischen Hochschule, daß in deren Herzchirurgie jährlich etwa 50 Patienten sterben, weil keine Investitionsmittel für eine Kapazitätserweiterung zur Verfügung gestellt werden. Und in der »Süddeutschen Zeitung« vom 14. Oktober 1991 ist die Klage des 44. Bayerischen Ärztetages zu lesen über die unzureichende intensivmedizinische Versorgung und damit über einen erzwungenen Tourismus durch das Herumschicken schwerkranker Patienten. Oder denken Sie an das so oft geforderte »Nationale Bluthochdruckprogramm«, welches nach Meinung vieler Experten rund 30 000 Todesfälle pro Jahr verhindern könnte, aber aus finanziellen Gründen auf die lange Bank geschoben wird.

Die Knappheit der Ressourcen hat ihren wesentlichen Grund in den erheblichen *Ausweitungen der Leistungen im Gesundheitswesen*, die wiederum bedingt sind insbesondere durch die enormen *Fortschritte in der Medizin* und die *Veränderung der Altersstruktur der Bevölkerung* und dem damit einhergehenden *Morbiditätswandel*.[5]

Die Medizin steckt – so der Dortmunder Wirtschaftsprofessor *Walter Krämer* – in der *Fortschrittsfalle*[6]: Mit wachsendem Erfolg der Ärzte gebe es nicht etwa immer weniger, sondern immer mehr Kranke, weil mit der Rettung von Kranken durch die Hochleistungsmediziner selten vollständige Heilung verbunden sei, und das heißt kostspielige Weiterbehandlung. Wir werden heute im Schnitt zwar mehr als doppelt so alt wie im letzten Jahrhundert – 1871 betrug die durchschnittliche Lebenserwartung bei Männern 35,6 und bei Frauen 38,5 Jahre, 1991 betrug sie bei Männern 72,2 und bei Frauen 78,7 Jahre – doch wir sind statistisch gesehen nicht gesünder.[7]

Der medizinische Fortschritt – so noch einmal *Krämer* – habe eine unüberbrückbare Kluft zwischen Verheißung und Erfüllung erzeugt, die mit jedem

---

3 Sachverständigenrat für die Konzertierte Aktion im Gesundheitswesen, Das Gesundheitswesen im vereinten Deutschland (Jahresgutachten 1991). Baden-Baden 1991, Nrr. 239, 783.
4 Vgl. dazu R. Grupp, Zusammenhänge für die Gesundheitspolitik, in: E. Nagel und Ch. Fuchs (Hrsg.) a. a. O. 318.
5 Sachverständigenrat für die Konzertierte Aktion im Gesundheitswesen (Jahresgutachten 1991) a. a. O. Im Sachstandsbericht 1994 werden die Gründe noch differenzierter dargestellt, vgl. a. a. O. Nr. 64.
6 W. Krämer, Die Krankheit des Gesundheitswesens. Die Fortschrittsfalle der modernen Medizin. Frankfurt 1989; ders., Wir kurieren uns zu Tode. Die Zukunft der modernen Medizin. Frankfurt 1993.
7 Vgl. U. Wemmer und D. Korczak, Gesundheit in Gefahr. Datenreport 1993/94. Frankfurt 1993, 44.

weiteren Fortschritt nicht enger, sondern breiter werde. Dem Gesundheitswesen drohe die Situation, in der medizinischer Fortschritt nur noch einer kleinen Zahl von Patienten zugänglich gemacht werden könne, weil seine flächendeckende Einführung mangels realer Ressourcen faktisch unmöglich oder aber unfinanzierbar sei.[8]

Die Knappheit an realen Ressourcen mag sich zwar für eine gewisse Zeit hinausschieben und tendenziell überwinden lassen, nicht aber auf Dauer. *Möglichkeiten für die zeitweilige Überwindung der Knappheit* werden gesehen im technischen Fortschritt, z. B. durch die Einführung einer konservativen anstelle einer operativen Therapie, durch die Anwendung gedeckter Verfahren (Ballondilatation, endoskopisches Operieren) anstelle offener operativer Eingriffe, durch den Ausbau technischer Überwachungsmöglichkeiten in der Intensivmedizin (als Ersatz für Personal) und die Einschränkung des Bedarfs an kurativen Leistungen, z. B. durch verstärkte Präventionsbemühungen. Bei diesen Maßnahmen handelt es sich vornehmlich um *Rationalisierungsmaßnahmen*, es handelt sich dabei um Einsparungen, die Art und Qualität des Versorgungsergebnisses unverändert lassen oder sogar verbessern. Gegenstand dieser Untersuchung ist jedoch nicht die Rationalisierung, sondern die *Rationierung*, d. h. das Vorenthalten eigentlich wirksamer, von den betroffenen Personen gewünschter Maßnahmen. Formen der Rationierung sind beispielsweise die englische Alterslimitierung bei Dialysepatienten auf 60 Jahre oder die Entscheidung eines Krankenhauses für das zweitbeste Antibiotikum, weil das Budget für das beste nicht reicht, oder die demokratische Entscheidung einer Gesellschaft, aus Kostengründen bestimmte therapeutische Maßnahmen nicht mehr anzubieten.

Aus der Erkenntnis, daß nur begrenzte medizinische Mittel zur Verfügung stehen, folgt die *Überlegung hinsichtlich deren richtiger Verteilung.* Die Medizin ist heute wie nie zuvor herausgefordert, sich den knappen Ressourcen zu stellen und explizite Entscheidungen für die Allokation begrenzter Ressourcen zu treffen und offenzulegen.[9]

Für die weitere Diskussion des Allokationsproblems ist es hilfreich, mit H. T. Engelhardt jr. folgende zwei Blöcke mit vier Ebenen zu unterscheiden[10]:

Makro-Allokation trifft Verteilungsentscheidungen für das gesamte Gesundheitswesen und bestimmt deren Anteil im Rahmen der vorhandenen Mittel, während *Mikro-Allokation* Verteilungsentscheidungen für Patientenkollektive bzw. einzelne Patienten fällt.

---

8 Vgl. W. Krämer, Wir kurieren uns zu Tode a. a. O. 41 und 46.
9 Der Begriff Allokation, aus dem lateinischen herkommend (allocare = verlagern, verteilen) und aus dem Englischen übernommen (allocation = Zuteilung, Verteilung), wird vor allem im medizinischen und auch sozialpolitischen Bereich gebraucht und bedeutet in diesem Zusammenhang Güterverteilung.
10 Vgl. H. T. Engelhardt jr., Zielkonflikte in nationalen Gesundheitssystemen, in: H.-M. Sass (Hrsg.), Ethik und öffentliches Gesundheitswesen. Berlin-Heidelberg 1988, 35–45, hier 41 f.

MAKRO-ALLOKATION	**1. Obere Ebene** Gesundheitsausgaben insgesamt, Anteil am gesamten Bruttosozialprodukt (z. Zt. in der BRD ca. 8–9 %)
	2. Untere Ebene Interne Verteilung des Gesamtgesundheitsbudgets auf verschiedene Bereiche wie Prävention, Gesundheitserziehung, kurative Medizin, Rehabilitation, Palliativmaßnahmen (Gesetzgeber, z. B. RPL)
MIKRO-ALLOKATION	**3. Obere Ebene** Mittelverteilung an unterschiedliche Patientengruppen, z. B. nach Altersgruppen, medizinischer Indikation, sozialen Gesichtspunkten (= Ebene der Konzert. Aktion)
	4. Untere Ebene Mittelaufteilung an einzelne Patienten, z. B. Diagnose- und Therapieentscheidungen am Krankenbett (= Ebene des Arztes)

Die vier Ebenen stehen in wechselseitiger Abhängigkeit voneinander.[11]

So geht beispielsweise in einem dirigistischen und planwirtschaftlichen System die Dominanz von *Ebene 1* aus; bei Knappheit der Mittel werden bestimmte Therapieangebote nicht vorgehalten, wie etwa bei der Verweigerung von künstlichen Gelenken in einigen osteuropäischen Ländern. Das bundesdeutsche Gesundheitswesen – so lassen es jedenfalls das Gesundheitsstrukturgesetz und das Sozialgesetzbuch V erkennen – legt auf *Ebene 2* besonderen Wert auf mehr Prävention, Gesundheitserziehung und Eigenverantwortung. Ein typisches Beispiel für die *Ebene 3* ist die schon genannte englische Entscheidung, daß bei dialysepflichtigen Nierenkranken über 60 Jahren keine Behandlung mehr mit der künstlichen Niere eingeleitet wird. In der Bundesrepublik Deutschland prädominierte über viele Jahre die *Ebene 4*.

Bei den auf den einzelnen Ebenen anstehenden Allokationen dürfte die *ethische Komponente* wohl am deutlichsten auf der unteren Ebene der Mikro-Allokation in Erscheinung treten.[12] Auf der oberen Ebene der Makro-Allokation ist sie am schwächsten ausgeprägt; die Verteilung wird dort weitgehend nach politischen und dezisionistischen Gesichtspunkten geregelt. Das könnte damit begründet werden, daß die Makro-Allokation alle Mitglieder einer

---

11 Vgl. Ch. Fuchs a. a. O. 324.
12 Vgl. G. Patzig a. a. O. 212.

Gesellschaft in gleicher Weise betrifft, daß bei der Mikro-Allokation auf der oberen Ebene zwar schon Gruppeninteressen gegeneinander abgewogen werden, der einzelne aber eben nur als Angehöriger einer Gruppe, also nach allgemeinen Gesichtspunkten betroffen ist, während die Gefahr einer Ungleichbehandlung oder gar Willkürentscheidung dort am größten ist, wo es um die individuellen Interessen einer Einzelperson, des konkreten Patienten geht.

II. Die ethische Frage der Ressourcendebatte

Die *ethische Frage bei der Ressourcendebatte* ist die nach den moralisch zulässigen Kriterien und besten Verfahren für die Rationierung in der Medizin. Zu den Grundprinzipien moralischen Handelns gehört die Forderung, andere Menschen, Gruppen und in gewissem Sinn auch Elemente der Natur, fair oder gerecht zu behandeln. Mit anderen Worten: Es reicht nicht, gut zu handeln, sondern man muß auch darum besorgt sein, daß die Wirkung des Handelns gerecht verteilt wird. Schon Platon bezeichnete die Gerechtigkeit als die höchste aller Tugenden. Gerechtigkeit ist in der Ethik die eigentliche Form des Gutseins und Gutwollens. Eine Handlung wird dann als gerecht empfunden, wenn sie jedem der von den Wirkungen des Handelns Betroffenen das ihm Zukommende gibt und das Seine beläßt. Nun dürfte in unserer Gesellschaft weitgehend Einigkeit darüber bestehen, daß die Verteilung von Gütern (aber auch von Lasten) nach *Gerechtigkeitserwägungen* geschehen soll. Dies ist aber nicht so leicht getan wie gesagt. Um die Sache voranzutreiben empfiehlt es sich, zwischen *formalen* und *materialen Kriterien* zu unterscheiden. Platons Schüler *Aristoteles* hat im 5. Buch seiner Nikomachischen Ethik das klassische formale Gerechtigkeitskriterium wie folgt formuliert: Gleiche Fälle sollen gleich und ungleiche Fälle nur insofern ungleich behandelt werden, als sie auch in moralisch relevanter Hinsicht ungleiche Eigenschaften haben. Wie überzeugend dieses Kriterium auch sein mag, es bedarf, soll es keine Leerformel bleiben, der inhaltlichen (materialen) Füllung. An solchen materialen Gerechtigkeitskriterien werden vorgeschlagen[13]:

---

13 Ich folge hier weitgehend B. Schöne-Seifert, Was sind »gerechte« Verteilungskriterien?, in: J. Mohl und Ch. Schubert (Hrsg.), Ethik der Gesundheitsökonomie. Berlin-Heidelberg 1992, 34–44, auch veröffentlicht in: W. Wagner (Hrsg.), Arzneimittel und Verantwortung. Berlin-Heidelberg 1993, 397–412 (zitiert wird nach dieser Veröffentlichung).

1. Distributionskriterien

Jedem den gleichen Anteil zukommen lassen. Das könnte im Hinblick auf unser Thema bedeuten, daß jemand, dem wegen Komplikationen bei seiner Geburt eine extensive Behandlung zuteil wurde, später bei einer schweren Krankheit nicht mehr so kostenintensiv behandelt werden darf wie jemand, der bei seiner Geburt keine Schwierigkeiten hatte. Eine Variante dieses Modells geht von der Vorstellung aus, daß jedem Menschen ein begrenztes Gesundheitsbudget bereitgestellt wird, das er zu Anfang seines Lebens verplanen müsse. Jeder vernünftige Mensch müßte dann dazu kommen, möglichst viele Ressourcen für eventuell am Anfang seines Lebens auftretende gefährliche Krankheiten bereitzustellen, ziemlich viele für die mittlere Lebensphase und eher wenige für das Lebensende, wo das Nutzenpotential verhältnismäßig gering ist.

Jedem nach seinen Bedürfnissen. Dieses in vielen Fällen überzeugende Prinzip hilft in unserem Fall nicht weiter, insofern es im Widerspruch zu unserer Grundvoraussetzung steht, daß rationiert werden muß und somit nicht jedem Patienten gegeben werden kann, was ihm nutzen würde.

Zuteilung nach aufgewendeter Mühe. Dieses Verteilungsprinzip wäre dann gerecht, wenn es einen eindeutigen Zusammenhang von Gesundheit und Gesundheitsfürsorge gäbe und Krankheit ein rein individuelles und gewollt herbeigeführtes Geschehen wäre. Nun können aber die wenigsten Krankheiten der individuellen Person angelastet werden.

Zuteilung nach Verdienst. Abgesehen davon, daß dieses Prinzip in der Praxis scheitern würde – es bräuchte z. B. eine neutrale Spezialinstanz, die über Verdienstlichkeiten befindet –, steht es in direktem Widerspruch zu unserem Versicherungswesen.

Zuteilung nach Zahlungsfähigkeit. Bei diesem Prinzip könnten in der Tat die Reichen sich Gesundheit kaufen und die Armen müßten sterben.

Zuteilung durch Zufallsverfahren. Hierbei wäre beispielsweise durch Los zu entscheiden, wer das knappe Gesundheitsgut erhalten soll. Dieser Ansatz bietet zwar Zugangs- und Chancengleichheit für jeden Patienten, aber er mutet deswegen ungerecht an, weil er zur Behandlung leichter auf Kosten schwerer Fälle führen würde.

Zuteilung nach Lebensalter. Bei diesem, von dem Direktor des auch über die USA hinaus bekannten Instituts für medizinische Ethik, dem »Hastings Center«, *D. Callahan*, vertretenen Vorschlag fällt die normative Funktion dem biologischen Leben des Menschen zu. Der Mensch solle zum einen bedenken, daß die Natur eine Lebensspanne von 75–80 Jahren vorgebe, und zum andern, daß der eigentliche Sinn des Alters darin bestünde, jüngeren Menschen Orientierung und Stützung zu geben, dabei aber von sich selbst und seiner eigenen Lebensverlängerung abzusehen. Unter diesen Voraussetzungen plädiert Callahan für eine drastische – aber selbstverfügte – Einschränkung geriatrischer Medizin. Diese solle auf Lebensverlängerung gänzlich verzichten und sich lediglich der Komfortabilisierung des verlöschenden Lebens zuwenden. Diese Vorstellungen könnten dann schließlich auch dazu beitragen, das Rationierungsproblem lösen zu helfen. In der Diskussion um Callahans Thesen wandte man sich vor allem gegen die Vorstellung von der normativen Kraft der Natur. Warum sollte die Natürlichkeit von Krankheit und Gebrechen erst im Alter ethisch virulent werden und vorher nicht? Ferner wurde angefragt, warum man gerade im Alter keine eigenen Interessen verfolgen dürfe, zumal die Realisierung bestimmter Interessen erst im Alter – oft nach einem entbehrungsreichen Leben – möglich wird.

Zuteilung nach Pareto-Vergleichbarkeit.[14] In Anlehnung an den italienischen Soziologen und Nationalökonomen V. *Pareto* (†1923) ist eine Verteilung gerechter als eine andere, wenn sie Pareto-besser ist. Verteilungen, die nicht Pareto-vergleichbar sind, sind unter Gerechtigkeitsaspekten indifferent. Pareto-besser bedeutet: Eine Verteilung ist dann besser, wenn es mindestens eine Person gibt, die sie vorzieht, und wenn es keine Person gibt, die eine andere Verteilung vorzieht. Nicht Pareto-vergleichbar heißt, daß diese Relation weder in der einen noch in der anderen Richtung besteht.

Zuteilung nach Neidfreiheit. Als gerechtes Verteilungsverfahren gilt auch die neidfreie Verteilung. Demnach sind Verteilungen, bei denen niemand auf die Position einer anderen Person neidisch ist, gerecht. Hierbei wird allerdings nicht die Neidfreiheit in Bezug auf die Verteilung eines einzelnen Gutes verlangt, sondern in Bezug auf die gesamte Güterausstattung der Person. Um dies am Beispiel der Transplantationsmedizin zu illustrieren: Es ist anzunehmen, daß jede Person in der Gruppe der gesunden Beitragszahler nicht tauschen möchte mit der Güterausstattung der potentiellen Transplantationspatienten und zwar unter den heutigen Bedingungen und Beitragssätzen. Bis eine Person zu einem solchen Tausch bereit wäre, müßten die Beiträge der Gesunden wohl extrem steigen.

2. Gerechtigkeitstheorien

Die zuvor aufgelisteten Distributionskriterien leiten sich von unterschiedlichen Gerechtigkeitstheorien ab, die sich wiederum unterschiedlichen ethischen Grundpositionen verdanken. Nachfolgend sollen diese Gerechtigkeitstheorien im Hinblick auf unser Thema der Gesundheitsökonomie kurz skizziert werden.[15]

---

14 Dieses und das folgende Kriterium nennt J. Nidda-Rümelin, Verteilungsgerechtigkeit aus philosophischer Sicht, in: E. Nagel und Ch. Fuchs a. a. O. 250–257. Zu Pareto vgl. DIE ZEIT (Hrsg.), Die großen Ökonomen. Stuttgart 1994, 69–74.
15 Vgl. dazu wiederum B. Schöne-Seifert a. a. O. 404–406; J. Rawls, Eine Theorie der Gerechtigkeit. Frankfurt 1979, 81; ferner H. Hastedt, Gerechtigkeit, in: H. Hastedt und E. Martens

Gerechtigkeitstheorie des Liberalismus. Dem reinen Liberalismus nach hat die Selbstbestimmung freier Menschen Vorrang gegenüber allen Gerechtigkeits- und Wohltätigkeitsüberlegungen. Das einzig gerechte Verfahren sind die Mechanismen des freien Marktes. Solange nicht Übervorteilung, Manipulation, Zwang oder anderes Unrecht zu bestimmten Verteilungsmustern führten, seien diese gerecht, wie auch immer sie aussehen mögen. Wenn freie Menschen eine bestimmte Krankenversicherung abschließen oder auch nicht, Gesundheitsrisiken eingingen oder auch nicht, könne dies zwar zu unglücklichen, aber niemals zu ungerechten Unterversorgungen von Patienten führen. Solchem Unglück abzuhelfen, habe niemand eine moralische Verpflichtung, wenn auch die Abhilfe moralisch lobenswert sei.

Gerechtigkeitsidee des Kontraktualismus. Dem Kontraktualismus (z. B. Hobbes, Locke, Rousseau, Kant) nach beschränkt sich Gerechtigkeit auf die Übereinstimmung mit dem abgeschlossenen Vertrag. Wie beim Liberalismus handelt es sich hierbei nicht um ein Verteilungsmuster, sondern um ein Verfahren. In diesem Zusammenhang ist insbesondere auf das zweistufige Prinzip der »Gerechtigkeit als Fairneß« des amerikanischen Philosophen J. Rawls hinzuweisen:

»1.Jedermann soll gleiches Recht auf das umfangreichste System gleicher Grundfreiheiten haben, das mit dem gleichen System für alle anderen verträglich ist.

2. Soziale und wirtschaftliche Ungleichheiten sind so zu gestalten, daß

a) vernünftigerweise zu erwarten ist, daß sie zu jedermanns Vorteil dienen, und

b) sie mit Positionen und Ämtern verbunden sind, die jedem offenstehen.«

Gerechtigkeitsidee des Kommunitarismus. Gegen die liberale und Vertragstheorie ist die in den letzten Jahren in den USA entwickelte und inzwischen auch zu uns herübergekommene kommunitarische Theorie gerichtet. Der Liberalismus sei zu sehr am Bild des atomistischen Individuums orientiert und auf die bloße Maximierung des Eigeninteresses gerichtet (Sandel), was schließlich zu bloßem Subjektivismus führe (MacIntyre). Kommunitarier betonen demgegenüber die gemeinschaftlichen Werte sowie soziale und wirtschaftliche Egalität. Auf kommunitarisches Denken geht beispielsweise die im letzten amerikanischen Präsidentschaftswahlkampf erhobene Forderung nach einer öffentlichen Krankenversicherung zurück.

Gerechtigkeitstheorie des Egalitarismus. Der Egalitarismus tritt für eine völlige Gleichverteilung aller materiellen Grundgüter mit entsprechenden

---

(Hrsg.), Ethik. Ein Grundkurs. Reinbeck 1994, 198–214. Zum Kommunitarismus vgl. etwa A. Etzioni, Jenseits des Egoismus-Prinzips. Stuttgart 1994; M. Walzer, Sphären der Gerechtigkeit (Studienausgabe). Frankfurt 1994; W. Reese-Schäfer, Was ist Kommunitarismus? Frankfurt 1994; A. Honneth (Hrsg.), Kommunitarismus. Frankfurt 1993; Ch. Zahlmann (Hrsg.), Kommunitarismus in der Diskussion. Berlin 1992; MacIntyre, Der Verlust der Tugend. Frankfurt-New York 1987.

Konsequenzen, auch für die Krankenversorgung, ein. Innerhalb dieser Theorie gibt es aber auch Spezifizierungen, wobei die Gesundheit von den anderen Gütern abgekoppelt wird.

Gerechtigkeitstheorie des Utilitarismus. Der Utilitarismus hat keine direkte und eindeutige Theorie der Gerechtigkeit ausgebildet. Dem Utilitarismus nach ist die Moralität einer Handlung an ihren Folgen für alle Betroffenen zu messen und zwar insofern, als deren Nutzen etwa für das größte Glück der größten Zahl (Bentham) oder etwa für das größte Maß an durchschnittlicher Interessenbefriedigung der Betroffenen (Singer) in Rechnung zu stellen ist. Dem Utilitarismus nach müßte es also um eine Maximierung von Gesundheit gehen, vorausgesetzt, daß Gesundheit als Glücksfaktor angesehen wird.

Gerechtigkeitsidee der Bibel. Im biblischen Wortfeld von Gerechtigkeit dominiert nicht der Gesichtspunkt des proportionalen Zuteilens, sondern sowohl das atl. sedaqa als auch das ntl. dikaiosyne sehen auf gute, lebensförderliche Beziehungen, die insbesondere zwischen Gott und den Menschen heilvoll sind. Die Bibel macht deutlich, daß Gott selbst sich mit seiner Beziehung einbringt und daß Gerechtigkeit zwischen Menschen nicht nur Beziehungen nach Maßgabe der proportionalen Zumessung, sondern erfüllte Lebensverhältnisse meint. Prägnant zeigt sich dies in dem Gleichnis von den Arbeitern im Weinberg (Mt 20, 1–16). Die allzu verständliche Empörung der ungleich Behandelten fragt nach dem Leistungskriterium. Aber der Herr des Weinbergs hat versprochen, was »recht« (dikaion) ist, und das richtet sich nach der Bedürftigkeit. Obwohl Gerechtigkeit in diesem Sinn, als Mitteilung göttlicher Güte, eschatologische Züge hat, tangiert sie bereits den Alltag der von Jesus Angesprochenen: Die Letzten bleiben nicht die Letzten.

III. Was ist zu tun?

Entscheidungen für die Mittelallokation im Gesundheitswesen setzen auf den genannten vier Ebenen grundsätzlich ethische Überlegungen und Abwägungen voraus oder haben ethische Konsequenzen. Die Verteilung der begrenzten Ressourcen sollte das Gerechtigkeitsprinzip nicht verletzen. Nun muß aber eingeräumt werden, daß die Gerechtigkeit keine unmittelbare und praktische Bauanweisung zur Lösung der Allokationsproblematik ist. Die Verteilung der Gesundheitsgüter erfolgt nach medizinischen und ökonomischen Kriterien. Allerdings steht diese Distributionstätigkeit bzw. deren Produkt unter der Leitvorstellung bzw. unter dem Beurteilungsmaßstab der Gerechtigkeit. Um zu einer ethisch verantwortbaren Entscheidung zu kommen, können die aufgezeigten Distributionskriterien aufgrund von Gerechtigkeitsüberlegungen mehr oder weniger hilfreich sein. Für den Ethiker ist es kaum möglich, ein einziges und einfaches Kriterium der Verteilungsgerechtigkeit anzugeben und zu begründen in dem Sinne: Wenn wir dieses Kriterium anwenden, ist die Verteilung optimal geregelt. Je nach den Gegebenheiten der Allokationsproblematik und der durch sie veranlaßten Güterabwägung wird die Entscheidung über die Zuteilungspriorität nach unterschiedlichen Kriterien erfolgen.[16] Ihre Leistungsfähigkeit werden die Kriterien in der Praxis erweisen müssen. Wir sollten uns darüber hinaus auch mit dem Gedanken anfreunden, daß eine pluralistische Verfahrensweise, die möglichst viele Gesichtspunkte berücksichtigt, wohl am ehesten zu vertretbaren Entscheidungen führen kann. Wenn ich hier dennoch für eine mögliche Lösung optieren soll, dann scheint mir von den angeführten Gerechtigkeitsideen das Rawlsche Konzept in Verbindung mit dem kommunitarischen Anliegen am geeignetsten zu sein, um in einer pluralen Gesellschaft zu einer gerechten Verteilung begrenzter Ressourcen zu gelangen. Denn unter Beachtung beider Konzepte wird sowohl eine reine Nützlichkeitsethik als auch eine parteiische Gruppenmoral verhindert; es wird sowohl einer Versorgungsmentalität als auch einer reinen Marktorientierung entgegengetreten.

Notwendige Ausgabenbegrenzungen können auf der *politischen Ebene* vorgenommen werden (z. B. durch den Grundsatz der Beitragsstabilität im SGB V).[17] Auf der *Ebene der Länder und Gemeinden* können Entscheidungen über Allokation der insgesamt verfügbaren Mittel gefällt werden (z. B. über den Bau von Krankenhäusern bestimmter Versorgungsstufen. In Rheinland-Pfalz ist dies geschehen durch den Ausbau der Herzchirurgie an vier Standorten, um eine flächendeckende Versorgung zu gewährleisten). Eine weitere Allokationsentscheidung erfolgt auf der *Ebene der Konzertierten Aktion*, in der die Gesundheitsversorgung nach Blöcken (ambulante, stationäre Versorgung etc.) betrachtet wird und bestimmte Prioritäten gesetzt werden. Alle Entscheidungen auf den höheren Ebenen beeinflussen die Leistungserbringung auf der Ebene des *einzelnen Arztes*. Dem einzelnen Arzt wird das Dilemma, eine Entscheidung für einen Patienten auf Kosten eines anderen zu fällen, theoretisch erspart, wenn über die Verfügbarkeit von Ressourcen auf einer höheren Ebene entschieden worden ist. Damit werden die Behandlungsmöglichkeiten, die Chancen und Risiken zwar grundsätzlich beeinflußt, der Arzt trägt dafür aber nicht allein die Verantwortung. Der *Patient* kann im Rahmen des Versorgungssystems der gesetzlichen Krankenkasse nicht aus beliebigen Gründen und in unbegrenztem Umfang Leistungen fordern und der *Arzt* sie nicht in beliebigem Umfang erbringen. Seine Behandlungsfreiheit ist eingeschränkt durch die ethischen Normen der ärztlichen Profession. Da eine ineffiziente Mittelverwendung unter Umständen zu

---

16 Vgl. H.-P. Wolff, Ethische Güterabwägung in der klinischen Medizin, in: H.-M. Sass und H. Viefhues (Hrsg.), Güterabwägung in der Medizin. Berlin-Heidelberg 1991, 108–115, hier 111.

17 Ich folge hier weitgehend den Vorschlägen des Sachverständigenrates für die Konzertierte Aktion im Gesundheitswesen (Jahresgutachten 1991) a. a. O. 40–41, 205–208.

Nachteilen für andere Patienten führt, läßt sich auch ethisch begründen, daß jede Behandlung im Hinblick auf die *Indikation* und *Prognose* einer sorgfältigen Begründung bedarf.[18] Soll überhaupt gehandelt und eingegriffen werden, oder ist Nichthandeln angezeigt? Ist das Ziel gerechtfertigt? Ist das Mittel gerechtfertigt und dem intendierten Ziel angemessen? Treten Nebenwirkungen auf? Stehen Nebenwirkungen und Hauptwirkungen in der rechten Proportion? Eine Indikation zur Behandlung kann erst nach sorgfältiger Prüfung dieser Fragen gegeben werden. Ärztliche Behandlungspflicht kann nicht einfach abstrakt als Pflicht zum Tun oder Tätigwerden verstanden werden, sondern als Pflicht zum Helfen, das heißt zur richtigen Praxis, die nach sorgfältiger Prüfung durchaus auch in einer Unterlassung, im Verzicht auf eine Behandlung bestehen kann.

Jeder einzelne sollte sich der Verantwortung beim Einsatz und Verbrauch von solidarisch aufgebrachten Mitteln bewußt sein. Bei aller Verpflichtung des Arztes zu wirtschaftlichem Vorgehen bleibt es aber seine Pflicht, in jedem Fall alles zu tun, was für seinen Patienten notwendig und für ihn möglich ist. Die *Handlungsmöglichkeiten des Arztes* sind wegen der Ressourcenknappheit aber nicht grenzenlos. Daher kommt er gelegentlich doch in das Dilemma, Leistungen für den einzelnen Patienten rationieren zu müssen, die grundsätzlich möglich wären.[19] Für eine richtige und gute Entscheidung in solchen Situationen können die nachfolgenden Regeln hilfreich sein:

1. Die vorzunehmende Auswahl darf nie die Vernichtung oder Tötung eines Menschen anzielen. Zum Beispiel darf keine Behandlung abgebrochen werden, um einem anderen die Behandlung zu ermöglichen.

2. Kein Patient hat das Recht auf optimale Behandlung, wenn damit das gleiche Recht eines anderen Patienten verletzt wird. Zum Beispiel hat kein Mensch das Recht auf das Beatmungsgerät, wenn sein Recht mit dem des anderen kollidiert.

3. Im Blick auf den konkreten Patienten müssen die zulässigen Auswahlkriterien streng medizinisch sein, jegliche Beimischung von Nützlichkeitsargumenten muß ausgeschlossen sein. So kann zum Beispiel die schlechte Prognose eines Behinderten ein mögliches Kriterium sein, nicht aber sein eventuell verminderter Intelligenzquotient, ihm zugunsten eines anderen eine bestimmte Behandlung zu verweigern.[20]

---

18 Auf den Aspekt der Prognose weist vor allem P. Schölmerich hin, vgl. ders., in: E. Nagel und Ch. Fuchs (Hrsg.) a. a. O. 336, vgl. auch P. Schölmerich, Fortschritte in der Medizin und gesellschaftliche Erwartungen (erscheint in Kürze im Druck).

19 Der Extremfall der Mittelverteilung ist die *Triage* – ein aus der Kriegs- und Katastrophenmedizin stammendes Prinzip der Verteilung nach Dringlichkeit und Effizienz. Hierbei werden zuerst die Schwerverletzten aber heilbaren, dann Leichtverletzte und zuletzt Patienten ohne Heilungschance versorgt.

20 Ich folge hier F. J. Illhardt, Art.Kosten-Nutzen-Analyse, in: A. Eser u. a. (Hrsg.), Lexikon Medizin, Ethik, Recht. Freiburg 1989, 607–614 und F. J. Illhardt, Art. Selektion 2. Ethik, in: ebd. 1034–1038, hier 1038.

Die Diskussion um Konzepte der Allokation hat erst begonnen, sie wird durch zunehmende Expansion medizinischer Möglichkeiten und entsprechend wachsender Kosten an Intensität zunehmen. Das Problem der knappen Ressourcen und ihr effizienter Einsatz führt dazu, daß der Arzt nicht nur ärztlich, sondern auch ökonomisch handeln muß. Gefährlich wäre hierbei jedoch jedes einseitige Verständnis von ökonomisch. Ökonomie als Lehre von der guten Haushaltung beinhaltet in der traditionellen Ethik immer auch die Aspekte von Gerechtigkeit und Klugheit. In der gegenwärtigen Diskussion über die Allokationsproblematik besteht die Gefahr, daß der Aspekt der Klugheit auf die Vermeidung von verschwenderischem Umgang mit Ressourcen und der Aspekt der Gerechtigkeit auf die Vermeidung von unzweckmäßiger Bevorzugung reduziert werden. Demgegenüber sollten Gerechtigkeit und Klugheit zunächst erkennen helfen, was der Kranke braucht, und dann erst, wo Verteilung und Auswahl verschwenderisch und ungleich werden.[21]

21 Vgl. ders., Medizinische Ethik. Berlin-Heidelberg-New York 1985, 99.

EKKART SAUSER

Die Zukunft der Seelsorge

Gedanken eines Kirchenhistorikers

Wie es klar sein sollte, daß das Ziel des Glaubens Gott ist, so dürfte es wohl auch einleuchten, daß das seelsorgliche Tun – von Seelsorger und Gemeinde – in der Zukunft bestimmt sein wird von einem *Gottesbild*, das man das *biblische Gottesbild* mit Recht nennt.

Dieses biblische Gottesbild hatte zwar im Laufe der Geschichte christlichen Glaubens immer seine Geltung. Das ist das eine. Andererseits kann man nicht umhin einzugestehen, daß es innerhalb der langen Zeiten ebenso ständig mehr oder weniger in den Hintergrund gedrängt wurde durch die Vorstellung einer autoritären Gottheit, die geschichtslos über allem thronend alle Fäden in der Hand hat, im Eigentlichen leidenslos und leidenschaftslos allem zusieht, somit also einem schlechthin »Allmächtigen« gleichkommt, der zuweilen sogar die Züge eines antiken Zeus angenommen hat. Dieser »Allmächtige« ist in der Tat »entthront« und diese »Entthronung« wird in Zukunft noch zunehmen. Das heißt mit anderen Worten: Das, im Groben gesprochen, im griechischen Denken beheimatete ontokratische Gefüge, in dem Gott und Mensch unverrückbar in einem »Oben« und »Unten« sich, wenn auch freundschaftlich, gegenüberstehen, so daß im Hinblick darauf von einer »unveränderlichen Klassenstruktur«, vom »Modell einer religiös-repressiven Klassenstruktur« gesprochen wurde (J. M. Lochman), ist zuinnerst »aufgelöst«.

Diese »Auflösung« bedeutet für heute und noch mehr für morgen, daß immer deutlicher Ernst gemacht wird mit Gott als dem Vater, der eben im christlichen Sinne deshalb Vater ist, weil er seinen Sohn in die Welt gesandt hat, damit dessen Geist die Menschen belebe und es auf diese Weise zu einem echten Bund kommen könne. Bund aber besagt: Überwindung des Versuches, den biblischen Gott in die griechisch-philosophische Tradition zu integrieren. Bund stellt fest: Gott und Mensch sind Partner, wobei beide innerhalb dieses Bundesgeschehens eine »Geschichte haben«, keine statisch-immobilen Größen zu sein brauchen, ja gar nicht sein dürfen.

Diese theologisch-theoretische Überlegung hat unter anderen sicher auch die Konsequenz: Glaubende Seelsorger werden sich, wie schon jetzt, so auch in der Zukunft der Forderung der Geschichte stellen müssen – nein – stellen dürfen. Dies will konkret sagen: Gott, der sein Leben mit, und nicht über den Menschen leben will, wird als der Mit-Gott, der Immanuel, nicht als der Über-Gott, nicht ausschließlich oder auch »nur« bevorzugt angebetet und verehrt werden. Sicher darf die Überzeugung lebendiger Anbetung und Verehrung nie fehlen – aber ich vermute, daß sie in der Zukunft nicht die Rolle spielen wird, wie dies in der Vergangenheit der Fall gewesen ist.

Weil Gott somit vor allem der Mit-Gott sein wird, werden die Bemühungen der Seelsorger vorab darauf hinaus laufen, selbst zu erkunden und andere dann auch dazu anzuleiten, zu erfahren, wo sich denn dieser »Immanuel« finden läßt, wo man seine Stimme hören kann, so man Ihm auf die Spur kommen vermag, wo seine Pläne ablesbar sind.

Die Zukunft der Seelsorge wird daher sehr stark unter dem Bemühen und unter dem Eindruck einer *»neuen religiösen Sensibilität«* stehen dürfen und stehen sollen. Heinz Zahrnt spricht mit vielen anderen auch von der *»Notwendigkeit einer neuen, zeitgenössischen Erfahrungstheologie«*; er formuliert in diesem Zusammenhang den Satz: »Heute nun kündet sich ein neuer Weg in der Theologie an – er führt von der Historie weiter zur Religion« [1] und führt dann aus: »Anstelle der historisch-kritischen Forschung nimmt fortan die religiöse Erfahrung den beherrschenden Platz in der Theologie ein. Der einzig mögliche Weg, Erfahrungen weiterzugeben, besteht darin, daß man von ihnen berichtet. Dies gilt auch für die Erfahrungen, die Menschen mit Gott gemacht haben. Und so kündet sich heute ... als neues, drittes Stadium in der Theologiegeschichte der Nachkriegszeit die narrative Theologie an. Narrative Theologie verkündet nicht von oben her ein zeitloses göttliches Tun (proklamative Theologie), sie verpflichtet auch nicht von unten her zu einem zeitlichen menschlichen Tun (appellative Theologie), sondern sie erzählt von dem, was Menschen in ihrem irdisch-zeitlichen Geschick an göttlicher Wirklichkeit erfahren haben ... Es geht bei der menschlichen Gotteserfahrung nicht allgemein um die Erfahrung des Ewigen in der Zeit, sondern konkret um die Erfahrung des Ewigen in der Zeit zu einer bestimmten Zeit. Das verleiht jeder christlichen Erfahrungstheologie die Grundstruktur einer Doppelpoligkeit: ihren einen Pol bildet die biblische Tradition, ihren anderen die gegenwärtige Situation. Wo es zwischen beiden Polen zu einem Kontakt kommt, dort entzündet sich frische, gegenwärtige Gotteserfahrung, die die in der Bibel niedergelegte weiterträgt und entfaltet«.[2] Die hier angesprochene religiöse Sensibilität und Erfahrungstheologie läßt auch in einem gewissen Sinne die Unsichtbarkeit Gottes immer wieder überwinden, von der Dietrich Bonhoeffer einmal gesagt hat: »Die Unsichtbarkeit macht uns kaputt ... Dies wahnwitzige dauernde Zurückgeworfenwerden auf den unsichtbaren Gott selbst – das kann doch kein Mensch mehr aushalten.« Sichtbarkeit Gottes ist nämlich nicht nur das »Schauen von Angesicht zu Angesicht«, es ist ebenso ein Erlebnis, das darin besteht, daß dem Menschen Sinn, Größe, Ungeschul-

---

1 Religiöse Aspekte gegenwärtiger Welt- und Lebenserfahrung, in: Zeitschrift für Theologie und Kirche 71, 1974, S. 109.
2 S. 109 f.

detheit, Schönheit an Mensch, Ereignis, Ding und Natur aufgehen – nach langen Zeiten geduldig-zarten Umgehens damit oder blitzartig. Wenn dies aber zu geschehen vermag, dann wird ein Phänomen aus der Welt geschafft, das gerade im Bereiche des Glaubens auf einen Dualismus hinausläuft. Dieser Dualismus will vor Augen führen: Es gibt den »guten Himmel«, da Gott ist – und es gibt die »böse Welt«, da wir jetzt noch sind. Natürlich wird auch in Zukunft der Unterschied bestehen bleiben zwischen »Gott« und »Welt«, aber ich meine, die dualistische Verdoppelung der einen Wirklichkeit des Lebens in zwei Wirklichkeiten wird sich aufhören und es ist vordringliche Aufgabe des Seelsorgers, sich auf die *eine* Wirklichkeit voll und ganz einzulassen – natürlich auf deren endzeitliche Verwandlung in der Zukunft, aber ebensosehr auf deren zeitweilige Durchsichtigkeit auf Gott hin. Diese große Aufgabe für Gegenwart und Zukunft der Seelsorge – ich halte sie für die wichtigste – bringt auch eine Aufhebung der Grenzen von »sakral« und »profan« mit sich, bewirkt, daß der Glaubende Interesse hat an allen Ausformungen des Lebens und nie und nimmer die schäbig-abwertende Frage stellt: »Was bedeutet dies schon alles im Hinblick und im Vergleich mit der Ewigkeit?« Sehr deutlich gesagt: Das sogenannte »Sub specie aeternitatis Denken«, das einer Desavoierung der einen und nur einen Wirklichkeit gleichkommt, soll umgewandelt werden in Liebe und Sympathie für das Heute, das zwar eine bessere und schließlich eine eschatologische Zukunft haben wird und muß, das aber als das Heute *das* Bedeutende, *das* Wichtige, *der* Ort Gottes, *das* Feld seiner Erlösung ist. Der Seelsorger kommender Zeiten wird noch intensiver als dies, Gott sei Dank, heute schon zu einem gewissen Teil geschieht, das wirkliche Heute liebend, zart und gerecht zu erleben sich bemühen, damit er von Gott als einem Gott des Heute aus Erfahrung zu erzählen vermag.

Dazu hat Zahrnt die schönen Worte gefunden: »Die Sache mit Gott gibt es für uns nur noch in den Sachen der Welt, die Taten Gottes nur noch in den Tatsachen der Geschichte. Reden wir anders von Gott, würden wir Altertumsforschern gleichen, die aus dem Müll einer vergangenen Kulturschicht ein paar alte Tonscherben ausgegraben haben und diese nun einem mäßig interessierten Publikum vorstellen. Wahrnehmung des Namens Gottes ist nur noch in der Wahrnehmung von Welt möglich … Dabei kann sie heute ehrlicherweise immer nur bescheiden sagen: 'Schau mal hier – schau mal dort!' 'Zum Beispiel dies – zum Beispiel das!' Solche beispielhafte Bewahrheitung des christlichen Glaubens hat stets in dem Dreieck von Einzelmensch, Mitmensch und Gesellschaft stattzufinden. Ans Ziel gelangt ist sie dort, wo es ihr gelingt, einem Menschen neue Einsichten zu vermitteln, und diesem darüber die Augen aufgehen und er ausruft: 'Ich glaube, Herr, hilf meinem Unglauben!' oder in neuerem theologischen Jargon: 'Donnerja, das stimmt!' oder auch ganz einfach: 'Aha!' Der Glaube an Gott stückt der Wirklichkeit der Welt, in der wir leben, also keine zweite, besondere, göttliche Wirklichkeit an, er erschließt nur die Wirklichkeit der Welt, in der wir leben, als Gottes

Wirklichkeit. Wir erblicken im Lichte christlicher Gotteserfahrung nicht eine andere, neue Welt, wir sehen nur diese Welt anders und neu. Das aber setzt voraus, daß zwischen den beiden Polen christlicher Erfahrungstheologie, zwischen der biblischen Tradition mit ihrer menschlichen Gotteserfahrung und der gegenwärtigen Situation mit ihrer menschlichen Welterfahrung, bereits vor jedem konkreten Kontakt immer schon eine grundsätzliche Beziehung besteht. Diese grundsätzliche Beziehung zwischen den beiden Polen der Erfahrungstheologie weist zurück auf das Grundvertrauen.«[3]

Dieses Grundvertrauen aber ist ganz wesentlich bestimmt von dem Glauben daran, daß Dinge und Menschen auch »*ihre Freiheiten*« haben, das heißt, daß es zum mehr oder weniger unverrückbaren »So-Sein« auch ein »Anders-Sein« gibt, ja geben muß. Die lebendige Begegnung nun mit dem »Anders-Sein« ist gleichsam die große Chance, das »Aha«, das »Donnersja« zu erleben und dabei zu erfahren, daß es doch »einen Gott gibt«. Anders ausgedrückt: Das Erlebnis verschiedener Möglichkeiten des Lebens, an sich und an den anderen, vermag davon zu überzeugen, daß es »freie Geschichte« gibt und wenn in diesen ungeahnten »Freiheiten« Großes, Schönes, Liebes zu Tage, ans Licht tritt, dann ist der Weg nicht mehr weit zur lebendigen Erahnung Gottes, der solches bewirkt und geschenkt hat.

Allerdings: Das Erlebnis von »Freiheiten« ist im Heute nicht leicht und selbstverständlich, denn »Freiheiten« sind rar und drohen in der Zukunft immer rarer zu werden. Dies will meinen: Die bis ins Kleinste sich ausbreitende Lebenseinteilung und Lebensvorherbestimmung, die kaum noch Überraschungen zuläßt, bedroht allerorten »freiheitliche« Entwicklungen und Überraschungen. Diese Einengung hat zur Folge eine Einengung der Erfahrbarkeit Gottes, da es, wie dargelegt, ja kaum zu »unvorhergesehenen Dingen« kommt. Diese Gefahr für das »freiheitliche« Leben bezieht sich zunächst auf das Leben im Beruf, an der Arbeitsstätte. Natürlich bleibt, zumindest in unseren Breiten, dann für das private Leben noch genug Freiheitsraum übrig. Und dennoch: Weil die Freiheitsberaubung bei der Arbeit meist so weit fortgeschritten ist, wird die Fähigkeit, überhaupt frei zu gestalten, zu leben und dann gespannt zu warten, was dabei »herauskommt«, immer mehr in Mitleidenschaft gezogen, ja verkümmert zusehens. Eng verknüpft mit diesen Erscheinungen ist auch das Abnehmen von *Träumen-Können* und *Phantasie-Haben*. Auch diese Bereiche aber sind Orte, da Sensibilität geweckt, entfaltet wird für religiöse Erfahrungen. Kurt Marti hat daher recht mit der Feststellung: »Christlicher Glaube ist eine Sache schöpferischer Phantasie. Kein Wunder, daß die wachsende Entfremdung des Menschen mit der Fähigkeit zur Phantasie auch die Fähigkeit solchen Glaubens abzubauen scheint.«[4]

---

3 A.a.O. S. 199 f.
4 Grenzverkehr – Ein Christ im Umgang mit Kultur, Literatur und Kunst. Neukirchen-Vluyn 1976, S. 17.

Von daher erscheint mir für die Seelsorge der Zukunft sehr bedenkenswert zu sein, daß sie versucht, den Freiheitsraum der Menschen, wo nur irgendwie möglich, zu erweitern. Das heißt: Alles daranzusetzen, daß die strikten »Vorherbestimmungen«, die absoluten »Be-Sorgungen«, die eindeutigen »Festlegungen« und auch die eng-fürsorglichen »Be-Schützungen« in verantwortlicher Weise auf das unbedingt nötige Maß reduziert werden, damit die Menschen in der Welt, auch in der Welt des Glaubens, wieder mehr »Entdeckungen« machen können und nicht ständig »programmgemäß« und »planmäßig« leben müssen. Dies bedeutet aber zunächst für die Seelsorger selbst, daß sie ihr eigenes Leben möglichst frei aufbauen, daß sie es nicht verschließen durch allerlei Vorkehrungen und Bestimmungen – von außen oder von innen, daß sie es offen halten für verschiedene Möglichkeiten und »Zufälle«, daß sie, soweit möglich, arbeitsunteilig-sorglos »dahinleben«, daß für sie wiederum das Wort Kurt Martis seine Geltung haben kann: »Hoffnung für die Welt haben heißt Phantasie für sie haben, heißt Gott nicht allein als Garanten des status quo, sondern als Quell neuer Möglichkeiten glauben. Jesus hat Gott einmal als den definiert, 'bei dem alle Dinge möglich sind'. (Matthäus 19,26)«[5]

All dies aber bringt den Seelsorger in merkliche Nähe zum Künstler, dessen Leben ja eben gerade nicht darin besteht, unfrei festgelegt zu sein, sondern sich zu öffnen für Erfahrungen von Leben – im Großen wie im Kleinen, im Guten wie im Finsteren. Also: Der Seelsorger der Zukunft darf unter gar keinen Umständen ein registrierender Beamter, voll von Sorgen und Ängstlichkeiten, sein – er sollte vielmehr ein »freier Künstler« sein, der sich frei und offen hält und so auch die anderen frei und offen zu halten vermag, damit er und sie merken, »was los« – und nicht, »was fest« ist. Marti sieht dasselbe Anliegen, wenn er sagt: »Es gibt aber einige Berufe, die den künstlerischen insofern benachbart sind, als auch in ihnen die Trennung zwischen Traum und Beruf, zwischen Phantasie und Arbeit nicht so radikal wie anderswo vollzogen werden muß – inmitten der wachsenden Entfremdung unserer Arbeitswelt privilegierte Berufe auch sie! Zu ihnen gehört der Beruf des Theologen und Pfarrers. Theologie befaßt sich u.a. mit der Interpretation jener Mythen von Urzeit und Endzeit, von Schöpfung und eschatologischer Befreiung, die die Geschichte Israels, Jesu und der Kirche immer wieder neu motiviert haben ... Mythen aber sind sozusagen Kollektivträume der Menschheit. Sie manifestieren sich in mancherlei Symbolen, mit denen Theologie und Kirche umgehen und die nicht zufällig auch immer wieder in individuellen Träumen erscheinen. Die Rolle von Phantasie, Traum und Spiel ist neuerdings von verschiedenen Theologen herausgearbeitet worden ... Der Amerikaner David Müller schlug sogar vor, statt von 'Theologie' von 'Theopoiesis' zu sprechen.«[6] Was Marti inmitten dieser Überlegungen auch formu-

---

5 A.a.O. S. 17.

liert hat: »Inmitten solcher Entfremdung also das Freigehege der Kunst«[7], läßt sich auch für die Seelsorge und Theologie der Zukunft sagen: »Inmitten solcher Entfremdung also das Freigehege der Seelsorge, der Theologie, des religiösen Lebens.«

Mit diesen Vorstellungen engstens verbunden ist dann auch die ausgewogene Rücksicht auf die Wünsche, vor allem junger, wacher Menschen, die sich schon jetzt intensiv melden und die, so hoffen wir, in der Zukunft nicht abnehmen werden, die Wünsche nämlich nach nicht allzu vielen traditionellen Formen für das Leben des Glaubens. Bereits heute erlebt es jeder Seelsorger ganz deutlich, daß für junge Menschen – und nicht nur für diese – allzu genau bestimmte Formen für den Ablauf von Gebet, Eucharistie, theologischem Gedankenaustausch, um nur einige Beispiele zu nennen, bis zu einem gewissen Grade direkt abschreckend wirken. Dies nicht immer deshalb, weil man grundsätzlich etwas gegen Formen bzw. Tradition hätte, sondern aus dem eigentlich recht einleuchtenden Grunde, weil diese festgefügten Bahnen, Grenzen, Absicherungen usw. viel, wenn nicht sogar alles, von Überraschungen, spontanen Aufbrüchen und Entwicklungen unmöglich machen und im Gefolge davon dann keine echten Glaubenserlebnisse sich ereignen können.

Um des religiösen Lebens-Erlebnisses willen sollten sich die Seelsorger von heute und morgen bei aller Achtung vor den gleichbleibenden und somit Gemeinschaft garantierenden Grundlinien darauf einstellen, daß immer wieder vieles einfach offen bleiben muß an Gestaltungen und Wegen und zwar bis unmittelbar vor dem Ereignis selbst, damit es zu unvorhergesehenen »Dingen« kommen kann, damit etwas »passieren« kann und nicht alles einfach »abläuft« und ordnungsgemäß »klappt«. Seelsorger der Zukunft sollten sich daher vor einem Worte unter manchen anderen besonders in Acht nehmen: »Es klappt«, »Es soll klappen.« An Stelle dessen sollte es vielmehr heißen: »Es ereignet sich«, »Es möge sich ereignen.«

Das Ereignis oftmaliger religiöser Erlebnisse bringt es auch mit sich, daß die »Seele« stark wird, daß sie daher durch ihre »Stärke« zu wirken vermag, daß ihre Erlebniskraft zu überzeugen im Stande ist und daß von daher viele »Seelsorgstechniken« unterbleiben können, die viel Arbeit machen und doch meist nicht den gewünschten Erfolg zu erzielen vermögen. Jüngst las ich in dem Buch von Helmut Thielicke: Leiden an der Kirche[8], den Ausspruch eines Markentechnikers an Seelsorger: »Wenn Sie ... nicht zu einer bedingungslosen Selbstkritik ... für einen neuen Anfang zurückfinden können, vermag keine Werbetechnik der Welt das Ende aufhalten. Wenn Gott Sie verlassen hat, was sollen wir armen Werbetechniker ihnen raten? Die Menschen werden nicht aufhören, Gott zu suchen, aber sie werden sich andere Vermittler

---

6   A.a.O. S. 15 f.
7   A.a.O. S. 17.
8   Hamburg 1965.

wählen ... Weil Sie selbst nicht mehr die Influenzkraft des Glaubens in sich verspüren, geben Sie sich Mühe, die fehlende suggestive Hilfe einer starken Seele durch taktische Klugheiten zu ersetzen. Damit sinken Sie immer tiefer in den Bereich der Resonanzlosigkeit herab.«[9]. Für eine Zeit, wie sie die Zukunft auch zu werden verspricht, darf es nicht zu viele eindeutige Formen und Formeln geben – ich sage ganz bewußt »zu viele« – denn von ihr hat Ernst Jünger prophezeit: »Wo Glaube war, bleibt ein Bedürfnis – es tastet mit tausend Armen nach einem neuen Gegenstand. Das ist die Unruhe, die der Schwund erzeugt ... Es ist die Zeit des Suchens, der großen Wanderungen und Aufbrüche, der echten und der falschen Propheten, der Zelt- und Heerlager, der einsamen Nachtwachen.«[10]

Seelsorge in der Zukunft wird sich auszeichnen können und müssen durch das ständige Bemühen *um den Verzicht auf Gewalt, um den Frieden.*

Jürgen Ebach hat ein sehr bedenkenswertes Buch erscheinen lassen: »Das Erbe der Gewalt – eine biblische Realität und ihre Wirkungsgeschichte«[11]. Dort heißt es: »Die Gewalt der Strukturen (wirtschaftliche Abhängigkeiten, sozialer Anpassungsdruck, gesellschaftliche Normen und Zwänge etc.) ist schwer durchschaubar und entzieht sich dem Einfluß des einzelnen nahezu vollständig. Im Umgang mit direkter körperlicher Gewalt zeigt sich das typische Doppelbild: Aus den Formen des öffentlichen Zusammenlebens ist sie fast ganz verbannt ... im Privatleben scheint sie ausweislich der Statistiken über Gewalt in der Ehe und Brutalität gegen Kinder ungebrochen zu herrschen. Es kommt weder hier noch da zu einer Thematisierung, geschweige denn zu Formen der Bewältigung. Außerhalb der Familie ist körperliche Gewalt wie jeder andere Körperkontakt tabuisiert. Nur Kindern und Sportlern ist es erlaubt, Konflikte und Aggression in Form des Wettkampfes auch körperlich auszutragen. Wir anderen setzen unsere Aggression um in subtilere Formen von Gewalt, in schlagende Argumente, vernichtende Blicke, scharfe, geschliffene Worte, in Konkurrenz, die den anderen aussticht etc. Gewalt wird nicht gebrochen, sondern mit anderen Mitteln fortgesetzt.«[12]

Ich meine, von diesen Feststellungen müßten zwei besonders beachtet werden: Zunächst der Verweis auf die tragische Tatsache, daß »die Gewalt der Strukturen ... sich dem Einfluß des einzelnen nahezu vollständig entzieht«, sodann die Nennung der Fortsetzung und Umwandlung von Gewalt »in subtilere Formen«, die da sind: Argumente, Blicke, Worte, Konkurrenz.

Im Hinblick auf die »Gewalt der Strukturen« hat Helmut Thielicke einmal gesagt: »Wenn es stimmt, daß wir den Menschen so mit seiner Welt zusammen sehen müssen und ihn keineswegs von ihr isolieren dürfen, dann bedeutet das nicht nur für die theologische Ethik, sondern für den gesamten Bereich der

9   Vorwort.
10 Zitiert in H. Thielicke: Leiden an der Kirche, Vorwort.
11 Gütersloh 1980.
12 S. 122 f.

theologischen Anthropologie sehr viel. Dann steckt in ihr zum Beispiel die Aufforderung, die Lehre von der Sünde und den Ordnungen neu zu durchdenken: die Lehre von der Sünde insofern, als Sünde dann nicht nur am Status der Individuen, sondern ebenso am überindividuellen Status der Welt haftet, und als die transsubjektiven Aspekte der Erbsündenlehre von hier aus ganz neu in den Blick kommen – die Lehre von den Ordnungen insofern, als sie Strukturformen dieses Äons darstellen, die als solche niemals reine Schöpfungsordnungen sein können, sondern zugleich Objektivationen menschlicher Schuld sind, sie liegen also im Zwielicht.«[13]

Offenkundig ergibt sich aus diesen Gegebenheiten die Erkenntis, daß die auf Grund solcher Strukturierungen herrschenden Gewalten einfach nicht aus der Welt zu schaffen sind, durch keine Seelsorge überwunden werden können. Gegen sie unter dem Banner noch so gut gemeinter Revolutionen antreten zu wollen, um sie völlig zu vernichten, ist vielmehr eine nicht ungefährliche, weil total unrealistische Utopie. Andererseits wäre hier die Devise eines Entweder-Oder, also, entweder Überwindung oder totale Hinnahme, totales Erleiden sicher nicht richtig. Vielmehr wird sich der Seelsorger der Zukunft darauf einrichten müssen, nie, soweit eben möglich, menschlich möglich, den Versuch zu unterlassen, in »seiner Welt« die »Welt aus den Angeln zu heben«, ohne je die volle Frucht dieser seiner Bemühungen erleben zu können. *Der Versuch ist in diesen Bereichen die notwendige Tat des Seelsorgers – leider nicht der Erfolg.* Abgesehen von mehr oder weniger »großen« bzw. »kleinen« Teil-Erfolgen wird sich hier das Reich Gottes nicht aus dem Bemühen im Laufe der Zeit »ergeben«, sondern einfach plötzlich »kommen«, das heißt, die Überwindung dieser Gewaltstrukturen wird ein Novum darstellen, das es vorher eben ganz und gar nicht gegeben hat, weil es dies nicht geben konnte. Seelsorger werden im Hinblick darauf auf die hohe Meinung für sich und ihre Mitarbeiter verzichten müssen, das Reich Gottes aufbauen zu können – oder, wie H. Thielicke in seinem Buch bekannt hat: »Die so strukturierte Welt des Menschen gibt die Realisierung des reinen Gotteswillens nicht aus sich heraus. Darum ist das Reich Gottes kein Zustand, der sich evolutionär aus dieser Welt ergeben könnte. Sondern darum ist es die Macht, die uns von der anderen Seite der Weltgrenze entgegenkommt. Darum ist sein Anbruch zugleich der Abbruch der Welt. Darum bitten wir nicht: Dein Reich ergebe sich, sondern: Dein Reich komme!«[14]

Eine andere Frage ist wohl die der subtileren, privaten, gleichsam internbegrenzten Umformungen von Gewalt in der Art von »schlagenden Argumenten«, »vernichtenden Blicken«, »scharfen geschliffenen Worten«, »Konkurrenz«, um nur einige Beispiele zu nennen. Hier meine ich, könnte der Seelsorger in Zusammenarbeit mit der Gemeinde, im Öffentlichen wie im

---

13 Leiden an der Kirche, Hamburg 1965, S. 110 f.
14 S. 111.

Privaten, in der Tat Arbeit mit Erfolg leisten – und zwar mit einem Erfolg, der in bestimmten Fällen einem »ganzen Sieg« gleichkommt. Ich möchte in diesem Zusammenhang vor allen vom Leistungsdruck, von der Leistungsschau, von ständigen gegenseitigen Ehrenbezeugungen, vom angestrebten Perfektionismus in seinen verschiedensten Varianten sprechen. Hier, so glaube ich, liegt ein ganz wichtiges Betätigungsfeld für jeden Seelsorger – denn, dies dürfte leider beinahe klar sein: In zumindest absehbarer Zukunft wird die Macht der privaten Gewalttätigkeiten gerade durch Leistungskampf und gegenseitiges Sich-Ausstechen noch in erschreckendem Maße zunehmen. Daher müssen Pfarrei, Kirche, Ausbildungsstätten für die, die Priester werden wollen bzw. »nur« Theologie studieren, Orte kirchlicher Arbeit und Verwaltung und schließlich der private Lebensbereich des Christen immer wieder befreit werden von diesen Dämonen des heimlichen Egoismus und der getarnten Hybris. Wenn schon der Frieden »im Großen« für uns nicht herstellbar ist und sein wird und also in seinen vollen Ausmaßen eine noch zu erwartende Wahrheit, eine Wahrheit der Zukunft sein wird, so sollten alle Glieder der Gemeinde zusammen mit ihren Seelsorgern am Frieden »im Kleinen« arbeiten, damit wenigstens dieser eine »Wahrheit der Gegenwart«, eine Wahrheit, die man sehen, hören und greifen kann, werde. Allerdings: Es dürfte bei diesem »Vorhaben« nicht ohne Demut, Verzicht und Großzügigkeit abgehen, denn, einfach gesagt: Herabsetzung von Leistungsschau und Leistungsglanz bedeuten zunächst immer so etwas wie »Verdemütigung«. Aber diese lohnt sich: Sie beschert denen, die sich ihr ausliefern, den Frieden, der atmen und alles sich erholen läßt.

Schließlich wird die Zukunft der Seelsorger noch mehr als bisher geprägt sein von dem *Bemühen um die Einheit der Christen*. Ich möchte da gleich und bewußt einfach sagen: Der Seelsorger von morgen – und auch schon von heute – wird sich und der Gemeinde vor Augen halten müssen, daß die Einheit im Grunde schon da ist, ja, daß sie in der Tat eigentlich überhaupt nie verloren gegangen ist, weil Christus den Christen nie verloren ging. Daß dies aber voll und ganz bewußt wird, setzt ein besonders intensives Eingehen auf Jesus Christus voraus. Dieses aber besteht darin, daß die Grundhaltungen dieses Mannes immer wieder bekannt und gelebt werden, die Grundhaltungen des »Ur-Jesus«, der Kern christlichen Lebens ist. Bei diesem Bemühen um den »Ur-Jesus« wird sich herausstellen, daß nur »Weniges« »notwendig«, weil unbedingt mit ihm »verbunden«, auf ihn »zurückführbar« ist. In der Entdeckung dieses »Wenigen« und »Notwendigen« können sich schon heute, konnten sich schon gestern – und werden sich erst recht morgen alle Christen treffen können und voll eins sein. Dieser bereits gegebenen Einheit werden alle ökumenischen Bemühungen nichts mehr hinzufügen können. Sie ist einfach da – Schluß-Basta! Dieser allen gemeinsame »Ur-Jesus« ist nun im Laufe der verschiedenartigen Geschichte der Christen in eine z. T. sehr differenzierte Tradition hineinverwoben worden. Diese Tradition läßt sich nicht entfernen, sie darf auch nicht verwässert werden – aber sie stellt unter gar keinen Umständen etwas Trennendes dar, in dem Sinne, daß wir dadurch im Eigentlichen voneinander geschieden wären. *Gewiß: Viele Mißverständnisse gilt es hier noch zu klären, damit wir uns alle friedlich begegnen. Aber eins sind wir schon, in Jesus Christus.*

Die eigentliche ökumenische Aufgabe aller Seelsorger, ohne Ausnahme, wird es daher sein, den Christen die Nähe zu Christus vor allem und vor allen vorzuleben und dann auch in sie einzuführen. Denn: Das ökumenische Problem ist die Nähe bzw. die Ferne zu Jesus Christus – sind Christen »nahe an Christus«, dann sind sie sich im Grunde auch einig – sind sie »Christusfremd«, dann fällt ihnen umso mehr ihre je eigene Geschichte auf und sie stellen von Neuem ihre gegenseitige Entfremdung fest.

Aber, es stimmt doch wohl: Auch in diesem Punkt hat schon die Zukunft begonnen, schon lange begonnen, sie muß nur noch deutlicher werden, die Zukunft, die der Liebe zu Christus und seiner Nachfolge gehört. Wer aber in Christus »verliebt«, »vernarrt« ist, der übersieht sehr viel und der relativiert sehr viel: nicht in Verachtung, sondern in Achtung, die aber versucht, die richtigen Proportionen zu wahren.

Der Seelsorger der Zukunft – er möge sein ein in »Christus Verliebter«, ein in »Christus-Vernarrter«.

HANS-GERD WIRTZ

»Die Moral von der Geschicht'…«

Moralische Deutungen in Kinderbibeln

1. Einleitung

Wer heute in eine Buchhandlung geht und nach einer geeigneten Bibelausgabe für Kinder fragt, sieht sich einer kaum überschaubaren Angebotsfülle gegenüber. Und als seien es noch nicht genug, erscheinen mit Regelmäßigkeit immer wieder neue Kinderbibeln auf dem Büchermarkt.

Dieses überaus große Angebot an Bibeln für Kinder überrascht in einer Zeit, die nicht gerade von großer Religiosität geprägt ist und in der selbst vielen Christen die biblischen Erzählungen fremd und unzugänglich erscheinen.

Jede Kinderbibel versucht auf ihre Weise, die biblischen Geschichten für Kinder zu bearbeiten und ihre Botschaft neu zu erschließen. Bei dem Bemühen um eine zeitgemäße Gestaltung der Erzählungen orientieren sich manche stärker am Text der Einheitsübersetzung, andere gehen wiederum freier mit der biblischen Textvorlage um.

Das Ergebnis dieser Bemühungen wird teilweise recht kritisch bewertet.[1] Einschränkend wird zwar immer wieder darauf hingewiesen, daß es *die* ideale Kinderbibel nicht gibt, die allen bibeltheologischen, religionspädagogischen, entwicklungspsychologischen und ästhetischen Ansprüchen in gleicher Weise gerecht wird.[2] Dennoch werden übereinstimmend solche Tendenzen der Bearbeitung abgelehnt, die durch inhaltliche und sachliche Akzentverschiebungen zu einer Verfälschung der biblischen Botschaft führen. Der Versuch, den biblischen Text von anstößigen oder nur schwer nachvollziehbaren Aussagen zu reinigen wird ebenso beanstandet wie der Versuch, ihn durch hinzugedichtete Handlungen anzureichern. In diesem Zusammenhang wird

---

1   Siehe hierzu u. a. Ch. Reents, Art. »Kinderbibel«. In: Theologische Realenzyklopädie Bd. 18, Berlin 1989, 176–182; R. Tschirch, Kinderbibeln kritisch gelesen. Vergleich verschiedener Kinderbibelerzählungen. In: R. Cordes (Hg.), Die Bibel als Kinderbuch. Schwerte 1991, 27–41; I. Weth, Wenn euch Kinder fragen… Biblisches Erzählen heute. Neunkirchen-Vluyn 1992, bes. 17–21 und A. Baum-Resch, Der kleine Mensch und das große Buch. Orientierungshilfen zur Beurteilung von Kinderbibeln. Trier 1994 (hrsg. u. a. von der Katholischen Akademie Trier)

2   R. Schindler u. a., Neuere Kinderbibeln. Beschreibung-Kritik-Empfehlungen. 5. erw. Aufl. Zürich 1989, 3, weist ausdrücklich darauf hin, »daß es die ideale Kinderbibel, die man vorbehaltlos empfehlen kann, nicht gibt, vielleicht gar nicht geben kann.«

auch die Tendenz kritisiert, die biblischen Texte in unzulässiger Weise zu moralisieren. Durch moralische Wertungen, konkrete Nutzanwendungen oder ermahnende Appelle würden die biblischen Texte nicht selten zu moralpädagogischen Zwecken instrumentalisiert.[3]

Diesem Vorwurf soll im Folgenden näher nachgegangen werden am Beispiel der Schöpfungsgeschichte und der Erzählung vom Fall des Menschen, die in Kinderbibeln häufig als Einheit rezipiert werden. Inwieweit werden diese beiden biblischen Geschichten moralisch gedeutet: mit welchen Inhalten und in welcher Weise? Beide Geschichten bieten sich für eine solche Untersuchung insofern an, als sie mit ihren grundlegenden Aussagen über Gott, Mensch und Welt in fast allen Kinderbibeln zu finden sind. Angesichts der ökologischen Herausforderung ist darüber hinaus die Bedeutung des alttestamentlichen Schöpfungsberichtes von vielen wieder neu entdeckt worden. Es ist daher auch zu fragen, inwieweit sich dieser Aspekt in den neueren Kinderbibeln niederschlägt.

Angesichts der großen Zahl an Kinderbibeln kann diese Untersuchung allerdings nur exemplarisch an einer kleinen, eher zufälligen Auswahl an Kinderbibeln aus den letzten dreißig Jahren erfolgen.

2. Darstellung

Die Kinderbibel des niederländischen Jugendschriftstellers Anne de Vries, die in den 50er Jahren zunächst in Holland und dann Anfang der 60er Jahre auch in deutscher Übesetzung erschienen ist, gehört bis heute mit einer Auflage von mehr als 1,5 Millionen Exemplaren sicherlich zu den am meisten verkauften Bibelausgaben für Kinder.

Bei der Bearbeitung der biblischen Urgeschichte durch de Vries fällt auf, wie häufig der Gehorsam gegenüber Gott sowohl im Schöpfungsbericht als auch in der Erzählung vom Fall des Menschen thematisiert wird.

Ein erstesmal wird der Gehorsam bei der Erschaffung Adams angesprochen und als sittlicher Anspruch Gottes dargestellt. Adam wird von Gott unmittelbar dazu verpflichtet, ihm gehorsam zu sein. So wie die Tiere Adam gehorchen müssen, so soll dieser Gott gehorchen. »Alles muß dir gehorchen, du aber mußt mir gehorsam sein.«[4] Damit wird der Gehorsam gegenüber Gott ausdrücklich als sittlich verbindliche Handlungsnorm gedeutet.

In der weiteren Erzählung wird Adam dargestellt als jemand, der diesen normativen Anspruch erfüllt. Nachdem ihm Gott verboten hat, vom Baum

---

3   Vgl. A. Baum-Resch, a.a.O., 14.
4   A. de Vries, Die Bibel unserer Kinder. Stuttgart 1961, 10.

der Erkenntnis zu essen, heißt es in der Kinderbibel: »Adam hörte auf das Wort des Herrn. Er ging immer an dem Baum vorbei.«[5]

Auf diesem Hintergrund erscheint das paradiesische Glück, das am Ende der Schöpfungsgeschichte geschildert wird, geradewegs als Folge des gehorsamen Verhaltens. Dieser Eindruck wird noch dadurch verstärkt, daß der Verlust des paradiesischen Zustandes in der anschließenden Erzählung vom Fall des Menschen unmittelbar auf das als ungehorsam bezeichnete Verhalten Adams und Evas zurückführt wird. »Denn weil Adam und Eva ungehorsam geworden waren, konnten sie nicht mehr so nahe bei Gott bleiben.«[6] An anderer Stelle wird der Verlust des paradiesischen Glücks sogar als Strafe für ihren Ungehorsam erklärt. »Zuerst war ihr Leben froh und glücklich gewesen. Nun war es ganz traurig und mühselig. Das war die Strafe dafür, daß sie ungehorsam gewesen waren.«[7]

Das ungehorsame Verhalten selbst wird als schweres moralisches Vergehen gegenüber Gott gedeutet, da die Mißachtung des göttlichen Verbotes als »schwere Sünde«[8] bezeichnet wird.

In diesem Zusammenhang ist es ein besonderes Anliegen der Kinderbibel, deutlich zu machen, daß Adam und Eva die negativen Folgen ihres Ungehorsams selbst zu verantworten haben. So heißt es schon zu Beginn der Sündenfallerzählung: »Aber eines Tages ist das alles ganz anders geworden. Und das war ihre eigene Schuld.«[9] Am Ende der Erzählung wird dies noch einmal wiederholt. »Armer Adam und arme Eva! Es war alles so sehr traurig. Aber es war ihre eigene Schuld.«[10]

Beide biblischen Geschichten werden bei de Vries somit gedeutet als Geschichte vom Gehorsam, der belohnt wird, und vom Ungehorsam, der bestraft wird. Moralisch wird damit die Vorstellung vermittelt: der Mensch soll gehorsam sein, dann wird es ihm auch gut gehen. Wer dagegen ungehorsam ist, der wird bestraft und ist selbst dafür verantwortlich.

Dieser moralischen Auffassung entspricht der Autor auch selbst in seinem Verhalten gegenüber seinen kindlichen Zuhörern. Denn zu Beginn der Schöpfungsgeschichte spricht er den Zuhörer direkt an und macht seine Bereitschaft, die Geschichte zu erzählen, davon abhängig, ob der Zuhörer ihm auch die nötige Aufmerksamkeit schenkt. So heißt es: »Jetzt mußt du noch einmal gut zuhören. dann werde ich dir auch erzählen, daß Gott alles erschaffen hat.«[11]

Außer dem Gehorsam werden in der Kinderbibel von de Vries noch andere moralische Ansprüche formuliert.

---

5   Ebd. 12.
6   Ebd. 13 f.
7   Ebd. 14.
8   Ebd. 13.
9   Ebd. 12.
10 Ebd. 14.
11 Ebd. 9.

So wird zum einen der siebte Schöpfungstag, an dem Gott von seiner Arbeit ausruhte, ethisch gedeutet als ein Ruhetag, an dem sich der Mensch von seiner Arbeit erholen soll. Zum anderen wird der Zuhörer in Form einer rhetorischen Frage direkt und sehr eindringlich ermahnt, niemals die Allmacht und Fürsorge Gottes zu vergessen. Nachdem Gott sein Schöpfungswerk beendet hat, heißt es: »So gibt es also nichts auf der Welt, was Gott nicht gemacht hat. Und auf der ganzen Welt gibt es nicht ein Kind, für das Gott nicht sorgt. Willst du das nie vergessen?«[12] Im Vergleich zum Gehorsam als dem zentralen sittlichen Wert treten diese beiden sittlichen Ansprüche jedoch in den Hintergrund.[13]

Anders als de Vries verzichtet die ebenfalls in den sechziger Jahren erschienene Patmosbibel darauf, die beiden biblischen Texte unter einem einheitlichen Aspekt ethisch zu deuten. Vielmehr werden verschiedene Aussagen der beiden biblischen Erzählungen zum Anlaß genommen, sie mit moralischen Ansprüchen oder Deutungen zu verbinden.

So wird etwa, nachdem die Welt bis auf den Menschen erschaffen ist, in einem eigenen erzählerischen Exkurs der Anspruch formuliert, Gott für seine Schöpfung zu danken. Diese Aufforderung ist allerdings nicht in eine direkte Sollensforderung gekleidet. Vielmehr wird in Form einer Katechese an einem Beispiel aus der Erfahrungswelt veranschaulicht, daß es sinnvoll ist, Gott für seine Schöpfung zu danken. »Wenn einer ein schönes Haus gebaut hat, dann loben wir ihn und danken wir ihm für seine Arbeit. Manchmal vergessen wir dabei, auch Gott zu danken. Gott hat die Steine gemacht, das Holz, das Eisen, und er gibt uns die Kraft zur Arbeit und den Sinn für schöne Formen. Dafür wollen wir ihm ein Lied singen.«[14]

Die Aufforderung, Gott zu danken, wird noch einmal wiederholt in Verbindung mit dem siebten Schöpfungstag. Dieser wird nicht nur gedeutet als ein Tag, an dem sich der Mensch von der Arbeit ausruhen soll. Mit ihm wird auch der religiöse Anspruch verknüpft, sich auf Gott zu besinnen und ihm für seine Liebe zu danken. Da dieser Aufforderung ebenfalls eine Katechese vorausgeht, hat sie weniger den Charakter eines moralischen Appells als eher den einer katechetischen Belehrung. Der Mensch »mag alles haben, was er sich gewünscht hat, stets ist da noch etwas offen, was ihm kein Mensch geben kann. Gott allein kann das dazutun, was uns noch fehlt, er allein kann die Unruhe von uns nehmen, er ist das Ende des Weges, er ist das Ziel. Daran wollen wir am Sonntag besonders denken, und wir wollen Gott dafür danken, daß er uns so sehr liebt.«[15]

---

12 Ebd. 10.
13 In einer Neuauflage der Bibel aus dem Jahr 1992 sind die genannten Moralisierungen weitgehend beibehalten worden.
14 A.-M. Cocagnac u. H. Hoffmann, Patmosbibel. Altes Testament. Düsseldorf 1967, 9
15 Ebd. 13.

Weitere moralische Ansprüche werden im Zusammenhang mit der Erschaffung Adams und Evas genannt. Die mit der Erschaffung Adams verbundenen Ansprüche betreffen allgemein das Verhältnis zum Mitmenschen, zu Gott und zur Welt insgesamt. Danach soll der Mensch lieben, Gemeinschaft mit Gott pflegen und über die Schöpfung herrschen. Zu diesem Zweck verleiht ihm Gott Herz, Stimme und Verstand.[16] Der Herrschaftsauftrag wird an anderer Stelle noch einmal moralisch dahingehend konkretisiert, daß die Menschen den Frieden bewahren und die Welt immer vollendeter gestalten soll. »Ich habe ihnen etwas von meiner Stärke und meinem Wissen mitgegeben, damit sie die Welt immer schöner machen und den Frieden bewahren können.«[17]

Auch hier fällt auf, die moralischen Wertvorstellungen werden nicht in direkt verpflichtenden Sollensforderungen ausgedrückt, sondern indirekt durch den Hinweis auf ein dem Menschen verliehenes Vermögen, aus dem heraus ein ethischer Anspruch erwächst.

Demgegenüber werden bei der Erschaffung Evas Wertvorstellungen vermittelt, die sich konkret auf das Verhältnis zwischen Mann und Frau beziehen. Danach wird die Beziehung zwischen Mann und Frau gekennzeichnet durch eheliche Gemeinschaft, lebenslange Bindung, gegenseitige Liebe und Zeugung von Nachkommenschaft. Während es vor der Erschaffung Evas von Gott heißt, er wolle Adam eine Gefährtin geben, »die immer bei ihm bleiben soll«[18], wird nach ihrer Erschaffung ausdrücklich darauf hingewiesen, daß beide immer zusammengeblieben sind und einander sehr liebten. Schließlich werden sie von Gott aufgefordert. »Jetzt sollt ihr heiraten und Kinder bekommen…«[19] Die genannten Werte zeichnen das Idealbild einer christlichen Ehe, das bereits in der Schöpfungsordnung grundgelegt und daher sittlich verpflichtend ist.

Ähnlich wie bei de Vries schließt auch die Patmosbibel die Schöpfungsgeschichte mit einer Mahnung an den Zuhörer ab. In ihr ist die Aufforderung enthalten, sich für Gottes Stimme zu öffnen. »So begann Gott sein Gespräch mit den Menschen, und wer die Ohren aufmacht, kann Gottes Stimme auch heute noch vernehmen.«[20]

Im Zusammenhang mit der Erzählung vom Sündenfall, die als eigenständige Geschichte konzipiert ist, sind lediglich zwei Aspekte erwähnenswert. Zum einen fällt auf, das von Gott ausgesprochene Verbot, vom Baum der Erkenntnis zu essen, wird entschieden positiv gedeutet als Schutz des Menschen vor seinen eigenen negativen Neigungen. So heißt es in einer Selbstrede

---

16 Vgl. a.a.O., 10.
17 Ebd. 12.
18 Ebd. 10
19 Ebd. 11.
20 Ebd. 11.

Gottes: »Ich muß dieses Verbot aussprechen, denn die Geschöpfe, die ich gemacht habe, neigen dazu, gegen mich aufzustehen und zu sagen: Wir wollen sein wie Gott.«[21] Damit wird die Vorstellung vermittelt, moralische Verbote wollen dem Menschen nichts vorenthalten, sondern ihn lediglich vor moralischen Verfehlungen bewahren. Zum anderen betont auch die Patmosbibel sehr nachdrücklich die ausschließliche Verantwortung Adams und Evas für die Übertretung des göttlichen Verbotes und die damit verbundene Vertreibung aus dem Paradies. Beide werden von Gott daran erinnert, daß sie auch die Möglichkeit hatten, sich anders zu entscheiden. »So schob der Mann die Schuld auf die Frau, und die Frau wiederum schob die Schuld auf die Schlange, doch Gott sprach zu dem Mann: 'Du sagst, du hättest keine Schuld? Warum hast du nicht nein gesagt, als deine Frau mit dem verbotenen Apfel kam?'. Zu der Frau sagte er: 'Du hättest nicht auf die Schlange hören sollen!' Dann sprach er zu den beiden. 'Es war eure Schuld allein, und so müßt ihr auch die Folgen tragen.'«[22] Damit wird die Überzeugung zum Ausdruck gebracht, für sein moralisches Versagen und die damit verbundenen Folgen ist der Mensch selber verantwortlich, da er auch in der Lage ist, sich gegen das Böse zu entscheiden.

In der Kinderbibel von Jörg Zink, die zu Beginn der 80er Jahre erschienen ist, fehlt zwar die Geschichte vom Fall des Menschen, doch wie bei den anderen Autoren ist auch bei ihm die Schöpfungsgeschichte mit moralischen Deutungen verbunden. Neben der Erschaffung von Adam und Eva wird auch der siebte Schöpfungstag zu moralischen Wertaussagen benutzt.

Diese beziehen sich bei der Erschaffung Adams und Evas auf das Verhältnis zwischen Mann und Frau, der Menschen untereinander, zu Gott und zur außermenschlichen Schöpfung.

Im Blick auf das Verhältnis zwischen Mann und Frau wird lediglich die lebenslange Bindung ausdrücklich als sittlicher Wert herausgestellt. So weist die Kinderbibel darauf hin: »Und sie blieben beieinander. So wollte es Gott.«[23] Demgegenüber wird für das Verhalten der Menschen untereinander das friedliche Zusammenleben aller Menschen, Rassen und Hautfarben als göttlicher Anspruch formuliert. So heißt es in einer Rede Gottes an Adam und Eva: »Ich will euch Kinder geben, und euren Kindern wieder Kinder, und so sollen zuletzt viele Menschen sein. Die sollen alle ihren Platz haben auf der Erde und in Frieden miteinander leben. Manche sollen schwarz sein, manche weiß, manche gelb und manche rot.«[24] Der verpflichtende Charakter und die sittliche Bedeutung dieses zuletzt genannten Anspruchs wird zusätzlich noch einmal durch das sich anschließende göttliche Urteil unterstrichen, das da

---

21 Ebd. 15.
22 Ebd. 19.
23 J. Zink, Der Morgen weiß mehr als der Abend. Bibel für Kinder. Stuttgart 1981, 20.
24 Ebd. 20.

lautet: »So sind sie gut.«[25] Im Blick auf Gott wird ferner die Dankbarkeit für das Geschenk des Lebens als sittlich geboten herausgestellt.

Im Unterschied zu den bisher erörterten Kinderbibeln erfährt das menschliche Naturverhältnis in der Kinderbibel von Jörg Zink eine besondere Gewichtung. Gleich dreimal wird der Umgang mit der Natur direkt angesprochen und mit moralischen Ansprüchen verbunden. Bereits vor der Erschaffung Adams wird der Mensch in einer Selbstrede Gottes dazu verpflichtet, nicht nur das göttliche Schöpfungswerk kreativ fortzusetzen, sondern zugleich auch »ein Freund der Tiere« und »ein Gärtner für die Pflanzen«[26] zu sein. Adam und Eva werden darüber hinaus auch noch einmal direkt von Gott zu einem fürsorglichen Umgang mit der Natur aufgefordert: »'Seht ihr alle Vögel? Seht ihr die großen Tiere und die kleinen? Sorgt dafür, daß sie alle leben können. Es soll keines überhandnehmen, und keines soll ausgerottet werden. Ihr sollt an alle denken und sollt Ordnung halten in dem Garten, daß er nicht verwildert. Pflanzen und Unkraut jäten und säen.'«.[27] Da Adam und Eva diese Verpflichtung noch einmal sinngemäß wiederholen im Sinne einer vertraglichen Bestätigung, wird ihr eine besondere moralische Bedeutung zuerkannt. Begründet wird diese Verpflichtung damit, daß die Erde allen gemeinsam ist. »Und sie sagten zueinander. 'Wir sollen auf diese Erde achten. Denn sie gehört Gott. Sie gehört allen lebendigen Wesen gemeinsam. Sie gehört auch uns, wir sollen auf ihr leben, arbeiten und glücklich sein...'«[28] In sehr eindringlicher Weise wird hier der sittliche Anspruch vermittelt, die Natur nicht rücksichtslos auszubeuten und zu zerstören, sondern verantwortungsvoll mit Tieren und Pflanzen umzugehen sowie die Natur insgesamt durch die menschliche Arbeit zu kultivieren.

Schließlich gilt es noch auf die moralische Deutung des siebten Schöpfungstages einzugehen. Diese bezieht sich nicht unmittelbar auf das Gottesverhältnis, sondern mehr auf das Verhalten der Menschen untereinander. Der Mensch soll sich danach von der Arbeit erholen, nachsinnen und sich miteinander freuen.[29]

Im Unterschied zu den bisher erörterten Kinderbibeln verzichtet Dietrich Steinwede in seiner Kinderbibel weitgehend darauf, die Schöpfungsgeschichte und die Erzählung vom Fall des Menschen moralisch auszudeuten.

Die wenigen Deutungen stellen vor allem die Arbeit als sittliche Pflicht des Menschen heraus. Dies geschieht in der Schöpfungsgeschichte wie auch in der Sündenfallgeschichte. Ein erstes Mal wird die Verpflichtung zur Arbeit bei der Beauftragung des Menschen ausgesprochen, den Garten zu hegen und zu pflegen. Dieser biblische Auftrag wird ergänzt durch die Forderung, der

---

25 Ebd. 20.
26 Ebd. 20.
27 Ebd. 20.
28 Ebd. 20 f.
29 Vgl. Ebd. 22.

Mensch »soll darin arbeiten«.[30] Erneut wird diese Forderung bei der Erschaffung Evas genannt. Dort wird hervorgehoben, daß Mann und Frau sich nicht nur aneinander freuen, sondern auch »miteinander arbeiten«[31] sollen. Schließlich wird der Anspruch noch einmal zu Beginn der Sündenfallgeschichte formuliert und direkt als Gebot Gottes dargestellt. »Gott hat ein Gebot gegeben: Du sollst arbeiten in dem Garten, Mensch.«[32]

Neben der Arbeit wird als weitere Wertvorstellung ein verantwortlicher Naturumgang befürwortet. Nicht nur die bereits genannte Beauftragung des Menschen zur Hege und Pflege des Gartens wird erwähnt, sondern zusätzlich auch noch einmal der konkrete Anspruch, mit den Tieren liebevoll umzugehen.

Abschließend ist noch festzuhalten, daß die Geschichte vom Fall des Menschen bei Steinwede durch die Überschrift »Sünde und Vertreibung«[33] ausdrücklich als Schuldigwerden vor Gott gedeutet wird.

Herbert Ossowski deutet die beiden biblischen Geschichten wiederum stärker unter einem einheitlichen moralischen Gesichtspunkt. Die Schöpfungserzählung und die Geschichte vom Fall des Menschen sind dabei durch ein gemeinsames ethisches Thema miteinander verbunden: durch den Anspruch, Gott zu lieben. Die Gottesliebe wird sowohl in der Schöpfungsgeschichte wie auch in der Erzählung vom Fall des Menschen als sittlicher Anspruch herausgestellt. Zunächst ist es Gott selbst, der diese Verpflichtung ausspricht: »Ich will diese Menschen lieben, und sie sollen mich lieben.«[34] Zu Beginn der Erzählung vom Sündenfall ist es dann noch einmal der Erzähler, der an diese Forderung Gottes erinnert: Gott »wollte sie lieb haben, und sie sollten ihn lieben.«[35]

Auf dem Hintergrund dieses göttlichen Anspruchs wird die Sündenfallgeschichte gedeutet als Prüfung der Gottesliebe, die sich im Gehorsam gegenüber Gott ausdrückt. So heißt es zunächst: »Gott liebte Adam, und er wollte wissen, ob auch Adam ihn wirklich lieb hatte.« Nachdem Adam und Eva jedoch von den verbotenen Früchten gegessen haben, werden beide gleich zweimal als ungehorsam beurteilt, die aus diesem Grund das Paradies verlassen müssen. »Sie schämten sich sehr, daß sie Gott nicht gehorcht hatten… So mußten Adam und Eva den Garten von Eden verlassen, weil sie ungehorsam waren.«[36] Mit dieser Deutung der Sündenfallgeschichte wird die Moral vermittelt: der Mensch soll seine Liebe zu Gott durch ein gehorsames Verhalten

---

30 D. Steinwede, Kommt und schaut die Taten Gottes. Die Bibel in Auswahl. Göttingen 1982, 12.
31 Ebd. 12.
32 Ebd. 14.
33 Ebd. 14.
34 H. Ossowski, Die Bibel für Kinder. Recklinghausen 1984, 8.
35 Ebd. 10.
36 Ebd. 10.

gegenüber Gott beweisen, während ungehorsames Verhalten durch negative Folgen bestraft wird.

Neben der Gottesliebe und dem Gehorsam werden von Ossowski noch weitere Wertvorstellungen vermittelt. So werden etwa bei der Erschaffung von Tag und Nacht die Arbeit, das Spiel sowie die Erholung als Werte genannt.[37] Schließlich plädiert die Kinderbibel auch für eine zweckfreie Einstellung zur Natur, da über den biblischen Herrschaftsauftrag hinaus auch der Anspruch formuliert wird, sich an der Schöpfung zu freuen. »Gott hatte die Erde wunderschön gemacht. Aber es lebten noch keine Menschen auf der Erde, die sich über die duftenden Blumen freuen und die köstlichen Früchte essen konnten. Deshalb wollte Gott Menschen erschaffen, die auf dieser herrlichen Erde leben und sich über alles freuen sollten, was er gemacht hatte.«[38]

In der Kinderbibel von Elmar Gruber spielt der Gehorsam ebenfalls eine zentrale Rolle. Die Schöpfungsgeschichte und die Erzählung vom Sündenfall werden unter diesem Gesichtspunkt recht eindeutig gedeutet als Geschichte vom Gehorsam, der belohnt wird und vom Ungehorsam, der sich unheilvoll auswirkt.

In der Schöpfungsgeschichte wird der Gehorsam unmittelbar als Anspruch Gottes dargestellt. Denn nach der Erschaffung Adams und Evas heißt es einschränkend: »War ihnen auch die Erde untertan, so sollten sie doch Gott gehorchen.«[39] Begründet wird dieser Anspuch damit, daß Gott Adam und Eva liebte und für sie das Beste wollte. Im Anschluß daran wird allerdings schon mahnend darauf hingewiesen, daß beide nur solange glücklich sein sollten, wie »sie nach seinen Geboten lebten«.[40] In diesem Sinne werden als konkrete Ansprüche in der Schöpfungsgeschichte genannt: Gott erkennen und lieben, die Welt in Ordnung halten, sich unterhalten und sich freuen sowie einander Vertrauen und Liebe schenken. Nachdem geschildert wird, wie Adam und Eva einige dieser Ansprüche gehorsam erfüllen, wird abschließend betont: »Nichts konnte Adams und Evas Glück im Garten stören.«[41] Damit wird der Eindruck erweckt, das ungestörte Glück der ersten Menschen sei eine Folge ihres gehorsamen Verhaltens gegenüber Gott.

Dieser Deutung der Schöpfungsgeschichte steht die Sündenfallgeschichte gegenüber, in der das Verhalten Adams und Evas wiederholt als ungehorsam beurteilt wird. »Gott, ihrem Schöpfer und Freund, hatten sie nicht gehorcht ... Sie schämten sich, denn sie waren ungehorsam gewesen.«[42]

---

37 Vgl. Ebd. 8.
38 Ebd. 10.
39 E. Gruber, Die Bibel in 365 Geschichten erzählt. Freiburg [3]1988, 12.
40 Ebd. 12.
41 Ebd. 13.
42 Ebd. 13.

Als Folgen dieses Verhaltens wird nicht nur die Zerstörung des Paradieses genannt, sondern auch die Notwendigkeit, nunmehr seinen eigenen Weg in der Welt zu finden. So heißt es in einer Rede Gottes: »Ihr habt euch dafür entschieden zu tun, was ihr wollt. Und das bedeutet auch, daß ihr euch entschieden habt, von mir zu gehen. Ihr müßt jetzt euren eigenen Weg in der Welt finden.«[43] Diese zweite Auswirkung des ungehorsamen Verhaltens wird sogar noch als gravierender beurteilt als die Zerstörung des Paradieses selbst. Denn einleitend zu der Rede Gottes heißt es: »Es sollte noch schlimmer kommen.«[44] Damit wird in der Kinderbibel Grubers nicht nur die Moral vermittelt, der Mensch soll gehorsam sein, sondern zugleich auch die Vorstellung, daß eigenständiges Denken und selbstständiges Handeln etwas moralisch Negatives ist, das der ursprünglichen Absicht Gottes widerspicht. Dadurch wird die Verpflichtung zum Gehorsam sogar noch einmal verstärkt.

Im Unterschied zu den meisten Kinderbibeln ergänzt Wilfried Pioch in seiner Kinderbibel die Schöpfungsgeschichte und die Erzählung vom Sündenfall jeweils durch eigene Rahmenerzählungen, in denen Situationen und Erfahrungen aus dem Alltag der Kinder Stefan und Katrin im Gespräch mit ihren Eltern angesprochen und mit dem biblischen Text verbunden werden. Zugleich dienen diese Erzählungen mitunter aber auch dazu, moralische Überzeugungen auszudrücken.

So wird etwa in der Rahmenerzählung zur Schöpfungsgeschichte die Haltung der Dankbarkeit für Gottes Schöpfung in sehr katechetischer Weise angespochen und als Anspruch formuliert. Von der Situation ausgehend, daß Stefan Radieschen gesät hat, wird von der Mutter erklärend darauf hingewiesen, daß die Menschen beim Wachsen der Pflanzen das Entscheidende nicht selber machen könnten und deshalb Gott dankbar sind. »Wir können uns nur darüber wundern und freuen, daß in den kleinen runden Samenkörnern so viel Lebenskraft steckt, daß daraus große, rote Radieschen werden. Und weil das so ist, werde ich auch Gott dankbar sein, wenn du mir Radieschen bringen wirst.«[45] Nachdem die Mutter die Schöpfungsgeschichte zu Ende erzählt hat, weist sie noch einmal darauf hin, daß die Menschen allen Grund haben, Gott für seine Schöpfung zu danken. »Für unser Leben und für die Schönheit unserer Welt können wir uns immer wieder bei Gott bedanken.«[46]

Die dankbare Haltung gegenüber Gott wird als Thema noch einmal in der Geschichte vom Sündenfall angesprochen. Die Dankbarkeit des Menschen erweist sich danach im Gehorsam gegenüber den Geboten Gottes. Nachdem zu Beginn der Erzählung eigens darauf hingewiesen wurde, daß die Menschen befolgen sollen, was Gott ihnen sagt, gestehen sich Adam und Eva nach dem Übertreten des göttlichen Verbotes gegenseitig ein, daß sie ihre Dankbarkeit

---

43 Ebd. 14.
44 Ebd. 14.
45 W. Pioch, Die neue Kinderbibel. Mit Kindern von Gott reden. Hamburg 1989, 10.
46 Ebd. 12.

gegenüber Gott durch ein gehorsames Verhalten hätten beweisen können. »Wir hätten ihm zeigen können, daß wir ihm dankbar sind, wenn wir ihm gehorcht hätten.«[47] Damit wird auch in dieser Kinderbibel der Gehorsam als sittlicher Wert gedeutet. Moralisch wird die Vorstellung vermittelt: der Mensch soll sich nicht durch ungehorsames Verhalten gegenüber Gott als undankbar erweisen, sondern seine Dankbarkeit ihm gegenüber durch ein gehorsames Befolgen der göttlichen Gebote zu erkennen geben.

Im Zusammenhang mit der Beurteilung ihres Verhaltens weist auch Wilfried Pioch mit Nachdruck die Verantwortung für die Übertretung des göttlichen Verbotes und die negativen Konsequenzen Adam und Eva selbst zu. Doch anders als bei den bisher genannten Kinderbibeln ist es Adam selbst, der gegenüber Eva die gemeinsame Verantwortung eingesteht: »Du warst es doch selbst, die die Frucht abpflückte. Und ich habe selbst gegessen, was du mir gegeben hast, sagte Adam. Wir haben selbst Schuld, daß wir den Garten verlassen müssen, Eva.«[48]

Die Sündenfallgeschichte endet schließlich mit einer an Eva gerichteten Mahnung Adams, auch die schlechten Gedanken im Menschen auszumerzen. Nur so sei ein friedvolles Zusammenleben der Menschen möglich. »Wenn auf unserem Acker etwas Gutes wachsen soll, werden wir in Zukunft die Disteln ausreißen müssen. Und wenn wir Menschen in Frieden miteinander leben wollen, werden wir auch auf unsere Gedanken aufpassen müssen. Wir müssen sie ausreißen wie das Unkraut.«[49] Adam reagiert mit dieser Mahnung auf das Verhalten Evas, die bereits bevor sie von der Schlange angesprochen wird, den Wunsch hegt, vom Baum der Erkenntnis zu essen.

Mit dieser abschließenden Mahnung Adams wird dem Zuhörer deutlich gemacht, daß die Verwirklichung des Sittlichen nicht nur in der äußeren Erfüllung von Geboten und Verboten besteht, sondern auch in inneren Einstellungen und Haltungen, die ein sittliches Handeln fördern.

Schließlich ist noch anzumerken, daß in der Kinderbibel Piochs auch die Wertvorstellung vermittelt wird, die Liebe und den Frieden in der Welt zu erhalten und verantwortungsvoll mit der Natur umzugehen. So heißt es bei der Beauftragung des Menschen: »Gott wollte, daß alles in dieser schönen Welt voller Liebe und Frieden bleibt. So sagte er zu den Menschen:'Ich vertraue euch diese Welt an…Eßt von den Früchten und sorgt für die Pflanzen und die Tiere.'«[50]

Zum Abschluß der Untersuchung sollen noch zwei Kinderbibelausgaben erörtert werden, die erst in den letzten Jahren erschienen sind.

In der neuen Patmosbibel, die sich sehr eng an den biblischen Text anlehnt, finden sich nur wenige moralische Deutungen. Lediglich in der Schöpfungs-

47 Ebd. 14.
48 Ebd. 15.
49 Ebd. 15.
50 Ebd. 12.

geschichte wird das Verhälnis zur Natur und das zwischen Mann und Frau moralisch näher bestimmt. In Verbindung mit der biblischen Aufforderung, Nachkommen zu zeugen, wird von Gott selbst der Anspruch erhoben, daß Mann und Frau in einer durch Heirat gültig geschlossenen ehelichen Lebensgemeinschaft leben sollen. Daneben wird in sehr eindringlicher Weise ein verantwortlicher Umgang mit der Natur gefordert, da die ganze Erde dem Menschen anvertraut ist. Zwar wird dem Menschen auch erlaubt, sie für seine Zecke zu gebrauchen, doch geradezu beschwörend bittet Gott den Menschen, verantwortlich mit der Natur umzugehen: »Ihr dürft sie gebrauchen zu eurer Nahrung und zu eurer Freude. Aber um eines bitte ich euch: Geht sorgsam mit ihnen um!«[51]

Der Schweizer Kinderbibelautor Werner Laubi schließlich verzichtet in seiner Bearbeitung der Schöpfungsgeschichte und der Erzählung vom Sündenfall fast vollständig auf moraralische Deutungen. Lediglich der Anspruch zu einem verantwortlichen Naturumgang wird ausdrücklich hervorgehoben und damit begründet, daß die Schöpfung dem Menschen von Gott anvertraut ist. So heißt es in einer Rede Gottes: »Euch vertraue ich alles an, was lebt: Fische, Vögel und die anderen Tiere, den Wald mit allen Bäumen, die Blumen und die übrigen Pflanzen. Geht sorgsam mit allem um!«[52]

3. Zusammenfassung und Bewertung

Überblickt man die dargestellten Äußerungen in Kinderbibeln, so kann als Ergebnis festgehalten werden: die Schöpfungsgeschichte und die Erzählung vom Fall des Menschen werden durchweg zum Anlaß genommen, um durch Mahnungen, Forderungen und Wertungen moralisch zu erziehen. Das Ausmaß, in dem dies geschieht, ist von Kinderbibel zu Kinderbibel mitunter sehr verschieden. Die Tendenz, die biblische Textvorlage zu moralischen Zwecken zu verändern, ist in den älteren Kinderbibeln weit stärker ausgeprägt als in denen, die erst in den letzten Jahren erschienen sind. Diese orientieren sich wieder stärker am Text der Einheitsübersetzung und verzichten weitgehend auf moralische Deutungen.

In der Schöpfungsgeschichte werden vor allem die Erschaffung Adams und Evas sowie der Herrschafts- und Kulturauftrag zum Anlaß genommen, moralische Wertaussagen zu treffen. Gelegentlich wird auch noch der siebte Schöpfungstag moralisch gedeutet. Dies geschieht jedoch vorwiegend nur in den älteren Kinderbibeln.

51 Die neue Patmosbibel. Erzählt von J. Belloso. Dt. von H. Hoffmann. Düsseldorf 1990, 150.
52 W. Laubi, Kinderbibel. Lahr 1992, 8.

In der Sündenfallgeschichte ist es vor allem das Verhalten Adams und Evas, das zur Vermittlung moralischer Überzeugungen dient. Dies geschieht vielfach dadurch, daß dieses Verhalten ausdrücklich moralisch beurteilt und als ungehorsam bezeichnet wird. Darüber hinaus werden der Verstoß gegen den Willen Gottes und die Folgen dieser Verfehlung häufig noch einmal nachdrücklich allein Adam und Eva moralisch angelastet.

Die in den Kinderbibeln genannten Ansprüche und Deutungen beziehen sich näherhin auf das Verhältnis zu Gott, zum Mitmenschen und zur außermenschlichen Schöpfung. Das Verhältnis zur Natur wird allerdings erst in den neueren Kinderbibeln eigens thematisiert. In den beiden Kinderbibeln aus den 60er Jahren ist der menschliche Umgang mit der Natur noch kein eigenes Thema.

Als Ansprüche gegenüber Gott werden genannt: ihn zu erkennen, zu loben, zu lieben und ihm zu danken. Darüber hinaus kommt besonders dem Gehorsam eine zentrale sittliche Bedeutung zu. Nicht nur in älteren Kinderbibeln, sondern auch in neueren Ausgaben wird gegenüber Gott immer wieder diese Haltung als sittlich geboten herausgestellt. Dies geschieht vor allem dadurch, daß die Schöpfungsgeschichte und die Erzählung vom Fall des Menschen vielfach gedeutet werden als Geschichte vom Gehorsam, der belohnt wird und vom Ungehorsam, der bestraft wird. Mitunter wird die Haltung des Gehorsams dabei noch einmal selber gedeutet als Ausdruck der Dankbarkeit gegenüber Gott oder der Gottesliebe.

Auch das Verhalten der Menschen untereinander wird in den Kinderbibeln mit einer Vielzahl unterschiedlicher Ansprüche moralisch bestimmt. Diese Ansprüche können näherhin noch einmal danach unterschieden werden, ob sie sich auf das Verhältnis zwischen Mann und Frau oder auf das allgemeine Miteinander der Menschen beziehen. Für die Ausgestaltung des mitmenschlichen Umgangs werden häufig als zentrale Werte genannt: den Frieden bewahren und einander lieben und vertrauen. Darüber hinaus werden verschiedentlich auch die Ansprüche formuliert, sich zu erholen, zu spielen, sich zu freuen, zu arbeiten und sich zu unterhalten.

Für das Verhältnis zwischen Mann und Frau werden besonders die lebenslange Bindung und die eheliche Gemeinschaft als sittlicher Wert herausgestellt. Lediglich in einer älteren Kinderbibel werden darüber hinaus auch noch die personalen Werte der Partnerschaft und der gegenseitige Liebe genannt.

Im Blick auf das Verhältnis zur Natur wird ihre berechtigte Nutzung für menschliche Zwecke ebenso betont wie die Pflicht des Menschen, mit der ihm anvertrauten Schöpfung sorgsam umzugehen. Insbesondere die Verpflichtung des Menschen zu einem moralisch bestimmten Verhältnis zur Natur ist für fast alle neueren Kinderbibeln ein besonderes Anliegen.

Schließlich ist festzuhalten, die moralischen Vorstellungen werden in unterschiedlicher Weise vermittelt. Am wenigsten erfolgt diese Vermittlung durch direkte Ermahnungen oder Aufforderungen des Zuhörers. Die wenigen direkten Aufforderungen haben zudem mehr den Charakter einer katechetischen Belehrung als einer moralischen Forderung, da sie häufig mit einer katechetischen Erläuterung einhergehen. Am häufigsten geschieht die Moralvermittlung indirekt, indem entweder moralische Wertungen ausgesprochen oder Ansprüche gegenüber Adam und Eva geäußert werden. Der sittlich verpflichtende Charakter der genannten Ansprüche wird für den Zuhörer häufig dadurch noch einmal unterstrichen, daß diese Ansprüche vielfach Gott selbst in den Mund gelegt werden.

Versucht man nun diesen Befund einer abschließenden Bewertung zuzuführen, so scheinen folgende Aspekte wesentlich zu sein.

Die Kinderbibeln sind auch Kinder ihrer Zeit. In dem, was sie wie moralisch deuten, spiegeln sich auch zeitbedingte Einstellungen und Entwicklungen wieder. Die besondere moralische Akzentuierung des menschlichen Umgangs mit der Natur in den neueren Kinderbibeln ist sicherlich das auffallenste Indiz für diese Annahme. Während die Patmosbibel vor fast dreißig Jahren den Herrschaftsauftrag noch ausschließlich im Blick auf den Menschen deutet, wird der Herrschafts- und Kulturauftrag in den späteren Kinderbibeln fast immer auch im Sinne eines verantwortlichen Umgangs mit der Natur gedeutet. In dieser inhaltlichen Akzentverschiebung drückt sich das in den letzten Jahrzehnten gewachsene Umweltbewußtsein aus, das angesichts der ökologischen Krise eine ethische Neubestimmung des menschlichen Naturverhältnisses für notwendig erachtet.

Ähnlich verhält es sich auch mit der Deutung des siebten Schöpfungstages. Angesichts der schwindenen religiösen Bedeutung des Sonntags in unserer Zeit überrascht es nicht, wenn dieser Schöpfungstag nur in den älteren Kinderbibeln besondere Beachtung findet und dort moralisch gedeutet wird als ein Tag, an dem der Mensch in besonderer Weise Gott danken soll.

Kritisch ist anzumerken, daß die Betonung des Gehorsams gegenüber Gott in nicht wenigen Kinderbibeln den Eindruck erweckt, die biblisch-christliche Moral sei eine Gesetzes- und Gehorsamsmoral, die den Menschen zur Erfüllung normativer Ansprüche verpflichtet und ihn bei deren Mißachtung mit entsprechenden Sanktionen belegt. Es wird hierdurch die Vorstellung gefördert, die christliche Moral achte legalistisch mehr auf die Erfüllung bestimmter normativer Leistungen als darauf, ob der Mensch entsprechend der vorgegebenen Situation und den persönlichen Möglichkeiten dem jeweiligen sittlichen Anspruch gerecht wird. Auf einen Erwachsenen, der die Geschichten seinem Kind oder Enkelkind vorliest, muß eine solche Moral abstoßend wirken, da ein eigenverantwortliches Gestalten des Lebens aus christlicher Verantwortung hier nicht möglich ist. Diese Form der Lebensgestaltung wird in der Kinderbibel von Elmar Gruber sogar ausdrücklich als etwas Negatives dargestellt. Es ist daher zu begrüßen, daß zumindest in den erörterten Kinderbibeln, die in jüngster Zeit erschienen sind, solche Deutungen der Schöpfungsgeschichte und der Sündenfallerzählung fehlen.

Schließlich gilt es insgesamt die Tendenz der meisten hier behandelten Kinderbibeln zu kritisieren, die Schöpfungsgeschichte und die Sündenfallerzählung über die biblischen Aussagen hinaus moralisch auszudeuten. Die Vielzahl der versteckten und offenen Ansprüche erwecken insgesamt den Eindruck, als sei das Wesentliche des christlichen Glaubens die Moral. Die fordernde Liebe Gottes tritt mitunter so stark in den Vordergrund, daß eine Moralisierung des christlichen Glaubens droht. Durch ihre unzulässigen Moralisierungen biblischer Aussagen tragen die Kinderbibeln auf ihre Weise mit dazu bei, daß der christliche Glauben von vielen fast nur noch als eine moralische Größe wahrgenommen wird, der ein bestimmtes Verhalten fordert. Auf diese Weise verhindern Kinderbibeln gerade das, was sie auch erreichen wollen: das Interesse an der Frage nach Gott und der christlichen Botschaft bei Kindern zu wecken. Mit der Vielzahl der genannten Ansprüche und den teilweise sehr eindeutigen Deutungsangeboten verstellen viele Kinderbibeln dem Leser den Zugang zu einer persönlichen Auseinandersetzung mit dem biblischen Text und einem existentiellen Glaubensverständnis.

Das Eigentliche der biblischen Botschaft geht durch die Vielzahl an Moralisierungen von biblischen Einzelaussagen verloren: die Liebe und Hinwendung Gottes zum Menschen. Diese tragende Liebe Gottes, die jedem menschlichen Handeln vorausgeht, ruft erst den Menschen zu einer sittlichen Antwort heraus.

Im Blick auf die Bearbeitung biblischer Texte für Kinder sei daher abschließend an das erinnert, was der mit dieser Festschrift zu Ehrende im Vorwort seiner Allgemeinen Moraltheologie schreibt: »Bei aller Bedeutung, die der Moral und dem moralischen Handeln des Menschen auch zukommt, sind diese nie allein und originär sein eigenes Werk. Anfang und Anstoß zum Tun des Guten kommen von dem, von dem der Mensch selber kommt. Gott hat in allem das erste Wort; er spricht es auch hier im Bereich des Ethos. Das Tun des Menschen ist immer erst das zweite oder eben Ant-wort.«[53]

---

53 H. Weber, Allgemeine Moraltheologie. Ruf und Antwort.Graz 1991, 15.

Bibliographie

1. Das neue Gebot im Neuen Testament. Dissertation. Rom 1959. (Veröffentlichter Teildruck: Die Neuheit des Gebotes der Nächstenliebe im Neuen Testament. Rom 1962.)

2. Wieweit ist Sittlichkeit rechtlich erzwingbar? In: Trierer Theologische Zeitschrift 74(1965)269–280.

3. Sakrament und Sittlichkeit. Eine moralgeschichtliche Untersuchung zur Bedeutung der Sakramente in der deutschen Moraltheologie der ersten Hälfte des 19. Jahrhunderts. (Studien zur Geschichte der kath. Moraltheologie, hrsg. von Michael Müller, Band 13.), Regensburg 1966.

4. Toleranz aus katholischer Sicht. Zur Entwicklung des Toleranzverständnisses in der katholischen Theologie der Gegenwart. In: Toleranz. (Evangelisches Forum, hrsg. von der Evangelischen Akademie Tutzing, Heft 7.) Göttingen 1966, 5–27.

5. Krieg und christliche Moral heute. In: Lebendiges Zeugnis 1967, Heft 4, 53–66.
Leicht überarbeitet unter dem Titel »Schritte auf dem Weg zu einer Ethik des Friedens«. In: Den Frieden erjagen. Beiträge zur Theologie und Verkündigung des Friedens. Trier 1970, 159–185.

6. Freiheit als Grundelement des christlichen Lebens. In: Kolping – Informationen – Präsides 1969, Heft 2, 102–115.

7. Nach der Strafrechtsreform. In: Diakonia/Der Seelsorger 1(1970)382–390.

8. Um das Proprium christlicher Ethik. Das Beispiel der katholischen Gesellschaftslehre. In: Trierer Theologische Zeitschrift 81(1972)257–275.

9. Todsünde – läßliche Sünde. Zur Geschichte der Begriffe. In: Trierer Theologische Zeitschrift 82(1973)93–119.
Abgedruckt auch in: Theologisches Jahrbuch, hrsg. von W. Ernst u. a., Leipzig 1975, 427–449.

10. Überlegungen zum theologischen Schuldverständnis. In: Dienst der Versöhnung, hrsg. von der Theologischen Fakultät Trier. Trier 1974, 121–136.

11. Il compromesso etico. In: Problemi e prospettive di teologia morale, a cura di T. Goffi. Brescia 1976, 199–219.
Deutsch unter dem Titel »Der Kompromiß in der Moral. Zu seiner theologischen Bestimmung und Bewertung« in: Trierer Theologische Zeitschrift 86(1977)99–118.

12. Neuntes Gebot: »Du sollst nicht begehren deines Nächsten Frau!« In: Die 10 Gebote, hrsg. von W. Sandfuchs. Würzburg 1976, 121–134. Ital. Ausgabe: I dieci comandamenti. Assisi 1978, 129–143.

13. Historisches zum Utilitarismus. In: Christlich glauben und handeln. Fragen einer fundamentalen Moraltheologie in der Diskussion. Hrsg. von K. Demmer und B. Schüller, Düsseldorf 1977, 223–242.

14. Partnerbeziehungen ohne Normen? Zum Verhältnis der Jugend zu Ehe und Sexualität. In: Jugend ohne Normen? Eine Generation auf der Suche. Hrsg. von H. Heigert. (Schriften der Katholischen Akademie in Bayern, Band 82). Düsseldorf 1978, 57–71.

15. Menschliche Moral und christliches Sakrament. In: Anspruch der Wirklichkeit und christlicher Glaube. Hrsg. von D. Mieth und H. Weber. Düsseldorf 1980, 248–269.

16. Rationalität und Ethik. In: Trierer Beiträge. Aus Forschung und Lehre an der Trierer Universität. Nr. 10. Trier 1981, 38–41.

17. Eine neue Wende in der Wertung des Gewissens? Zu einem Problem der nachkonziliaren Entwicklung. In: Trierer Theologische Zeitschrift 91(1982)18–33.

18. Grußwort. In: Mitteilungen und Forschungsbeiträge der Cusanus-Gesellschaft, Bd. 15. Mainz 1982, 19f.

19. Die ehrliche Entscheidung. Zwischen Gewissen und Gehorsam: Ist das christliche Gewissen letzte Instanz? In: Grundwert Wahrheit. Hrsg. von der Kath. Sozialethischen Arbeitsstelle. Hamm 1983, 24–40.

20. Gewissen – Gewissensbildung – Gewissensforschung. In: Im Dienst der Einheit. Heft 6. Hrsg. von der Unio Apostolica. Leutesdorf 1983, 19–46.

21. »Casuum summam confecit...« Friedrich Spee als Professor der Moraltheologie. In: A. Arens (Hrsg.), Friedrich Spee im Licht der Wissenschaften. Mainz 1984, 179–204.

22. Fasten unmodern? Theologische Überlegungen zu einer alten Form christlicher Askese. In: Trierer Theologische Zeitschrift 93(1984), 1–13.

23. Zur Einführung. In: Der ethische Kompromiß. Herausgegeben von H. Weber, Freiburg/Schweiz 1984, 7–14.

24. Gewissen und Freiheit. In: Seelsorge im Strafvollzug, Bd. 1(1984). Hrsg. von B. Gareis in Verbindung mit der Konferenz der katholischen Geistlichen bei den Justizvollzugsanstalten, 17–24.

25. Freiheit zum Tod – Tötung auf Verlangen? Überlegungen aus der Sicht des Theologen. In: Krankendienst. Zeitschrift für Kath. Krankenhäuser, Sozialstationen und Pflegeberufe 58(1985), 46–55.

26. Das Kreuz in der Moraltheologie. In: Trierer Theologische Zeitschrift 94(1985), 1–11.

27. Spee als Moraltheologe. In: G. Franz (Hg.), Friedrich Spee. Dichter, Seelsorger, Bekämpfer des Hexenwahns. Zum 350. Todestag. Katalog einer Ausstellung der Stadtbibliothek Trier. Trier 1985, 110–114.

2. geänderte Fassung in: G. Franz (Hg.), Friedrich Spee. Dichter, Seelsorger, Bekämpfer des Hexenwahns. Kaiserwerth 1591 – Trier 1635. Trier 1991, 184–190.

28. »Der Mensch ist keine Ente…« Ein nicht ganz unernst gemeinter Beitrag zum pastoral-moraltheologischen Urteil über das Baden. In: Corona Amicorum. Alois Thomas zur Vollendung des 90. Lebensjahres von Kollegen, Freunden und Schülern dargeboten. Trier 1986.

29. Friedrich Spee von Langenfeld (1591–1635). Zwei Vorträge im Spee-Gedenkjahr 1985. Trier 1986.

30. Zum Urteil über die In-Vitro-Befruchtung. Wie in dieser Frage angemessen argumentieren? In: Trierer Theologische Zeitschrift 95(1986)218–226.

31. Zwischen Angst und Hoffnung angesichts der Kernenergie. In: Trierer Forum 1986, Heft 3, 8f.

32. Zwischen Angst und Hoffnung. In: Fokus 2(1987)28–36. (Veröffentlichung des Diözesanrates der Katholiken im Bistum Würzburg.)

33. Friedrich Spee von Langenfeld. In: Stadtverwaltung Speyer (Hg.), Schriftenreihe der Stadt Speyer Band 4 (ohne Jahr – 1987), 39–52.

34. Antwort der Theologie. In: Arbeitsgemeinschaft Katholischer Krankenhäuser Rheinland-Pfalz und Saarland (Hg.), Eingriffe in die menschliche Fortpflanzung. Fachtagung am 25. November 1987, 42–56.

35. Ist Friedrich Spees Moraltheologie gefunden? Zur Verfasserschaft einer Kölner Handschrift. In: Trierer Theologische Zeitschrift 97(1988)85–105.

36. Zum 350. Todestag von Friedrich Spee. Theologie in der Zeit des Hexenwahns. In: Friedrich Spee-Gedächtnis. Dokumentation anläßlich des 350. Todestages. Trier 1988, 609–616.

37. Das bleibende Thema der Sakramente. In: W. Ernst (Hg.), Grundlagen und Probleme der heutigen Moraltheologie. Würzburg 1989, 192–208.

38. »Er wird nicht immer zürnen…« (Ps 103,9) Der menschenfreundliche Gott und das Motiv der Strafe. In: H. Feilzer u.a. (Hg.), Der menschenfreundliche Gott. Zugänge – Anfragen – Folgerungen. Trier 1990, 36–52.

39. Konkurrenten oder Weggenossen? Das Verhältnis von Gewissen und kirchlichem Lehramt. In: J. Gründel (Hg.) Das Gewissen. Subjektive Willkür oder oberste Norm? Düsseldorf 1990, 85–98.

40. Was hat Friedrich Spee von Langenfeld in Trier über die Hexerei gelehrt? Der Abschnitt *De sagis* in der Kölner Handschrift *Theologia moralis explicata*. In: G. Franz (Hg.), Friedrich Spee. Dichter, Seelsorger, Bekämpfer des Hexenwahns. Kaiserwerth 1591 – Trier 1635. Trier 1991, 123–137.

41. Die Gesellschaft Jesu und die Moraltheologie. In: Bischöfliches Dom- und Diözesanmuseum Trier – Bibliothek des Bischöflichen Priesterse-

minars Trier (Hg.), Für Gott und die Menschen. Die Gesellschaft Jesu und ihr Wirken im Erzbistum Trier. Katalog-Handbuch zur Ausstellung im Bischöflichen Dom- und Diözesanmuseum Trier 11. September 1991 – 21. Oktober 1991. Mainz 1991, 121–136.

42. Allgemeine Moraltheologie. Ruf und Antwort. Graz 1991.
Spanische Ausgabe: Teología moral general. Exigencías y respuestas. Barcelona 1994.
Italienische Ausgabe: Teologia morale generale. L'appello di Dio, la resposta dell' uomo. Mailand-Rom (erscheint voraussichtlich 1995).

43. Muß man zur Sonntagsmesse in die Pfarrkirche? Zu einer Diskusssion über den Pfarrzwang im Jahrhundert des Dreißigjährigen Krieges. In: A. Heinz, W. Lentzen-Deis und E. Schneck (Hg.), Wege der Evangelisierung. Trier 1993, 117–132.

44. Christliche Moral im Jahrhundert Egberts. Ethische Themen und Perspektiven im Sendhandbuch Reginos von Prüm (gest. 915). In: F. Ronig (Hg.), Egbert – Erzbischof von Trier 977–993. Trier 1993, 231–243.

45. Zur Enzyklika »Veritas Splendor«. Erinnerung oder Stolpersteine? In: Trierer Theologische Zeitschrift 103 (1994) 161–187.

46. Was man früher vom Gewissen hielt. Geschichtliche Durchblicke. In: G. Koch und J. Pretscher (Hrsg.), Streit um das Gewissen. Würzburg 1995, 27–52.

Verzeichnis der Mitarbeiter

Angel, Dr. Hans-Gerd, Referent der Zentralstelle Weltkirche der Deutschen Bischofskonferenz

Auer, Dr. Dr. h.c. Alfons, em. Professor für theologische Ethik an der Eberhard-Karls-Universität Tübingen

Bohlen, Dr. Reinhold, Professor für Biblische Einleitung und Biblische Hilfswissenschaften an der Theologischen Fakultät Trier

Eckert, Dr. Jost, Professor für Exegese des Neuen Testaments an der Theologischen Fakultät Trier

Eid, Dr. Volker, Professor für Moraltheologie an der Universität Bamberg

Feilzer, Dr. Heinz, em. Professor für Pastoraltheologie an der Theologischen Fakultät Trier

Fischer, Dr. Dr. h.c. Balthasar, em. Professor für Liturgiewissenschaft an der Theologischen Fakultät Trier

Fraling, Dr. Bernhard, Professor für Moraltheologie an der Universität Würzburg

Franz, Dr. Gunther, Ltd. Bibliotheksdirektor, Stadtbibliothek Trier

Fuchs, Dr. Josef SJ, em. Professor für Moraltheologie an der Päpstlichen Universität Gregoriana in Rom

Furger, DDr. Franz, Professor für christliche Sozialwissenschaften an der Westfälischen Wilhelms-Universität Münster

Golser, Dr. Karl, Professor für Moraltheologie an der Theologischen Hochschule Brixen

Haag, Dr. Ernst, Professor für Exegese des Alten Testaments an der Theologischen Fakultät Trier

Heinz, Dr. Andreas, Professor für Liturgiewissenschaft an der Theologischen Fakultät Trier

Hilpert, Dr. Konrad, Professor für praktische Theologie und Sozialethik an der Universität des Saarlandes

Kneib, Dr. Michael, Wissenschaftlicher Mitarbeiter am Lehrstuhl für Moraltheologie an der Theologischen Fakultät Trier

Kremer, Dr. Klaus, em. Professor für Philosophie an der Theologischen Fakultät Trier

Lentzen-Deis, Dr. Wolfgang, Professor für Religionspädagogik mit Katechetik an der Theologischen Fakultät Trier

Mieth, Dr. Dietmar, Professor für theologische Ethik mit besonderer Berücksichtigung der Gesellschaftswissenschaften an der Eberhard-Karls-Universität Tübingen

Nawroth, Dr. Edgar, Honorarprofessor für Sozialphilosophie und Sozialethik an der Theologischen Fakultät Trier

Ockenfels, DDr. Wolfgang OP, Professor für christliche Sozialwissenschaft an der Theologischen Fakultät Trier

Reiter, Dr. Johannes, Professor für Moraltheologie an der Johannes-Gutenberg-Universität Mainz

Ronig, Dr. Dr. h.c. Franz, Diözesankonservator des Bistums Trier, Professor für Geschichte der christlichen Kunst und kirchliche Denkmalspflege an der Theologischen Fakultät Trier

Rotter, Dr. Hans SJ, Professor für Moraltheologie an der Universität Innsbruck

Sauser, DDr. Ekkart, Professor für Kirchengeschichte des Altertums, Patrologie und Christliche Archäologie an der Theologischen Fakultät Trier

Schockenhoff, Dr. Eberhard, Professor für Moraltheologie an der Albert-Ludwigs-Universität Freiburg

Schützeichel, Dr. Heribert, Professor für Fundamentaltheologie und ökumenische Theologie an der Theologischen Fakultät Trier

Thome, Dr. Alfons, em. Professor für Religionspädagogik mit Katechetik an der Theologischen Fakultät Trier

Vennebusch, Dr. Joachim, Wissenschaftlicher Angesteller am Historischen Stadtarchiv Köln

Weier, DDr. Reinhold, Professor für Dogmatik und Dogmengeschichte an der Theologischen Fakultät Trier

Wirtz, Dr. Hans-Gerd, Akademiedozent an der Katholischen Akademie Trier